Inhaltsverzeichnis

Editorial   7

Einleitung

1. Parteien in der Mediendemokratie – Medien in der Parteiendemokratie (Ulrich von Alemann/Stefan Marschall)   15

Parteien und Massenmedien

2. Parteien und Massenmedien im Wahlkampf (Christina Holtz-Bacha)   42
3. Wahlen in der Mediengesellschaft – Der Einfluss der Massenmedien auf die Parteipräferenz (Frank Brettschneider)   57
4. Medialisierung im politischen Mehrebenensystem – Eine Spurensuche im nordrhein-westfälischen Landtagswahlkampf (Frank Marcinkowski/Jörg-Uwe Nieland)   81
5. Partei- und Fraktionssprecher – Annäherung an Zentralakteure medienorientierter Parteienkommunikation (Jens Tenscher)   116
6. Parteitage in der Mediendemokratie (Marion G. Müller)   147

Parteien und Internet

7. Netzwerkparteien? Parteien in der digitalen Öffentlichkeit (Claus Leggewie)   173
8. Parteien in Internetwahlkämpfen (Winand Gellner/Gerd Strohmeier)   189
9. Vom Medien- zum Multimediapolitiker? Alte und Neue Medien als Resonanzboden für politische Karrieren (Christoph Bieber)   210

10. Digitale Delegierte? Funktionen und Inszenierungsstrategien
virtueller Parteitage (Eike Hebecker)   232

Auslandserfahrungen

11. Parteien, Medien und der Wandel politischer
Kommunikation in Italien (Ludger Helms)   256

12. Politische Parteien und Kommunikation in Großbritannien –
Labour Party und Konservative als professionalisierte
Medienkommunikationsparteien (Uwe Jun)   278

13. Where is the party? US-amerikanische Parteien im Strudel
der politischen Kommunikation (Christoph Strünck)   310

14. Konvergenzen durch professionalisierte
Wahlkampfkommunikation?
Parteien auf dem Prüfstand (Andrea Römmele)   328

Perspektiven und Trends

15. Vom Traditionsverein zur Event-Agentur? Anmerkungen zur
jugendrelevanten Modernisierung der Parteien in der
Mediengesellschaft (Ulrich Sarcinelli)   347

16. Parteienkommunikation parochial – Hindernisse beim Übergang
in das Online-Parteienzeitalter (Elmar Wiesendahl)   364

17. Medienkarrieren in der Spaßgesellschaft? Guido Westerwelle
und Jürgen W. Möllemann (Torben Lütjen/Franz Walter)   390

18. Politik als Inszenierung – Ein Essay über die Problematik der
Mediendemokratie in 24 Punkten (Jürgen W. Falter)   420

Über die Autorinnen und Autoren   431

Sach- und Personenregister   436

Editorial

Wahljahre sind die Hochzeit öffentlicher politischer Kommunikation: Parteien verbinden sich mit den Medien. Es werden Millionen von Euro in Werbespots, öffentliche Veranstaltungen, Internetauftritte etc. investiert; Kommunikationsberater werden rekrutiert, um auf allen Kanälen die Wählerschaft zu erreichen. Das Wahljahr 2002 bietet Anlass für diesen Sammelband, für die Auseinandersetzung mit der Rolle der Parteien in der „Mediendemokratie", aber der Wahlkampf ist nicht der alleinige Gegenstand. Denn auch zwischen den Wahlen wird die Arbeit der Parteien geprägt von den Strukturen der Öffentlichkeit, von den Medien und ihrer Vermittlungsleistung. Wie diese Prägevorgänge wirken und mit welchen kurz- sowie langfristigen Auswirkungen auf die Parteien und die Politik generell zu rechnen ist, das sind die zentralen Fragestellungen des Sammelbandes. Ziel ist eine differenzierte Diagnose des politischen Prozesses und der Demokratie in einer Gesellschaft und in einem politischen System, die nicht mehr ohne Medien gedacht werden können. Wer sich mit den Parteien, ihrer Organisation und Rolle fundiert auseinandersetzen will, kann an der „Medialisierung" der Gesellschaft und ihren Auswirkungen auf die Politik nicht vorbeischauen, sondern muss sie in den Fokus wissenschaftlicher Analyse stellen. Der Sammelband will hierzu einen innovativen Beitrag leisten: Aus verschiedenen Perspektiven (aus kommunikations- und politikwissenschaftlicher), mit verschiedenen methodischen Ansätzen (quantitativ und/oder qualitativ) und in unterschiedlichen „Formaten" (von der empirisch-analytischen Abhandlung bis zum Essay) soll dieses Forschungsfeld beackert werden. Zur Orientierung werden im Weiteren die einzelnen Beiträge entlang der thematischen Schwerpunkte des Bandes kurz vorgestellt.

Einleitung

In dem einführenden Beitrag reißen die Herausgeber die Fragestellungen auf und thematisieren die Begriffe, die im Zentrum des Sammelbandes stehen. Die engmaschige Verflechtung von Medien und Parteien führt zu einer sich gegenseitig verstärkenden Dynamik, von der die Medien und die Medienlandschaft auf der einen Seite sowie die Parteien und das Parteiensystem auf der anderen Seite vorangetrieben werden. Dies hat nachhaltige Auswirkungen auf die Parteiorganisationen und -systeme sowie auf die Art und Weise, wie politische Entscheidungen getroffen werden. Gleichwohl warnen die Herausgeber davor, angesichts einer ubiquitär notorischen „Medialisierung" diese zu über- und die Parteien sowie ihre zukünftige Rolle zu unterschätzen.

Parteien und Massenmedien

Die Massenkommunikation mit ihren klassischen Medien Fernsehen, Hörfunk und Presse prägt den politischen Prozess nachhaltig. Dies wird wohl sicher noch eine Zeit lang so bleiben. So rechtfertigt sich, zunächst die „alten" Medien und ihren Einfluss auf die Parteikommunikation in den Blick zu nehmen.

Der Wahlkampf als die hohe Zeit politischer Kommunikation spielt sich zu einem großen Teil in den Massenmedien ab. *Christina Holtz-Bacha* kennzeichnet in ihrem Beitrag die wichtigsten Entwicklungslinien des modernen Wahlkampfs: Professionalisierung, Entertainisierung, Personalisierung. Der mediengestaltete Wahlkampf hat nicht nur einen Wandel der Wahlkampfkommunikation zur Folge, sondern zeitigt auch Auswirkungen auf die allgemeine Rolle der Parteien. Es kommt – so Holtz-Bachas These – letzten Endes zu einer Schwächung der Parteiorganisationen im politischen Prozess.

Frank Brettschneider setzt sich mit der Frage auseinander, inwieweit Wahlkampf in den Massenmedien effektiv ist, ob also die Massenmedien einen signifikanten Einfluss auf die Wahlentscheidung der Bürgerinnen und Bürger haben. Brettschneider entwickelt ein differenziertes Bild, das zwischen den Stammwählern und den Wechselwählern unterscheidet und letztere tendenziell anfällig für eine Beeinflussung durch die Massenmedien erscheinen lässt. Er kommt zu dem Schluss, dass *gegen* die Medien keine Wahl gewonnen werden kann.

Ob die Analysen zum Wahlkampf und zur Wahlentscheidung auch eine Stufe „tiefer", auf der Landesebene, Gültigkeit haben, untersuchen

Frank Marcinkowski und *Jörg-Uwe-Nieland.* Sie werten Daten zum Landtagswahlkampf in Nordrhein-Westfalen aus und analysieren hier die Mediennutzung, das Medienangebot und die Auswirkungen der Medien auf die Wahrnehmung von Kandidaten und Parteien. Sie kommen zu den aufschlussreichen Schlussthesen, dass das Fernsehen für die landespolitische Öffentlichkeit weniger entscheidend ist als Regionalzeitungen, dass Prozesse der Personalisierung auf der Landesebene stärker ausgeprägt sind als auf der Bundesebene und dass darüber hinaus aufgrund der eingeschränkten Politikkompetenzen der Länder „ebenenfremde" bundespolitische Themen im Wahlkampf und bei der Wahlentscheidung eine Rolle spielen.

Die auf die Medien ausgerichtete Außenkommunikation der Parteien ist von einem Trend zur Professionalisierung geprägt. In den Parteien sind spezifische Funktionsträger für die Aufgabe der Politikvermittlung gerade gegenüber den Massenmedien zuständig. Mit dieser Personengruppe beschäftigt sich der Beitrag von *Jens Tenscher*, der die strukturelle Einbindung und das Rollenverständnis der Pressesprecher von Parteien und Fraktionen zum Gegenstand hat. Mit seinen Befunden analysiert und entmythologisiert er den sagenumwobenen Kreis der „spin doctors".

Mit einer weiteren Facette der innerparteilichen Willensbildung, mit Parteitagen, beschäftigt sich der folgende Beitrag von *Marion G. Müller.* Wie aus diesen parteiengesetzlich vorgeschriebenen Veranstaltungen *Events* werden, die sich an den Strukturen der Mediendemokratie ausrichten, veranschaulicht ihre Analyse sehr plastisch. Konkret an zwei jüngeren Parteitagen der SPD und der CDU, die Ende des Jahrs 2001 stattgefunden haben, illustriert sie, wie die Medienbeobachtung Einfluss nimmt auf das Erscheinungsbild und dass es eine (gezielt hergestellte) Kluft gibt zwischen der Vor-Ort-Wahrnehmung einerseits und der in den Massenmedien vermittelten andererseits.

Parteien und Internet

Eine Facette des momentanen Strukturwandels der Öffentlichkeit, die Etablierung internet-basierter Kommunikation, verändert – so wird vermutet – erneut und nachhaltig die Bedingungen politischer Kommunikation und die Organisations- und Kommunikationschancen der Parteien.

Parteien nutzen das Internet zunehmend zur Außenkommunikation (vor allem im Wahlkampf), aber auch zur Ausgestaltung interner Willensbildungs- und Entscheidungsprozesse, wie die Analysen in diesem Block zeigen.

Claus Leggewie fragt in seinem Beitrag nach den Auswirkungen einer zunehmend digitalisierten Öffentlichkeit auf die Organisationsstruktur der Parteien. Ging das massenmediale System Hand in Hand mit den Massenparteien, sind dann Netzwerkparteien das Pendant einer Öffentlichkeit, die vom „Netz der Netze" geprägt wird? Leggewie ist skeptisch, inwieweit die bundesdeutschen Parteien netzwerkähnlich strukturiert sein werden. Der Einsatz des Internet könnte – aller demokratischen Euphorie zum Trotz – gar zu einer Stärkung der Managementebene führen.

Dass in Zukunft die Wahlentscheidung nicht nur über die Massenmedien, sondern auch über das Internet beeinflusst wird, ist eine gelegentlich aufkommende These. Jedenfalls nutzen die Parteien neben den klassischen Massenmedien das Netz verstärkt zum Wahlkampf. *Winand Gellner* und *Gerd Strohmeier* skizzieren mit Hilfe einer Befragung unter den Online-Managern der Parteien, wie und mit welcher Hoffnung die Parteien Online-Wahlkampf betreiben.

Mit der Frage, inwieweit das Internet ein Resonanzboden für politische Karrieren sein kann, setzt sich *Christoph Bieber* auseinander. Er veranschaulicht, wie Politiker, die sich im Politikfeld „Multimedia" bewegen und sich in der Netzöffentlichkeit einen Namen gemacht haben, innerparteiliche Leitungsfunktionen übernehmen. Für eine allgemeine „Prominenzierung" mögen die Massenmedien ausschlaggebender Faktor bleiben. Dennoch entsteht in diesem neuen Politikfeld eine Gruppe von politischen Parteiakteuren, die in Zukunft – allemal bei einer weiteren Digitalisierung der Öffentlichkeit – eine neue Rolle in den Parteiorganisationen und darüber hinaus wahrnehmen werden.

Parteitage spiegeln sich nicht nur in den Massenmedien. Virtuelle „(Vor-)Parteitage" und Parteitags-Portale verbinden das Internet mit den klassischen Foren der Willensbildung und Entscheidungsfindung. *Eike Hebecker* entwickelt anhand einiger Fallbeispiele eine Typologie verschiedener Formen der Einbindung des Internet in die Vorbereitung, Durchführung oder Nachbereitung von Parteitagen. Sein Fazit ist zurückhaltend: „Real life"-Parteitage werden auch zukünftig Funktionen ausüben, die Netz-Parteitage nicht kompensieren können.

Auslandserfahrungen

Der medieninduzierte Wandel der Parteiendemokratie lässt sich nicht nur im politischen System der Bundesrepublik veranschaulichen, sondern auch anhand der Entwicklungen in anderen Staaten. Dort finden vergleichbare Wandlungsprozesse statt, lassen sich aber auch eigentümliche Tendenzen festmachen, wenn die länderspezifischen Strukturen des Medien- und des Parteiensystems unvergleichbare Phänomene erzeugen. Drei Fälle stehen dabei im Blickpunkt – jeder auf seine Weise instruktiv: Italien, Großbritannien und die USA.

Der italienische Fall, den *Ludger Helms* skizziert, steht in einer oberflächlichen Wahrnehmung unter dem Verdacht eines „Berlusconi-Effekts". Wenn auch dieser Effekt, wie Helms darstellt, nicht nur hinsichtlich der Verflechtung von Medien und Politik seine Wirkung entfaltet, ist es aber vor allem die Konzentration von politischer und medienökonomischer Macht in der Person des Regierungschefs und Medienunternehmers, die Italien zu einem lohnenswerten Studienobjekt für die Erforschung von Parteienkommunikation machen – jenseits aller italienischen Eigentümlichkeiten.

Uwe Jun stellt den britischen Fall vor. Tony Blair und seine „New Labour" stehen für einen neuen Grad der Justierung von „alten" Parteien entlang der Strukturbedingungen der Mediendemokratie. Seine Analyse veranschaulicht vor allem anhand von „Labour", welche Konsequenzen die (unterstellte) Zunahme an Wichtigkeit der Massenmedien auf das Parteiensystem und die jeweilige Parteiorganisation haben kann.

Christoph Strünck setzt sich mit dem US-amerikanischen Fall und der These auseinander, dass die Parteien in den USA gegenüber den Medien im politischen Prozess an Macht verloren haben. Dieser These widerspricht er ausdrücklich und veranschaulicht, dass die Rolle der Parteien in den USA – vor allem im Vergleich zu den Massenmedien – unterschätzt wird und die Empirie des politischen Prozesses eine durchaus starke Parteienprägung aufweist, die sich auch in der politischen Kommunikation reflektiere.

Im darauf folgenden Beitrag wird das US-amerikanische System ein weiteres Mal angesprochen und diesmal in Vergleich zu anderen gesetzt: Führt die Konvergenz der Wahlkampfkommunikation zu einer Konvergenz der Parteiorganisation? *Andrea Römmele* konfrontiert diese These mit den Befunden der Parteienforschung und vergleicht US-amerikanische mit westeuropäischen Parteiendemokratien. Dabei sieht sie – im Gegensatz zu Strünck – einen hohen Grad der Medialisierung der Politik in den USA auf Kosten der Parteien. Sie kommt zu dem Ergebnis, dass die Parteiensysteme Westeuropas trotz gemeinsamer Trends in der Wahlkampfführung immer noch organisationsstärker sind als das US-amerikanische; insoweit findet die medienbedingte Konvergenz ihre Grenzen. Nichtsdestoweniger verändern sich auch die westeuropäischen Parteien, vor allem durch den Einsatz neuer Kommunikationsinstrumente.

Perspektiven und Trends

Abschließend gilt es, einen Blick in die Zukunft zu werfen, nach dem zu fragen, was ausgehend von der gegenwärtigen Situationsanalyse noch zu erwarten sein wird. Welche Zukunft haben Parteien?

Vom „Traditionsverein" zur „Event-Agentur"? Mit dieser Frage wendet sich *Ulrich Sarcinelli* den Perspektiven der Parteiendemokratie zu, die er vor allem abhängig sieht davon, ob es den Parteien gelingen wird, auch für Jugendliche attraktiv zu werden. Er skizziert die geringe Einbindung junger Menschen in Parteiarbeit und diskutiert Wege, wie die Parteien ihre Angebote jugendfreundlicher machen könnten, unter anderem durch eine Öffnung ihrer Strukturen und die Verwendung des Internet.

Werden Parteien zukünftig mit Hilfe des Internet demokratischer strukturiert sein? *Elmar Wiesendahl* begegnet der partizipatorischen Online-Euphorie mit großer Skepsis und widerspricht in einigen Hinsichten der Position Leggewies. Die Aufteilung, zwischen dem Mitglieder- und dem Berufspolitikersegment, die Parteienkommunikation prägt, wird auch nicht durch den Einsatz des Internet überwunden. Im Gegenteil befürchtet Wiesendahl gar eine Stärkung der bestehenden „parochialen" Parteienkommunikation durch das „Netz der Netze".

Wird es zukünftig nur noch Medienpolitiker geben? Die Option der medienengestützten innerparteilichen Karriereplanung thematisieren *Torben Lütjen* und *Franz Walter* in ihrer biographischen Skizze zweier „liberaler" Parteikarrieren, von Guido Westerwelle und von Jürgen W. Möllemann. Vielleicht überrascht, dass die Autoren in Westerwelles Aufstieg verstärkt noch die alten Mechanismen der Parteiendemokratie am Werke sehen, während Möllemann zur Karrieregestaltung gezielt auf die Gesetze der Medien zurückgegriffen hat. Lütjen und Walter gehen davon aus, dass allemal in den großen Parteien die „alten" Karrierewege noch für längere Zeit entscheidend bleiben werden.

Schließlich: Welche langfristigen Gefahren drohen der Parteiendemokratie durch ihre Medialisierung? *Jürgen W. Falter* skizziert in seinem Essay zunächst, dass und wie „Inszenierung" ein immanenter Bestandteil des Politischen war und ist. Allerdings führt, so der Autor, die Zunahme des kurzfristig Inszenatorischen in der modernen Mediendemokratie – die sich vor allem in der Art des Wahlkampfs zeigt – zu einem Verlust der langfristigen Problemlösungsorientierung und damit zu einer steigenden Parteien- und Politikverdrossenheit.

Alle Beiträge machen deutlich: Die Stellung und Organisation der Parteien lassen sich nur vor dem Hintergrund des Wandels der Medienlandschaft verstehen – eines Wandels, dessen Ende sich nicht abzeichnet. Der „Strukturwandel der Öffentlichkeit", den Jürgen Habermas für das späte 19. Jahrhundert beschrieben hat, ist also noch lange nicht zu Ende – die Spirale dreht sich zur Zeit eher noch schneller. Dem entspricht ein „Strukturwandel der Parteiendemokratie", dem kein Finale der Parteien, wie manche unken, sondern eine erneute Transformation dieser politischen Transmissionsriemen folgen wird. Insofern bleibt die kontinuierliche Auseinandersetzung mit dem Beziehungsspiel zwischen Parteien und Medien eine bedeutsame Aufgabe wissenschaftlicher Analyse.

Uns bleibt an dieser Stelle noch, denjenigen zu danken, die zum Gelingen des Sammelbandes beigetragen haben: vor allem den Autorinnen und Autoren für ihre Mitwirkung, Frank Schindler vom Westdeutschen Verlag für die gute Kooperation, Dr. Dagmar Biegler für ihre kritische Begleitung sowie nicht zuletzt Andreas Becker und Christian Schmidt für die wertvolle Hilfe bei der Manuskripterstellung.

Düsseldorf, im Mai 2002   Ulrich von Alemann
                                                     Stefan Marschall

Einleitung
Parteien in der Mediendemokratie –
Medien in der Parteiendemokratie

Ulrich von Alemann / Stefan Marschall

> „Denn die heutige Politik wird nun einmal in hervorragendem Maße in der
> Öffentlichkeit mit den Mitteln des gesprochenen oder geschriebenen
> Wortes geführt." (Max Weber 1919)[1]

1. Ausgangspunkte

Öffentlichkeit hat stets zu den Voraussetzungen für Politik gehört. Ob Politik verstanden wird als die allgemein verbindliche Herstellung von Entscheidungen oder als die Auseinandersetzung von Interessen unter den Bedingungen des öffentlichen Machtgebrauchs und Konsensbedarfs: Immer schwingt das Kommunikative in der Politik mit. Das Publikmachen oder das Publikwerden konstituiert die *Res Publica*. Deshalb haben auch die Politikwissenschaft sowie die Kommunikations- und Medienwissenschaft gemeinsame Wurzeln (vgl. von Alemann 2001b). Dass das „Format" der Öffentlichkeit je nach System unterschiedlich ausfallen kann, ändert an ihrer politischen Dimension wenig: Die höfische Öffentlichkeit des absolutistischen Staats weist mit der athenischen Agora oder den modernen demokratischen Öffentlichkeiten zwar nur geringe Strukturverwandtschaften auf; allen gemein war und ist in ihrer Wirkung jedoch die Schaffung eines politischen, freilich nicht zwangsläufig demokratischen Willensbildungs- und Entscheidungsraums.

Angesichts der laufenden Debatten mag man den Eindruck gewinnen, dass die Öffentlichkeit, die gegenwärtig durch die zeitgenössischen Medien hergestellt wird, für die Politik eine noch nie da gewesene Relevanz aufweist. Seit geraumer Zeit finden die Begriffe „Mediendemokratie" oder „Mediengesellschaft" häufige Verwendung in der (notabene) durch Medien gebildeten Öffentlichkeit, aber auch im wissenschaftlichen Diskurs. Diese Konzepte stehen in Konkurrenz zu zahlreichen anderen be-

---

[1] Aus „Politik als Beruf", Weber 1971: 524.

grifflichen Annäherungen an die Gesellschaft wie „Risiko-", „Informations-", „Spaß-" oder „Erlebnisgesellschaft". Sie stehen neben Bindestrich-Bezeichnungen des politischen Systems wie „Kanzler-", „Konsens-", „Verhandlungs-" oder „Parteiendemokratie". Derartige Begriffe verdichten gesellschaftliche oder politische Entwicklungen sprachlich. Bei politischen, ja gar demokratischen Vorgängen auf die „Mediendemokratie" zu fokussieren, unterstellt, Medien seien überaus relevante Akteure im politischen Prozess, darüber hinaus essenziell für die demokratische Verfasstheit eines Systems. Hinter dem Begriff stehen somit Thesen über die bestehende oder gewünschte Machtverteilung im politischen Prozess.

Wird Macht als begrenzte Ressource gedacht, dann müsste der Bedeutungsgewinn des Öffentlichen und der Medien in der Politik zu Lasten anderer, bislang privilegierter Akteure gehen. Unmittelbar kommen einem dabei die Parteien als die traditionellen Schlüsselorganisationen repräsentativer Systeme in den Sinn. Und in der Tat findet sich in der wissenschaftlichen und publizistischen Diskussion immer wieder die Vermutung, die „alte" Parteiendemokratie sei von der „neuen" Mediendemokratie abgelöst worden (vgl. zur Debatte Sarcinelli 1997, 1998).

„Parteiendemokratie" versus „Mediendemokratie": Die beiden Konzepte stehen – so unsere These – nur scheinbar in einer sich ausschließenden Konkurrenz. Ihre Gegenüberstellung funktioniert allein deswegen nicht, weil Parteien und Medien in ihrer gemeinsamen Rolle als Vermittlungsagenturen komplex miteinander verwoben sind; sie stehen in einem „symbiotischen" Verhältnis (von Alemann 2002). Wir wollen dieses Verhältnis thematisieren und nach seinen Auswirkungen fragen. Unsere Argumentation beginnt mit einer Annäherung an die beiden Begriffe „Mediendemokratie" und „Parteiendemokratie" sowie das jeweils hinter ihnen stehende Verständnis von Politik. Im zweiten Schritt werden wir die Beziehung zwischen Parteien und Medien in den Blick nehmen, um anschließend die Auswirkungen des Strukturwandels der Öffentlichkeit auf die Organisation und die Rolle der Parteien anzusprechen.

2. „Mediendemokratie" – „Parteiendemokratie": Konzepte im Widerstreit

2.1 „Mediendemokratie" – Herrschaft der Medien?

Dass Medien, hier vor allem den Massenmedien, politische Relevanz zukommt, ist nahezu banal und in einem einfachen Zusammenhang begründet: „Was wir über unsere Gesellschaft, ja über die Welt, in der wir leben, wissen, wissen wir durch die Massenmedien" (Luhmann 1996: 9). Dieses Diktum mag zwar in seiner Pauschalität Einwände nahe legen; vor allem auf den unteren politischen Ebenen spielen direkte Erfahrungen eine wichtige Rolle. Was aber politische Vorgänge auf Landes-, Bundes- oder transnationaler Ebene betrifft, sind wir auf die Vermittlungsleistungen der Medien angewiesen, wobei hiermit nicht nur die traditionellen Massenmedien angesprochen sind, sondern darüber hinaus neue Medienformate wichtige kommunikative Aufgaben übernommen haben.

Die zweite These, die der Begriff der „Mediendemokratie" transportiert: Medien sind nicht nur wichtige Kommunikationskanäle; sie weisen überdies eine eigenständige Rolle als Akteure auf, sie üben selbstbestimmt Macht aus. Zur Erfahrung der *Akteurs*qualität der Medien und zu ihrer Problematisierung hat in der Bundesrepublik die Dualisierung des Rundfunks beigetragen und damit verbunden die Erkenntnis, dass sich Medien nicht (mehr) ohne weiteres von politischen Interessen instrumentalisieren lassen, sondern vielmehr eigenen Gesetzmäßigkeiten und Handlungslogiken folgen. Diese Handlungslogiken basieren gleichwohl nicht auf einer „absoluten" Stellung der Medien. Eine Autonomisierung des publizistischen Systems (vgl. Marcinkowski 1993) lässt sich wohl gegenüber den politischen Akteuren beobachten; sie wird freilich ersetzt von einer zunehmenden Abhängigkeit der Medienakteure von ökonomischen Prinzipien (vgl. Jarren 2001: 13; Meier/Jarren 2001).

Ökonomischen Parametern folgend gestalten Medien nachhaltig die Machträume (auch die Machtträume) politischer Akteure. Medien wirken über das „Medium" der Öffentlichkeit machtbegrenzend oder machtgewinnend (vgl. Göhler 1995). Politische Akteure können einerseits – wenn sie die Handlungslogik der Medien erkennen und nutzen – ihren Interessen Nachdruck verleihen, indem sie Öffentlichkeit schaffen und um öffentliche Zustimmung werben. Öffentlichkeit als die potenzielle (kriti-

sche) Beobachtung durch andere kann andererseits Machtspielräume begrenzen, wo die Notwendigkeit öffentlicher Begründung die Herstellung,
Implementation und Vermittlung spezifischer Entscheidungen erschwert.

Die Bedeutung der Medien für den politischen Handlungsbereich beruht letzten Endes auf der Notwendigkeit öffentlicher Begründung, die
nicht nur, aber vor allem in demokratischen Systemen eine Voraussetzung
für diffuse und spezifische Unterstützung einer Herrschaftsordnung und
die Akzeptanz ihrer Entscheidungen bildet. Die Notwendigkeit von Öffentlichkeit ist in dem Prinzip demokratischer Repräsentation verankert
(Kevenhörster 1998). Das „natürliche" Misstrauen gegenüber den Herr-
schenden und die Möglichkeit der (begründeten) Abwahl lassen „Öffentlichkeit" zu einem normativen Wert werden (vgl. Hölscher 1979). Kontrolle, gesellschaftliche Willensbildung und Transparenz als Zielkategori-
en der Demokratietheorie unterstreichen die Bedeutung derjenigen, die
durch ihre Tätigkeit die Räume schaffen, in denen kommuniziert werden
kann, und die Einfluss auf Form sowie Inhalte der politischen Kommunikation nehmen.

Diese These taucht in dem Begriff der Medien*demokratie* auf. Medi-
en konstituieren eine demokratische Prozessstruktur und sind deswegen
auch aus normativer Perspektive unverzichtbare Akteure geworden. Pointiert findet dies seinen Ausdruck in dem Begriff der „vierten Gewalt",
wenn die Medien neben den klassischen Herrschaftszweigen Exekutive,
Legislative und Jurisdiktion zu einer gleichwertigen Komponente im System der „checks and balances" avancieren (vgl. Bergsdorf 1980). Auch
die einschlägige Rechtsprechung des Bundesverfassungsgerichts hat die
demokratische Rolle der Medien immer wieder deutlich gemacht und
qualifiziert ihr Wirken als Fundament der freien Meinungsäußerung, das
in pluralistischen Gesellschaften die Voraussetzung für eine offene Willensbildung darstelle (vgl. Hoffmann-Riem/Schulz 1998).

Die vermehrte Verwendung des Begriffs der Mediendemokratie reflektiert indes nicht nur die fortwährende Bedeutsamkeit von Medien für
Politik und Demokratie. Vielmehr steht hinter dem häufigen Begriffsge-
brauch die Unterstellung, dass öffentliche Kommunikation für den politischen Bereich *zunehmend* wichtig geworden sei – als Folge eines spezifischen Strukturwandels der Öffentlichkeit.

Dass sich der öffentliche Raum strukturell wandelt und dies Folgen
hat, ist dank Jürgen Habermas und seinem „Strukturwandel der Öffent-

lichkeit" (1990) ins systematische Blickfeld der Sozialwissenschaften geraten. Zu dem fortwährenden Wandel der Öffentlichkeit tragen unterschiedliche Faktoren bei: politische, rechtliche, technische, wirtschaftliche, kulturelle. Das Aufkommen der Presse, der Aufstieg der Television oder die Etablierung von Internet-Kommunikation sind Entwicklungen, die technisch, politisch und wirtschaftlich ermöglicht worden sind und die wiederum weitreichende Auswirkungen auf die Gesamtstruktur der Öffentlichkeit, auch der politischen, gezeitigt haben, respektive noch immer zeitigen.

Was zeichnet die Öffentlichkeit und ihre zentralen Akteure, die Medien, gegenwärtig aus, dass ihnen von einigen Beobachtern ein zunehmendes Maß an politischer Macht zugeschrieben wird? Die Verfasstheit der „Mediengesellschaft" oder „Mediendemokratie" zeigt sich in folgenden Entwicklungen (vgl. Jarren 2001):

- die fortgesetzte Ausweitung der publizistischen Medien,
- die Herausbildung neuer Medienformen neben den Massenmedien (u.a. Internet),
- die „Medialisierung" der gesamten Gesellschaft, die publizistische Durchdringung der Subsysteme,
- eine hohe gesellschaftliche Beachtung der medialen Tätigkeit.

Gerade der letzte Punkt macht auf die konstruktivistische Seite der „Mediendemokratie" aufmerksam. Medien erhalten dann eine innergesellschaftliche Relevanz, wenn ihnen diese von anderen zugeschrieben wird. Derartige Zuschreibungsprozesse finden nicht zuletzt seitens der politischen Akteure statt, die sich um die Beeinflussung der Medienberichterstattung bemühen sowie mit hoher Sensibilität auf die Art und Weise ihrer Darstellung in den Medien achten und reagieren, dergestalt die Medien als wichtige Koakteure akkreditieren. Überdies thematisieren die Medien selbst ihre Bedeutung; so stellt in Zeiten des Wahlkampfs der Wahlkampf selbst und die Rolle der Medien in ihm ein wichtiges Thema der Medienberichterstattung dar (vgl. Marcinkowski/Nieland in diesem Band).

Die „Medialisierung" oder „Mediatisierung" des Politischen hat – wie gesagt – zu weitreichenden Diagnosen geführt, die in der „Mediendemokratie" oder der „Mediokratie" (Meyer 2001) das zukünftige Politikmodell sehen. Dabei wird die Vorstellung vertreten, dass die Mediendemokratie ein altvertrautes Konzept von Gesellschaft abzulösen im Begriff ist: das der „Parteiendemokratie" (vgl. Müller 1999). Ein „politischer Systemwechsel" von der Parteien- zur Mediendemokratie zeichne sich ab (Meyer 2002: 133).

2.2 „Parteiendemokratie" – Do parties matter?

In den Sozialwissenschaften hat über weite Strecken der Begriff der „Parteiendemokratie" oder des „Parteienstaates" eine, wenn nicht sogar *die* zentrale Stellung eingenommen.[2] Das Konzept der „Parteiendemokratie" beinhaltet mehr als nur die Entscheidung für eine spezifische analytische Perspektive, nämlich zugleich eine These: Parteien stellen die bestimmenden Organisationen der Politik dar, sie legitimieren staatliches Handeln. Die Vorstellung von der zentralen Rolle der Parteien basiert nicht nur auf ihrer universellen Präsenz in repräsentativen Demokratien. Parteien fungieren als die Haupt*akteure* der organisierten Willensbildung und der Rekrutierung von politischem Personal, vor allem in ihrer staatlichen Rolle, wenn sie also „parties in government" sind.

Selbst im US-amerikanischen System mit seiner schwachen Parteienorganisation (vgl. Römmele in diesem Band) laufen die Spitzenkandidaten und ihre Administrationen auf dem „Ticket" einer der beiden großen Parteien; personelle Rekrutierung wird auch im präsidialen System unter parteipolitischen Gesichtspunkten vorgenommen (vgl. Strünck in diesem Band). Vielmehr noch nehmen Parteien in parlamentarischen Systemen wie der Bundesrepublik eine zentrale Stellung ein. Dort fungieren sie als die zentralen Organisationen der politischen Willensbildung und Entscheidungsfindung, genießen in der Bundesrepublik gar Verfassungsrang (vgl. von Alemann 2001a).

Die Rolle der Parteien in parlamentarischen Systemen ist mitunter theoretisch überhöht worden, vor allem in der „Parteienstaatslehre" von Gerhard Leibholz: „Die Parteien sind das Sprachrohr, deren sich das organisierte Volk bedient, um sich artikuliert äußern und Entscheidungen fällen zu können. Ohne die Zwischenschaltung der Parteien würde das Volk nicht in der Lage sein, irgendeinen politischen Einfluß auf das staat-

---

[2] Vgl. zur Profilierung der Begriffe „Parteienstaat" und „Parteiendemokratie" Stöss 1997.

liche Geschehen auszuüben und sich so selber zu verwirklichen" (Leibholz 1967: 76). Der Parteienstaat sei folglich eine „rationalisierte Erscheinungsform der plebiszitären Demokratie" (Leibholz 1967: 146). Derart – auch in der Rechtsprechung – legitimiert haben sich die Parteien zu einflussreichen Organisationen entwickelt, was wiederum beständige Kritik auf den Plan gerufen hat, die in der Parteiendiskussion der neunziger Jahre einen vorläufigen Höhepunkt gefunden hat (vgl. noch jüngst von Arnim 2000). Die Kritiker haben dabei gelegentlich schon einmal das „Kind mit dem Bade" ausgeschüttet, wenn sie mit der Parteienmacht die Grundprinzipien parlamentarischer Demokratie über Bord zu werfen bereit waren (von Alemann 1994).

Die Debatte der Neunziger konnte nahtlos an Kritikstränge anknüpfen, die bereits in den Jahrzehnten zuvor entwickelt worden waren. „Überdehnt und abgekoppelt" (Hennis 1983) – dies waren und sind die redundanten Vorwürfe an die Parteien: Die Parteien hätten ihr gesellschaftliches Fundament verloren, spielten aber nichtsdestoweniger eine unverhältnismäßig bedeutsame Rolle im staatlichen Bereich.

Jenseits der extremen Positionen: Die Rolle der Parteien im politischen Prozess gehört zu den zentralen empirischen Streitthemen der politikwissenschaftlichen Debatte – in der vergleichenden Perspektive mit der legendären „Do parties matter?"-Frage (vgl. u.a. Schmidt 1982), in den innenpolitischen Analysen mit der Frage nach dem Ende der Parteien. Der Niedergang der Parteien („party is over", David S. Broder) ist ein immer wieder beschworenes Szenario gewesen, das sich genauso oft überlebt hat – ebenso wie der Abgesang auf den Parlamentarismus nicht selten vorschnell verkündet worden ist. Situativ dramatische Entwicklungen wie beispielsweise die Parteienfinanzierungs- oder allgemeine Korruptionsskandale führen zwar zu einer zumindest kurzfristigen Schwächung der Parteien; ein verhaltensmanifestes nachhaltiges Infragestellen der Rolle der Parteien scheint sich in den westlichen Demokratien nicht zu etablieren.

Insofern haben sich Parteien als zerstörungsresistente Organisationen erwiesen, die, folgt man einem entwicklungstheoretischen Ansatz (vgl. Patzelt 1995), anscheinend stets unverzichtbare Funktionen für die jeweiligen Systeme ausgeübt haben. Auch die Rolle der Parteien in den Transformationsprozessen in Mittel- und Osteuropa oder die Prägung der EU-Politik durch die Parteien wird immer wieder als Indiz gegen die These von „party is over" herangezogen: „party has just begun" (Larry J. Sabato).

Ein englischsprachiges Schlagwort hat allerdings unumstrittene Berechtigung: „party change" (vgl. Wiesendahl 2001). Die Parteien und die Parteiendemokratie wandeln sich – und das nicht zuletzt aufgrund der sich ändernden Rolle der Medien.

3. Parteienkommunikation im Strukturwandel der Öffentlichkeit

3.1 Parteien und Medien im Beziehungswandel

Die „Parteien-" und „Mediendemokratie" verbinden sich dort, wo die beiden Akteursgruppen miteinander in Beziehung stehen, wo sie personell oder strukturell verkoppelt sind. Diese Verkopplung hat sich in den vergangenen Jahrzehnten gewandelt: Stichwort „Autonomisierung" der Medien. Die publizistischen Akteure haben sich, wie bereits angesprochen, von dem Einfluss politischer Organisationen, auch von der Parteienabhängigkeit gelöst. Die Medienpolitik der vergangenen Jahrzehnte hat sich auf nachhaltige Deregulierungsschritte eingelassen; private Anbieter prägen, wenn nicht allein, so doch zumindest als Ergänzung zu staatlichen oder öffentlich-rechtlichen Akteuren, die Medienlandschaften der westlichen Demokratien.

Parteipolitische Massenmedien spielen in der Bundesrepublik keine zentrale Rolle mehr. Lediglich mit dem Internet steht ein Hybridmedium zur Verfügung, das den Parteien neue Möglichkeiten als Eigenmedium eröffnet. Residual bleibt zudem noch der Bereich des öffentlich-rechtlichen Rundfunks, in dem Parteiakteure die Chance haben, über ihre Gremienpositionen Einfluss auf die redaktionelle Linie zu nehmen. Bei den privatrechtlichen Sendern ist ihnen dieser Weg versperrt.

Versperrt ist ihnen allerdings dieser Weg nur prima vista: Denn schon immer ist die privatrechtliche Medienlandschaft – Presse oder heute Fernsehen – vom parteipolitisch orientierten Druck seitens der Eigentümer der Publikationsmittel nicht frei gewesen. Schon der konservative Publizist Paul Sethe sagte in diesem Sinne 1965: „Pressefreiheit ist die Freiheit von 200 reichen Leuten, ihre Meinung zu verbreiten". Die zunehmende Konzentrationsprozesse innerhalb der Mediensysteme – und zwischen diesen (vgl. Reljić 2001) – wirft folglich ein Licht auf neue denkbare Macht-spiele. Die Kirch- oder Springer-Gruppe und ihre Beziehungen zur Politik haben beispielsweise in der Bundesrepublik Parteiinteressen und publizistisches System verbunden. International hat vor allem der italienische Fall mit der Konzentration von politischer und medienökonomischer Macht in der Hand Silvio Berlusconis hohe Aufmerksamkeit und kritische Kommentare geerntet (vgl. Helms in diesem Band); als bedenklich wurde auch der Aufstieg von Michael Bloomberg kommentiert, der als New Yorker Bürgermeister und Medien-Tycoon politische und publizistische Macht vereint. Die abnehmende Pluralität in der Zeitungslandschaft, aber auch im Rundfunkbereich, hier vor allem auch die Entstehung von transnationalen Medienkonzernen hat langfristige Effekte auf die Politik der Massenmedien. Der Begriff der „Parteimedien" kann auch im privatwirtschaftlich organisierten Mediensystemen fröhliche Urständ feiern. Als Gegentrend lässt sich indes beobachten, dass die langfristige „Lager"-Mentalität der Presse erodiert; parteiliche Ausrichtungen werden schon einmal grundlegend gewendet, wofür neben der Bundesrepublik auch Großbritannien ein Beispiel abgibt (vgl. Jun in diesem Band).

Jenseits der personellen Interessenverflechtung zeigen sich Interdependenzen zwischen Mediensystem und Parteiensystem sowohl in der Außenkommunikation wie auch in der Binnenkommunikation der Parteien (vgl. Wiesendahl 1998b).

3.2 Parteienaußenkommunikation: Strategien und Phasen

Wollen Parteien die Medien nutzen, um mit ihren Zielgruppen in Kontakt zu treten, stehen sie in Konkurrenz zu zahlreichen anderen potenziellen „Sprechern", die gleichfalls auf die Transportkapazitäten der Medien zurückgreifen wollen (vgl. Neidhardt 1994). Die Medien wiederum ringen mit anderen Möglichkeiten des Zeitvertreibs in der „Erlebnisgesellschaft" (Gerhard Schulze). In diesem Wettbewerb haben Parteien, wie auch andere politische Akteure, ihre zwangsläufig zentrale Stellung eingebüßt, obschon in bestimmten Phasen, wenn die Relevanz politischer Ereignisse evident wird, die Aufmerksamkeit der Öffentlichkeit gesichert ist.

Um im sonstigen Wettstreit mit anderen – auch nicht-politischen – Akteuren zu bestehen, bauen die Parteien zum publizistischen System marktförmige Beziehungen auf. In den Parteiorganisationen sind Stellen eingerichtet und über die Jahre hinweg ausgebaut worden, deren primäre Aufgabe darin besteht, Journalisten zu betreuen (vgl. Tenscher in diesem Band). Öffentlichkeitsarbeit als modernes Kommunikationsmanagement gehört zum Repertoire eines jeden politischen Akteurs, ob Individuum oder Organisation (vgl. Bentele 1998).

In ihrer strategischen Außenkommunikation verwenden Parteien zudem Aufmerksamkeitsstrategien; wie andere Akteure richten sie ihre kommunikativen Angebote an den Format- und Nachrichtenkriterien der Medien aus. Deren Bedürfnisse werden bei der Außenkommunikation zunehmend mitberücksichtigt.

Im Zentrum des Nachfrage-Angebotsspiels zwischen Medien und Parteien stehen Inszenierung und Personalisierung. Die „Inszenierung des Politischen" (Meyer u.a. 2000), „symbolische Politik" (Sarcinelli 1987), „Pseudo-Ereignisse" (Boorstin 1992) – diese Konzepte beschreiben das Vorgehen politischer Akteure, den Massenmedien kommunikative Angebote zu unterbreiten, die in Form und zum Teil auch im Inhalt die publizistischen Auswahlbedingungen berücksichtigen. Mediale Formatbedingungen werden beispielsweise durch Visualisierungsstrategien antizipiert, unterhaltsame Formate werden gezielt genutzt, inhaltliche Nachrichtenbedingungen durch die Dramaturgie der produzierten Ereignisse berücksichtigt.

Bei dieser Dramaturgie, vor allem im Rahmen von Entertaining-Formaten, spielen Personen und Persönlichkeiten eine wichtige Rolle. Über individuelle Akteure, beispielsweise via Kanzlerkandidaten, werden in zugespitzter und verkörperter Form Programme und Images vermittelt. Diese Strategie, über Personen Images zu transportieren, ist gewiss nicht neu – man denke an die Instrumentalisierung von Personen zu allen historischen Zeiten, in allen Formen von Regimen (vgl. Falter in diesem Band). Gerade nicht-demokratische Systeme bauen und bauten auf die Wirkung von „charismatischen" Persönlichkeiten. In der rationalisierten Parteiendemokratie der Bundesrepublik ist Personalisierung weniger angelegt, sollte man meinen. Die Kandidaten für den Kanzlerposten haben indes schon immer im Mittelpunkt der Wahlen gestanden, schon seit den Zeiten Konrad Adenauers. Vielleicht hat die Personalisierung in der Bundesrepublik in der Kandidatenentscheidung für Gerhard Schröder einen erneuten Höhepunkt erreicht, als ein Politiker nicht nur, aber auch wegen seiner massenmedialen Vermittelbarkeit eine Karriere vom innerparteilichen

Outcast über den ungeliebten Kandidaten bis hin zum etablierten Parteiführer absolviert hat (vgl. Holtz-Bacha 1999). Der Trend zur Personalisierung ist zum Teil der Wirkung von Massenmedien und der Bereitschaft der Parteien, das Aufmerksamkeitsspiel mitzuspielen, geschuldet. Aber auch andere, medienferne Faktoren wie das Wahlrecht und sein Personalisierungsgrad oder die allgemeine Struktur des politischen Systems (präsidial oder parlamentarisch) können den Trend noch verstärken.

Personalisierung findet in der Wahlkampfkommunikation ihre zugespitzte Form. Überhaupt verdichtet sich in Wahlkampfzeiten die Beziehung zwischen Parteien und Medien. Dann steigt die Abhängigkeit der politischen Akteure von einer positiven Berichterstattung in der Öffentlichkeit, trägt diese doch wiederum – so wird zumindest unterstellt – zur Willensbildung der Wähler bei und hat insofern Einfluss auf die in Wahlen vorgenommene Verteilung von Machtressourcen (vgl. Brettschneider in diesem Band). Nimmt generell die Parteibindung der Wähler ab (vgl. Mair u.a. 1999), dann erhält der Wahlkampf eine neue Relevanz.

Moderner Wahlkampf wird durch zeitgemäßes Kommunikationsmanagement geprägt, das die Strukturen der Mediendemokratie berücksichtigt. Über „paid media" und „free media" versuchen die Parteien, ihre Botschaften zu transportieren (vgl. Holtz-Bacha 1999 und in diesem Band). Dazu lassen sie sich von medienerfahrenen Experten beraten. Die traditionellen Medien – Presse, Hörfunk und vor allem das Fernsehen – stehen im Mittelpunkt der professionellen Wahlkampfarbeit der Parteispitzen. Vor Ort gleichwohl machen die Kandidaten und ihre lokalen Aktivsten fröhlich Wahlkampf wie immer: mit Faltblättern, mit Info-Tischen in der Fußgängerzone und mit Kundgebungen in der Mehrzweckhalle.

Aber auch das Internet hat als Ort der Auseinandersetzung vor den Wahlen erhöhte Aufmerksamkeit seitens der Parteien und der Wissenschaft erfahren (vgl. Gellner/Strohmeier in diesem Band). Dabei lassen sich auf dem Netz gleichfalls „paid" und „free media" unterscheiden:

Zum einen bietet das Internet die Möglichkeit, über parteieigene Websites den jeweiligen Zielgruppen inhaltlich und formal selbstbestimmt unmittelbare Kommunikationsangebote zu machen – und das nicht nur während des Wahlkampfs (vgl. Bieber 1998; Kaiser 1999; Müller 1998; Welzel/Wieboldt 2001; vgl. auch Gellner/Strohmeier in diesem Band). Während in den Frühphasen der Netznutzung die Web-Auftritte der Par-

teien noch den Charakter „digitaler" Werbebroschüren vorwiesen, haben
sie in Design und Content mittlerweile ein hohes Niveau erreicht – auch
wenn sie gegenüber den Seiten kommerzieller Anbieter immer noch blass
aussehen (vgl. die aktuelle Website-Analyse unter www.politik-
digital.de). Zusätzlich zu den Parteien-Sites finden sich im Rahmen der
Wahlkämpfe kandidateneigene Web-Auftritte – sodass auch im Internet
Personalisierungspotenziale liegen.

Zum anderen finden sich auf dem Netz mittlerweile überparteiliche
Informationsagenten, die politische Kommunikation betreiben („free media"). Hierzu zählen zunächst mit hoher Nachfrage die Netzrepräsentatio-
nen der führenden Offline-Tageszeitungen und politischen Zeitschriften.
Des Weiteren haben sich neue, ausschließlich netzbasierte Informations-
dienste wie der bereits erwähnte Anbieter „politik-digital" einen Namen
als Foren politischer Netzöffentlichkeit gemacht.

Jenseits der Wahlkampffokussierung online und offline: Parteien
betreiben nicht nur in den Vorwahlzeiten strategisch geplante Außenkommunikation, sondern fortwährend. Ob dies der Ausdruck eines permanenten Wahlkampfs ist oder ein Wesensbestandteil des politischen
Prozesses, innerhalb dessen politische Akteure fortwährend um Machtpotenziale ringen, kann nicht entschieden beantwortet werden: „Die Grenze
zwischen externer Parteienkommunikation und Wahlkampfkommunikation ist fließend" (Wiesendahl 1998b: 442). Da Wahlen auch innerhalb der
Bundstagslegislaturperiode permanent auf der kommunalen, der Bundes-
länder- und (seltener) auf der europäischen Ebene stattfinden, lässt sich
die Außenkommunikation von Parteien stets auf einen kurz bevorstehen-
den Wahlkampf beziehen (vgl. Marcinkowski/Nieland in diesem Band).
Zugleich befinden sich Parteien jenseits des konkreten Wahlkampfs in
einer Wettbewerbssituation, in der sie auf spezifische und diffuse Unterstützung von Segmenten der Gesellschaft angewiesen sind; nicht jeder
Kampf um die „öffentliche Meinung" ist somit ein Kampf um Stimmen.

3.3 Parteienbinnenkommunikation: Kommunikation ist Organisation

Die öffentliche politische Kommunikation und ihr Wandel spiegeln sich
auch in der innerparteilichen Willensbildung und Entscheidungsfindung.
Die parteiinterne Willensbildung ist nicht hermetisch abgeschlossen, sondern wird über die Medien von außen durchdrungen.

Parteien nutzen zunächst bestimmte Medien*formate*, um parteiinterne Kommunikationsprozesse zu gestalten: Sie greifen bei der Parteipresse auf das Zeitungsformat zurück, sie nutzen das Internet zum Aufbau von Mailing-Listen oder Newsgroups. Mit Hilfe dieser zielgruppengenauen Medien wird eine innerparteiliche Teilöffentlichkeit konstituiert.

Gerade das Internet bietet die Möglichkeit, geschützte kommunikative Räume aufzubauen, welche sich wiederum technisch vielfältig strukturieren lassen: Die Zugangsmöglichkeit kann präzise auf einen bestimmten Personenkreis begrenzt, die internen Kommunikationsmodi können je nach Organisationswunsch gestaltet werden. Beispiele dafür sind die parteiinternen Mitgliedernetze (vgl. Marschall 2001a) oder auch sporadische Veranstaltungen wie virtuelle Parteitage (vgl. Bubeck/Fuchs 2001; Heinrich-Böll-Stiftung 2001; Westermeyer 2001; Hebecker in diesem Band). Neben das Internet treten weitere, gerade von jungen Parteimitgliedern verwendete zielgruppengenaue neue Medien der Binnenkommunikation (z.B. SMS; vgl. zu diesem „neuen Medium" Rössler/Höflich 2001; s. grundlegend Sarcinelli in diesem Band).

Innerparteiliche Kommunikation wird aber zudem von Öffentlichkeiten überlagert, die von externen Akteuren organisiert werden und auf welche die Parteien keinen gestaltenden Einfluss ausüben können. Die Massenmedien als allgemeine politische Informationsagenten dienen auch der Vermittlung von Nachrichten innerhalb der Parteistrukturen (vgl. Wiesendahl in diesem Band). So wird über Parteitage nicht nur auf den parteiinternen Kanälen berichtet; sie sind zudem Berichterstattungsobjekt in Presse, Hörfunk und Fernsehen – ein Grund, warum Parteitage als eigentliche Institutionen innerparteilicher Willensbildung zunehmend auf die Medienberichterstattung ausgerichtet werden (vgl. Müller in diesem Band). Im TV-Bereich bietet neben den privaten Nachrichtenkanälen der öffentlich-rechtliche „Ereignis- und Dokumentationskanal" PHOENIX ein Forum, auf dem Partei(tags)kommunikation zum Teil ungekürzt Raum greift.

Folglich finden die „innerparteilichen" Diskussionen um Sach- oder Personalentscheidungen nicht nur in den parteieigenen Medien statt (dort vielleicht sogar am wenigsten), sondern in den auch für Nicht-Mitglieder zugänglichen politischen Räumen. Die Zweischneidigkeit dieser Konstellation liegt auf der Hand: Zum einen bieten sich in diesen Foren die Möglichkeiten einer kostengünstigen und breitgestreuten Distribution von

Information an die Mitglieder einer Partei. Zum anderen können die Parteien und ihre Führungsgremien die Dynamik in diesen öffentlichen Räumen nur bedingt steuern. Ein gewisses Restrisiko bleibt immer: Letzten Endes entscheiden Dritte über Inhalt und Form der massenmedialen Politikvermittlung. Zudem findet diese Kommunikation in Foren statt, die auch für potenzielle politische Gegner einsichtig sind.

Deutlich wird, dass die Medialisierung der Parteienöffentlichkeit an vielen Stellen zur Verringerung der Trennschärfe zwischen der internen und der externen Kommunikation führt. Nicht nur, dass die Strukturen der medial hergestellten Öffentlichkeit die parteiinterne Willensbildung durchdringen. Auch genuine Instrumente innerparteilicher Kommunikation – wie z.B. Parteitage – werden zugleich als Vehikel der Außenkommunikation, beispielsweise zur Vermittlung von Werten wie Geschlossenheit oder Tatkraft, genutzt.

4. Strukturwandel der Parteien und des Parteiensystems in der Mediendemokratie

Die Anpassung der kommunikativen Strukturen an den Wandel des Mediensystems zeigt Nebenwirkungen, die zu dem Gesamtbild eines „party change" beitragen. Die Interdependenzen zwischen dem Mediensystem und der Parteienkommunikation dürfen gleichwohl nicht zu der Erwartung führen, dass jede noch so kleine Veränderung im Mediensystem zu einem signifikanten Wandel der Parteien und ihrer Rolle führt. Auch ist Öffentlichkeit nur ein Faktor, der auf Organisation und Stellung der Parteien einwirkt. Darüber hinaus ändern sich die sozio-demographischen Facetten, die politische Kultur und wirtschaftliche Rahmenbedingungen. „Party change" betitelt somit einen komplexen Vorgang, bei dem Ursachen und Wirkungen nicht immer leicht auszumachen sind (vgl. Wiesendahl 2001). Der Strukturwandel der Öffentlichkeit ist nur eine Facette im Parteienwandel, aber eine durchaus relevante, die sich auf drei Ebenen manifestiert: (1) der Wandel der Parteienorganisation, (2) der Wandel des Parteiensystems, also der Struktur und der Beziehung der Parteien untereinander, (3) der Wandel der Rolle der Parteien im Politikprozess und ihres Verhältnisses zu anderen Akteuren.

4.1 Wandel von Parteiorganisation

Parteien als Organisationen haben sich über die Zeitläufe hinweg vielfach umstrukturiert (vgl. von Alemann 2001a; von Beyme 2000; Lösche/ Walter 1992). Dazu hat eine Reihe gesellschaftlicher Entwicklungen beigetragen. Auch der Wandel der Öffentlichkeit ändert die Form der Organisation von Partei. Denn Organisation basiert in vielerlei Hinsicht auf Kommunikation.

Typologisiert werden die unterschiedlichen Erscheinungsformen von Parteiorganisation mitunter entlang der innerparteilichen Machtverteilung. Hier spielt vor allem die Beziehung zwischen der Mitgliedschaft und der Funktionselite eine definierende Rolle. Problematisiert worden ist seit den Urtagen der Parteienforschung die Abkopplung der Funktionselite von der Parteibasis, den „einfachen" Mitgliedern (vgl. Michels 1989; Ostrogorski 1964). Diese Tendenz wird bis in die Gegenwart bei den Parteien diagnostiziert (vgl. Wiesendahl 1998a) – aber eben nur als eine Tendenz, nicht als „ehernes Gesetz" wie bei Michels. Es gibt eine mindestens so starke Gegentendenz von mittleren Parteieliten und der Basis, der Spitze Paroli zu bieten.

Eine Abkopplung und eine Monopolisierung von Entscheidungsmacht bei der Parteiführung können von kommunikativen Strukturen gefördert, sogar verursacht sein; so kann Information – ungleich verteilt – zu der Herausbildung und Festigung von Herrschaftskonstellationen führen. Das Mediensystem kann innerparteiliche Machtverhältnisse modulieren. Der Einsatz der Massenmedien für die innerparteiliche Willensbildung führt zu einer Stärkung der politischen Führung gegenüber den Mitgliedern – die „Massenmedien" gehen Hand in Hand mit den „Massenparteien" (vgl. Leggewie in diesem Band). Die Parteispitze kann die Wähler via Massenmedien („paid" und „free") ansprechen. Wird die massenmediale Kompetenz zunehmend wichtig, dann genießen die Kommunikationsmanager – in der Regel bei den Funktionsspitzen angesiedelt – mehr und mehr Einfluss im Bereich der Politikgestaltung. Zudem findet innerparteiliche Kommunikation, wenn sie über die Massenmedien stattfindet, *top-down* statt und privilegiert dabei deutlich die „prominente" Führungsspitze der Parteien.

Als Gegenbewegung zur Zentralisierung kann durch den Einsatz der Massenkommunikationstechniken wiederum eine Stärkung der Parteibasis stattfinden: Die Verbilligung der Kommunikation durch den Einsatz moderner Publikationstechniken ermöglicht selbständige Kommunikation auf der Ebene der Ortsvereine und Ortsverbände, die sich in Folge besser organisieren und damit eine Gegenmacht zur Parteiführung darstellen können. So war die SPD eines August Bebel zentralistischer organisiert als die SPD Helmut Schmidts oder Gerhard Schröders.

Ob das Internet das Potenzial hat, die Machtgewichte in den Parteien zugunsten der Mitglieder zu verschieben, muss offen bleiben. Partizipative Hoffnungen werden mit den Online-Medien verbunden, da ihre interaktiven Strukturen zu einer Wiederbelebung der Mitgliederparteien führen könnten (vgl. Marschall 2001a, 2001b). Erste Ansätze in der Empirie laden durchaus zu der vorsichtigen Vermutung ein, dass zumindest die Optionen der Beteiligung der Mitglieder an innerparteilichen Willensbildungsprozessen ausgebaut und Informationsungleichgewichte abgebaut werden können. Mitgliedernetze, die lediglich den jeweiligen Parteibuchinhabern zugänglich sind, spielen in diesem Zusammenhang eine wichtige Rolle. Pessimistische Stimmen wiederum befürchten durch den Einsatz des Internet im Rahmen der Binnenkommunikation die Vertiefung der parteiinternen Kommunikationsklüfte und eine Stärkung der Parteispitze gegenüber der Mitgliedschaft (vgl. Wiesendahl in diesem Band).

Nicht nur in der Beziehung zwischen Basis und Funktionselite, sondern auch innerhalb der Funktionseliten der Parteien dienen publizistische Aktivitäten als Machtmedium zur Durchsetzung von Positionen und Personen. So ist beispielsweise die Rede von der Chance politischer Akteure, mittels der Medien einen innerparteilichen Karriereweg zu beschreiten: Medienprominenz kann neben der Sachkompetenz den Quereinstieg in den politischen Führungssektor ermöglichen. Gleichermaßen bedeutsam bleiben allerdings die üblichen Karrierewege durch die Organisationshierarchien der Parteien (vgl. Lütjen/Walter in diesem Band). Denn trotz aller Personalisierung: Die wichtigen Kandidaten der Parteien werden nicht im Fernsehstudio nominiert. Ein Blick auf die Ministerpräsidenten in Deutschland, auf das Bundeskabinett, auf die Fraktionsspitze etc. zeigt: Nach ihrer Fernsehtauglichkeit ausgesucht wurden nur wenige. Noch bestimmen andere Kriterien die parteiinternen Selektionsmechanismen.

Hierbei kann eine „Medientauglichkeit" nicht schaden, im Gegenteil sogar förderlich sein.[3]

Das vorläufige „Endstadium" der Entwicklung der Parteien wird in der Wissenschaft mit dem Stichwort der „electoral-professional party" (Panebianco 1988) oder „professionellen Wählerpartei" gekennzeichnet (von Beyme 2000). Des Weiteren ist von „Medien-", „Rahmen-" oder „Netzwerkparteien", schließlich von „Fraktions-" und „Dienstleistungsparteien" die Rede. Angesichts der abnehmenden Mitgliedschaftszahlen wird mit Einschränkungen von einer „Amerikanisierung" der bundesdeutschen Parteien gesprochen (vgl. Strünck 2000).

Wer Parteien nur noch als Medienparteien versteht, welche überwiegend der Organisation von Wahlkampagnen dienen, übersieht jedoch Facetten, die deutsche – generell westeuropäische – Parteien immer noch aufweisen, z.B. ihre starke medienunabhängige Organisationsstruktur (vgl. Römmele in diesem Band). So ist auch das Schlagwort der „Netzwerkpartei" bei genauer Betrachtung vielleicht nicht mehr als eine Schimäre, hinter der die Organisationswirklichkeit der Partei noch Meilen hinterherhinkt (vgl. Leggewie in diesem Band). Die Parteikulturen, die Formen des Umgangs und der Kommunikation innerhalb der Parteiorganisationen, sind tiefverwurzelt und änderungsresistent (vgl. Wiesendahl in diesem Band) – ein Grund, weswegen die Reform der Strukturen nicht selten auf große parteiinterne Widerstände stößt (vgl. von Alemann u.a. 2001).

4.2 Wandel des Parteiensystems

Die Beziehung *zwischen* den Parteien, der Grad der Polarisierung und der Fragmentierung des Parteiensystems, wird infolge des Medienwandels modifiziert. Verändern sich die gesellschaftlichen Parameter, bleiben nur die Parteien erfolgreich, die sich effektiv auf die Veränderungen einstellen können – oder es reüssieren neue Parteien, die den Wandel in einen eigenen Vorteil umzumünzen wissen.

Für das bestehende Parteiensystem bedeutet der Öffentlichkeitswandel eine Machtzuweisung an die Parteien, denen es besonders gut gelingt,

---

[3] Ob das Internet ebenfalls einen Raum für die Förderung von Parteikarrieren bietet, ist angesichts der fragmentierten Netzöffentlichkeit fraglich (vgl. Bieber in diesem Band).

sich auf neue Strukturen der Öffentlichkeit und des Politikprozesses einzurichten. Dieses „Einrichten" kann unter anderem bedeuten, Persönlichkeiten als Kandidaten oder Spitzenrepräsentanten zu promovieren, die nicht nur innerparteiliche Anerkennung genießen, sondern auch vermittelbar sind; darüber hinaus gilt es, Themen und Begriffe zu „framen", die bei den Wahlentscheidungen eine bedeutsame Rolle spielen können; dies mag allerdings zu einer Vernachlässigung langfristig programmatischer Linien und damit zu einer Abnahme der Konturen zwischen den Parteien führen.

Die Modernisierung des Parteimanagements ist eine evidente Manifestation des Anpassungsprozesses. Die britische Labour-Partei gibt ein gutes Beispiel dafür ab, wie sich eine Partei in ihrer Organisation, in ihrem Personal und ihrer Programmatik auf die Spielregeln eines mediengeprägten Politikprozesses eingelassen und gewonnen hat (vgl. Jun in diesem Band).

Spitzen sich Wahlkämpfe aufgrund medienbedingter Personalisierungstendenzen auf die Kandidaten zu – noch verstärkt durch das Format der „Fernsehduelle" –, dann hat dies Auswirkungen auf den Grad der Fragmentierung des Parteiensystems. Potenzielle Verlierer einer solchen Entwicklung sind die kleinen Parteien, die nicht unmittelbar mit dem jeweiligen Amtsinhaber oder dem Herausforderer der großen Oppositionspartei assoziiert werden. Ob die Gegenstrategie der Benennung eines eigenen „Kanzlerkandidaten" (in der FDP kontrovers debattiert und schließlich beschlossen) oder von Spitzenkandidaten[4] etwaige Nachteile ausgleichen kann, bedarf der Analyse.

Aber auch neue Parteien haben gute Chancen, sich über die Medien auf den politischen Markt zu lancieren, wenn sie es durch ihr Kommunikationsmanagement schaffen, die Berichterstattung in ihrem Sinne zu gestalten. Dies erfordert ein sensibles Themenmanagement und überhaupt eine geschickte Öffentlichkeitsarbeit – dabei kann bei neuen Parteien (mehr als bei den etablierten) ein provokativer Ansatz hilfreich sein, denn zunächst ist es für noch nicht angekommene Formationen wichtig, auf sich aufmerksam zu machen. Dies gelingt am besten mit thematischen oder stilistischen Tabu-Brüchen, Facetten eines „populistischen" Instru-

---

[4] Selbst B'90/Die Grünen lösten sich von der Tradition der geschlechterparitätisch besetzten Doppelspitze und präsentierten für die Wahl 2002 den Außenminister Fischer als alleinigen Spitzenkandidaten (vgl. Fried 2002).

mentariums. Der Erfolg der „Schill-Partei" in Hamburg im September 2001 veranschaulicht, wie diese Logik funktionieren kann. Hier brachte es eine neu gegründete Partei aus dem Stand heraus fertig, nicht nur in die Bürgerschaft, sondern auch in die Regierung zu gelangen. Thematisch wurde das virulente Thema der inneren Sicherheit herausgearbeitet. Stilistisch fungierte der umstrittene und medienpräsente ehemalige Richter Ronald Barnabas Schill als Verkörperung der Organisation. Welchen genauen Beitrag die intensive Berichterstattung über Schill und seine Partei auf das Wahlverhalten zeitigte, ist schwer zu ermitteln. Jedenfalls ermöglichte die ausführliche Mediendebatte um die Schill-Partei letztlich deren Erfolg, denn nur so konnte sie entsprechende Aufmerksamkeit auf sich ziehen (vgl. Hofmann 2002). Die Schill-Partei ist überdies ein Paradebeispiel dafür, wie eine im Namen und in der Außendarstellung auf eine prominente Person ausgerichtete Partei Medienbarrieren brechen konnte.

Gleichzeitig zeigen die Erfolge solcher Protestwählerparteien, sei es die frühere STATT-Partei oder die Deutsche Volksunion in Sachsen-Anhalt, wie stark die Medienpräsenz zum politischen Strohfeuer werden kann. Eine nachhaltige Politik und eine feste Verankerung in der politischen Landschaft können nicht allein auf Medientauglichkeit gebaut werden. Zudem ist es angesichts der thematischen Volatilität der Medienagenda fragwürdig, ob sich Parteien entlang eines einzelnen Issues längerfristig etablieren können.

4.3 Wandel der Rolle der Parteien im Politikprozess

Der Wandel der Parteien und des Parteiensystems geht Hand in Hand mit einer medieninduzierten Veränderung des gesamten Politikprozesses. Die Karten werden nicht nur innerhalb des Parteiensystems neu gemischt, sondern auch jenseits der Parteien. Die Mediendemokratie moduliert die Machtressourcen des Parlaments, der Regierung, des Regierungschefs, der Verbände und NGOs, der Zivilgesellschaft – kurzum: zwischen den individuellen und kollektiven/korporativen Akteuren im politischen Prozess.

Aufschlussreich kann es beispielsweise sein, im Lichte des Öffentlichkeitswandels die Konzepte der „Parteiendemokratie" und der „Kanzlerdemokratie" gegenüberzustellen. Läuft die Kanzlerkandidatensuche innerhalb der Parteien auch nach den Kriterien der Mediengesellschaft ab, dann hat dies auch Rückwirkungen auf das Verhältnis zwischen dem

Frontman/der Frontwoman und der sie tragenden Partei (oder Parteien-konstellation). Kommt es auf den Kanzler an, weniger auf die Parteien, wird die Kandidatensuche auch von der „veröffentlichten" Meinung mit-geprägt, werden Parlamentswahlen zu Personenwahlen, nutzt der Kanzler das (typisch präsidiale) Instrument des „going public" zur Disziplinierung der Partei, dann gewinnt die Kanzlerschaft in der Mediendemokratie an Machtressourcen hinzu. Ähnliches gilt für die Stellung der einzelnen Par-lamentarier gegenüber ihren Parteien: Werden Abgeordnete als in lokalen Öffentlichkeiten präsente Personen von zunehmender Bedeutung, dann verlieren die Parteiorganisationen offenbar an Einfluss (vgl. Herzog 1993; Lösche 2000). Entsprechendes scheint sich auf kommunaler Ebene abzu-spielen; hier haben vor allem institutionelle Reformen (Direktwahl der Bürgermeister) der Personalisierung den Boden bereitet.

Ob die Parteien dabei tatsächlich verlieren, ob es sich also um ein Nullsummenspiel handelt, muss differenziert betrachtet werden. Letztlich bleibt die Personalisierung ein zweischneidiges Schwert für beide Seiten, für die Parteien wie für die Personen. Zum einen können einzelne Perso-nen gestärkt werden, zum anderen können Parteien als Organisationen Personen in ihren Dienst stellen, um mit ihrer Hilfe Machtanteile zurück-zugewinnen (vgl. Römmele in diesem Band). Offen bleibt die Frage – und hinsichtlich des US-amerikanischen Präsidenten immer wieder themati-siert –, inwieweit Personen zwar im Vordergrund stehen, aber letzten En-des nur noch wenig Einfluss auf die von ihnen lediglich zu vermittelnden Entscheidungen ausüben. Pointiert gefragt: Produziert eine medienbe-dingte Personalisierung „Solisten" oder „Marionetten"? Oder – leicht variiert – mit Lütjen und Walter (in diesem Band) gefragt: Was ist ent-scheidender für den Aufstieg: „Statur" oder „Frisur"?

Ein weiteres Beispiel für den öffentlichkeitsbedingten Machttransfer weg von den Parteien ist die Rolle der organisierten Interessen. Für eine Reihe dieser Organsiationen, vor allem für die advokatorischen *Public Interest Groups* (z.B. *Amnesty International* oder *Greenpeace*) stellt die Öffentlichkeit eine, wenn nicht *die* entscheidende Machtressource dar (vgl. Baringhorst 1998; Klein 2002). Die Nichtregierungsorganisationen haben in erster Linie die Chance, über die mediale Aufmerksamkeitszu-teilung die Agenda mitzugestalten, Themen zu platzieren und zur Mei-nungsbildung beizutragen. Mit der Suche nach Akzeptanz und Legitimati-on durch Publizität geraten Interessenorganisationen in Konkurrenz zu den Parteien als den klassischen Akteuren der Interessenvermittlung (vgl. Altvater/Brunnengräber 2002). So ist mittlerweile bereits die Rede von der Parallelität beider Vermittlungsakteure; NGOs gelten mitunter als die neuen „Parteien" der transnationalen Politik. Begünstigen die Strukturen der Mediengesellschaft in einem ersten Schritt die Entstehung und Etablierung solcher öffentlichkeitsbasierter Akteure, dann wird die zunehmende Medialisierung des Politikprozesses diese gegenüber den Parteien noch weiter favorisieren.

5. Fazit: Parteiendemokratie in der Mediengesellschaft

Parteien und Medien sind beides Organisationen des so genannten intermediären Bereichs. Sie vermitteln zwischen den Entscheidungsträgern und Politikbetroffenen, sie verkoppeln Sphären der Willensbildung mit den Prozessen der verbindlichen Politikherstellung.[5] In dieser Vermittlungseigenschaft sind beide komplementär, nicht substituierend.

Medien können bestimmte Funktionen, die von Parteien erbracht werden, nicht ersetzen: Dies gilt vor allem für die Aufgabe der Personalrekrutierung für staatliche Positionen – wenngleich die Medien Einfluss auf die konkreten Personalentscheidungen ausüben können. Auch gilt die Parteienorientierung immer noch als wichtigste erklärende Variable für Wahlentscheidungen (vgl. Brettschneider und Marcinkowski/Nieland in diesem Band). Und letzten Endes sind es die Parteien, die in Kooperation mit anderen Akteuren und Organisationen legitimiert Entscheidungen treffen – vorwiegend in nicht-öffentlichen Räumen. Denn in komplexen Verhandlungsdemokratien findet Politik auch jenseits allgemein zugänglicher Orte statt. Der politische Prozess kennt Phasen, in denen die von den Medien produzierte Öffentlichkeit keine entscheidende Wirkung entfaltet (vgl. von Beyme/Weßler 1998; Jarren u.a. 1996).

Medien wiederum üben unverzichtbare Funktionen für die politische Willensbildung aus: Sie schaffen ihre Öffentlichkeit, die – so defizitär sie aus demokratietheoretischer Hinsicht auch sein mag – unverzichtbar für

---

[5] Aufschlussreich ist in diesem Zusammenhang die Leibholz'sche Terminologie von der „Sprachrohr"-Funktion der Parteien (s.o.), welche die *kommunikative* Vermittlungsfunktion von Parteien thematisiert.

die Politik ist. Sie produzieren damit die notwendige Unterstützung und Legitimität, auf die demokratische Systeme angewiesen sind.

In den jeweiligen Schwerpunkttätigkeiten der Willensbildung und Entscheidungsfindung sind beide Vermittlungsakteure aufeinander angewiesen. Parteien benötigen Medien, um öffentliche Willensbildungsprozesse mitzugestalten, um für ihre Programme und Kandidaten zu werben und um Entscheidungen zu begründen. Medien können Parteien nicht ersetzen, vor allem nicht in ihrer Fähigkeit, Personal zu rekrutieren und in den verschachtelten Repräsentations- und Verhandlungsprozessen über die Ebenen hinweg zur verbindlichen Entscheidungsfindung beizutragen.

Parteien bewegen sich bei der Politikgestaltung in den Strukturen einer „Mediendemokratie" – wohl besser in einer „Mediengesellschaft", in der „Medienkommunikation, also über technische Hilfsmittel realisierte Bedeutungsvermittlung, eine allgegenwärtige und alle Sphären des gesellschaftlichen Seins durchwirkende Prägekraft entfaltet" (Saxer 1998: 53). Während Parteien stets in den staatlichen Bereich hinein gedacht werden, spielen Medien in verschiedenen gesellschaftlichen Teilsystemen eine wichtige Rolle; sie verbinden diese und generieren – trotz aller Fragmentierung – gesamtgesellschaftliche Räume. Die „Medialisierung" der Gesellschaft, ihre Prägung durch die Medien, führt zu einer „Medialisierung" der Politik, zu einer „Medialisierung" der Parteiendemokratie, aber nicht zu einer völligen Auflösung der alten Strukturen (vgl. Sarcinelli 1998).

Gilt also weiterhin Habermas' wegweisendes Werk und Wort vom „Strukturwandel der Öffentlichkeit"? Sicherlich, aber richtig verstanden. Es gab und gibt kein Ende der alten, liberalen, räsonierenden Öffentlichkeit der bürgerlichen Gesellschaft, sondern den „Wandel ihrer Struktur" hin zu den Massenmedien, zunächst zur Presse, dann zum Rundfunk. Auch gibt es keine Machtübernahme der neuen Medien in der Politik, vor der die Parteien weichen müssen. Was Habermas für das 19. Jahrhundert analysierte, hat deshalb auch für das 21. Jahrhundert Gültigkeit: Erneuter Strukturwandel ist angezeigt und damit eine weitere Transformation, aber keine Erosion. Die Parteien stehen am „Wendepunkt" (Oberreuter 1996), aber nicht am „Endpunkt". Die Parteiendemokratie überlebt *mutatis mutandis* in einem politischen Prozess, der heute zwar – wie zu Max Webers Zeiten – „in hervorragendem Maße in der Öffentlichkeit mit den Mitteln des gesprochenen oder geschriebenen Wortes" stattfindet, aber seine öf-

fentlichkeitsfreien Nischen behalten wird, in denen die „Parteiendemokratie" im althergebrachten Sinne weiterexistieren kann, ja muss.

Literatur

Alemann, Ulrich von (1994): Das Volk als dumpfe Masse. Die Thesen des Parteienkriti-
kers Hans Herbert von Arnim erinnern an die Demokratieverachtung der 20er und
30er Jahre, in: Die Woche vom 18. August.

Alemann, Ulrich von (2001a): Das Parteiensystem der Bundesrepublik Deutschland, 2.
Aufl., Opladen: Leske + Budrich.

Alemann, Ulrich von (2001b): Politikwissenschaft und Kommunikationswissenschaft.
Anmerkungen zu alten und neuen Schnittstellen, in: Frank Marcinkowski (Hrsg.),
Die Politik der Massenmedien. Heribert Schatz zum 65. Geburtstag, Köln: Halem, S.
217-225.

Alemann, Ulrich von (2002): Parteien und Medien, in: Oscar W. Gabriel/Oskar Nieder-
mayer/Richard Stöss (Hrsg.), Parteiendemokratie in Deutschland, Bonn: Bundeszentrale für politische Bildung S. 467-483.

Alemann, Ulrich von/Strünck, Christoph/Werhöfer, Ulrich (2001): Neue Gesellschaft –
alte Parteien? Parteireformen müssen politische Führung und die programmatische
Funktion für den Alltag zurückgewinnen, in: Matthias Machnig/Hans-Peter Bartels
(Hrsg.), Der rasende Tanker. Analysen und Konzepte zur Modernisierung der sozialdemokratischen Organisation, Göttingen: Steidl, S. 26-34.

Altvater, Elmar/Brunnengräber, Achim (2002): NGOs im Spannungsfeld von Lobbyarbeit
und öffentlichem Protest, in: Aus Politik und Zeitgeschichte, B 6-7, S. 6-14.

Arnim, Hans Herbert von (2000): Strukturprobleme des Parteienstaates, in: Aus Politik
und Zeitgeschichte, B 16, S. 30-38.

Baringhorst, Sigrid (1998): Zur Mediatisierung des politischen Protests. Von der Institu-
tionen- zur „Greenpeace-Demokratie"? in: Ulrich Sarcinelli (Hrsg.), Politikvermittlung und Demokratie in der Mediengesellschaft. Beiträge zur politischen Kommunikationskultur. Bonn: Bundeszentrale für politische Bildung, S. 326-342.

Bentele, Günter (1998): Politische Öffentlichkeitsarbeit, in: Ulrich Sarcinelli (Hrsg.),
Politikvermittlung und Demokratie in der Mediengesellschaft. Beiträge zur politischen Kommunikationskultur, Bonn: Bundeszentrale für politische Bildung, S. 124-
145.

Bergsdorf, Wolfgang (1980): Die vierte Gewalt – Eine Einführung in die politische Massenkommunikation, Mainz: Hasde & Köhler.

Beyme, Klaus von (2000): Parteien im Wandel. Von den Volksparteien zu den professionalisierten Wählerparteien, Wiesbaden: Westdeutscher Verlag.

Beyme, Klaus von/Weßler, Hartmut (1998): Politische Kommunikation als Entscheidungskommunikation, in: Otfried Jarren/Ulrich Sarcinelli/Ulrich Saxer (Hrsg.), Politische Kommunikation in der demokratischen Gesellschaft. Ein Handbuch mit Lexikonteil, Wiesbaden: Westdeutscher Verlag, S. 312-329.

Bieber, Christoph (1998): Politische Projekte im Internet. Online-Kommunikation und politische Öffentlichkeit, Frankfurt a.m./New York: Campus.

Boorstin, Daniel J. (1992): The Image. A Guide to Pseudo-Events in America, New York: Vintage Books.

Bubeck, Bernhard/Fuchs, Gerhard (2001): Auf dem Weg in die digitale Politik. Eine Untersuchung zum virtuellen Parteitag von Bündnis 90/Die Grünen Baden-Württemberg, Stuttgart: Akademie für Technikfolgenabschätzung in Baden-Württemberg.

Fried, Nico (2002): Fischer führt Grüne als Spitzenkandidat in den Wahlkampf, in: Süddeutsche Zeitung vom 22. Januar.

Göhler, Gerhard (1995): Einleitung, in: Ders. (Hrsg.), Macht der Öffentlichkeit – Öffentlichkeit der Macht, Baden-Baden: Nomos, S. 7-21.

Habermas, Jürgen (1990): Strukturwandel der Öffentlichkeit. Untersuchungen zu einer Kategorie der bürgerlichen Gesellschaft, 3. Aufl., Frankfurt a.M.: Suhrkamp.

Heinrich-Böll-Stiftung (Hrsg.) (2001): www.virtueller-parteitag.de. Untersuchungen zum 1. Virtuellen Parteitag von Bündnis 90/Die Grünen Baden-Württemberg am 24.11.-3.12.2000, Berlin/Stuttgart: Heinrich-Böll-Stiftung.

Hennis, Wilhelm (1983): Überdehnt und abgekoppelt. An den Grenzen des Parteienstaates, in: Christian Graf von Krockow (Hrsg.), Brauchen wir ein neues Parteiensystem?, Frankfurt a.M.: Fischer, S. 28-46.

Herzog, Dietrich (1993): Der Funktionswandel des Parlaments in der sozialstaatlichen Demokratie, in: Ders./Hilke Rebenstorf/Bernhard Weßels (Hrsg.), Parlament und Gesellschaft. Eine Funktionsanalyse der repräsentativen Demokratie, Opladen: Westdeutscher Verlag, S. 13-52.

Hoffmann-Riem, Wolfgang/Schulz, Wolfgang (1998): Politische Kommunikation – Rechtswissenschaftliche Perspektiven, in: Otfried Jarren/Ulrich Sarcinelli/Ulrich Saxer (Hrsg.), Politische Kommunikation in der demokratischen Gesellschaft. Ein Handbuch mit Lexikonteil, Wiesbaden: Westdeutscher Verlag, S. 152-174.

Höflich, Joachim R./Rössler, Patrick (2001): Mobile schriftliche Kommunikation – oder: E-Mail für das Handy. Die Bedeutung elektronischer Kurznachrichten (Short Message Service) am Beispiel jugendlicher Handynutzer, in: Medien & Kommunikationswissenschaft 49, S. 437-461.

Hofmann, Gunter (2002): Worüber streiten die hier?, in: Die Zeit vom 21. Februar.

Hölscher, Lucian (1979): Öffentlichkeit und Geheimnis. Eine begriffsgeschichtliche Untersuchung zur Entstehung der Öffentlichkeit in der frühen Neuzeit, Stuttgart: Klett-Cotta.

Holtz-Bacha, Christina (1999): Wahlkampf in den Medien – Wahlkampf mit den Medien. Ein Reader zum Wahljahr 1998, Opladen/Wiesbaden: Westdeutscher Verlag.

Jarren, Otfried (2001): „Mediengesellschaft" – Risiken für die politische Kommunikation, in: Aus Politik und Zeitgeschichte, B 41-42, S. 10-19.

Jarren, Otfried/Donges, Patrick/Weßler, Hartmut (1996): Medien und politischer Prozeß. Eine Einleitung, in: Otfried Jarren/Heribert Schatz/Hartmut Weßler (Hrsg.), Medien und politischer Prozeß. Politische Öffentlichkeit und Massenmediale Politikvermittlung im Wandel, Opladen: Westdeutscher Verlag, S. 9-37.

Kaiser, Robert (1999): Online-Informationsangebote der Politik. Parteien und Verbände im World Wide Web, in: Klaus Kamps (Hrsg.), Elektronische Demokratie? Perspektiven politischer Partizipation, Opladen/Wiesbaden: Westdeutscher Verlag, S. 175-190.

Kevenhörster (1998): Repräsentation, in: Otfried Jarren/Ulrich Sarcinelli/Ulrich Saxer (Hrsg.), Politische Kommunikation in der demokratischen Gesellschaft. Ein Handbuch mit Lexikonteil, Wiesbaden: Westdeutscher Verlag, S. 292-297.

Klein, Ansgar (2002): Überschätzte Akteure? Die NGOs als Hoffnungsträger transnationaler Demokratisierung, in: Aus Politik und Zeitgeschichte, B 6-7, S. 3-5.

Leibholz, Gerhard (1967): Strukturprobleme der modernen Demokratie, 3. Aufl., Karlsruhe: Müller.

Lösche, Peter (2000): Der Bundestag – kein „trauriges", kein „ohnmächtiges" Parlament, in: Zeitschrift für Parlamentsfragen 31, S. 926-936.

Lösche, Peter/Walter, Franz (1992): Die SPD. Klassenpartei – Volkspartei – Quotenpartei, Darmstadt: Wissenschaftliche Buchgesellschaft.

Luhmann, Niklas (1996): Die Realität der Massenmedien, 2. Aufl., Opladen: Westdeutscher Verlag.

Mair, Peter/Müller, Wolfgang C./Plasser, Fritz (Hrsg.) (1999): Parteien auf komplexen Wählermärkten. Reaktionsstrategien politischer Parteien in Westeuropa, Wien: Signum.

Marcinkowski, Frank (1993): Publizistik als autopoietisches System – Politik und Massenmedien. Eine systemtheoretische Analyse, Opladen: Westdeutscher Verlag.

Marschall, Stefan (2001a): Parteien und Internet – Auf dem Weg zu internet-basierten Mitgliederparteien?, in: Aus Politik und Zeitgeschichte, B 10, S. 38-46.

Marschall, Stefan (2001b): Virtuelle Parteibuchinhaber – Chancen und Grenzen internetbasierter Parteimitgliedschaft, in: Friedrich-Ebert-Stiftung (Hrsg.), ParteiPolitik 2.0. Der Einfluss des Internet auf parteiinterne Kommunikations- und Organisationsprozesse, Bonn: Friedrich-Ebert-Stiftung, S. 29-47.

Meier, Werner A./Jarren, Otfried (2001): Ökonomisierung und Kommerzialisierung von Medien und Mediensystem. Einleitende Bemerkungen zu einer (notwendigen) Debatte, in: Medien & Kommunikationswissenschaft 49, S. 145-158.

Meyer, Thomas (2001): Mediokratie. Die Kolonisierung der Politik durch die Medien, Frankfurt a.M.: Suhrkamp.

Meyer, Thomas (2002): Soziale Demokratie und Globalisierung. Eine europäische Perspektive, Bonn: Dietz.

Meyer, Thomas/Ontrup, Rüdiger/Schicha, Christian (2000): Die Inszenierung des Politischen. Zur Theatralität von Mediendiskursen, Wiesbaden: Westdeutscher Verlag.

Michels, Robert (1989): Zur Soziologie des Parteienwesens in der modernen Demokratie. Untersuchungen über die oligarchischen Tendenzen des Gruppenlebens, 4. Aufl., Stuttgart: Kröner (Originalausgabe 1911).

Müller, Albrecht (1999): Von der Parteien- zur Mediendemokratie. Beobachtungen zum Bundestagswahlkampf 1998 im Spiegel früherer Erfahrungen, Opladen: Leske + Budrich.

Müller, Christian (1998): Parteien im Internet, in: Winand Gellner/Fritz von Korff (Hrsg.), Demokratie und Internet, Baden-Baden: Nomos, S. 157-169.

Neidhardt, Friedhelm (1994): Öffentlichkeit, öffentliche Meinung, soziale Bewegungen, in: Ders. (Hrsg.), Öffentlichkeit, öffentliche Meinung, soziale Bewegungen, Opladen: Westdeutscher Verlag, S. 7-41.

Oberreuter, Heinrich (1996): Parteiensystem am Wendepunkt? Wahlen in der Fernsehdemokratie, München: Olzog.

Ostrogorski, Moise (1964): Democracy and the Organization of Political Parties, 2 Bd., Chicago: Quadrangle (Originalausgabe 1902).

Panebianco, Angelo (1988): Political Parties: Organization and Power, Cambridge: Cambridge University Press.

Patzelt, Werner J. (1995): Vergleichende Parlamentarismusforschung als Schlüssel zum Systemvergleich. Vorschläge zu einer Theorie- und Forschungsdebatte, in: Uwe Thaysen/Winfried Steffani (Hrsg.), Demokratie in Europa. Zur Rolle der Parlamente, Opladen: Westdeutscher Verlag, S. 355-385.

Reljić, Dušan (2001): Der Vormarsch der Megamedien und die Kommerzialisierung der Weltöffentlichkeit, in: Tanja Brühl u.a. (Hrsg.), Die Privatisierung der Weltpolitik: Entstaatlichung und Kommerzialisierung im Globalisierungsprozess, Bonn: Dietz, S. 58-81.

Sarcinelli, Ulrich (1987): Symbolische Politik. Zur Bedeutung symbolischen Handelns in der Wahlkampfkommunikation der Bundesrepublik Deutschland, Opladen: Westdeutscher Verlag.

Sarcinelli, Ulrich (1997): Von der Parteien- zur Mediendemokratie? Das Beispiel Deutschland, in: Heribert Schatz/Otfried Jarren/Bettina Knaup (Hrsg.), Machtkonzentration in der Multimediagesellschaft? Beiträge zu einer Neubestimmung des Verhältnisses von politischer und medialer Macht, Opladen: Westdeutscher Verlag, S. 34-45.

Sarcinelli, Ulrich (1998): Parteien und Politikvermittlung: Von der Parteien- zur Mediendemokratie?, in: Ders. (Hrsg.), Politikvermittlung und Demokratie in der Mediengesellschaft, Bonn: Bundeszentrale für politische Bildung, S. 273-296.

Saxer, Ulrich (1998): Mediengesellschaft: Verständnisse und Versäumnisse, in: Ulrich Sarcinelli (Hrsg.), Politikvermittlung und Demokratie in der Mediengesellschaft. Beiträge zur politischen Kommunikationskultur, Bonn: Bundeszentrale für politische Bildung, S. 52-73.

Schmidt, Manfred G. (1982): Wohlfahrtsstaatliche Politik unter bürgerlichen und sozialdemokratischen Regierungen – ein internationaler Vergleich, Frankfurt a.M./New York: Campus.

Stöss, Richard (1997): Parteienstaat oder Parteiendemokratie?, in: Oscar W. Gabriel/Oskar Niedermayer/Richard Stöss (Hrsg.), Parteiendemokratie in Deutschland, Bonn: Bundeszentrale für politische Bildung, S. 13-36.

Strünck, Christoph (2000): Agenturen oder Agenturen? Amerikanische und deutsche Parteien in vergleichender Perspektive, in: Klaus Kamps (Hrsg.), Trans-Atlantik – Trans-Portabel? Die Amerikanisierungsthese in der politischen Kommunikation, Wiesbaden: Westdeutscher Verlag, S. 199-220.

Weber, Max (1971): Politik als Beruf, in: Ders., Gesammelte politische Schriften, 3. Aufl., Tübingen: Mohr, S. 505-560.

Welzel, Carolin/Wieboldt, Sven (2001): Die Online-Angebote der Bundestagsparteien im Vergleich, in: Friedrich-Ebert-Stiftung (Hrsg.), ParteiPolitik 2.0. Der Einfluss des Internet auf parteiinterne Kommunikations- und Organisationsprozesse, Bonn: Friedrich-Ebert-Stiftung, S. 97-109.

Westermeyer, Till (2001): Zur Funktionsweise Virtueller Parteitage, in: Friedrich-Ebert-Stiftung (Hrsg.), ParteiPolitik 2.0. Der Einfluss des Internet auf parteiinterne Kommunikations- und Organisationsprozesse, Bonn: Friedrich-Ebert-Stiftung, S. 48-71.

Wiesendahl, Elmar (1998a): Parteien in Perspektive. Theoretische Ansichten der Organisationswirklichkeit politischer Parteien, Opladen/Wiesbaden: Westdeutscher Verlag.

Wiesendahl, Elmar (1998b): Parteienkommunikation, in: Otfried Jarren/Ulrich Sarcinelli/Ulrich Saxer (Hrsg.), Politische Kommunikation in der demokratischen Gesellschaft. Ein Handbuch mit Lexikonteil, Wiesbaden: Westdeutscher Verlag, S. 442-449.

Wiesendahl, Elmar (2001): Parteien im Epochenwechsel? Neue Literatur zum organisatorischen Strukturwandel politischer Parteien – Sammelrezension, in: Politische Vierteljahresschrift 42, S. 734-743.

Parteien und Massenmedien im Wahlkampf

Christina Holtz-Bacha

Der Prozess der Wahlkampfkommunikation lässt sich vereinfacht in einem Dreiecksverhältnis darstellen, das aus politischem System, Mediensystem und Wählerschaft gebildet wird. Politische Akteure, hier Parteien und ihre Kandidaten, die Massenmedien sowie Wählerinnen und Wähler bzw. das Medienpublikum bringen je unterschiedliche Interessen in den Prozess ein und stehen zueinander in einer wechselseitigen Einflussbeziehung. Die politischen Akteure betreiben Wahlkampf mit dem Ziel des Stimmengewinns, der über die Teilhabe an der Macht entscheidet. Da politisches Handeln in der Demokratie der permanenten Legitimation bedarf, dienen Wahlen und Wahlkampf zugleich der öffentlichen Begründung politischer Herrschaft sowie ihrer Überprüfung und Zustimmung durch den Souverän. Um die Wählerschaft anzusprechen, ist die Politik weitgehend auf die Vermittlungsleistung der Massenmedien angewiesen. Indem diese über den Wahlkampf berichten, kommen sie ihrer öffentlichen Aufgabe und der damit verbundenen Informations-, Kritik- und Kontrollfunktion nach. Sie sind dabei auch angewiesen auf den Zugang zu Informationen des politischen Systems. Bei der Berichterstattung über den Wahlkampf orientieren sie sich gleichzeitig an ihrem Publikum und dessen Akzeptanzkriterien gegenüber medialen Angeboten. Die Wählerschaft schließlich nimmt durch die Wahl am politischen Prozess teil; für viele Wählerinnen und Wähler ist es die einzige Form der politischen Partizipation. Sie suchen, um die Wahlentscheidung treffen zu können, in mehr oder weniger großem Umfang nach Informationen über die politischen Akteure, die sich zur Wahl stellen.

1. Politischer, medialer und gesellschaftlicher Wandel

Die Art und Weise, wie Wahlkampf geführt wird, hat sich aufgrund von Wandlungsprozessen im politischen System, im Mediensystem und in der

Wählerschaft, die wiederum miteinander in Beziehung stehen, im Laufe der letzten Jahrzehnte verändert. Der gesellschaftliche Wandel hat dazu geführt, dass die Bindungen der Wähler an die Parteien schwächer geworden sind. Ließen sich einst Wahlentscheidungen mit vergleichsweise hoher Sicherheit durch soziodemographische Variablen vorhersagen, fallen diese heute mehr und mehr auf der Basis kurzfristiger Faktoren, die von Wahl zu Wahl wechseln können (vgl. Brettschneider in diesem Band). Das ist (auch) eine Folge der gesellschaftlichen Differenzierung, die mit einer neuen Vielfalt unterschiedlicher Interessenlagen einhergeht. Bedürfnisse und Erwartungen sind flexibel geworden, Wertepräferenzen haben sich verschoben, das Bildungsniveau in der Gesellschaft ist gestiegen. Bildung wiederum erleichtert die Auswahl und den Umgang mit Informationen, die für die Wahlentscheidung benötigt werden: Der gebildete Wähler kann auf die Bequemlichkeit der Parteiidentifikation, die bei jeder Wahl neue Überlegungen bezüglich der Stimmabgabe obsolet macht, nicht mehr zurückgreifen. Insgesamt bedeutet das, dass Wahlentscheidungen heute in geringerem Umfang als früher längerfristig feststehen. Die Stammwählerschaft schwindet: Derzeit liegt ihr Anteil für CDU/CSU und SPD nur noch bei zehn bzw. acht Prozent (Brunner 2001: 9).

Wahlentscheidungen sind mittlerweile kurzfristig wandelbar und werden spät getroffen. Daraus erklärt sich ein zunehmender Anteil von Wechselwählern sowie von Unentschlossenen bis kurz vor der Stimmabgabe. Der Bundestagswahlkampf 1998 hat deutlich gemacht, dass der Anteil der bis kurz vor dem Wahltermin unentschlossenen Wählerinnen und Wähler ein beträchtliches Ausmaß erreicht hat. Zweieinhalb Wochen vor der Wahl am 27. September waren 33 Prozent der Befragten noch unsicher, welcher Partei sie ihre Stimme geben würden.[1] Schließlich ist auch die Wahlbeteiligung in Deutschland gesunken. War wählen zu gehen lange Zeit eine Selbstverständlichkeit oder quasi ein Ritual, fiel die Beteiligungsquote 1980 unter 90 Prozent, 1990 und 1994 lag sie sogar unter 80 Prozent (von Beyme 2000: 53 f.). Auf anderen Ebenen – Europa-, Landtags- oder Kommunalwahlen – ist die Wahlbeteiligung mittlerweile meist noch deutlich niedriger.

Die Parteien haben auf diese Entwicklungen reagieren müssen. Ist ihr Ziel Stimmenmaximierung, gilt es, auf die Interessenvielfalt zu reagieren.

---

[1] Vgl. „Noch ist ein Drittel unentschieden", in: Süddeutsche Zeitung vom 12. September 1998.

Das kann für die Parteien aber den Verlust eines deutlichen Profils bedeuten. Die wachsende Volatilität der Wählerschaft bringt es aber zugleich mit sich, dass der Stellenwert des Wahlkampfs gestiegen ist. Wo Parteipräferenzen nicht langfristig feststehen, aber auch die Stimmabgabe überhaupt ihre Selbstverständlichkeit verliert, dient die Kampagne der Mobilisierung der Wählerschaft und kann die Wahlentscheidung kognitiv wie auch emotional beeinflussen.

Hatten sich die Bedingungen für Politikvermittlung ohnehin durch die Karriere des Fernsehens ab den sechziger Jahren tiefgreifend gewandelt, gab es in den letzten 15 bis 20 Jahren – nicht nur in der Bundesrepublik Deutschland – weitere bedeutsame Veränderungen im Mediensystem, welche Folgen für die politischen Akteure einerseits und das Nutzungsverhalten des Medienpublikums andererseits hatten. Der neuerliche Wandel wird gefasst mit dem Stichwort *Kommerzialisierung*, die vor allem infolge des Hinzutretens privat-kommerzieller Veranstalter auf dem Rundfunkmarkt festzustellen ist. Kommerzialisierung bedeutet, dass ökonomische Kriterien bei der Selektion und bei der Aufbereitung von Themen gegenüber publizistischen Kriterien wichtiger werden und diese schließlich überlagern.

Dieser Trend beeinflusst den politischen Prozess. Politik wird nun ebenfalls den Gesetzen des kommerzialisierten Fernsehmarkts unterworfen, muss sich neben anderen Medienangeboten behaupten und wird ebenso wie diese nach dem Erfolg beim Publikum gemessen. Auch für die politischen Angebote gilt also, Aufmerksamkeit zu gewinnen und zu halten.

Die mit der Vermehrung der Sender erfolgte beträchtliche Ausdehnung der Sendezeit sowie der Wettbewerb der Sender untereinander verändern auch die Nachfrage nach den Angeboten aus der Politik. Es besteht ein ständiger Bedarf an neuen, möglichst exklusiven und möglichst spannenden Nachrichten.

Außerdem hat sich – eine Entwicklung, die bei der Presse früher eingesetzt hatte – das Rundfunkangebot differenziert. Dies hat niedrigere Reichweiten für die einzelnen Sender mit sich gebracht und trägt das Potenzial für eine Fragmentierung des Publikums in sich. Auch diese Entwicklung stellt die Politik vor neue Schwierigkeiten bei der Ansprache der Wählerschaft (vgl. Holtz-Bacha 1997), bietet durch die Entstehung von Spartenkanälen aber auch neue Möglichkeiten, sich an bestimmte Zielgruppen zu wenden – eine Möglichkeit, die beim Fernsehen zuvor nicht gegeben war.

Die Zunahme des medialen Angebots insgesamt und die Mehrung spezifischer Angebote haben Bewegung in das Nutzungsverhalten des Publikums gebracht. Stärker als zu Zeiten von zwei oder drei öffentlich-rechtlichen Programmen kann der Fernsehzuschauer seinen Erwartungen und Bedürfnissen folgen. Pauschal gesagt, hat sich damit eine deutlichere Unterhaltungsorientierung durchgesetzt. Diese geht Hand in Hand mit der entsprechenden Entwicklung des Fernsehangebots, und sie ist von der Politik in Rechnung zu stellen. Will Politik in dieser Konkurrenz bestehen, muss sie sich die Erfolgskriterien der Unterhaltung zunutze machen.

2. Politik und Medien – widerstreitende Interessen bei gegenseitiger Abhängigkeit

Politische Akteure und Massenmedien stehen zwar in gegenseitiger Abhängigkeit, wenn es um die Vermittlung von Politik an die Wählerschaft geht – zumal im Wahlkampf. Aber sie stehen auch in einer gewissen Konkurrenz. Die Politik versucht mit verschiedenen Strategien, so weit wie möglich selbst darüber zu bestimmen, wie sie in den Massenmedien präsentiert wird. Dieses Interesse ist verständlich im Sinne einer bestmöglichen Effektivität politischer Botschaften zum Zweck der Stimmenmaximierung. Insbesondere geht es den politischen Akteuren darum, die Themen in der Öffentlichkeit zu setzen, bei denen sie Kompetenz vorzuweisen haben, für die Lösungen angeboten werden können und die nicht Teile der Wählerschaft abschrecken. Solche Themen müssen möglichst allgemein sein, denn an konkreten Versprechungen könnten Parteien und Politiker nach der Wahl gemessen werden.

Die Themen und deren Verpackung haben die politischen Akteure nur da völlig in der Hand, wo die Massenmedien lediglich als Träger fungieren, nämlich bei politischer Werbung. Weil Parteien für die Produktion und die Verbreitung dieser Formen von Wahlkampfkommunikation bezahlen müssen, werden diese als „paid media" bezeichnet. Während deren Themen, Gestaltung und Timing also völlig nach Marketing-Gesichtspunkten bestimmt werden können, haben sie den Nachteil, dass ihr persuasives Kommunikationsziel den Rezipienten bekannt ist und die

Gefahr der Reaktanz in sich trägt. Genau deshalb ist es aber auch schwer, den tatsächlichen Stellenwert der politischen Werbung für die Wählerschaft zu ermitteln. Die Parteien jedenfalls verzichten ungern auf dieses Wahlkampfmittel, ihr Werbeeinsatz spricht für Wirkungsvermutungen. Die größeren Parteien haben, seitdem auch in Deutschland die Möglichkeit besteht, bei den kommerziellen Fernsehsendern Werbezeit zu kaufen, ihre Aufwendungen für die Wahlwerbung im Fernsehen – zum Teil beträchtlich – gesteigert. Bei der Bundestagswahl 1998 standen SPD und CDU bei den öffentlich-rechtlichen Programmen je acht Sendeplätze für 90-Sekunden-Spots zur Verfügung, im privaten Fernsehen dagegen kaufte sich die SPD mehr als 50 Minuten Werbezeit, die CDU sogar annähernd 250 Minuten (vgl. ausführlich Holtz-Bacha 2000b: 156-157).

Schwieriger ist es für die politischen Akteure, ihren Strategien bei den in Abgrenzung zu den „paid media" so genannten „earned" oder „free media", das heißt bei den redaktionellen Angeboten, zur Durchsetzung zu verhelfen. Hier steht die Politik potenziell in einem Konflikt zu Aufgabe und Arbeitsweise der Medien. Vor dem Hintergrund zumal ihrer Kritik und Kontrollfunktion und im Interesse ihrer Glaubwürdigkeit beim Publikum muss den Medien daran gelegen sein, selbst zu entscheiden, was und wie über Politik berichtet wird. Durch Ausreizen der medialen Aufmerksamkeitskriterien, aber auch durch direkte Einflussnahme arbeiten politische Akteure indessen beständig daran, die Chance für eine möglichst unveränderte Weitergabe ihrer Angebote zu erhöhen.

Seit den siebziger Jahren, als sich Wahlkämpfe auch in der Bundesrepublik Deutschland zu Fernsehwahlkämpfen entwickelten und dem Fernsehen sogar wahlentscheidende Wirkung zugesprochen wurde, haben die Parteien argwöhnisch beobachtet, wie das Fernsehen über Wahlkämpfe berichtet. Die Verantwortlichen bei den (öffentlich-rechtlichen) Sendern haben daraus – bewusst und unbewusst – Konsequenzen gezogen, um der Kritik der politischen Akteure zu entgehen. Wahlberichterstattung findet sich seitdem weniger in den reichweitenstarken aktuellen Angeboten, sondern zu großen Teilen in Wahlsondersendungen. In den letzten sechs Wochen vor einer Wahl wird die Politik aus den Unterhaltungssendungen verbannt; Kabarettsendungen wurden für die Vorwahlzeit ganz gestrichen. Wo Wahlkampfberichterstattung stattfindet, wird peinlich genau auf Ausgewogenheit geachtet. Nach einer Untersuchung der Fernsehberichterstattung über den Bundestagswahlkampf 1976 war bereits von Ausgewogenheit bis zur Selbstaufgabe (Kepplinger 1979) die Rede. Eine Analyse der Berichterstattung im Vorfeld der Bundestagswahl 1998 befand ebenfalls auf Ausgewogenheit für Parteien und Spitzenkandidaten (Krüger/Zapf-Schramm 1999).

Der Journalismus beantwortet die professionalisierten Angebotsstrategien der politischen Akteure indessen mittlerweile mit einer gewissen Widerborstigkeit, indem die Inszenierungen selbst thematisiert und kritisiert werden (vgl. z.B. Brosda 1999). Weil damit aber der Schein, den sich die Parteien geben, als solcher entlarvt und die Ernsthaftigkeit der Politik in Frage gestellt wird, trägt solche Wahlkampfberichterstattung den Medien wiederum den Vorwurf ein, Politikverdrossenheit bei der Wählerschaft zu schüren (vgl. z.B. Blumler/Gurevitch 1995: 219).

Der Wahlkampf selbst – Strategien, Mittel, Stil, Kandidaten – ist wichtiges, oftmals dominantes Thema der Kampagnenberichterstattung der Medien (z.B. Krüger/Zapf-Schramm 1999; Marcinkowski/Nieland in diesem Band). Damit verlagert sich deren Blick von den Sachthemen auf eine Metaebene des politischen Diskurses. Allerdings spiegelt sich darin auch, dass diese Ebene auf Seiten der politischen Akteure eine bedeutsame Rolle spielt. In ihrer Fernsehwerbung machen wahlbezogene Themen einen großen Teil des Themenhaushalts aus (vgl. Holtz-Bacha 2001b: 176); Metakommunikation wird zur Wahlkampfstrategie (Esser 2001) und diese selbst Gegenstand der Auseinandersetzung zwischen den Parteien und Kandidaten.

3. Charakteristika des modernen Wahlkampfs

Moderner Wahlkampf trägt spezifische Merkmale. Sie alle sind Ausdruck der Professionalisierung im Sinne einer Anpassung an die Bedingungen, die sich durch die hier zuvor grob skizzierten gesellschaftlichen Veränderungen und den medialen Wandel ergeben haben. Generell steht die Professionalisierung für die Gestaltung des Wahlkampfs nach den Gesetzen des Marketing, wobei eine technisch-pragmatische Sichtweise gegenüber inhaltlich-programmatischen Interessen an Bedeutung gewinnt bzw. letztere überlagert.

Organisatorisch kommt die Marketing-Orientierung von Wahlkämpfen darin zum Ausdruck, dass Experten aus Werbe-, PR und Mediaagenturen herangezogen werden oder – wie in den USA – das Kampagnenmanagement ganz an solche Profis der Verkaufsbranche übergeht. Für die Gestaltung der Kampagne werden Erkenntnisse des betriebswirtschaftlichen Marketing und der Kommunikationsforschung angewendet und die Strategien auf der Basis von Befunden aus Markt- und Meinungsforschung entwickelt. Der einheitliche Wahlkampfauftritt, die Einbindung aller Kräfte in eine gemeinsame Strategie verlangen zudem die innerparteiliche Zentralisierung der Kampagnenorganisation.

Im Engagement von Marketing-Experten und in der Anwendung kommerzieller Verkaufstechniken kommt am deutlichsten zum Ausdruck, dass sich die politische Kampagne immer weniger vom Produkt – der Partei mit einem politischen Weltbild und entsprechenden Lösungsangeboten für Probleme – leiten lässt und sich die Bemühungen stattdessen auf die bestmögliche Verpackung richten.

Als Kennzeichen des modernen Wahlkampfs gilt zudem die bevorzugte Orientierung der Kampagne am Fernsehen. Seitdem die Parteien zu der Überzeugung gelangt sind, das Fernsehen sei das wirkungsmächtigste Medium, richten sie ihre Wahlkampfbemühungen entsprechend aus. Das hat Konsequenzen für die Anlage der Kampagne und für das Verhältnis zwischen Politikern und Journalisten.

Aufgrund der Notwendigkeit, Politik – im Bild – darstellbar und verständlich zu machen, fördert vor allem das Fernsehen die Personalisierung von Politik. Zwar ist die Vermittlung von Politik über Personen keineswegs etwas Neues und auch nicht erst mit dem Fernsehen aufgekommen; mehr als die Presse ist aber das audiovisuelle Medium auf Gesichter angewiesen. Die Logik des kommerzialisierten Fernsehens führt zudem die Personalisierung in der Privatisierung weiter und unterstützt die Entertainisierung des politischen Geschäfts.

Die Fernsehfixierung der Wahlkämpfer sowie die Komplexität der Politik verstärken die Tendenz zur Personalisierung der Politikvermittlung. Für alle am Prozess der Wahlkampfkommunikation Beteiligten – Parteien, Medien, Wählerschaft – gilt, dass Politik leichter durch Personen zu verstehen und zu vermitteln ist. Für die Parteien ist es zudem weniger riskant, Personen in den Mittelpunkt ihrer Botschaften zu stellen als Themen, die womöglich auf Probleme verweisen, bei denen man ohnehin keinen Einfluss oder keine Kompetenz hat oder die Teile der Wählerschaft verschrecken könnten. Personen entsprechen mehr als abstrakte Themen den medialen Aufmerksamkeitskriterien und der an Bilder gebundenen Darstellungsweise des Fernsehens. Für das Publikum ist die Orientierung leichter, wenn die komplexe Politik mit einem Kandidaten, mit einem Gesicht verbunden werden kann.

Allerdings zeigt sich in Inhaltsanalysen, dass Personalisierung die Konzentration der Berichterstattung auf einige wenige Kandidaten und vor allem die Spitzen- bzw. Kanzlerkandidaten der beiden großen Parteien bedeutet (z. B. Krüger/Zapf-Schramm 1999; Marcinkowski/Nieland in diesem Band). Der dabei in vielen Wahlkämpfen sichtbar gewordene, im Übrigen als ein deutsches Phänomen beklagte (Semetko/Schoenbach 1994: 131) Amtsbonus des jeweiligen Bundeskanzlers konnte von den Herausforderern nur selten konterkariert werden (vgl. z.B. Schneider u.a. 1999). Dieser Amtsbonus, der einen Sichtbarkeits-, aber nicht unbedingt einen Bewertungsvorteil darstellt, wird durch die Anwendung professioneller Selektionskriterien (Nachrichtenfaktoren) auf Seiten der Medien erklärt.

Weil es den Kandidaten primär auf diese Sichtbarkeit ankommt, belassen sie es nicht dabei, dem Fernsehen durch bildgerecht inszenierte Ereignisse ein Angebot zu machen. Politiker bemühen sich aktiv und gelegentlich auch mit Nachhilfe durch gezielte Einflussnahme um Fernsehpräsenz. Ihre „spin doctors", die so genannt werden, weil sie den Aussagen des von ihnen beratenen Kandidaten den „spin", den richtigen Dreh, geben, liefern dazu die richtige Interpretation. Den gewandelten Bedingungen des Fernsehmarkts – im Angebot wie in der Nutzung durch das Publikum – tragen die Kandidaten außerdem insofern Rechnung, als sie verstärkt den Auftritt in Unterhaltungssendungen suchen.

Diese Präsenz hat den Vorteil, dass hier auch das Publikum erreicht werden kann, das nicht gezielt nach politischen Informationen sucht. Obendrein bieten die „entertaining"-Formate den Politikern breiten Raum für ihre Selbstdarstellung (vgl. Holtz-Bacha 2000a). Allerdings verlangt der Auftritt im unterhaltenden Kontext vom Kandidaten andere Themen und Kompetenzen als die vorderhand politischen Sendungen. Beim Zug durch die Talk- und Spielshows im Fernsehen geben sich die Politiker locker und öffnen ihr Herz. Sie präsentieren sich als Menschen wie du und ich, zeigen sich damit dicht an den Wählern und laden zur Identifikation ein. Indem Politik dergestalt emotionalisiert wird, mutiert der Wahlkampf zur Sympathiewerbung. Die Demonstration privater Kompetenzen soll auch für das politische Amt empfehlen (vgl. Holtz-Bacha 2001a). Was für die Kandidaten Strategie ist, kommt wiederum den Interessen der reichweitenorientierten Medien entgegen: Das Unterhaltsame mit Human-Interest-Qualität lässt sich leichter ans Publikum bringen als die sachliche Diskussion politischer Probleme. Im Übrigen hat eine Untersuchung zur Bundestagswahl 1998 gezeigt, dass private Aspekte der Kandidaten durchaus eine Rolle spielen können für die Stimmabgabe. Demnach waren Kenntnisse über das Privatleben von Helmut Kohl und Gerhard Schröder in der Wählerschaft verbreitet, und von ihnen ging auch ein Einfluss auf die Wahlentscheidung aus (vgl. Klein/Ohr 2000).

Wie und in welchem Umfang Angriffe auf den politischen Gegner eingesetzt werden, ist bislang eher von der spezifischen Konstellation eines Wahlkampfs abhängig (vgl. Holtz-Bacha 2001b). Negativität, die mit Blick auf die USA gemeinhin ebenfalls als Merkmal des modernen Wahlkampfs genannt wird, hat sich in Deutschland noch nicht systematisch als Mittel des politischen Konkurrenzkampfs entwickelt (vgl. Falter in diesem Band). Dabei könnte sich indessen in der nächsten Zeit etwas ändern, denn Negativität läge in der Logik der Orientierung der Kampagne an den medialen Aufmerksamkeitskriterien. Die Öffnung des Privaten im Dienste des eigenen Images macht dieses dann womöglich auch zur Zielscheibe von direkten persönlichen Angriffen, wie sie in den USA gängig, in Deutschland aber bislang nicht üblich sind.

Der Fernsehwahlkampf in Deutschland hat bislang eine gesamtnationale Ausrichtung. Die gesellschaftliche Differenzierung, Probleme der Parteien mit bestimmten Gruppen der Wählerschaft wie auch die Schwerpunktsetzung in bestimmten Regionen legen jedoch neuerdings eine Zielgruppenorientierung der Kampagne nahe, die wenigstens die bislang im Zentrum der Wahlkampfbemühungen stehenden Vollprogramme des Fernsehens nicht bieten können. Damit gewinnen alte und neue Kanäle der direkten und individuellen Wähleransprache wie Direct Mailing und Internet an Bedeutung. Aus diesem Grund bahnen sich für die Zukunft möglicherweise Verschiebungen im Mix der verschiedenen Kampagnenkanäle an.

4. Bedeutungsverlust der Parteien?

Bei genauer Betrachtung arbeiten die Erfordernisse der modernen Kampagne gegen die Parteien, die nicht nur im deutschen politischen System generell eine herausragende Rolle spielen, sondern auch im Wahlkampf bislang die Hauptakteure waren. Das Grundgesetz hebt die Parteien hervor und weist ihnen in Art. 21 die Mitwirkung an der politischen Willensbildung zu. Aus den Parteien heraus rekrutiert sich das politische Personal. Gewählt werden vorrangig Parteien, auch die Vergabe der Erststimme ist stark parteiorientiert. Die Parteien erhalten vom Staat finanzielle Zuweisungen, u.a. abhängig von ihrem jeweiligen Stimmenanteil bei Wahlen (vgl. auch Rudzio 2000: 117-119). Den Parteien, nicht einzelnen Kandidaten wird Sendezeit für ihre Wahlwerbung im öffentlich-rechtlichen Rundfunk zugeteilt. Die Möglichkeit, bei den privaten Sendern zusätzlich Werbeminuten zu kaufen, bezieht sich ebenfalls auf die Parteien. Die Art und Weise, wie heute Wahlkampf betrieben wird, scheint indessen die bislang zentrale Rolle der Parteien zu schwächen und wirft die Frage nach deren zukünftiger Rolle in der Kampagnenorganisation auf.

Wahlkämpfe wurden traditionell unter Aufbietung aller Parteikräfte geführt. Ihnen oblag die Organisation der Kampagne und der Einsatz in der Stimmenwerbung. Die Abhängigkeit der Kampagne von den Massenmedien und die Orientierung insbesondere am Fernsehen hat die einst personalintensive zur kapitalintensiven Kampagne gewandelt (vgl. Farrell 1996; Kavanagh 1995). Der Wahlkampf ist nicht mehr Sache einer Vielzahl von Parteimitgliedern, sondern setzt auf Methoden und Mittel, die eher eine gut gefüllte Parteikasse voraussetzen. Die Organisation einer solchen Kampagne verläuft zentral, dafür hat die SPD im Wahlkampf 1998 das beste Beispiel geliefert. Die Zentralisierung der Kampagnenorganisation wird heute erleichtert durch den Einsatz von Internet und Intranet.

Noch halten in Deutschland die Parteien das Heft in der Hand. Externe Kompetenz wird reichlich genutzt, aber in die Wahlkampforganisation der Partei integriert. Schon lange lassen die Parteien Umfrageinstitute und Werbeagenturen für sich arbeiten; im Laufe der Zeit ist es zu einer Arbeitsteilung gekommen; Profis werden für Spezialaufgaben eingesetzt. Nur ein Teil davon wird sichtbar in Beschreibungen der parteiinternen Kampagnenorganisation (Ristau 2000; von Webel 1999), die persönlichen Kampagnen- und Imageberater der Kandidaten z.B. werden hier nicht verzeichnet. Die Fäden der Kampagne laufen jedoch nach wie vor in den Parteien zusammen.

Der deutlichste Trend weg von den Parteien liegt in der Tendenz zur Personalisierung der Kampagne, die dadurch verstärkt wird, dass die Kandidaten diese im Interesse von Image und Karriere nach Kräften fördern. Kameratraining und persönliche Medienberater machen fit für den Aufstieg zum Fernsehstar. Bei der individuellen Selbstdarstellung treten die Parteien in den Hintergrund. Dass den Parteien im Wahlkampf schwindende Bedeutung zukommt und stattdessen der Kandidat an Gewicht gewinnt, wurde bereits in einer Befragung europäischer *Political Consultants* im Jahre 1998 deutlich. Drei Viertel der Experten nannten die Persönlichkeit und das Image des Kandidaten als Erfolgsfaktor für die Wahlkampagne, eine starke und effektive Parteiorganisation bezeichneten dagegen nur 30 Prozent der Befragten als wichtig. Direkt nach der Rolle der Parteien bei Parlamentswahlen gefragt, sagte jeder zweite, diese sei „sehr wichtig"; mit Blick auf die Zukunft meinten aber 43 Prozent, die Bedeutung der Parteien für Wahlkampagnen würde zurückgehen. Diese Sichtweise vertraten vor allem diejenigen Berater, die sich stark an US-amerikanischen Praktiken des politischen Marketing orientieren (Plasser u.a. 1999: 98, 100).

Personalisierung durch die Medien mit entsprechender Resonanz beim Publikum einerseits und die Arbeit an der persönlichen Medienkarriere der einzelnen Kandidaten andererseits werfen letztlich auch die Frage auf, inwieweit der Rekrutierungsprozess des politischen Personals, ureigene Sache der Parteien, diesen aus der Hand genommen wird. Schon lange steht die Vermutung im Raum, dass bei der Auswahl von Kandidaten in den Parteien ihre Medientauglichkeit mitberücksichtigt wird. Die Popularität eines Politikers in den Medien – oder Medienprominenz überhaupt – eröffnet aber unter Umständen die politische Karriere an den Parteien vorbei. Parteien könnten bei ihrer Kandidatenauswahl unter medialen Zugzwang gesetzt werden. Vor diesem Hintergrund musste der in den Medien omnipräsente und in der Selbstdarstellung versierte Guido Westerwelle den zurückhaltenden, weniger glatten Wolfgang Gerhardt im FDP-Parteivorsitz ablösen und sich als künftiger Spitzenkandidat seiner Partei empfehlen. Jürgen Möllemann, mit allen Wassern medialen Aufmerksamkeitsmanagements gewaschen, wird sich nur schwer von einer neuerlichen Parteikarriere und der Rückkehr in die Bundespolitik abhalten lassen. Die Grünen mussten ihren Vorsatz, immer nur die Partei und ihre Anliegen zu präsentieren, aber keine Personen herauszustellen, aufgeben und letztlich einsehen, dass Personalisierung gefragt ist und die Medien längst Joschka Fischer zum ihrem Lieblings-Grünen gekürt hatten. Und die SPD wird ihren Fehler von 1994 mit der Urwahl durch die Parteimitglieder, die nach parteiimmanenten Kriterien über ihren Kanzlerkandidaten entscheiden und dem Medienprofi einen Korb geben könnten, wohl nicht wiederholen. 1998 hatte sich die Partei eines Besseren besonnen, konnte aber auch an dem bereits durch die Medien gekürten Kanzlerkandidaten nicht mehr vorbei. Neben den Personalisierungstrend tritt so ein Plebiszitierungstrend (Kepplinger 1998: 156). Unter Umständen wird durch den Erfolg in den Medien die klassische (Partei)Karriere völlig obsolet. Wenn die Medienprominenz – ein Wolfgang Joop, eine Verona Feldbusch – über ihren Einstieg in die Politik nachdenkt, sind die Parteien bestenfalls noch Vehikel auf dem politischen Karriereweg.[2]

Alles in allem sprechen solche Tendenzen des professionalisierten Wahlkampfs also für eine Schwächung der Parteien zugunsten einer Orientierung an den einzelnen Kandidaten. Sogar da, wo der Wähler direkt, nicht über die Massenmedien angesprochen werden soll, wird das traditionelle *Canvassing* beim Besuch an der Haustür oder am Stand auf der Straße – klassische Aufgabe der Parteimitglieder – verdrängt durch die Möglichkeiten im Einsatz neuer Technik.

5. Auf dem Weg zum permanenten Wahlkampf?

Sätze wie „Der Wahlkampf beginnt am Tag nach der Wahl" oder „Nach der Wahl ist vor der Wahl" sind mehr als ein Bonmot. Nicht nur in den USA und nicht erst seit Bill Clinton, der den „campaign mode of governing" in virtuoser Weise vorgeführt hat (vgl. z.B. Tenpas 2000), wird über den Wandel politischen Alltagshandelns zum permanenten Wahlkampf diskutiert. Als ein Indikator des pausenlosen Wahlkampfs gilt die Vorbereitung und Rückkoppelung politischen Handelns durch Bevölkerungsumfragen. Welche Probleme behandelt und wie sie gelöst werden sollen, wird entlang der Marktlage entschieden. Dass die Bundesregierung und auch die Parteien permanent die politische Stimmung in der Bevölkerung abfragen, ist nicht neu, ob aber die Intensität des *Polling* zugenommen hat

---

[2] Vgl. als Gegenposition Lütjen und Walter in diesem Band.

und inwieweit das Verhalten von Regierung, Parteien oder einzelnen Kandidaten dadurch beeinflusst wird, ist schwer zu überschauen. Indessen vermitteln die Medien, indem sie selbst Umfragen in Auftrag geben und regelmäßig Befunde über die Meinungen in der Bevölkerung, zur Popularität der Parteien und der einzelnen Politiker liefern, den Eindruck des dauerhaften Wahlkampfs. Solche Art der „massenmedialen Stimmungserzeugung" setzt die Politik erheblich unter Druck und stellt letztlich die Funktion von Wahlen in Frage: „Demokratisch in Wahlen legitimierte und zuständigen Instanzen übertragene Macht wird zersetzt und von massenmedial erzeugter Stimmungsmacht verdrängt" (Münch 1997: 701).

Andere Formen der „Orientierung am Markt" können ebenso als andauernder Wahlkampf verstanden werden. Gemeint sind inszenierte politische *Events* wie Bürgertreffen, Diskussionsveranstaltungen, Fokusgruppen oder Politikerreisen, die dem engen Kontakt mit der Wählerschaft sowie der Erhebung ihrer Probleme und Erwartungen dienen sollen. Politik und Wahlkampagne können auf „Interaktivität" hin ausgerichtet werden, und die Bürgerinnen und Bürger gewinnen das Gefühl, dass ihre Anliegen Gehör finden. Wo Politiker und Wähler zu solcher Art des Austausches zusammenkommen, verschwimmen Responsivität und strategisches Kalkül.

Ein weiteres Zeichen für den Trend zur Vermischung von „campaigning" und „governing" liegt in der personellen Kontinuität von Wahlkampfberatung im politischen Alltag. In den USA lässt sich das daran ablesen, dass die Wahlkampfmanager des erfolgreichen Präsidentschaftskandidaten nach der Wahl mit ins Weiße Haus einziehen. Da in Deutschland die wichtigsten Kampagnenmanager ohnehin aus den Parteien kommen, ist deren permanenter Weitblick auf den nächsten Wahltermin zwar zu vermuten, aber nur schwer zu belegen.

Literatur

Beyme, Klaus von (2000): Parteien im Wandel. Von den Volksparteien zu den professionalisierten Wählerparteien, Opladen: Westdeutscher Verlag.
Blumler, Jay G./Gurevitch, Michael (1995): The Crisis of Public Communication, London/New York: Routledge.

Brosda, Carsten (1999): Aufstand nach der „Krönungsmesse". Der SPD-Parteitag 1998 in Leipzig: Zur Inszenierung journalistischer Inszenierungskritik, in: Christian Schicha/Rüdiger Ontrup (Hrsg.), Medieninszenierungen im Wandel, Münster: LIT, S. 198-213.

Brunner, Wolfgang (2001): Die Politische Meinungslage in Deutschland 1990-2001 (Arbeitspapier Nr. 35), St. Augustin: Konrad-Adenauer-Stiftung.

Esser, Frank (2001): A New Stage in Political Reporting – Metacommunication in Election Coverage. Paper Presented to the Political Communication Division at the 51st Annual Conference of the International Communication Association, Washington D.C.

Farrell, David (1996): Campaign Strategies and Tactics, in: Lawrence LeDuc/Richard Niemi/Pippa Norris (Hrsg.), Comparing Democracies. Elections and Voting in Global Perspective, Thousand Oaks: Sage, S. 160-183.

Hartenstein, Wolfgang/Müller-Hilmer, Rita (1998): Der Linksruck, in: Die Zeit vom 1. Oktober.

Holtz-Bacha, Christina (1997): Das fragmentierte Medienpublikum. Folgen für das politische System, in: Aus Politik und Zeitgeschichte, B 42, S. 13-21.

Holtz-Bacha, Christina (2000a): Entertainisierung der Politik, in: Zeitschrift für Parlamentsfragen 31, S. 156-166.

Holtz-Bacha, Christina (2000b): Wahlwerbung als politische Kultur. Parteienspots im Fernsehen 1957-1998, Wiesbaden: Westdeutscher Verlag.

Holtz-Bacha, Christina (2001a): Das Private in der Politik – ein neuer Medientrend?, in: Aus Politik und Zeitgeschichte, B 41-42, S. 20-26.

Holtz-Bacha, Christina (2001b): Negative campaigning: in Deutschland negativ aufgenommen, in: Zeitschrift für Parlamentsfragen 32, S. 669-677.

Kavanagh, Dennis (1995): Election Campaigning. The New Marketing of Politics, Oxford: Blackwell.

Kepplinger, Hans Mathias (1979): Ausgewogen bis zur Selbstaufgabe? Die Fernsehberichterstattung über die Bundestagswahl 1976 als Fallstudie eines kommunikationspolitischen Problems, in: Media Perspektiven, H. 11, S. 750-755.

Kepplinger, Hans Mathias (1998): Die Demontage der Politik in der Informationsgesellschaft, Freiburg i.Br.: Alber.

Klein, Markus/Ohr, Dieter (2000): Gerhard oder Helmut? „Unpolitische" Kandidateneigenschaften und ihr Einfluss auf die Wahlentscheidung bei der Bundestagswahl 1998, in: Politische Vierteljahresschrift 41, S. 199-224.

Krüger, Udo Michael/Zapf-Schramm, Thomas (1999): Fernsehwahlkampf 1998 in Nachrichten und politischen Informationssendungen, in: Media Perspektiven, H. 5, S. 222-236.

Münch, Richard (1997): Mediale Ereignisproduktion: Strukturwandel der politischen Macht, in: Stefan Hradil (Hrsg.), Differenz und Integration. Die Zukunft moderner Gesellschaften, Frankfurt a.M.: Campus, S. 696-709.

Plasser, Fritz/Scheucher, Christian/Senft, Christian (1999): Is There a European Style of Political Marketing? A Survey of Political Managers and Consultants, in: Bruce I. Newman (Hrsg.), Handbook of Political Marketing, Thousand Oaks: Sage, S. 89-112.

Ristau, Malte (2000): Wahlkampf in der Mediendemokratie. Die Kampagne der SPD 1997/98, in: Markus Klein/Wolfgang Jagodzinski/Ekkehard Mochmann/Dieter Ohr

(Hrsg.), 50 Jahre empirische Wahlforschung in Deutschland, Wiesbaden: Westdeutscher Verlag, S. 465-476.

Rudzio, Wolfgang (2000): Das politische System der Bundesrepublik Deutschland, 5. Aufl., Opladen: Leske + Budrich.

Schneider, Melanie/Schönbach, Klaus/Semetko, Holli A. (1999): Kanzlerkandidaten in den Fernsehnachrichten und in der Wählermeinung, in: Media Perspektiven, H. 5, S. 262-269.

Semetko, Holli A./Schoenbach, Klaus (1994): Germany's „Unity Election". Voters and the Media, Cresskill: Hampton.

Tenpas, Kathryn Dunn (2000): The American Presidency: Surviving and Thriving Amidst the Permanent Campaign, in: Norman Ornstein/Thomas Mann (Hrsg.), The Permanent Campaign and its Future, Washington D.C.: American Enterprise Institute and The Brookings Institution, S. 108-133.

Webel, Diana von (1999): Der Wahlkampf der SPD, in: Elisabeth Noelle-Neumann/Hans Mathias Kepplinger/Wolfgang Donsbach, Kampa. Meinungsklima und Medienwirkung im Bundestagswahlkampf 1998, Freiburg i.Br.: Alber, S. 19-39.

Wahlen in der Mediengesellschaft
Der Einfluss der Massenmedien auf die Parteipräferenz

Frank Brettschneider

1. Parteien – Massenmedien – Wähler

Medienkanzler, Medienwahlkampf, Mediendemokratie, Mediengesellschaft: Die Aufzählung ließe sich fortsetzen. Offenbar wird den Massenmedien für die Herausbildung der öffentlichen Meinung und des Wählerverhaltens eine bedeutende Rolle beigemessen. In der „heilen Welt" der klassischen Demokratietheorie nehmen die Medien den Platz eines neutralen Informationsvermittlers ein. Das politische Geschehen wird von den Massenmedien dargestellt, interpretiert und kommentiert. So bilden sie das Bindeglied zwischen den Parteien und Politikern auf der einen Seite und den nach Informationen suchenden mündigen Wählern auf der anderen Seite. Sieht man von dem vergleichsweise geringen direkten Kontakt zwischen Parteien und Wählern ab, werden programmatische Aussagen und personelle Profile der Parteien vor allem via Massenmedien an die Wähler vermittelt (vgl. Abbildung 1). Medienberichterstattung ist dann eine Voraussetzung für die begründete Stimmabgabe der Wählerschaft.

Diese Sichtweise ist zwar nicht falsch, sie deckt aber nur einen Bruchteil des komplexen Beziehungsgeflechts zwischen Parteien, Massenmedien und Wählern ab. Die Vorstellung, Massenmedien würden die politische Realität lediglich darstellen, wie sie ist, ist naiv. Stattdessen prägen sie die politische Realität, über die sie berichten, entscheidend mit. Die Massenmedien, bzw. die sich in ihnen artikulierenden Journalisten, sind selbst politische Akteure, die beispielsweise durch ihre Nachrichtenauswahl, durch die Schwerpunktsetzungen in der Berichterstattung und durch die Auswahl von Interviewpartnern in das politische Geschehen eingreifen, statt es lediglich zu beobachten. Die hundertste Wiederholung

der „K-Frage" im Vorfeld der Bundestagswahl 2002 hatte zwar keinen
Nachrichtenwert (Was ist schon „News" daran, dass sich die Union nicht
von ihrem Zeitplan zur Nominierung des Kanzlerkandidaten abbringen
ließ?). Aber diese Thematisierung drängte die Union in die Defensive.
Hier wurden aus den scheinbar neutral berichtenden Massenmedien Spieler in der politischen Arena.

Abbildung 1: Parteien, Massenmedien und Wähler

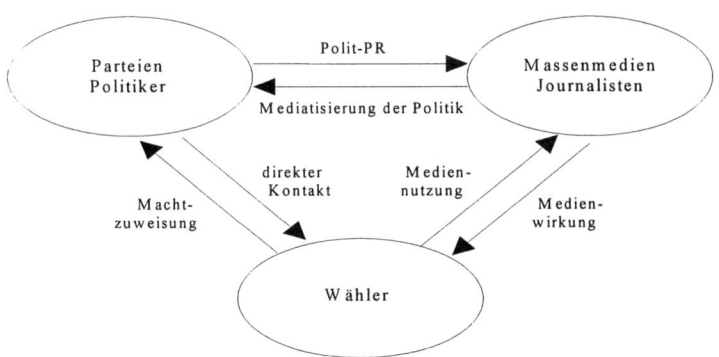

Demgegenüber betonen politische Beobachter die zunehmenden Versuche
der Parteien und Politiker, die Massenmedien für ihre Wahlkampfzwecke
zu instrumentalisieren. Immer ausgefeiltere Medienstrategien, präzise geplantes Ereignismanagement und professionelle Polit-PR trügen einerseits
zu einer Verschleierung der wirklichen „Wirklichkeit" bei. Inszenierte
Politik sei das Ergebnis (vgl. u.a. Bertelsmann Stiftung 1996; Swan-
son/Mancini 1996). Andererseits sind Politiker dabei aber nur dann erfolgreich, wenn sie sich an die Logik und die Spielregeln der Medien halten –
wenn sie also Ereignisse oder Aussagen produzieren, die den Kriterien für
journalistische Nachrichtenauswahl entsprechen: Konflikt, Schaden, Negativismus gehören dazu. Beispielsweise hat die Kritik eines Politikers an
einem „Parteifreund" einen höheren „Nachrichtenwert" als die Kritik an
einem Politiker einer anderen Partei – ganz gleich, wie informationshaltig
diese auch sein mag. Um in der Medienberichterstattung zu Wort zu

kommen, muss sich Politik in Normalzeiten der Logik der Medien unterordnen – sie wird dadurch mediatisiert. Um bei den Wählern Erfolg zu haben, muss Politik folglich nicht unbedingt sachgerecht sein, auf jeden Fall aber mediengerecht (vgl. u.a. Kepplinger 1998; Sarcinelli 1987). In Wahlkampfzeiten steigt das Interesse der Bürger an Politik. Politische Berichterstattung wird von den Wahlberechtigten verstärkt wahrgenommen. Dies ist ebenso unumstritten wie die Tatsache, dass sich diese Berichterstattung im Wählerverhalten niederschlägt. In welchem Ausmaß sie dies tut und auf welchen Wegen, wird hingegen kontrovers diskutiert. Insbesondere vor Bundestagswahlen flammt die Diskussion über die Wirkungsmacht „der" Medien stets aufs Neue auf. Von einer Ohnmacht der Massenmedien geht ernsthaft niemand mehr aus. Ebenso unsinnig ist die Annahme von ihrer Allmacht, wonach sich ein massenmedialer „Stimulus" (etwa ein Kommentar oder ein Bericht) mehr oder weniger unmittelbar in einer „Response" (z.B. einem Einstellungswandel beim Rezipienten) niederschlägt. Für eine differenzierte Betrachtungsweise ist es sinnvoll, zwischen unterschiedlichen Medienwirkungen zu unterscheiden und dabei sowohl Merkmale der Medieninhalte als auch der Rezipienten zu berücksichtigen (vgl. Abbildung 2).

Abbildung 2: Medieninhalte, Rezipienten und Medienwirkungen

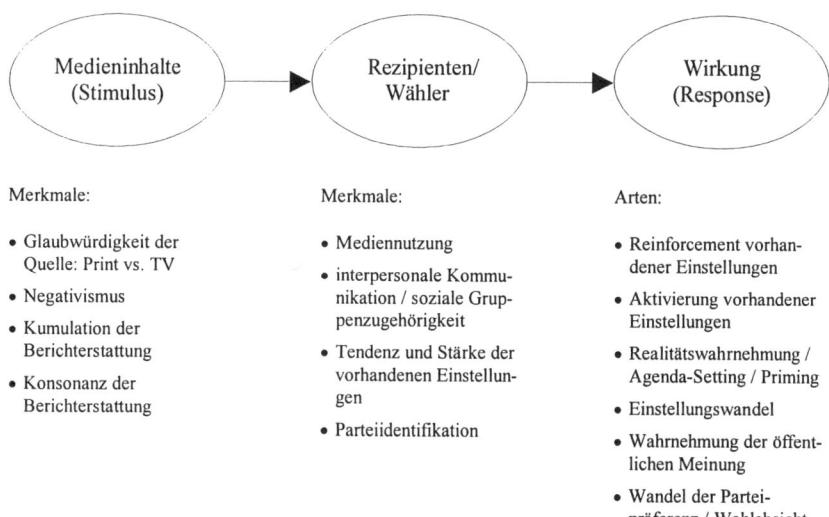

| Medieninhalte (Stimulus) → Rezipienten/Wähler → Wirkung (Response) |

Merkmale:	Merkmale:	Arten:
• Glaubwürdigkeit der Quelle: Print vs. TV	• Mediennutzung	• Reinforcement vorhandener Einstellungen
• Negativismus	• interpersonale Kommunikation / soziale Gruppenzugehörigkeit	• Aktivierung vorhandener Einstellungen
• Kumulation der Berichterstattung	• Tendenz und Stärke der vorhandenen Einstellungen	• Realitätswahrnehmung / Agenda-Setting / Priming
• Konsonanz der Berichterstattung	• Parteiidentifikation	• Einstellungswandel
		• Wahrnehmung der öffentlichen Meinung
		• Wandel der Parteipräferenz / Wahlabsicht

Häufig wird Medienwirkung mit Einstellungswandel gleichgesetzt. Medienwirkung liegt also vor, wenn sich die Beurteilung eines Sachverhalts oder die Bewertung eines Politikers durch den Rezipienten aufgrund der Berichterstattung verändert. Dies ist jedoch ein sehr eingeschränkter Wirkungsbegriff. Von Medienwirkung kann nämlich auch dann gesprochen werden, wenn die Berichterstattung bereits vorhandene Einstellungen bestätigt und verstärkt („Reinforcement") oder wenn sie latent vorhandene Einstellungen aktiviert. Zahlreiche Wahlkampfaktivitäten der Parteien zielen genau darauf: Durch *Reinforcement* und Aktivierung soll das Stammwählerpotenzial ausgeschöpft werden (vgl. Abschnitt 2). Darüber hinaus kann sich Medienberichterstattung aber auch dann in der Bewertung von Parteien und Politikern niederschlagen, wenn sie vorhandene Einstellungen nicht verändert, sondern lediglich unterschiedlich stark betont (Realitätswahrnehmung, *Agenda-Setting* und *Priming*; vgl. Abschnitt 3-5). Und schließlich besteht ein Medieneffekt in der Beeinflussung der Wahrnehmung der öffentlichen Meinung durch die Rezipienten. Unter Umständen kann die Berichterstattung eine von Elisabeth Noelle-Neumann (1980) beschriebene „Schweigespirale" in Gang setzen: Im Verlaufe einer Auseinandersetzung wird aus einer anfänglichen Mehrheit, die sich aufgrund verzerrter Umweltwahrnehmung in der Minderheit wähnt und deshalb schweigt, tatsächlich eine Minderheit (vgl. Abschnitt 6).

Medienwirkung findet sich aber nicht zu allen Zeiten und bei allen Menschen im gleichen Umfang. Sie hängt natürlich zunächst einmal von der konkreten Mediennutzung ab – der direkte Kontakt mit Medieninhalten wird als Voraussetzung für Medienwirkung angesehen. Allerdings kann sich Medienberichterstattung auch indirekt – etwa über den Umweg der interpersonalen Kommunikation oder über die Schweigespirale – auf die Einstellungen und Verhaltensweisen von Menschen auswirken. Für das Wirkungspotenzial sind aber vor allem die Tendenz und die Stärke vorhandener Einstellungen eines jeden Rezipienten sowie seine langfristigen Prädispositionen, wie etwa die Parteiidentifikation, ausschlaggebend. Wenn Medienberichterstattung auf feste Überzeugungssysteme trifft, ist sie relativ machtlos. Menschen wählen dann jene Botschaften aus, die sich im Einklang mit den vorhandenen Einstellungen befinden. Diese selektive Wahrnehmung schützt die Rezipienten vor kognitiver Dissonanz. Und dies verringert die Medienwirkung.

Selektive Wahrnehmung setzt allerdings voraus, dass Menschen überhaupt unter verschiedenen Medieninhalten wählen können. So ist das Wirkungspotenzial dann am größten, wenn die Berichterstattung über einen längeren Zeitraum und über die meisten Medien hinweg relativ einheitlich ausfällt (vgl. Noelle-Neumann 1973). Wenn der „Medienchor mit einer Stimme singt", dann ist zu erwarten, dass er bei den Rezipienten Gehör findet. Deshalb ist Propaganda in einem totalitären Regime so „erfolgreich". Aber auch in pluralistischen Demokratien, die frei sind von einer zentralen Lenkung der Massenmedien, kann ein einheitlicher Medientenor entstehen – aufgrund ähnlicher Kriterien, nach denen Journalisten ihre Meldungen auswählen (vor allem Negativismus), aufgrund der Abhängigkeit vieler Redaktionen von Nachrichtenagenturen, aufgrund von Pressekonzentration, aufgrund ähnlicher Einstellungen von Journalisten oder aufgrund einer ausgeprägten Kollegenorientierung in diesem Beruf, wobei Meinungsführermedien wie „Der Spiegel" – aber auch „Focus" oder „Stern" – häufig den Ton angeben.

Bei konsonanter Berichterstattung ist das Wirkungspotenzial deshalb so groß, weil sich Menschen unter diesen Umständen nur schwer über konkurrierende Sichtweisen informieren können. Sie sind dann nicht in der Lage, sich nur jenen Botschaften zuzuwenden, die ihre eigene Sichtweise stützen. Dass das Fernsehen von vielen als das im Vergleich mit den Printmedien wirkungsmächtigere Medium angesehen wird, hängt auch damit zusammen. Meldungen in den Fernsehnachrichten lassen sich von den Zuschauern sehr viel schlechter selektieren als Zeitungsartikel. Darüber hinaus hat das Fernsehen eine größere Reichweite. Auch wird ihm von den Rezipienten die größere Glaubwürdigkeit zugeschrieben.

Im Folgenden werden die bislang nur knapp skizzierten Aspekte etwas ausführlicher in den Blick genommen. Dabei lautet die zentrale Fragestellung: Unter welchen Bedingungen wirkt sich Medienberichterstattung auf die Parteipräferenz der Wähler bei nationalen Wahlen aus?

2. Aktivierung und Bestärkung vorhandener Einstellungen

1944 veröffentlichten Paul F. Lazarsfeld, Bernard Berelson und Hazel Gaudet ihre Untersuchung „The People's Choice", die zu einem Klassiker der Wahl- und der Medienwirkungsforschung wurde. Unter dem Eindruck

der Propagandaforschung jener Zeit hatten sie die US-amerikanische Präsidentschaftswahl von 1940 mit der Erwartung untersucht, starke Medienwirkungen auf die Herausbildung der Parteipräferenz der Wahlberechtigten festzustellen. Ihre Annahme wurde enttäuscht. Das Paradigma der
wirkungslosen Medien war geboren.

Für „The People's Choice" wurden 600 Bewohner von Erie County,
Ohio, vom Mai bis zum Wahltag im November einmal monatlich befragt,
um die Gründe für den Wahlentscheid und die wichtigsten Einflussquellen
während des Wahlkampfs zu erkunden. Zu den von den Befragten erbete-
nen Angaben zählten: Einkommen, Beruf, Bildung, Religion, politisches
Interesse, Mediennutzung, interpersonale Kommunikation, politische Einstellungen und Parteipräferenz bzw. Wahlabsicht. Personen, die im Verlaufe des Wahlkampfs ihre Wahlabsicht änderten, sollten die Gründe für
diesen Meinungswandel angeben.

Vor allem soziale Charakteristika der Wähler und ihre Einbindung in
soziale Gruppen waren für die Wahlabsicht ausschlaggebend: „A person
thinks, politically, as he is, socially. Social characteristics determine political preference" (Lazarsfeld u.a. 1968: 27). Anhand des Wohnorts, der
Religion und des sozio-ökonomischen Status einer Person ließ sich deren
politische Prädisposition ziemlich genau vorhersagen (vgl. Abbildung 3).
Je homogener das soziale Umfeld einer Person, desto eindeutiger und sta-
biler war diese Prädisposition. Die Hälfte der Wähler gehörte zu den
„Partisans". Sie wussten bereits im Mai, wen sie im November wählen
wollten – und taten dies auch. Weitere 28 Prozent, die „Crystallizer", hatten zwar im Mai noch keine bewusste Wahlabsicht, entschieden sich aber
im November so, wie es aufgrund ihrer politischen Prädisposition zu erwarten war. 15 Prozent hatten im Mai eine Wahlabsicht, rückten im Laufe
des Wahlkampfs von ihr ab und kehrten im November wieder zu ihr zurück („Waverers"). Und lediglich acht Prozent waren „Party Changers",
die sich im November anders entschieden als sie es im Mai vorhatten.

„Waverers" und „Party Changers" bewegten sich überdurchschnittlich oft in einem heterogenen sozialen Umfeld, in dem sie mit sich wider-
sprechenden Wahlnormen konfrontiert wurden. Aus solchen „cross-
pressures" resultierte ein nachlassendes Interesse am Wahlkampf und eine
Vermeidung politischer Medieninhalte. Eine Beschäftigung mit dem
Wahlkampf hätte für diese Personen in erster Linie unangenehmen kognitiven Stress bedeutet – so haben sie versucht, sich dieser Situation durch

Nicht-Wahrnehmung zu entziehen. „The people who were most open to conversion [...] read and listened least" (Lazarsfeld u.a. 1968: 95). Die Medienberichterstattung war für ihre Stimmabgabe nicht ausschlaggebend, sondern ein Wechsel der Wahlabsicht kam in erster Linie aufgrund interpersonaler Kommunikation, aufgrund von Gesprächen mit Freunden und Kollegen, zustande.

Abbildung 3: Medienwirkungen bei vorhandener politischer Prädisposition zugunsten einer Partei (nach Lazarsfeld u.a. 1968)

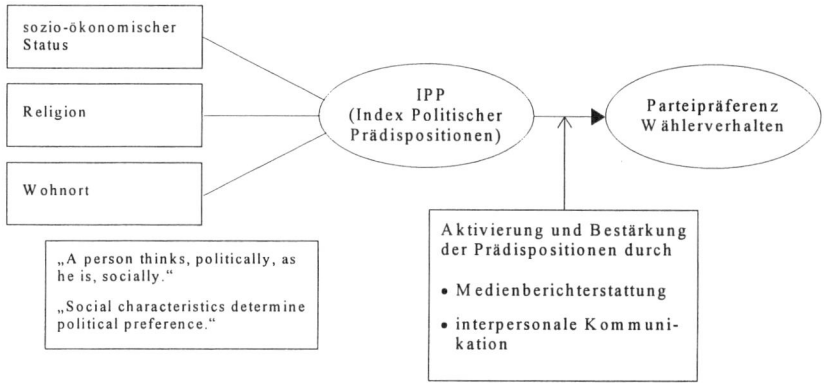

Das größte Interesse am Wahlkampf und die stärkste Mediennutzung fanden sich hingegen bei den „Partisans", also jenen Personen, deren Wahlentscheidung schon frühzeitig feststand. Sie nahmen aber nicht alle Medieninhalte wahr, sondern in erster Linie jene Botschaften, die zu ihrer Parteipräferenz passten. Dadurch wurden vorhandene Prädispositionen verstärkt oder aktiviert. Die Aktivierung verglichen Lazarsfeld, Berelson und Gaudet mit dem Rubbeln eines Bleistifts über ein Blatt Papier, das auf einer Münze liegt. Man sieht zwar nicht die Münze, gleichwohl kommen ihre Konturen zum Vorschein. Analog bringt die selektive Wahrnehmung der Berichterstattung im Verlauf des Wahlkampfs die Prädisposition der „Crystallizer" ans Tageslicht. Medienberichterstattung erzeugt zunächst Interesse am Wahlkampf, dieses führt zu gesteigerter Mediennutzung und zur Wahrnehmung von politischen Medieninhalten. Die Wahrnehmung ist jedoch, wie bei den „Partisans", selektiv. Sie wird in der präkommunikativen Phase um die selektive Zuwendung (man wählt nur jene Medien aus, die die eigene Sichtweise repräsentieren) und in der postkommunikativen Phase um die selektive Erinnerung ergänzt (man behält vor allem jene Informationen im Gedächtnis, die mit den Voreinstellungen übereinstimmen).

Zwanzig Jahre später fasste Joseph T. Klapper (1960: 49 f.) den Forschungsstand wie folgt zusammen: „Persuasive mass communication is in general more likely to reinforce the existing opinions of its audience than it is to change such opinions". Die Allgemeingültigkeit der Verstärkerhypothese lässt sich jedoch anzweifeln: Wie bereits erwähnt, setzt selektive Wahrnehmung – die Voraussetzung für Verstärkereffekte – unterschiedliche Medieninhalte voraus, die jedoch auch in westlichen Demokratien nicht immer gegeben sind. Darüber hinaus kann Selektion mittels der formalen Betonung von Artikeln oder Beiträgen abgeschwächt werden. Einen gut platzierten, bebilderten und mit einer großen Überschrift versehenen Artikel werden auch Menschen lesen, bei denen sich der Inhalt im Gegensatz zu ihren Voreinstellungen befindet. Und schließlich fallen negative Meldungen sowie Berichte über Personen der Selektion durch die Rezipienten seltener zum Opfer als positive Meldungen sowie Berichte über Sachthemen (vgl. Donsbach 1991). Weil vor der Präsidentschaftswahl 1940 kein „negative campaigning" betrieben wurde und weil die Berichterstattung nicht einheitlich ausfiel – sie war klar in pro-republikanische und pro-demokratische Presse zu unterscheiden – fand eine starke selektive Wahrnehmung statt.

Selektive Wahrnehmung setzt ferner bereits vorhandene Einstellungen voraus. Sind die Prädispositionen eines Menschen nur relativ schwach ausgeprägt oder überhaupt nicht vorhanden, so fehlt ihm das für die Verstärkerhypothese relevante Selektionskriterium. Starke Prädispositionen werden durch die Einbindung der Wähler in homogene soziale Gruppen begünstigt. Diese Gruppenbindungen wurden jedoch im Zuge der gesellschaftlichen Modernisierung in den letzten sechzig Jahren schwächer. So bewegen sich zahlreiche Menschen aufgrund erhöhter sozialer und räumlicher Mobilität in heterogenen sozialen Umgebungen – sie sind also in der Terminologie von Lazarsfeld u.a. „cross-pressure" ausgesetzt. Anders als bei der amerikanischen Präsidentschaftswahl 1940 geht dies jedoch nicht mit einer geringen Mediennutzung einher. Stattdessen interessiert sich heute ein Großteil dieser Wähler für Politik und nutzt auch die entsprechenden Medienangebote. Diese Wähler sind für Medieneinflüsse offener als vor sechzig Jahren. Und sie sind durch soziale Merkmale weniger in ihrer Wahlentscheidung festgelegt. So entscheidet sich ein beachtlicher Anteil der Wählerschaft erst relativ spät im Wahlkampf für die eine oder andere Partei (vgl. u.a. Dalton 1996; Schulz 1998).

Mit der Verstärkung und der Aktivierung vorhandener Einstellungen haben Lazarsfeld, Berelson und Gaudet mitunter wahlentscheidende Medienwirkungen ermittelt. Der Wahlausgang hängt nicht zuletzt davon ab, inwieweit es den Parteien gelingt, ihre Stammwähler zu mobilisieren. Allerdings: Potenzielle Wechselwähler wurden beim amerikanischen Präsidentschaftswahlkampf 1940 kaum von der Medienberichterstattung beeinflusst; für sie waren Gespräche mit anderen Menschen deutlich wichtiger: „More than anything else people can move other people" (Lazarsfeld u.a. 1968: 158).

3. Die Bedeutung der Medienberichterstattung für Themen- und Kandidatenwahrnehmung

Die Wahlforschung hat den nachlassenden Gruppeneinflüssen auf die Wahlentscheidung Rechnung getragen, indem sie das soziologische Modell des Wählerverhaltens zum sozialpsychologischen Modell erweiterte (vgl. Abbildung 4). Darin bildet die Parteiidentifikation als langfristig relativ stabile psychologische Bindung an eine Partei das Grundgerüst des Wählerverhaltens. Sie wird während der Sozialisation erworben und verfestigt sich mit wiederholter Stimmabgabe für ein und dieselbe Partei (vgl. Campbell u.a. 1960). Weil die Parteiidentifikation fest im individuellen Orientierungssystem verankert ist, wird sie von der Medienberichterstattung nicht verändert. Die Medienberichterstattung schlägt sich stattdessen in den der Wahlentscheidung unmittelbar vorgelagerten Einstellungen der Menschen zu politischen Themen und zu den Spitzenkandidaten nieder (vgl. Marcinkowski/Nieland in diesem Band). Medienwirkung kann hier entweder direkt – durch Persuasion – oder indirekt – durch Realitätskonstruktion und durch *Priming* – zu Stande kommen.

Abbildung 4: Medieneinflüsse im sozialpsychologischen Modell zur Erklärung des Wählerverhaltens

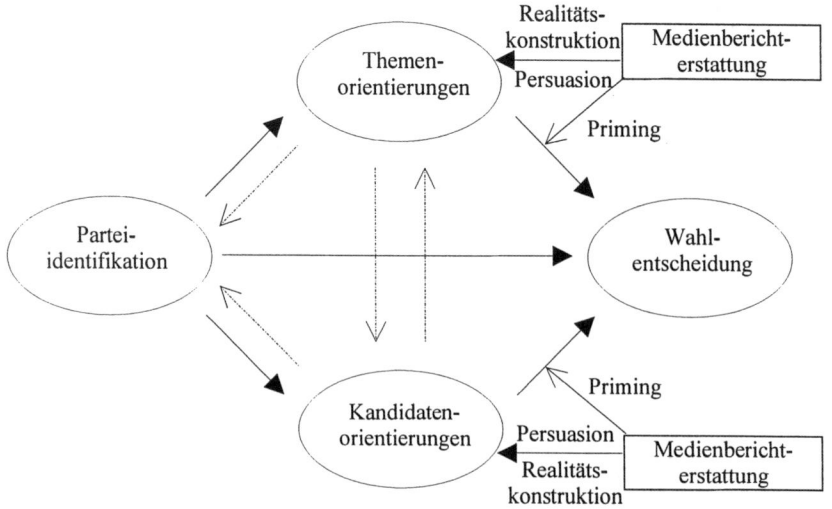

4. Medienberichterstattung und Themenorientierungen

4.1 Persuasive Medienwirkung

Bei der persuasiven Medienwirkung wird eine Partei, der in der Medienberichterstattung beispielsweise die größere Kompetenz zur Lösung wirtschaftlicher Probleme zugeschrieben wird, von den Rezipienten als die kompetentere Partei angesehen. Solche direkte Medienwirkung ist bei Personen, die über eine langfristige Parteibindung verfügen, unwahrscheinlicher als bei Personen ohne eine solche Parteibindung.

Die der Wahlentscheidung unmittelbar vorgelagerten Einstellungen zu Themen und zu Kandidaten befinden sich bei Personen mit einer langfristigen Parteibindung meist im Einklang mit dieser. Ein langjähriger Wähler der Sozialdemokraten wird in der Regel den sozialdemokratischen Spitzenkandidaten positiver bewerten als den Gegenkandidaten der Union; er wird die SPD-Positionen zu Sachfragen in der Regel eher teilen als die CDU/CSU-Positionen und er wird die SPD in den meisten Sachfragen auch als kompetenter einstufen als die Christdemokraten. Daran kann auch die Medienberichterstattung auf direktem Weg nicht viel ändern. Allenfalls ist sie in der Lage, die Intensität der Einstellungen zu verstärken oder abzuschwächen, nicht jedoch, sie in der Richtung zu verändern.

Etwas anders stellt sich dies für Personen ohne langfristige Parteibindung dar. Sie orientieren sich bei ihrer Stimmabgabe überwiegend an ihren Themen- und Kandidatenwahrnehmungen. Medienberichterstattung verfügt hier über ein größeres Wirkungspotenzial als bei den parteipolitisch gebundenen Wählern. Wenn aber zu einem Thema bereits Einstellungen existieren, die unter Umständen sogar mit individuellen Wertorientierungen verbunden sind, dann sind direkte, persuasive Medienwirkungen auch in dieser Personengruppe selten.

Lediglich in so genannten Tabula-rasa-Situationen, in denen ein Thema neu auf der politischen Tagesordnung erscheint und es daher noch nicht mit grundlegenden politischen Einstellungen verknüpft ist, können direkte Medienwirkungen beobachtet werden – sowohl bei Personen mit als auch bei Personen ohne Parteiidentifikation. Zumindest schafft die anfängliche Medienberichterstattung den Bezugsrahmen für die weitere Diskussion („Framing"). Sie legt die Perspektive fest, aus der das Thema gesehen wird. Selektive Wahrnehmung ist dann seltener, das Orientierungsbedürfnis und damit die Mediennutzung der Menschen sind hingegen stärker als bei eingeführten Themen (vgl. Brettschneider 1997: 589). Wegen seines Aktualitätsvorsprungs hat das Fernsehen hier ein größeres Wirkungspotenzial als die Printmedien. Für die Präferenz zugunsten einer Partei sind jedoch die indirekten Medienwirkungen wichtiger, die sich aus der Realitätskonstruktion der Massenmedien oder durch *Priming* ergeben.

4.2 Wahlrelevante Realitätskonstruktion

Die Realitätskonstruktion durch die Massenmedien ist dann wahlrelevant, wenn sie sich auf ein Thema bezieht, dem für die Herausbildung der Wahlabsicht eine herausgehobene Bedeutung zukommt. Hierzu gehört u.a. die Wahrnehmung der Wirtschaftslage. Wird die wirtschaftliche Entwicklung von der Bevölkerung mehrheitlich positiv eingeschätzt, profitiert davon die amtierende Regierung. Dominieren hingegen negative Einschätzungen, so schlägt sich dies in der Regel in einer unvorteilhaften

Bewertung der regierenden Parteien und Politiker nieder – mitunter sogar in einer Wahlniederlage (vgl. u.a. Anderson 1995; Rattinger/Maier 1998). Nicht von ungefähr unternehmen Regierungen im Vorfeld von Wahlen vermehrt Anstrengungen, die wirtschaftliche Entwicklung in einem positiven Licht erscheinen zu lassen. Zu diesem Zweck werden einerseits entsprechende politische Maßnahmen ergriffen – etwa die Aufstockung des ABM-Programms, um die Arbeitslosenstatistik zu „entlasten". Andererseits wird versucht, die Deutung der aktuellen Situation nicht dem Zufall, dem politischen Gegner oder den Journalisten zu überlassen. Das Herausstellen wirtschaftlicher Erfolge gehört daher zum Standardrepertoire in den Wahlkampfreden von Regierungspolitikern. Die Opposition betont hingegen ungenutzte Chancen und politische Hemmnisse für eine positive Entwicklung. Lässt sich ein wirtschaftlicher Aufwärtstrend nicht leugnen, wird entweder auf negative Teilaspekte verwiesen oder aber der Erfolg als der eigene ausgegeben. So verblüffte im Bundestagswahlkampf 1998 der damalige SPD-Kanzlerkandidat Gerhard Schröder mit der Feststellung, der sich anbahnende Aufschwung sei auch seiner. Am prägnantesten spiegelte ein 1992 im „War Room", der Wahlkampfzentrale des demokratischen Präsidentschaftskandidaten Bill Clinton, angebrachter Zettel die Bedeutung wider, die Politiker dem Wirtschaftsthema für den Wahlerfolg beimessen: „It's the economy, stupid".

Die Wahrnehmung der allgemeinen Wirtschaftslage durch die Bevölkerung beruht in weiten Teilen auf der Darstellung der ökonomischen Lage in den Massenmedien. Widersprechen sich eigene und medial vermittelte Beobachtungen der wirtschaftlichen Entwicklung, tendieren Menschen mehrheitlich dazu, den medial vermittelten Eindrücken Glauben zu schenken (vgl. Brettschneider 2000). Nun ist aber die Beurteilung der wirtschaftlichen Lage eines Landes selbst für Experten kein leichtes Unterfangen. Zu zahlreich sind die Faktoren, die in diese Beurteilung einbezogen werden müssen: u.a. das Bruttoinlandsprodukt, die Zahl der Erwerbstätigen, die Arbeitslosenquote, die Handelsbilanz, die Zahl der Konkurse und der Firmengründungen, die Inflations- und die Zinsrate. Die Einschätzung wird zudem durch den Umstand erschwert, dass sich diese Kennwerte nicht immer im Gleichklang entwickeln. Je nachdem, auf welchen Aspekt man das Hauptaugenmerk lenkt – als Politiker oder als Journalist –, kann zu ein und demselben Zeitpunkt ein positiver oder ein negativer Eindruck von der Entwicklung der allgemeinen Wirtschaftslage entstehen.

Abbildung 5: Die allgemeine Wirtschaftslage in den Fernsehnachrichten und in der Wahrnehmung der Bevölkerung (Nachrichtensendungen: Tagesthemen und Heute-Journal, seit 6/1996 auch: Tagesschau, Heute, RTL aktuell, SAT.1 Nachrichten)

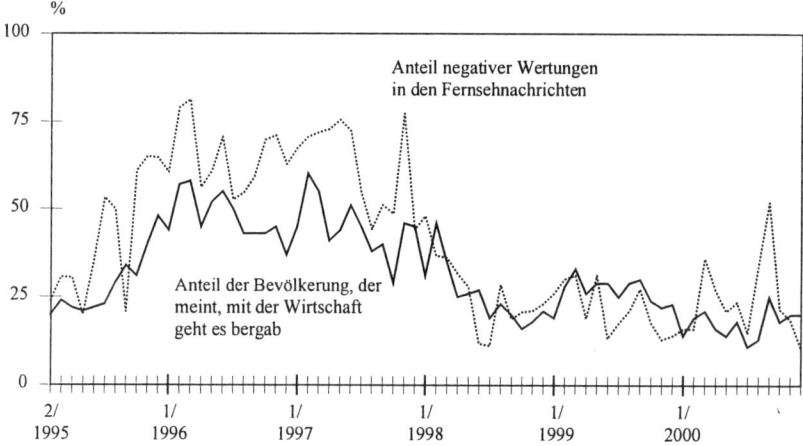

Quellen: Inhaltsanalyse des Instituts Medien-Tenor, repräsentative Bevölkerungsumfragen der Mannheimer Forschungsgruppe Wahlen.

Vor der Bundestagswahl 1998 wurde die Wirtschaftsberichterstattung in den Fernsehnachrichten der Komplexität des Themas „Wirtschaftslage" nicht gerecht. Statt die wirtschaftliche Entwicklung anhand zahlreicher Indikatoren darzustellen, wurde sie auf wenige Themen – vor allem Arbeitslosigkeit und Inflation – reduziert. Diese thematische Verengung führte zu einer negativen Darstellung der Wirtschaftslage. Der sich bereits Ende 1996 abzeichnende Wirtschaftsaufschwung kam erst 1999 in den Nachrichtenredaktionen der Fernsehsender an (vgl. Abbildung 5). Bei der Bundestagswahl 1998 konnte die SPD davon profitieren, der Union hat diese Darstellung geschadet (vgl. Noelle-Neumann u.a. 1999).

4.3 Agenda-Setting und Priming:
  Medienwirkung ohne Einstellungsänderung

Priming ist eine weitere indirekte Wirkung der Medienberichterstattung auf die Wahlabsicht. *Priming* verändert nicht die der Bewertung einer

Partei zugrunde liegenden Einstellungen, sondern es betont einige der bereits bestehenden Einstellungen und verleiht ihnen damit für die Gesamtbewertung ein besonderes Gewicht. Zur Bewertung einer Partei ziehen Menschen nicht sämtliche verfügbaren Informationen über die innenpolitischen, außenpolitischen, wirtschafts- und sozialpolitischen Positionen und vermeintlichen Kompetenzen der Partei heran. Dies wäre viel zu aufwendig. Statt dessen beurteilen sie die Partei anhand derjenigen Informationen, die zum Zeitpunkt der Bewertung „top-of-the-head", also gedanklich gerade präsent sind (vgl. u.a. Zaller 1992). Welche Themen dies sind, wird auf dem Weg des *Agenda-Setting* maßgeblich von der Medienberichterstattung bestimmt. Durch die Häufigkeit der Berichterstattung über ein Thema und durch die Platzierung und Aufmachung der entsprechenden Berichte legen die Massenmedien fest, welche Themen von der Bevölkerung als wichtig, dringlich und als lösungsbedürftig angesehen werden und welche Themen unter den Tisch fallen (vgl. Brettschneider 1994 mit weiteren Literaturangaben; Brosius 1994). Aber: „The power of the networks does not end with viewers' political agendas. [...] By calling attention to some matters while ignoring others, television news influences the standards by which governments, presidents, policies, and candidates for public office are judged. Priming refers to changes in the standards that people use to make political evaluations" (Iyengar/Kinder 1987: 63). Erhöht sich also aufgrund der Betonung eines Themas in der Berichterstattung die Aufmerksamkeit, die die Bevölkerung diesem Thema schenkt, dann profitiert davon diejenige Partei, der in diesem Politikfeld von der Bevölkerung die größte Kompetenz zugeschrieben wird. Dominieren in der Berichterstattung deutscher Medien beispielsweise Umweltthemen, dann nützt dies den Grünen selbst dann, wenn sie in der Berichterstattung gar nicht direkt mit dem Thema in Verbindung gebracht werden.

Besonders deutlich wurde der *Priming*-Effekt vor der amerikanischen Präsidentschaftswahl 1992 (vgl. Abbildung 6). Bis in das Jahr 1991 hinein stand der Golf-Krieg im Mittelpunkt der Medienberichterstattung. Solange dies der Fall war, erhielt der damalige Präsident George H. Bush die höchste Zustimmung der Bevölkerung, die bis dato in Meinungsumfragen gemessen worden war. Die Akzeptanz von George H. Bush war so groß, dass zahlreiche namhafte Demokraten eine eigene Kandidatur gegen den Amtsinhaber für aussichtslos hielten und verzichteten. Nicht so der demokratische Außenseiter Bill Clinton. Er setzte auf ein nachlassendes Interesse der

Bevölkerung an außenpolitischen Themen nach Ende des Golf-Kriegs und versuchte mit Erfolg, wirtschafts- und sozialpolitische Fragen auf der Themen-Agenda zu größerer Prominenz zu verhelfen. Da George H. Bush in diesem Themenfeld weniger Kompetenz zugeschrieben wurde als im Bereich der Außenpolitik, schadete ihm die Verschiebung der Themen-Rangordnung. Mit nachlassender außenpolitischer Berichterstattung sank auch die Zustimmung zu seiner Politik in der Bevölkerung. Er verlor die Wahl. „Die Massenmedien besitzen [also] auch dann einen Einfluß auf die Meinungsbildung und Wahlentscheidung, wenn sie die vorhandenen Einstellungen nicht ändern. Es genügt, sie mehr oder weniger stark zu aktualisieren" (Kepplinger u.a. 1989: 75; ähnlich: Iyengar/Kinder 1987; Weaver 1991).

Abbildung 6: Priming – Die Themensetzung in der New York Times und die Bewertung von George H. Bush durch die Bevölkerung, 1990-1992

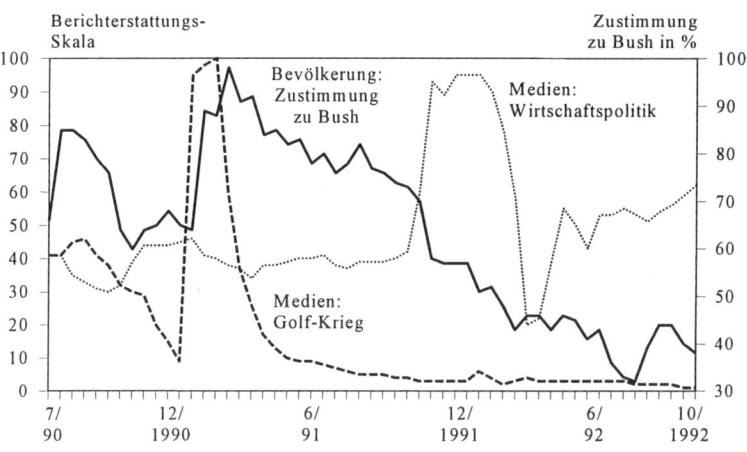

Die Berichterstattungs-Skala ist für die Themen Wirtschaftspolitik und Golf-Krieg so standardisiert, dass die größte Zahl von Artikeln in der New York Times als 100 gesetzt wird. Quelle: Pan/Kosicki 1997: 6.

5. Medienberichterstattung und Kandidatenorientierungen

Was für die Beeinflussung der Themenorientierungen durch die Medienberichterstattung gilt, trifft auch auf die Berichterstattung über Spitzenpolitiker zu. Erneut lassen sich direkte und indirekte Medienwirkungen unterscheiden. Allerdings sind bei der Berichterstattung über Personen direkte Auswirkungen der in den Medien vorgenommenen Bewertungen
häufiger festzustellen als bei der Berichterstattung über Themen. Dies
lässt sich in erster Linie darauf zurückführen, dass Einstellungen zu Politikern nicht so stark mit zentralen Elementen des individuellen Orientie-
rungssystems verknüpft sind wie Einstellungen zu politischen Sachfragen.
So stellt die Umbewertung eines Politikers nicht unbedingt die eigenen
politischen Grundüberzeugungen in Frage. Entsprechend schwanken in
Meinungsumfragen die Einstellungen zu Politikern meist stärker als die
Einstellungen zu politischen Sachfragen.

5.1 Umbewertung von Spitzenpolitikern durch Medienberichterstattung

Auch in der Medienberichterstattung kommt es zu Umbewertungen von
Spitzenpolitikern; aus „Medienlieblingen" werden „Medienopfer".
Schneller noch, als ein Politiker „hochgeschrieben" wird (häufige und positive Berichterstattung), wird er wieder „fallengelassen" (keine Berichterstattung mehr) oder „abgesägt" (negative Berichterstattung; vgl. Brettschneider 1997: 590). Ein Beispiel dafür findet sich in der Pressebericht-
erstattung über Helmut Kohl und Oskar Lafontaine vor der Bundestagswahl 1990 (vgl. Kindelmann 1994). „In den Medien verwandelte sich [...]
ein ‚unbeholfener' ‚Minus-Kanzler' in den triumphal die deutsche Einheit
vollendenden ‚Staatsmann' Kohl, zugleich mutierte Lafontaine vom
‚ideenreichen' und ‚eloquenten Hoffnungsträger' schlicht zum ‚Verlierer'.
Zeitparallel wuchs die Zahl der Wähler, die Kohl und nicht Lafontaine als
zukünftigen Kanzler wünschten" (Schmitt-Beck: 1994: 282 f.). Der veränderten Kanzlerpräferenz war ein Wandel der Mediendarstellung von
Kohl und Lafontaine vorausgegangen.

Abbildung 7: Die Bewertung von Angela Merkel in den Hauptnachrichtensendungen von ARD und ZDF und in der Bevölkerung (Nachrichtensendungen: Tagesschau, Tagesthemen, Heute und Heute-Journal. Basis: sämtliche Aussagen zwischen Januar und Dezember 2000)

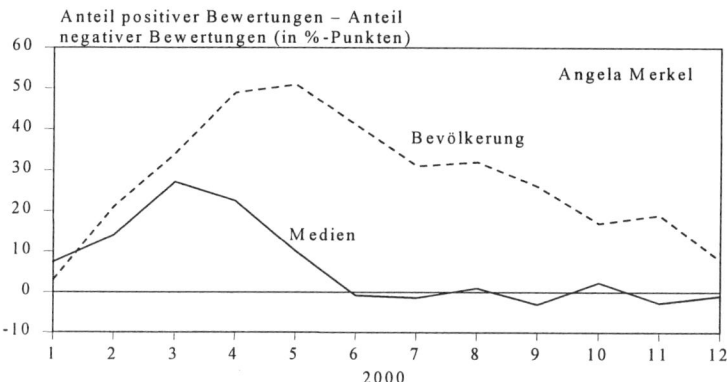

Fragewortlaut der repräsentativen Bevölkerungsumfragen: „Und nun geht es um Ihre Meinung zu einigen Spitzenpolitikern von Regierung und Opposition. Wie zufrieden oder unzufrieden sind Sie mit Angela Merkel?". Datenquellen: Inhaltsanalyse des Instituts Medien-Tenor, repräsentative Bevölkerungsumfragen von Infratest dimap.

Auch die Berichterstattung über Angela Merkel im Jahr 2000 glich einer Berg- und Talfahrt. Im Fahrwasser des Skandals um den Altbundeskanzler Helmut Kohl und der anschließenden Verstrickungen seines Nachfolgers im Amt des CDU-Bundesvorsitzenden, Wolfgang Schäuble, erlangte die damalige CDU-Generalsekretärin unerwartete Aufmerksamkeit. Praktisch über Nacht stand sie im Scheinwerferlicht der Medienöffentlichkeit. Im Zuge ihrer Tour durch die Regionalkonferenzen der Union und ihrer Wahl zur CDU-Bundesvorsitzenden erhielt sie Anfang des Jahres 2000 sogar mehr Sendezeit als Bundeskanzler Gerhard Schröder (vgl. Brettschneider 2001b). Dieser Ausnahmezustand wich jedoch schon in der zweiten Jahreshälfte dem „Normalbild" einer deutlichen Kanzlerdominanz. Aber auch die Bewertung von Angela Merkel in den Nachrichtensendungen von ARD und ZDF wandelte sich im Laufe des Jahres dramatisch (vgl. Abbildung 7). Die wohlwollende Berichterstattung erreichte im März 2000 ihren Höhepunkt, als der Anteil positiver Aussagen über Angela Merkel um

27 Prozentpunkte größer war als der Anteil negativer Aussagen. Dies blieb nicht ohne Konsequenzen für die Einstellungen der Bevölkerung. Der positiven Berichterstattung im Frühjahr folgte das Popularitätshoch: Im Mai 2000 war die Zufriedenheit der Bevölkerung mit der CDU-Bundesvorsitzenden um 51 Prozentpunkte höher als die Unzufriedenheit. Aber dann zog der Absturz in den Medien einen kontinuierlichen Popularitätsverlust nach sich. Ende des Jahres war die Gruppe der mit Angela Merkel Zufriedenen nur noch acht Prozentpunkte größer als die der Unzufriedenen. Weil selektive Wahrnehmung vor allem bei negativen Meldungen über Politiker gering ist, können Meinungen über Politiker leichter zum Schlechteren als zum Besseren verändert werden.

5.2 Image-Agenda-Setting und Priming

Die Medienberichterstattung kann aber die Gesamtbewertung von Politikern nicht nur direkt beeinflussen, sondern auch indirekt – über *Image-Agenda-Setting*. So beruht der Gesamteindruck, den man von einem Spitzenpolitiker hat, auf der Wahrnehmung ganz unterschiedlicher Eigenschaften. Aus der Sicht der Bevölkerung sind in der Regel seine Themenkompetenz und seine Integrität von besonderer Bedeutung. Es folgen Leadership-Qualitäten: Entschlossenheit, Tatkraft, Entscheidungsfreude. Am unwichtigsten erscheinen die unpolitischen Merkmale, wie sein Aussehen und sein Familienleben (vgl. Brettschneider 2001a, 2002). Die meisten Menschen haben mehr oder weniger vielschichtige Vorstellungen von den Kandidaten für das Kanzleramt. Diese Vorstellungen basieren nicht zwangsläufig auf den tatsächlichen Eigenschaften der Kandidaten, denn kaum ein Wähler kennt sie persönlich. Statt dessen beruhen solche Images auf den von den Wählern wahrgenommenen Eigenschaften der Spitzenpolitiker. Deren Grundlage ist fast ausschließlich die Berichterstattung der Massenmedien. Ob und wie ein Politiker wahrgenommen wird, hängt also wesentlich davon ab, wie ihn die Medien darstellen.

Analog zum themenbezogenen *Priming* ist anzunehmen, dass bei der Gesamtbewertung eines Politikers durch die Wähler jene Gesichtspunkte im Mittelpunkt stehen, die zum Zeitpunkt der Wahlentscheidung „top-of-the-head" sind, weil sie in der Berichterstattung dominieren. Die in der Medienberichterstattung häufig erwähnten Eigenschaften erhalten für die Gesamtbewertung eines Kandidaten ein größeres Gewicht als die selten

erwähnten. Konzentriert sich die Berichterstattung über Kandidaten beispielsweise auf deren Integrität, so werden für die Gesamtbewertung der Kandidaten eher die Beurteilungen ihrer Glaubwürdigkeit und Vertrauenswürdigkeit herangezogen als beispielsweise die Bewertung ihrer Führungsqualitäten (vgl. Weaver u.a. 1981). Weil die einzelnen Eigenschaften von Politikern unterschiedlich beurteilt werden können, schlägt sich ein solches *Image-Agenda-Setting* in ihrer Gesamtbewertung nieder. So war es für Angela Merkel, die als integer aber führungsschwach gilt, ungünstig, wenn in den Medien allgemein der Aspekt „Führungsstärke" thematisiert wurde – also nicht nur auf sie selbst, sondern auch auf Gerhard Schröder und Edmund Stoiber bezogen.

Erneut gilt natürlich: Die Stärke eines entsprechenden Medieneinflusses variiert mit der Konsonanz der Berichterstattung, und sie hängt davon ab, ob der Rezipient über ein parteipolitisch gefestigtes Weltbild verfügt, aus dem heraus sich ein Großteil seiner Einstellungen zu den Kandidaten ergeben. Ist dies nicht der Fall und existiert ein relativ einheitlicher Medientenor, dann sind Medienwirkungen auf die Beurteilung der Kandidaten wahrscheinlich. Dabei spielt allerdings eine wichtige Rolle, ob sich der Rezipient überwiegend aus dem Fernsehen oder aus den Printmedien über Politik informiert. So prägt das Fernsehen Charaktereindrücke stärker als dies Tageszeitungen vermögen. Letztere beeinflussen eher die Wahrnehmung der Sachkompetenz eines Kandidaten (vgl. Kepplinger u.a. 1994: 57; Marcinkowski/Nieland in diesem Band).

6. Medienberichterstattung, Gewinnerwartungen und „Schweigespirale"

Außer in der Themen-Agenda und den Images von Spitzenkandidaten kann sich Medienberichterstattung auch in der Wahrnehmung der Gewinnchancen der Parteien niederschlagen. So wird die Berichterstattung oft als Ursache angesehen, wenn die tatsächliche Verteilung der Wahlabsicht in der Bevölkerung und die Einschätzung der Wahlchancen der Parteien seitens der Bevölkerung auseinander klaffen. Dies war beispielsweise 1972 der Fall. Obwohl sich die Stimmenanteile der Parteien in den drei Monaten vor der Bundestagswahl kaum veränderten – Union und SPD lagen mit jeweils ca. 45 Prozent etwa gleichauf –, kam es zu deutlichen

Veränderungen in der Wahrnehmung der Bevölkerung, wer die Wahl gewinnen würde. Glaubten im August noch 40 Prozent der Bevölkerung an einen Wahlsieg der Union und lediglich 22 Prozent an einen Sieg der SPD, so vermuteten im November jeweils 32 Prozent der Befragten einen Sieg der Union bzw. der SPD. Nach dem Wandel bei den Siegerwartungen kam es in den letzten beiden Wochen vor der Wahl zum „Last-Minute-Swing" bei der Wahlabsicht – die SPD erreichte knapp 50 Prozent in der Wahlabsichtsfrage (vgl. Noelle-Neumann 1980: 17).

Der Einschätzung der Wahlchancen der Parteien durch den einzelnen Wähler wird von Noelle-Neumann eine große Bedeutung für die tatsächliche Stimmabgabe beigemessen. Ihre Theorie der Schweigespirale geht von der sozialen Natur der Menschen aus: Menschen fürchten sich davor, sich in der Gemeinschaft zu isolieren. Um zu erkennen, mit welcher Parteipräferenz sie sich isolieren würden, beobachten Menschen in Wahlkämpfen ihre Umwelt. Ist erkennbar, dass das Meinungsklima für die präferierte Partei günstig ist, tritt ein Mensch in der Öffentlichkeit eher für diese Partei ein, als wenn er glaubt, sie verliere an Boden – dann schweigt er (vgl. Abbildung 8). „Indem so die einen Ansichten überall stark zu hören sind und die anderen immer weniger vertreten werden, kommt die Schweigespirale in Gang, bis die vom Schweigen verschluckten Ansichten in der öffentlichen Meinung ganz untergehen" (Noelle-Neumann: 1990: 13; die empirischen Befunde zu einzelnen Bestandteilen der Theorie der Schweigespirale sind ambivalent, eine Überprüfung der kompletten Theorie steht noch aus; vgl. Donsbach 1987; Fuchs u.a. 1992).

Weil die Umwelt durch die Brille der Massenmedien beobachtet wird, kommt ihnen vor allem bei großer Konsonanz der Berichterstattung für die Redebereitschaft eine erhebliche Bedeutung zu. Noelle-Neumann unterscheidet diesbezüglich zwei Arten von Medienwirkung (vgl. Brettschneider 1997: 588 f.). Erstens: Wenn in der Medienberichterstattung die öffentliche Unterstützung für eine Volkspartei stärker erscheint, als sie tatsächlich ist, dann nimmt die Bekenntnis- und Artikulationsbereitschaft zugunsten dieser Partei unter ihren Anhängern zu. Dadurch erscheint die Partei nochmals stärker, als sie tatsächlich ist. Die Schweigespirale kommt in Gang. Zweitens: Wenn die „tonangebenden Medien" eine Partei unterstützen, die sich in einer Minderheitenposition befindet, verlieren die Anhänger dieser Partei ihre Isolationsfurcht und artikulieren sich. Bei der Mehrheit hingegen entsteht Isolationsfurcht, obwohl sie eigentlich in der

Mehrheit ist (es aber nicht weiß); sie verfällt daher in Schweigen („schweigende Mehrheit"). Wie schon *Agenda-Setting* und *Priming*, so ist auch die Wirkung der Medienberichterstattung auf die Vorstellungen von der Meinungsverteilung in der Gesellschaft einstellungs- und verhaltensrelevant, ohne dass die Medienberichterstattung direkt politische Einstellungen verändert.

Abbildung 8: Der Prozess der Schweigespirale an einem hypothetischen Beispiel

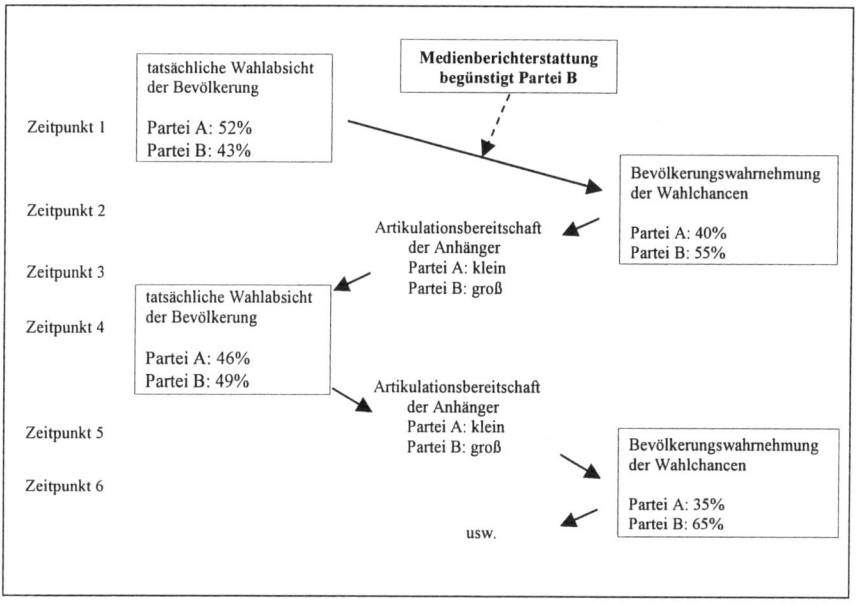

7. Fazit: Medienberichterstattung und Parteipräferenz

Die Partei- oder – in präsidentiellen Systemen – die Kandidatenpräferenz der Wähler wird in einem erheblichen Maße von der Medienberichterstattung beeinflusst. Von der Art der Berichterstattung – ihrem Umfang, ihrer Tendenz und ihrer Konsonanz – hängt es ab, in welchem Umfang die Stammwähler der Parteien mobilisiert werden. Den Massenmedien kommt hierbei eine die latenten Parteineigungen aktivierende und verstärkende

Rolle zu. Der Grad der Mobilisierung der Stammwähler ist für die öffentliche Sichtbarkeit der Unterstützung, die eine Partei im Wahlkampf erfährt, von Bedeutung. So kann eine auf Mobilisierung beruhende Bekenntnis- und Artikulationsbereitschaft der eigenen Anhänger einer möglicherweise drohenden Schweigespirale gegen die eigene Partei vorbeugen.

Bei Personen, deren individuelles Orientierungssystem parteipolitisch nicht verfestigt ist, können die Medieneinflüsse deutlich über die Aktivierung und Verstärkung vorhandener Einstellungen hinausgehen. Dabei sind aber massenmedial hervorgerufene direkte Änderungen der wahlrelevanten Einstellungen nicht am häufigsten anzutreffen. Viel wichtiger sind die indirekten Wirkungen: die Realitätskonstruktion und das *Priming*. Von der Medienberichterstattung hängt es ab, welche Themen zum Zeitpunkt der Präferenzbildung der Wähler „top-of-the-head" sind. Von ihr hängt es auch ab, welche Kandidateneigenschaften den Wählern als erstes in den Sinn kommen, wenn sie ihre Präferenz für die Stimmabgabe zugunsten einer Partei bilden. Dieses Betonen bestimmter Themen oder bestimmter Kandidatenmerkmale durch Agenda-Setting schlägt sich in der Gesamtbewertung von Parteien und Kandidaten nieder, ohne die Tendenz der diesen Gesamtbewertungen zugrunde liegenden Einstellungen zu verändern. Aber durch die spezifische Gewichtung unterschiedlicher Einzeleinstellungen verschiebt sich die Gesamtbewertung in die eine oder andere Richtung. Parteien und Kandidaten sind daher darauf bedacht, durch geschicktes Ereignismanagement die für sie selbst günstigen Aspekte auf der Medien-Agenda zu platzieren (*Agenda-Building*) und die für sie ungünstigen Aspekte erst gar nicht darauf erscheinen zu lassen (*Agenda-Cutting*). Um dies zu erreichen, müssen sie die Handlungslogiken der Massenmedien kennen und sich auf diese einlassen. Gegen die Massenmedien lässt sich eine Bundestagswahl jedenfalls nicht gewinnen – dafür ist die Berichterstattung für die Herausbildung der Parteipräferenzen der Wähler zu wichtig.

Literatur

Anderson, Christopher J. (1995): Blaming the Government. Citizens and the Economy in Five European Democracies, Armonk/London: Sharpe.

Bertelsmann Stiftung (Hrsg.) (1996): Politik überzeugend vermitteln. Wahlkampfstrategien in Deutschland und den USA, Gütersloh: Bertelsmann Stiftung.

Brettschneider, Frank (1994): Agenda-Setting. Forschungsstand und politische Konsequenzen, in: Michael Jäckel/Peter Winterhoff-Spurk (Hrsg.), Politik und Medien. Analysen zur Entwicklung der politischen Kommunikation, Berlin: Vistas, S. 211-229.

Brettschneider, Frank (1997): Massenmedien und politische Kommunikation, in: Oscar W. Gabriel/Everhard Holtmann (Hrsg.), Handbuch Politisches System der Bundesrepublik Deutschland, München/Wien: Oldenbourg, S. 557-595.

Brettschneider, Frank (2000): Reality Bytes: Wie die Medienberichterstattung die Wahrnehmung der Wirtschaftslage beeinflußt, in: Jürgen W. Falter/Oscar W. Gabriel/Hans Rattinger (Hrsg.), Wirklich ein Volk? Die politischen Orientierungen von Ost- und Westdeutschen im Vergleich, Opladen: Leske + Budrich, S. 539-569.

Brettschneider, Frank (2001a): Candidate-Voting. Die Bedeutung von Spitzenkandidaten für das Wählerverhalten in Deutschland, Großbritannien und den USA von 1960 bis 1998, in: Hans-Dieter Klingemann/Max Kaase (Hrsg.), Wahlen und Wähler. Analysen aus Anlass der Bundestagswahl 1998, Opladen/Wiesbaden: Westdeutscher Verlag, S. 351-400.

Brettschneider, Frank (2001b): Die Herausforderung. Potentielle Kanzlerkandidaten der Union aus der Sicht der Medien und der Bürger, in: Civis mit Sonde, H. 1, S. 33-40.

Brettschneider, Frank (2002): Spitzenkandidaten und Wahlerfolg. Personalisierung − Kompetenz − Parteien. Ein internationaler Vergleich, Wiesbaden: Westdeutscher Verlag.

Brosius, Hans-Bernd (1994): Agenda-Setting nach einem Vierteljahrhundert Forschung: Methodischer und theoretischer Stillstand?, in: Publizistik 39, S. 269-288.

Campbell, Angus/Converse, Philip E./Miller, Warren E./Stokes, Donald E. (1960): The American Voter, New York u.a.: Wiley & Sons.

Dalton, Russell J. (1996): Citizen Politics. Public Opinion and Political Parties in Advanced Industrial Democracies, 2. Aufl., Chatham: Chatham House.

Donsbach, Wolfgang (1987): Die Theorie der Schweigespirale, in: Michael Schenk (Hrsg.), Medienwirkungsforschung, Tübingen: Mohr, S. 324-343.

Donsbach, Wolfgang (1991): Medienwirkung trotz Selektion. Einflußfaktoren auf die Zuwendung zu Zeitungsinhalten, Köln u.a.: Böhlau.

Fuchs, Dieter/Gerhards, Jürgen/Neidhardt, Friedhelm (1992): Öffentliche Kommunikationsbereitschaft. Ein Test zentraler Bestandteile der Theorie der Schweigespirale, in: Zeitschrift für Soziologie 21, S. 284-295.

Iyengar, Shanto/Kinder, Donald R. (1987): News That Matters. Television and American Opinion, Chicago/London: University of Chicago Press.

Kepplinger, Hans Mathias (1998): Die Demontage der Politik in der Informationsgesellschaft, Freiburg i.Br./München: Alber.

Kepplinger, Hans Mathias/Brosius, Hans-Bernd/Dahlem, Stefan (1994): Wie das Fernsehen die Wahlen beeinflußt. Theoretische Modelle und empirische Analysen, München: Fischer.

Kepplinger, Hans Mathias/Gotto, Klaus/Brosius, Hans-Bernd/Haak, Dietmar (1989): Der Einfluß der Fernsehnachrichten auf die politische Meinungsbildung, Freiburg i.Br./München: Alber.

Kindelmann, Klaus (1994): Kanzlerkandidaten in den Medien. Eine Analyse des Wahljahres 1990, Opladen: Westdeutscher Verlag.

Klapper, Joseph T. (1960): The Effects of Mass Communication, New York: The Free Press.

Lazarsfeld, Paul F./Berelson, Bernard/Gaudet, Hazel (1968): The People's Choice. How the Voter Makes up His Mind in a Presidential Campaign, 3. Aufl., New York/London: Columbia University Press (Erstauflage 1944).

Noelle-Neumann, Elisabeth (1973): Kumulation, Konsonanz und Öffentlichkeitseffekt. Ein neuer Ansatz zur Analyse der Wirkung der Massenmedien, in: Publizistik 18, S. 26-55.

Noelle-Neumann, Elisabeth (1980): Die Schweigespirale. Öffentliche Meinung – unsere soziale Haut, München/Zürich: Piper.

Noelle-Neumann, Elisabeth (1990): Die öffentliche Meinung und die Wirkung der Massenmedien, in: Jürgen Wilke (Hrsg.), Fortschritte der Publizistikwissenschaft, Freiburg i.Br./München: Alber, S. 11-23.

Noelle-Neumann, Elisabeth/Kepplinger, Hans Mathias/Donsbach, Wolfgang (1999): Kampa. Meinungsklima und Medienwirkung im Bundestagswahlkampf 1998, Freiburg i.Br./München: Alber.

Pan, Zhongdang/Kosicki, Gerald M. (1997): Priming and Media Impact on the Evaluations of the President's Performance, in: Communication Research 24, S. 3-30.

Rattinger, Hans/Maier, Jürgen (1998): Der Einfluß der Wirtschaftslage auf die Wahlentscheidung bei den Bundestagswahlen 1994 und 1998, in: Aus Politik und Zeitgeschichte, B 52, S. 45-54.

Sarcinelli, Ulrich (1987): Symbolische Politik. Zur Bedeutung symbolischen Handelns in der Wahlkampfkommunikation der Bundesrepublik Deutschland, Opladen: Westdeutscher Verlag.

Schmitt-Beck, Rüdiger (1994): Eine „vierte Gewalt"? Medieneinfluß im Superwahljahr 1994, in: Wilhelm Bürklin/Dieter Roth (Hrsg.), Das Superwahljahr. Deutschland vor unkalkulierbaren Regierungsmehrheiten?, Köln: Bund, S. 266-292.

Schulz, Winfried (1998): Wahlkampf unter Vielkanalbedingungen. Kampagnenmanagement, Informationsnutzung und Wählerverhalten, in: Media Perspektiven, H. 8, S. 378-391.

Swanson, David L./Mancini, Paolo (Hrsg.) (1996): Politics, Media, and Modern Democracy. An International Study of Innovations in Electoral Campaigning and Their Consequences, Westport/London: Praeger.

Weaver, David H. (1991): Issue Salience and Public Opinion: Are There Consequences of Agenda-Setting?, in: International Journal of Public Opinion Research 3, S. 53-68.

Weaver, David H./Graber, Doris A./McCombs, Maxwell E./Eyal, Chaim H. (1981): Media Agenda-Setting in a Presidential Election. Issues, Images, and Interest, New York: Praeger.

Zaller, John R. (1992): The Nature and Origins of Mass Opinion, Cambridge: Cambridge University Press.

Medialisierung im politischen Mehrebenensystem Eine Spurensuche im nordrhein-westfälischen Landtagswahlkampf

Frank Marcinkowski / Jörg-Uwe Nieland

1. Einführung und Fragestellung

In der aktuellen politischen Kommunikationsforschung hat die so genannte Medialisierungsthese beachtliche Prominenz erlangt. Gegenüber statischen Konzepten wie dem der Mediendemokratie bzw. Mediokratie, die eine weitgehende Überformung des politischen Prozesses durch Nachrichtenwerte und Präsentationsweisen der Massenmedien und in dessen Folge das Verschwinden der tradierten Parteienlogik, wenn nicht der klassischen Parteiorganisationen überhaupt diagnostizieren (vgl. Müller 1999; Patterson 1993), betont der Medialisierungsbegriff den Prozesscharakter einschlägiger Verschiebungen im Verhältnis von Massenmedien und Politik. Anstatt einem politischen System diffuse Begrifflichkeiten in Gänze überzustülpen, legt Medialisierung als graduelles Konzept die Annahme nahe, dass ähnliche Entwicklungen unter länderspezifischen Bedingungen durchaus unterschiedliche Strukturen und Resultate produzieren können (vgl. Mazzoleni/Schulz 1999: 248). Daher muss in jedem Einzelfall, so fordern Gianpietro Mazzoleni und Winfried Schulz zurecht, sehr genau untersucht und beschrieben werden, wie weit der Medialisierungsprozess in einem spezifischen demokratischen System tatsächlich fortgeschritten ist und welche Wirkungen er auf Parteien und Politik faktisch entfaltet.

In der Logik dieser Argumentation liegt der Hinweis, dass solche Differenzierungen nicht nur in horizontaler Richtung (also im Zeit- und Ländervergleich) angebracht sind, sondern auch in der vertikalen Dimension einzelner politischer Systeme von Interesse sein können. Das lässt sich am Beispiel der Wahlkommunikation veranschaulichen, die nicht nur in Deutschland als bevorzugtes Demonstrationsobjekt für Thesen der oben angesprochenen Art gilt. In der Fülle der vorliegenden Wahlkampfstudien wird nämlich nur selten dem Umstand Rechnung getragen, dass die Mehrzahl der Wahlkämpfe auf Landes- und Kommunalebene stattfindet. Der größte Teil der vorliegenden Befunde zur Medialisierungsthese rekurriert demgegenüber auf Bundestagswahlen und mithin auf das nationale Mediensystem. Von einer durchgehenden Medialisierung politischer (Wahl-)Kommunikation könnte man aber ehrlicherweise erst dann sprechen, wenn namhafte Medialisierungsphänomene auf eine tiefenwirksame Durchdringung aller föderalen Ebenen hinweisen. Wenn also im Zusammenhang mit der Medialisierungsdiskussion auf den notwendigen Differenzierungsbedarf verwiesen wird, dann gilt das sicher auch für eine differenzierte Betrachtung vermeintlicher Medialisierungsaspekte in den verschiedenen Schichten des politischen Mehrebenensystems. Vor diesem Hintergrund beschäftigt sich der vorliegende Beitrag mit der Landtagswahl 2000 im bevölkerungsreichsten deutschen Bundesland, Nordrhein-Westfalen, das sich in offiziellen politischen Stellungnahmen selbst gerne als „Medienland" (von Alemann/Brandenburg 2000: 170-177) bezeichnet und insoweit für Medialisierungsstudien geradezu anbietet. Es soll geklärt werden, ob sich Indikatoren einer medialisierten Wahlkommunikation unter den spezifischen Bedingungen von Landespolitik, einem gliedstaatlichen Parteiensystem und regionaler Medienlandschaft auffinden lassen und wie sie sich gegebenenfalls auswirken.

2. Das Konzept der Medialisierung von Wahlkampf und Politikvermittlung

Das Konzept der Medialisierung, so wie es von Mazzoleni und Schulz (1999) ausgearbeitet worden ist (vgl. zum Begriff auch Donsbach 1999: 145; Kaase 1998; Krotz 2001: 32), impliziert eine Reihe von Prämissen, die auch in konkurrierenden Deutungsangeboten weitgehend unumstritten sind. Danach sind die Medien in modernen Massendemokratien eine notwendige Bedingung von Politik, denn die Interaktion von Staat und Gesellschaft ist mit weniger leistungsfähigen Mitteln allein nicht aufrechtzuerhalten. Moderne Massenmedien sind dabei nicht als bloß passive

Verbreitungstechniken zu verstehen, sie bilden vielmehr komplexe und eigenlogisch funktionierende Sozialsysteme. Der politische Prozess beruht insoweit darauf, dass staatliche Akteure und Medienorganisationen ihr Handeln auf die Regeln und Logiken des jeweils anderen abstimmen. Daraus kann freilich nicht zwingend gefolgert werden, und hier beginnen die Differenzen, dass die klassischen Institutionen der Interessenaggregation und -artikulation, insbesondere die politischen Parteien zunehmend von den Medien verdrängt oder gar ersetzt würden. „Medialisierung" impliziert zunächst „lediglich", dass die gesellschaftliche Autonomie des politischen Systems eingeengt wird, und Politik in ihren zentralen Funktionen auf die Unterstützung durch Massenmedien angewiesen ist. Bei der Organisation von Unterstützungsbereitschaft sind namentlich die politischen Parteien tendenziell abhängig von der Art und Weise, wie die Medien Politik beobachten und beschreiben. Das hat eine Reihe von Konsequenzen, unter ihnen die folgenden:

Die Medialisierung der „öffentlichen Sphäre" bedingt einerseits, dass sich die Beteiligung an der Diskussion und Behandlung öffentlicher Angelegenheiten für einen großen Teil der Bevölkerung auf die Beobachtung von Politik in den Medien reduziert. Auf der anderen Seite wird politischer Einfluss zunehmend über den medialen Zugang zur Öffentlichkeit reguliert. Das gilt für Personen (bzw. ihre öffentlich sichtbaren Images) ebenso wie für Themen (bzw. deren öffentlich sichtbaren Images).

Die mediale Politikbeschreibung beruht dabei auf einer eng begrenzten Auswahl aus der Fülle relevanter öffentlicher Angelegenheiten. Die Auswahl orientiert sich an bestimmten Nachrichtenwerten von Ereignissen (Konflikt, Dramatisierung, Personalisierung u.a.), an journalistischen Weltsichten und an Produktionsroutinen. Die Selektionsregeln schließen aber nicht nur große Teile der politischen Realität von der Berichterstattung aus, zugleich werden bestimmte Eigenschaften der Ereignisse besonders hervorgehoben, während andere aus dem Blickfeld geraten.

Außerdem wird die auf das öffentliche Interesse verpflichtete Medienlogik von der kommerziellen Logik einer global vernetzten Medienindustrie überformt. Politische Akteure passen sich diesem Erfordernis an, indem sie beginnen, Politik mit Hilfe professioneller Informations- und PR-Agenturen sowie mit Hilfe kommerzieller Kommunikationsmuster zu verkaufen (vgl. Holtz-Bacha in diesem Band). Ein Effekt ist die „Spekta-kularisierung" von politischen Botschaften und Personen. Nicht zuletzt durch den Erkenntnisfortschritt der Kommunikations-und Medienwissenschaft sind die Aufmerksamkeitsregeln, Produktions-routinen und Auswahlkriterien des Journalismus im politischen Kommu-nikationsmanagement wohlbekannt. Auf dieser Basis neigen politische Akteure dazu, ihr Reden, Handeln und Aussehen den Erfordernissen der Medienindustrie vorab anzupassen. Insgesamt ergibt sich damit eine „symbiotische Interaktion" von Medien und Politik, welche Medialisie-rung von Politik und politische Instrumentalisierung der Medien zugleich bedeuten kann (vgl. dazu im Einzelnen Mazzoleni/Schulz 1999: 250-251).

Die Konsequenzen dieser Entwicklung für die Interaktion von Partei-en, Politikern und Massenmedien sind keineswegs auf Wahlkommunika-tion beschränkt, werden annahmegemäß dort aber besonders augenfällig. In einer Fülle von einschlägigen Studien wird in dem Zusammenhang unter anderem auf die weitgehende Dominanz des Fernsehens als Wahl-kampfmedium, auf die hochgradige Personalisierung der Wahlkommuni-kation bei gleichzeitig sachpolitischer Verarmung und auf das intensive Bemühen der politischen Wettbewerber um ein zielgenaues Themen- und Ereignismanagement hingewiesen (vgl. die Beiträge in Bohrmann u.a. 2000; Holtz-Bacha 1999; Noelle-Neumann u.a. 1999).

3. Landespolitische Randbedingungen

Die allgemeine Tendenz zur Medialisierung trifft im bundesdeutschen Föderalismus auf politisch-institutionelle Rahmenbedingungen, von de-nen zu fragen wäre, ob sie einer vergleichbaren Entwicklung auf Landes-ebene eher entgegenstehen oder auf diese gar befördernd wirken. Unter den vielfältigen Befunden einer weit verzweigten Föderalismusdiskussion (vgl. zusammenfassend Benz 1999; Wachendorfer-Schmidt 1999) ist da-bei für unsere Zwecke vor allem die Tatsache eines schleichenden Be-deutungs- und Kompetenzverlustes der Landespolitik im Verlaufe von 50 Jahren Bundesrepublik Deutschland von Interesse. Sie ist als Ergebnis einer extensiven Interpretation der „konkurrierenden Gesetzgebung" durch den Bund sowie der zunehmend verdichteten horizontalen Selbstkoordination der Länder untereinander und zwischen Bund und Ländern beschrieben worden, mit der die angestrebte Einheitlichkeit der Rechts- und Lebensverhältnisse in Deutschland gleichsam „erkauft" worden ist. Verstärkend wirkt die Einbindung Deutschlands in den europäischen Integrationsprozess, in dessen Folge weitere Kompetenzen zu den europäischen Institutionen abwandern, die auf der Länderebene, zumindest was die legislativen Zuständigkeit betrifft, nicht hinreichend kompensiert worden sind. Insoweit ist der Bedeutungsverlust der Landespolitik zuvorderst ein Problem der Landtage „und mit ihnen [für] das Stimmvolk der jeweiligen Bundesländer" (Schmidt 2001: 479), das in regelmäßigen Abständen über die Zusammensetzung dieser weitgehend „handlungsentlasteten" Institutionen entscheiden soll. Die den Landtagen verbliebenen (Gesetzgebungs-)Kompetenzen beziehen sich neben dem Bereich der inneren Sicherheit (Polizei) auf Bildung und Kultur.

Die bahnbrechenden Richtungsentscheide für die Bundesländer werden freilich nicht in den Landesparlamenten, sondern in Berlin oder Brüssel getroffen. Die meisten Landtagswahlkämpfe müssen folglich ohne die großen, mobilisierenden und Aufmerksamkeit erzeugenden Themen auskommen. Nicht zuletzt infolge dieser Entwicklung ist seit den 80er Jahren ein deutlicher Einbruch der Beteiligung an Landtagswahlen zu beobachten. Zurzeit ist auf Landesebene damit zu rechnen, dass die Hälfte bis gut Zwei-Drittel der Wahlberechtigten erreicht werden können (vgl. Korte 2000: 76-78).[1] Das führt dazu, dass die Mobilisierung der schrumpfenden Stammwähleranteile für den Wahlsieg gegenwärtig noch auszureichen scheint. Wer seine eigenen Anhänger möglichst vollzählig an die Urnen bringt, so kalkulieren die Parteien, hat allerbeste Chancen, als Sieger aus dem Rennen zu gehen, und zwar ohne dass „neue" Wählerschichten in aufwendigen Überzeugungskampagnen hinzugewonnen werden müssten. Diese kurzsichtige Wahlkampflogik veranlasst die Parteistrategen jedenfalls dazu, die objektiv wichtiger werdende Gruppe der Wechselwähler (genau so wie Erstwähler und potenzielle Nichtwähler) gerade in Landtagswahlkämpfen systematisch zu vernachlässigen (vgl. Hategan 2001: 423-426).

---

[1] Detaillierte Analysen der Landtagswahlen (inklusive der Entwicklung der Wahlbeteiligung) finden sich in der laufenden Berichterstattung der Zeitschrift für Parlamentsfragen (ZParl), etwa im Heft 1/2000 zu den Wahlen in Hessen, Bremen, Saarland, Brandenburg, Thüringen, Sachsen und Berlin 1999.

Aus diesen Zusammenhängen ergibt sich eine Reihe von Konsequenzen für Verlauf und Inhalt der Wahlkampfkommunikation auf Landesebene. Zunächst ist jeder Landtagswahlkampf primär ein Mobilisierungswahlkampf, der auf die jeweils eigenen Stammwähler zielt und ihnen möglichst „zugkräftige" Anreize zur Beteiligung am Wahlvorgang anzubieten versucht. Im Normalfall werden diese Anreize mangels Masse nicht von landespolitischen Sachthemen ausgehen, zumal die horizontal und vertikal vielfach „verflochtene" Praxis der Landespolitik wegen ihrer Komplexität und Intransparenz gravierende Probleme der mediengerechten Verpackung und Vermittlung mit sich bringt (Schmidt 2001: 481). Folglich wird sich die Wahlkampfkommunikation noch stärker auf Personen als auf Probleme konzentrieren, als man es von der Bundesebene bereits gewohnt ist. Darüber hinaus gewinnt das Meta-Thema „Wahlkampf" in Ermangelung policy-spezifischer Themen an zusätzlicher Bedeutung: Wahlkommunikation soll vor allem vermitteln, dass demnächst gewählt werden „darf".

Zur Mobilisierung der eigenen Anhängerschaft (bzw. zum Zwecke der Demoralisierung der Konkurrenz) bedienen sich die Parteien erfahrungsgemäß immer häufiger der Veröffentlichung von Meinungsumfragen, wenn möglich mit Ergebnissen, die auf Rückenwind für die eigene Partei hindeuten. Kampfeswillen und Siegeszuversicht kann darüber hinaus durch gelungene Inszenierungen signalisiert werden, die jenseits von Sachproblemen und Parteiprogrammatik auf emotionalisierende Ereignisberichterstattung abzielen und vor allem den Eindruck hinterlassen, es sei gleichwohl landespolitisch wichtig, wer gewinnt. Alles in allem führen die vorstehenden Überlegungen zu der Vermutung, dass die politisch-institutionellen Randbedingungen der Landesebene auf zentrale Phänomene der Medialisierung von Wahlkampf und Politikvermittlung eher verstärkend als abschwächend wirken.

Wie diese Impulse allerdings in einem regionalen Mediensystem umgesetzt werden, das sich durch die Konkurrenz einer Vielzahl von regionalen und überregionalen Medien auszeichnet, ist *a priori* schwer zu kalkulieren. Bekanntlich steht jeder Landtagswahlkampf unter besonderer Beobachtung der nationalen Öffentlichkeit. „Das Zusammenwirken von unitarischem Bundesstaat und Politikverflechtung sorgt für Dauerwahlkampfatmosphäre im Lande, weil es jede Landtagswahl zugleich bundespolitisch wichtig macht. Denn jedes Landtagswahlergebnis wirkt auf die Stimmverteilung im Bundesrat und beeinflusst somit die Mitwirkungschancen der Länder bei der Gesetzgebung des Bundes sowie die Mitwirkungschancen der größten Oppositionspartei, sofern diese die Bundesratsmehrheit auf ihre Seite bringt" (Schmidt 2001: 475). Gerade die überregionalen Medien werden unter diesen Bedingungen geneigt sein, Landtagswahlen vornehmlich im Hinblick auf ihre bundespolitischen Konsequenzen („Testwahl") zu beobachten und zu kommentieren. Damit können bundespolitisch virulente Sachthemen in den Landtagswahlkampf hineinprojiziert werden, genau so wie organisatorische, personelle oder programmatische Probleme der jeweiligen Mutterparteien. Sowie der Bundestrend über den Parteienfaktor Einflüsse auf das Wahlverhalten in den Ländern ausübt, überschattet das bundesweite parteipolitische „Meinungsklima" die Wahlkampfanstrengungen der Landesverbände. Aus Sicht der regionalen Parteiorganisation wird die Wahlkommunikation dadurch insgesamt schwerer kalkulierbar und weniger steuerbar. Zu leicht können ausgeklügelte Strategien des Themen- und Ereignismanagements durch externe (Medien-)Einflüsse konterkariert werden. Was diese Zusammenhänge für die landespolitische Wahlkommunikation tatsächlich bedeuten, kann nur durch empirische Fallanalysen weiter konkretisiert werden.

4. Die Massenmedien im Landtagswahlkampf: Empirische Befunde zur nordrhein-westfälischen Wahl vom 14. Mai 2000[2]

4.1 Wahlkampfverlauf und Wahlergebnis

Nordrhein-westfälische Landtagswahlen gelten seit jeher als wichtige Stimmungsbarometer für den Bund. Dies traf besonders auf die 2000er Wahl zu: Nachdem die SPD – nach 15 Jahren – 1995 ihre absolute Mehr-

---

[2] Die im Folgenden präsentierten Analysen beruhen – soweit nicht anders vermerkt – auf Daten aus dem Forschungsprojekt „Mediendemokratie im Medienland?", das von der Landesanstalt für Rundfunk Nordrhein-Westfalen (LfR NW) finanziert und vom Institut für Politikwissenschaft der Universität Koblenz-Landau (Prof. Dr. Ulrich Sarcinelli) gemeinsam mit dem Rhein-Ruhr-Institut für Sozialforschung und Politikberatung der Universität Duisburg (Prof. Dr. Heribert Schatz) durchgeführt wurde. Die Projektergebnisse sind nachzulesen in Sarcinelli/Schatz 2002. Die Autoren bedanken sich bei den Projektleitern und der Landesanstalt für Rundfunk für die Überlassung der Daten zum Zwecke der Sekundäranalyse.

heit im Lande verloren hatte, wurde das in Folge geschmiedete rot-grüne Bündnis an Rhein und Ruhr als Testfall für die Bundesebene angesehen. Im Laufe der Wahlperiode gab es nicht nur zähe Verhandlungen über den Koalitionsvertrag, sondern auch wiederholten Streit (etwa über den Braunkohletagebau oder den Flughafen- und Straßenausbau), der bis an den Rand des Koalitionsbruchs führte. Als Ende Mai 1998 Landesvater Johannes Rau das Amt des Ministerpräsidenten an Wolfgang Clement übergab, wurde dies im laufenden Bundestagswahlkampf als Zeichen der Erneuerung der SPD und ihrer Öffnung zur Wirtschaft interpretiert.

In den Landtagswahlkampf 2000 stiegen die Parteien bereits unmittelbar nach den Kommunalwahlen vom September 1999 ein. Die enormen, zum Teil erdrutschartigen Verluste bei der SPD (und auch bei B'90/Die Grünen) auf kommunaler Ebene sowie das Stimmungstief, in dem sich die rot-grüne Bundesregierung befand, ließen bei der CDU Hoffnungen auf einen Wahlsieg aufkommen. Diese Hoffnungen wurden durch den Ausgang der Landtagswahlen in Brandenburg und Berlin (im Sommer 1999) weiter genährt. Mit dem Bekanntwerden der CDU-Spendenaffäre (ab November 1999) wurden diese Aussichten allerdings jäh zunichte gemacht. Zwar war der CDU-Spitzenkandidat Jürgen Rüttgers nicht direkt in die Zusammenhänge des Finanzskandals verwickelt, doch seine ambivalente Haltung gegenüber dem Altkanzler Helmut Kohl und der Image-Schaden, welcher der CDU als Gesamtpartei aus der Affäre erwuchs, fielen im Vorfeld der Wahl massiv auf den CDU-Wahlkampf in NRW zurück. Nicht ganz so gravierend wirkte sich auf SPD-Seite der seit dem Spätherbst 1999 die Berichterstattung zur Landespolitik beherrschende Streit um die so genannte „Flugaffäre" aus, in die insbesondere der ehemalige Ministerpräsident Rau und Finanzminister Heinz Schleußer verstrickt waren. Die widersprüchlichen Aussagen, in die sich Schleußer bezüglich der privaten Nutzung von Chartermaschinen der Westdeutschen Landesbank verstrickt hatte, führten schließlich vier Monate vor dem Ende der Legislaturperiode zu Schleußers Rücktritt (vgl. Geisler/Tenscher 2002: 64 f.; Feist/Hoffmann 2001).

Inwieweit sich die Affären im Wahlergebnis niederschlugen, kann hier nicht eindeutig geklärt werden. Jedenfalls wurden die beiden großen Volksparteien am Wahltag (14. Mai 2000) von den Wählern abgestraft. Bei einer Wahlbeteiligung von knapp 57 Prozent verlor die SPD 3,2 Prozentpunkt und erzielte mit 42,8 Prozent ihr schlechtestes Ergebnis seit 1958. Die CDU kam auf 37 Prozent und lag damit 0,7 Prozentpunkte unter dem Ergebnis von 1995 und lediglich 0,3 Prozentpunkte über dem Ergebnis von 1990. Einen deutlichen Rückgang in der Wählergunst verzeichneten B'90/Die Grünen: Mit einem Rückgang um 2,9 Prozentpunkte auf 7,1 Prozent lag der alte und neue Juniorpartner der Sozialdemokraten deutlich – nämlich 2,7 Prozentpunkte – hinter der FDP. Die Liberalen waren die Sieger dieses Wahlgangs; sie legten 5,8 Prozentpunkte zu und zogen mit 9,8 Prozent nicht nur wieder in den Landtag ein, sondern überholten die Grünen und übertrafen das vom Landesvorsitzenden Möllemann ausgegebene Ziel von acht Prozent deutlich.

4.2 Mediennutzung: Dominanz des Fernsehens?

Im ersten Schritt der Wahlkampfanalyse geht es um die relative Bedeutung der verschiedenen medialen Informationsquellen und insbesondere um die im Kontext der Bundesebene gut belegte These von der Dominanz des Fernsehens als Wahlkampfmedium. Die These lässt sich anhand der uns vorliegenden Daten nur mittelbar beantworten, weil in den einschlägigen Umfragen nicht direkt nach der Beachtung einzelner Medien der Wahlkommunikation gefragt worden ist.[3] Die Frage nach den meistgenutzten „landespolitischen" Informationsquellen lässt aber einige plausible Rückschlüsse zu, zumal die zweite Umfrage kurz vor dem Wahltermin abgeschlossen wurde.

---

[3] Im Rahmen des Projektes „Mediendemokratie im Medienland" sind im Abstand von vier Wochen zwei telefongestützte Befragungen unter den wahlberechtigten Einwohnern Nordrhein-Westfalens durchgeführt worden. Beide Stichproben wurden nach einem zweistufigen Zufallsverfahren gezogen und hatten einen Umfang von jeweils rund 1.000 Befragten. Die erste Befragungswelle fiel in den Zeitraum vom 3. bis 12. April 2000, die zweite Umfrage wurde unmittelbar vor dem Wahltermin in der Zeit vom 8. bis 12. Mai 2000 realisiert. Soweit nicht anders vermerkt, beruhen die folgenden Analysen auf einem aggregierten Datensatz mit 2.055 Befragten.

Tabelle 1: Wichtigkeit elektronischer und Printmedien als landespolitische Informationsquelle nach politischem Interesse (in Prozent)

Sagen Sie mir bitte, welches Medium Sie am meisten nutzen, um sich über das aktuelle Geschehen in der nordrhein-westfälischen Politik zu informieren?	Total	Politisches Interesse			
		Sehr stark / stark	mittel	wenig	gar nicht
Fernsehen	46,1	40,5	51,8	52,8	50,7
Tageszeitung	39,8	46,8	35,8	22,6	17,4
Radio	8,9	8,4	8,0	16,4	10,1
Zeitschriften	1,9	2,1	1,3	3,1	1,4
Internet	1,4	1,5	1,2	1,3	1,4
Keines der genannten	2,0	0,7	2,0	3,8	18,8
N	100% (2055)	100% (1058)	100% (765)	100% (159)	100% (69)

Bezogen auf die Gesamtheit der Wähler (Spalte: total) ist das Fernsehen auch für die Landespolitik der wichtigste Informationskanal. Das ist durchaus erwartbar, wenn man nach der ersten Präferenz aller medialen Informationsquellen fragt. Ob man allerdings aus der Prozentwertdifferenz von gut sechs Prozentpunkten gegenüber der Tageszeitung auf eine regelrechte Vorherrschaft des Fernsehens als landespolitische Informationsquelle schließen kann, ist fraglich. Jedenfalls ist der Abstand zwischen Fernsehen und Zeitungen, der bei vergleichbarer Fragestellung auf Bundesebene gemessen wird, wesentlich höher. Winfried Schulz und Mitarbeiter (2000: 421) verweisen auf einen Fernsehvorsprung von 26 Prozentpunkten, der im Bundestagswahlkampf 1994 gemessen wurde. Dabei war allerdings direkt nach dem Informationswert der einzelnen Medien im Hinblick auf die Bundestagswahl gefragt worden. Das Politbarometer West 1990 (Zentralarchiv-Nr. 1920) fragte unabhängig vom Wahlkampf nach dem politischen Informationswert der Medien.[4] Unter 1.002 Befragten der westdeutschen Bundesländer führte dabei das Fernsehen mit 57,2 Prozent vor den Tageszeitungen mit 14,5 Prozent. Die vierwellige

---

[4] Der Wortlaut der Frage war: „Wenn es um Nachrichten über Politik und Zeitgeschehen geht, welche Quelle ist da für Sie am wichtigsten?".

Panelstudie zur Bundestagswahl 1990 (Zentralarchiv-Nr. 1919; Befragungszeitraum: November 1989 bis Dezember 1990) weist bei gleicher Fragestellung gar einen Vorsprung von 62,2 Prozent gegenüber 18,3 Prozent zugunsten des Fernsehens als wichtigster Informationsquelle über Politik und Zeitgeschehen aus. Gegenüber allen bundesweiten Vergleichszahlen verweisen die in NRW gemessenen Werte auf einen erheblich höheren Stellenwert der Tageszeitungen im landespolitischen Kontext.

Darüber hinaus zeigt Tabelle 1, dass die (vermeintliche) Dominanz des Fernsehens vom Grad politischer Interessiertheit abhängt. Gerade für die politisch weniger stark Interessierten nimmt die Bedeutung des Fernsehens als politische Informationsquelle deutlich zu und die der Tageszeitung beträchtlich ab. Diese Tatsache ist aus bundesweiten Studien bekannt und insoweit nicht weiter überraschend. Bemerkenswert ist aber, dass sich das Dominanzverhältnis der konkurrierenden Medien im Segment der politisch stark interessierten Wähler umkehrt. In dieser Gruppe ist der Anteil derer, die ihre Tageszeitung als wichtigste landespolitische Informationsquelle bezeichnen, um eben jene sechs Prozentpunkte größer, die in der Gruppe aller Wähler den Vorsprung des Fernsehens ausmachen. Dieser Effekt lässt sich in keiner der genannten bundespolitischen Vergleichsstudien finden und verweist somit klar auf eine Besonderheit gliedstaatlicher Politikvermittlung.

Der Befund wird noch weiter untermauert, wenn man nicht nach dem präferierten Informationsmedium fragt, sondern die tatsächliche Nutzung verfügbarer Informationsangebote im Einzelnen erhebt (vgl. Tabelle 2). Hierbei zeigt sich zunächst, dass auch in Nordrhein-Westfalen die Hauptausgabe der „Tagesschau" nach wie vor das am beständigsten genutzte politische Informationsangebot des Fernsehens ist. Knapp 40 Prozent der wahlberechtigten Einwohner sehen praktisch jede Sendung. Das gilt selbst für ein Viertel der politisch wenig Interessierten und ganze 17 Prozent der Uninteressierten. Einmal mehr wird deutlich, dass gerade das „Flagschiff" unter den bundesdeutschen Nachrichtensendungen in der Lage ist, die politische „Grundversorgung" derer sicher zu stellen, die sich „eigentlich" nicht für Politik interessieren. Sie ist dabei erfolgreicher als die Hauptnachrichtensendungen der privaten Konkurrenz.

Tabelle 2: Nutzung politischer Nachrichten- und Informationssendungen des Fernsehens sowie von regionalen und überregionalen Tageszeitungen nach politischem Interesse (in Prozent; Mehrfachnennungen zugelassen)

	Total	Politisches Interesse			
"Sehe normalerweise jede Sendung "		Sehr stark/ stark	mittel	Wenig	gar nicht
ARD-Tagesschau um 20 Uhr	39,2 (2027)	46,0	34,5	25,8	17,4
ZDF heute um 19 Uhr	15,3 (2026)	20,1	11,5	6,5	4,3
Tagesthemen	9,3 (2028)	12,3	6,5	5,2	2,9
heute-journal	7,1 (2027)	8,1	6,6	3,9	2,9
RTL aktuell um 18.45 Uhr	12,9 (2028)	9,5	15,7	21,3	13,0
SAT1-Nachrichten um 18.30 Uhr	3,1 (2028)	1,9	4,2	5,2	2,9
Aktuelle Stunde (WDR)	10,0 (2027)	11,6	8,9	6,5	7,2
SAT1-Regionalnachrichten NW	1,3 (2027)	1,4	1,3	0,6	1,4
Guten Abend RTL-Regionalnachrichten NW	3,0 (2025)	1,6	4,1	6,5	4,3
"Lese normalerweise den politischen Teil jeder Ausgabe"					
regionale Tageszeitung	55,1 (2054)	70,6	44,0	23,3	12,9
"Lese regelmäßig"					
überr. Qualitätszeitung (SZ, FR, FAZ, Welt)	16,0 (2054)	23,8	8,6	3,8	5,7
BILD-Zeitung	9,6 (2054)	6,7	11,2	19,5	12,9

Auch im Bereich der regionalen Information ist das öffentlich-rechtliche Fernsehen der mit weitem Abstand am intensivsten genutzte elektronische Informationskanal. Immerhin zehn Prozent der stimmberechtigten Nordrhein-Westfalen geben an, im Normalfall jede Sendung des täglichen Informationsmagazins „Aktuelle Stunde" des WDR zu verfolgen. Die Prozentwertdifferenzen zwischen den einzelnen Subgruppen sind dabei auffällig gering, was darauf verweist, dass sich die Sendung nicht ausschließlich mit der Landespolitik beschäftigt, sondern darüber hinaus ein breites Informations- und Serviceangebot aus allen gesellschaftlichen Bereichen Nordrhein-Westfalens liefert, das auch die politisch weniger Interessierten zum Einschalten motiviert. Die Regionalfenster der beiden

Privatprogramme werden lediglich von einer verschwindenden Minderheit regelmäßig gesehen. Der weitaus wichtigste Träger kontinuierlicher politischer Information im Land ist aber offenbar die Regionalzeitung. Mehr als die Hälfte der wahlberechtigten Einwohner lesen täglich den allgemeinen politischen Teil einer regionalen Zeitung, und noch mehr als ein Viertel der wenig oder nicht an Politik interessierten Einwohner des Landes kommt regelmäßig mit der Zeitungsberichterstattung in Kontakt.

Damit überflügeln die Printmedien nicht nur die Regionalsendungen des Fernsehens, sie erreichen durchaus die Nutzungsintensität der bundesweiten Fernsehnachrichten, denn 53,4 Prozent der Wahlberechtigten Nordrhein-Westfalen kommen täglich mit mindestens einer der vier oben genannten Hauptnachrichtensendungen von ARD, ZDF, RTL oder SAT1 in Kontakt. Auch wenn in der hier verwerteten Umfrage nicht explizit nach der Bedeutung der Medien als Informationsquelle im Wahlkampf gefragt wurde, kann auf der Grundlage des allgemeinen Nutzungsmusters mit guten Gründen angenommen werden, dass diese Zahlen auch im Hinblick auf das spezifische Gewicht der einzelnen Medienangebote im Wahlkampf aussagefähig sind.

4.3 Medieninhalt: Themen, Personen oder Inszenierungen?

Was aber können die Wähler in den Medien über Themen, Parteien und Kandidaten erfahren? Welche Unterschiede in Selektion, Kommentierung und Präsentationsweise bestehen insbesondere zwischen den unterschiedlichen Medientypen und -formaten? Diesen Fragen sollen im Folgenden auf der Basis zweier Inhaltsanalysen der wahlkampfrelevanten Medienberichterstattung in NRW nachgegangen werden. Der für die LfR-Studie erstellte Datensatz basiert auf der Auswertung des innenpolitischen Teils von neun nordrhein-westfälischen regionalen Tageszeitungen, zwei überregionalen Qualitätszeitungen (SZ und FAZ), den beiden nationalen Nachrichtenmagazinen (SPIEGEL und FOCUS) sowie der BILD-Zeitung, jeweils im Zeitraum vom 17. Januar bis zum 13. Mai 2000. Die Fernsehanalyse umfasst die Hauptnachrichtensendungen und politischen Inlandsmagazine der vier nationalen Hauptprogramme (ARD, ZDF, RTL, SAT.1), ein täglich ausgestrahltes Informationsmagazin („Aktuelle Stunde") und das wöchentliche Politikmagazin („Westpol") der öffentlich-rechtlichen Landesanstalt WDR sowie die NRW-Regionalfenster der beiden Privatprogramme RTL und SAT.1, jeweils in der Zeit vom 20. März bis 13. Mai 2000. Erhebungseinheit der Zeitungsanalyse ist der formal abgegrenzte Artikel, bei der Fernsehanalyse der thematisch definierte Nachrichten- bzw. Magazinbeitrag (vgl. Tabelle 3).[5]

Tabelle 3: NRW- und Wahlkampfbezug in der innenpolitischen Medienberichterstattung nach Medientypen (in Prozent)

	Print reg.	Print üb.reg.	Pr. total	TV reg.	TV üb.reg.	TV total
ohne NRW-Bezug	71,2	78,1	72,9	15,8	85,3	66,7
mit NRW-Bezug	28,8	21,9	27,1	84,2	14,7	33,3
ohne Wahlkampfbezug	88,3	90,0	88,7	61,9	90,4	82,8
mit Wahlkampfbezug	11,7	10,0	11,3	38,1	9,6	17,2
N	2164	707	2745	323	885	1208

Die Daten zeigen zunächst für den Bereich der Printmedien, dass auch in Wahlkampfzeiten das Land und die Landespolitik in der innenpolitischen Berichterstattung keineswegs dominieren, auch nicht in den Regionalzeitungen. Erwartungsgemäß weisen hier mehr Beiträge einen landes(-politischen) Bezug auf, als in den überregionalen Zeitungen. Die Differenz ist jedoch mit knapp sieben Prozentpunkten nicht besonders groß und statistisch nur knapp signifikant. Der Unterschied zwischen regionaler und überregionaler Presse schwindet weiter, wenn man danach fragt, wie viele Beiträge explizit auf den nordrhein-westfälischen Wahlkampf verweisen. Hier ist zunächst bemerkenswert, dass (über den gesamten Erhebungszeitraum von 17 Wochen gerechnet) dies in rund 90 Prozent der innenpolitischen Artikel nicht der Fall ist, was auf eine erstaunlich periphere Wahrnehmung dieses wichtigsten landespolitischen Ereignisses im Jahr 2000 hindeutet. Darüber hinaus überrascht, dass sich regionale und überregionale Zeitungen in ihrer Aufmerksamkeit für den Wahlkampf praktisch nicht unterscheiden. Wer regionale Zeitungen liest, erfährt also

---

[5] Für methodische Details siehe Greger/Tenscher 2002: 44 ff. und zur Stichprobenkonstruktion Hüning/Otto 2002: 164 f.

vorderhand nicht unbedingt mehr über die Landtagswahl. In regionalen und überregionalen Zeitungen nimmt freilich der Beachtungsgrad des NRW-Wahlkampfs mit der Nähe zum Wahltermin zu. Vier Wochen vor der Wahl thematisieren 20 bis 25 Prozent der innenpolitischen Beiträge den Wahlkampf, in den letzten beiden Wahlkampfwochen steigt der Wert auf rund ein Drittel aller einschlägigen Artikel an. Regionale und überregionale Medien unterscheiden sich hierbei nicht signifikant voneinander. Sie versorgen gerade diejenigen Wähler verstärkt mit wahlrelevanter Information, die sich erst spät entscheiden und insoweit vor allem durch kurzfristig wirksame Motive (Themenpräferenzen und Kandidatenorientierungen) leiten lassen. Hierin folgen die Printmedien den Wahlkampforganisationen der Parteien, die bekanntlich ihre Anstrengungen ebenfalls unmittelbar vor der Wahl noch einmal enorm intensivieren. Einen Hinweis auf die Effektivität der parteipolitischen Kampagnen liefert die Auswertung der Informationsanlässe medialer Berichterstattung. Im Wahlmonat Mai sind 35 Prozent (Regionalzeitungen) bis 40 Prozent (überregionale Zeitungen) aller Beiträge mit NRW-Bezug durch „Pseudoereignisse" mit hoher externer Steuerbarkeit (Wahlreden und -auftritte der Kandidaten, Wahlveranstaltungen und Pressekonferenzen der Parteien etc.) ausgelöst. In Januar und Februar des Jahres liegen die Referenzwerte bei zehn Prozent.

Die Resonanz des „Schlussspurts" kann man auch im Fernsehen nachweisen, das sich in dieser Beziehung ähnlich verhält wie die Printmedien: In den letzten beiden Wochen vor dem Wahltermin steigt der Anteil der Beiträge mit ausdrücklichem Wahlkampfbezug in den regionalen Sendungen des (öffentlich-rechtlichen und privaten) Fernsehens von durchschnittlich 38 Prozent auf rund 50 Prozent. In den nationalen TV-Nachrichten und politischen Magazinen gewinnt der nordrheinwestfälische Landtagswahlkampf erst in der Woche unmittelbar vor dem Wahltermin an zusätzlicher Beachtung: Hier messen wir einen Anteil von einem Fünftel (20,5 Prozent) aller Nachrichten- und Magazinbeiträge, die explizit auf die NRW-Wahl verweisen. Über den gesamten Untersuchungszeitraum von acht Wochen errechnet sich ein Beachtungsgrad von knapp 15 Prozent für das Bundesland NRW und seine Landespolitik sowie von rund zehn Prozent für den Wahlkampf. Erwartungsgemäß fallen die entsprechenden Relationen in den Regionalsendungen des Fernsehens deutlich anders aus: Gerade 15 Prozent der Beiträge beschäftigen sich nicht mit NRW, und der Wahlkampf im Land wird in beinahe 40 Prozent der regional produzierten Fernsehbeiträge explizit thematisiert.

Im Erwartungsbereich liegt auch die Armut an inhaltlichen Themen, durch die sich die Medienberichterstattung zum Landtagswahlkampf auszeichnet. Für die in Tabelle 4 präsentierte Auswertung der zentralen Nachrichtenthemen haben wir nur diejenigen Beiträge herausgefiltert, die ausdrücklich auf das Land NRW referieren. Beinahe 60 Prozent der überregionalen Zeitungsberichterstattung über „NRW vor der Wahl" stellt die wahlkämpfenden Parteien und Politiker in den Mittelpunkt. In dieser Rubrik sind Beiträge zusammengefasst, die den Zustand der Parteien, deren interne Händel, die Chancen der Kandidaten, die Konfrontation der Konkurrenten etc. in den Mittelpunkt stellen, ohne dass sie zentral auf ein sachpolitisches Problem des Landes bezogen wären. Allein 15 Prozent dieser Beiträge sind als reine Ereignisberichterstattung klassifiziert, die auf einen vorgegebenen Wahlkampfanlass anspringt. Gerade das Fernsehen reagiert besonders sensibel auf die Inszenierung von Wahlkampfereignissen durch die Parteien (vgl. auch Mathes/Freisens 1990: 53 f.; Schulz u.a. 1998: 60 f.). Das ist auch im Landtagswahlkampf nicht anders. Knapp ein Viertel aller untersuchten Fernsehbeiträge ist durch Wahlkampfaktivitäten veranlasst, weitere knapp 20 Prozent durch Handlungen und Stellungnahmen von Parteien und Politikern ohne expliziten Wahlkampfbezug. Regionalprogramme und nationale Sendungen unterscheiden sich hierin kaum voneinander. Trotz anderer Messwerte findet sich dieses Muster auch in den nordrhein-westfälischen Regionalzeitungen wieder. Hier fokussieren immer noch deutlich mehr als 40 Prozent der Beiträge auf Politiker und Parteien; ausgesprochene Wahlkampf-Ereignisberichterstattung bieten rund 13 Prozent der untersuchten Artikel.

Tabelle 4: Hauptthemen der auf NRW bezogenen politischen Berichterstattung nach Medientypen (in Prozent)

	Print reg.	Print üb.reg.	TV reg.	TV üb.reg.
Zustand und Handeln v. Parteien und Politkern	43,8	59,4	41,2	43,1
- (davon explizit Wahlkampfaktivitäten)	(12,8)	(15,5)	(23,9)	(24,6)
SPD-Flugaffäre (NRW)	13,8	18,1	3,7	6,2
CDU-Spendenaffäre (Bund)	4,5	2,6	-	1,5
(Jugend-)Arbeitslosigkeit	1,6	-	0,7	0,8
(Aus-)Bildung	6,2	-	5,5	1,6
Wirtschaft	2,2	-	2,6	7,7
Kriminalität, innere Sicherheit	1,3	0,6	5,5	0,8
Umwelt, Energie	1,1	2,6	1,5	-
Verkehr	3,5	1,3	5,5	-
Ausländer	1,1	0,6	-	0,8
Rente	1,1	-	0,4	1,5
Soziales, Gesundheit, Familie	2,1	1,3	0,8	-
Drogen	0,3	-	-	-
Mieten, Wohnungsmarkt	0,2	-	-	-
Steuern und Finanzen	2,9	1,3	1,5	3,1
Green Card-Debatte	2,6	3,2	7,7	20,8
Sonstige Themen	11,6	7,7	23,5	12,3
N	623	155	272	130

Die Policy-Issues des Landes finden in den überregionalen Medien (Presse wie Fernsehen) so gut wie gar keine Resonanz, und wenn, dann handelt es sich, wie bei der „Green Card"-Debatte, um Projektionen bundespolitischer Entscheidungen auf NRW. Unter den landespolitischen Themen werden auch in den Landesmedien allein das Bildungs- und Verkehrssystem in nennenswertem Umfang thematisiert, im Regionalfernsehen darüber hinaus noch Kriminalität und innere Sicherheit. Alle anderen Probleme, auch die Arbeitslosigkeit, finden in den Regionalzeitungen kaum Beachtung. Was den medialen Beachtungsgrad angeht, rangieren – neben dem Wahlkampf selbst – die beiden politische Affären, die den nordrheinwestfälischen Wahlkampf überschatteten und das Ergebnis der Wahl nachhaltig geprägt haben dürften, noch deutlich vor den sachpolitischen Themen. Das gilt primär für die Printmedien und hier für die regionalen Blätter genau so wie für die überregionalen.

Dabei widmet sich die überregionale Presse in ihrer NRW-Bericht-erstattung verstärkt den Vorwürfen, namhafte Mitglieder der Düsseldorfer Regierung hätten den Flugdienst der Westdeutschen Landesbank (WestLB) wiederholt für private Zwecke und Reisen genutzt (so genannte „Flugaffäre"), während die regionalen Zeitungen vorab die Auswirkungen der Spendenaffäre der Bundes-CDU auf die NRW-Partei und deren Wahlchancen thematisieren. In puncto Skandalierung der NRW-Politik ist das Fernsehen vergleichsweise zurückhaltend. Namentlich die NRW-Flugaffäre erzeugte nennenswerte Resonanzen in den überregionalen Programmen des Fernsehens, was zweifellos mit der Person des ehemaligen NRW-Ministerpräsidenten und jetzigen Bundespräsidenten zusammenhängt. Demgegenüber fand die Spendenaffäre der Bundes-CDU in den NRW-Regionalprogrammen gar keine Beachtung.

Gleichwohl kann man zusammengenommen festhalten: Im Vorfeld der NRW-Wahl beherrschen der Kampf um die Macht („politics") und die Affären der Politiker das Bild der Politik in den Medien. Die Probleme des Landes kommen praktisch nicht vor. Mit der „Green Card"-Debatte findet darüber hinaus eine bundespolitische Maßnahme mehr mediale Aufmerksamkeit als irgendein Einzelthema der nordrhein-westfälischen Landespolitik. In dieser Schwerpunktsetzung unterscheiden sich regionale und überregionale Medien nicht grundlegend voneinander, ebenso wenig wie Printmedien und Fernsehen. Allerdings ist das Fernsehen noch anfälliger für die Wahlkampfinszenierungen der Parteien. Folgt man der Analyse von Hüning und Tenscher (2002: 306), wonach die Wahlkampfstrategen der nordrhein-westfälischen Parteien vor allem die Themen Bildung, Arbeitsmarkt und Wirtschaftspolitik in den Mittelpunkt stellen wollten (die Politiker selbst hielten darüber hinaus noch die Verkehrspolitik für wichtig), so muss man konstatieren, dass die Wahlkampfstrategien, so weit es die präferierte Themenstruktur angeht, von den Medien partiell konterkariert worden sind. Wenn sie mit ihren Thematisierungsabsichten bescheidene Erfolge verbuchen konnten, nämlich mit dem Bildungs-Issue und der Verkehrspolitik, so betrifft das vor allem die regionalen Medien. Bei einer dermaßen inhaltsarmen und zudem „schief" verteilten Themenstruktur kann es auch nicht verwundern, dass im NRW-Wahlkampf kaum Agenda-Setting-Effekte der

Massenmedien nachgewiesen werden konnten (vgl. Hüning/Otto 2002: 196).[6] Um den wichtigen Bereich der parteien-, kandidaten- und wahlkampforientierten Medienberichterstattung detaillierter aufschlüsseln zu können, haben wir für diesen Beitrag eine weitere Inhaltsanalyse von 1.800 Zeitungsartikeln erstellt, darunter allein 1.011 Artikel, in denen zentral über den NRW-Wahlkampf berichtet wird. Als Grundgesamtheit dieser Materialstichprobe diente der von der Landesregierung in Düsseldorf erstellte Pressespiegel in der Zeit vom 12. Februar bis 12. Mai des Wahljahres 2000.[7]

Die Auswertung offenbart signifikante Differenzen zwischen Regionalzeitungen und überregionalen Printmedien. In beiden Mediengruppen bilden Berichte und Reportagen zur Wahl, die nicht direkt auf ein Wahlkampfereignis rekurrieren, den mit Abstand größten Teil der Wahlberichterstattung. Dieser Bereich der Berichterstattung dürfte den Rahmen für journalistische Eigenleistungen abstecken, also Beiträge, die nicht unbedingt als Medienresonanz auf Wahlkampfaktivitäten deklariert werden müssen. Er macht im Falle der Regionalzeitungen weniger als die Hälfte der gesamten gesichteten Wahlberichterstattung aus, bei den überregionalen Blättern immerhin gut 60 Prozent. Damit enden aber auch schon die Gemeinsamkeiten zwischen regionalen und überregionalen Druckerzeugnissen.

---

[6] Die Autoren testen allerdings ausschließlich die *Priorities*-Annahme, wonach die Themenstruktur der Medien sich in der Themenpräferenz der Rezipienten abbildet (Themenstrukturierungseffekt). Angesichts der gelungenen Verdrängung der Affärenthemen durch das Meta-Thema Wahlkampf in der Schlussphase (vgl. unten Abbildung 1) sind aber Effekte im Sinne des *Awareness*-Modells (Thematisierungseffekt), wonach die Medien über das Potenzial verfügen, Aufmerksamkeit ab- bzw. umzulenken, keineswegs auszuschließen.

[7] Die „Presseschau NRW" wird vom Presse- und Informationsamt der Landesregierung erstellt. Der täglich erscheinende Reader hat einen Umfang von rund 80 Druckseiten und dokumentiert im Schnitt 200 bis 250 Zeitungsartikel. Die Auswertung beruht auf der Sichtung von 33 Tageszeitungen mit rund 320 Regionalausgaben. Dazu kommen alle wichtigen Wochenzeitungen und Nachrichtenmagazine. Beobachtungsgegenstand ist die gesamte innenpolitische Berichterstattung auf Länder- und Bundesebene, soweit sie für die nordrhein-westfälische Landespolitik von Interesse ist. Obwohl dieses Kriterium sehr weit ausgelegt wird, kann ein NRW-Bias der Auswahl nicht ausgeschlossen werden. Sie eignet sich insoweit nicht für Aussagen über den relativen Beachtungsgrad von NRW-Politik im Vergleich zur Politik in anderen Ländern oder dem Bund, sondern ausschließlich für zeitvergleichende Analysen einzelner Themenfelder.

Mehr als ein Drittel der Wahlberichterstattung in Regionalzeitungen ist reine Ereignisberichterstattung, reagiert also entweder auf Wahlveranstaltungen der Parteien oder auf eigens anberaumte Pressekonferenzen. Die überregionalen Zeitungen sind durch PR-Aktivitäten weniger leicht zu beeindrucken. Jedenfalls ist die Resonanz von Veranstaltungen und Pressekonferenzen in deren Berichterstattung um gut zehn Punkte geringer.

Tabelle 5: Hauptthemen der Wahlberichterstattung regionaler und überregionaler Printmedien (in Prozent)

	Regional-zeitungen	Überregionale Zeitungen	Total
Wahlreportagen und -berichte ohne Ereignisbezug	47,6	60,6	51,6
Wahlveranstaltungen	26,7	14,0	22,7
Wahl-Pressekonferenzen	10,5	2,9	8,1
Wahlprognosen	5,9	6,9	6,2
Koalitionsfrage	9,3	15,6	11,3
N	696	315	1.011

Die Feinanalyse belegt darüber hinaus, dass umfragegestützte Wahlprognosen auch auf Landesebene ein zunehmend wichtiger Bestandteil der Wahlberichterstattung geworden sind. Dabei handelt es sich in 36 von 41 Fällen (regionale Zeitungen) bzw. in 20 von 22 Fällen (überregionale Blätter) um „günstige" Prognosen im Sinne der Partei, die im Mittelpunkt des jeweiligen Beitrags steht. Diese überzufällige Häufung von demoskopischen „Erfolgsmeldungen" legt den Schluss nahe, dass es sich hierbei überwiegend um Umfragen handelt, die von den Parteien selbst initiiert und interpretiert werden und insoweit der Verbreitung von Siegeszuversicht und der Mobilisierung eigener Anhänger dienen. Auch diese Beiträge muss man insoweit mehrheitlich als Thematisierungserfolge der Wahlkämpfer verbuchen. Weniger deutlich ist das schließlich bei jenen Beiträgen, in denen die Koalitionsfrage thematisiert wird, wozu im Falle der Nordrhein-Westfalen-Wahl 2000 einmal mehr die FDP Anlass bot. Die Option einer rot-gelben Koalition – und damit eine sichtbare Abkehr vom bundespolitisch über eineinhalb Jahrzehnte praktizierten Farbenspiel – faszinierte offenbar vor allem die überregionalen Zeitungen.

Im Zeitverlauf (s. Abbildung 1) zeigt sich, dass die nicht sachpolitisch akzentuierten Polit- und Wahlkampf-Stories mit der Nähe zum Wahltermin in der Presse immer dominanter werden (vgl. mit gleichem Ergebnis für die Bundesebene Donsbach 1999: 151 und für den Kommunalwahlkampf Marcinkowski 2001: 265-266). Sie sind dabei in der Lage, selbst die besonders schlagzeilenträchtigen Themen „Flugaffäre" in NRW, die ja im April/Mai keineswegs aufgeklärt war, den „Spendenskandal" der CDU-Bundespartei, der mit der Wiedergutmachungsaktion von Helmut Kohl ab März und dem CDU-Bundesparteitag im April in Essen weitere wichtige Ereignisse produzierte, sowie den bundespolitisch ausgetragenen Richtungsstreit bei B'90/Die Grünen aus der Medienöffentlichkeit zu verdrängen, obwohl gerade „Skandalierungen" üblicherweise ausgesprochen langlebig sind (vgl. Kepplinger 2001). Der „Schlagschatten" bundespolitischer Themen- und Stimmungslagen reicht mithin, zumindest was seine Presseresonanz angeht, bis etwa sechs Wochen vor die Wahl, verblasst aber unter dem Eindruck einer Vielzahl inszenierter Pseudoereignisse mit Beginn der „heißen" Schlussphase des Wahlkampfs zusehends.

Abbildung 1: Entwicklung der Presseaufmerksamkeit für drei Themenbereiche der Wahlberichterstattung in Prozent (Basis: 1.800 Zeitungsartikel zu den genannten Themenbereichen im Pressespiegel des NRW-Landtags)

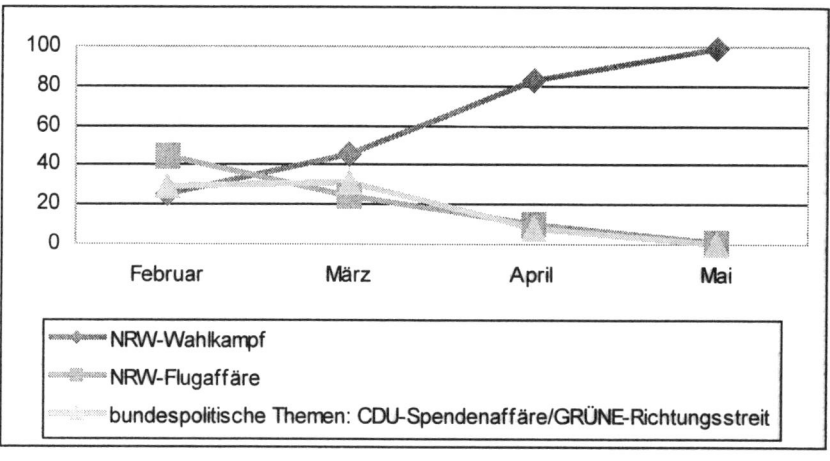

Das gilt im übrigen auch für bundespolitische Sachthemen, in unserem Fall etwa die „Green Card"-Debatte. Sie schrumpften ebenso wie die landespolitisch besonders relevanten Policy-Issues Bildung und Verkehr im Wahlmonat Mai auf Thematisierungsanteile zwischen 1,5 Prozent (Verkehr) und 5,6 Prozent (Bildung, „Green Card") der auf NRW bezogenen Zeitungsberichterstattung. Allerdings darf nicht übersehen werden, dass in rund einem Drittel der wahlkampforientierten Beiträge ohne zentralen Sachbezug die bundespolitische Dimension der nordrheinwestfälischen Wahlentscheidung thematisiert wurde. Ein nicht unbeträchtlicher Rest von Bundespolitik fließt also auch in diejenigen Beiträge ein, die sich vordergründig mit Wahlkampf-Events in NRW beschäftigen. Bei weiterer Aufschlüsselung der Daten wird deutlich, dass diese Art der Betrachtung unter „bundespolitischen Vorzeichen" keineswegs eine Domäne der überregionalen Medien ist, sondern zumindest von den Regionalzeitungen ebenso intensiv betrieben wird. Im Regionalfernsehen findet sich dieses Phänomen nicht.

Wie zu erwarten, ist die Medienberichterstattung im Wahlkampf hochgradig personalisiert (vgl. Abbildung 2). In 40 Prozent der Artikel mit NRW-Bezug regionaler Zeitungen kommt mindestens einer der Spitzenkandidaten (Clement, Rüttgers, Möllemann, Vesper oder Falkenberg)[8] vor, 21 Prozent geben Stellungnahmen eines der Kandidaten wieder, und acht Prozent der Artikel sind mit einem der Kandidaten bebildert. Weitere 3,2 Prozent der Beiträge erwähnen mindestens einen „einfachen" Landtagskandidaten bzw. eine Landtagskandidatin.

Die NRW-Berichterstattung der überregionalen Zeitungen ist noch stärker auf Personen fixiert. In fast zwei Dritteln ihrer Beiträge tauchen Kandidaten auf, allein die Spitzenkandidaten in knapp 64 Prozent der Beiträge. 21 Prozent aller NRW-Artikel zeigen einen der Spitzenkandidaten im Bild und ganze 35 Prozent zitieren eine Stellungnahme der Frontleute. Die „einfachen" Landtagskandidaten spielen demgegenüber in der NRW-Berichterstattung der überregionalen Blätter mit einem Personalisierungsanteil von 1,3 Prozent praktisch keine Rolle.

---

[8] B'90/DIE GRÜNEN gingen mit der „Doppelspitze" Michael Vesper und Bärbel Höhn ins Rennen. In der inhaltsanalytischen Erhebung des LfR-Projektes wurden aber lediglich die Angaben zum stellvertretenden Ministerpräsidenten Vesper detailliert erfasst, um die Daten der Parteien untereinander vergleichbar zu machen.

Abbildung 2: Präsenz von Kandidaten in der Medienberichterstattung zum Landtagswahlkampf in Prozent (Basis: 778 Zeitungsartikel und 402 TV-Beiträge mit NRW-Bezug)

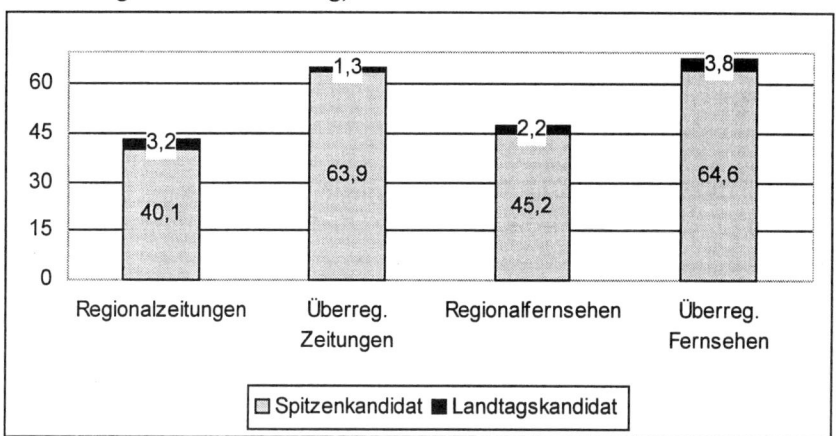

Die Fernsehanalyse liefert spiegelbildliche Ergebnisse: Der Personalisierungsgrad ist hier in beiden Subkategorien erwartungsgemäß noch ein wenig höher und im überregionalen Programm stärker ausgeprägt als in den Regionalsendungen. Über das bloße Vorkommen hinaus liefern gut 17 Prozent der Beiträge regionaler Programme und knapp 37 Prozent der NRW-Beiträge überregionaler Nachrichten und Politmagazine O-Töne von mindestens einem der Spitzenkandidaten. „In Aktion" (Film oder Studio) präsentieren 36 Prozent der Beiträge des Regionalfernsehens und 45 Prozent der NRW-Beiträge überregionaler Informationssendungen einen der Spitzenkandidaten.

In allen Medienkategorien nimmt der Personalisierungsgrad mit der Nähe zum Wahltermin zu, sodass im Mai, unmittelbar vor dem Wahlsonntag, jeweils die höchsten Werte gemessen werden: Drei Viertel der TV-Beiträge und rund 55 Prozent der Zeitungsartikel, die in den beiden letzten Wochen vor der Wahl publiziert werden, beachten mindestens einen der fünf Spitzenkandidaten. Das hängt ganz offensichtlich mit der oben beschriebenen Themenverschiebung in Richtung Ereignisberichterstattung zusammen. Jedenfalls sind Wahlkampf-Stories die mit Abstand am intensivsten personalisierte Themenkategorie. Daneben weist ledig-

lich die Skandalberichterstattung einen nennenswerten Personalisierungsgrad auf, namentlich die Beiträge zur NRW-Flugaffäre. In einem guten
Viertel aller Beiträge zu diesem Thema werden explizite Bezüge zu einem
der Spitzenkandidaten hergestellt, naheliegenderweise vor allem zu
Wolfgang Clement. Der Personalisierungsgrad der reinen Wahlkampfar-
tikel ist freilich doppelt so hoch.

Dabei ist die Tendenz zur Hierarchisierung der handelnden Akteure
noch ausgeprägter, als es Abbildung 2 erkennen lässt, denn selbstverständlich werden nicht alle Spitzenkandidaten im gleichen Ausmaß berücksichtigt: 42 Prozent der Kandidatennennungen im regionalen Fernsehen entfallen auf den „Titelverteidiger" Wolfgang Clement, der Herausforderer Jürgen Rüttgers kommt auf etwa 31 Prozent (Mehrfachnennungen zugelassen). In den NRW-Beiträgen der überregionalen Programme
fällt das Verhältnis exakt umgekehrt aus: Hier führt Rüttgers mit knapp
44 Prozent vor Clement mit gut 33 Prozent der Nennungen. Das mag daran liegen, dass die überregionalen Medien den Landtagswahlkampf bevorzugt durch die „bundespolitische Brille" beobachten und angesichts
der schweren Krise der Christdemokraten vor allem am künftigen Schicksal der CDU interessiert waren. Jürgen W. Möllemann als Spitzenkandidat einer nicht im Landtag vertretenen Partei bringt es in beiden Subkategorien auf erstaunliche 16 Prozent bis 17 Prozent der Nennungen und
überflügelt damit Michael Vesper von B'90/Die Grünen, seines Zeichens
stellvertretender Ministerpräsident, um glatte acht Prozentpunkte. Der
zuletzt genannte Vergleich kann als weiterer Hinweis auf die Empfäng-
lichkeit gerade des Fernsehens für aufsehenerregende Inszenierungen
gelesen werden, die im NRW-Wahlkampf 2000 einzig die FDP und ihr
Spitzenmann zu bieten hatten (vgl. dazu auch Feist/Hofmann 2001: 131-
134). Die Kandidatin der PDS spielte demgegenüber im Fernsehen keine
Rolle. Hinsichtlich der Kandidatenhierarchie unterscheiden sich schließlich Regionalzeitungen und überregionale Blätter kaum voneinander: In
beiden Subkategorien führt Wolfgang Clement mit rund 45 Prozent der
Nennungen vor Jürgen Rüttgers mit durchschnittlich 35 Prozent und Jürgen W. Möllemann, der auch in den Zeitungen mit 15 Prozent aller Kandidatennennungen beachtliche Resonanz erzielen konnte.

4.4 Wie reagiert das Publikum? Medieneinflüsse auf Kandidatenwahrnehmung und Partei-Images

Angesicht der hochgradig personalisierten Berichterstattung gerade in der Endphase des Wahlkampfs steht zu erwarten, dass die Wahrnehmung der Kandidaten seitens der Wähler durchaus von deren Erscheinungsbild in den Medien beeinflusst wird. Darüber hinaus wäre zu vermuten, dass solche Effekte vor allem von den überregionalen Medien ausgehen, die nach unserer Analyse noch stärker auf die Spitzenkandidaten fokussieren als das regionale Medienangebot. Schließlich wäre dem Fernsehen ein höheres Wirkungspotenzial zu unterstellen als den Zeitungen, erstens, weil dessen Berichterstattung wie gesehen noch etwas stärker personalisiert, und zweitens, weil visuelle Reize gerade die Personenwahrnehmung wirksamer prägen als verbale (vgl. Frey 1999: 113-122). Um diese Annahmen für die beiden aussichtsreichsten Kandidaten um das Amt des Ministerpräsidenten von Nordrhein-Westfalen zu testen, haben wir mit den uns vorliegenden Umfragedaten eine Reihe von Regressionsanalysen durchgeführt. Dabei wurde gefragt, inwieweit sich die Varianz in der Zuschreibung von vier Kandidateneigenschaften[9] auf die regelmäßige Nutzung verschiedener Medienangebote zurückführen lässt. Mit der langfristig stabilen Parteineigung der Wähler haben wir denjenigen Faktor als Kontrollvariable in die Rechnung aufgenommen, der nach den Annahmen des Ann-Arbor-Modells der Wahlforschung die Wahrnehmung von Kandidaten (und Themen) am nachhaltigsten beeinflusst (vgl. Campbell u.a. 1960). Damit soll zugleich die erwartbar selektive Zuwendung zu bestimmten Medienprodukten neutralisiert werden, jedenfalls soweit sie durch parteipolitische Voreingenommenheiten bewirkt ist. Als Medieneffekt interpretieren wir ausschließlich jenen Varianzanteil, der in der multivariaten Analyse durch Hereinnahme der Nutzungsvariablen in das Modell zusätzlich aufgeklärt wird (R^2-change).[10]

---

[9] Auf einer siebenpoligen Skalometerfrage gemessene Zustimmung zu den Aussagen „Clement/Rüttgers ist geeignet als Ministerpräsident für NRW", „Clement/Rüttgers ist führungs- und durchsetzungsstark", „Clement/Rüttgers ist verantwortungsvoll, zuverlässig und pflichtbewusst", „Clement/Rüttgers hat eine angenehme Ausstrahlung und ist sympathisch".

[10] Die Prädiktoren wurden blockweise in die Regressionsrechnung einbezogen: im ersten „Block" nur die Parteineigung, im zweiten Block die Variablen zur Mediennutzung. Die Schätzung der Medienvariablen erfolgte schrittweise. In das endgültige Modell wurden nur signifikante (p<.05) Medieneffekte

Was zunächst die Wirksamkeit der Parteiidentifikation angeht, so zeigt sich erwartungsgemäß, dass sie vor allem auf die Wahrnehmung der Eignung für das Ministerpräsidentenamt einwirkt (vgl. Tabelle 6). Hier bringen die Befragten offenbar ihre Kandidatenpräferenz zum Ausdruck und orientieren sich dabei, ganz im Sinne der Michigan-School, stark an parteipolitischen Erwägungen und Bindungen. Die Medien spielen in dem Zusammenhang eine untergeordnete Rolle. Folgerichtig ermitteln wir hier für beide Kandidaten die schwächsten Medieneffekte. Gleichwohl weisen alle acht Modelle durchaus nennenswerte summarische Medieneffekte auf die Personenwahrnehmung aus, sodass wir auch für die Landesebene insgesamt von einer Bestätigung dieser Vermutung sprechen können. Die Annahme eines besonders starken Fernseheinflusses wird ebenfalls bestätigt. 15 von 25 signifikanten Medieneffekten sind Fernseheffekte, und die standardisierten Regressionskoeffizienten weisen im Schnitt auf einen etwas höheren Erklärungsbeitrag des Fernsehens hin. Dabei ist das Muster zwischen beiden Kandidaten in bemerkenswerter Weise verschieden. Die Wahrnehmung des amtierenden Ministerpräsidenten Clement wird vor allem durch die nationalen Hauptnachrichtensendungen des öffentlich-rechtlichen Fernsehens und durch die Berichterstattung der Landesanstalt WDR geprägt. Die Zuschreibung von Zuverlässigkeit, Pflichtbewusstsein und Sympathie scheint bei ihm in hohem Maße audiovisuell vermittelt zu sein. Das Rüttgers-Bild der Wähler wird demgegenüber ausschließlich durch die nationalen Nachrichtensendungen des Fernsehens geprägt, durch die der privaten Sender kaum weniger als durch „Tagesschau" und „heute". Die aktuelle Berichterstattung des WDR hat demgegenüber praktisch keine Effekte auf das öffentliche Image des Herausforderers, weder positive noch negative.

---

aufgenommen. Der R^2-change bezeichnet die Differenz der aufgeklärten Varianz im Modell mit bzw. ohne Medienvariablen.

Tabelle 6: Medieneinflüsse auf die Wahrnehmung von Kandidateneigenschaften (multiple Regression)

Eigenschaften Clement	Eignung MP (Betas)	Führungs- stark (Betas)	Zuverlässig (Betas)	Sympathisch (Betas)
Parteiidentifikation	.37***	.27***	.30***	.20***
Regelmäßig Sehen / Lesen				
Regionalzeitung		.10***	.06**	
FR / SZ				-.05*
Welt / FAZ	-.06**			-.05*
BILD	-.06*			
SPIEGEL / FOCUS				
Nachrichten ARD / ZDF	.10***	.09***	.14***	.12***
Nachrichten RTL / SAT1				
Regionalnachrichten RTL / SAT1				
Regionalprogramme WDR	.05*	.08***	.13***	.10***
R^2-change	2%***	3%***	5%***	3%***
R^2-total	16%	10%	14%	10%
N	1.709	1.835	1.835	1.835

Eigenschaften Rüttgers				
Parteiidentifikation	.41***	.23***	.29***	.26***
Regelmäßig Sehen / Lesen				
Regionalzeitung		.06**	.07**	
FR / SZ	-.05*			
Welt / FAZ			.06*	
BILD				
SPIEGEL / FOCUS				
Nachrichten ARD / ZDF	.07**	.05*	.09***	.11***
Nachrichten RTL / SAT1	.07**		.06*	.09***
Regionalnachrichten RTL / SAT1				
Regionalprogramme WDR				
R^2-change	1%***	1%***	2%***	2%***
R^2-total	17%	6%	11%	8%
N	1.613	1.842	1.841	1.841

*p<.05; **p<.01; ***p<.001

Die Befunde weisen insoweit auf einen klaren Publizitätsvorsprung des Titelverteidigers im regionalen Fernsehen hin, dem der Herausforderer jedenfalls im vorliegenden Fall kaum etwas entgegensetzen konnte. Als ehemaliger Bundesminister und prominenter Polit-Import ist sein Image beim Wähler vor allem durch die nationale Fernsehöffentlichkeit vermittelt. Auch für Ministerpräsident Clement, der als langjähriger NRW-Landespolitiker stärker über die regionalen Fernsehangebote beobachtet wird, kann sich diese Einschätzung allerdings nur auf öffentlich-rechtliche Regionalprogramme beziehen, denn die Regionalangebote der Privatsender sind hinsichtlich der Kandidatenwahrnehmung in beiden Fällen und auf allen Eigenschaftsdimensionen augenscheinlich wirkungslos. Da das private Regionalfernsehen als Wirkungsfaktor praktisch ausfällt, kann auch von einer (schwachen) Bestätigung der Vermutung gesprochen werden, dass die überregionalen Medien für die Wahrnehmung der Spitzenkandidaten im Lande wichtiger sind als die heimischen (17 von 25 signifikanten Effekten). Da die Regionalzeitung das meistgenutzte politische Informationsmedium im Lande darstellt, zugleich aber die Personenwahrnehmung vornehmlich audiovisuell vermittelt ist, gewinnt der Befund an Plausibilität.

Damit drängt sich freilich die Frage auf, wie die Wirksamkeit der beiden Medienformate im Hinblick auf Themenwahrnehmungen einzuschätzen ist. Üblicherweise würde man annehmen, dass Zeitungen Sachprobleme gründlicher vermitteln als Fernsehnachrichten und insoweit die Themenwahrnehmung stärker prägen als das Fernsehen (vgl. Brettschneider 1998; Schneider u.a. 1999). Darüber hinaus steht zu vermuten, dass die Regionalzeitungen hierbei erfolgreicher sind als die überregionalen Blätter weil sie einerseits „näher" am Thema sind und häufiger berichten und außerdem intensiver zur Information über Landespolitik genutzt werden. Um hierzu weitere Aufschlüsse zu liefern, haben wir das oben geschilderte Analyseverfahren in anderer Zusammensetzung reproduziert. Bei den nachfolgend wiedergegebenen Modellschätzungen ersetzen Kompetenzzuschreibungen in vier landespolitischen Themenfeldern die Kandidateneinschätzungen als abhängige Variablen.[11] Ansonsten bleibt sowohl das Ensemble der Prädiktoren als auch die Analysestrategie unverändert.

---

[11] „Welcher Partei trauen Sie am meisten zu, folgende Probleme zu lösen: (1) Arbeitsplätze sichern und neue schaffen (2) Wirtschaftsstandort NRW und Strukturwandel voranbringen (3) Gute Schul- und Bildungspolitik in NRW betreiben (4) Bekämpfung von Kriminalität und Verbrechen in NRW"; dichotom rekodiert: Nennung der Partei vs. Nennung andere Partei.

Die Ergebnisse von acht Regressionsrechnungen bestätigen zunächst, dass die Wahrnehmung der Sachkompetenz von Parteien in deutlich stärkerem Masse über die Parteineigung vermittelt ist als die Vorstellungsbilder von den Eigenschaften ihrer Kandidaten (vgl. Tabelle 7). Alle Modelle bringen deutlich bessere statistische „Erklärungen", wobei die Parteineigung in allen Fällen den mit Abstand höchsten Erklärungsbeitrag liefert. Allerdings lassen sich in sieben der acht Modelle zusätzliche und signifikante Effekte der Mediennutzung nachweisen. Die durch die Mediennutzung erklärbaren Varianzanteile fallen dabei etwas geringer aus als im Falle der Kandidaten-Images. Das liegt durchaus im Erwartungsbereich, denn zu den am besten belegten Annahmen über die Wirkung der Medien gehört, „dass sie eher bei den Urteilen oder Einstellungen zu Personen als zu Sachverhalten eintreten" (Schulz 1986: 87). Außerdem hatten wir oben gesehen, dass über Sachthemen weniger berichtet wird als über Wahlkampfaktivitäten und über Parteien weniger als über Kandidaten. Vor diesem Hintergrund sind die Befunde gleichwohl als Beleg der generellen These zu werten, dass regelmäßiger Medienkonsum das Urteil der Wähler über die Kompetenzprofile von Parteien zu beeinflussen vermag. Bestätigen lässt sich außerdem die Vermutung, dass die Printmedien hierbei erfolgreicher sind als das Fernsehen. Im Einzelnen fällt auf, dass die Effekte der Printmedien auf die Wahrnehmung der SPD überwiegend negativ ausfallen.

Das heißt je intensiver sich die Wähler mit der politischen Berichterstattung von Zeitungen und Zeitschriften auseinandersetzen, desto weniger geneigt sind sie zu glauben, dass die größere Regierungspartei die politischen Probleme Nordrhein-Westfalens tatsächlich in den Griff bekommen wird. Entsprechende Effekte gehen vor allem von den Regionalzeitungen und (wenig überraschend) von der rechts-konservativen Qualitätspresse aus. Deren regelmäßige Nutzung wirkt – auch bei Kontrolle der affektiven Parteineigung – auf die Wahrnehmung der CDU erwartungsgemäß eher positiv. Nicht bestätigt werden kann schließlich die These, dass der Effekt der Regionalzeitungen dem der überregionalen Printmedien überlegen ist.

Tabelle 7: Medieneinflüsse auf parteipolitische Kompetenzeinschätzung in vier Themenfeldern (multiple Regression)

Kompetenzzuschreibung SPD	Arbeits-plätze (Betas)	Struktur-wandel (Betas)	Bildung (Betas)	Kriminalität (Betas)
Parteiidentifikation	.61***	.61***	.54***	.50***
Regelmäßig Sehen / Lesen				
Regionalzeitung			-.08***	-.06*
FR / SZ			-.05*	
Welt / FAZ	-.09***		-.06**	-.08***
BILD				
SPIEGEL / FOCUS		.05*		.06**
Nachrichten ARD / ZDF			.05*	.08***
Nachrichten RTL / SAT1			.07**	.05*
Regionalnachrichten RTL / SAT1				
Regionalprogramme WDR				
R^2-change	1%***	0,5%*	2%***	2%***
R^2-total	46%	37%	33%	30%
N	1.497	1.531	1.524	1.362

Kompetenzzuschreibung CDU				
Parteiidentifikation	.66***	.60***	.60***	.50***
Regelmäßig Sehen / Lesen				
Regionalzeitung				.06*
FR / SZ				-.06*
Welt / FAZ	.06**		.05*	.06**
BILD	.04*			
SPIEGEL / FOCUS				-.06**
Nachrichten ARD / ZDF	.04*			
Nachrichten RTL / SAT1				-.05*
Regionalnachrichten RTL / SAT1				
Regionalprogramme WDR				
R^2-change	1%***	36%	1%*	2%***
R^2-total	46%		36%	29%
N	1.502	1.553	1.544	1.362

*p<.05; **p<.01; ***p<.001

5. Interpretation der Befunde

Bezogen auf die drei für unser Thema zentralen Medialisierungseffekte, Dominanz des Fernsehens als Politikvermittlungsinstanz, Entsachlichung und Personalisierung der Kommunikationsinhalte, Medienabhängigkeit von Kandidaten- und Parteien-Images, legen die präsentierten Befunde eine differenziertere Sichtweise der Landesebene nahe, als in der vereinfachten Rede von der „Amerikanisierung" politischer Kommunikation in der „Mediendemokratie" angedeutet wird. Zunächst muss die Annahme einer Fernsehabhängigkeit der Information über Parteien, Programme und Kandidaten zumindest für die Nutzerseite im (Medien-)Land NRW trotz des vergleichsweise vielfältigen und umfassenden Angebots elektronischer Medien zurückgewiesen werden.

Die wichtigste tägliche Kontaktbahn zum Wähler und damit das prädestinierte Medium der politischen Kampagne im Land ist die regionale Tageszeitung. Sie erreicht täglich mehr als die Hälfte aller stimmberechtigten Landesbürger und ist damit der Reichweite nationaler Hauptnachrichtensendungen des Fernsehens ebenbürtig. Die regionale Tageszeitung ist darüber hinaus das präferierte Informationsmedium der politisch Interessierten und wird selbst von einem namhaften Teil der politisch wenig oder nicht Interessierten, die gemeinhin als nur durch „Fernsehpolitik" erreichbar gelten, regelmäßig zur landespolitischen Information genutzt. Damit eröffnen sich Chancen für die Vermittlung vertiefter Informationen über Parteien, Programme und Position, die nach allem, was wir wissen, eher von den Zeitungen als vom Fernsehen geleistet werden kann. In der Wirkungsdimension zeigt sich, dass dieses Potenzial von Parteien und Regionalzeitungen nur zum Teil ausgeschöpft wird. Auf der einen Seite prägen Printmedien die Wahrnehmung der Kompetenzprofile konkurrierender Parteien in unterschiedlichen Politikfeldern stärker als das Fernsehen, andererseits scheinen die regionalen Tageszeitungen dabei weniger erfolgreich zu sein als die überregionalen Druckerzeugnisse.

Möglicherweise wird die regionale Tageszeitung vornehmlich dazu genutzt, sich über das Land und seine Politik informiert zu halten, die stärker meinungsbildenden Effekte bleiben demgegenüber der überregionalen Qualitätspresse vorbehalten. Deren Nutzung ist freilich eine Domäne der kleinen Gruppe stark Interessierter (und besser Gebildeter), sodass die diesbezüglichen Medieneffekte im gesamten Elektorat eher schwach ausfallen. Für die Profilierung der Kandidaten ist demgegenüber Fernsehpräsenz wichtiger als Zeitungsberichterstattung. Erwartungsgemäß hat das Fernsehen hier einen erkennbar höheren Wirkungsgrad. Dabei darf sich insbesondere der amtierende „Titelverteidiger" Vorteile von der Nutzung politischer Informationsangebote der öffentlich-rechtlichen Landesanstalt erwarten, während der Herausforderer darauf angewiesen ist, über den Umweg der nationalen Fernsehnachrichten beim Wähler im Lande anzukommen. Das private Regionalfernsehen spielt für die politische Kommunikation im Land eine vernachlässigenswerte Rolle.

Insgesamt sind aber die nachweisbaren Medieneffekte so gering, dass es sich für die Landesebene verbietet, von einer regelrechten Medienabhängigkeit der Parteien- und Kandidaten-Images zu sprechen. In beiden Fällen, insbesondere aber bei der Wahrnehmung parteipolitischer Sachkompetenz, gehen die weitaus stärkeren Effekte von langfristig stabilen affektiven Parteineigungen der Wähler aus. Dieser Befund verweist auf die fortbestehende Wirksamkeit der politischen Verhaltensmuster traditioneller Parteiendemokratien – trotz aller Medienexpansion (vgl. Brettschneider in diesem Band).

Dem Bild einer medialisierten Politikvermittlung am nächsten kommt der Landtagswahlkampf im Bereich der Medieninhalte. Auch hier ist aber vorab eine Einschränkung zu formulieren. Sie betrifft den Umstand, dass die Landesebene auch in Wahlkampfzeiten keineswegs im Mittelpunkt des Medieninteresses steht. Das gilt überraschenderweise selbst für die regionalen Medien und ist insoweit vor allem mit der oben geschilderten Marginalisierung originärer Landespolitik im deutschen Föderalismus zu erklären. Verstärkt wird dieser Effekt durch die bundespolitische Interpretation der Landtagswahl, die in überregionalen und regionalen Medien ähnlich intensiv betrieben wird und eher an Gewinnern und Verlierern als an politischen Problemen des Landes interessiert ist.

Die Befunde zur Personalisierung legen die Vermutung nahe, dass der Medienwahlkampf im Land noch stärker personalisiert sein dürfte als auf Bundesebene. Bei aller methodischen Vorsicht, die gegenüber solchen Vergleichen geboten ist, lassen sich beispielsweise die von Wolfgang Donsbach (1999: 161) gemessenen Referenzwerte zum Bundestagswahlkampf 1998, die bei Presse und Fernsehen um über zehn Prozentpunkte niedriger liegen, in dieser Weise interpretieren. Gerade die überregionalen Medien sind noch stärker als das regionale Medienangebot an den Personen interessiert, was zweifellos ihrer erhöhten Resonanzfähigkeit gegenüber den Wahlkampfaktivitäten der Parteien geschuldet ist. Und schließlich, die Personalisierung der Landeswahl konzentriert sich, wie auch im Bund, auf einige wenige Spitzenleute („Prominenzhierarchie").

Damit ist schon angedeutet, dass der Wahlkampf das wichtigste Thema des Wahlkampfs ist. Das gilt zwar auch im regionalen Mediensystem, darüber hinaus ist aber erkennbar, dass die regionalen Medien (sowohl Tageszeitungen wie Fernsehen) im originären Kompetenzbereich der Länder (hier: Bildung, Verkehr, Innere Sicherheit) bescheidene thematische Gegenimpulse zu setzen vermögen. Als landespolitische Besonderheit wirkt sich schließlich aus, dass der Landtagswahlkampf durch „ebenenfremde" Themen gleichsam aufgeladen wird, wodurch die Selbstinszenierungsstrategien der Parteien tendenziell konterkariert werden können. Nicht nur am letztgenannten Punkt verfestigt sich der Eindruck, dass die Tendenzen der Medialisierung des politischen Systems aufgrund politisch-institutioneller und mediensystemspezifischer Besonderheiten auf der Landesebene (noch) nicht mit voller Härte durchgeschlagen haben.

Literatur

Alemann, Ulrich von/Brandenburg, Patrick (2000): Nordrhein-Westfalen. Ein Land entdeckt sich neu, Köln u.a.: Kohlhammer.

Benz, Arthur (1999): Der deutsche Föderalismus, in: Thomas Ellwein/Everhard Holtmann (Hrsg.), 50 Jahre Bundesrepublik Deutschland. Rahmenbedingungen – Entwicklungen – Perspektiven, PVS-Sonderheft 30, Opladen/Wiesbaden: Westdeutscher Verlag, S. 135-153.

Bohrmann, Hans/Jarren, Otfried/Melischek, Gabriele/Seethaler, Josef (Hrsg.) (2000): Wahlen und Politikvermittlung durch Massenmedien, Opladen: Westdeutscher Verlag.

Brettschneider, Frank (1998): Medien als Imagemacher? in: Media Perspektiven, H. 8, S. 392-401.

Campbell, Angus/Converse, Philip E./Miller, Warren E./Stokes, Donald F. (1960): The American Voter, New York/London: Wiley.

Donsbach, Wolfgang (1999): Drehbücher und Inszenierungen. Die Union in der Defensive, in: Elisabeth Noelle-Neumann/Hans Mathias Kepplinger/Wolfgang Donsbach, Kampa.

Meinungsklima und Medienwirkung im Bundestagswahlkampf 1998, Freiburg i. Br./München: Alber, S. 141-171.

Feist, Ursula/Hoffmann, Hans-Jürgen (2001): Die nordrhein-westfälische Landtagswahl vom 14. Mai 2000: Gelbe Karte für Rot-Grün, in: Zeitschrift für Parlamentsfragen 32, S. 124-145.

Frey, Siegfried (1999): Die Macht des Bildes. Der Einfluß der nonverbalen Kommunikation auf Kultur und Politik, Bern u.a.: Huber.

Geisler, Alexander/Tenscher, Jens (2002): „Amerikanisierung" der Wahlkampagne(n)? Zur Modernität von Kommunikationsstrukturen und -strategien im nordrhein-westfälischen Landtagswahlkampf 2000, in: Ulrich Sarcinelli/Heribert Schatz (Hrsg.), Mediendemokratie im Medienland? Inszenierungen und Themensetzungsstrategien im Spannungsfeld von Medien und Parteieliten am Beispiel der nordrhein-westfälischen Landtagswahl im Jahr 2000, Opladen: Leske + Budrich, S. 53-117.

Greger, Volker/Tenscher, Jens (2002): Untersuchungsdesign und methodisches Vorgehen, in: Ulrich Sarcinelli/Heribert Schatz (Hrsg.), Mediendemokratie im Medienland? Inszenierungen und Themensetzungsstrategien im Spannungsfeld von Medien und Parteieliten am Beispiel der nordrhein-westfälischen Landtagswahl im Jahr 2000, Opladen: Leske + Budrich, S. 33-51.

Hategan, Christa (2001): Wirkungszusammenhang von Wahlkampf und Wahlergebnis am Beispiel von Landtagswahlen in Schleswig-Holstein und Hessen, in: Zeitschrift für Parlamentsfragen 32, S. 409-434.

Holtz-Bacha, Christina (Hrsg.) (1999): Wahlkampf in den Medien – Wahlkampf mit den Medien. Ein Reader zum Wahljahr 1998, Opladen/Wiesbaden: Westdeutscher Verlag.

Hüning, Wolfgang/Otto, Kim (2002): Agenda-Setting im nordrhein-westfälischen Landtagswahlkampf 2000? Massenmediale Themenstruktur und Wählerwahrnehmung, in: Ulrich Sarcinelli/Heribert Schatz (Hrsg.), Mediendemokratie im Medienland? Inszenierungen und Themensetzungsstrategien im Spannungsfeld von Medien und Parteieliten am Beispiel der nordrhein-westfälischen Landtagswahl im Jahr 2000, Opladen: Leske + Budrich, S. 155-199.

Hüning, Wolfgang/Tenscher, Jens (2002): Medienwirkungen von Parteistrategien. Agenda-Building-Prozesse im nordrhein-westfälischen Landtagswahlkampf 2000, in: Ulrich Sarcinelli/Heribert Schatz (Hrsg.), Mediendemokratie im Medienland? Inszenierungen und Themensetzungsstrategien im Spannungsfeld von Medien und Parteieliten am Beispiel der nordrhein-westfälischen Landtagswahl im Jahr 2000, Opladen: Leske + Budrich, S. 289-317.

Kaase, Max (1998): Demokratisches System und die Mediatisierung von Politik, in: Ulrich Sarcinelli (Hrsg.), Politikvermittlung und Demokratie in der Mediengesellschaft. Beiträge zur politischen Kommunikationskultur, Bonn: Bundeszentrale für politische Bildung, S. 24-51.

Kepplinger, Hans Mathias (2001): Die Kunst der Skandalierung und die Illusion der Wahrheit, München: Olzog.

Korte, Karl-Rudolf (2000): Wahlen in der Bundesrepublik Deutschland, Bonn: Bundeszentrale für politische Bildung.

Krotz, Friedrich (2001): Die Medialisierung kommunikativen Handelns. Der Wandel von Alltag und sozialen Beziehungen, Kultur und Gesellschaft durch die Medien, Wiesbaden: Westdeutscher Verlag.

Marcinkowski, Frank (2001): Die Lokalpresse im Kontext kommunaler Wahlkämpfe. Ein Fallbeispiel aus Nordrhein-Westfalen, in: Heidrun Abromeit u.a. (Hrsg.), Politik, Medien, Technik. Festschrift für Heribert Schatz, Opladen: Westdeutscher Verlag, S. 260-277.

Mathes, Rainer/Freisens, Uwe (1990): Kommunikationsstrategien der Parteien und ihr Erfolg. Eine Analyse der aktuellen Berichterstattung in den Nachrichtenmagazinen der öffentlich-rechtlichen und privaten Rundfunkanstalten im Bundestagswahlkampf 1987, in: Max Kaase/Hans-Dieter Klingemann (Hrsg.), Wahlen und Wähler. Analysen aus Anlaß der Bundestagswahl 1987, Opladen: Westdeutscher Verlag, S. 531-568.

Mazzoleni, Giampietro/Schulz, Winfried (1999): „Mediatization" of Politics: A Challenge for Democracy?, in: Political Communication 16, S. 247-261.

Müller, Albrecht (1999): Von der Parteien- zur Mediendemokratie. Beobachtungen zum Bundestagswahlkampf 1998 im Spiegel früherer Erfahrungen, Opladen: Leske + Budrich.

Noelle-Neumann, Elisabeth/Kepplinger, Hans Mathias/Donsbach, Wolfgang (1999): Kampa. Meinungsklima und Medienwirkung im Bundestagswahlkampf 1998, Freiburg i. Br./München: Alber.

Patterson, Thomas E. (1993): Out of Order, New York: Vintage.

Sarcinelli, Ulrich/Schatz, Heribert (Hrsg.) (2002): Mediendemokratie im Medienland? Inszenierungen und Themensetzungsstrategien im Spannungsfeld von Medien und Parteieliten am Beispiel der nordrhein-westfälischen Landtagswahl im Jahr 2000, Opladen: Leske + Budrich.

Schmidt, Manfred G. (2001): Thesen zur Reform des Föderalismus der Bundesrepublik Deutschland, in: Politische Vierteljahresschrift 42, S. 474-491.

Schneider, Melanie/Schönbach, Klaus/Semetko, Holli A. (1999): Kanzlerkandidaten in den Fernsehnachrichten und in der Wählermeinung, in: Media Perspektiven, H. 5, S. 262-269.

Schulz, Winfried (1986): Medienforschung in der Bundesrepublik Deutschland, Weinheim: VCH.

Schulz, Winfried/Berens, Harald/Zeh, Reimar (1998): Das Fernsehen als Instrument und Akteur im Wahlkampf. Analyse der Berichterstattung von ARD, ZDF, RTL und SAT.1 über die Spitzenkandidaten bei der Bundestagswahl 1994, in: Rundfunk und Fernsehen 46, S. 58-79.

Schulz, Winfried/Zeh, Reiner/Quiring, Oliver (2000): Wählerverhalten in der Mediendemokratie, in: Markus Klein/Wolfgang Jagodzinski/Ekkehard Mochmann/Dieter Ohr (Hrsg.), 50 Jahre empirische Wahlforschung in Deutschland, Wiesbaden: Westdeutscher Verlag, S. 413-443.

Wachendorfer-Schmidt, Ute (1999): Gewinner oder Verlierer? Der Föderalismus im vereinten Deutschland, in: Thomas Ellwein/Everhard Holtmann (Hrsg.), 50 Jahre Bundesrepublik Deutschland. Rahmenbedingungen – Entwicklungen – Perspektiven, PVS-Sonderheft 30, Opladen/Wiesbaden: Westdeutscher Verlag, S. 113-140.

Partei- und Fraktionssprecher Annäherungen an Zentralakteure medienorientierter Parteienkommunikation

Jens Tenscher

1. Einleitung

Angesichts der in den vergangenen Jahren gewachsenen öffentlichen und publizistischen Sensibilität gegenüber den mannigfachen Selbstdarstellungen von Politik(ern) für und in den Massenmedien[1] scheint es nötig zu sein, daran zu erinnern, dass die Vermittlung von Politik zwischen den politischen Führungseliten einerseits und den Bürgern andererseits nicht etwa ein originäres Phänomen moderner „Mediendemokratien" ist. Vielmehr ist das Streben nach Legitimation via öffentlicher Kommunikation von jeher ein immanentes Prinzip und zugleich ein zentrales Wesensmerkmal demokratischer Herrschaft in parteienstaatlich geprägten Wettbewerbsdemokratien wie der Bundesrepublik Deutschland (vgl. u.a. Sarcinelli 1998a). Für Parteien und Parteienvertreter, die um die Besetzung von Regierungspositionen konkurrieren, ergibt sich hieraus die unumgängliche Notwendigkeit, sich und ihr Handeln *permanent* – und nicht nur zu Wahlkampfzeiten – in der politischen Öffentlichkeit darzustellen, die Bürger über politische Planungen und Entscheidungen zu informieren, Aufmerksamkeit zu erzeugen und Unterstützung zu generieren. Dabei haben gerade in den vergangenen Jahren die Kommunikations-, Vermittlungs- und nicht zuletzt die Medienabhängigkeiten des Politischen, bedingt durch die vielfach beschriebenen Veränderungen im politischen Entscheidungsprozess selbst, aber vor allem auch im soziokulturellen und

---

[1] Erinnert sei in diesem Zusammenhang nur an die publizistischen Debatten um die Fernsehauftritte des vorschnell als „Medienkanzler" titulierten SPD-Parteivorsitzenden Schröder, der FDP-Politiker Westerwelle und Möllemann in der Reality Soap „Big Brother" (RTL2) und die diversen Selbstdarstellungen des Verteidigungsministers Scharping mit seiner Lebensgefährtin, Gräfin Pilati, in der Zeitschrift „Bunte" und bei „Boulevard Bio" (ARD).

medialen Umfeld politischen Handelns, zugenommen (vgl. von Alemann/Marschall in diesem Band). Moderne Politikvermittlung zu Beginn — des 21. Jahrhunderts richtet sich folglich – nolens volens – in verstärktem Maße an den Logiken und Formaten der Massenmedien sowie an den Erwartungen und Bedürfnissen massenmedial erreichbarer Publika aus (vgl. von Alemann 1997; Sarcinelli 1998b; Wiesendahl 1998).

In diesem Prozess der kontinuierlichen, primär medienadressierten Politikvermittlung sind politische Organisationen – also Parteien, Parlamente und Regierungen, aber auch einzelne politische Akteure – schon lange nicht mehr auf sich alleine gestellt. Vielmehr können sie auf spezifische Ressourcen, Verfahren, Institutionen und Personen zurückgreifen, deren primäre Aufgabe darin besteht, den kommunikativen Kontakt zur Öffentlichkeit bzw. zu bestimmten Teilöffentlichkeiten planvoll zu gestalten und diese zu beeinflussen. Die Rede ist von in der Regel institutionalisierten *Politikvermittlungsagenturen,* wie z.b. dem Presse- und Informationsamt der Bundesregierung, dem Pressezentrum des Deutschen Bundestags aber auch den diversen Pressestellen, Öffentlichkeitsabteilungen, Planungs- und Wahlkampfstäben von Parteien (vgl. Bentele 1998; Marschall 1999; Tenscher 2000).[2] Diese für die Politikvermittlung verantwortlichen Teilorganisationen politischer Institutionen scheinen sich in einem evolutionären Strukturierungs-, Ausdifferenzierungs- und Professionalisierungsprozess zu befinden, der sich sowohl quantitativ als auch qualitativ in deren *Kommunikationsmanagement* niederschlägt.

Auch innerhalb des operativen Handlungsfelds „Parteienkommunikation" wird eine Fülle an unterschiedlichsten Aufgaben an eine breite Palette spezialisierter und professionalisierter *Politikvermittlungsexperten* übertragen, die als Grenzstellen und Brücken zwischen den Parteien einerseits und deren internen und externen Umwelten andererseits fungieren (vgl. Tenscher 2000). Neben den für die Gesamtplanung, -organisation und -durchführung der Binnen- und Außenkommunikation hauptverantwortlichen Generalsekretären und Parteigeschäftsführern übernimmt hier eine Vielzahl an *institutionalisierten Spezialisten* spezifische, je nach per-

---

[2] Im Gegensatz zu den USA ist der Bereich der assoziierten, parteiungebundenen Politikvermittlungsexpertise in Deutschland (noch) vergleichsweise gering ausgeprägt. Zwar bestehen dauerhafte Kontakte einzelner Parteien zu bestimmten Meinungsforschungsinstituten sowie Werbe- und PR-Agenturen. Für diese stellt jedoch das Politikvermittlungsgeschäft in der Regel nicht die Haupteinnahmequelle dar (vgl. u.a. Althaus 1998; Plasser u.a. 1998).

soneller, materieller und finanzieller Ressourcenausstattung klar voneinander abgegrenzte Aufgabenbereiche der Politikvermittlung. Eine vor dem Hintergrund der zunehmenden Medienorientierung der Parteien besonders herausgehobene Stellung wird in diesem Zusammenhang vor allem den *Parteisprechern* zugewiesen, da deren primäre Funktion im Management der routinemäßig ablaufenden kommunikativen Austauschprozesse mit Massenmedien bzw. mit Journalisten liegt.[3] Dadurch dürfte ihnen netzwerkanalytisch betrachtet die größte Vermittlungszentralität innerhalb des alltäglichen politisch-medialen *Beziehungsgeflechts* erwachsen.

Im Vergleich zu dieser populären Annahme, wonach Pressesprecher als strategische „news shapers" (Manheim 1998) eine Schlüsselstellung im Rahmen alltäglicher politischer Kommunikationsprozesse einnehmen, nimmt sich das empirische Wissen über deren Handlungsrationalitäten, -optionen und -zwänge vergleichsweise bescheiden aus. Erst in jüngster Zeit mehren sich die Studien, die sich, ungeachtet vielfältiger methodischer Hürden, auf der Mikroebene den Kompetenzen, Aufgaben, Normen, Rollen und Selbstverständnissen von Sprechern annähern und dabei die Akteure selbst als zentrale Untersuchungsobjekte in den Fokus der Betrachtung rücken. Allerdings handelt es sich bei den vorliegenden empirischen Analysen entweder um Studien, die auf Grund eines spezifischen Erkenntnisinteresses ausschließlich Regierungssprecher in Augenschein nehmen (vgl. Pfetsch/Dahlke 1996; Tenscher 2002; Weth 1991) oder die auf eine systematische Trennung von Partei- und Regierungssprechern verzichten (vgl. Pfetsch 2000a, 2000b; Tenscher 2000).

An dieser Stelle soll es jedoch ausschließlich um die Zentralakteure der routinemäßigen, massenmedial orientierten Parteienaußenkommunikation gehen, also um Parteisprecher. Dazu werden im Folgenden zunächst die organisatorischen Rahmenbedingungen dargelegt, welche im Sinne strukturell gegebener *Constraints* Art und Ablauf der Interaktionen mit Parteienvertretern einerseits und Journalisten andererseits prägen (vgl. u.a. Gerhards 1994: 80).[4] In einem zweiten Schritt rücken die Parteispre-

---

[3] Demgegenüber besteht die primäre Funktion von den ebenfalls als Spezialisten institutionalisiert tätigen Öffentlichkeitsarbeitern im Management der direkten Kommunikation mit den Bürgern. Je nach Ressourcenausstattung einer Partei kann es hier zu personellen Überlappungen kommen.
[4] Auf weitere Strukturbedingungen, die das Handeln von Partei- aber auch anderen Sprechern politischer Organisationen sowie deren Interaktionen mit Journalisten beeinflussen, wie z.B. das politische System, das Mediensystem, Medienlogiken und -formate, muss an dieser Stelle nicht weiter einge-

cher, deren Selbstwahrnehmungen und Selbstverständnisse in den Mittelpunkt der Betrachtung. Die entsprechenden empirischen Befunde beruhen zum einen auf einer im Herbst 2001 durchgeführten schriftlichen Befragung aller inner- und außerparlamentarischen Pressestellen der im Deutschen Bundestag vertretenen Parteien sowie zum anderen auf einer inhaltsanalytischen Auswertung teilstandardisierter Leitfadengespräche, die im Sommer 1999 mit den damaligen Partei- und Fraktionssprechern dieser Parteien geführt wurden.[5] Ziel ist es, anhand deren Selbsteinschätzungen sich der spezifischen politischen Subkultur der Parteienaußenkommunikation anzunähern.

2. Parteien, Parteienkommunikation, Parteisprecher

2.1 Parteienkommunikation – Funktion, Sphären und organisatorische Verankerung

Obwohl politische Parteien nicht die einzigen Akteure des intermediären Bereichs sind, so kommt ihnen doch im Vergleich zu Verbänden, Kirchen, Gewerkschaften, neuen sozialen Bewegungen und auch den Massenmedien eine einzigartige „kommunikative Scharnierfunktion" (Sarcinelli 1998b: 277) zu, wenn es um die Kopplung gesellschaftlicher Interessen, Bedürfnisse und Meinungen an staatliches Handeln geht. Für das Funktionieren eines demokratischen Gemeinwesens, aber auch für die Etablierung und den Erfolg politischer Parteien selbst ist Politikvermittlung somit längst zur zentralen Aufgabe und angesichts nachlassender Bindekräfte überdies zu einer wachsenden Herausforderung geworden. Entsprechend sind moderne Parteien in zunehmendem Maße darauf angewiesen und ausgerichtet, den steten Fluss der politischen Kommunikation maßgeblich mitzubestimmen und mitzusteuern. Sie tun dies vornehmlich über die reichweitenstarken elektronischen Massenmedien, insbesondere über das „Leitmedium" Fernsehen (vgl. u.a. Radunski 1996). Schließlich lassen

---

gangen werden, da es sich hierbei um vergleichsweise konstante Variablen in einem gegebenen politisch-kulturellen System wie der Bundesrepublik Deutschland handelt (vgl. Pfetsch 2000c).
[5] Die Interviews sind Teil der von der Deutschen Forschungsgemeinschaft geförderten Studie „Politische Inszenierung als symbiotische Interaktion" des Instituts für Politikwissenschaft der Universität Koblenz-Landau, Campus Landau.

sich die Kernfunktionen politischer Parteien – Partizipation, Transmission, Selektion, Integration, Selbstregulation, Sozialisation und, nicht zuletzt, Legitimation – nur durch die permanente Beteiligung am zuvorderst in den und über die Massenmedien ausgetragenen Wettbewerb um öffentliche Aufmerksamkeit dauerhaft überhaupt noch realisieren (vgl. von Alemann 2001: 208-213).

Prinzipiell findet Parteienkommunikation in zwei distinkten *Sphären* mit jeweils unterschiedlichen Interaktionspartnern und zum Teil divergenten Kommunikationsmedien, -beziehungen und -logiken statt. Hier kann unterschieden werden zwischen interner Parteienkommunikation einerseits sowie externer, „nach außen" an die politische Öffentlichkeit gerichteter und vor allem medienorientierter Politikvermittlung andererseits (vgl. Sarcinelli 1998b; Wiesendahl 1998). In beiden, sich teilweise überlappenden Bereichen steht den Parteien eine Vielzahl an Kanälen, Foren und Formen zur Kommunikation zur Verfügung, die mit den jeweiligen Adressatenkreisen – Parteimitglieder, Bürger/Wähler und Journalisten – variieren. Ziel der Parteien ist es schließlich, die sich daraus ergebenden vielfältigen inner- und außerparteilichen Kommunikationsbeziehungen planvoll zu gestalten sowie inhaltlich, sachlich und zeitlich aufeinander abzustimmen. Dieses *Kommunikationsmanagement* findet vor allem in Wahlkampfphasen seinen sichtbarsten Ausdruck, wenn mehr oder weniger strukturell ausdifferenzierte, innerhalb oder außerhalb etablierter Parteistrukturen angesiedelte Kampagnenzentralen zeitweilig die Koordinierung und Steuerung der kompletten Politikvermittlung einer Partei übernehmen (vgl. Geisler/Tenscher 2002; Holtz-Bacha in diesem Band). Erinnert sei in diesem Zusammenhang nur an die nahezu schon legendäre KAMPA, die Wahlkampfzentrale der SPD im Bundestagswahlkampf 1998, deren Erfolgsmythos nicht zuletzt auf einer perfekten Selbstinszenierung als professioneller „war room" beruhte (vgl. von Webel 1999).

Aber auch für die *Routinephasen* der politischen Kommunikation außerhalb von Wahlkämpfen haben sich die Parteien mittlerweile strukturell und personell abgesichert, indem sie den Bereichen der alltäglichen Binnen- und, in noch stärkerem Maße, der Parteienaußenkommunikation eine zunehmend wichtige Rolle zugewiesen haben. Tatsächlich dürfte keine andere Sphäre innerhalb von Parteien in den vergangenen vierzig Jahren ähnlichen Zuwachs erfahren haben wie der Politikvermittlungsbereich (vgl. Sarcinelli 1998b: 292). Schon bei einem flüchtigen Blick auf die aktuellen Organigramme der Bundesgeschäftsstellen einiger im Deutschen Bundestag vertretenen Parteien zeigt sich die herausgehobene Stellung der mit Politikvermittlungsaufgaben betrauten Abteilungen (vgl. Anhang). Insbesondere bei der FDP haben die mit interner und externer Parteikommunikation beschäftigten Abteilungen „Strategie und Kampagnen" sowie „Presse und Öffentlichkeitsarbeit" weitgehend programmatisch bzw. politisch-inhaltlich ausgerichtete Bereiche ersetzt. Zudem signalisieren auch bei anderen Parteien Abteilungen wie „Marketing und Interne Kommunikation" (CDU), „Eventmanagement" (CDU), „Kommunikation" (SPD) oder „Presse/Interne Medien" (SPD) die Wende hin zu einem dauerhaften professionellen Kommunikationsmanagement. Überdies verweisen die Organigramme auf unterschiedliche Schwerpunktsetzungen der Parteiführungen bzw. versinnbildlichen deren „Handschriften" in Bezug auf die zunehmende Relevanz und Institutionalisierung der Parteien(außen)-kommunikation.

Auffällig ist, dass die für die alltägliche Kommunikation mit den Medienvertretern und das entsprechende „news management" (Pfetsch 1998) verantwortlichen Pressestellen bei allen Parteien weit oben in der hierarchischen Organisationsstruktur verankert sind. Deren Leiter, die Parteisprecher, sind entweder direkt dem bzw. der Parteivorsitzenden zugeordnet oder arbeiten doch in direktem Kontakt mit bzw. in permanenter Nähe zu den jeweiligen Generalsekretären und Bundesgeschäftsführern. Derartige organisationsinterne Positionierungen unterstützen die Annahme, dass Parteisprecher eine zentrale Rolle im alltäglichen politisch-medialen Austauschprozess von Information gegen Publizität spielen könnten (vgl. Neidhardt 1994: 15), da sie in der Regel mehr als alle anderen Politikvermittlungsexperten durch die besondere Nähe zum Spitzenpersonal auch den direkten Zugang zur wichtigsten „Tauschware" – der politischen Information – zu genießen scheinen.

Während jedoch die Position, Aufgaben- und Kompetenzbereiche von Generalsekretären und Bundesgeschäftsführern in den Organisationsstatuten bzw. Arbeits-, Geschäfts- und Dienstordnungen der Parteien eindeutig festgelegt sind, scheint es an vergleichbaren schriftlich verankerten

Constraints für das Handeln von Parteisprechern weitgehend zu fehlen.[6] Lediglich das Portfolio der Presse- und Öffentlichkeitsabteilung der FDP lässt sich anhand des Geschäftsberichts 1999 bis 2001 charakterisieren. Dort heißt es u.a.: „Das Bild der FDP in der Öffentlichkeit zu gestalten, ist der Arbeitsschwerpunkt dieser Abteilung. Mittel sind die strategische wie die aktuelle Pressearbeit, die Information der Mitgliedschaft über die Mitgliedzeitung ‚Die Liberale Depesche' sowie die Bearbeitung von Anfragen zu Politik, Geschichte und Erscheinungsbild der Partei" (FDP 2001: 45). Darüber hinaus finden sich nur noch in den Geschäftsordnungen der Bundestagsfraktionen von B'90/Die Grünen (§ 12) und der PDS (§ 17) recht vage gehaltene Hinweise auf die Funktions- und Aufgabenbereiche der entsprechenden Pressestellen.[7] Diese dürften jedoch nur in geringem Maße das Handeln der Sprecher beeinflussen. Klare rechtliche Rahmenbedingungen und organisationsspezifische Funktionszuweisungen, an denen sich z.B. das Handeln von Regierungssprechern (normativ) ausrichtet (vgl. Tenscher 2002), liegen dagegen im Bereich der Parteienaußenkommunikation so gut wie nicht vor. So basiert das Wirken von Parteisprechern in erster Linie auf der individuellen Interpretation mündlich übertragener und/oder beobachteter alltäglicher Politikvermittlungsprozesse. Da auch parteispezifische Imperative, die das Handeln steuern könnten, nur in den seltensten Fällen in schriftlicher Form vorliegen, scheint der Kontingenzgrad der Aktionen und Interaktionen von Parteisprechern zunächst relativ hoch zu sein.[8] Zugleich könnte dies jedoch als

---

[6] Die folgenden Aussagen beruhen auf einer entsprechenden Anfrage bei allen inner- und außerparlamentarischen Pressestellen der im Deutschen Bundestag vertretenen Parteien, die der Autor im Herbst 2001 durchführte.

[7] § 12 der Geschäftsordnung der Fraktion B'90/Die Grünen im Bundestag: „(2) Die Pressesprecherin oder der Pressesprecher fördert die Darstellung der politisch-parlamentarischen Arbeit der Fraktion und der Fraktionsmitglieder in der Öffentlichkeit. (3) Der Geschäftsführende Fraktionsvorstand koordiniert durch die Pressesprecherin oder den Pressesprecher die Arbeit der Fraktion in der Öffentlichkeit, insbesondere die Durchführung von Pressekonferenzen und sonstigen Presseveröffentlichungen. Pressekonferenzen und Pressegespräche im Namen der Fraktion sind beim Geschäftsführenden Fraktionsvorstand anzumelden."

[8] Eine der wenigen Ausnahmen dürften die „Stichpunkte zur Presse- und Öffentlichkeitsarbeit" sein, ein einseitiges „Merkblatt" für die medienorientierte Politikvermittlung, an denen sich das Handeln der Mitarbeiter der Pressestelle der CDU-Bundestagsfraktion seit dem Regierungswechsel im Jahr 1998 orientiert. Dort heißt es u.a.: „Eine effiziente PÖA [Presse- und Öffentlichkeitsarbeit, J.T.] in der Opposition erfordert eine andere Denke. Detailverliebtheit ist eher schädlich, mindert jedenfalls den Aufmerksamkeitsgrad in den Medien. [...] Im Zweifel lieber schnell reagieren als vollständig auf Stichhaltigkeit prüfen und dann zu spät kommen. [...] Nicht zimperlich sein, aber auch keine Brutalsprache pflegen."

ein Hinweis daraufhin gedeutet werden, dass handlungsleitende *Constraints* nicht unbedingt einer schriftlichen Fixierung bedürfen.

2.2 Inner- und außerparlamentarische Pressestellen

Wenn bisher Pressestellen die Hauptverantwortung für das Management der medienorientierten Politikvermittlung zugewiesen wurde, so sollte darauf hingewiesen werden, dass alle im Deutschen Bundestag vertretenen Parteien allein auf nationaler Ebene über jeweils *zwei* zentrale miteinander interagierende *Politikvermittlungsagenturen* verfügen, nämlich über die jeweilige Pressestelle des Parteivorstands sowie die der Parlamentsfraktion. Zwischen diesen inner- und außerparlamentarischen Pressestellen besteht in der Regel ein komplexes und festes Beziehungsgefüge, welches nicht zuletzt das für ein parlamentarisches System wie die Bundesrepublik Deutschland elementare Zusammenspiel der Organisationseinheiten „Partei" und „Fraktion" bzw. des entsprechenden Führungspersonals widerspiegelt. Letztlich können Parteien ihre Funktion als intermediäre, am politischen Willensbildungs- und Entscheidungsfindungsprozess mitwirkende Instanzen erst dann realisieren, wenn sie innerhalb von Parlamenten die von ihnen aufgenommenen und bearbeiteten Interessen und Impulse in politische Entscheidungen transformieren. Wenn es aber ein zentraler Daseinszweck einer Partei ist, eine Fraktion zu gründen, rückt die Frage nach der „Machtbalance" zwischen inner- und außerparlamentarischen Parteieinheiten und -personen in den Mittelpunkt des Interesses – und damit nicht zuletzt auch die Frage nach der internen Austarierung der Parteienaußenkommunikation.

Hinsichtlich der allgemeinen „Kräfteverhältnisse" ist grundsätzlich darauf zu verweisen, dass deutsche Parteien im internationalen Vergleich eine ausgeprägt *integrative Struktur* von inner- und außerparlamentarischen Subsystemen aufweisen, in der sich gleichwohl langfristig die Gewichte in Richtung der Fraktionen zu verschieben scheinen (vgl. Helms 1999). Die Verschränkung von inner- und außerparlamentarischen Organisationseinheiten verläuft dabei über mehrere Kommunikationsebenen und -foren. Sie konkretisiert sich gewöhnlicherweise im Rahmen institutionalisierter Gremien und informeller Koordinierungsrunden sowie durch personelle Positionsverflechtungen, von denen angenommen werden kann, dass sie vor dem Hintergrund der fortschreitenden Professionalisierung der Parteien bzw. der politischen Eliten in den vergangenen Jahren an Bedeutung gewonnen haben (vgl. Katz/Mair 1995; Schüttemeyer 1998).

Dies bleibt nicht ohne Folgen für die Zusammenarbeit der inner- und außerparlamentarischen Pressestellen, die ebenso in wachsendem Maße gekennzeichnet ist durch einen hohen Grad an zeitlicher, inhaltlicher und sachlicher Verschränkung aller Politikvermittlungsaktivitäten sowie ein auf das Führungspersonal zugespitztes Kommunikationsmanagement. Demgemäß fungieren Sprecher vor allem als Vermittlungsorgan des Partei- bzw. Fraktionsvorstands und erst in zweiter Linie als Verteiler der Anliegen der Gesamtorganisation oder einzelner Organisationseinheiten. Nur ein Indiz hierfür ist, dass in den vergangenen Jahren ein Wechsel im Partei- oder Fraktionsvorsitz in aller Regel auch den Austausch des Presse- bzw. Fraktionssprechers nach sich gezogen hat.[9] Dies unterstreicht noch einmal nachdrücklich das notwendige enge persönliche und/oder parteipolitische Vertrauensverhältnis zwischen Pressesprecher und politischem Führungspersonal.

Beim Vergleich der Möglichkeiten von inner- und außerparlamentarischen Pressestellen, Einfluss auf die Berichterstattung der Massenmedien zu nehmen, also erfolgreiches *Agenda-Building* zu betreiben, sind drei sich beeinflussende Faktoren zu berücksichtigen:

1) die Kommunikationssituation (Routine- vs. Wahlkampfkommunikation),
2) die parlamentarische Rolle einer Partei (Regierung vs. Opposition),
3) die Ressourcenausstattung der Pressestellen („große" vs. „kleine" Parteien).

Beim Blick auf die *Kommunikationssituation* ist generell davon auszugehen, dass in Phasen der Routinekommunikation die Parlamentsfraktionen eine größere Definitionsmacht als die außerparlamentarischen Parteieinheiten genießen, da sie stärker in politische, auch gesetzgeberische Entscheidungsprozesse involviert sind und somit in der Regel einen höheren Nachrichtenwert genießen. Hier ist jedoch auch die *parlamentarische*

---

[9] So hatte die SPD in den Jahren 1998 und 1999, in denen der Parteivorsitz von Lafontaine zu Schröder wechselte, bevor dieser zum Kanzler gewählt wurde, drei verschiedene Pressesprecher.

Rolle einer Partei bedeutsam. Denn „im Normalfall" richtet sich der Fokus der Berichterstattung vor allem auf den Bereich der handelnden Politik, und das heißt zuvorderst auf die Regierungsfraktionen, während die von „realpolitischen" Sachzwängen stärker entbundenen Oppositionsparteien in größerem Maße außerparlamentarisches News Management betreiben können bzw. müssen (vgl. u.a. Poguntke 1997: 522).

Im Gegensatz zu diesen Routinephasen der politischen Kommunikation scheinen Parteipressestellen in Wahlkampfzeiten gegenüber den Fraktionen an Gewicht zu gewinnen, da hier die aus den Partei- bzw. Kampagnenzentralen gesteuerten symbolischen Ereignisinszenierungen, wie z.B. Parteitage (vgl. Müller in diesem Band), sich in der Berichterstattung gegenüber parlamentarischen Gesetzesfindungsprozessen stärker durchsetzen können. Dies ist wiederum auch die Chance für Oppositionsparteien, kurzfristig mediale Aufmerksamkeit zu erzielen, wobei „kleine" Parteien, insbesondere wenn sie sich in der Oppositionsrolle befinden, zunächst eine Art medieninterne Fünf-Prozent-Hürde überwinden müssen (vgl. u.a. Schmitt-Beck/Pfetsch 1994: 121-130).

Letztlich verfügen alle innerparlamentarischen Pressestellen in der Regel über eine höhere *Ressourcenausstattung* als die außerparlamentarischen Parteiorganisationen.[10] Dies verdeutlicht ein Blick auf die Mitarbeiterstruktur der Pressestellen der im Deutschen Bundestag vertretenen Parteien (vgl. Tabelle 1).

---

[10] Dies trifft insbesondere auf die (größte) Regierungspartei zu, bei der die starke Verschränkung von Partei, Fraktion und Regierung auch zu einer kontinuierlichen (informellen) Koordinierung der kommunikativen Maßnahmen der inner- und außerparlamentarischen Pressestellen mit denen des Presse- und Informationsamtes der Bundesregierung führen dürfte. Derartige Absprachen bzw. Nutzung unterschiedlicher Ressourcen widersprechen allerdings dem Urteil des Bundesverfassungsgerichts zur Trennung von staatlicher und parteilicher Öffentlichkeitsarbeit aus dem Jahr 1977 (vgl. u.a. Bentele 1998: 132).

Tabelle 1: Mitarbeiterstruktur der Pressestellen der im Deutschen Bundestag vertretenen Parteien[11]

	Partei	Fraktion
SPD	Abt. Presse/Interne Medien ♦ 1 Sprecher ♦ 1 stellv. Sprecher ♦ 10 Referenten ♦ 3 Sachbearbeiter	Pressestelle ♦ 1 Sprecher ♦ 4 stellv. Sprecher ♦ 3 technische Mitarbeiter ♦ 3 Sachbearbeiter
CDU	Pressestelle ♦ 1 Sprecherin ♦ 3 stellv. Sprecher ♦ 3 Sachbearbeiter	Pressestelle ♦ 1 Sprecher ♦ 4 stellv. Sprecher ♦ 7 Referenten ♦ 1 Sachbearbeiter
CSU	Abt. Presse- und Medienarbeit ♦ 1 Sprecher ♦ 2 stellv. Sprecher ♦ 2 Sachbearbeiter	Pressestelle ♦ 1 Sprecherin ♦ 1 stellv. Sprecherin ♦ 2 Sachbearbeiter
F.D.P.	Abt. Presse und Öffentlichkeitsarbeit ♦ 1 Sprecher ♦ 2 stellv. Sprecher ♦ 2 Sachbearbeiter	Pressestelle ♦ 1 Sprecher ♦ 1 stellv. Sprecher ♦ 2 Referenten ♦ 4 Sachbearbeiter
B'90/Die Grünen	Abt. Presse und Öffentlichkeitsarbeit ♦ 1 Sprecher ♦ 1 stellv. Sprecherin ♦ 1 Referent ♦ 1 Sachbearbeiter	Pressestelle ♦ 1 Sprecher ♦ 1 stellv. Sprecher ♦ 3 Sachbearbeiter
PDS	Pressestelle ♦ 1 Sprecher ♦ 1 stellv. Sprecher ♦ 2 Referenten	Pressestelle ♦ 1 Sprecher ♦ 1 stellv. Sprecher ♦ 2 Sachbearbeiter

Quelle: Eigenangaben der Parteien, Stand: 15. Dezember 2001.

---

[11] In der Tabelle sind nur diejenigen Mitarbeiter aufgelistet, die sich ausschließlich um den Kontakt zu den Massenmedien bzw. zu einzelnen Medienvertretern kümmern. Dementsprechend wurden bei Abteilungen für Presse- *und* Öffentlichkeitsarbeit diejenigen Personen, die ausschließlich für die direkte Kommunikation mit den Bürgern zuständig sind, nicht ausgewiesen. Darüber hinaus sind auch nicht die Mitarbeiter aufgelistet, die in separaten Abteilungen Öffentlichkeitsarbeit im Sinne direkter Bürgerkommunikation betreiben. Diese Trennung zwischen Presse- und Öffentlichkeitsarbeit scheint sich auch in den Parteien organisatorisch zunehmend durchzusetzen.

Lediglich die Parteipressestellen von SPD und CSU sind zurzeit personell stärker besetzt als die Fraktionspressestellen, wobei einschränkend festgehalten werden sollte, dass die SPD-Mitarbeiter in der Parteizentrale zugleich auch für die Parteibinnenkommunikation mitverantwortlich sind. Darüber hinaus zeigt sich ein deutlicher Zusammenhang zwischen der Größe einer Partei und der Anzahl ihrer mit der routinemäßigen Politikvermittlung gegenüber den Massenmedien beschäftigten Mitarbeiter. So sind SPD und CDU nicht nur die beiden Parteien mit den meisten Mitgliedern und den meisten Sitzen im Deutschen Bundestag, sondern zugleich auch diejenigen, bei denen sich die funktionale Binnendifferenzierung der inner- wie außerparlamentarischen Pressestellen am deutlichsten in der Mitarbeiterstärke niederschlägt.

3. Selbstwahrnehmungen und Selbstverständnisse von Partei- und Fraktionssprechern

3.1 Die Subkultur der Parteienaußenkommunikation

Vor dem Hintergrund des beschriebenen, vergleichsweise diffusen organisatorisch vorgegebenen Rahmens findet das tagtägliche Handeln von Partei- und Fraktionssprechern statt. Ihre Interaktionen mit Parteipolitikern und Medienvertretern sind überdies eingebettet in einen Gesamthandlungsrahmen, den die strukturellen, systembedingten und organisatorischen Restriktionen bzw. Imperative des „Herstellungsbereichs" der Parteipolitik einerseits sowie des Journalismus andererseits ausbilden. Die Beziehungen von Parteipolitikern, Parteisprechern und Medienvertretern sind demzufolge geprägt durch

1) die generalisierten Erwartungen und Normen des eigenen und des jeweilig anderen Subsystems,
2) die spezifischen Verhaltenserwartungen, Regeln und Bedürfnisse der Interaktionspartner sowie
3) das individuelle Normen- und Rollenverständnis der interagierenden Akteure (vgl. Blumler/Gurevitch 1995: 32-39; Pfetsch 2000b).

Im Zuge alltäglicher Interaktionen, durch permanente wechselseitige Orientierung und Anpassung bildet sich zwischen Parteipolitikern, deren Pressesprechern und Journalisten eine spezifische *politische Kommunikationskultur* heraus, und zwar die der massenmedial orientierten Parteienaußenkommunikation. Von dieser wird im Allgemeinen angenommen, dass politische Akteure (inkl. Sprecher) auf der einen und Journalisten auf der anderen Seite eine zunehmend dichter werdende, auf dauerhafte symbiotische Interaktion angelegte, biotopähnliche und schwer durchschaubare Beziehung eingingen, welche auf der Akteursebene durch eine Vielzahl offizieller und informeller Kontakte geregelt ist (vgl. bereits von Alemann 1997: 491-494; Hoffmann 1999; Jarren 1998). Dabei übernehmen die Sprecher, genauso wie die handelnden politischen Akteure und Journalisten, je nach Selbstverständnis, wahrgenommenen Handlungsspielräumen sowie je nach den Erwartungen und Bedürfnissen der Interaktionspartner allgemeine und situationsspezifische *Rollen,* an denen sich ihr Handeln ausrichtet. Als typische, funktional abgeleitete Rollen von Parteisprechern sind in diesem Zusammenhang vor allem die des Verkünders bzw. des „Sprachrohrs" (1), des Erklärers bzw. Interpreten der Parteipolitik (2), der Vertrauensperson bzw. des Beraters des Partei- bzw. Fraktionsvorsitzenden (3), des Mediators bzw. des Vermittlers zwischen politischen Akteuren und Journalisten (4) sowie des „Hörrohrs" bzw. „Seismographen" für öffentliche Themen und Stimmungen (5) zu nennen (vgl. Tenscher 2002).

Im Folgenden soll nun ein empirischer Blick darauf geworfen werden, inwieweit diese Rollen handlungsleitenden Charakter für Partei- und Fraktionssprecher besitzen. Diesbezüglich stellt sich auch die Frage, inwiefern die selbstgewählten Leitbilder auf der einen Seite von den faktisch ausgeübten Rollen im alltäglichen Zusammenspiel von Parteien- und Medienvertretern auf der anderen Seite divergieren. Zunächst soll jedoch vor dem Hintergrund des weitreichenden Fehlens schriftlicher Aufgaben- und Funktionsbeschreibungen (vgl. Abschnitt 2.1) untersucht werden, wie die handelnden Akteure selbst ihre zentralen Aufgaben definieren. Mit der Analyse von Aufgaben, Leitbildern und Rollen von Partei- und Fraktionssprechern werden somit drei wesentliche Facetten der Subkultur massenmedial orientierter Parteienaußenkommunikation in Deutschland vorgestellt. Dabei wird die Sichtweise der handelnden Zentralakteure selbst, eben der Partei- und Fraktionssprecher, eingenommen.

3.2 Untersuchungsgegenstand und -methode

Um umfassende Aussagen über eine spezifische Kommunikationskultur treffen zu können, wäre es im Sinne einer Netzwerkanalyse idealiter vonnöten, die *Selbst- und Fremdwahrnehmungen* aller zentral beteiligten und zu einem gegebenen Zeitpunkt miteinander interagierenden Akteure zu erfassen und in Beziehung zueinander zu setzen. Eine derartige umfangreiche empirische Analyse scheitert jedoch in aller Regel schon am methodischen Zugang, da sich Elitenakteure nur selten der direkten wissenschaftlichen Beobachtung aussetzen.[12] Im vorliegenden Fall ist es jedoch gelungen, Interviews mit allen inner- und außerparlamentarischen Parteisprechern der sechs im Deutschen Bundestag vertretenen Parteien zu führen. Somit können immerhin Aussagen über die Selbstwahrnehmungen derjenigen Akteure mit der – netzwerkanalytisch gesprochen – höchsten Vermittlungszentralität getroffen werden, wenn auch diese nicht zwangsläufig mit den Fremdwahrnehmungen der Interaktionspartner oder gar der alltäglichen Interaktions„realität" der Parteienaußenkommunikation übereinstimmen müssen.

Da die Leitung der inner- und außerparlamentarischen Pressestelle der FDP zum Zeitpunkt der Befragung, im Sommer 1999, in den Händen einer Person lag, wurden insgesamt elf *teilstandardisierte Leitfadengespräche* geführt, welche im Folgenden in anonymisierter Form in die Auswertung eingehen. Ziel der Interviews war es, die Zentralakteure der Parteienaußenkommunikation in möglichst offener Form *selbst zu Wort* kommen zu lassen und dennoch allen Befragten *zur selben Zeit dieselben Fragen* zu stellen. Somit ist eine Grundvoraussetzung für die Vergleichbarkeit der Aussagen gegeben. Darüber hinaus hatten die Interviewpartner die Möglichkeit, ihre eigenen Schwerpunkte im Verlauf der bis zu zweistündigen Gespräche zu setzen.[13]

---

[12] Dies scheint jedoch noch mehr auf Politiker und Journalisten als auf Politikvermittlungsexperten zuzutreffen. So erklärten sich in der vorliegenden Studie „Politische Inszenierung als symbiotische Interaktion" 65 von 69 kontaktierten Politikvermittlungsexperten zu einem Interview bereit. Dies entspricht einer außergewöhnlich hohen Ausschöpfung von 94 Prozent.

[13] Wie kaum eine andere Methode scheinen teilstandardisierte Leitfadengespräche insbesondere von Seiten der „quantitativ" ausgerichteten empirischen Sozialforschung besonderer Kritik ausgesetzt zu sein. Entsprechendes Unbehagen beginnt bei der Datenerhebung und reicht bis zur Auswertung und -interpretation „qualitativ" erhobener Textdaten (vgl. Mathes 1992). Ungeachtet der zum Teil berechtigten Einwände haben sich die Leitfadengespräche im vorliegenden Fall als ein dem Untersuchungsgegen-

Bei den im Folgenden präsentierten Befunden handelt es sich um inhalts-
analytisch gewonnene Rekonstruktionen der Aussagen der Befragten.
Dazu wurden die Interviews zunächst verschriftet und gemäß der „herme-
neutisch-klassifikatorischen Inhaltsanalyse" (Mathes 1992) mittels der
Software ATLAS.ti codiert. Diese ermöglicht die systematische Analyse
„qualitativer" Textdaten. Codiereinheit war jeweils die Aussage zu einem
inhaltlichen Aspekt, wie z.b. dem Aufgabenspektrum eines Sprechers
oder dessen Rollenselbstverständnis. Entsprechende Variablenausprägun-
gen wurden durch ein kombiniert deduktiv-induktives Vorgehen gebildet.
Dazu wurden für die Codierung größtmögliche Kontexteinheiten gewählt,
d.h. erst wenn eine Aussage durch einen neuen Aspekt unterbrochen wurde, wurde ein neuer Code vergeben. Passagen, in denen der Befragte ein
und dieselbe Aussage wiederholte und dabei lediglich die Formulierungen
variierten, wurden demzufolge nur einmal codiert. Durch diese Herangehensweise kann unter Ausblendung der rhetorischen Eigenarten der Interviewpartner festgestellt werden, welche Relevanz diese einzelnen Aspekten ihres Handelns einräumen. Das hier vorgeschlagene Verfahren dient
somit der häufig geforderten, doch selten eingelösten Synthese qualitativer und quantitativer Methoden. Es sollte insofern als *ein* Versuch verstanden werden, „qualitativ" gewonnene Aussagen von Elitenakteuren
intersubjektiv nachvollziehbar und vergleichbar auszuwerten sowie die
Befunde „plastisch" darzustellen.

3.3 Aufgabenschwerpunkte deutscher Partei- und Fraktionssprecher

Eine erste Annäherung an das Selbstverständnis der befragten Sprecher
soll über die Schwerpunkte erfolgen, die diese den verschiedenen Aufga-
benbereichen ihrer Tätigkeit einräumen.[14] Wie gesehen, fehlt es diesbezüglich bei fast allen Parteien an expliziten Vorgaben (vgl. Abschnitt 2.1).
Im Verlauf der Interviews äußerten sich die befragten elf Parteisprecher
diesbezüglich insgesamt 421mal. Mit Abstand die meisten Aussagen
(266) entfielen davon auf Tätigkeiten, die in unmittelbaren Zusammenhang mit der *routinemäßigen Parteienaußenkommunikation* stehen. Dar-

---

stand, d.h. der Erfassung von Selbstwahrnehmungen von Elitenakteuren, angemessene und äußerst
brauchbare Methode erwiesen.
[14] Die entsprechende Anstoßfrage in den Leitfadengesprächen lautete: „Welche konkreten Aufgaben
haben Sie?".

über hinaus wurden in 125 Statements Aktivitäten angesprochen, in denen es um die *politische Beratung* des Partei- bzw. Fraktionsvorsitzenden ging. Demgegenüber wurden Tätigkeiten im Zusammenhang mit der Parteibinnenkommunikation (27 Nennungen) sowie der Wahlkampfkommunikation (drei Nennungen) kaum thematisiert, sodass sie im Weiteren vernachlässigt werden können.

Auch ohne schriftlich fixierte „Arbeitsanweisungen" stehen also, wie zu erwarten war, im Zentrum des Portfolios der Partei- und Fraktionssprecher Aktivitäten der routinemäßigen Politikvermittlung nach außen. Dem untergeordnet, jedoch überraschend häufig thematisiert wurden Tätigkeiten im Zusammenhang mit der politischen Beratung des Spitzenpersonals. Dies unterstreicht abermals die schon mehrfach beschriebene besondere Nähe zwischen den Sprechern und den Partei- bzw. Fraktionsvorsitzenden.

Welche Tätigkeiten sich im Einzelnen dahinter verbergen, soll nun näher untersucht werden. Dazu ist in den folgenden Abbildungen immer die Anzahl derjenigen Sprecher ausgezeichnet, die im Verlaufe des Leitfadengespräches *mindestens eine* Aussage zu einer für sie als relevant erachteten Aktivität gemacht haben.[15]

Abbildung 1 verdeutlicht zunächst, wie breit gefächert das Aufgabenspektrum im Bereich der *routinemäßigen Politikvermittlung nach außen* tatsächlich ist. Alle elf befragten Sprecher sind sowohl verantwortlich für das *News Management* ihrer Partei bzw. Fraktion (103 Nennungen), d.h. für die Generierung, Interpretation und Bewertung von Themen der massenmedialen und öffentlichen Diskussion, als auch für die Gestaltung und Pflege des interpersonalen Verhältnisses von Politikern und Journalisten (89 Nennungen). Zu dieser Art des *Beziehungsmanagements* zählen u.a. das Herbeiführen von Interviews und Hintergrundgesprächen, das Filtern von Anfragen sowie nicht zuletzt die Moderation von interpersonalen Konflikten. Dabei scheint ein deutlicher Zusammenhang zwischen erfolgreichem *Agenda Building* und ebensolchem Beziehungsmanagement zu bestehen, wie die exemplarisch ausgewählte, programmatische Aussage eines Sprechers belegt: „Also Kontaktarbeit intensivieren mit dem Ziel,

---

[15] Für die Darstellung ist es demnach irrelevant, *wie häufig* sich ein Befragter zu einem Tätigkeitsfeld äußerte, sondern nur *dass* er es (mindestens einmal) tat. Zur Methodik sowie den Vor- und Nachteilen dieser Herangehensweise vgl. Pfetsch 2000c: 8 f.

Positionen der [...]-Fraktion oder der Partei insgesamt im O-Ton möglichst unverfälscht an den Mann und an die Frau zu bringen" (APV 35: 227-230).[16]

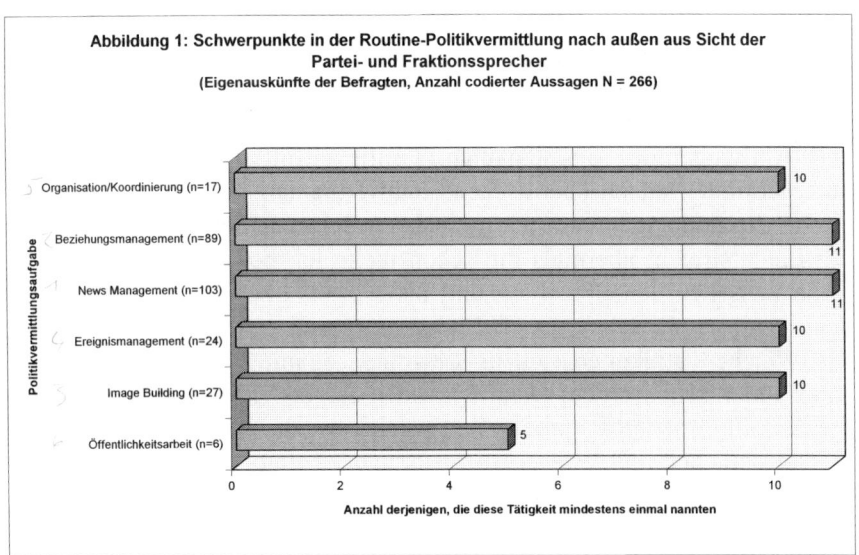

Abbildung 1: Schwerpunkte in der Routine-Politikvermittlung nach außen aus Sicht der Partei- und Fraktionssprecher
(Eigenauskünfte der Befragten, Anzahl codierter Aussagen N = 266)

Immerhin zehn der elf Interviewpartner geben darüber hinaus an, dass sie in die aktive Gestaltung und Pflege des öffentlichen Images ihrer Partei bzw. Fraktion involviert sind (27 Nennungen). Ebenso viele sind damit beschäftigt, nachrichtenwerte Ereignisse wie Pressekonferenzen, Parteitage, Empfänge u.v.m. zu organisieren und zu gestalten (24 Nennungen). Als fünftes und letztes zentrales Aufgabenfeld der routinemäßigen Politikvermittlung nach außen nennen zudem wiederum zehn von elf Sprechern die langfristige strategische wie inhaltliche Planung der Parteienaußenkommunikation (17 Nennungen). Wenig verwunderlich, spielt bei den befragten Sprechern dagegen die direkte Kommunikation mit den Bürgern im Sinne klassischer Öffentlichkeitsarbeit eine vergleichsweise unterge-

---

[16] Zur Gewährleistung der Anonymität der Befragten sind die Namen von Personen und politischen Organisationen aus den Transkripten entfernt worden. Die Quellenangabe verweist auf die Identifikationsnummer des Befragten im Gesamtdatensatz (hier: Aktiver PolitikVermittlungsexperte 35) sowie die Zeilen der entsprechenden Textstelle im Interviewtranskript.

ordnete Rolle. Schließlich wird diese in der Regel von den jeweiligen Öffentlichkeitsabteilungen übernommen.

Während im Bereich der routinemäßigen Politikvermittlung nach außen also fünf zentrale Tätigkeitsfelder für fast alle Partei- und Fraktionssprecher identifiziert werden konnten, konzentrieren sich die Tätigkeiten im Bereich der politischen Beratung vor allem auf zwei Aufgabenbereiche (vgl. Abbildung 2). Alle elf Sprecher sehen eine vordringliche Aufgabe darin, „ihren" Politiker in Fragen des Umgangs mit den Medien und Medienvertretern Tipps zu geben (71 Nennungen) – ein deutlicher Hinweis für „neue", dem Wandel zur „Mediendemokratie" geschuldete Anforderungen an Spitzenpolitiker. Dazu zählen u.a. die Vor- und Nachbereitung von massenmedialen Auftritten sowie von Kontakten mit Journalisten. Ein Sprecher beschreibt dies wie folgt: „*Das beginnt also bei Beratung, [...] wie sich die Leute geben in Interviews, wie sie dort sitzen, ob sie kompetent, seriös wirken oder ob sie dort ‚rumhampeln', bis auf inhaltliche, rhetorische Sachen, wie man vielleicht am besten formuliert, dass man nicht bei jedem zweiten Wort Ä's und Ö's verwendet, weil das einfach sehr lästig ist für den Zuhörer und den Leuten das oft nicht bewusst ist. Wenn sie zum ersten Mal mit diesem Medium Fernsehen gerade zu tun haben, dann bekommt man das sehr oft mit, dass da manchmal sieben Sätze gesagt werden und sie stocken an jeder Stelle*" (APV 28: 332-342).

Neben der Kommunikations- und Medienberatung wirken neun der elf befragten Sprecher auch als inhaltliche Ratgeber, indem sie Informationen über öffentlich, medial oder in Journalistenkreisen diskutierte Themen, Meinungen und Stimmungen abgeben (35 Nennungen): „*Man hat natürlich auch die Funktion zu hören: Wie denken die jetzt über uns? Wo liegen Probleme? Wie sehen die den Politiker X, die Politikerin Y? Sie haben natürlich dann als Pressesprecher an dieser Nahtstelle eine ganz andere Wertigkeit, wenn Sie nach innen gehen und sagen: ‚Die Journalisten meinen aber, das läuft völlig falsch'*" (APV 19: 758-763). Partei- und Fraktionssprecher verteilen somit ihre zentrale „Tauschware", politische Informationen, sowohl in Richtung Journalisten (s.o.) als auch in Richtung Partei- bzw. Fraktionsspitze. Dadurch kommt ihnen nicht nur eine entscheidende Rolle „nach außen" als „news shapers" (Manheim 1998) zu, sondern ihnen erwachsen auch Möglichkeiten, in einem Frühstadium „nach innen" auf den Policy-Agenda-Setting-Prozess Einfluss zu nehmen. Dass diese jedoch nicht sehr weitreichend sind, wird daran deut-

das sind fast 50%

lich, dass lediglich sechs Sprecher neben der reinen Information über wahrgenommene Themen auch ihre subjektive Einschätzung zu diesen Themen abgeben können (7 Nennungen). Insofern ist der Input, den Parteisprecher hinsichtlich wahrgenommener öffentlicher bzw. in Journalistenkreisen diskutierter Themen geben, bestenfalls als ambivalent zu bezeichnen. Auf den ersten Blick scheinen Parteisprecher zwar ihren Anteil an der aus demokratietheoretischer Sicht notwendigen Responsivität der Parteipolitik(er) beizusteuern. Gleichwohl könnte der auf aktuelle, nicht zuletzt vor allem auf publizitätsträchtige Themen gerichtete Fokus der Parteisprecher die seit Längerem unterstellte Tendenz der Parteien zur „Stimmungsdemokratie" (Oberreuter 1987) forcieren.

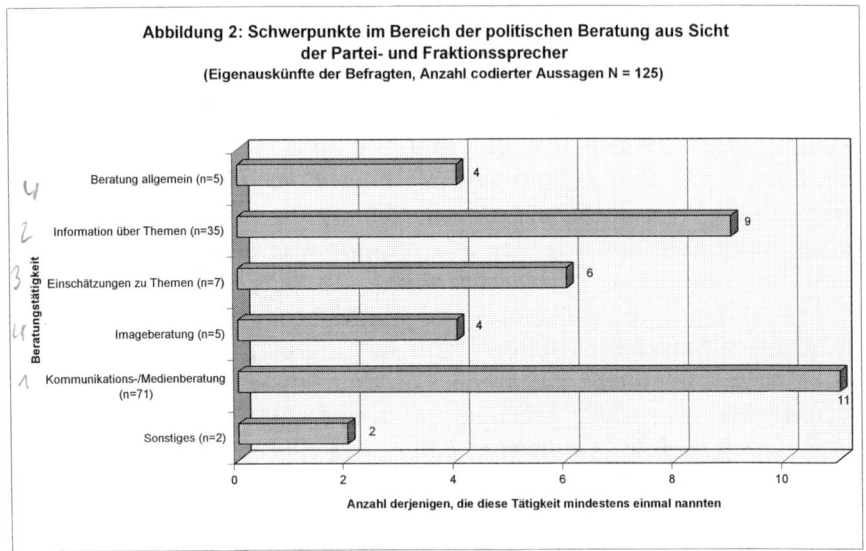

Abbildung 2: Schwerpunkte im Bereich der politischen Beratung aus Sicht der Partei- und Fraktionssprecher
(Eigenauskünfte der Befragten, Anzahl codierter Aussagen N = 125)

3.4 Normen und Rollen deutscher Partei- und Fraktionssprecher

Während die beschriebenen Aufgabenprioritäten der befragten Sprecher auf schon ausgeübte Politikvermittlungsaktivitäten rückschließen lassen, hängt die Art und Weise ihrer Umsetzung nicht zuletzt von den individuellen Normenvorstellungen bzw. Leitbildern der Akteure ab. Diese fungieren im Sinne von generalisierten Verhaltenserwartungen als selbstgesteckter Rahmen aller Aktionen und Interaktionen im politisch-medialen Raum. Sie können überdies Anhaltspunkte über die Nähe bzw. Distanz der Partei- und Fraktionssprecher zu ihren wesentlichen Interaktionspartnern, Parteipolitikern auf der einen und Journalisten auf der anderen Seite, liefern (vgl. Pfetsch 2000b). Diesbezüglich können prinzipiell allgemeine soziale Normen wie z.b. Vertrauen, Fairness, Glaubwürdigkeit oder Gleichbehandlung von professionellen, auf die Parteienaußenkommunikation bezogene Normen unterschieden werden. Letztere stehen im Mittelpunkt der folgenden Betrachtung.

Wie an anderer Stelle gezeigt (vgl. Tenscher 2002), orientiert sich das Handeln von Sprechern politischer Organisationen vor allem an folgenden acht professionellen Normen, die den komplementären Leitbildern von Politikern einerseits und Journalisten andererseits entsprechen. Diese sind: zum Ersten – im Sinne der zentralen normativen Handlungsdimension – professionelles bzw. kompetentes Handeln (1), ferner Dienstleister der Bürger (2), Dienstleister des politischen Führungspersonals (3), Dienstleister der Journalisten (4), „Sprachrohr" der politischen Organisation (5), Vermittler bzw. Mediator zwischen politischen Akteuren und Medienvertretern (6), Interpret bzw. Erklärer der Politik (7) und zuletzt Aufklärer (8). Abbildung 3 veranschaulicht, wie viele der befragten Partei- und Fraktionssprecher sich diesen professionellen Normen jeweils verpflichtet fühlen.

Dabei treten vor allem zwei professionelle Leitbilder in den Vordergrund, an denen sich das tagtägliche Handeln von Partei- und Fraktionssprechern orientiert, und zwar die des Dienstleisters für den jeweiligen Partei- bzw. Fraktionsvorsitzenden (53 Nennungen) sowie die des Dienstleisters für Journalisten (57 Nennungen).[17] Jeweils neun Befragte richten sich an diesen – am häufigsten genannten – Normen aus. Dass sich darüber hinaus acht Befragte vor allem als Vermittler zwischen Politikern und Journalisten verstehen, unterstreicht nachdrücklich sowohl die *Janusköpfigkeit* des Sprecherpostens als auch dessen *a priori* unterstellte Vermittlungszentralität im politisch-medialen Beziehungsgeflecht. Wie eng diese Leitbilder des Dienstleisters und des Mediators zusammenhängen, verdeutlicht die Aussage eines Sprechers: *„Ich glaube, dass hier wirklich so eine zentrale Schaltstelle ist, von der viel abhängt, weil es gibt zwei Möglichkeiten, wenn sich*

---

[17] Unter der Rubrik „Sonstiges" verbergen sich fünfzehn verschiedene professionelle Normen, die zumeist bloß einmal und/oder nur von einem Sprecher genannt wurden.

*Journalisten von einer Pressestelle schlecht behandelt fühlen oder das Ge-
fühl haben: ,Da kann ich hundert Mal anrufen, nützt mich nichts.' Dann
suchen die sich andere Kanäle, wie sie an ihre Informationen kommen. In
dem Maße, wie so was geschieht, verlieren Sie automatisch auch die Möglichkeiten von Einflussnahme, und zwar nach beiden Seiten. Sowohl nach
innen wie nach außen. Deshalb glaube ich, ist es ganz zentral wichtig, dass
so eine Pressestelle in so einer Scharnier- oder Schaltstellenfunktion von
beiden Seiten wahrgenommen wird"* (APV 11: 750-761). Demgegenüber
haben ehemals „klassische" Leitbilder, wie das des „Sprachrohrs" der Parteipolitik (2 Nennungen), das auch in der öffentlichen Wahrnehmung von
Parteisprechern noch am stärksten verankert sein dürfte, für die befragten
Sprecher ebenso an Orientierungskraft verloren wie jene Rollen, die sich
zuvorderst an den Bedürfnissen der Bürger ausrichten. Der „moderne" Par-
tei- und Fraktionssprecher scheint demnach ein „Realist" zu sein, als er
versucht sein Handeln an seinen primären Interaktionspartnern und deren
Bedürfnissen auszurichten und dabei seiner Mittlerrolle möglichst professionell nachzukommen.

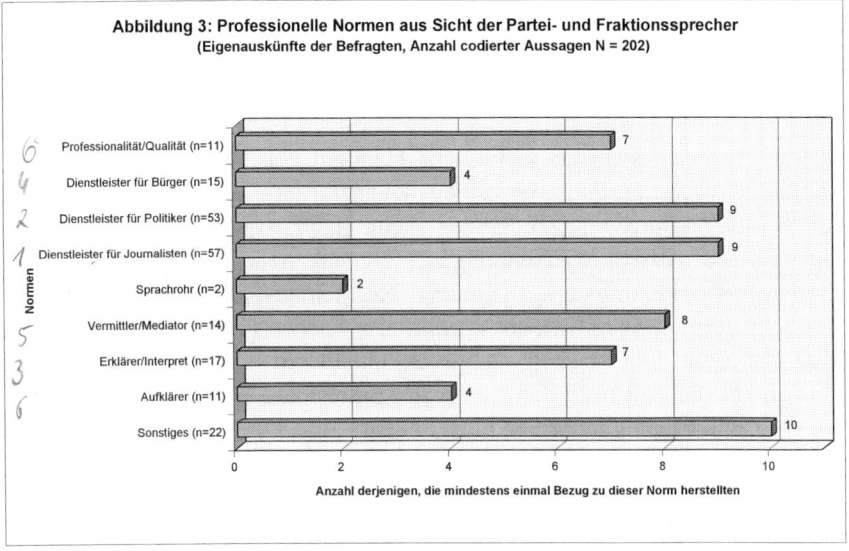

Abbildung 3: Professionelle Normen aus Sicht der Partei- und Fraktionssprecher
(Eigenauskünfte der Befragten, Anzahl codierter Aussagen N = 202)

Im Idealfall decken sich derartige normative Leitvorstellungen mit der
alltäglich ausgeübten Rolle als Partei- und Fraktionssprecher. Strukturelle,

kulturelle und situative Faktoren können jedoch zu einer Divergenz zwischen normativem Leitbild, wahrgenommener und faktischer Position führen. Entsprechend sollen abschließend die selbst wahrgenommenen Rollen im alltäglichen Umgang mit Parteienvertretern einerseits und Medienvertretern andererseits präsentiert werden. Entsprechende Aussagen zur Selbstperzeption der Befragten im Rahmen alltäglicher politisch-medialer Interaktionen sind in Abbildung 4 dargestellt, wobei sich aus der Datenanalyse die Notwendigkeit ergab, die normativen Leitbilder durch drei induktiv gewonnene Rollen zu ergänzen: Initiator bzw. Manager von Kommunikationsprozessen (1), Hintergrundarbeiter (2) sowie Berater des Partei- bzw. Fraktionsvorsitzenden (3).

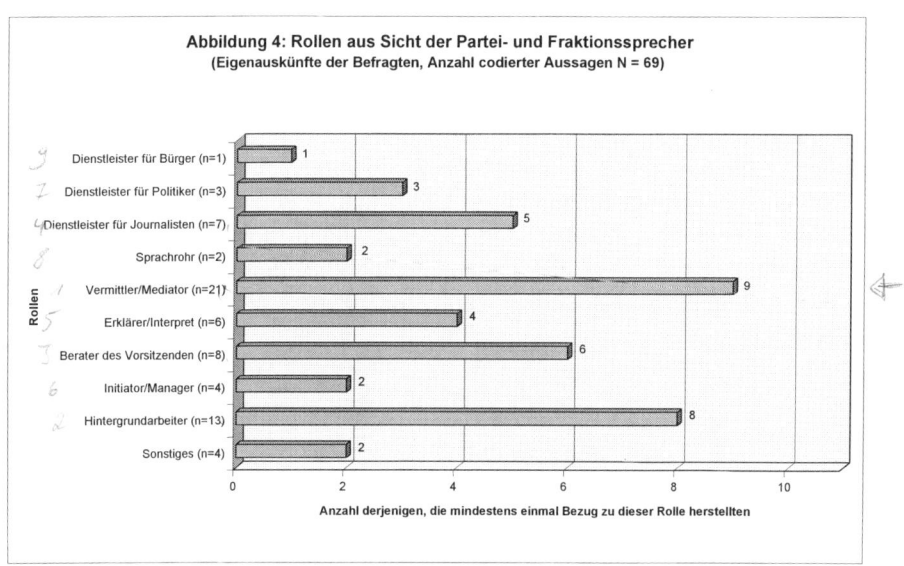

Abbildung 4: Rollen aus Sicht der Partei- und Fraktionssprecher
(Eigenauskünfte der Befragten, Anzahl codierter Aussagen N = 69)

Beim Vergleich der normativen Leitbilder (vgl. Abbildung 3) mit den faktisch ausgeübten Rollen (vgl. Abbildung 4) tritt die Diskrepanz zwischen Idealvorstellung und realistischer Einschätzung der faktischen Amtsausübung eines Pressesprechers offen zu Tage. Denn während die Dienstleistungsrollen gegenüber den Politikern und den Journalisten als primäre Leitbilder dienen, schätzen lediglich drei bzw. fünf Sprecher ihre tatsächliche Rolle so ein. Die dagegen von den meisten Sprechern ausgeübte Rolle im alltäglichen politisch-medialen „Biotop" ist die des Vermittlers, der den Fluss der politischen Kommunikation am Laufen hält und für eine positive Interaktionsatmosphäre im politisch-medialen Beziehungsgeflecht sorgt (21 Nennungen). Ein Sprecher fasst diese Rolle wie folgt zusammen: *„Also das Verhältnis zwischen Politikern und Journalisten ist per se antagonistisch. Politiker finden Journalisten grundsätzlich unfair und Journalisten finden Politiker grundsätzlich machtgeil. In diesem Spannungsfeld zu vermitteln, ist die Aufgabe des Pressechefs"* (APV 7: 417-421). Auffällig ist zudem, dass sich acht Sprecher mit der Rolle eines „Hintergrundarbeiters" identifizieren. Dabei scheint die Kombination dieser beiden zentralen Rollen, „Vermittler" und „Hintergrundarbeiter", für die alltägliche Interaktionsbedingungen der medienorientierten Politikvermittlung typisch zu sein: *„Da ist sogar der Begriff des Sprechers in mancher Hinsicht deplatziert, weil eine Hauptaufgabe des Sprechers ist eigentlich gar nicht zu sprechen, sondern hintergründig zu arbeiten und eher zu schweigen. [...] Das hängt einfach mit dieser Transporteurfunktion und Mittlerfunktion zusammen, die sehr viel weniger eine Schaufensterfunktion und damit keine Lautsprecherfunktion ist"* (APV 35: 1255-1262). Darüber hinaus können sich lediglich in der Rolle des Beraters des Partei- bzw. Fraktionsvorsitzenden noch mehr als die Hälfte der Befragten wiederfinden; alle andere Rollen sind demgegenüber „Nebenrollen", in denen sich lediglich vereinzelte Partei- und Fraktionssprecher sehen.

4. Schlussbemerkung

Ziel des vorliegenden Beitrags war es, Einblicke in die organisatorischen Rahmenbedingungen sowie in die subjektiven Interpretationen einiger zentraler Facetten der medienorientierten Politikvermittlung von Parteien zu bekommen. Dazu wurde ein empirischer Zugang gewählt, der die Zentralakteure der Parteienaußenkommunikation und deren *Selbstwahrnehmungen* in den Mittelpunkt der Betrachtung rückte, wohlwissend, dass diese Herangehensweise nur Annäherungen an das *Gesamtbild* der medienorientierten Politikvermittlung von Parteien erlauben würde. Dieses entsteht und verändert sich schließlich permanent aus dem ständigen

Wechselspiel der Wahrnehmungen und Interaktionen von Parteipolitikern, -sprechern und Journalisten.[18]

Es konnte zunächst verdeutlicht werden, dass die funktionale Binnendifferenzierung von Parteien gerade im Bereich der Politikvermittlung in den vergangenen Jahren weit fortgeschritten ist und mittlerweile auch in den Organisationsstrukturen der Bundesgeschäftsstellen ihren Niederschlag gefunden hat. Eine Vielzahl unterschiedlichster inner- und außerparlamentarischer Abteilungen sind nunmehr für die Binnen- und Außenkommunikation von Parteien verantwortlich. Sie sichern durch fortschreitende Professionalisierung und interne Koordinierung die Handlungsfähigkeit moderner Parteien gegenüber den vielfältigen kommunikativen Herausforderungen und Zwängen der „Mediendemokratie". Eine herausgehobene Position unter diesen nehmen die Presseabteilungen ein, da diese für die Aufrechterhaltung des kommunikativen Austausches zwischen Parteien bzw. Parteipolitikern einerseits und Medien bzw. Medienvertretern andererseits Verantwortung tragen. Pressesprecher stehen somit im Zentrum des für das Funktionieren moderner politischer Öffentlichkeit elementaren politisch-medialen Beziehungsgeflechts. Durch ihre besondere Nähe zu den handelnden Spitzenpolitikern *und* den Journalisten übernehmen sie eine zentrale Schaltstellenfunktion im alltäglichen Tauschprozess von Information gegen Publizität.

Wie gezeigt werden konnte, müssen Partei- und Fraktionssprecher in gewisser Weise „Multitalente" sein, denen neben einer Vielzahl an Aufgaben in der routinemäßigen Politikvermittlung „nach außen", insbesondere in Bezug auf das *News Management*, auch eine wesentliche Rolle zukommt, wenn es um den *Input* von öffentlich oder in Journalistenkreisen diskutierten Themen, Meinungen und Stimmungen in die parteipolitische Arena geht. Insofern übernehmen Parteisprecher in beide Richtungen eine demokratiekonstitutive Funktion.

Letztlich wurde deutlich, dass Partei- und Fraktionssprecher die ihnen zur Verfügung stehenden Handlungsoptionen entsprechend ihres *Selbstverständnisses* nutzen. Dabei fielen jedoch Unterschiede zwischen normativen Leitbildern und faktisch ausgeübten Rollen auf, die insgesamt auf

---

[18] Inwieweit eine derartige Annäherung an eine Elitensphäre empirisch überhaupt möglich ist, kann an dieser Stelle nicht beantwortet werden. Jedoch wird der vorliegende Versuch, sich die Wahrnehmungen zentral beteiligter Akteure zu eigen zu machen, als eine viel versprechende Herangehensweise angesehen (vgl. Hoffmann 1999; Pfetsch 2000b).

einen ausgeprägten Pragmatismus und Realismus im alltäglichen Handeln von Sprechern im politisch-medialen Raum verweisen. Die befragten Sprecher sehen sich zuvorderst als Vermittler zwischen Politik und Medien, die im Hintergrund wirken und die öffentliche Bühne den „Hauptdarstellern", vor allem den von ihnen vertretenen Politikern, aber auch den Journalisten überlassen. Nicht zuletzt diese funktional notwendige und von allen beteiligten Akteuren erwartete „Hinterbühnenrolle" führt jedoch mithin zu einer schizophrenen Wahrnehmung von Parteisprechern und anderen Politikvermittlungsexperten. Ihre aus demokratietheoretischer Perspektive elementare Funktion in der „Mediendemokratie" scheint in der öffentlichen, publizistischen und zum Teil auch in der wissenschaftlichen Diskussion entweder unterschätzt bzw. übersehen oder aber gar, erinnert sei an das plakative Signum des „spin doctor", überschätzt und mystifiziert zu werden (vgl. Tenscher 2000). Diesbezüglich war es nicht zuletzt das Ziel des vorliegenden Beitrags, einer realistischen Einschätzung der Zentralakteure der Parteienaußenkommunikation Vorschub zu leisten.

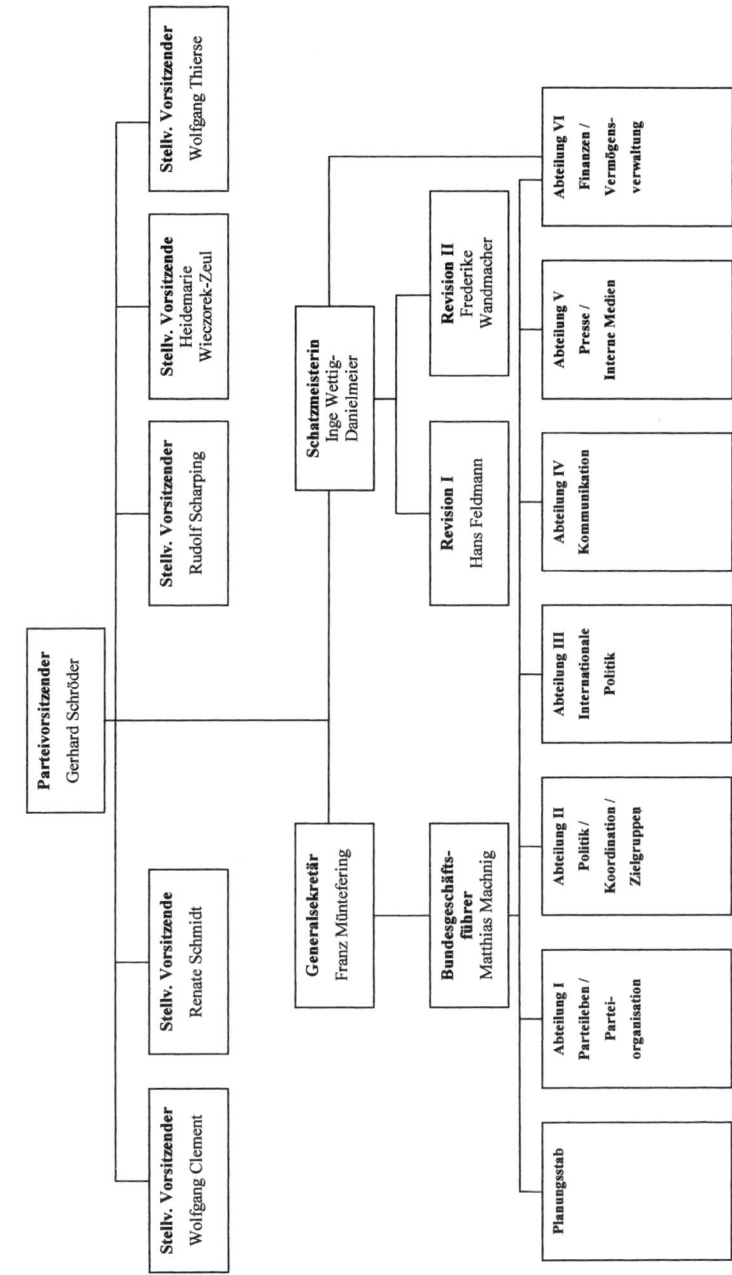

Organigramm des SPD-Parteivorstands
Quelle: www.spd.de.
Stand: Januar 2002.

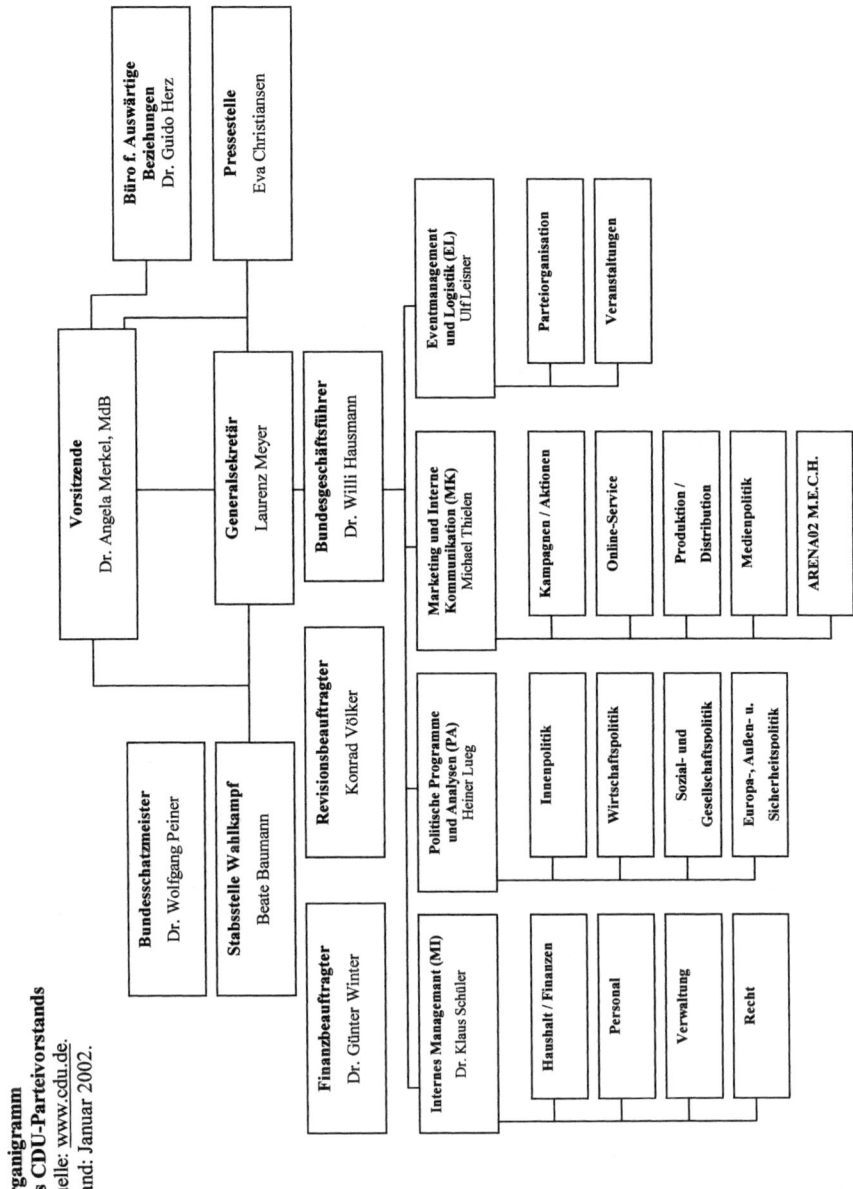

Organigramm des CDU-Parteivorstands
Quelle: www.cdu.de.
Stand: Januar 2002.

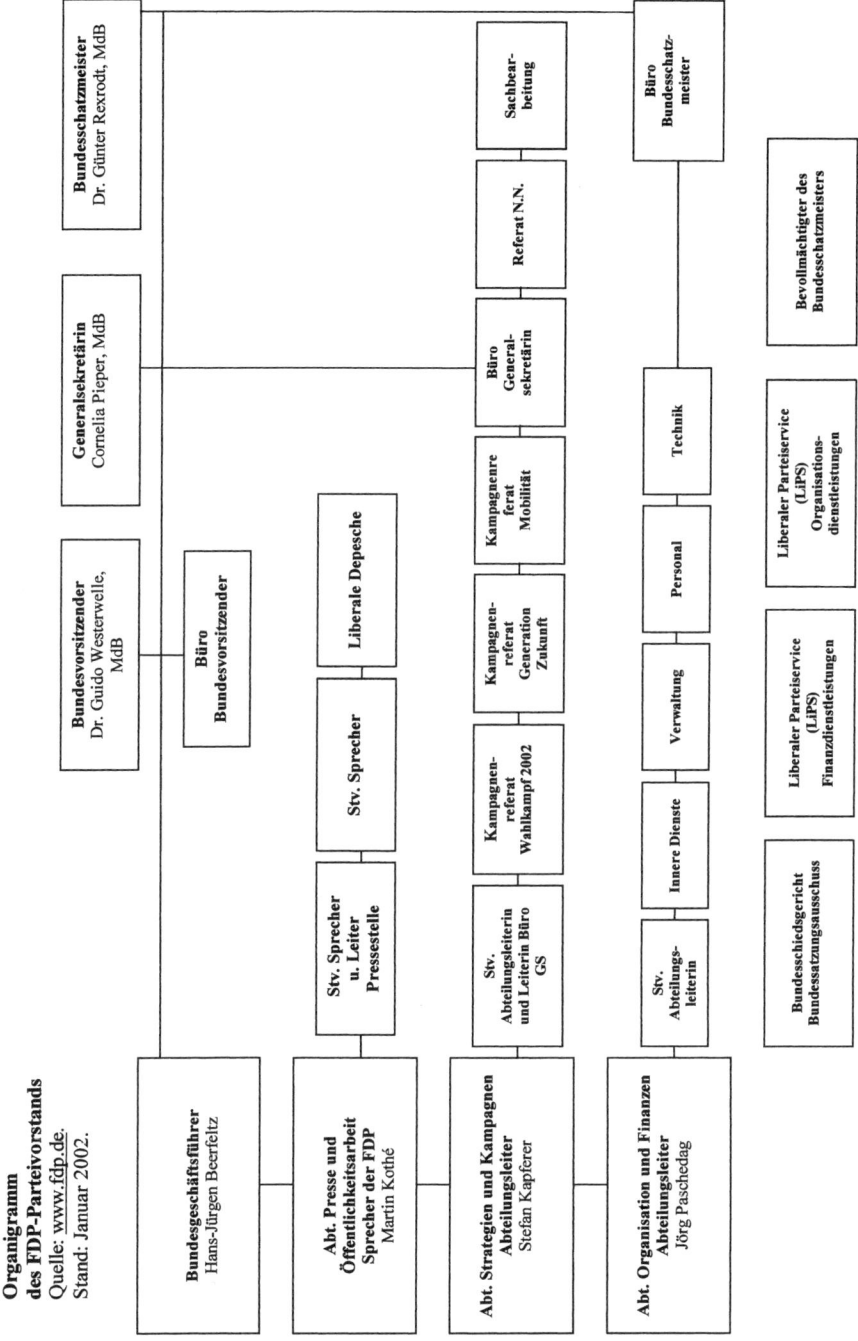

Organigramm
des FDP-Parteivorstands
Quelle: www.fdp.de.
Stand: Januar 2002.

Literatur

Alemann, Ulrich von (1997): Parteien und Medien, in: Oscar W. Gabriel/Oskar Niedermayer/Richard Stöss (Hrsg.), Parteiendemokratie in Deutschland, Opladen: Westdeutscher Verlag, S. 478-494.

Alemann, Ulrich von (2001): Das Parteiensystem der Bundesrepublik Deutschland, 2. Aufl., Opladen: Leske + Budrich.

Althaus, Marco (1998): Wahlkampf als Beruf. Zur Professionalisierung der Political Consultants in den USA, Frankfurt a.M. u.a.: Lang.

Bentele, Günter (1998): Politische Öffentlichkeitsarbeit, in: Ulrich Sarcinelli (Hrsg.), Politikvermittlung und Demokratie in der Mediengesellschaft. Beiträge zur politischen Kommunikationskultur, Wiesbaden/Opladen: Westdeutscher Verlag, S. 124-145.

Blumler, Jay G./Gurevitch, Michael (1995): The Crisis of Public Communication, London/New York: Routledge.

FDP (2001): Geschäftsbericht 1999 bis 2001, Berlin, online unter http://www.fdp.de.

Geisler, Alexander/Tenscher, Jens (2002): „Amerikanisierung" der Wahlkampagne(n)? Zur Modernität von Kommunikationsstrukturen und -strategien im nordrheinwestfälischen Landtagswahlkampf 2000, in: Ulrich Sarcinelli/Heribert Schatz (Hrsg.), Mediendemokratie im Medienland? Inszenierungen und Themensetzungsstrategien im Spannungsfeld von Medien und Parteieliten am Beispiel der nordrheinwestfälischen Landtagswahl im Jahr 2000, Opladen: Leske + Budrich, S. 53-117.

Gerhards, Jürgen (1994): Politische Öffentlichkeit. Ein system- und akteurstheoretischer Bestimmungsversuch, in: Friedhelm Neidhardt (Hrsg.), Öffentlichkeit, öffentliche Meinung, soziale Bewegungen, Opladen: Westdeutscher Verlag, S. 77-105.

Helms, Ludger (1999): Einleitung: Parteien und Fraktionen in westlichen Demokratien, in: Ders. (Hrsg.), Parteien und Fraktionen. Ein internationaler Vergleich, Opladen: Leske + Budrich, S. 7-38.

Hoffmann, Jochen (1999): Antagonismen politischer Kommunikation in dramatologischer Perspektive, in: Kurt Imhof/Otfried Jarren/Roger Blum (Hrsg.), Steuerungs- und Regelungsprobleme in der Informationsgesellschaft, Opladen/Wiesbaden: Westdeutscher Verlag, S. 167-179.

Jarren, Otfried (1998): Medien, Mediensystem und politische Öffentlichkeit im Wandel, in: Ulrich Sarcinelli (Hrsg.), Politikvermittlung und Demokratie in der Mediengesellschaft. Beiträge zur politischen Kommunikationskultur, Wiesbaden/Opladen: Westdeutscher Verlag, S. 74-94.

Katz, Richard S./Mair, Peter (1995): Changing Models of Party Organization and Party Democracy: The Emergence of the Cartel Party, in: Party Politics 1, S. 5-28.

Manheim, Jarol B. (1998): The News Shapers. Strategic Communication as a Third Force in News Making, in: Doris Graber/Denis McQuail/Pippa Norris (Hrsg.), The Politics of News. The News of Politics, Washington D.C.: Congressional Quarterly Press, S. 94-109.

Marschall, Stefan (1999): Public Relations der Parlamente. Parlamentarisches Kommuni-kationsmanagement in der modernen Öffentlichkeit, in: Zeitschrift für Parlaments-fragen 30, S. 699-715.

Mathes, Rainer (1992): Hermeneutisch-klassifikatorische Inhaltsanalyse von Leitfadenge-sprächen. Über das Verhältnis von quantitativen und qualitativen Verfahren der Textanalyse und die Möglichkeit ihrer Kombination, in: Jürgen Hoffmeyer-Zlotnik (Hrsg.), Analyse verbaler Daten. Über den Umgang mit qualitativen Daten, Opladen: Westdeutscher Verlag, S. 402-424.

Neidhardt, Friedhelm (1994): Öffentlichkeit, öffentliche Meinung, soziale Bewegungen, in: Ders. (Hrsg.), Öffentlichkeit, öffentliche Meinung, soziale Bewegungen, Opladen: Westdeutscher Verlag, S. 7-41.

Oberreuter, Heinrich (1987): Stimmungsdemokratie. Strömungen im politischen Bewußt-sein, Zürich: Interfrom.

Pfetsch, Barbara (1998): Government News Management, in: Doris Graber/Denis McQuail/Pippa Norris (Hrsg.), The Politics of News. The News of Politics, Wa-shington D.C.: Congressional Quarterly Press, S. 70-93.

Pfetsch, Barbara (2000a): Journalistische Professionalität versus persönliches Vertrauen – Normen der Interaktion in der politischen Kommunikation in den USA und Deutschland, in: Jürgen Gerhards (Hrsg.), Die Vermessung kultureller Unterschiede: USA und Deutschland im Vergleich, Opladen/Wiesbaden: Westdeutscher Verlag, S. 141-164.

Pfetsch, Barbara (2000b): Politische Kommunikation in den USA und Deutschland, Bonn: Friedrich Ebert Stiftung.

Pfetsch, Barbara (2000c): Strukturbedingungen der Inszenierung von Politik in den Medi-en: Die Perspektive von politischen Sprechern und Journalisten, in: Oskar Nieder-mayer/Bettina Westle (Hrsg.), Demokratie und Partizipation. Festschrift für Max Kaase, Wiesbaden/Opladen: Westdeutscher Verlag, S. 211-232.

Pfetsch, Barbara/Dahlke, Kerstin (1996): Politische Öffentlichkeitsarbeit zwischen Zu-stimmungsmanagement und Politikvermittlung. Zur Selbstwahrnehmung politischer Sprecher in Berlin und Bonn, in: Otfried Jarren/Heribert Schatz/Hartmut Weßler (Hrsg.), Medien und politischer Prozeß. Politische Öffentlichkeit und massenmediale Politikvermittlung im Wandel, Opladen: Westdeutscher Verlag, S. 137-154.

Plasser, Fritz/Scheucher, Christian/Senft, Christian (1998): Praxis des Politischen Marke-ting aus Sicht westeuropäischer Politikberater und Parteimanager. Ergebnisse einer Expertenbefragung, Wien: Zentrum für Angewandte Politikforschung.

Poguntke, Thomas (1997): Politische Parteien, in: Oscar W. Gabriel/Everhard Holtmann (Hrsg.), Handbuch Politisches System der Bundesrepublik Deutschland, Mün-chen/Wien: Oldenbourg, S. 501-523.

Radunski, Peter (1996): Politisches Kommunikationsmanagement. Die Amerikanisierung der Wahlkämpfe, in: Bertelsmann Stiftung (Hrsg.), Politik überzeugend vermitteln. Wahlkampfstrategien in Deutschland und den USA: Analysen und Bewertungen von Politikern, Journalisten und Experten, Gütersloh: Bertelsmann Stiftung, S. 33-52.

Sarcinelli, Ulrich (1998a): Repräsentation oder Diskurs? Zu Legitimität und Legitimitäts-wandel durch politische Kommunikation, in: Zeitschrift für Politikwissenschaft 8, S. 549-569.

Sarcinelli, Ulrich (1998b): Parteien und Politikvermittlung: Von der Parteien- zur Mediendemokratie?, in: Ders. (Hrsg.), Politikvermittlung und Demokratie in der Mediengesellschaft. Beiträge zur politischen Kommunikationskultur, Wiesbaden/Opladen:
Westdeutscher Verlag, S. 273-296.

Schmitt-Beck, Rüdiger/Pfetsch, Barbara (1994): Politische Akteure und die Medien der
Massenkommunikation. Zur Generierung von Öffentlichkeit in Wahlkämpfen, in:
Friedhelm Neidhardt (Hrsg.), Öffentlichkeit, öffentliche Meinung, soziale Bewegun-
gen, Opladen: Westdeutscher Verlag, S. 106-138.

Schüttemeyer, Suzanne S. (1998): Fraktionen im Deutschen Bundestag 1949 – 1997.
Empirische Befunde und theoretische Folgerungen, Opladen/Wiesbaden: Westdeutscher Verlag.

Tenscher, Jens (2000): Politikvermittlungsexperten. Die Schaltzentralen politischer Kommunikation, in: Forschungsjournal Neue Soziale Bewegungen 13, S. 7-16.

Tenscher, Jens (2002): Verkünder – Vermittler – Vertrauensperson. Regierungssprecher
im Wandel der Zeit, in: Heribert Schatz/Patrick Rössler/Jörg-Uwe Nieland (Hrsg.),
Politische Akteure in der Mediendemokratie. Politiker in den Fesseln der Medien?,
Wiesbaden: Westdeutscher Verlag, S. 245-269.

Webel, Diana von (1999): Der Wahlkampf der SPD, in: Elisabeth Noelle-Neumann/Hans
Mathias Kepplinger/Wolfgang Donsbach, Kampa. Meinungsklima und Medienwirkung im Bundestagswahlkampf 1998, Freiburg i.Br./München: Alber, S. 13-39.

Weth, Burkard (1991): Der Regierungssprecher als Mediator zwischen Regierung und
Öffentlichkeit. Rollen- und Funktionsanalyse von Regierungssprechern im Regie-
rungs- und Massenkommunikationssystem der Bundesrepublik Deutschland (1949-
1982), Würzburg: o.V.

Wiesendahl, Elmar (1998): Parteienkommunikation, in: Otfried Jarren/Ulrich Sarcinel-
li/Ulrich Saxer (Hrsg.), Politische Kommunikation in der demokratischen Gesellschaft. Ein Handbuch mit Lexikonteil, Opladen/Wiesbaden: Westdeutscher Verlag,
S. 442-449.

Parteitage in der Mediendemokratie

Marion G. Müller

1. Einleitung

Parteien verkörpern den Gedanken demokratischer Streitkultur (Lösche 1993: 22). Dieses strukturelle Erfordernis in einer pluralistischen Demokratie bezieht sich zunächst auf den Wettbewerb zwischen den Parteien. Das verfassungsrechtliche Gebot innerparteilicher Demokratie impliziert jedoch auch, dass die politische Willensbildung innerhalb einer Partei durchaus kontrovers und vor allem öffentlich und damit transparent erfolgt. Als öffentliche Foren innerparteilicher Willensbildung fungieren die Parteitage.

Warum, fragt sich nun, sind Parteitage als oberste Organe der Parteien so merkwürdig konfliktfrei? Wie kann es angehen, dass die institutionelle Inkarnation demokratischer Willensbildung in ihrem Erscheinungsbild cool und professionell, harmonisch und perfekt inszeniert wirkt? Sind Parteitage in der deutschen Mediendemokratie wirklich bar jeder sach- und personalpolitischen Auseinandersetzung oder ist es vielmehr das medienvermittelte Bild von Parteitagen, das über die real ausgetragenen Konflikte hinwegtäuscht?

Im Folgenden wird die These vertreten, dass sich die Parteitage der beiden Volksparteien SPD und CDU in einem Funktionsdilemma befinden, das sich aus den Strukturen und Anforderungen des mediendemokratischen *Settings* ergibt. Die Mediendemokratie verändert die politischen Kommunikationsstrukturen. Diese tendieren immer stärker zu indirekter, medienvermittelter Kommunikation, zu Lasten der direkten, unmittelbaren Kommunikation mit den Parteimitgliedern, aber auch mit den Wählerinnen und Wählern. Zudem wirken die medienspezifischen Nachrichtenkriterien (Galtung/Ruge 1965; Luhmann 1996: 58-60; Ruhrmann 1994: 238-241) auf die Gestaltung von Parteitagen zurück. Die Kürze des Ereignisses, seine Außergewöhnlichkeit, Bedeutsamkeit und Eindeutigkeit führen bereits per se zu einem hohen Nachrichtenwert von Parteitagen. Die Nachrichtenselektoren Prominenz und Konfliktlastigkeit prägen in der Vorberichterstattungsphase die Erwartungshaltungen von Publikum und Presse. Die Erforschung dieser Erwartungshaltungen ist ein Schlüssel zum Verständnis der *Cleavages* zwischen normativem Anspruch an Parteitage und deren faktischem Ergebnis.

Die folgende explorative Studie zielt auf einen Vergleich des Live-Ereignisses „Parteitag" mit den Parteitagseindrücken, wie sie durch medienvermittelte Kommunikation in der TV-Berichterstattung erzeugt werden. Verglichen wird der SPD-Bundesparteitag in Nürnberg vom 19.-22. November 2001 mit dem CDU-Parteitag vom 2.-4. Dezember 2001 in Dresden. Beide Parteitage wurden live aus unterschiedlichen Teilnehmerperspektiven – Parteitagsorganisatoren, Delegierte, Gäste, Printmedien, TV-Medien – teilnehmend beobachtet.[1] Die subjektiv geprägten Beobachtungen wurden in Protokollen festgehalten und durch Leitfadeninterviews ergänzt. Parallel wurden die Berichterstattungsmuster in den öffentlich-rechtlichen TV-Medien ARD und ZDF systematisch ausgewertet.[2] Ein Problem dieser Vorgehensweise ist, neben der fehlenden Repräsentativität der Ergebnisse, die nur unzureichend systematisierte Erfassung der informellen Prozesse, die in entscheidungsrelevante, jedoch nicht-öffentliche Foren ausgelagert sind und deren Interpretation sich weitestgehend auf Teilinformationen und „guesswork" beschränkt.

2. Parteitage im Funktionsdilemma

Das Abhalten von Parteitagen liegt nicht im Ermessensspielraum von Parteien. Sie sind gesetzlich verpflichtet, mindestens alle zwei Jahre einen ordentlichen Parteitag abzuhalten.

---

[1] Ich danke den Studierenden meines Seminars „Parteitage in Deutschland im Vergleich" und hier besonders den Feldstudienteilnehmern Milva-Katharina Klöppel, Daniel Freudenreich, Steffen Heinzelmann, Jan Schönberg und Guy Seidel sowie den Parteitagsorganisatoren bei SPD und CDU für die freundliche Unterstützung.
[2] Die endgültige Auswertung der Berichterstattungsanalyse liegt zum Zeitpunkt der Manuskripterstellung noch nicht vor, sodass hier nur vorläufige Bewertungen vorgenommen werden können.

Die Anforderungen an deutsche Parteitage sind hoch. Gemäß § 9 Abs. 1 des Parteiengesetzes[3] sind Parteitage die obersten Organe der bundesdeutschen Parteien; diese genießen gemäß Art. 21 GG Verfassungsrang. Diese Organqualität macht Parteitage zu den obersten parteipolitischen Entscheidungsgremien. Damit wird innerhalb eines parlamentarischen Regierungssystems die strukturelle Analogie zwischen Parteitagen und Parlamenten hergestellt. Bei beiden Organtypen handelt es sich um Plenarversammlungen, die im Prozess demokratischer Willensbildung als oberste Entscheidungs- und Kontrollinstanz fungieren. Dabei sind Parteitage ähnlich dem Bundestag und den Länderparlamenten repräsentative Körperschaften, deren Delegierte per Wahlen – in einer Kette von Parteitagen verschiedener Ebenen – ermittelt wurden. Parteitage symbolisieren damit nicht nur die Idee der parlamentarischen, sondern auch die der repräsentativen Demokratie.

Jenseits ihrer übergeordneten Organfunktion hat Heino Kaack in seinem politikwissenschaftlichen Klassiker von 1971 „Geschichte und Struktur des deutschen Parteiensystems" zwischen fünf Parteitagsfunktionen differenziert (vgl. Müller 2000a: 223, 2002; vgl. auch Hebecker in diesem Band):

- personelle Entscheidung
- sachliche Entscheidung
- Planung
- Wahlwerbung
- Integration

Bereits vor dreißig Jahren wurde der Trend zur Dominanz des Parteitags durch die Wahlwerbefunktion beklagt (vgl. Dittberner 1968; Kaack 1971). In Hinblick auf die beiden Volksparteien, die hier im Zentrum des Interesses stehen, hat diese Tendenz zur Wahlkampfvereinnahmung in ein *strukturelles Funktionsdilemma der Bundesparteitage* geführt. Eine Kernaufgabe deutscher Parteien ist ihre Mitwirkung an der politischen Willensbildung. Das Grundgesetz sieht zudem vor, dass ihre innere Ordnung

---

[3] Vom 31. Januar 1994 (BGBl. I S. 149) zuletzt geändert durch Art. 1 des Gesetzes vom 17. Februar 1999 (BGBl. I S. 146).

demokratischen Grundsätzen entsprechen muss. Von ihrer Intention her sind Parteitage somit Foren des offenen, demokratischen Konfliktaustrags. In der Realität ist jedoch gerade bei den Volksparteien immer seltener eine offene Diskussionskultur auf Parteitagen zu beobachten. Abweichende Meinungen in zentralen Fragen werden kaum mehr im Delegiertenplenum geäußert. Flügelkämpfe auf offener Bühne und offensichtlich mangelnder Rückhalt der Parteiführung würden allzu leicht von den Medien als Spaltung der Partei interpretiert werden können. Das Bild einer gespaltenen Partei impliziert politische Handlungsunfähigkeit. Die Parteiführung ist sich dieses Imageproblems bewusst, wie der Appell der CDU-Vorsitzenden Angela Merkel bei ihrer vielbeklatschten Auftaktrede auf dem Dresdener Parteitag im Dezember 2001 verdeutlichte. Abweichend vom Redemanuskript forderte Merkel von den Delegierten „die Kraft, in einer *Mediendemokratie* gemeinsam die Person zu unterstützen, die für die Partei in den Wahlkampf zieht". Die Originalpassage im Manuskript lautete folgendermaßen: „Entscheidungen treffen und geschlossen tragen – das brauchen wir im Übrigen dann auch nach der Nominierung des Kanzlerkandidaten Anfang 2002. Denn machen wir uns nichts vor: *Die Gesetze der Mediendemokratie werden viel Kraft von uns abverlangen,* um es einmal ganz vorsichtig zu formulieren. Es wird einzig und allein unser geschlossenes Einhalten von Absprachen sein, das uns entscheidend den Weg zum Erfolg ebnet" (CDU-Bundesgeschäftsstelle 2001: 28, Herv. M.G.M.).

Interessant an diesem Redeausschnitt ist, dass der Grund für den geforderten Beweis der parteilichen Geschlossenheit nicht primär in dem Erfordernis politischer Handlungsfähigkeit gesehen wird, sondern in den „Gesetzen der Mediendemokratie". Nicht die Handlungsfähigkeit per se, sondern das über die Medien vermittelte *Image der Handlungsfähigkeit* ist somit das zentrale Ziel und angestrebte Ergebnis der Parteitage.

Für eine Regierungspartei oder eine Partei, die die Regierungsübernahme anstrebt, ist das Image der Handlungs*unfähigkeit* Gift, denn parteiliche Geschlossenheit als Voraussetzung politischer Handlungsfähigkeit ist die im Wahlkampf zu vermittelnde Schlüsselkompetenz (vgl. Kepplinger 1998: 14; Müller 1999: 260). Ohne parteiliche Geschlossenheit ist kein Regierungsmandat zu erringen. Der Widerspruch zwischen einer sympathischen, aber ineffizienten Diskussionskultur auf Parteitagen und einer effizienzorientierten, aber mit Legitimations- und Transparenzdefiziten behafteten Parteitagschoreographie scheint für SPD und CDU kaum lösbar zu sein.

Wie gehen beide Parteien mit dieser Ambivalenz von Parteitagen um? Wie passen sich SPD und CDU den Erfordernissen des aktuellen mediendemokratischen Kontextes an?

Alle oben erwähnten fünf Funktionsebenen werden durch die Art und Weise der Parteitagsorganisation berührt. Die Form des jeweiligen Parteitags ist dabei nicht von seinen Funktionen trennbar. Zugleich ist die Bewertung seiner Bedeutung von dem jeweiligen Beurteilungsstandpunkt abhängig. Die Parteitagsorganisatoren und die Parteiführung nehmen das Ereignis in einem anderen Rahmen wahr als die Journalisten und Medienvertreter, die über den Parteitag berichten. Unterschiedliche Erwartungen, Wahrnehmungen und Bewertungen werden auch bei denjenigen vorherrschen, die das Parteitagsgeschehen lediglich medienvermittelt wahrnehmen, und den Parteitagsdelegierten und -gästen, die live dabei sind.

3. SPD- und CDU-Parteitag 2001 im Vergleich

Die Parteitage der beiden Volksparteien fanden mit einem zeitlichen Abstand von kaum mehr als einer Woche statt. Beide Parteitage bezogen sich damit aufeinander und legen den direkten Vergleich nahe. Nebenbei: Auch in den USA finden die – nur alle vier Jahre veranstalteten – *National Party Conventions* der Republikaner und der Demokraten in großer zeitlicher Nähe statt. Allerdings ist der Ablauf umgekehrt. In den Vereinigten Staaten lässt die jeweils regierende „in-party", die den Präsidenten stellt, der jeweiligen „out-party" den Vortritt und damit die Chance, sich als erste zu präsentieren (vgl. Müller 2000a: 226, 2002). In der Bundesrepublik hielt zunächst die Regierungspartei ihren Parteitag vom 18. bis 22. November in Bayern ab, gefolgt von der Oppositionspartei, die ihren Parteitag in der sächsischen Landeshauptstadt vom 2. bis 4. Dezember veranstaltete. Der Dresdener CDU-Parteitag dauerte nur halb so lang wie der Nürnberger SPD-Parteitag. Das Tagungsmotto der SPD war ein in drei Worte gefasster Appell: „Erneuerung. Verantwortung. Zusammenhalt." Ergänzend wurde die politische Standortbestimmung hinzugefügt: „Die Politik der Mitte in Deutschland. SPD". Einen vergleichbaren Aufruf zur

Geschlossenheit stellte auch das Parteitagsmotto der CDU dar: „Gemeinsam mehr aus Deutschland machen".

3.1 Erwartungshaltungen

Erwartungen sind personen- und kontextabhängig. Fünf Personengruppen sind zu unterscheiden, die am Parteitag beteiligt sind oder vom Parteitag direkt adressiert werden:

- Parteitagsorganisatoren (Vorstand, Redner, Organisation)
- Delegierte (und beratende Delegierte)
- Journalisten (Print, Radio, TV)
- Gäste (reguläre und Ehrengäste)
- Aussteller

Sowohl der SPD- als auch der CDU-Parteitag wurden teilweise über die Einnahmen aus Standgebühren für eine dem Parteitagsplenum vorgelagerte „Ausstellung" finanziert. Beim SPD-Parteitag waren zusätzlich zu den 61 kommerziellen Ausstellern auch 34 Partei- und zivilgesellschaftliche Organisationen vertreten. Beim CDU-Parteitag fielen die Messe kleiner und somit auch die Anzahl der Aussteller geringer aus, wobei jedoch die kommerziellen Vertreter auf dem CDU-Parteitag fast alle auch zuvor auf dem Nürnberger SPD-Parteitag anzutreffen waren.

Stand der SPD-Parteitag im Kontext der „V-Frage", so wurde der CDU-Parteitag durch die „K-Frage" dominiert.[4] Sowohl die Vertrauensfrage als auch die Kanzlerkandidatenfrage richteten das Augenmerk auf die Geschlossenheit der Partei. Wird die SPD ihren Parteivorsitzenden und Kanzler nach knapp im Bundestag bestandener Vertrauensfrage nun auch auf dem Parteitag die allseits erwartete Rückendeckung geben? Welchen der zwei Kandidaten, die auch beide auf dem Parteitag redeten, wird die CDU für die Kanzlerkandidatur favorisieren – Stoiber oder Merkel? In der Vorberichterstattung zum CDU-Parteitag wurden Merkels Chancen

---

[4] Die Kanzlerkandidatenfrage wurde erst am 11. Januar 2002 zugunsten von Edmund Stoiber entschieden. Zwar herrschte vor und auf dem Parteitag der Eindruck vor, der bayerische Ministerpräsident sei der eindeutig präferierte Kandidat. Der gelungene Auftritt der Parteivorsitzenden Angela Merkel ließ am Ende des ersten Tages sowie kurz nach dem Parteitag jedoch den Eindruck entstehen, das Rennen zwischen Merkel und Stoiber sei wieder offen.

auf die Kanzlerkandidatur eher negativ eingeschätzt. In der Berichterstattung des öffentlich-rechtlichen Fernsehens wurden Tabellen mit Umfrageergebnissen eingeblendet, die Merkel weit hinter Stoiber in der Wählergunst zeigten. Zudem hatten die Vorstöße aus dem CDU-Landesverband Baden-Württemberg, die eindeutig auf die vorgezogene Nominierung des bayerischen Ministerpräsidenten zum Kanzlerkandidaten der Union drängten, den Erwartungsdruck auf die Parteivorsitzende vor Beginn des Parteitags deutlich erhöht. Die Frankfurter Allgemeine Sonntagszeitung (Inacker 2001a) kommentierte die Situation am Vorabend des Parteitags folgendermaßen: „Mehrere Landesverbände haben nach Informationen dieser Zeitung in den vergangenen Tagen klare Aussagen der Vorsitzenden Merkel zum Verfahren einer Kandidaten-Nominierung angemahnt. Sollte Merkel in ihrer Rede am Montag dazu keine klaren Aussagen machen, wird auf dem Parteitag mit Protesten gerechnet".

Ein weiteres Ereignis, das den unmittelbaren Kontext der Parteitage, jedoch besonders den Ablauf des SPD-Parteitags prägte, waren die Terroranschläge vom 11. September auf New York und Washington D.C. Der SPD-Parteitag, der mit einem zeitlichen Vorlauf von etwa einem Jahr geplant wurde, sollte ursprünglich unter dem Motto des Leitantrags – „Sicherheit im Wandel" – stehen[5] und bezog sich auf einen weitgefassten, sozialpolitischen Sicherheitsbegriff, der besondere Schwerpunkte bei der Familien- und Bildungspolitik sowie bei der Renten- und Arbeitsmarktpolitik setzte. Unter den veränderten weltpolitischen Bedingungen erschien das ursprünglich gewählte Rahmenthema jedoch unpassend und wurde schließlich nicht nur durch das Motto des Zusammenhalts, sondern auch inhaltlich durch außen- und sicherheitspolitische Themen verdrängt.

Die generelle Erwartungshaltung an den SPD- und den CDU-Parteitag ähnelte sich insofern, als von beiden Parteitagen die Demonstration parteilicher Geschlossenheit erwartet wurde.

Sowohl die befragten Gäste als auch die Pressevertreter waren sich darin weitgehend einig, dass die Rede des Parteivorsitzenden Schröder bzw. der Parteivorsitzenden Merkel sowie im Vergleich zu letzterer das Grußwort des CSU-Vorsitzenden Edmund Stoiber die Highlights des jeweiligen Parteitags sein würden. Ebenfalls mit Spannung wurde die Wahl zum SPD-Parteivorsitzenden und vor allem die Wahl seiner fünf Stellver-

---

[5] Kölner General-Anzeiger vom 16. November 2001.

treter, darunter besonders das Ergebnis für Verteidigungsminister Rudolf Scharping, erwartet. Bei der CDU diente die Wahl ihres Generalsekretärs Laurenz Meyer als Gradmesser für den innerparteilichen Rückhalt von Frau Merkel. Für die Delegierten des SPD-Parteitags stand weniger die Kanzlerrede im Vordergrund als vielmehr die Antragsberatungen und hier besonders die Themen Außen- und Sicherheitspolitik. Neben der sachpolitischen Erwartungshaltung verbanden die SPD-Delegierten zudem ein weiteres Motiv mit dem Besuch des Parteitags: Parteifreunde zu treffen war für die Delegierten der wesentliche Anreiz für ihren Parteitagsbesuch.

Die Erwartungshaltung der Gäste war hingegen eher diffus und reichte von generellem politischen Interesse bis zur Gelegenheit, die Politprominenz live zu erleben. Die Journalisten bildeten eine bewusst erwartungslose Gruppe. Sie reagierten mit Unverständnis auf die Frage nach ihrer Erwartungshaltung, denn Erwartungen scheinen dem journalistischen Selbstbild des objektiven Berichterstatters zu widersprechen. Hinsichtlich der zu erwartenden Höhepunkte der Parteitage deckten sich jedoch die Einschätzungen der Journalisten mit den übrigen befragten Gruppen.

Für die Aussteller war vor allem das Knüpfen von Kontakten bedeutsam. Dass es sich bei dem Messekontext um eine parteipolitische Veranstaltung handelte, spielte eine nebensächliche Rolle. Entscheidend war für die Aussteller die Kontaktfrequenz an ihren Ständen.

Für die Parteitagsorganisatoren lautete das Ziel, jeweils einen möglichst perfekten Parteitagsablauf zu gewährleisten, ohne Zwischenfälle und mit dem Ergebnis demonstrativer innerparteilicher Geschlossenheit. Die CDU-Parteitagsorganisation konkretisierte die Ziele des Parteitags: „Drei vorrangige Signale sollte der Dresdener Parteitag aussenden: 1. Die CDU hat ihre inhaltliche Erneuerung in der Zeit seit Herbst 1998 erfolgreich vorangetrieben und schließt sie mit dem Parteitag vorerst ab – sie hat sich inhaltlich ‚fit gemacht'. 2. Der Parteitag markiert den Übergang in den Bundestagswahlkampf, und die Partei ist dafür gut gerüstet. 3. Die Union (CDU/CSU) tritt geschlossen auf".

An diesem Zitat aus dem Fragebogen, der von CDU-Parteitagsorganisatoren ausgefüllt worden ist, wird ein wesentlicher Unterschied zwischen SPD- und CDU-Parteitag deutlich: Für die CDU war ihr Dresdener Parteitag der Wahlkampfauftakt. Für die SPD-Parteitagsorganisatoren war der Nürnberger Parteitag „noch kein Start in den Wahlkampf"[6]. Dieser Unterschied dürfte die Erwartungshaltung, aber auch die Inszenierungsabsichten der Parteitagsorganisatoren entscheidend geprägt haben.

3.2 Auf der Bühne: Parteitagsinszenierung

Eine zumindest optische Konvergenz der beiden Volksparteien wurde durch die beide Parteitage dominierende Farbe Blau angedeutet. Sowohl die SPD als auch die CDU wählten für die Gestaltung der Podiumsrückwand einen kräftigen, telegenen Blauton. Beide Parteien betrauten jeweils eine professionelle Agentur mit den Gestaltungsfragen des Parteitags. Während sich die SPD in eher altvertrautem Ambiente dem Publikum präsentierte, versuchte die CDU gestalterisch, aber auch hinsichtlich der Podiumssitzordnung, Aufbruch zu signalisieren. Beide Parteitage fanden in Messehallen statt. Die Sitzordnung war jeweils konfrontativ angelegt, wobei das Parteitagspräsidium und der Bundesvorstand erhöht auf der Bühne und ihnen gegenüber im Plenum die Delegierten und Gäste saßen.

Die Podiumsrückwand des SPD-Parteitags war in einem einheitlichem Blauton gehalten. Der Parteitagsslogan „Erneuerung. Zusammenhalt. Verantwortung." dominierte den Bühneneindruck, da er gleich in doppelter Ausführung rechts und links an der Rückwand prangte. Das Podium selbst bot in jeweils drei Sitzreihen rechts und links hinter dem Rednerpult insgesamt 80 Personen Platz. Die ersten fünf Plätze aus Delegiertensicht rechts blieben zunächst leer, da sie für das fünfköpfige Parteitagspräsidium vorgesehen waren, das seine Plätze nach erfolgter Wahl einnahm. Direkt links, seitlich versetzt hinter dem Rednerpult, war der Platz Gerhard Schröders. Das Rednerpult stand im Zentrum der Bühne. Unmittelbar darüber befand sich im Hintergrund eine große „Videowall", rechts und links davon das überdimensionale Parteitagsmotto. Zum Auftakt und zum Abschluss des Parteitags wurde hier eines der vier Plakate eingeblendet, welches das Motto der Zusammengehörigkeit versinnbildlichen sollte und welches zudem ganz in Blau gehalten war: drei Delfine im Wasser. Unmittelbar vor der Nürnberger Messehalle waren auch die übrigen Plakatmotive aufgebaut, die von der Werbeagentur *KNSK-BBDO* entwickelt worden waren. Die Hamburger Agentur hatte bereits den er-

---

[6] S. E-Mail-Antwort der SPD-Parteitagsorganisation vom 5. Dezember 2001.

folgreichen SPD-Bundestagswahlkampf 1998 betreut und dabei schon
einmal, wenn auch mit anderer Betextung[7], das Delfinmotiv auf einem
Plakat eingesetzt (Müller 2000b: 368-370). Für den Begriff der „Erneuerung" standen Kirschblütenzweige, für die „Verantwortung" zwei männliche Hände beim Händeschütteln, für „Sicherheit" eine glücklich lachende
vierköpfige Idealfamilie. Als Videowall-Motiv wurden jedoch lediglich
die Delfine im Parteitagsplenum gezeigt. Ein kleines, aber gut platziertes
Detail, das mit bloßem Auge in der Live-Ansicht nicht erkennbar gewesen
wäre, das jedoch auf dem Plasmabildschirm im Plenum sowie besonders
in der TV-Berichterstattung subtil und einprägsam wirkte, war die Deko-
ration der gesamten Podiumsrückwand mit kleinen blauen SPD-
Schriftzügen. So wurde in der Fernsehberichterstattung selbst ohne Ton
deutlich, für welche Partei die sprechende Person stand, da ihr Kopf jeweils von mindestens vier SPD-Logos umrahmt wurde. Die SPD wurde
somit auf dem Parteitag, trotz herkömmlicher Podiumsgestaltung, als Produkt gut in den Medien platziert.

Die CDU nahm die Agentur *McCann Erickson* unter Vertrag und
wagte sich an eine innovative Bühnengestaltung mit verschiedenen
Rückwandelementen statt einer einzigen geschlossenen Bühnenwand. Die
zentrale Bühnenrückwand bestand aus vier ineinandergeschobenen Dreiecken, die an ein stilisiertes Gebirge erinnerten. Damit bezog sich die
Bühnengestaltung unmittelbar auf das Parteitagslogo, das aus zwei leicht
gegeneinander verschobenen blauvioletten Dreiecken bestand. Diese
Dreieckssymbolik blieb bis zuletzt deutungsoffen und bot auch unter den
Parteitagsgästen Gesprächsstoff. Die Deutungen reichten von der Symbolisierung der Union aus CDU und CSU bis zum Symbol für die neuen und
die alten Bundesländer. Der Eindruck der Bühnengestaltung war monu-
mental, nicht nur durch die Dimensionen der Rückwand, sondern auch
durch die dreidimensionalen Seitenelemente: den roten CDU-Schriftzug
links der Bühne und die dreidimensionale Tafel mit Deutschlandfahne
rechts der Bühne, beide in etwa fünf Meter hoch. Dieser Eindruck von
Größe wurde weiter durch die Lichtregie sowie durch zwei Videowalls
verstärkt, die seitlich links und rechts oben installiert waren. Die CDU
vermied so Pressebilder, die eine Verdoppelung der sprechenden Person

---

[7] Der Text des Wahlplakats 1998 lautete: „Ist es nicht eine Schande, dass sie ein besseres *Sozialsystem*
haben als wir?".

auf der Videowall zeigten, wie dies in der Bildberichterstattung des SPD-Parteitags häufig der Fall war. Weit oberhalb des zentralen Rednerpults hing in dreidimensionalen grauen Lettern das Parteitagsmotto: „Gemeinsam mehr aus Deutschland machen". Das Stilelement, das am stärksten den Vor-Ort-Eindruck der Monumentalität hervorrief, waren jedoch die beiden tiefblau, beinahe schon schwarzen Rückwandelemente, die jede Aufnahme des Parteivorstands zu einer Herausforderung für die Pressefotografen geraten ließen, zumal beinahe alle Mitglieder des Vorstands in Schwarz gekleidet waren. Hier kann wohl von einer bewussten Parteitagsregie ausgegangen werden. Die Aufmerksamkeit sollte sich auf Angela Merkel richten. Sie war nur dann gut im Bild einzufangen, wenn sie allein am Rednerpult und dann eben nicht vor schwarzem, sondern vor blauem Hintergrund stand. Auch die CDU verstand es auf ihrem Parteitag, sich den Delegierten, der Presse und damit der Öffentlichkeit professionell zu präsentieren.

Dass Sitzordnungen einen symbolischen Wert haben, bekam die CDU-Parteivorsitzende zu spüren. Mit ihrem ursprünglichen Konzept konnte sie sich nicht gegen die Widerstände innerhalb des Parteivorstands durchsetzen. Das Vorbild für eine Abschaffung der konfrontativen Sitzordnung von Parteitagspräsidium und Parteivorstand auf der Bühne hatte die Schwesterpartei CSU geliefert, die auf ihrem Münchener Parteitag 2001 statt vieler sitzender Parteifunktionäre nur zwei moderationsgeschulte Mitglieder auf der Bühne platziert hatte (vgl. Müller 2002). Dieser, innerhalb der CSU sehr positiv bewerteten Parteitagsnovität wollte die CDU offenbar nicht folgen. Der Unmut innerhalb der CDU-Führung über die neue Sitzordnung auf dem Dresdener Parteitag erreichte auch die Öffentlichkeit. So kommentierte die Frankfurter Allgemeine Sonntagszeitung mit bezug auf Angela Merkels Versuch einer Neugestaltung der Podiumssitzordnung: „Anstelle der Spitzenkräfte aus dem Bundesvorstand und aus den wichtigsten Untergliederungen sollten auf der Bühne nur noch Frau Merkel und ihre Stellvertreter sitzen" (Inacker 2001b). Einige CDU-Ministerpräsidenten und Vorstandsmitglieder widersetzten sich diesen Vorstellungen: „Sie erinnerten an die föderale Struktur und die Vielfalt der Gruppierungen, die auf einem CDU-Parteitag vorgezeigt werden müssten. Schließlich gab die Vorsitzende nach, aber nur, um ihre Idee doch noch in veränderter Form durchzusetzen. Nach den neuen Planungen sollen die Mitglieder des Parteipräsidiums sowie die Ministerpräsidenten permanent auf der Bühne sitzen dürfen, während das Tagungspräsidium, das den Parteitag leitet und im Wesentlichen aus dem Bundesvorstand gebildet wird, rotiert. Alle drei Stunden sollen jeweils sechs neue Mitglieder aus dem 24 Personen umfassenden Tagungspräsidium auf der Bühne Platz nehmen. ‚Ich bin gespannt auf das Chaos', meint ein Vorstandsmitglied" (Inacker 2001b). Das erwartete Chaos blieb aus, aber auch der innovative Eindruck eines verkleinerten Podiums, denn es befanden sich immer noch 30 Personen auf der Bühne.

Aufgrund ihrer unterschiedlichen Konzeption und Intention – ordentlicher Bundesparteitag der SPD, Wahlparteitag der CDU – fielen die zeitliche Planung und vor allem die Tagesordnung bei beiden untersuchten Parteitagen ganz unterschiedlich aus: Der Dresdener CDU-Parteitag dauerte nur zwei Tage, der Nürnberger SPD-Parteitag ganze vier Tage (vgl. die Tagesordnungen im Anhang).

Ein Vergleich der beiden Parteitagsprogramme offenbart zunächst erstaunliche Gemeinsamkeiten. Sowohl die SPD als auch die CDU begannen ihren Parteitag am Vorabend mit einem Presseempfang und am Morgen mit einem Ökumenischen Gottesdienst. Während der Presseabend der SPD auf dem Messegelände stattfand, hatte die CDU die Journalisten in das festlich dekorierte sächsische Finanzministerium geladen. Letztere Raumwahl ist unter den Aspekten der Gewaltenteilung, aber auch der verbreiteten Kritik am Parteienfilz zumindest unsensibel und nicht ganz unproblematisch, wurde doch das Gebäude einer vorgeblich neutralen Landesbehörde für einen eindeutig parteipolitischen Zweck entfremdet.

Weitere Gemeinsamkeiten bestanden in der Einrahmung des Parteitags mit den Reden des SPD-Parteivorsitzenden bzw. der CDU-Parteivorsitzenden. Sowohl die erste längere Rede als auch das Schlusswort sind der Führungspersönlichkeit der Partei vorbehalten. Beide Parteitage fanden zu Wochenbeginn statt. Bei der SPD war eine zeitliche Zweiteilung zu beobachten. Während Montag und Dienstag diejenigen Tage waren, die die größte Aufmerksamkeit von Seiten der Journalisten und damit auch der Öffentlichkeit auf sich zogen, waren die Delegierten besonders an den Antragsberatungen am Mittwoch und am Donnerstag interessiert. An diesen Tagen waren Presse- und Gästetribüne beinahe leer. Tags zuvor hatte man dort noch kaum einen freien Sitzplatz finden können. Auch die Sitzreihen auf dem Podium, die an den ersten beiden Beratungstagen dicht besetzt waren, lichteten sich am Mittwoch und am Donnerstag. Die Delegierten, die sich am Montag nach der Kanzlerrede zu großen Teilen für längere Zeit aus dem Plenum zurückgezogen hatten, debattierten mit Inbrunst am Mittwoch bis spät in die Nacht. Bundesbildungsministerin Edelgard Bulmahn bekam das große Interesse der Delegierten und die fehlende Rückendeckung ihrer Parteivorstandskollegen besonders zu spüren, als sie vom Parteitagsplenum gegen ihren Willen gezwungen wurde, das Verbot von Studiengebühren in den Antrag aufzunehmen. Da sich dies am späten Mittwochabend ereignete, als viele Pressevertreter bereits abgereist waren, zog die Meldung von der Überstimmung der Ministerin durch den Parteitag nur ein geringes Presseecho nach sich.

SPD- und CDU-Parteitag ähnelten sich ebenfalls in der Länge der Reden. Sowohl die beiden Parteivorsitzenden als auch der bayerische Ministerpräsident redeten über 80 Minuten lang. Der rednerische Höhepunkt des SPD-Parteitags war jedoch nicht wie zuvor erwartet die Kanzlerrede, sondern der Überraschungsgast Tony Blair. In der Woche vor Parteitagsbeginn stand der britische Premierminister noch nicht auf dem Parteitagsprogramm. Die begeisterten Reaktionen und der stehende Applaus für Blair führten zu einer ersten größeren Programmverschiebung, sodass der Vorsitzende des Zentralrats der Juden in Deutschland, Paul Spiegel, erst sehr viel später als vorgesehen und vor kleinerem Publikum zu seinem Grußwort kam.

Die Rede Merkels wurde vor allem im Vergleich zum Grußwort Stoibers mit Spannung erwartet. Als Gradmesser diente hier der Applaus. Die Parteitagsregie hatte das Rededuell dadurch entschärft, dass die Parteivorsitzende am Montag und der bayerische Grußredner erst am Dienstag auftraten. Merkels Achtungsapplaus von sechs Minuten 28 Sekunden Länge wurde jedoch trotz Eingreifens des Parteitagspräsidenten durch sechs Minuten 50 Sekunden Standing Ovations für Stoiber übertroffen. Besonders die baden-württembergischen Delegierten, die rechts außen im Plenum saßen, waren auch durch mehrfache Unterbrechung seitens des Parteitagspräsidenten nicht zu stoppen.

Aufmerksame Livebeobachter konnten in den Genuss weiterer Details kommen, die Aufschluss über die Befindlichkeit der Partei, über die Stimmung, aber auch über die innerparteilichen Spannungen gaben. So war bezeichnend, dass Gerhard Schröder seinen Platz auf dem Podium verließ, als die Parteilinke und ehemalige Juso-Vorsitzende Andrea Nahles an das Rednerpult trat. Schröder wartete neben dem Podium, bis sie ihren Redebeitrag beendet hatte, um dann wieder auf seinen Platz zurückzukehren.

Auf beiden Parteitagen war zu beobachten, dass sich die Bühnenregie an der Parteiprominenz orientierte. Sowohl die zeitliche als auch die räumliche Choreographie, im Sinne des Timings der Redebeiträge und der Sitzordnung auf dem Podium, war auf die Parteiführung und die Vermittlung des Mottos der Geschlossenheit ausgerichtet. Während die SPD-Parteitagsregie einen traditionell-nüchternen Stil in der Podiums- und Veranstaltungsgestaltung praktizierte, der durchaus den Erwartungen an einen *ordentlichen Bundesparteitag* entsprach, wählten die CDU-Choreographen einen monumentalen Stil, der Aufbruch und Innovation signalisieren sollte und damit ebenfalls der entsprechenden Erwartungshaltung an einen *Wahlparteitag* entsprach.[8]

Auf der sachpolitischen Ebene unterschieden sich SPD- und CDU-Parteitag jedoch wesentlich: Während die SPD nicht nur thematisch, sondern auch in der Tagesordnung durch Einladung von vier hochrangigen Grußrednern aus dem Ausland – Premierminister Tony Blair, der polnische Ministerpräsident Leszek Miller, der Vorsitzende der österreichischen SPÖ, Dr. Alfred Gusenbauer, sowie der Vorsitzende der niederländischen Parteij von die Arbeit, Ad Melkert – außenpolitische Akzente setzte, konzentrierte sich die CDU ausschließlich auf die Innenpolitik und lud lediglich Grußredner aus dem Inland ein. Auch dies ist ein Gestaltungsvorgehen, das durch die unterschiedlichen Intentionen eines ordentlichen bzw. eines Wahlparteitags bestimmt ist.

3.3 Hinter der Bühne: Parteitagsorganisation

Der personelle Aufwand für die Parteitagsorganisation war bei beiden Parteien ungefähr gleich groß. Die SPD gab an, ca. 250 Mitarbeiter vor und während des Parteitags eingesetzt zu haben. Die CDU nannte ca. 300 Mitarbeiter, die mit der Parteitagsorganisation betraut waren. Die SPD-Parteitagsorganisation war klar durchstrukturiert. Dem Bundesgeschäftsführer arbeitete ein Projektleiter zu, dem wiederum zehn Abteilungen unterstanden, geführt von jeweils einem Abteilungsleiter bzw. einer Ab-

---

[8] Zu den stilistischen Unterschieden zwischen Wahl- und ordentlichen Parteitagen vgl. Müller 2000 und Müller 2002.

teilungsleiterin. Parteitagsorganisation ist Männersache: Die Leitungspositionen der Parteitagsorganisation waren deutlich männlich dominiert. Von den zehn SPD-Abteilungen wurden drei von Frauen geleitet: Catering, Ausstellungen/Sitzungen und Mitarbeitereinsatz. Den Kernressorts „Organisation", „Formales" – darunter die Tagesordnung, die Antragskommission, die Zählkommission und die Fristenüberwachung – sowie der Abteilung „Presse" und „Sicherheit" standen jeweils Männer vor. Bei der CDU bot sich ein ähnliches Bild – Frauen im Einsatz an der Basis, etwa beim Ausstellen der Einlasskarten, jedoch kaum an den Entscheidungsstellen der Parteitagsorganisation. Diese war bei der CDU, im Unterschied zur klar strukturierten SPD, eher adhokratisch. Auch hier spiegelte sich der unterschiedliche Charakter des SPD- und des CDU-Parteitags. Während bei der SPD über 400 Anträge beraten und beschlossen werden mussten, war bei der CDU zwar das Antragsbuch ebenso dick, die für die Aussprache vorgesehene Zeit jedoch deutlich knapper bemessen.

Die Terroranschläge in den USA vom 11. September wirkten sich auch auf die Parteitagsorganisation aus. Die Sicherheitsvorkehrungen auf dem SPD-Parteitag waren deutlich erhöht. Die Abteilung „Sicherheit" hatte somit ein ganz anderes Gewicht als bei vergleichbaren Vorgängerveranstaltungen. Der SPD-Parteitag stellte ein doppeltes Sicherheitsrisiko dar, nicht nur aufgrund der aktuellen Terrorgefahr, sondern auch durch die Tatsache bedingt, dass mit der Parteiführung zugleich ein Großteil der Bundesregierung anwesend war. Die Sicherheitsschleusen am Eingang führten zu langen Warteschlangen und teilweise auch zu Unmut bei Journalisten und Delegierten. Dennoch verlief der Parteitag nach Überwindung des Sicherheitschecks in lockerer und ungezwungener Atmosphäre.

Bei der CDU machte sich die improvisierte Organisationsstruktur gerade auch im Sicherheitsbereich bemerkbar. Im Vergleich zur SPD gab es bei der CDU keine computerisierte Eintrittskartenvergabe. Nur drei Sicherheitsschleusen waren eindeutig zu wenig für insgesamt über 3.000 erwartete Besucher. Der Bustransfer zum außerhalb Dresdens gelegenen Messegelände war nicht organisiert. Die Dresdener Verkehrsbetriebe rühmten sich noch am Vorabend des Parteitags damit, dass sie den Zubringerverkehr nicht extra verstärkten.[9] Viele Delegierte mussten vor den Sicherheitsschleusen

---

[9] „3000 Teilnehmer zum CDU-Bundesparteitag auf Messegelände erwartet", in: Dresdner Neueste Nachrichten vom 1./2. Dezember 2001.

45 Minuten warten und verpassten so das Parteitagsintro – einen CDU-Spot, der die Geschlossenheit und Zielstrebigkeit der Partei verdeutlichen sollte – sowie die Eröffnungsansprache der Parteivorsitzenden.

Das Ziel der Parteitagsorganisatoren war es, einen möglichst reibungslosen Ablauf des Parteitags ohne Zwischenfälle sicherzustellen und die Kommunikationsziele der Parteiführung zu erreichen. Insgesamt bewerteten sowohl die SPD- als auch die CDU-Organisatoren den Parteitag als Erfolg. Eine völlige Kontrolle der Kommunikation ist jedoch nicht möglich, wie das Beispiel einer Getränkefirma zeigte, die mit wenig Aufwand auf dem SPD-Parteitag ins Gespräch gebracht wurde. Einige Mitarbeiter der parteinahen Kommunalakademie verteilten am Eingang zum Parteitagsplenum an Delegierte und an die Parteiprominenz „Red Bull"-Getränkedosen, auf die sie rote Flügel geklebt hatten. Die Akzeptanz des Getränks war bei den Delegierten recht hoch. Sie nahmen die Dosen mit ins Plenum, teilweise auch mit auf das Podium und lieferten so den Medien einen willkommenen Aufmacher. Die Parteitagsorganisatoren versuchten diese Form der Schleichwerbung durch das Einsammeln der Getränkedosen zu unterbinden, zumal „Red Bull" kein offizieller Sponsor des Parteitags war. Wie sich unter Punkt 3.5 zeigen wird, war diese Aktion jedoch vergebens.

3.4 Im Plenum: Delegierte, Gäste und Journalisten

Delegierte, Gäste und Journalisten bilden das Livepublikum des Parteitags. Sie sitzen an unterschiedlichen Orten vor der Bühne. Direkt vor dem Podium ebenerdig die Delegierten, dahinter waren Zuschauertribünen aufgebaut und darüber, strikt getrennt von den Gästetribünen, die Presse. Delegierte, Gäste und Presse haben unterschiedliche Eintrittsausweise, sodass ein direkter Kontakt in der Regel unterbunden wird. Dies war besonders für die Journalisten ärgerlich, die sich mehrfach über mangelnde Interviewmöglichkeiten mit einfachen Delegierten beklagten. Bis auf diesen Punkt waren die Journalisten sowohl auf dem SPD- als auch auf dem CDU-Parteitag die eindeutig privilegierte Gruppe. Der CDU-Parteitag wurde maßgeblich durch den Tagungsbeitrag der Delegierten und Gäste bezahlt, der immerhin DM 70,- pro Person betrug, während die Journalisten natürlich kostenfrei berichterstatteten. Zudem wurden die Journalisten auf beiden Parteitagen kostenlos mit Frühstück, Mittagessen, Kaffee,

Kuchen und Abendessen verpflegt, während beispielsweise auf dem SPD-Parteitag die größte Klage der Delegierten dem schlechten und überteuerten Catering galt. Wurden in Nürnberg 6.000 warme Mahlzeiten umsonst an die Journalisten ausgegeben, musste sich das SPD-Parteivolk vier Tage lang mit der gleichen Kost – wahlweise belegte Brötchen oder ein paar heiße Würstchen – jeweils zu DM 7,- begnügen. In Dresden sponserte der Zigarettenhersteller Reemtsma den Parteitag, und bereits auf dem Presseempfang wurden auf Tabletts diverse Rauchwaren zum kostenlosen Genuss angeboten. Das gleiche Bild bot sich während des gesamten Parteitags in der Presselounge. Die Gewichtung der Adressaten war auf beiden Parteitagen eindeutig: Journalisten sind die Primäradressaten von Parteitagen. Ob SPD oder CDU – die Parteitagsdelegierten rangieren lediglich an zweiter Stelle.

Auf dem SPD-Parteitag zeigte sich, dass der Parteitag selbst zwei Kommunikationsebenen hat und die Delegierten sich hochgradig ihrer öffentlichen Rolle bewusst sind. Die konfliktreichen Auseinandersetzungen wurden in Nürnberg in informellen, nicht-öffentlichen Gremien wie beispielsweise den Sitzungen der Antragskommission und der Delegiertenversammlungen ausgetragen. So war die Stimmung unter den SPD-Delegierten am Dienstagmorgen vor der außenpolitischen Debatte gedrückt bis missmutig. Die Antragskommission hatte bis tief in die Nacht getagt. Gerhard Schröder selbst hatte auf die Delegierten massiven Druck ausgeübt, den morgigen Tag nicht für kontroverse Auseinandersetzungen auf offener Bühne über den geplanten Militäreinsatz in Afghanistan zu nutzen. Der Kanzler und Parteivorsitzende hatte unmissverständlich deutlich gemacht, dass er eine hohe Zustimmung zu dem Leitantrag erwarte und im gegenteiligen Fall auf dem Parteitag erneut die Vertrauensfrage, die er bereits im Bundestag gestellt hatte, stellen würde. Diese Form des politischen Drucks passte den Delegierten nicht, sie hielten sich jedoch an die Absprache und lediglich Andrea Nahles stimmte während der Antragsdebatte kritische Töne an, womit Gerhard Schröder gerechnet haben musste, denn er verließ wie erwähnt demonstrativ das Podium, als Nahles an das Rednerpult trat.

Ein wichtiges rituelles Moment auf beiden Parteitagen war die Totenehrung. Beide Volksparteien begannen ihren Parteitag mit dem Gedenken an die seit dem letzten Parteitag verstorbenen Parteimitglieder. Während die SPD diesen Einheit stiftenden Moment in Form einer Schweigeminute beging, schlug sich der monumentale Parteitagsstil der CDU auch in der Gestaltung der Totenehrung nieder: Angela Merkel forderte alle Anwesenden auf, sich zu erheben und würdigte zehn Minuten lang ausführlich über zehn der Verstorbenen, darunter Christiane Herzog, die Frau des ehemaligen Bundespräsidenten, Hannelore Kohl, die Frau des ehemaligen Bundeskanzlers sowie Gerhard Stoltenberg, den ehemaligen Bundesfinanzminister, der erst kurz vor dem Parteitag verstorben war. Visuell untermalt wurde die Totenehrung durch zwei auf den Plasmabildschirmen eingeblendete Fotografien eines idyllischen Friedhofs. Dieses zentrale Ritual deutscher Parteitage wird nur den Live-Zuschauern bewusst, da weder die Printmedien noch das Fernsehen darüber berichten.

Die Stimmung im Plenum unterscheidet sich zudem wesentlich von der Atmosphäre, die in den Fernsehberichten vermittelt wird. So kann der Nürnberger SPD-Parteitag als Parteitag der Frauen bezeichnet werden, denn die Sympathien und der meiste Beifall wurden der weiblichen Prominenz zuteil: Heidemarie Wieczorek-Zeul, Renate Schmidt und Anke Fuchs wurden von den Delegierten, aber auch von den Gästen, besonders positiv aufgenommen. Für die Seele der Partei war der Donnerstag wichtig. Am letzten Tag fand die Verleihung des Wilhelm-Dröscher-Preises statt, der nach dem ehemaligen SPD-Schatzmeister benannt ist, der 1977 auf dem Hamburger Parteitag verstarb und 2001 zum zehnten Mal verliehen wurde. Durch ihn werden zivilgesellschaftliche Projekte und solche von SPD-Unterorganisationen ausgezeichnet. Die Preisträger betraten die Bühne, erhielten das Preisgeld, die Urkunde und wurden anschließend im Gruppenbild mit Parteivorsitzendem unter stehendem Applaus der Delegierten fotografiert. Schließlich folgte eine emotionale Verabschiedung der nicht mehr im Parteivorstand vertretenen Mitglieder, wie beispielsweise Anke Fuchs, der herzlich für ihre geleistete Arbeit gedankt wurde. In seinem Schlusswort erklärte Gerhard Schröder den Nürnberger Parteitag „zu einem der wichtigsten in der neueren Geschichte der SPD" und ließ damit die Delegierten in dem Gefühl scheiden, an einem historischen Ereignis teilgenommen zu haben.

Der CDU-Parteitag hatte einen heimlichen Favoriten, der in der TV-Berichterstattung gänzlich unterschlagen wurde. Als „kommender Mann" innerhalb der CDU Deutschlands und Kanzlerkandidat 2006 wurde in den Gesprächen unter Delegierten und mit Parteimitgliedern der hessische

Ministerpräsident Roland Koch gehandelt. Insgesamt werteten sowohl die Delegierten als auch die Journalisten beide Parteitage als vollen Erfolg.

3.5 Vor den Bildschirmen: Fernsehberichterstattung

ARD und ZDF berichteten jeweils zeitlich ausgewogen über die beiden Parteitage, wobei über den SPD-Parteitag aufgrund seiner Länge mehr berichtet wurde als über den CDU-Parteitag. Auf ARD wurde über die beiden ersten Tage des SPD-Parteitags vor allem in Rahmen der Nachrichtensendungen „Tagesschau" und „Tagesthemen" berichtet. Eine halbstündige Zusammenfassung des Parteitags wurde am Mittwoch, den 21. November, um 23 Uhr gesendet. Der SPD-Parteitag war zu diesem Zeitpunkt noch nicht beendet. Über die Verleihung des Wilhelm-Dröscher-Preises, aber auch über die Antragsberatungen über ein neues Grundsatzprogramm sowie über die Verabschiedung von ehemaligen Mitgliedern des Parteivorstands wurde nicht mehr berichtet.

Die ARD-Berichterstattung vom CDU-Parteitag begann ebenfalls mit Kurzbeiträgen in den Nachrichtensendungen, wobei aufgrund der Kürze des Parteitags weniger Einzelberichte als über den SPD-Parteitag gebracht wurden, diese dafür aber jeweils länger ausfielen. Zudem wurde am 3. Dezember ein achteinhalbminütiger Beitrag im Magazin „Report" ausgestrahlt. Die halbstündige Zusammenfassung, die ebenso wie die Sondersendung zum SPD-Parteitag von Ulrich Deppendorf moderiert wurde, wurde am 4. Dezember um 23 Uhr ausgestrahlt, als der CDU-Parteitag bereits abgeschlossen war.

Das Berichterstattungsmuster beim ZDF ist vergleichbar. Auch das ZDF schaltete seine Sondersendung zum SPD-Parteitag am Mittwochabend, sodass über innerparteilich bedeutende Stimmungsmomente nicht berichtet wurde. Die Sondersendung „Standpunkte" zum CDU-Parteitag am Abend des 4. Dezember erfolgte erst nach Abschluss des Parteitags.

Der Aufmacher des Schlussberichts im Rahmen der ARD-Sondersendung war die Red-Bull-Geschichte. Generalsekretär Franz Müntefering wurde bei der Entgegennahme der geflügelten Dosenlimo nach den Flügelkämpfen gefragt und meinte als Kommentar: Die Flügel sind wichtig, aber in der Mitte ist auch hier ein Kopf. Der Werbegag eignete sich aus journalistischer Sicht hervorragend als Umrahmung des Beitrags. Gerhard Schröder wurde in „Häuptling Red Bull" umbenannt und das Schlussbild zeigte Müntefering auf dem Podium, vor ihm die Red-Bull-Dose mit Flügeln. Der Titel des Beitrags lautete „Flügellos" und spielte auf die demonstrative Geschlossenheit des SPD-Parteitags an.

Das Ereignis, das am meisten den Nachrichtenselektoren entsprach und dementsprechend deutlich in allen Beiträgen herausgestellt wurde, war das schlechte Abschneiden Rudolf Scharpings bei der Wahl zum stellvertretenden Parteivorsitzenden, bei der er nur 58,8 Prozent der Stimmen erhielt.

Die Soundbites, die sich am stärksten einprägten, kamen auf dem SPD-Parteitag von Innenminister Otto Schily, der bei der Vorstellung des Leitantrags zur Inneren Sicherheit sagte: „Law and Order sind sozialdemokratische Werte". Dieses Bonmot wurde auch von der politischen Gegenseite aufgegriffen. In der Talksendung „Sabine Christiansen" am 13. Januar 2002 zitierte der bayerische Innenminister Günter Beckstein den Bundesinnenminister und klagte dessen sicherheitspolitische Wendung als verspätetes Plagiat des bayerischen CSU-Originals an.

Auf dem CDU-Parteitag begeisterte Edmund Stoiber die Delegierten mit einer Passage, die nicht im Redemanuskript stand, die jedoch von den TV-Medien aufgegriffen wurde. Nachdem Stoiber seine Rede sehr zurückhaltend begonnen und bereits lange gesprochen hatte, wandte er sich dem Werteverfall in der Gesellschaft zu und illustrierte diesen am Beispiel einer Gruppe von Christen, die dem Kanzler ein Kreuz geschickt haben sollen mit der Bitte, es irgendwo im Kanzleramt aufzuhängen. Sie hätten jedoch das Kreuz postwendend zurückerhalten, weil angeblich kein Platz dafür sei. Diese Passage löste unter den Delegierten frenetischen Applaus aus und stimmte die Zuhörer auf den nun kämpferischeren Tonfall des Redners ein.

Die Anmoderationen der beiden Sondersendungen auf ARD enthielten ein gemeinsames Fazit: Parteitage seien nicht mehr so wie früher. In der Vergangenheit wurden Diskussionen kontroverser geführt und die Parteiführung sei auch abgestraft worden. Heute seien Parteitage nur noch auf die Außenwirkung bedacht und von der Parteiführung strategisch durchinszeniert.

4. Fazit

Parteien mögen aus gesellschaftlichen Konflikten hervorgegangen sein. Ihre Permanenz ist jedoch das Kennzeichen eines stabilen Parteiensystems. Für die beiden Volksparteien gilt, dass innerparteiliche Konflikte nicht mehr publik, sondern in informellen Gremien ausgetragen werden. Die Erwartung an die Parteitage von potenziellen Regierungsparteien ist die, Geschlossenheit und damit Handlungsfähigkeit zu demonstrieren. In diesem Sinn waren sowohl der ordentliche Bundesparteitag der SPD in Nürnberg als auch der Dresdener Wahlparteitag der CDU erfolgreiche Veranstaltungen. Die Funktion der Integration stand im Vordergrund. Die SPD nutzte zudem den Parteitag für umfassende sachpolitische Entscheidungen und bestätigte ihre Führungsmannschaft, wenn auch mit vereinzelten Dämpfern, für das kommende Wahljahr. Für die CDU sollte die Demonstration innerparteilicher Geschlossenheit zugleich die Wahlwerbebotschaft der parteilichen Erneuerung sowie der Regierungsfähigkeit der CDU vermitteln.

Die negativen Auswirkungen eines öffentlichen Konfliktaustrags auf die erwartete Führungskompetenz von Regierungsparteien führt zu einem doppelten Verhaltensmuster – vor der Kamera und hinter verschlossener Tür. Die Gefahr solcher handlungs- und effizienzorientierter Parteistrukturen ist eindeutig: Informalisierung der Politik und mangelnde Transparenz der Entscheidungsstrukturen sind der Preis der politischen Effizienz. In diesem Sinne können Parteitage auch negativ als „Resonanzböden des Zumutbaren" (Joachim Raschke) bezeichnet werden.

Der mediendemokratische Kontext wird von den politischen Akteuren bewusst reflektiert. Die Parteiführung, aber auch die Delegierten, sind sich des obersten Parteitagsziels – das Image innerparteilicher Geschlossenheit zu erzeugen – hochgradig bewusst, und sie verhalten sich auf dem Parteitag in Anwesenheit der Medienvertreter auch entsprechend.

Die Mediendemokratie hat die Parteitage von SPD und CDU verändert: Journalisten und nicht mehr die Delegierten sind die Hauptadressaten des Parteitags. Kontroversen werden immer seltener auf offener Parteitagsbühne ausgetragen. Das bedeutet jedoch nicht, dass kein Konfliktaustrag mehr stattfindet. Die Delegierten betrachten sich nicht als „Stimmvieh" oder „Kanzlerwahlverein". Ihre Aufgabe, die Positionen ihres jeweiligen Landesverbands zum Ausdruck zu bringen, erfüllen sie hinter verschlossenen Türen. Parteien in einer Mediendemokratie sind komplexe Akteure, die verschiedene Kommunikationsstrategien gleichzeitig verfolgen. Damit haben sie sich an die Ambivalenz des Kontextes angepasst. Parteitage mögen zwar nicht das „Parteigehirn" sein, sie bleiben jedoch auch in der Mediendemokratie das „Herz der Partei". Die wesentlichen politischen Statements – die rot-grüne Koalitionsaussage Gerhard Schröders im Hinblick auf den Bundestagswahlkampf 2002 und Angela Merkels Entschlossenheit, die Kanzlerkandidatenfrage weiterhin offen zu halten – wurden über die Medien kommuniziert. Jedoch: Nur wer Parteitage live miterlebt, kann an den kleinen Gesten, dem Applaus und den Zwischentönen die wahre Befindlichkeit der Partei erkunden. Das Live-Ereignis unterscheidet sich vom medienvermittelten Ereignis. Das Funktionsdilemma von Parteitagen wird pragmatisch durch adressatenspezifische Kommunikation gelöst. Die Partei bietet so allen am Parteitag partizipierenden Gruppen die Gelegenheit, ihre Erwartungen erfüllt zu sehen. Insofern sind Parteitage sich selbst erfüllende Prophezeiungen, deren Zweck jedoch kein geringerer ist als die Demonstration von politischer Handlungsfähigkeit. Parteitage im Medienzeitalter zeigen, dass Gestaltungs- und Organisationsfragen auch Machtfragen sind. Ein gut organisierter, gut gestalteter und damit gut kommunizierter Parteitag ist ein Test für die zukünftige Regierungsorganisation. Das Publikum stellt sich die Frage: „Können sie es oder können sie es nicht?" In einer Mediendemokratie ist Politik immer dann besonders spannend, wenn es zwei konkurrierende Parteien gibt, die es beide können.

Literatur

CDU-Bundesgeschäftsstelle (Hrsg.) (2001): Bericht der Vorsitzenden der Christlich Demokratischen Union Deutschlands, Dr. Angela Merkel, auf dem 14. Parteitag der CDU, Dresden, 2.- 4. Dezember 2001 (unkorrigiertes Manuskript).

Dittberner, Jürgen (1968): Funktionen westdeutscher Parteitage, in: Otto Stammer (Hrsg.), Parteiensysteme, Parteiorganisationen und die neuen politischen Bewegungen, Berlin: Institut für Politische Wissenschaft, S. 116-128.

Galtung, Johann/Ruge, Marie Holmboe (1965): The Structure of Foreign News, in: Journal of Peace Research 2, S. 64-91.

Inacker, Michael (2001a): Vor Parteitag wächst in der CDU Unmut über Merkel. Wahlkonvent der Unionsparteien vorgeschlafen, in: Frankfurter Allgemeine Sonntagszeitung vom 2. Dezember.

Inacker, Michael (2001b): Der Riss geht mitten durch die Partei, in: Frankfurter Allgemeine Sonntagszeitung vom 2. Dezember.

Kaack, Heino (1971): Geschichte und Struktur des deutschen Parteiensystems, Opladen: Westdeutscher Verlag.

Kepplinger, Hans Mathias (1998): Hat das Fernsehen die Wahl entschieden? Eine vergleichende Analyse der TV-Berichterstattung in den Jahren 1990, 1994 und 1998, in: Die politische Meinung, H. 347, S. 14-17.

Lösche, Peter (1993): Kleine Geschichte der deutschen Parteien, Stuttgart: Kohlhammer.

Luhmann, Niklas (1996): Die Realität der Massenmedien, 2. Aufl., Opladen: Westdeutscher Verlag.

Müller, Marion G. (1999): Parteienwerbung im Bundestagswahlkampf 1998. Eine qualitative Produktionsanalyse politischer Werbung, in: Media Perspektiven, H. 5, S. 251-261.

Müller, Marion G. (2000a): Parteitagsinszenierung – diesseits und jenseits des Atlantik, in: Klaus Kamps (Hrsg.), Trans-Atlantik – Trans-Portabel? Die Amerikanisierungsthese in der politischen Kommunikation, Wiesbaden: Westdeutscher Verlag, S. 221-246.

Müller, Marion G. (2000b): Visuelle Kommunikation im Bundestagswahlkampf 1998. Eine qualitative Produktanalyse der visuellen Werbemittel, in: Hans-Bernd Brosius (Hrsg.), Kommunikation über Grenzen und Kulturen, Konstanz: UVK Medien, S. 361-380.

Müller, Marion G. (2002): Parteitagskommunikation. Funktionen, Strukturen, Trends in Deutschland und den USA, in: Heribert Schatz/Patrick Rössler/Jörg-Uwe Nieland (Hrsg.), Politische Akteure in der Mediendemokratie. Politiker in den Fesseln der Medien?, Wiesbaden: Westdeutscher Verlag, S. 65-77.

Ruhrmann, Georg (1994): Ereignis, Nachricht und Rezipient, in: Klaus Merten/Siegfried J. Schmidt/Siegfried Weischenberg (Hrsg.), Die Wirklichkeit der Medien. Eine Einführung in die Kommunikationswissenschaft, Opladen: Westdeutscher Verlag, S. 237-256.

Anhang

Tagesordnung des Nürnberger SPD-Parteitags, 19. - 22.11.2001

<u>Sonntag, 18.11.2001</u>
20:00 Uhr SPD-Presseabend Nürnberg Messecentrum CCN

<u>Montag, 19.11.2001</u>
10:00 Uhr Gottesdienst ev. St. Lorenzkirche
12:00 Uhr Konstituierung und Eröffnung
      Renate Schmidt, stellv. Parteivorsitzende
12:20 Uhr Grußwort Dr. Ulrich Maly, UB Nürnberg
      Grußwort Dieter Schulte, DGB-Vorsitzender
      Leszek Miller, Ministerpräsident Polens

13:00 Uhr Rede des Parteivorsitzenden Gerhard Schröder
14:00 Uhr Aussprache
15:00 Uhr Grußwort Manfred von Richthofen, DSB-Präsident
          Grußwort Ludwig Georg Braun, DIHK-Präsident
16:15 Uhr Rechenschaftsberichte
          Aussprache
          Wahlen
17:00 Uhr Bericht Mandatsprüfungs- u. Zählkommission
17:05 Uhr Wahl des Parteivorsitzenden
          Wahl des stellvertretenden Vorsitzenden
17:25 Uhr Bericht der Antragskommission, Rudolf Scharping
          Wahl der Schatzmeisterin
          Wahl des Generalsekretärs
17:45 Uhr Satzungsmäßige Anträge
19.00 Uhr Unterbrechung des Parteitags

Dienstag, 20.11.2001
9:00 Uhr Grußwort Dr. Alfred Gusenbauer, Vorsitzender SPÖ
9:15 Uhr Leitanträge zu Außen- u. Sicherheitspolitik/Europapolitik
          Einführung: Gerhard Schröder
9:45 Uhr Themenbereich Entwicklungspolitik
          Einführung: Heidemarie Wieczorek-Zeul
10-12 Uhr Aussprache und Beratung der Anträge
14:00 Uhr Grußwort Tony Blair
14:30 Uhr Aussprache und Beratung der europapolitischen Anträge
15:00 Uhr 1. Wahlgang weitere Mitglieder des Parteivorstands
15:15 Uhr Grußwort Paul Spiegel, Vorsitzender Zentralrat der Juden
          Wahlen zum Parteivorstand
15:30 Uhr Themenbereich: Innere Sicherheit, Zuwanderung
          Einführung: Otto Schily, Ludwig Stiegler
18:45 Uhr Aussprache und Beratung der Anträge
19:00 Uhr Unterbrechung des Parteitags
20:00 Uhr Parteiabend

Mittwoch, 21.11.2001
9:00 Uhr Leitantrag Sicherheit im Wandel
          Franz Müntefering und Hans Eichel
11:30 Uhr Aussprache und Antragsberatung
12:00 Uhr Wahlen Bundesschiedskommission, Kontrollkommission
15:00 Uhr Themenbereich Familie, Renate Schmidt
          Themenbereich Gleichstellung, Karin Junker
15:30 Uhr Aussprache und Antragsberatung
18:00 Uhr Kommunalpolitik, Christian Ude, Hajo Hoffmann
          Aussprache
19:30 Uhr Themenbereich Jugend und Bildung

Christine Bergmann (Jugend), Edelgard Buhlman (Bildung)
19:50 Uhr Aussprache und Beratung
Beratung der organisationspolitischen Anträge
Beratung der Anträge zum Thema Umwelt, Energie-, Verkehrs- und Wohnungspolitik
22:00 Uhr Unterbrechung des Parteitags

Donnerstag, 22.11.2001
9:00 Uhr Grußwort Ad Melkert, Parteij von die Arbeit
Grundsatzprogramm, Rudolf Scharping
Aussprache
Beratung weiterer Anträge
11:55 Uhr Verleihung des Wilhelm-Dröscher-Preises
14:30 Uhr Schlusswort durch den Parteivorsitzenden

Tagesordnung des Dresdener CDU-Parteitags, 2. - 4.12.2001

Sonntag, 2.12.2001
9:30 Uhr Jugendforum der CDU Deutschlands
15:00 Uhr Präsidium
16:00 Uhr Bundesvorstand
18:00 Uhr Delegiertentreffen der Vereinigungen
20:00 Uhr Delegiertentreffen der Landesverbände
20:00 Uhr Empfang für die Presse, Sächsisches Finanzministerium

Montag, 3.12.2001
9:00 Uhr Ökumenischer Gottesdienst Kreuzkirche Dresden
10:30 Uhr Erste Plenarsitzung

Top 1	Eröffnung Dr. Angela Merkel
Top 2	Wahl des Tagungspräsidiums
Top 3	Beschlussfassung über die Tagesordnung
Top 4	Bestätigung der Antragskommission
Top 5	Bestätigung der Mandatsprüfungskommission
Top 6	Wahl der Stimmzählkommission
Top 7	Grußworte
Top 8	a) Bericht der Vorsitzenden der CDU Deutschlands, Dr. Angela Merkel b) Aussprache zum Bericht der Vorsitzenden
Top 10	a) Bericht des Generalsekretärs der CDU Deutschlands, Laurenz Meyer b) allgemeine Aussprache zum Bericht des Generalsekretärs
Top 9	Bericht der Mandatsprüfungskommission
Top 10	c) Wahl des Generalsekretärs
Top 11	a) Bericht des Bundesschatzmeisters der CDU Deutschlands,

	Vorlage der Rechenschaftsberichte 1998 und 1999 gemäß § 23 Abs. 2 Parteiengesetz, Dr. Ulrich Cartellieri
Top 12	Nachwahl eines Rechnungsprüfers für den Rest der am 7. November 1998 begonnenen Amtszeit
Top 16	a) Einführung in den Antrag des Bundesvorstands „Leitsätze für eine aktive Außen- und Sicherheitspolitik", Volker Rühe b) Beratung und Beschlussfassung
Top 10	d) Einführung in den Antrag des Bundesvorstands „Freie Menschen. Starkes Land. Vertrag für eine sichere Zukunft", Laurenz Meyer e) Beratung und Beschlussfassung
Top 17	a) Einführung in den Antrag des Bundesvorstands „Chancen @Deutschland. Eine Internetstrategie für die Politik", Prof. Thomas Heilmann b) Beratung und Beschlussfassung
gegen 20:00 Uhr	Ende der ersten Plenarsitzung
20:00 Uhr	Sachsen-Abend

Dienstag, 4.12.2001

9:00 Uhr Zweite Plenarsitzung

Top 19	Beratung und Beschlussfassung über sonstige Anträge
Top 14	Bericht des Vorsitzenden der CDU/CSU-Gruppe in der EVP-Fraktion des Europäischen Parlaments, Hartmut Nassauer
Top 13	Bericht des Vorsitzenden der CDU/CSU-Fraktion im Deutschen Bundestag, Friedrich Merz
Top 18	Beratung und Beschlussfassung über Änderungen des Satzungsrechts der CDU Deutschlands
Top 7	Grußwort des Vorsitzenden der Christlich-Sozialen Union in Bayern, Dr. Edmund Stoiber
Top 15	a) Einführung in den Antrag des Bundesvorstands „Im Osten was Neues", Günter Nooke b) Beratung und Beschlussfassung zum Antrag des Bundesvorstands
Top 20	Schlusswort der Vorsitzenden

ca. 14:30 Ende des 14. Parteitags der CDU Deutschlands

Netzwerkparteien?
Parteien in der digitalen Öffentlichkeit

Claus Leggewie

1. Parteien und Öffentlichkeit

Parteien wirken bei der politischen Willensbildung des Volkes mit, heißt es lapidar im Grundgesetz. Was sich der „Parteienstaat" (schon vor 1949) darüber hinaus zugetraut und nach 1949 an zusätzlichen Aufgaben herangezogen hat, ist immer wieder beschrieben und in letzter Zeit zunehmend gegeißelt worden. Wie soll man Parteien nach all dieser Schelte beurteilen: als *Dinosaurier*, die bei der Willensbildung längst durch andere Instanzen verdrängt worden sind, oder als *Kraken*, die jede andere und autonome Artikulation der Bürgergesellschaft verdrängt und letztere kolonisiert haben?

Näher führt das Parteiengesetz nur aus, dass Parteien „auf die Gestaltung der öffentlichen Meinung Einfluss nehmen" und „zur Übernahme öffentlicher Verantwortung befähigte Bürger heranbilden". Es verleiht ihnen also einen klaren öffentlichen Auftrag und eine öffentlich-rechtliche Form, und neben Umfang und Festigkeit der Organisation sowie der Mitgliederzahl ist das „Hervortreten in der Öffentlichkeit" ein Wesenselement von Parteien, nachdem sie im 19. Jahrhundert noch als private, dem gesellschaftlichen Leben zugehörige Vereine gedacht und aufgebaut waren (Tsatsos 1997).

Genau wie die Parteien wandelten sich die Struktur der Öffentlichkeit und ihre Leitmedien seit dem frühen 19. Jahrhundert: Honoratiorenparteien und Debattierzirkel galten als Kerne der bürgerlichen Öffentlichkeit, die in Journalen und Zeitungen deliberierte (Habermas 1990), Kaderparteien bildeten um sich herum ein proletarisches Gegenmilieu, das auf Versammlungsöffentlichkeit, alternative Bildungsinstitutionen und Agitationsflugschriften setzte (Kluge/Negt 1973), große Mitgliederparteien und reichweitenstarke Massenblätter, Rundfunk und Fernsehen fungieren als

Träger der politischen Massenkommunikation, mit deren Hilfe sich eine fragmentierte Gesellschaft über sich selbst verständigt (Luhmann 2000). Diese Massenöffentlichkeit ist wesentlich vom Fernsehen bestimmt, das ganz einseitige Kommunikationsbeziehungen zwischen politischen Akteuren und ihrem Massenpublikum pflegt; Anhänger der partizipativen Demokratie charakterisieren das Ergebnis kritisch als „Zuschauerdemokratie" (Wassermann 1986), aus kommunitaristischer bzw. basisdemokratischer Sicht gilt der übermäßige Fernsehkonsum als Verursacher von grassierendem Gemeinschaftsverlust (Putnam 2000).

Nun gibt es freilich ein politisches Leben nach dem Fernsehen – in Gestalt der interaktiven Online-Medien. Entsteht damit eine digitale (computervermittelte) Netz-Öffentlichkeit? Und wie wirkt sich diese „Computerisierung" auf die partei*interne* Öffentlichkeit aus, die ebenso konstitutiv ist für das *öffentliche* Wirken von Parteien? Konvergieren der Wandel der Parteien und der Wandel der Öffentlichkeit zur „Beteiligungsdemokratie", oder ergeben sich zusätzliche Reibungen und Spannungen zwischen Medien und Demokratie, wie man sie an Silvio Berlusconis „Telekratie" (vgl. Helms in diesem Band) und auch an der für viele Beobachter und Bürger Besorgnis erregenden Eigentumskonzentration in den Händen einiger weniger Medienunternehmen beobachten kann? Diesen Fragen möchte ich im Folgenden nachgehen, wobei die Antworten auf Grund der in rasanter Entwicklung befindlichen Neuen Medien und der tentativen Antworten der Parteien auf diese Herausforderung noch ganz vorläufig sein müssen. Eine Antwort, die so genannte „Netzwerkpartei", möchte ich einer besonderen Betrachtung unterziehen.

2. Parteien – auf dem Weg in die Marginalisierung?

Nachrichten vom Ableben der Parteien sind bekanntlich arg übertrieben, speziell in Deutschland, wo noch rund drei Prozent der Bevölkerung Parteimitglieder sind und bis zu achtzig Prozent zu den (von Parteikandidaten beherrschten) Wahlen gehen. Die schon seit Jahren beschworene Krise beeindruckt die Berufspolitik offenbar nicht sonderlich, und selbst einen kapitalen „Parteispendenskandal" scheint die CDU, über Jahrzehnte *die* prägende Parteiformation der Bundesrepublik, weggesteckt zu haben. Wer redet da von Krankheit oder Krise? Das tun die Schatzmeister hinter vorgehaltener Hand. Sie haben erkannt, dass der schleichende *Mitglieder-schwund* der letzten beiden Jahrzehnte sich mangels Nachwuchs schon bald in rasante Auszehrung verwandeln könnte; das Desinteresse junger BundesbürgerInnen an einem Engagement in einer Partei verstärkt ihre schon demographisch bedingte Marginalisierung in der Mitgliederstruktur aller Parteien (vgl. Sarcinelli in diesem Band) – einschließlich der Bünd-nisgrünen.

So fest die Parteien ihre Hand über öffentliche und Staatsämter hal-ten, so unübersehbar mangelt es ihnen bei manchem Kommunalwahl-kampf schon an Kandidaten – von deren Eignung ganz abgesehen. Die Personaldecke wird dünn, die Qualität der Parteifunktionäre im Vergleich zu anderen Führungsaufgaben in Wirtschaft und Gesellschaft lässt zu wünschen übrig, und beides zusammen beeinträchtigt die eingangs schon erwähnte *Rekrutierungsfunktion*. Der Versuch, weniger bindungsfreudige Aspiranten als Quereinsteiger und „Schnupper"-Mitglieder heranzuziehen, war bislang nur mäßig erfolgreich.

Diese Abstinenz spiegelt das über die Jahrzehnte spürbar gesunkene *Ansehen* der Parteien in der öffentlichen Meinung; die Institution und ihr Leitungspersonal sind mittlerweile auf die hintersten Ränge aller Akteure und Verfassungsorgane im politischen System abgerutscht. In Umfragen billigt man ihnen heute nicht nur deutlich weniger Fähigkeit zu, Probleme zu lösen, man unterstellt ihnen auch zunehmend irreguläre Absichten und konstatiert mit wachsender Ungeduld (oder Resignation) Verfilzung und Vetternwirtschaft.

Nun könnte man annehmen, dass zwar die aktive Partizipation in oder via Parteien sinkt, ihre Meinungsführerschaft davon aber unbeschadet bleibt. In diesem Licht möchte man fragen, wie die ebenso deutlich ab-nehmende *Parteiidentifikation* zu interpretieren ist, die sich bei der nach-wachsenden Generation noch rascher abbaut (oder nie eingestellt hat) und in Ostdeutschland nur noch bei der Hälfte der Wahlberechtigten vorhan-den ist (Schmitt-Beck/Weick 2001). Wenn Parteien Stammwähler nicht mehr halten können, zeigt dies einerseits wohl auch, dass sie die Mei-nungsbildung von ihnen tendenziell nahe stehenden Gruppen nicht mehr nachhaltig beeinflussen. Andererseits ist dies vor allem bei den politisch weniger Interessierten der Fall, während interessierte Bürger eher eine Identifikation aufbauen oder aufrechterhalten. Gerade bei ihnen scheint also der Einfluss der Parteien noch recht stark zu sein, was eine wachsende Spaltung der Bürgerschaft in zunehmend Distanzierte und „kritische Bürger" (Norris 1999) vermuten lässt.

Das Gesamtbild der Parteien hellt sich damit nicht auf. Aller Individualisierung zum Trotz ist zwar immer noch recht gut kalkulierbar, welcher Stammwähler welche Partei wählt und sogar noch, wozu deren Söhne und Töchter neigen. Doch die Schar der Wechselwähler wird ständig größer, und es nimmt vor allem jenes Segment zu, das keiner Partei vertraut und gar nicht mehr wählen geht – vor allem bei jungen Leuten (Immerfall 1998; Wiesendahl 1997). Volksparteien sind deshalb, drastisch ausgedrückt, „verkalkt – verbürgerlicht – professionalisiert" (Lösche 2000). Auch die klassische Mitgliederpartei SPD hat seit 1990 ein Fünftel ihrer Substanz verloren und dümpelt im Osten, immerhin einstiges Stammgebiet der Sozialdemokratie, bei 30.000 Mitgliedern. Auch die CDU verlor in den neuen Bundesländern seit 1990 über die Hälfte ihrer Mitglieder. Diese Auszehrung der großen Volksparteien wird aller Wahrscheinlichkeit nicht durch die allmähliche Anpassung an Westverhältnisse korrigiert, eher zeigt der parteiferne Osten den Mitgliederparteien im Westen ihre Zukunft auf.

In dieser Lage ist man auf die Idee gekommen, die Parteien zu mitgliederfreien Profiunternehmen herunterzufahren, also zu *Wähler- und Fraktionsparteien* mit hauptamtlichen Mitarbeitern, professioneller Medienregie und populistischen Event-Inszenierungen (von Beyme 2000; Nikkig 1999). Der frühere CDU-Wahlkampfmanager und Berliner Senator Peter Radunski hat dies emotionslos beschrieben, bevor er selbst in die Werbebranche wechselte: „Angestrebt wird eine moderne Dienstleistungspartei, die aktuelle Politik machen kann, Bilder von der Zukunft entwirft und geeignete Frauen und Männer in die Politik bringt" (Radunski 1991). In der Sozialdemokratie gab und gibt es ähnliche Bestrebungen, und so wird aus der Mitgliednot eine Tugend: Parteiarbeit wird professionalisiert, die Politikvermittlung bis auf die lokale Ebene der direkt gewählten Bürgermeister herunter auf Medienaufmerksamkeit und Prominenz zugeschnitten, die Wahlkampagnen werden einschlägigen Agenturen übertragen. Das stellt einen Bruch mit der politischen Kultur des westdeutschen Parteienstaates und seinem Grundsatz dar, Parteien könnten weder für ihre eigene Legitimation noch für die „Akzeptanz" des demokratischen Prozesses auf aktive Mitglieder verzichten.

Um hier schon ein erstes Fazit zu ziehen: Von einer Marginalisierung der Parteien kann man nicht sprechen, aber die *Relativierung* ihrer Funktion und Position in der politischen Öffentlichkeit ist unverkennbar und wohl auch irreversibel. Davon sind alle den Parteien zugeschriebenen Funktionen tangiert, wenn auch in ungleichem Maße: Was die *Personalrekrutierung* anbetrifft, bestimmen immer noch die Parteien das Personal zur Besetzung politischer Ämter; es sind auch weiterhin die Parteien, die öffentliche Erwartungen und Forderungen gesellschaftlicher Gruppen und Kräfte an das politische System formulieren. Aber in Gestalt der Nichtregierungsorganisationen und des „Dritten Sektors" ist ihnen ein echter Rivale erwachsen, „bürgergesellschaftliche" Akteure mit vielen Facetten und Aktionsstrategien, denen in Policy-Bereichen wie Menschenrechte, Umwelt und Nord-Süd-Entwicklung, aber auch bei bildungs- und sozialpolitischen Fragen trotz der meist fehlenden Binnenlegitimation durch demokratische Wahlen oft mehr moralisches und kognitives Kapital zugeschrieben wird als den Parteien. Damit können die Parteien auch ihre einstige *Programmfunktion* erheblich weniger zur Geltung bringen, und am stärksten in Mitleidenschaft gezogen sein dürfte schließlich die *Partizipationsfunktion*, die selbstverständliche Verbindung zwischen Bürgern und politischem System, die Einzelnen und Gruppen aussichtsreiche Beteiligung erlaubt.

Damit ist insgesamt neben der Repräsentations- auch die Legitimationsfunktion berührt: Nicht mehr automatisch tragen Parteien zur Verankerung der politischen Ordnung im Bewusstsein der Bürger bei, und diese Entwicklung muss man nicht nur negativ beurteilen, erlaubt der Umschlag doch auch, den exklusiven Begriff der Repräsentation der Bürger und Wähler durch die Volksvertreter offener und interaktiver zu fassen (Bußhoff 2001). Denn bedroht ein Rückschlag für die Parteiendemokratie notwendig auch die politische Öffentlichkeit? Vielleicht beginnt diese erst im offenen Wettbewerb um anspruchsvolle Wechselwähler, wenn nämlich verloren gegangene Milieubindungen eine bloß reflexhafte Zustimmung zur angestammten Partei nicht mehr erlauben. Gewandelt haben sich das Leitbild von Partizipation und das tatsächliche Beteiligungsverhalten der Bürger. Seit den sechziger Jahren herrscht, wenn auch sicher nicht durchgängig, eine „aktive Politikorientierung" vor, und seit Beginn der neunziger Jahre wächst auch bei Parteimitgliedern die Bereitschaft zu direkter, unkonventioneller Beteiligung (Kießling 2001). Das Leitbild wandelte sich von lebenslanger Treue zu einem vorgegebenen Parteienmilieu, das einem Geselligkeit und Geborgenheit verbürgte, zu eher punktueller, also situations- und kontextbezogener Mitwirkung, wobei die eigene Betroffenheit und das Erlebnishafte konkreten Engagements hervorgehoben werden.

3. Pluralisierung und Fragmentierung der politischen Öffentlichkeit?

Welche Sorte von Öffentlichkeit passt zu diesen, in sich widersprüchlichen Tendenzen und Erwartungen? Der Wandel der Parteien war nicht nur durch den sozialstrukturellen Wandel und Veränderungen des politisch-administrativen Systems bedingt, sondern ebenso durch die Transformation der politischen Öffentlichkeit. Der Übergang von ihrer „klassischen", idealtypisch durch Druckmedien und Versammlungen geprägten Gestalt in die Ära der Massenkommunikation mittels Hörfunk, Film und Fernsehen hat das politische Geschehen und die „Performanz" der Parteien schon nachhaltig verändert. Das Fernsehen als Leitmedium erlaubte vor allem dort, wo ihm ein (von Staat und Parteien unabhängiger) öffentlicher Auftrag gegeben wurde, als echtes *Massenmedium* die politische Selbstverständigung der Gesellschaft, die sich hier zu Lande in seltener Weise als „Tagesschau-Öffentlichkeit" entfaltete. Botschaften erreichen zeitnah und synchron eine auf anderem Wege kaum erreichbare Masse von Bürgern und Wählern. Das Fernsehen informiert zwar weniger tiefschürfend als Printmedien und Rundfunk, gleichwohl hat es sich als das glaubwürdigste Medium etabliert, wobei vor allem die Überraschungs- und Überzeugungskraft der Bilder in Rechnung zu stellen ist. Politische Welten sind heute weitgehend *Bildwelten* – es geschah, was man sah.

Das Fernsehen ist als massenkulturelle Veranstaltung per se niemals auf die Vermittlung politischer Information ausgerichtet gewesen, hat seine Inszenierungstechniken jedoch dem politischen Betrieb aufgezwungen. Info- und *Politainment* sind Erscheinungsformen dieses „amerikanischen" Inszenierungsformats, wobei Kriterien der Unterhaltsamkeit häufig den Vorrang haben und überhand nehmen (Dörner 2000). Was einst ein politisches Geschehen vor der Kamera war, wurde zunächst ins Fernsehstudio verlegt und dann für das Fernsehen inszeniert (Leggewie 1999).

Dazu gehört die Personalisierung politischer Botschaften, was für die politischen Akteure bedeutet, dass sie sich als „Prominente" ziemlich unterschiedslos auf die Gegebenheiten des Show-Business einzustellen haben (Leggewie 2000). Dieses Format ist eher auf direkt gewählte Einzelkandidaten (wie im amerikanischen Präsidialsystem und generell in Zweiparteien-Systemen) eingestellt und es favorisiert Distanz zu den Parteien. Wer „Bild, BamS, Glotze" (Gerhard Schröder) hinter sich hat, kann auf die Sozialdemokratische Partei fast schon verzichten.

Auf diese Weise könnte eine „Fernsehöffentlichkeit" entstanden sein, die sich von den Politikern entfernt und die öffentliche Meinung an den Parteien vorbei formt. Allerdings ist unverkennbar, wie stark Politiker und Parteien Einfluss nehmen auf die Gestaltung des Programms wie auf die Führung und politische Ausrichtung der TV-Anstalten, ganz gleich ob es öffentlich-rechtliche oder privat-kommerzielle Sender sind. Sowohl das Proporzschema als auch die Wettbewerbsstruktur von Anstalten, die politischen Gruppierungen nahe stehen, schufen erhebliche Spielräume zur direkten oder indirekten Einflussnahme, der gegenüber ein kritisch-unabhängiger Journalismus es immer wieder schwer hatte. Vielfach kann man von einer *Symbiose von Journalismus und Politik* in der „politischen Klasse" sprechen.

Resümieren wir die „alte Parteiöffentlichkeit": Das Fernsehen ist zum wichtigsten Medium politischer Information und Kommunikation aufgestiegen. Es hat mehr Menschen für den politischen Betrieb interessiert und gebildet als jedes Medium zuvor, aber ein Begleiteffekt dieser Leistungsstärke war die Einbettung politischer Information in Unterhaltung und ihre Präsentation als Unterhaltung (Talkshow). In diesem Push- oder Verteil-Medium ist und bleibt Kommunikation einseitig – *one to many*.

Die Herausforderung der neuen, interaktiven Medien besteht darin, dass sie demgegenüber mit den Optionen *many to many* und *many to one* erhebliche Vorteile bieten: Sie haben die Transaktionskosten von Kommunikationsprozessen verringert und erlauben eine Umgehung der „Gatekeeper", d.h. sowohl der Besitzer der Kommunikationsmittel als auch der meinungsführenden Institutionen, darunter eben der Parteien wie der herkömmlichen Nachrichtenredaktionen und Meinungsmedien. Die Aktivierung dieses autonomen Potenzials blitzt auf, wenn es oppositionellen Gruppen und ressourcenarmen Nichtregierungsorganisationen via Internet gelingt, unter Umgehung von Feuerwällen und Meinungsmonopolen sowohl Binnen- als auch Außenkommunikation zu stiften; sie zeigt sich auch in Form virtueller politischer Gemeinschaften, die sich themen- oder situationsbezogen und losgelöst von herkömmlichen geographischen und proprietären Kommunikationsstrukturen betätigen. In dieser Weise funktioniert Netzkommunikation als „Pull-Medium", das eine Sender-Sender-Kommunikation erlaubt und geradezu erfordert. Lokale Kommunikation kann so verdichtet und global erweitert werden.

Ein häufiges Missverständnis der neuen Medien ist dabei zu korrigieren: Das Internet, das alle bekannten Präsentations- und Kommunikationsformate in sich aufnimmt und „individualisierte Massenkommunikation" ermöglicht, gilt Kritikern als Verursacher der Fragmentierung und Individualisierung sozialer und politischer Kommunikation. Dabei ist die „große Öffentlichkeit", die alle wesentlichen Fragen thematisiert und diskutiert, immer schon eine Fiktion gewesen, und sie ist durch nichts so sehr suggeriert, aber auch dementiert worden wie durch das Fernsehen, das sich seit den siebziger Jahren zunehmend in (teilweise bezahlte) Sparten differenziert hat. Daraus (zusammen mit der Fernbedienung) hat sich die Chance zu einer Teilhabe am großen Massenmedium ergeben, ohne jemals politische Angebote in anderer als unterhaltsam aufbereiteter Form rezipieren zu müssen.

Die „Zerstreuung der Öffentlichkeiten" (Fohrmann/Orzessek 2001; Jarren u.a. 2000) war nicht durch die neuen Medien verursacht, sie war bereits durch die immanente Wirkungsweise des Fernsehens befördert und durch „Mega-Medienereignisse" mit weltweitem Publikum übertüncht worden. Was eine adäquate Nutzung der interaktiven Medien hingegen bewirken könnte, ist eine autonome Gestaltung und sinnvolle Konfiguration der Nischenöffentlichkeiten. Voraussetzung dafür ist allerdings, dass weder die technische noch die Eigentumsstruktur sich in der Weise weiter entwickelt, wie man es derzeit beim „digitalen Fernsehen" beobachten kann.

4. Parteien zu Netzwerken? Potenziale und Nutzung der Online-Kommunikation

Netzwerk lautet nicht zufällig das Schlüsselwort der Online-Kommunikation (Faßler 2001) wie auch das Zauberwort von Parteireformern (Marschall 2001). Ist das mehr als eine semantische Konvergenz, lassen sich Parteien in Analogie zu digitalen Netzwerken oder gar mit ihrer Hilfe umgestalten?

Netzwerke zeichnen sich durch ihre dezentrale und „akephale", im Grunde anarchische Struktur und damit ihre „lose Kopplung", flachen Hierarchien und offenen Grenzen aus. Das unterscheidet sie von territorial abgegrenzten und systemisch geschlossenen Container-Gebilden, die Großorganisationen mit einem festen Mitgliederstatus und einer klaren Abgrenzung zu ihrer Systemumwelt darstellen. In diese Kategorie fallen herkömmliche Parteien, aber ebenso Unternehmen, Nationalstaaten und die gesamte Organisationswelt der klassischen Moderne, sofern sie als Gebietsverband und Anstalt organisiert war und ist.

Demgegenüber hat sich, angetrieben durch weltweite technische und ökonomische Verflechtungen und eine paradigmatisch so bezeichnete „Wissensökonomie", die Notwendigkeit ergeben, auch Politik zunehmend in entgrenzten Räumen zu betreiben. Transnationale Unternehmungen haben ihre Binnenstrukturen und Außengrenzen bereits weitgehend flexibilisiert (Albert 1998; Ortmann/Sydow 1998), womit politisch-staatliche Großorganisationen unter erheblichen Anpassungsdruck geraten sind. Zugleich haben sich auch die Strukturen der Öffentlichkeit und kommunikative Identitäten, die niemals in Container-Gehäusen einzupferchen waren, weiter entgrenzt (Meckel 1998).

Auch die Parteien, deren Identitäts- und Organisationsgrenzen historisch stets am national-staatlichen Raum orientiert waren, müssen reagieren. Bereits im Nachvollzug der supranationalen Mehrebenenpolitik innerhalb der EU geraten sie einerseits in eine provinzielle Lage, andererseits sind sie als intermediäre Institutionen bei Strafe des Untergangs darauf angewiesen, weiter als Membran zwischen Staat und Gesellschaft zu funktionieren. Volksparteien, behauptet die Politikwissenschaft nun schon seit langem, sind „lose verkoppelte Anarchien" (Lösche 1992). Das sind nicht gerade herrschaftsfreie Gebilde, aber doch solche ohne Kommandozentrale und mit nur locker verbundenen Gliedern, die dem Ideal eines flachen Netzwerks näher kommen als steile Hierarchien. Gemeint waren damit vor allem *catch-all-parties*, die sich nach amerikanischem Muster ohne festes Wählermilieu und verbindliche Weltanschauung Zustimmung aus (fast) allen Schichten der Bevölkerung holen.

Schauen wir also, wie hier zu Lande „Netzwerkparteien" – flexibel nach innen und offen nach außen, mit flachen Hierarchien und themenbezogener Mobilisierung – angedacht und *online* wie *offline* operationalisiert werden. Begonnen hat die Entwicklung in Deutschland um 1995 mit der anfangs verlachten und trotz 1.000 Mitgliedern bis heute nicht fest etablierten Idee des „Virtuellen Ortsvereins" (www.vov.de) in der Sozialdemokratischen Partei (Tauss/Kohlbeck 1998). Die Parteiführung der SPD hat sich die Netz-Metapher entschieden zu eigen gemacht: „Wir werden das Internet als den zentralen Weg der innerparteilichen Kommunikation aufbauen" (Franz Müntefering). So kündigte man zur Jahrtausendwende eine grundstürzende Organisationsreform an, gegen die allerdings der nordrhein-westfälische Landesverband sogleich Sturm lief. Beflügelt durch eine Mitgliederbefragung im Sommer 2000 hatte der SPD-Generalsekretär nicht allein „30 unter 40", also dreißig Nachwuchskandidaten unter vierzig Jahren, und „zehn (Quereinsteiger) von außen" als Quote für die nächste Legislaturperiode verordnet, er regte auch nach amerikanischem Muster Vorwahlen an, bei denen sogar Nicht-Mitglieder Wahlkreiskandidaten nominieren sollten.

Der Mehrheit der Mandatsträger, Funktionäre und wohl auch der Mitglieder der SPD gefällt diese Entwicklung nicht, doch soll der Weg in die Netz-Partei weiter beschritten werden. Dazu gehören virtuelle Parteitage, wie sie die CDU und vor allem die GRÜNEN in Baden-Württemberg jüngst durchgeführt haben (vgl. Hebecker in diesem Band), die – das ist das Wesentliche an diesen Experimenten – das Ortsprinzip durch externe Beteiligung relativiert und das Zeitfenster durch asynchrone Beratung und Entscheidung geöffnet haben. Einen echten Quantitäts- oder Qualitätssprung haben diese Initiativen noch nicht bewirkt, aber der Anreiz zur Beteiligung verschiebt sich hier tendenziell von der diffusen Zugehörigkeit zu einer Organisation zum spezialisierten Interesse an einem Thema oder einer virtuellen Gemeinschaft.

Am experimentierfreudigsten wirkt dabei die FDP, die das Wohnortsprinzip, i.e. gesetzlich vorgeschriebene Gebietsverbände, um „eine Gliederung vollberechtigter bundesunmittelbarer Parteimitglieder" ergänzen möchte.[1] Man soll virtuelles Parteimitglied mit allen Rechten und Pflichten werden können, ohne noch in der wirklichen Welt einem Orts-

---

[1] Vgl. Frankfurter Allgemeine Zeitung vom 27. Juli 2001.

verein der Liberalen beitreten zu müssen. Ein Internet-Landesverband (www.fdp-lv-net.de) existiert bereits und zählt ein Jahr nach Gründung etwa 350 Mitglieder. Um das Wohnortsprinzip abzulösen, müsste allerdings das Parteiengesetz erheblich modifiziert werden, das vom Ortsverein über die Kreis- und Landesbezirke bis auf die Bundesebene eine Kaskade territorial gebundener Delegierter vorsieht und darauf pocht, dass allen Mitgliedern die „angemessene Mitwirkung an der Willensbildung" möglich ist. Verfassungsrechtliche Bedenken haben hier nicht auf sich warten lassen: Eine schleichende Privilegierung von Onlinern könnten Computerabstinente und die Karlsruher Verfassungshüter als Diskriminierung auslegen, sofern eine virtuelle Mitgliedschaft mehr würde als ein bloßes Ergänzungsangebot und die Gebietsgliederung zu stark relativiert würde.

So weit wie die FDP, die eine so genannte *Generation @* ins politische Leben zurückführen will, geht die Union nicht. Aber auch sie hat ein internes Mitgliedernetz aufgebaut, das von 14.000 Mitgliedern, etwa zwei Prozent der Gesamtpartei, besucht worden ist. Zugang haben nur eingeschriebene Mitglieder, die in diesem faktischen Intranet Argumentationshilfen und Wahlkampfmaterial, Chats und Diskussionsforen sowie diverse Dienstleistungen erwarten.

Solche Innovationen deuten an, welche Wirkung die Neuen Medien auf die parteiinterne Öffentlichkeit haben könnte (Marschall 2001):

- Mitgliedschaft soll attraktiver werden, auch durch politikferne oder politikfreie Zusatzangebote,
- die Kommunikation zwischen Parteiführung und Mitgliedern soll effizienter, kostengünstiger und vor allem ohne Umweg über die Massenmedien laufen,
- die parteiinterne Beteiligung und Mobilisierung sollen intensiviert werden,
- jüngere, stärker technikorientierte Mitglieder sollen rekrutiert werden.

Es zeichnet sich anhand ausländischen Erfahrungen aus den USA und Großbritannien schon ab, dass der Einsatz neuer Informationstechnologien die Effizienz der Parteiarbeit bisher eher in der Weise steigert, dass die Ortsvereine zentral versorgt und gesteuert werden, als dass die idealtypisch gewünschte Aktivierung von unten nach oben befördert wird. Die interaktiven Potenziale des Netzes werden dabei wieder nur suboptimal genutzt, der – nicht eben massenhafte und selten enthusiastische – Input der Parteigliederungen ist zu schwach institutionalisiert und nicht ausreichend an die Entscheidungskommunikation der oberen und obersten Parteigremien angeschlossen (vgl. Wiesendahl in diesem Band). Die Tendenz zur Online-Partei scheint gleichwohl irreversibel, virtuelle Parteizentralen haben sich zu politischen Web-Portalen mit eigenständiger Service- und Informationsfunktion gemausert, für die auch eine technische und personelle Infrastruktur bereitgestellt worden ist (Bieber 1999, 2001; Leggewie/Bieber 2001).

Konzeptionell am höchsten gehängt hat der SPD-Parteivorstand die Netzwerkpartei als Bestandteil und Ausdruck der „Netzwerkgesellschaft" (Castells 2001).[2] Gemeint sind damit informelle Beziehungen jenseits der etablierten Politikfelder und korporatistischen Binnenstrukturen. Wer diesen Ausflug in die Kybernetik nicht nur modisch-metaphorisch meint, will die „lose verkoppelte Anarchie" – ohne Zentrum und festen Katalog teilnahmeberechtiger Interessen in wechselseitiger Abhängigkeit und Rückkoppelung. Netzwerke stehen jenseits der verpönten Hierarchie, sind aber mehr als simpler Marktwettbewerb, der in der Sphäre politischer Macht auch nicht angemessen ist.

Aus der Analyse wirklicher Netzwerke weiß man freilich, dass sie schwer steuerbar und als Steuerungsmittel selbst ungeeignet sind; gute Dienste leisten sie, wenn sie im Schatten der (keineswegs flachgefallenen) Hierarchie unübliche Kooperation und gleichberechtigte Verhandlung erlauben (Scharpf 2000). Es bleibt also fraglich, ob sich Parteien, die historisch als disziplinierte bürokratische Apparate unter charismatischen oder populistischen Führerfiguren begonnen haben, überhaupt in solche netzwerkartigen Aggregatzustände zu überführen sind, die der eigenen Mitgliedschaft genau wie dem Rest der politischen Gesellschaft beteiligungsfreundlich offen stehen. Was Cliquen, Klientelgruppen und Seilschaften anbetrifft, glichen Volksparteien immer schon Anarchien, die ihren Zweck besser erfüllen als autoritäre Direktiven eines Zentralkomitees. Für die Selbstrekrutierung der politischen Eliten, die man als eine

---

[2] Machnig 2000; kritisch die Beiträge von Tobias Dürr und Daniel Dettling in: Frankfurter Hefte/Neue Gesellschaft, H. 11, 2000, und unter http://www.edupolis.de/konferenz2001.

Beziehung ehrgeiziger Leithammel zu ihrem untreuen Rudel umschreiben könnte, war diese Struktur offen genug, wobei sie heute gerne zusätzlich elektronische Massenmedien für ihr politisches Theater einspannen. Bedrohlich ist ein Netzwerk eher für die Parteimitglieder, da die Grenzen zwischen ihnen und dem Rest der Gesellschaft geschleift werden und Quereinsteiger, also Kiebitze und Passanten, ihren exklusiven und geschützten Status bedrohen.

Das erklärt, warum Vernetzungen der Parteien, online oder offline, in der Regel bisher Parteiführungen angeregt und betrieben haben, während Hauptamtliche und Mitglieder der Kommunikationsoffensive mit Argwohn gegenüberstehen. Im Endeffekt können sich unter dem Titel Oligarchisierungen verstärken und nicht-intendierte Zentralisierungen verbergen, womit die Erosion der Mitgliedschaft in Volksparteien vielleicht sogar noch befördert wird (vgl. Wiesendahl in diesem Band).

Was Wahlkämpfe anbetrifft, ist stets an „ein geschlossenes Erscheinungsbild, Disziplin und eine verbindliche Aufgabenteilung" (Machnig 2000) gedacht; in dieser Perspektive wird jede Verstärkung der diskursiven und deliberativen, das heißt stets auch strittigen Elemente fast zwangsläufig als Störung angesehen. Würden Parteimitglieder ihre Differenzen netzöffentlich austragen, dürften die elektronischen Medien einen solchen Versuch innerparteilicher „Regierung durch Diskussion" folglich als Zerstrittenheit geißeln und ausbeuten. Trotz aller (vorübergehenden?) Internet-Euphorie bleiben die Parteien auf die Massen(verteil)medien fixiert, von denen sie sich den größten Mobilisierungseffekt erhoffen. Solange das der Fall ist, werden neue Kommunikationsnetzwerke „unter Wert" gehandelt und von Strategen wie Dick Morris, dem führenden „spin doctor" des Bill Clinton und nunmehr Leiter der Internet-Firma Vote.com, in der Manier eines demoskopiehörigen Populismus missverstanden.

Letztlich illustriert die punktuelle und allmähliche Installierung virtueller Parteistrukturen einen interessanten Wandel der Parteiöffentlichkeiten. Ihren lokalen und sozialen Ursprungsmilieus sind die Parteien längst entwachsen, die Tiefendimensionen der meisten politischen Problemlagen sind zugleich transnational geworden. Das führt, nicht nur bei den Parteien, sondern bei allen Institutionen des politisch-administrativen Systems zu einer wachsenden Diskrepanz zwischen dem ererbten Anspruch auf Repräsentation und der Wirklichkeit, die Bürgergesellschaft und Wählerschaft vorfinden. In diesem Zusammenhang kann man auch von einer

Veraltung des Rechts sprechen, das auf allen Gebieten am Territorialitäts-
prinzip hängt – im Strafrecht wie im Handelsrecht, im Sozial- und Arbeitsrecht wie im Gesellschaftsrecht und natürlich auch im Parteien- und
Wahlgesetz. Parteien gliedern sich (§ 7 PartG) in *Gebietsverbände*, politische Wahlen werden in *Wahlkreisen* veranstaltet, nur physische Personen
dürfen in Parteien arbeiten und wählen.

Diese Tradition muss sich nun den grenzüberschreitenden Sachverhalten und virtuellen Organisationsformen innovativ und phantasievoll
anpassen, wobei natürlich Standards wie die bestehenden Anforderungen
an Wahlen und Versammlungen gewahrt bleiben müssen. Die politische
Vergemeinschaftung überschreitet der Sache und dem Willen der Betrof-
fenen nach notwendig und auch sinnvollerweise Grenzen. Wer das beför-
dern möchte, darf nicht allein auf Technik setzen, sondern muss sie der
sich transnational erweiternden pluralen Öffentlichkeit anpassen; und
auch wer davor zurückschreckt, sollte seine Skepsis oder Abneigung nicht
gegen „das Internet" richten. Der potenzielle Nutzen computervermittelter
Kommunikation und interaktiver Medien für die politische Information,
Deliberation und Mobilisierung, also für die zeitgemäße Erweiterung der
politischen Öffentlichkeit dürfte unbestritten sein. Zu diskutieren ist, ob
sie auch für Organisationsaufgaben der Bürgergesellschaft und hoheitliche
Aufgaben der staatlichen Verwaltung (*E-Government*) geeignet sind – und
wie beides sinnvoll kombiniert, aber auch getrennt voneinander gehalten
werden kann.

Literatur

Albert, Mathias (1998): Entgrenzung und Formierung neuer politischer Räume, in: Beate
    Kohler-Koch (Hrsg.), Regieren in entgrenzten Räumen, PVS-Sonderheft 29, Opla-
    den: Westdeutscher Verlag, S. 49-76.
Alemann, Ulrich von (2001): Das Parteiensystem der Bundesrepublik Deutschland, 2.
    Aufl., Opladen: Leske + Budrich.
Beyme, Klaus von (2000): Parteien im Wandel. Von den Volksparteien zu den professio-
    nalisierten Wählerparteien, Wiesbaden: Westdeutscher Verlag.
Bieber, Christoph (1999): Politische Projekte im Internet. Online-Kommunikation und
    politische Öffentlichkeit, Frankfurt a.M./New York: Campus.
Bieber, Christoph (2002): Parteienkommunikation im Internet, in: Oscar W. Gabriel/Oskar
    Niedermayer/Richard Stöss (Hrsg.), Parteiendemokratie in Deutschland, Bonn: Bun-
    deszentrale für politische Bildung, S. 555-572.

Bußhoff, Heinrich (2001) Politische Repräsentation. Repräsentativität als Bedingung und Norm von Politik, Baden-Baden: Nomos.

Castells, Manuel (2001): Die Netzwerkgesellschaft, Opladen: Leske + Budrich.

Dörner, Andreas (2001): Politainment. Aufklärung durch Unterhaltung, Frankfurt a.M.: Suhrkamp.

Faßler, Manfred (2001): Netzwerke. Einführung in die Netzstrukturen, Netzkulturen und verteilte Gesellschaftlichkeit, München: Fink.

Fohrmann, Jürgen/Orzessek, Arno (2001): Zerstreute Öffentlichkeiten. Zur Programmierung des Gemeinsinns, München: Fink.

Habermas, Jürgen (1990): Strukturwandel der Öffentlichkeit, 3. Aufl., Frankfurt a.M.: Suhrkamp.

Immerfall, Stefan (1998). Strukturwandel und Strukturschwächen der deutschen Mitgliederparteien, in: Aus Politik und Zeitgeschichte, B 1-2, S. 3-12.

Jarren, Otfried/Imhof, Kurt/Blum, Roger (Hrsg.) (2000): Zerfall der Öffentlichkeit, Opladen: Westdeutscher Verlag.

Kießling, Andreas (2001): Politische Kultur und Parteien in Deutschland. Sind die Parteien reformierbar?, in: Aus Politik und Zeitgeschichte, B 10, S. 29-37.

Kluge, Alexander/Negt, Oskar (1973): Öffentlichkeit und Erfahrung. Zur Organisationsanalyse von bürgerlicher und proletarischer Öffentlichkeit, Frankfurt a.M.: Suhrkamp.

Leggewie, Claus (1999): Fischer syn Frau und des Kanzlers neue Kleider. Inszenierungen des Politischen – Politik als Theater?, in: Ulrich Streeck (Hrsg.), Erinnern, Agieren und Inszenieren. Enactments und szenische Darstellungen im therapeutischen Prozess, Göttingen: Vandenhoeck & Ruprecht, S. 222-245.

Leggewie, Claus (2000): „You – just do it". Der unglaubliche Donald Trump oder: Unternehmer als Politiker als Fernsehhelden, in: Berliner Debatte Initial 11, H. 1, S. 9-18.

Leggewie, Claus/Bieber, Christoph (2001): Interaktive Demokratie. Politische Online-Kommunikation und digitale Politikprozesse, in: Aus Politik und Zeitgeschichte, B 41-42, S. 37-45.

Lösche, Peter (1992): Von der „Solidargemeinschaft" zur „lose verkoppelten Anarchie". Die SPD nach der Vereinigung, in: Malte Ristau/Michael Scholing/Johannes Wien (Hrsg.), Tanker im Nebel. Zur Organisation und Programmatik der SPD, Marburg: Schüren, S. 104-119.

Lösche, Peter (2000): Verkalkt – verbürgerlicht – professionalisiert. Der bittere Abschied der SPD von der Mitglieder- und Funktionärspartei, in: Universitas 650, S. 779-793.

Luhmann, Niklas (2000): Die Realität der Massenmedien, 2. Aufl., Opladen: Westdeutscher Verlag.

Machnig, Matthias (2000): Netzwerkgesellschaft und Netzwerkpartei, in: Spiegel-Online vom 20. Oktober.

Marschall, Stefan (2001): Parteien und Internet – Auf dem Weg zu internet-basierten Mitgliederparteien?, in: Aus Politik und Zeitgeschichte, B 10, S. 38-46.

Meckel, Miriam (1998): Kommunikative Identität und Weltöffentlichkeit. Theoretische Überlegungen zur Rolle der Medien im Globalisierungsprozeß, in: Publizistik 43, S. 362-375.

Nickig, Eckard (1999): Von der Mitglieder- zur Fraktionspartei. Abschied von einer Fiktion, in: Zeitschrift für Parlamentsfragen 30, S. 382-89.

Norris, Pippa (1999): Critical Citizens. Global Support for Democratic Government, Oxford: Oxford University Press.

Ortmann, Günther/Sydow, Jörg (1998), Reflexion über Grenzen: Neue Konturen der Unternehmungslandschaft, in: Beate Kohler-Koch (Hrsg.), Regieren in entgrenzten Räumen, PVS-Sonderheft 29, Opladen: Westdeutscher Verlag, S. 29-48.

Putnam, Robert (2000): Bowling Alone. The Collapse and Revival of American Community, New York: Simon & Schuster.

Radunski, Peter (1991): Fit für die Zukunft? Die Volksparteien vor dem Superwahljahr 1994, in: Die Sonde 24, S. 3-8.

Scharpf, Fritz W. (2000): Interaktionsformen. Akteurszentrierter Institutionalismus in der Politikforschung, Opladen: Leske + Budrich

Schmitt-Beck, Rüdiger/Weick, Stefan (2001): Langfristige Parteibindung: Nur noch ein Mythos? in: Bundesverband deutscher Banken (Hrsg.), Interesse, H.10, S. 1-3.

Tauss, Jörg/ Kohlbeck, Johannes (1998): Der vernetzte Politiker, in: Claus Leggewie/Christa Maar (Hrsg.), Internet & Politik. Von der Zuschauer- zur Beteiligungsdemokratie, Köln: Bollmann, S. 277-289.

Tsatos, Dimitris Th. (1997): Die politischen Parteien in der Grundgesetzordnung, in: Oscar W. Gabriel/Oskar Niedermayer/Richard Stöss (Hrsg.), Parteiendemokratie in Deutschland, Bonn: Bundeszentrale für Politische Bildung, S. 133-156.

Wassermann, Rudolf (1986): Die Zuschauerdemokratie, Düsseldorf: Econ.

Wiesendahl, Elmar (1998): Parteien in Perspektive. Theoretische Ansichten der Organisationswirklichkeit politischer Parteien, Opladen: Westdeutscher Verlag.

Parteien in Internet-Wahlkämpfen

Winand Gellner / Gerd Strohmeier [*]

1. Der Bundestagswahlkampf 2002 als Medienwahlkampf

Für einige schien der Bundestagswahlkampf 2002 schon entschieden, noch bevor die CDU sich für einen Kanzlerkandidaten entscheiden konnte. Doch wer die Gesetze moderner Wahlkämpfe kennt, weiß, dass es eben keine Gesetze gibt, aus denen man zuverlässige Prognosen für den Wahlausgang ableiten könnte: Die Parteibindungen sind lockerer, die Wähler wankelmütiger und die Einflüsse auf die Wahlentscheidung kurzfristiger geworden. Mit der steigenden Zahl der wankelmütigen, unentschlossenen „Last-Minute-Wähler" steigt auch die Bedeutung der politischen Kommunikation im Wahlkampf, der sich mit Hans-Joachim Veen als „fokussierte und zugleich gesteigerte Kommunikation" (Veen 1991: 15) begreifen lässt. Mit diesem Befund ist die zentrale Bedeutung der Medien angesprochen. Letztlich sind es die Medien, über die bzw. über deren Plattformen Wahlkämpfe entschieden werden (vgl. Holtz-Bacha in diesem Band). Dazu zählen die Printmedien, der Hörfunk, in besonderer Weise jedoch das Fernsehen. Mehr oder weniger ergänzend zu diesen traditionellen Massenmedien hat sich ab Mitte der 90er Jahre das Internet entwickelt. Dabei ist darauf hinzuweisen, dass das Internet aufgrund seiner vielfältigen Kommunikationsmodi keinesfalls mit den traditionellen Massenmedien vergleichbar ist.

Die Entstehung des Internet warf schon bald die Frage auf, ob das neue Medium künftig Wahlen entscheiden würde. Dass diese Frage mittlerweile jedenfalls nicht mehr ganz so abwegig erscheint wie noch vor wenigen Jahren, ist ein Ergebnis der nahezu explosionsartigen Entwicklung des Internet und zeigt sich u.a. daran, dass sich die Parteien bereits ein Jahr vor der Bundestagswahl 2002 gezielt auf den Internet-Wahlkampf

---

[*] Unter Mitarbeit von Armin Glatzmeier.

2002 vorbereiteten. Dieser Beitrag beschäftigt sich mit den Strategien der Parteien für den mehr oder weniger ersten *richtigen* Internet-Wahlkampf in der Geschichte der Bundesrepublik Deutschland. Im Mittelpunkt steht dabei die Frage, inwieweit die Parteien das Kommunikationspotenzial des Netzes für den Bundestagswahlkampf 2002 nutzen werden.

2. Das Internet als Wahlkampfmedium

Als wesentliche Dimensionen politischer Kommunikation lassen sich für Parteien im Wahlkampf die Außen- und die Binnenkommunikation begreifen. Das Internet ist im Vergleich zu traditionellen Massenmedien – Rundfunk und Printmedien – in der Lage, sowohl die Außen- als auch die Binnenkommunikation von Parteien zu unterstützen und dabei in beiden Bereichen eine neue Qualität politischer Kommunikation zu realisieren. Während das Internet im Rahmen der Binnenkommunikation in erster Linie die internen Abstimmungsprozesse zu beschleunigen vermag, ist es mit Blick auf die Außenkommunikation als Träger der unvermittelten Kommunikation mit potenziellen Wählergruppen einsetzbar.

Für die Internet-Nutzer (Wähler) ist die Außenkommunikation der Parteien von Relevanz. Gegenüber der Vermittlungsleistung traditioneller Massenmedien bietet das Netz den Hauptvorteil der unvermittelten Kommunikation zwischen Parteien und Bürgern. Über das Internet haben Parteien die Möglichkeit, mediale „gate keeper" zu umgehen und mit Wählern direkt zu kommunizieren, zumindest mit jenen, die über einen Zugang zum Internet verfügen, politisch interessiert sind und die entsprechenden Angebote abrufen. Diese Nutzerschicht hat somit die Möglichkeit, von den Angeboten der Parteien Gebrauch zu machen und dabei auf Primärquellen zuzugreifen.

2.1 Die Außenkommunikation der Parteien im Wahlkampf

1998 war nicht der Eintritt in ein neues Wahlkampfzeitalter, den sich viele erhofft hatten: Die Reaktionen auf den ersten Bundestagswahlkampf, der auch im Internet ausgetragen wurde, fielen verhalten aus. Es war die Rede von der „Spielwiese Internet", vom „Netzwahlk(r)ampf" (Gellner / Strohmeier 1999) oder sogar von den „Neandertalern im Cyberspace" (Foerster

1998): „Gemessen an den Schlagzeilen und zahlreichen journalistischen Beschreibungen, die der Online-Wahlkampf 1998 hervorgerufen hat, war seine Wirkung weniger spektakulär" (Kaiser 1999: 155). Grundsätzlich lässt sich konstatieren, dass der Internet-Wahlkampf 1998 kaum einer „ernsthaften" Wähleransprache diente. Das von den Parteien verfolgte Ziel des ersten Online-Wahlkampfs auf Bundesebene lag eindeutig in der symbolischen Kommunikation. Parteien sind in modernen Mediengesellschaften – und daran wird das Internet auch in Zukunft nichts ändern – auf die Vermittlungsleistung von Massenmedien angewiesen. Sie sind folglich gezwungen, sich weitestgehend den Gesetzen der Medien, den Gesetzen des Nachrichtenwerts bzw. den Aufmerksamkeitsstrukturen des Publikums, zu unterwerfen. Dazu gehört zunehmend auch die Kreation von Berichterstattungsanlässen, so genannten Pseudoereignissen, die die Selektions- und Transformationsmechanismen der Massenmedien passieren: „Pseudoereignisse [...] werden eigens für die mediale Berichterstattung inszeniert. Sie nutzen die bekannten journalistischen Auswahlroutinen und steuern so Themen und Zeitpunkt medialer Berichterstattung (z.B. Pressekonferenzen)" (Holtz-Bacha 1997: 19). Für diese Form der symbolischen Kommunikation lässt sich das Internet in hervorragender Weise instrumentalisieren. Das Netz ist geradezu prädestiniert, Modernität und Zukunftsfähigkeit auszustrahlen. Parteien können das Internet nutzen, um letztlich über traditionelle Massenmedien die für Wahlentscheidungen äußerst bedeutsame Zukunftskompetenz zu vermitteln. Aber auch Responsivität und Partizipationsmöglichkeiten können von den Parteien z.B. im Rahmen von Chats bzw. Diskussionsforen zumindest symbolisch nach außen vermittelt werden. Die Internet-Nutzer profitieren von einer Online-Kommunikation der Parteien, die letztlich ausschließlich als Pseudoereignis geplant und umgesetzt wird, kaum. Dies zeigen Chats mit Spitzenpolitikern, bei denen nur wenige Onliner die Möglichkeit haben, Fragen zu stellen, die meist mit gewöhnlichen Standardantworten abgespeist werden.

Weitaus mehr Qualität ist der internet-spezifischen Breitenkommunikation beizumessen. Dabei handelt es sich um Kommunikationsangebote der Parteien, die sich über das Netz letztlich an die gesamte Internet-Population richten. Das wohl wichtigste Kommunikationsangebot einer Partei ist deren Website. An der Website einer Partei lässt sich am deutlichsten die Qualität ihrer Internet-Kommunikation ablesen. Schließlich bietet das Netz insbesondere im Rahmen der Gestaltung einer Website vielfältige Kommunikationsvorteile. Zunächst schafft es Platz, um nahezu unbegrenzte Informationsmengen mehr oder weniger dauerhaft zur Verfügung zu stellen. Gleichzeitig aber können zu jedem Zeitpunkt aktuelle Informationen angeboten werden. Die wesentlichen Kommunikationsvorteile des Internet zeigen sich jedoch in der Multimedialität, d.h. der Vermittlung von Text, Ton, Bild und bewegtem Bild, und der Interaktivität. Letztere ließe sich sogar als Herzstück der Online-Kommunikation betrachten. Immerhin sind die traditionellen Massenmedien weitest gehend Einbahnstraßen (Roesler 1997: 179), die den Bürger auf die Rolle des Empfängers von Information festlegen. Deshalb hat das Internet auch immer wieder Anlass zu äußerst euphorischen Spekulationen, etwa über die Möglichkeiten einer „demokratischen Revolution", gegeben (Gellner 2001). Die Bedeutung der Interaktivität – versteht man darunter nicht nur interaktive Auswahlschritte der Nutzer auf den Websites – ist jedoch deutlich zu relativieren. Im Rahmen der Wahlkampfkommunikation können – einer realistischen Einschätzung folgend – über Newsgroups, E-Mails und auch Chats immerhin Statements, Anregungen und Fragen von den Nutzern zur Partei transportiert werden. Grundsätzlich ist die traditionelle Einbahnstraßenkommunikation zur Überzeugung der potenziellen Wählerschaft für Parteien im Wahlkampf jedoch weitaus bedeutsamer als die Entgegennahme von irgendwelchen Botschaften bzw. die Beantwortung von individuellen Fragen aus der Nutzerschaft. Theoretisch besteht selbstverständlich die Möglichkeit der Erhöhung von Partizipationschancen. Fraglich ist jedoch, inwiefern es Internet-Nutzern tatsächlich ermöglicht wird, am politischen Geschehen zu partizipieren und über die von dem Wahlkampfmanagement zugedachte Rolle des „Stimmviehs" hinauszuwachsen. Der wesentliche Vorteil der Internet-Kommunikation liegt für Onliner letztlich in der verbesserten Informationsstruktur. Im Idealfall, d.h. wenn Parteien Ressourcen aufwenden, um sich das Potenzial des Internet für die politische Kommunikation mit möglichen Wählern zu Nutze zu machen, können diese über das Internet umfangreiche, themenzentrierte, detaillierte, aktuelle, multimedial aufbereitete, weder selektierte noch transformierte noch zeitlich und mengenmäßig limitierte Informationen erhalten, die weit über das Angebot traditioneller Massenmedien hinausreichen. Grundsätzlich lassen sich über das Internet sowohl die Quantität, die Qualität als auch die Selektivität der Nutzer erhöhen. Folglich könnten die Nutzer von dem Mehrwert an Informationen im Internet

durchaus profitieren, die das Netz aufgrund diverser Kommunikationsvorteile bietet.

Eine weitere Besonderheit des Internet liegt darin, mehr oder weniger
gleichzeitig Formen der Breiten- und der Zielgruppenkommunikation, d.h.
„broad-" und „narrow-casting", möglich zu machen. Über die Einrichtung
spezifischer Zielgruppensektionen auf den Websites und E-Mails bzw.
Mailinglisten können Parteien ausgewählte Personenkreise direkt per Internet ansprechen und mit entsprechenden, auf sie abgestimmten Informationen versorgen. Die Internet-Nutzer sind dann in der Lage, ein speziell
für sie zusammengestelltes Informationsmenü abzurufen. Infolgedessen
kann eine hohe Zielgruppenkommunikation der Internet-Anbieter die
Selektionsmöglichkeiten der Nutzer entsprechend erhöhen.

2.2 Die Binnenkommunikation der Parteien im Wahlkampf

Moderne Wahlkämpfe sind ein Geflecht von äußerst professionellen Marketingstrategien (Strohmeier 2002). Das moderne Wahlkampfmanagement
überlässt nichts dem Zufall, sondern beginnt mit seinen Planungen weit
vor der eigentlichen Wahlkampfphase und stimmt sämtliche Wahlkampfstrategien bestmöglich aufeinander ab. Ein derartig professionelles Vorgehen erfordert eine sehr gut ausgebaute Kommunikationsstruktur innerhalb der Partei. Von besonderer Bedeutung sind hierbei die Kommunika-
tionsstränge, die von dem zentralen Wahlkampfmanagement zu den einzelnen Parteigliederungen führen, die nicht unmaßgeblich für die flächen-
deckende Umsetzung verschiedener Wahlkampfaktionen sind. Folglich ist
der Binnenkommunikation und dabei insbesondere der Top-Down-
Kommunikation eine wesentliche Bedeutung im Wahlkampf beizumessen. Wenn die Binnenkommunikation innerhalb der Partei bzw. zwischen
dem Wahlkampfmanagement und den diversen Parteigliederungen nicht
optimiert ist, kann dies fatale Auswirkungen auf die Außenkommunikation der Partei haben.

Das Internet bzw. dessen Kommunikationsmodi bieten gegenüber der
traditionellen Binnenkommunikation per Post, Telefon oder Telefax eine
wesentliche Erweiterung im Sinne einer Ergänzung der bisherigen Kommunikationsstrukturen. Schließlich können durch das Internet große Informationsmengen über große räumliche Distanzen in Sekundenschnelle
vermittelt werden. Neben der parteiinternen Nutzung der verschiedenen

Kommunikationsmodi besteht die Möglichkeit der Etablierung von Intranets. Mit einem Intranet lässt sich ein geschlossenes Kommunikations- und Informationssystem innerhalb einer Partei realisieren, über das z.B. alle wichtigen Funktionsträger vernetzt werden.

3. Die deutschen Parteien vor dem Internet-Wahlkampf 2002

Die im Bundestag vertretenen Parteien haben ein Jahr vor der Bundestagswahl 2002 die Planungen für die jeweiligen Internet-Kampagnen aufgenommen. Um Einblicke in die geplanten Internet-Aktivitäten im Bundestagswahlkampf 2002 zu erhalten, wurden die jeweiligen Redaktionsleiter bzw. Verantwortlichen für den Internet-Auftritt der im Bundestag vertretenen Parteien im Oktober 2001 befragt. Bei der FDP übernahm die Beantwortung der Fragen nicht ein Vertreter bzw. Angestellter der Partei, sondern eine Angestellte des Universum Verlags, der für das Internet-Angebot der FDP verantwortlich ist. Dies zeigt, dass die FDP als einzige Partei die Betreuung ihres Online-Angebots völlig „outgesourct" hat.[1]

3.1 Das Zukunftspotenzial des Internet

Die Entwicklung der Netzangebote der Parteien hängt wesentlich von der Einschätzung des Zukunftspotenzials des Internet seitens der jeweils verantwortlichen Internet-Redakteure ab. Die spezifischen Einschätzungen lassen zum Teil deutlich die Ziele erkennen, die die Parteien mit ihrem Angebot verbinden.

Bei der Frage nach dem Potenzial des Internet zur Bindung von Stammwählern bzw. zur Werbung von Wechselwählern räumen die Parteien[2] in der Tendenz der Ansprache von Wechselwählern einen höheren Stellenwert als der Ansprache von Stammwählern ein. Vor allem die großen Volksparteien (CDU/CSU und SPD) bewerten die Werbung von

---

[1] Die Befragung erfolgte anhand eines voll-standardisierten Fragebogens. Die Fragen bezogen sich neben den Planungen für den Wahlkampf 2002 hauptsächlich auch auf allgemeine Einschätzungen zum Thema Internet bzw. zum Wahlkampf online sowie auf den gegenwärtigen Internet-Auftritt der Parteien (ca. ein Jahr vor der Bundestagswahl 2002).

[2] Im Folgenden werden zur Vereinfachung die Aussagen der Internet-Redakteure mit den entsprechenden Parteien synonymisiert, zumal diese von den Parteien als deren Sprecher autorisiert wurden. Letztlich heißt dies jedoch nicht zwingend, dass es eine kohärente Internet-Politik der Parteien gibt.

Wechselwählern als sehr wichtig[3], während sie der Bindung von Stamm-wählern doch eine eher untergeordnete Bedeutung beimessen. Nur FDP und PDS betrachten beide Ziele als gleichrangig. B'90/Die Grünen mes-sen zwar dem Werben von Wechselwählern eine höhere, letztlich jedoch beiden Zielen keine wesentliche Bedeutung bei. Hierbei ist anzumerken, dass es aufgrund der tendenziell immer noch jungen und bildungsstarken Nutzerstruktur des Internet (ARD/ZDF-Online-Studie 2001: 383) durch-aus Sinn macht, den parteipolitisch ungebundenen Wählern eine besonde-re Bedeutung beizumessen.

Die Ansprache von verschiedenen Zielgruppen wird von nahezu allen Parteien als sehr wichtig eingestuft. Die Ausnahme bilden hierbei B'90/Die Grünen, die dieser Strategie nur eine mittelmäßige Bedeutung beimessen. Der Demonstration von Zukunftsfähigkeit wird von den mei-sten Parteien eine große Bedeutung zugesprochen. Nur die SPD vertritt die Ansicht, die Demonstration von Zukunftsfähigkeit habe eine mittel-mäßige Relevanz.

Dass die Parteien der Vermittlung von Sachthemen im Internet eine vorrangige Bedeutung beimessen, lässt sich widerlegen und damit die Hoffnung auf eine Versachlichung der Politik durch das Internet relativie-ren. Die Vermittlung von Informationen über Kandidaten wird von allen Parteien als mindestens gleichrangiges Ziel zur Vermittlung von Informa-tionen über das Parteiprogramm und die Partei betrachtet. Nahezu alle Parteien legen einen sehr großen Wert auf die Präsentation von kandida-tenbezogenen Informationen. Nur B'90/Die Grünen messen der Vermitt-lung von Informationen über Kandidaten erwartungsgemäß eine eher mittelmäßige Bedeutung bei.

Die Vermittlung von Informationen über das Parteiprogramm wird von FDP und PDS sowie letztlich auch von der CDU als sehr wichtig eingeschätzt. Die anderen Parteien sind weniger von der Vermittlung po-litischer Inhalte überzeugt. Es ist durchaus nachvollziehbar, dass die In-teressenparteien FDP und PDS, die auch im Bundestagswahlkampf 1998 die stichhaltigsten inhaltlichen Vorschläge gemacht haben (Gell-ner/Strohmeier 1998), der Vermittlung von politischen Inhalten über das Internet eine wesentliche Bedeutung beimessen, während die über medi-

---

[3] Die Bewertung erfolgte anhand einer Skala von 1 bis 5 (1 = nicht wichtig, 2 = weniger wichtig, 3 = mittelmäßige Bedeutung, 4 = wichtig, 5 = sehr wichtig).

enwirksame Spitzenkandidaten verfügenden bzw. ausgefeilten populistischen Werbestrategien folgenden Volksparteien, SPD und CSU, der Vermittlung von Programmpunkten keine Priorität einräumen. Ähnlich differenziert fällt die Einschätzung zur Vermittlung von Informationen über die Partei aus. Während CDU, FDP, PDS und CSU der Information über die Partei einen hohen Stellenwert einräumen, wird diese von B'90/Die Grünen als mittelmäßig und von der SPD sogar als weniger wichtig bezeichnet. Dies mag damit zusammenhängen, dass die SPD seit dem Bundestagswahlkampf 1998 bestrebt war, ihr traditionelles Profil mit Hilfe der Person von Gerhard Schröder und symbolischer Politik der „Neuen Mitte" zu kaschieren.

Informationen über aktuelle Aktivitäten zu vermitteln, erachten nahezu alle Parteien als relativ bedeutsam. Auffallend ist, dass ausschließlich B'90/Die Grünen auch diese Funktion als weniger wichtig einstufen und damit dem Internet wohl überhaupt keine besondere Bedeutung mit Blick auf die Vermittlung von Informationen beimessen.

Der Gebrauch des Netzes zur Erstellung von Nutzerprofilen sowie zur Demoskopie wird von den großen Volksparteien (CDU/CSU und SPD) als bedeutsam eingestuft. Während B'90/Die Grünen diesen Möglichkeiten noch eine mittelmäßige Bedeutung zusprechen, bewerten FDP und PDS sowohl die Erstellung von Nutzerprofilen als auch demoskopische Analysen als weniger wichtig. Dies mag damit zusammenhängen, dass die Besucherzahlen bei den großen Volksparteien entsprechend höher sind und unterschiedliche Schichten repräsentieren, deren Analyse für die jeweiligen Parteistrategen Gewinn bringend zu sein scheint.

Die FDP gibt als weitere wichtige Funktionen des Internet Diskussionsplattformen, direkte Austauschformen zwischen Politik und Bürgern (z.B. in Chats) sowie Internet-Abstimmungen der Onliner zu bestimmten Themen an. Diese zusätzlich gemachten Angaben verdeutlichen, dass die FDP besonders großen Wert auf die Interaktion mit Nutzern zu legen und das Internet nicht als „Einbahnstraße" zu verstehen scheint.

3.2 Kriterien für gelungene Partei-Websites

Auf die (offen gestellte) Frage, welche Kriterien zentral für eine gelungene Internet-Seite seien, verweisen alle Parteien auf die besondere Bedeutung der Aktualität. CDU, CSU, B'90/Die Grünen und die PDS betonen überdies den Stellenwert der Interaktivität. Umfassende Informationen (Kapazität) werden von CDU und PDS als weiteres zentrales Kriterium für eine gelungene Internet-Seite genannt. Auffallend ist, dass keine der Parteien die Multimedialität als weitere wesentliche Komponente der Internet-Gestaltung aufführt. CSU und B'90/Die Grünen verweisen allenfalls auf die Bedeutung der (graphischen) Gestaltung. Darüber hinaus werden die Übersichtlichkeit (SPD, CSU und B'90/Die Grünen), die gute Gliederung der Inhalte (FDP, B'90/Die Grünen und PDS), kurze Ladezeiten (FDP und B'90/Die Grünen), gute Kontaktmöglichkeiten (FDP), Servicemöglichkeiten (CSU), die einfache Handhabung (FDP), Suchfunktionen (FDP) und das Infotainment (SPD) als Gütekriterien für eine gelungene Website genannt.

Die Antworten der Internet-Redakteure zeigen, dass diese konkrete Vorstellungen an die Gestaltung des Internet-Auftritts einer Partei haben. Auf die Frage der Zufriedenheit der Internet-Redakteure mit dem „eigenen Webangebot" geben die Vertreter der CDU, FDP und PDS an, ihre Seiten seien gelungen (CDU: gelungen bis sehr gelungen).[4] Während der Vertreter der CSU die eigene Seite als mittelmäßig einstuft, sieht der Vertreter von B'90/Die Grünen wohl noch erheblichen Verbesserungsbedarf, zumal er das eigene Angebot als weniger gelungen bezeichnet. Auffallend ist, dass alle Parteien mit Ausnahme der CDU einen *Relaunch* des Internet-Auftritts planen bzw. diesen im Falle der PDS vor kurzem durchgeführt haben. Dies mag mit der sehr guten Eigenbewertung des CDU-Vertreters begründet sein.

3.3 Die Bedeutung des Internet-Wahlkampfs bei der Bundestagswahl 2002

Zwar wird das Internet von allen Parteien mittlerweile als bedeutsames Wahlkampfmedium betrachtet. Jedoch existieren erhebliche Unterschiede hinsichtlich der Einschätzung des Ausmaßes dieser Bedeutung und der daraus erwachsenden Chancen für die eigene Partei.

Die SPD misst dem Wahlkampf im Internet eine hohe Bedeutung zu. Das Netz eigne sich „insbesondere, um schnell vor Ort zu informieren"

---

[4] Die Bewertung erfolgte anhand einer Skala von 1 bis 5 (1 = nicht gelungen, 2 = weniger gelungen, 3 = mittelmäßig gelungen, 4 = gelungen, 5 = sehr gelungen).

sowie „allen Bürgerinnen und Bürgern gute Argumente anzubieten". Die spezielle Bedeutung für die eigene Partei wird in der Möglichkeit gesehen, verschiedene – nicht näher definierte – Zielgruppen ansprechen zu können. Aufgrund der nachlassenden Parteibindung will die SPD vor allem den Wechsel- bzw. Nichtwählern ein Angebot machen.

Für die CDU steht fest: „Die Wahlen 2002 werden im Internet noch nicht gewonnen, sie können dort aber verloren gehen". Das Internet ist für die Christdemokraten insbesondere aus finanzieller Perspektive interessant. Immerhin steht der Partei nach eigenen Angaben ein vergleichsweise niedriger Wahlkampfetat von rund 40 Mio. DM zur Verfügung, während der Wahlkampfetat der SPD von der CDU auf etwa 140 Mio. DM geschätzt wird.

Die CSU betrachtet das Internet gegenwärtig zwar nicht als wahlentscheidende Plattform, glaubt aber, dass dort „bis zu 10 % der Stimmen beeinflusst werden" können. Sie sieht die Bedeutung der Internet-Präsenz in der „Motivation der eigenen Anhänger" und der „Versorgung der Wahlkämpfer mit Material und Informationen", d.h. primär in der Binnenkommunikation.

Die FDP ist von der Bedeutung des Internet für den Wahlkampf überzeugt. Sie misst dem Wahlkampf im Internet eine große Bedeutung bei. Im Vordergrund bei der Nutzung des Internet als Wahlkampfmedium steht bei der FDP die Möglichkeit der permanenten Präsenz.

B'90/Die Grünen räumen dem Wahlkampf im Internet eine mittelmäßige Bedeutung ein. Die Chance des Internet liege darin, dass die „Grün-Wähler" dieses Medium sehr intensiv nutzten. Letztlich glaubt die Partei, über dieses Medium viele Menschen, die ihr nahe stehen, d.h. potenzielle Wähler bzw. Stammwähler, erreichen zu können.

Die PDS vermutet, dass 2002 noch kein (richtiger) Wahlkampf im Netz stattfinden wird. Die Bedeutung der Internet-Präsenz wird darin gesehen, dass diese in den klassischen Medien Beachtung findet. Folglich erfüllt die Internet-Kommunikation für die PDS nahezu ausschließlich die Funktion der symbolischen Kommunikation, d.h. der Demonstration von Modernität und Zukunftsfähigkeit. Dennoch verbindet die PDS mit dem Internet-Auftritt das Interesse, Wähler im Westen, „wo die Partei noch keine Strukturen hat", zu erreichen.

3.4 Die zukünftige Bedeutung des Internet-Wahlkampfs

Die Einschätzungen der Rolle des Internet als Wahlkampfmedium zeigen – trotz der zum Teil sehr unterschiedlichen Positionen – in der Tendenz, dass dem Internet im Vergleich zur letzten Bundestagswahl ein weitaus größerer Stellenwert beigemessen wird (vgl. Gellner/Strohmeier 2002). In diesem Zusammenhang stellt sich die weiterführende Frage, ob Wahlkämpfe in Zukunft im Internet entschieden werden können. Die Meinungen der Parteien fallen auch bei dieser Frage zum Teil sehr unterschiedlich aus.

Sowohl B'90/Die Grünen als auch die PDS sind weniger[5] davon überzeugt, dass Wahlkämpfe in Zukunft im Internet entschieden werden können. B'90/Die Grünen begründen dies damit, dass das Internet zwar an Bedeutung gewinnen, jedoch „auch in Zukunft ein Bündel von Maßnahmen" zur Erringung eines Wahlkampferfolgs nötig sein wird. Die PDS verweist an dieser Stelle nochmals darauf, dass der Wahlkampf (noch) nicht im Netz ausgetragen wird.

Die SPD ist letztlich – ähnlich wie die CDU – unentschlossen, ob Wahlkämpfe zukünftig tatsächlich im Internet entschieden werden können. Wahlentscheidend sei auf jeden Fall die Persönlichkeit des Kandidaten und das geschlossene Auftreten der Partei. Das Internet wird jedenfalls als gutes und schnelles Medium eingestuft, das permanente Präsenz ermöglicht.

CSU und FDP glauben indessen schon eher, dass Wahlkämpfe in Zukunft im Netz entschieden werden können. Die FDP begründet diese Einschätzung damit, dass das Internet zwar „auch weiterhin neben Print, Hörfunk, TV und Straße nur ein Medium bleibt, aber an Bedeutung zunehmen [wird], sobald [die] Zugänge verbessert und verbilligt [werden]". Die CSU verweist darauf, dass ein entscheidender Einfluss des Internet auf das Wahlverhalten erst in fünf bis sechs Jahren zu erwarten sein dürfte.

3.5 Planungen der Parteien für den Internet-Wahlkampf 2002

Bei der Bundestagswahl 1998 waren bereits alle großen und zahlreiche kleine Parteien im Internet vertreten. Teilweise waren sogar nicht nur die

---

[5] Die Bewertung erfolgte anhand einer Skala von 1 bis 5 (1 = glaube nicht, 2 = glaube weniger, 3 = bin unentschlossen, 4 = glaube, 5 = glaube sehr).

Parteien, sondern auch deren Kandidaten mit eigenen Online-Angeboten im Netz präsent (Gellner/Strohmeier 1999: 91). Vor dem zweiten Internet-Wahlkampf auf Bundesebene stellt sich die Frage, ob die Parteien ihre Angebote diesmal noch breiter fächern, d.h. forciert gesonderte Internet-Angebote zum Spitzenkandidaten oder spezielle Wahlkampf-Sites einrichten werden.

Die SPD plant Sonderseiten zur Bundestagswahl 2002. Allerdings soll die Einstiegsseite weiterhin www.spd.de bleiben. Auch die CDU denkt an „Sonderseiten und bestimmte wahlkampfbezogene Projekte im Netz". Die CSU plant keine weiteren Seiten, sondern „nur" einen Relaunch von www.csu.de und des CSU-Net, eine Ausweitung des Newsletter-Angebots, spezielle interaktive Elemente und einen Kandidaten-Service im CSU-Net. B'90/Die Grünen wollen zur Bundestagswahl spezifische Kandidatenseiten einrichten und das gesamte Internet-Angebot auf den Wahlkampf ausrichten. Bei der FDP und PDS hat man sich noch keine weitreichenden Gedanken über die Internet-Angebote zur Bundestagswahl 2002 gemacht. Die PDS wollte die Kommunikationsstrategie nach der Berlin-Wahl überarbeiten.

Die meisten Parteien haben sich für den Wahlkampf 2002 das Ziel gesetzt, die Nutzerzahlen der jeweiligen Websites massiv auszudehnen. Etwa ein Jahr vor der Bundestagswahl erreichen SPD und CDU nach eigenen Angaben etwa gleich viele *Page Views*. [6]

Beide Parteien geben an, rund eine Million *Page Views* im Monat zu verzeichnen. Während die CDU diese Zahl im Wahlkampf verdoppeln will, hat sich die SPD das ehrgeizige Ziel gesetzt, „mehr als alle anderen Parteien" zu erreichen. Überraschend sind dagegen die 710.000 bzw. 550.000 *Page Views*, die B'90/Die Grünen bzw. die FDP nach eigenen Angaben ein Jahr vor der Bundestagswahl registrieren. Entsprechend weniger ehrgeizig und vage fällt die Zielvorstellung der FDP aus, „mehr als jetzt" erreichen zu wollen. Die PDS, die ein Jahr vor der Bundestagswahl 350.000 *Page Views* verzeichnet, hat sich kein konkretes Ziel für den Wahlkampf gesetzt.

Eine massive Ausdehnung der Nutzerzahlen ist bei allen Parteien gut denkbar. Schließlich hat bereits die Bundestagswahl 1998 gezeigt, dass im Vorfeld der Bundestagswahl weitaus mehr Nutzer die Seiten von Parteien

---

[6] Jede Seite, die ein Besucher betrachtet, ist ein *Page View* bzw. ein Seitenzugriff.

frequentieren als zuvor oder danach. Außerdem hat sich von 1998 bereits bis 2001 die Zahl der Internet-Nutzer in Deutschland rund vervierfacht (van Eimeren u.a. 2001: 383).

3.5.1 Die Besetzung der Internet-Redaktionen

Der Wahlkampf erfordert – wie bereits dargestellt – ein Höchstmaß an politischer Kommunikation. Dies betrifft sowohl den Bereich der klassischen Massenmedien als auch den Bereich des Internet und bedarf einer deutlichen Erhöhung der Ressourcen. Die überwiegende Zahl der Parteien will deshalb die personelle Stärke der Internet-Redaktionen im Wahlkampf steigern (vgl. Tabelle 1). Mit Ausnahme der CDU haben bereits alle Parteien externe Unternehmen mit der Gestaltung oder Betreuung ihrer Homepage betraut. Die CDU will dies aber zukünftig ebenfalls tun.

Tabelle 1: Besetzung der Internet-Redaktionen der Parteien

	SPD	CDU	CSU	FDP	Grüne	PDS
Gegen-wärtige Besetzung	1 Redakteur 1 Programmierer 1 Praktikant Zusammenarbeit mit der Pressestelle und einer Agentur	4 Redakteure 1 Designer 1 Programmierer 2 Hilfskräfte	1 Redakteur	3 Journalisten 3 Programmierer/Designer	2 Mitarbeiter mit Erfahrung im PR-Bereich und Journalismus	1 Person Internet-Präsenz ist dem größeren Bereich *Öffentlichkeitsarbeit* untergeordnet
Zusätzlich geplante Stellen	Ja, aber k.A.	2 Redakteure	1 Redakteur 1 Assistent	–	2 internet-erfahrene Mitarbeiter	–

Stand: Oktober 2001.

Die Internet-Redaktion der SPD ist gegenwärtig nur mit einer Redakteurin, einem Programmierer und einem Praktikanten besetzt. Allerdings arbeitet die Redaktion eng mit der Pressestelle und der engagierten Agentur zusammen. Für den Wahlkampf 2002 soll zusätzliches Personal eingestellt werden. In der Redaktion der CDU sind gegenwärtig vier Redakteure, ein Designer, ein Programmierer und zwei Hilfskräfte angestellt. Für den Wahlkampf 2002 sollen zwei weitere Redakteure angeworben werden. Die Internet-Redaktion der CSU ist mit einem Redakteur besetzt. Bis zum Bundestagswahlkampf sollen ein weiterer Redakteur und ein

Assistent eingestellt werden. In der Internet-Redaktion von B'90/Die Grünen sind zwei Personen beschäftigt, die über Erfahrungen im PR-Bereich bzw. Journalismus verfügen. Mit Blick auf den Wahlkampf sollten zwei „internet-erfahrene junge Menschen" eingestellt werden. FDP und PDS wollen für den Wahlkampf kein zusätzliches Personal im Bereich der Internet-Redaktion beschäftigen. Bei der FDP lässt sich dies damit begründen, dass deren Internet-Redaktion ohnehin mit drei Journalisten und drei Programmierern bzw. Designern sehr gut besetzt ist. Die Internet-Redaktion der PDS ist indessen nur mit einer Person besetzt, allerdings auch nicht als eigenständige Abteilung zu betrachten, da sie dem größeren Bereich der Öffentlichkeitsarbeit untergeordnet ist.

Bei den (befragten) Redaktionsleitern bzw. Verantwortlichen für die Internet-Auftritte der Parteien handelt es sich um frühere Journalisten, PR-Referenten bzw. PR-Vertreter. Mit Ausnahme der Vertreterin der FDP sind alle verantwortlichen Internet-Redakteure Mitglied der Partei, für die sie tätig sind. Die Altersstruktur der Befragten zeigt, dass die Internet-Redaktionen von Personen zwischen 25 und 45 besetzt sind. Einziger „Ausreißer" in dieser Hinsicht ist der Vertreter der PDS, der 55 Jahre alt ist. Die Internet-Redaktionen scheinen definitiv keine reine Männerdomäne zu sein. Immerhin werden die Redaktionen der SPD und FDP von einer Frau geleitet.

Mit Blick auf die Professionalität der Internet-Redaktionen lassen sich bestimmte qualitative Unterschiede feststellen. Dies zeigt z.B. das Antwortverhalten der Internet-Redakteure bei der Frage nach der Größe des Anteils der Internet-Nutzer in Deutschland. Dabei verweisen die Vertreter der CDU und SPD auf den entsprechenden in der ARD/ZDF-Online-Studie 2001 veröffentlichten Anteil von etwa 38 Prozent (van Eimeren u.a. 2001: 383). Der Vertreter der CSU gab zunächst 35 Prozent an, korrigierte diese Zahl anschließend jedoch auf 30 Prozent. Der Vertreter der FDP gibt 31,25 Prozent, jedoch gleichzeitig auch die damit nicht übereinstimmende absolute Zahl von 25 Mio. an, die sich allerdings wiederum mit den Angaben in der ARD/ZDF-Online-Studie deckt. Während der Vertreter von B'90/Die Grünen den Anteil der Internet-Nutzer in Deutschland auf 30 Prozent – mit dem Zusatz „weiß nicht" – schätzt, macht der Vertreter der PDS überhaupt keine Angaben.

3.5.2 Die primären Zielgruppen des Internet-Wahlkampfs

Bei den meisten Parteien existieren in der wahlkampffreien Zeit keine konkreten Vorstellungen über die Zielgruppen des Internet-Angebots. Auch mit Blick auf die Wahlkampfplanung ist letztlich keine ausgefeilte bzw. differenzierte Zielgruppenstrategie der Parteien erkennbar. Insbesondere SPD und CDU scheinen letztlich alle Wählertypen ansprechen zu wollen. B'90/Die Grünen und die PDS wollen primär Jung- und Erstwähler ansprechen. Die einzige Partei, die einen klaren Fokus auf Wechselwähler richten will, ist die FDP. Auffallend ist die Intention der CSU, mit ihrem Angebot primär nicht spezifische Wählerschichten, sondern Kandidaten und Journalisten adressieren zu wollen.

Zwar unterhielten die meisten Parteien bereits ein Jahr vor der Wahl einige Rubriken für ausgewählte Gruppen. Dabei handelt es sich jedoch meist um Bereiche für eigene Mitglieder bzw. Kandidaten und selten für ausgewählte Bevölkerungsschichten. Die SPD ist auf diesem Gebiet die aktivste Partei. Sie bietet bereits verschiedene Foren, u.a. das Jugendforum, das „Netzwerk 2010", „Rednet", das Jugendprojekt „Alex", das „Netzwerk Politische Bildung" und den „Virtuellen Ortsverein", an. Die CDU, die Informationen nach Interessensgebieten im Rahmen der Newsletter, der Rubrik „Politik A – Z" und der Diskussionsforen anbietet, will im Wahlkampf 2002 noch deutlicher ausgeprägt Rubriken für ausgewählte Gruppen zur Verfügung stellen. Auch die PDS und die CSU bieten bereits derartige Rubriken an. Die CSU hat das CSU-Net für Mitglieder und Kandidaten etabliert und plant für den Wahlkampf zusätzliche Bereiche für Funktions- und Mandatsträger sowie Journalisten. FDP und B'90/Die Grünen bieten (noch) keine Rubriken für ausgewählte Gruppen an. Während B'90/Die Grünen Rubriken für Zielgruppen im Wahlkampf 2002 planen, steht es für die FDP noch nicht fest, ob sie derartige Bereiche einrichten will.

3.5.3 Die Binnenkommunikation der Parteien

Alle Parteien wollen im Bundestagswahlkampf 2002 einen Bereich im Rahmen ihres Internet-Auftritts anbieten, der nur Mitgliedern – im Falle der PDS nur Funktionsträgern – zugänglich ist. SPD, CDU, CSU und FDP unterhalten – wie zum Teil bereits dargestellt – ein Jahr vor der Bundestagswahl 2002 einen abgeschlossenen Mitgliederbereich.

Die SPD will in ihrer Mitgliedersektion im Wahlkampf vertiefende Informationen zu politischen Schwerpunkten, Chat-Rooms, das Magazin SPD-Inline, ja sogar Rätsel und TV-Tipps sowie alles, „was im Wahlkampf vor Ort nötig ist", anbieten. Die CDU beabsichtigt, in ihrem Mitgliederbereich Parteiinterna (Verwaltung), Kontaktadressen, Sonderthemen, Vorlagen, Materialien zum Download oder zur Offline-Bestellung bereitzustellen. Der Mitgliederbereich der CSU soll im Wahlkampf Kontaktadressen, Informationsmaterial, Kampagnenmaterial und Dokumentationen umfassen. Die FDP will in ihrem Mitgliederbereich interne Informationen, Serviceangebote und organisatorische Hilfen anbieten. B'90/Die Grünen, die bis zur Bundestagswahl ebenfalls einen Mitgliederbereich etablieren wollen, möchten dort Argumentationshilfen und Download-Texte zur Verfügung stellen. Auch die PDS will bis zum Wahlkampf einen Mitgliederbereich einrichten und dort Termine ankündigen sowie Flugblätter, Plakate und Argumentationshilfen bereitstellen.

Zur besseren Koordinierung des Wahlkampfs wollen einige Parteien auch ein – von dem übrigen Angebot getrenntes – Intranet einrichten. SPD und CDU verfügen bereits über ein internes Netzwerk bzw. ein Intranet zur Binnenkommunikation. Im Wahlkampf sollen SPD-Mitglieder über SPD-Online und hauptamtliche SPD-Funktionäre über das SPD-Intranet kommunizieren können und dabei Informationen „zur Lage", tägliche Informationen vom SPD-Generalsekretär sowie vertiefende Informationen abrufen können. Das Intranet der CDU soll von Funktions- und Mandatsträgern genutzt werden können. Dort sollen Kontaktadressen, Informationsmaterial, Kampagnenmaterial und Dokumentationen verfügbar gemacht werden. Während FDP und CSU über kein Intranet verfügen und auch im Wahlkampf darauf verzichten wollen, sind B'90/Die Grünen und die PDS bestrebt, ein Intranet für den Wahlkampf 2002 einzurichten. Die PDS will ausgewählten Nutzern einen Zugang zum Intranet gewähren. Bei B'90/Die Grünen soll jedes Parteimitglied nach Anmeldung Zugang zu dem geplanten Intranet haben, wo Argumentationshilfen und Download-Texte zur Verfügung gestellt werden sollen.

3.5.4 Die Außenkommunikation der Parteien
3.5.4.1 Interaktivität
Ein Jahr vor der Bundestagswahl 2002 ist festzustellen, dass die Parteien bereits eine Reihe der interaktiven Kommunikationsmöglichkeiten des

Internet nutzen. Diskussionsforen und E-Mail-Kommunikations-möglichkeiten scheinen sich als Standard einer jeden Parteiseite entwik-kelt zu haben. Ferner setzen die meisten Parteien verstärkt Meinungsum-fragen, Newsletter und Chats ein. SPD, CSU, B'90/Die Grünen und PDS planen darüber hinaus, ihre interaktiven Kommunikationstechniken im Wahlkampf 2002 auszubauen (vgl. Tabelle 2).

Tabelle 2: Interaktive Elemente auf den Websites der Parteien

	SPD	CDU	CSU	FDP	Grüne	PDS
Chatrooms / Chats	X	X	(X)	X		X
Newsletter	(X)	X	X		(X)	X
Gästebuch				X	X	
Diskussionsforen	X	X	X	X	(X)	X
Meinungsumfragen		X	X	X	(X)	X
Spiele		X	X			(X)
E-mail	X	X	X	X	X	X

Erklärung: X = gegenwärtiges Element; (X) = für den Wahlkampf 2002 geplantes Element.

Die CDU hat über konkrete Änderungen noch nicht entschieden, gibt jedoch zusätzlich an, Abstimmungen im internen Mitgliedernetz durch-führen zu wollen. Die SPD will den Newsletter ausschließlich im Wahl-kampf verwenden. Darüber hinaus plant sie eine (interaktive) „Überra-schung", zu der sie jedoch noch keine weiteren Angaben machen möchte. Die FDP will mit Blick auf die vorhandenen interaktiven Elemente ihres Internet-Auftritts keine Änderungen vornehmen.

Fraglich ist, ob die Internet-Nutzer im Rahmen der verschiedenen von den Parteien gebotenen interaktiven Kommunikationsformen tatsächlich auch die Möglichkeit haben, Einfluss auf die Partei oder zumindest auf die Gestaltung des Internet-Angebots zu nehmen. Mit Ausnahme der PDS geben zumindest alle Parteien an, die Meinungen der Internet-Nutzer zu berücksichtigen.

Die SPD behauptet, viel Wert auf die Meinung der Besucher zu le-gen. Kritik funktionaler und auch inhaltlicher Art werde entsprechend umgesetzt. Im Wahlkampf soll diese Benutzerorientierung noch zuneh-men: Angeboten werden sollen jene „Informationen, die sich die Ziel-gruppen von http://www.spd.de wünschen". Bei der CDU können Nutzer gegenwärtig im Bereich der Seitengestaltung mitreden, sofern sie konkrete und bezahlbare Vorschläge machen. Ein Beispiel hierfür sind die Navigationspunkte, die auf Anregung von Besuchern der CDU-Homepage benannt wurden. Eine stärkere Einflussnahme der Nutzer ist nicht geplant. Auch die CSU gibt an, Anregungen entgegenzunehmen und ernsthafte Vorschläge zu beachten. Vor dem geplanten Relaunch soll eine Umfrage durchgeführt werden. Die FDP will ebenfalls Vorschläge und Anmerkungen der Nutzer berücksichtigen. So hat sie Diskussionsgruppen zur Seitengestaltung etabliert. Die Meinung der Bürger soll bei der FDP ein noch stärkeres Gewicht bekommen. Paradebeispiel für diese Bemühungen ist das Projekt www.buergerprogramm2002.de (vgl. Hebecker in diesem Band). Bei B'90/Die Grünen nimmt die Meinung der Besucher gegenwärtig keinen Einfluss auf die Gestaltung der Internet-Präsenz. Ob dies künftig der Fall sein wird, will die Partei „vom Feedback" abhängig machen.

3.5.4.2 Multimedialität

Die Wahlkampfseiten von George W. Bush und Al Gore haben im US-Präsidentschaftswahlkampf 2000 eindrucksvoll gezeigt, wie sich die multimedialen Möglichkeiten des Internet für eine professionelle „Cyber-Kampagne" nutzen lassen (Strohmeier 2001). In Deutschland sind Audio- und Videodarstellungen auf den Websites der Parteien noch nicht sehr verbreitet. Nur vereinzelt bieten die Parteien – mit Ausnahme von B'90/Die Grünen – ein Jahr vor der Bundestagswahl 2002 multimediale Elemente, d.h. auch Audio- und Videodarstellungen, auf ihren Seiten an.

Die SPD will im Wahlkampf 2002 ihr Multimediaangebot stark ausbauen. Unter anderem sollen Audiofiles von Reden und kurze Statements (ähnlich wie das Konzept von „Radio Wowereit") angeboten werden. Die CDU bietet bei Veranstaltungen regelmäßig (Live-) Streamings an. Dieses Angebot will sie im Wahlkampf forcieren bzw. verbreitern. Auf der Homepage der CSU werden bereits ein Jahr vor der Bundestagswahl Videos, Bildschirmschoner und Handy-Logos angeboten. Im Wahlkampf will die CSU Wallpapers (Bildschirmhintergründe) und gegebenenfalls spezifische Audio- bzw. Video-Streams verfügbar machen.

Während sich die FDP bzw. auch die PDS noch im Unklaren darüber sind, ob bzw. wie sie ihre multimedialen Angebote ausbauen wollen, planen B'90/Die Grünen, im Wahlkampf Audio- und Video-Streams anzubieten.

3.5.4.3 Informationsqualität und Informationsaktualität

Ein wesentliches Kriterium für die Beurteilung der Qualität einer Homepage ist die Präsentation der Inhalte. Dabei steht die Frage im Mittelpunkt, ob die gebotenen Inhalte internet-spezifisch aufbereitet oder nur in traditioneller Form ins Netz gestellt werden. Bei den großen Volksparteien und der FDP war es bereits ein Jahr vor der Bundestagswahl 2002 gang und gäbe, zumindest bestimmte Dokumente internet-spezifisch aufzubereiten. Die SPD gibt an, Angebote in alle Formate zu konvertieren. Die CDU bietet zu den klassischen Dokumenten zusätzliche Funktionen und Informationen. Bei der CSU werden Inhalte redaktionell aufbereitet, insbesondere traditionelle Dokumente für die Online-Versionen gekürzt. B'90/Die Grünen und teilweise auch die PDS wollen spätestens im Bundestagswahlkampf 2002 Dokumente für die Präsentation im Internet spezifisch aufbereiten.

Die Aktualisierungszyklen haben bei den Websites der Parteien seit ihrem Bestehen stetig zugenommen. Mittlerweile ist es für die Parteien völlige Normalität, ihr Angebot mindestens einmal täglich zu aktualisieren. B'90/Die Grünen und die PDS aktualisieren ihre Angebote jeden Tag, die CDU ein- bis zweimal täglich, bei besonderen Anlässen häufiger. CSU und FDP aktualisieren ihre Angebote sogar mehrmals am Tag. Die SPD gibt an, ihre Homepage immer dann zu aktualisieren, „wenn sie aktualisiert werden muss". CDU und CSU wollen die Frequenz der Aktualisierungen im Wahlkampf erhöhen.

4. Ausblick auf den Internet-Wahlkampf 2002

Das Internet als Wahlkampfmedium bietet für Parteien spezifische Möglichkeiten, ihre Außen- und Binnenkommunikation zu ergänzen. Die Internet-Nutzer (Wähler) können von der unvermittelten Außenkommunikation der Parteien – vornehmlich von der internet-spezifischen Breiten- und Zielgruppenkommunikation, weniger von der symbolischen Kommunikation – profitieren, indem sie auf Primärquellen und den durch das Internet möglichen Mehrwert an umfangreichen, aktuellen, multimedialen und interaktiven Informationen bzw. Kommunikationsmöglichkeiten zurückgreifen.

Eines scheint festzustehen: Der Internet-Wahlkampf 2002 wird mehr sein als ein bloßes Pseudoereignis, über das die Parteien der breiten Öffentlichkeit ihre Zukunftskompetenz suggerieren. So haben sich die meisten Parteien für den Wahlkampf 2002 das Ziel gesetzt, die Nutzerzahlen der jeweiligen Websites massiv auszudehnen. Deshalb will die überwiegende Anzahl der Parteien im Wahlkampf die personelle Stärke in den Internet-Redaktionen erhöhen. Letztlich werden im Wahlkampf auch alle Parteien für die Gestaltung der Internet-Seiten mit externen Unternehmen zusammenarbeiten. Zur Verbesserung des Kommunikationsangebots wollen die Parteien – sofern nicht schon vorhanden – eine Reihe von interaktiven Kommunikationsmöglichkeiten, multimediale Elemente, spezifisch für das Internet aufbereitete Dokumente, regelmäßig – mindestens täglich – aktualisierte Informationen und zum Teil auch Sonder- bzw. Kandidatenseiten zur Bundestagswahl bieten. Im Rahmen der Binnenkommunikation wollen alle Parteien im Bundestagswahlkampf 2002 einen abgeschlossenen Mitgliederbereich im Rahmen ihres Internet-Auftritts einrichten. Einige planen sogar, ein von dem übrigen Angebot getrenntes Intranet zu etablieren.

Die Relevanz des Internet für die Bundestagswahl 2002 haben – mit Ausnahme der PDS – alle Parteien erkannt. Die Planungen der Parteien für die Bundestagswahl 2002 zeigen, dass der Internet-Wahlkampf 2002 sich doch deutlich von dem Internet-Wahlkampf 1998 unterscheiden und damit eine neue Qualität des „Cybercampaigning" in Deutschland hervorbringen wird. Allerdings wird sich der deutsche Internet-Wahlkampf 2002 nicht nur von dem deutschen Internet-Wahlkampf 1998, sondern auch von dem amerikanischen Internet-Wahlkampf 2000 unterscheiden. Die Qualität des „Cybercampaigning" 2002 in Deutschland wird längst nicht den Stand der Internet-Kampagne 2000 in den USA erreichen, das u.a. ein Höchstmaß an Zielgruppenansprache sowie multimedialer und interaktiver Seitengestaltung hervorbrachte. So ist z.B. mit Blick auf den deutschen Internet-Wahlkampf 2002 keine ausgefeilte bzw. differenzierte Zielgruppenstrategie der Parteien erkennbar.

Die etwas paradox klingende Aussage des CDU-Vertreters, dass die Wahlen 2002 im Internet noch nicht gewonnen, aber verloren gehen können, scheint die Situation sehr gut zu beschreiben. Genauso wenig wie heute das „alte Plakat" zum Gewinn des Wahlkampfs beitragen kann, wird das Internet dazu beitragen können. Ein erfolgreicher Wahlkampf ohne das Internet scheint indessen genauso undenkbar wie ohne das Plakat.

Literatur

Eimeren, Birgit van/Gerhard, Heinz/Frees, Beate (2001): ARD/ZDF-Online-Studie 2001: Internetnutzung stark zweckgebunden, in: Media Perspektiven, H. 8, S. 382-397.

Foerster, Uly (1998): Wahlkampf. Neandertaler im Cyberspace, in: Spiegel-Online vom 30. September, online unter http://www.spiegel.de/netzwelt/themen/neandertaler.htm.

Gellner, Winand (2001): Das Internet: Digitale *agora* oder Marktplatz der Eitelkeiten?, in: forum medienethik, H. 1, S. 12-19.

Gellner, Winand/Strohmeier, Gerd (1998): Mehrheit für PDS und FDP. Der Internet-Gemeinde gefallen die kleinen Parteien am besten, in: Die Zeit vom 5. November.

Gellner, Winand/Strohmeier, Gerd (1999): Netwahlk(r)ampf. Die Wahlkommunikation im Internet, in: Christina Holtz-Bacha (Hrsg.), Wahlkampf in den Medien – Wahlkampf mit den Medien. Ein Reader zum Wahljahr 1998, Opladen: Westdeutscher Verlag, S. 86-108.

Gellner, Winand/Strohmeier, Gerd (2002): Wahlkampf online, in: Andreas Dörner/Ludgera Vogt (Hrsg.), Wahl-Kämpfe. Betrachtungen über ein demokratisches Ritual, Frankfurt a.M.: Suhrkamp (i.E.).

Holtz-Bacha, Christina (1997): Das fragmentierte Medien-Publikum. Folgen für das politische System, in: Aus Politik und Zeitgeschichte, B 42, S. 13-21.

Kaiser, Robert (1999): Online-Informationsangebote der Politik. Parteien und Verbände im World Wide Web, in: Klaus Kamps (Hrsg.), Elektronische Demokratie, Opladen: Westdeutscher Verlag, S. 175-190.

Roesler, Alexander (1997): Bequeme Einmischung. Internet und Öffentlichkeit, in: Stefan Münker/Alexander Roesler (Hrsg.), Mythos Internet, Frankfurt a.M.: Suhrkamp, S. 171-192.

Strohmeier, Gerd (2001): Mit modernen Medien und ohne traditionelle Gatekeeper... – Wie das Cybercampaigning den Wahlkampf verändert, in: Klemens Joos/Alexander Bilgeri/Dorothea Lamatsch (Hrsg.), Mit Mouse und Tastatur – Wie das Internet die Politik verändert, München: Olzog, S. 68-78.

Strohmeier, Gerd (2002): Moderne Wahlkämpfe – wie sie geplant, geführt und gewonnen werden, Baden-Baden: Nomos.

Veen, Hans-Joachim (1991): Einführung – Wählergesellschaft im Umbruch, in: Ders./ Elisabeth Noelle-Neumann (Hrsg.), Wählerverhalten im Wandel. Bestimmungsgründe und politisch-kulturelle Trends am Beispiel der Bundestagswahl 1987, Paderborn: Konrad-Adenauer-Stiftung, S. 9-19.

Zittel, Thomas (1998): Repräsentativverfassung und neue Kommunikationsmedien, in: Winand Gellner/Fritz v. Korff (Hrsg.), Demokratie und Internet, Baden-Baden: Nomos, S. 111-125.

Vom Medien- zum Multimediapolitiker? Alte und Neue Medien als Resonanzboden für politische Karrierewege

Christoph Bieber

Die zunehmende Verzahnung von Politik und Medien wirkt sich inzwischen immer stärker auf politische Karriereverläufe und Rekrutierungsmechanismen kollektiver politischer Akteure aus. Insbesondere massenmediale Herstellung, Vermittlung und Ausweitung von Prominenz haben dazu beigetragen, dass eine Reihe bekannter Persönlichkeiten als Quereinsteiger privilegierten Zugang zu politischen Ämtern erhalten hat. Die in solchen Fällen wirksamen Aufmerksamkeitsstrukturen massenmedial vermittelter politischer Öffentlichkeit bewirken auch, dass etablierte Vertreter des politischen Systems allein durch Aufmerksamkeitsgewinne (oder -verluste) ihre jeweilige Stellung stärken können (oder schwächen) – ohne den „Umweg" sachbezogener politischer Entscheidungskompetenz. Was für die klassischen Massenmedien noch ein vergleichsweise wenig bearbeitetes Forschungsfeld ist, erweist sich mit Blick auf die digitale, interaktive Medienumgebung noch als völliges Neuland. Allerdings legen unterschiedliche empirische Beobachtungen den Schluss nahe, dass seit Mitte der 90er Jahre eine nicht unerhebliche Zahl von Politikerinnen und Politikern das Feld „Neuer Medien" gewinnbringend für den individuellen Karriereverlauf hat nutzbar machen können.

Der nachfolgende Beitrag will zeigen, dass eine „politische Ökonomie der Aufmerksamkeit" (1) neue Profilierungswege eröffnet, die sich massiv auf die strategische Nutzung des Faktors „Prominenz" gründen und damit in Konkurrenz zu herkömmlichen Rekrutierungswegen treten (2). Selbst wenn die Illustrationen des Karrieremusters „Multimediapolitiker" bislang noch keine einheitliche Struktur erkennen lassen, so kann davon ausgegangen werden, dass sich im Schatten eines neuen Issue auch eine neue politische Führungsgruppe entwickelt (3). Zum Einsatz kommen dabei vermehrt Strategien medialer Aufmerksamkeitsgewinnung, die sich von den „Entertainisierungstendenzen" alter Medien unterscheiden. Darauf aufbauend werden weiterreichende Überlegungen zu den Mechanismen formuliert, die Entstehung und Zusammensetzung einer neuen politischen Führungsgruppe begleiten (4).

1. Politik, Medien und Aufmerksamkeit

In den vergangenen Jahren haben zahlreiche Arbeiten aus der politischen Kommunikationsforschung sowie der Medien- und Publizistikwissenschaft vielfach die ökonomisch-systemische und prozessuale Verflechtung von Politik und Medien diagnostiziert (vgl. stellvertretend für viele die Beiträge in Marcinkowski 2001 oder den Erfahrungsbericht von Hoffmann-Riem 2000). Darüber hinaus wurde auch die Verflechtung von Politik mit fiktionalen Medienumgebungen thematisiert, die in den Bereich der politischen Kultur einwirken und einer „Unterhaltungsorientierung" Vorschub leisten können (vgl. v.a. Dörner 2000, 2001). Ein wesentlicher Eckpunkt aktueller Arbeiten zur Konjunktur von „Medienpolitikern" ist dabei der allmähliche Zuwachs von Politikerauftritten in einem „weichen", nicht mehr nachrichtenorientierten Fernsehumfeld. Die voranschreitende Kommerzialisierung der Medienberichterstattung hat einen Verdrängungswettbewerb begünstigt, der zwar insgesamt für eine quantitative Ausweitung politischer Sendeinhalte gesorgt, individuelle Präsenz und Präsentationschancen der Politiker jedoch weiter eingeschränkt hat. In der Folge tritt die klassische „politische Nachrichtensendung" aus Sicht der Politiker zu Gunsten unterhaltungsorientierter Formate in den Hintergrund. „So wie sich die Darstellungspolitik also den Nachrichtenfaktoren anpasst, um die Chance zu erhöhen, in der politischen Berichterstattung berücksichtigt zu werden und damit Aufmerksamkeit zu gewinnen, so ist auch der Zug in die Unterhaltung eine Anpassungsleistung an die Bedürfnisse des Publikums" (Holtz-Bacha 2000: 164).
Vertreter des politischen Systems verlagern demnach ihre mediale Präsenz verstärkt in den Unterhaltungssektor der Medienbranche, um weitere Sichtbarkeit zu erhalten. Aufgrund der Stellung des Fernsehens als Leitmedium mit potenziell weitaus höheren Reichweiten als Konkurrenzanbieter aus Hörfunk, Presse und neuen Medien ist dies durchaus als ra-

tionale Strategie zu bewerten, welche die aktuellen Strukturen politischer Öffentlichkeit reflektiert.

Damit leisten Politiker jedoch vordergründig einer weiteren Personalisierung, Symbolisierung und schließlich auch Verflachung von Politik Vorschub, da innerhalb unterhaltungsorientierter Formate weniger die Herstellungs- als die Darstellungsebene von Politik thematisiert wird. Eine solchermaßen immer weiter um sich greifende „Entertainisierung der Politik" (Christina Holtz-Bacha) wird nur von wenigen Autoren als ebenso notwendiger wie wirksamer Teil einer medialen Darstellungsstrategie mit Bildungscharakter gelesen. Der von Andreas Dörner eingeführte Begriff des „Politainment" mit seinen Facetten „unterhaltender Politik" und „politischer Unterhaltung" verweist auf die neuen Vermittlungsmärkte und -chancen, die mit der Erschließung medialer Unterhaltungsformate wie Talkshow, Soap Opera, Film oder Musik entstehen können und durchaus auch partizipative Potenziale beinhalten (vgl. Dörner 2001).

Auch Leggewie (2000c) widerspricht einer simplifizierenden „Dekadenzthese" vom Verfall der Politik durch mediale Darstellung und Inszenierung, da „Politik immer schon auch symbolische Funktion hatte und diese [...] auch immer mehr übernehmen muss, da die funktionale Ausdifferenzierung der sozialen Welt wächst. Wenn es kein normatives Zentrum gibt, das die Welt zusammenhält, somit auch kein politisches Zentrum, das eindeutig die Richtung vorgibt und die Welt steuern kann, dann sind symbolische Funktionen der Politik um so stärker gefragt – und zwar auch von uns, den Bürgern selbst" (Leggewie 2000c: 227).

Vor diesem nur knapp skizzierten Hintergrund einer weit reichenden und sich stets neue Ausdrucksformen suchenden Verflechtung politischer und medialer Systeme ist zuletzt der Begriff der Aufmerksamkeit immer stärker in den Blickpunkt gerückt. Eine generelle Grundbedingung dafür liefern die Medien als „Aufmerksamkeit heischende Konstruktion" (Meyer/Kampmann 1998: 25). Ausgehend von dieser Definition ist „Aufmerksamkeit" im Rahmen zahlreicher Veröffentlichungen als ein Schlüsselbegriff zum Verständnis aktueller Medienentwicklungen entwickelt worden.[1] Insbesondere innerhalb einer medial vermittelten politischen Öf-

---

[1] Vgl. dazu insbesondere die Arbeiten von Davenport 2001, Franck 1998, Große Holtforth 2000 sowie die Beiträge in Assmann/Assmann 2001. Dem Verhältnis von Aufmerksamkeit und neuen Medien widmen sich eine Textsammlung des Online-Magazins Telepolis unter http://www.heise.de/tp/deutsch/special/auf/ und die Beiträge in Beck/Schweiger 2001.

fentlichkeit kann Aufmerksamkeit dabei durchaus als „Währung" verstanden werden (vgl. Davenport 2001; Franck 1998: 49-74; Goldhaber 1997; Schmidt 2001; Siegert 2001)[2], deren Akkumulation als ein genuiner Bestandteil der Arbeit politischer Akteure gelten muss (vgl. dazu Große Holtforth 2000; Sarcinelli 1998).

2. Elite, Prominenz und Politik

Das Phänomen, über den Status der „öffentlichen Person" Zugang zu politischen Führungspositionen zu erlangen oder gewinnbringend für den individuellen Karriereverlauf nutzbar zu machen, ist nicht neu. Auch unabhängig von den mindestens seit den Fernsehauftritten von John F. Kennedy personen- und medienzentrierten Entwicklungen der US-amerikanischen Politik ist die Rolle des Politikers als Medienstar in der deutschsprachigen Forschungsliteratur aufgegriffen worden. So nimmt etwa Hans Mathias Kepplinger noch deutlich Bezug auf die Sichtbarkeit traditioneller „Star-Politiker", die sich mediale Vorteile sichern und dadurch Ausnahmestellungen innerhalb von Parteien und Institutionen erarbeiten oder den Starruhm als „funktionales Äquivalent für reale Problemlösungen" (Kepplinger 1997: 193) einsetzen. Dagegen formuliert Thomas H. Macho bereits strukturelle Veränderungen nicht nur politischer Herrschaft, sondern auch politischer Rekrutierung: „Politischer Erfolg wird an eine Akkumulation von Wahrnehmungen gebunden, an die gelingende Kapitalisierung kollektiver Aufmerksamkeit" (Macho 1993: 766). Da eine solche Wahrnehmungsakkumulation auch außerhalb politischer Ämter geschehen und dieses Kapital in den Bereich der Politik transferiert werden kann, findet eine allmähliche „Verwandlung der Elite in die Prominenz" (Macho 1993: 762) statt. Eine ausführlichere Charakterisierung der sozialen Bedeutung medialer Prominenz unternimmt schließlich Birgit Peters (1994, 1996)[3], die Prominenz als eine Elitenform innerhalb des sozialen Systems „Öffentlichkeit" qualifiziert: „Da es Prominenz jeglicher Provenienz gibt, der Status also theoretisch von Vertretern aller gesell-

---

[2] Ein Streitpunkt in der Diskussion ist dabei allerdings, ob es sich bei der Aufmerksamkeitsökonomie um eine „reine" Ökonomie mit nur einem Tauschmedium oder um eine „gemischte" Ökonomie mit den aneinander koppelbaren Tauschmedien Aufmerksamkeit und Geld handelt.
[3] Eine aktuellere Betrachtung aus soziologischer Sicht liefert Wenzel 2000.

schaftlichen Bereiche erworben werden kann, ist eine inhaltliche oder personelle Definition problematisch. Vielmehr ist es plausibel, Prominenz als Elite oder Oberschicht eines spezifischen Systems zu betrachten. Es muss sich dabei um ein System handeln, das ‚quer' zu allen gesellschaftlichen Teilsystemen wie Politik, Ökonomie, Kultur oder Religion liegt. Als solches kann Öffentlichkeit gelten" (Peters 1994: 193). Den (alten) Medien schreibt Peters für den Prozess der Prominenzierung eine zentrale Rolle zu. Vor allem entlang von Nachrichtenwerten leisten sie sowohl die Vorselektion potenzieller Prominenzkandidaten wie auch die wichtige Weitervermittlung an die „Aufmerksamkeitskundschaft", die Abnehmer massenmedialer Inhalte. Allerdings begrenzt Peters die Rolle der Medien für politische Prominenz auf die Stärkung bereits bekannter Amtsinhaber oder Meinungsführer; die Medien haben „ausschließlich solchen Personen zu Prominenz verholfen, die hohe Positionen innehaben, so haben sie auf die vom politischen System nach immanenten Kriterien ausgewählte Bereichselite zurückgegriffen und keine Prominenz an dieser Elite vorbei ‚produziert'" (Peters 1994: 202).

Einige neuere Beiträge, insbesondere mit Blick auf Fallbeispiele aus dem US-amerikanischen Bereich, kommen allerdings zu dem Schluss, dass Mechanismen der Prominenzierung inzwischen auch Auswirkungen auf die Rekrutierung politischen Nachwuchses oder die Besetzung politischer Führungsämter haben können. Dabei spielt die immer größere Beliebigkeit der Herkunft eines möglichst soliden Karrierefundaments aus „eingenommener Aufmerksamkeit" eine wesentliche Rolle. So definiert Georg Franck Prominente als „die klassischen Kapitalisten in der Ökonomie der Aufmerksamkeit. Die Prominenten stellen die Klasse derjenigen Personen dar, von denen allgemein bekannt ist, wer sie sind. Der ursprüngliche Grund für die Bekanntheit ist zweitrangig. Entscheidend ist, dass sie nicht nur Großverdiener sind, sondern als Großverdiener auch ins öffentliche Bewusstsein eingegangen sind" (Franck 1998: 118). Gerade die Tendenzen zu einer Nutzung „fachfremden Starruhms" zur Förderung einer politischen Karriere im Anschluss an oder als Ergänzung zu einer anderen „öffentlichen Biografie" weisen auf den Bedeutungszuwachs der Kategorie Prominenz im Bereich der Politik hin. So geht Leggewie davon aus, „dass in der öffentlichen Wahrnehmung traditionelle Macht- und Funktionseliten durch Reputationseliten überlagert, teilweise auch verdrängt werden. Zugleich fallen Grenzen zwischen Politik und allgemeiner

Prominenz: Politiker gerieren sich als Prominente, und Prominente gehen in die Politik" (Leggewie 2000a: 9).

Bislang wurde die durch Effekte der Prominenzierung begünstigte Aufweichung politischer Führungsschichten vor allem durch Fallbeispiele aus dem US-amerikanischen Umfeld (vgl. Leggewie 2000a, 2000b) beschrieben.[4] Inzwischen wird die Rolle von Prominenzierungseffekten auf im Amt befindliche Politiker auch anhand des „Medienkanzlers" Schröder illustriert (vgl. Göttlich/Nieland 1999; Holtz-Bacha 2000).

Die unterschiedlichen empirischen Beobachtungen haben bislang jedoch noch keinen systematischen Eingang in die traditionelle Elitenforschung gefunden.[5] Generell werden zwar die veränderten Bedingungen politischer Kommunikation und die damit einhergehenden Justierungen der Anforderungsprofile an Politiker reflektiert, doch gelten sie eher als eine nachgeordnete „Umgebungsvariable" und nicht als bestimmender Faktor für politische Rekrutierungsmechanismen und Karrierewege. Im Rahmen aktueller Forschungsansätze bleibt die Kategorie der „Medien-" oder „Star-Politiker" daher ein Desiderat. Die jedoch immer häufiger bemühten Beispiele und Untersuchungen einer im Entstehen befindlichen „politischen Medienelite" weisen auf die Ausbildung eines zwar variablen, aber doch stringenter werdenden Karrieremusters als „Medienpolitiker" hin. Die medialen Grundbedingungen liefern dabei stets die „alten" Medien in der Dreifaltigkeit von Presse, Funk und Fernsehen. Mit dem Aufkommen der digitalen, interaktiven Medienumgebung des Internet sieht sich die massenmedial vermittelte politische Öffentlichkeit bereits einem weiteren Strukturwandel gegenüber, der durchaus auch Auswir-

---

[4] Einen hier ebenfalls zu berücksichtigenden Sonderfall stellt die Kandidatur und die (wiederholte) Wahl Silvio Berlusconis zum italienischen Ministerpräsidenten dar (vgl. Helms in diesem Band). Der Prominenztransfer vollzog sich hier nicht aus dem Umfeld der klassischen „Medienelite" der Show- und Unterhaltungsstars sondern vielmehr aus dem Bereich der „Medien-Macher". Diese vor allem unter dem Schlagwort der „Telekratie" diskutierte Entwicklung erweitert das Spektrum der möglichen „Quereinsteiger" in politische Führungsschichten um ein zusätzliches Motiv.

[5] Neben der breit angelegten Potsdamer Elitenstudie (Bürklin u.a. 1997) bietet die Forschungsgruppe „Politik als Beruf: Die politische Klasse und die Modernisierung demokratischer Institutionen" am Zentrum für Europa- und Nordamerikastudien der Universität Göttingen einen aktuellen Überblick, ohne näher auf die Bedeutung medialer Darstellungsstrategien einzugehen (vgl. http://www.gwdg.de/~zens/vwnachw.html). Für weitere Beiträge zur Eliten- bzw. Rekrutierungsdiskussion vgl. Herzog 1997, Rebenstorf 1995 sowie die Beiträge in Borchert 1999, Leif u.a.1992 sowie unter besonderer Berücksichtigung der Rolle der Medien Winterhoff-Spurk/Jäckel 1999.

kungen auf Prominenzierungs- und Rekrutierungswege von Politikern haben dürfte.

3. Multimediapolitiker: Ein neuer Politikertyp?

Im analogen Windschatten der digitalen Durchdringung der Politik hat sich während der vergangenen Jahre eine kleine Gruppe von Politikerinnen und Politikern besonders um die sozialen Implikationen neuer Medien bemüht – die Rede ist von den „Multimediaexperten", die sich innerhalb ihrer Parteiorganisationen profiliert und bisweilen sogar etabliert haben.

Der Begriff des Multimediapolitikers (bzw. der Multimediapolitikerin) beschreibt in heuristischer Weise eine neuartige Ausprägung des „Fachpolitikers", der sich dezidiert mit den gesellschaftlichen Auswirkungen der Modernisierung und Digitalisierung der Massenmedien auseinandersetzt. Die Mitte der 90er Jahre beginnende „Internetisierung" (Ulrich Sarcinelli) von Gesellschaft und Politik liefert die wesentlichen Bedingungen für die Entstehung dieses Politikertyps, außerdem fungieren die Liberalisierung der Telekommunikationsmärkte, die globale Verflechtung der Medienkonzerne sowie der Bedeutungszuwachs der „Neuen Ökonomie" als Markierungspunkte für das neue Tätigkeitsfeld.

3.1 Institutionelle Rahmenbedingungen

Die steile Karriere der Thematik „Internet und Politik" war schon früh begleitet von Neugründungen spezialisierter Gremien wie „task forces", Beratergruppen oder Sonderausschüssen. Stilbildendes Beispiel für die Verarbeitung des zunächst technologie- und wirtschaftsnahen Issues waren die US-amerikanischen Bemühungen unter Federführung von Al Gore im Rahmen der National Information Infrastructure (NII) aus dem Jahr 1993. Hier wurde erstmals eine Kombination aus Beraterstruktur (Information Infrastructure Task Force, IITF), Forderungskatalog und Programm („Agenda for Action") sowie politisch-thematischem Advokat (Gore) sichtbar (vgl. ausführlich die Beiträge in Kleinsteuber 1996). Eine schnelle europäische Adaption erfolgte in der *High-Level-Expert-Group* unter der Leitung des damaligen EU-Kommissars Martin Bangemann, der 1994 den Untersuchungsbericht „Europe and the Global Information Society" vorstellte, dem ein konkreter Maßnahmenplan („Action Plan") folgte. Diese Arbeitsteilung wirkte auch in nationale Politikformulierungsprozesse hinein, für Deutschland kann im Frühjahr 1994 die Einsetzung des „Rates für Forschung, Technologie und Innovation" als erste richtungsweisende Aktivität gelten.[6] Organisatorisch beim Wirtschaftsministerium angesiedelt, legte das unter dem Kurznamen „Technologierat" firmierende Gremium aus Politikern, Wissenschaftlern und Technikern den Bericht „Informationsgesellschaft. Chancen, Innovationen und Herausforderungen" vor, der erstmalig für den deutschen Politikrahmen gesellschaftliche Einsatz- und Wirkmöglichkeiten neuer Medientechnologien beschrieb (vgl. Rat für Technologie und Innovation 1996).

Als Folge dieser ersten politischen Bearbeitung, weiterer Vorleistungen wie dem Report „Die Informationsgesellschaft. Fakten, Analysen, Trends" aus dem Bundeswirtschaftsministerium sowie der massiven technologischen Entwicklungssprünge beschloss der Bundestag am 7. Dezember 1995 die Einsetzung der Enquete-Kommission „Zukunft der Medien in Wirtschaft und Gesellschaft. Deutschlands Weg in die Informationsgesellschaft" (vgl. dazu ausführlich Kleinsteuber 2000). Die Etablierung dieses parlamentarischen Arbeitszusammenhangs kann als der wesentliche Schritt für die Ausbildung einer spezifisch „deutschen" Multimediapolitik gelten. Das Gremium versammelte unter der Leitung des SPD-Abgeordneten Siegmar Mosdorf nicht nur eine beträchtliche Zahl von Politikerinnen und Politikern, die sich in diesem Rahmen erstmalig mit der Thematik „Internet und Politik" auseinander setzten, sondern bot zugleich ein prominentes Forum für die Arbeit von Experten, Gutachtern und Sachverständigen aus Wirtschaft, Wissenschaft und Netzpraxis.

Der Regierungswechsel von 1998 führte zu weiteren Brüchen und Differenzierungen der bereits bis dahin uneinheitlichen deutschen Multimediapolitik. Mit der Auflösung der Enquete-Kommission verschwand

---

[6] Als historischer Rahmen für die politische Auseinandersetzung mit den gesellschaftlichen Folgen der Computerisierung kann ganz allgemein die Debatte um „Politik und Technik" bzw. „Technikfolgenabschätzung" angesehen werden, die vor allem mit den großtechnischen Neuerungen der 80er Jahre aufgekommen ist. Einen umfassenden Überblick liefern etwa die Beiträge in Martinsen u.a. 2001. Auch die speziellen Auswirkungen der Computertechnologie auf politische Prozesse wurden bereits in einzelnen Beiträgen vorweg genommen (vgl. etwa Kevenhörster 1988; Krauch 1972; Lange 1988), allerdings hat erst die Entstehung von Computernetzwerken sowie deren schrittweise „Medialisierung" für eine deutliche Dynamisierung dieses „Technikbereichs" geführt.

der bislang wirkmächtigste politische Akteur, zahlreiche beteiligte Politiker wurden auf Seiten der Regierungskoalition in Ämter befördert, die eine kontinuierliche Auseinandersetzung mit der Thematik „Internet und Politik" erschwerten oder verhinderten. Zudem verteilte sich auch der virtuelle Zusammenhang der externen Sachverständigen und Experten auf weniger einflussreiche Einzelinitiativen auf Ressort- oder Landesebene. Als wichtigste Projekte „offizieller" Multimediapolitik können seit 1998 die Einrichtung des „Forum Informationsgesellschaft" als minimale Fortsetzung der Arbeit der Enquete-Kommission beim Bundeswirtschaftsministerium, die Unterstützung der „Initiative D21" sowie das Aktionsprogramm der Bundesregierung „Innovation und Arbeitsplätze in der Informationsgesellschaft des 21. Jahrhunderts" gelten. Darüber hinaus ist die Thematik „Internet und Politik" formal im Bundesministerium für Bildung und Forschung sowie beim Staatsminister für Medien und Kultur zu verorten. Schließlich hat sich im Bundestag der Unterausschuss „Neue Medien" innerhalb des Ausschusses „Kultur und Medien" formiert.

Eine weitere wesentliche Folge der Zersplitterung institutioneller Arbeitszusammenhänge über unterschiedliche Ressortverantwortungen, aber auch der Differenzierung nach Verwaltungsstrukturen auf Bundes-, Landes- oder kommunaler Ebene ist die verstärkte Auseinandersetzung mit der Thematik „Internet und Politik" auf Seiten der Parteien. Gewissermaßen als „Rückführung" aus der Beschäftigung in parlamentarischen Gremien oder im Regierungszusammenhang sowie als Feedback auf die seit Mitte der 90er Jahre aktiven „Virtuellen Parteizentralen" (vgl. Bieber 2001b) hat die Diskussion innerhalb der Parteiorganisationen erheblich an Bedeutung für Entstehung und Formulierung einer „Multimediapolitik" gewonnen. Dadurch geraten auch die Protagonisten dieser Entwicklung wieder stärker in den Blick: die Multimediapolitikerinnen und -politiker.

Die prominentesten Beispiele liefert das Umfeld der Enquete-Kommission: So wechselte der SPD-Politiker Siegmar Mosdorf (www.siegmar-mosdorf.de), der den Vorsitz der Enquete-Kommission inne hatte, nach dem Regierungswechsel als Parlamentarischer Staatssekretär ins Bundeswirtschaftsministerium, um dort die Zuständigkeit für Internet-Themen zu übernehmen. Von der inhaltsorientierten Arbeit in der Enquete-Kommission profitierten auch der CSU-Abgeordneten Martin Mayer (www.m4m.de) oder der Grünen-Abgeordnete Rezzo Schlauch (www.rezzo-schlauch.de), die über die Gremienarbeit an die Thematik herangeführt worden waren. In der Enquete-Kommission vertreten war auch der SPD-Abgeordnete Jörg Tauss (www.tauss.de), der inzwischen dem Bundestagsunterausschuss „Neue Medien" vorsitzt und als einer der konsequentesten Multimediapolitiker gelten kann.

Unter den unterschiedlichen Karrierepfaden erscheint die „institutionelle" Laufbahn innerhalb parlamentarischer Gremien als Variante mit den höchsten Reputationsgewinnen, da parallel zur Besetzung eines neuen, modernen Themas auch die Möglichkeit zur Profilierung „qua Amt" besteht. Daher gewinnen zunehmend auch die für Teilbereiche zuständigen Ministerposten an Bedeutung; deutlich wird dies etwa am Einschreiten des Innenministers als oberstem „Internet-Polizisten" oder an dem Kompetenzgewinn der Justizministerin in strittigen Rechtsfragen unterschiedlicher Internet-Materien.

3.2 Inhaltlich-thematische Nähe

Einen weiteren Grund für die Aufmerksamkeit für die gesellschaftlichen Folgen Neuer Medien kann die Nähe zu verwandten Politikinhalten liefern. Vor allen Dingen die frühzeitige Qualifizierung der Thematik als wirtschaftspolitisch relevantes Arbeitsfeld hat in einigen Fällen zur Adaption in das Themen-Portfolio geführt.[7]

Standortpolitische Überlegungen spielen im Rahmen der Wirtschafts- und Technologiepolitik eine große Rolle beim Aufstieg von Multimediapolitikern. Zwei markante Beispiele stammen aus dem Süden der Republik: Der bayerische Ministerpräsident Edmund Stoiber hat über das langfristig angelegte Förderprogramm „Bayern Online" sowie über die Berufung eines lokalen Beraterteams frühzeitig die Thematik „Internet und Politik" prominent besetzen können und auf breiter Basis in die Landespolitik implementiert. Für einen weiteren standortbezogenen Karriereverlauf steht der CSU-Bundestagsabgeordnete Martin Mayer. Zusätzlich zur Mitarbeit als ordentliches Mitglied der Enquete-Kommission vertritt Mayer mit dem Landkreis München einen „High-Tech-Wahlkreis", in dem zahlreiche Firmen aus der „New Economy" angesiedelt sind. Da-

---

[7] Als Beispiel zu nennen ist hier der FDP-Politiker Hans-Joachim Otto (www.hans-joachim-otto.de), der verschiedene Fragen aus dem Gebiet des „E-Commerce" bearbeitet hat.

durch spielen in der Wahlkreisarbeit selbst Technik und Inhalte Neuer Medien eine wichtige Rolle.

Rechtliche Aspekte der digitalen, interaktiven Medien bieten Anknüpfungspunkte für die Übernahme durch auf rechtspolitische Themen spezialisierte Politiker – die Debatte um das Signaturgesetz oder die in den letzten Jahren außerordentlich wichtig gewordene Rolle der Datenschutzbeauftragten liefern Beispiele für derartige Profilierungsmöglichkeiten. Neben den verschiedenen Teilgebieten der Datenschutzgesetzgebung bieten zudem Fragen des Urheberrechts oder die Debatte um Softwarepatente künftig interessante Betätigungsfelder.[8]

Der Bereich der Bildungspolitik ist in den vergangenen Jahren ebenfalls häufig mit internet-nahen Themen aufgeladen worden und bot somit den in diesem Arbeitsfeld tätigen Politikern gute Profilierungsmöglichkeiten. Neben dem inzwischen abgeschlossenen Projekt „Schulen ans Netz" ist die Frage nach der „digitalen Spaltung" als weiteres Großthema zu nennen, das unmittelbar an klassische bildungspolitische Aspekte heranreicht.

3.3 „Demografische Nähe" bzw. „Ferne" zum Internet

Ein „weicher" Faktor, der bei der Aneignung internet-politischer Themenschwerpunkte eine Rolle spielt, ist die jeweilige Zugehörigkeit zu gesellschaftlichen Gruppen, die in einer besonderen Beziehung zu Neuen Medien stehen. Eine derartige „demografische Nähe" ist vor allem für die attraktive „Netz-Zielgruppe" der jungen Politikerinnen und Politiker zu konstatieren. Dementsprechend hat das Internet als Politik-Thema insbesondere bei den Jugendorganisationen der großen Parteien gesteigerte Bedeutung erhalten; auch werden verstärkt junge Abgeordnete mit dem Etikett der „Internet-Beauftragten" versehen. Das im Wortsinne jüngste Beispiel aus dem Bundestag liefert die 1975 geborene Grietje Bettin (www.g-bettin.de), die als Vertreterin von B'90/Die Grünenin den Unterausschuss „Neue Medien" entsendet worden ist.

---

[8] Eine aufschlussreiche Episode stellen in diesem Zusammenhang auch die Überlegungen des Bundestags hinsichtlich der internen Verwendung von Microsoft- oder Linux-Produkten dar. Im Gerangel um die einzusetzende Arbeitsplattform werden die Beziehungen unterschiedlicher Politiker sowohl zu den grundverschiedenen technischen Systemen wie auch zu den stark aktiven Lobby-Gruppen deutlich (vgl. Krempl 2001).

Allerdings kann aber auch ein „Reflex" auf die vermutete Benachteiligung von Bevölkerungsgruppen zur Intensivierung der Auseinandersetzung mit der Thematik führen – dies gilt insbesondere für Frauen wie auch Senioren. Wie bereits angedeutet, haben in den einschlägigen Gremien bisher äußerst wenige Frauen tragende Rollen übernommen. Eine Ausnahme stellt die PDS-Politikerin Angela Marquardt dar, die 1997 im so genannten „Hyperlink-Prozess" von sich reden machte. Marquardt hatte auf ihrer Homepage einen Verweis auf die in Deutschland verbotene Zeitschrift „radikal" platziert und war deswegen von der Staatsanwaltschaft des Amtsgerichts Berlin-Tiergarten angeklagt worden (vgl. Baumgärtel 1997).

Während die PDS-Politikerin – die im Übrigen inzwischen nur noch die Standard-Website der Bundestagsverwaltung nutzt – nicht mehr in vorderster Front an Internet-Themen arbeitet, ist Martina Krogmann (www.martina-krogmann.de) als Internetbeauftragte der CDU/CSU-Bundestagsfraktion derzeit die einzige Frau in verantwortungsvoller Position mit den Fragen Neuer Medien beschäftigt. In der Diskussion um die „digitale Spaltung" und einen allgemeinen und gleichberechtigten Internet-Zugang bestehen zumindest kurzfristig gute Profilierungschancen gerade für Politikerinnen, bei denen eine größere „Zielgruppennähe" zu vermuten ist.

3.4 Netzspezifische Karrierewege

Die Übernahme von „Anwaltsfunktionen" für die so genannte „Netz-Gemeinde" ist eine weitere Möglichkeit für die innerparteiliche Themenbesetzung. Vor allem der SPD-Politiker Jörg Tauss hat auf anschauliche Weise gezeigt, wie ein Reputationstransfer ablaufen kann. Tauss engagierte sich schon früh für Internet-Themen und übernahm schließlich die „Patenschaft" für den Virtuellen Ortsverein der SPD (vgl. Marschall 2001). Vor allem aufgrund dieser Vermittlungsposition zwischen etablierten Parteistrukturen und neuen Partizipationspotenzialen ist Tauss schnell in die Rolle des SPD-Internet-Politikers hinein gewachsen und hat so klassische Karrierewege gerade innerhalb von Fraktionen kurzschließen können. Der erst 1994 in den Bundestag gewählte Tauss arbeitete sich über eine Vertretungsmitgliedschaft in der Medien-Enquete in relativ kurzer Zeit zum Vorsitzenden des Unterausschusses „Neue Medien" empor und scheint gerade durch die enge Verflechtung zur „digitalen Basis" eine Art „innerparteiliche Themenhoheit" zu besitzen.

Der Virtuelle Ortsverein hat jedoch noch weitere parteiinterne Rekrutierungsfunktionen erfüllt. Die Berufung der ehemaligen Vorsitzenden Petra Tursky-Hartmann zur Referentin „Internet/Intranet" für den Parteivorstand illustriert den Bedeutungszuwachs der „virtuellen Organisationsebene" für individuelle Karriereverläufe.

Ein ähnliches Muster ist im Umfeld des Internet-Landesverbands der FDP (www.fdp-lv-net.de) zu beobachten. Gründer und Protegé Alexander Graf Lambsdorff hat diesen Online-Verband initiiert und betreibt mit dem Versuch der Integration dieser neuen Struktur in die Parteiorganisation zugleich Werbung in eigener Sache. Im Landtagswahlkampf 2000 in Nordrhein-Westfalen positionierte sich Lambsdorff insbesondere durch die Patenschaft für eine neue, virtuelle Parteistruktur als zeitgemäßer, reformbereiter Politiker. Inzwischen scheint der Implementationsversuch innerhalb der alten Parteistrukturen ins Stocken gekommen zu sein – somit vor einer Bewährungsprobe, die durchaus auch Auswirkungen auf Lambsdorffs innerparteiliches Ansehen haben könnte.

3.5 Externe Sachverständige

Abschließend ist auf die Versuche der Parteien hinzuweisen, im Windschatten der durch Neue Medien angestoßenen Reformprozesse Einstiegsmöglichkeiten für Quereinsteiger zu schaffen. Ein früher, auf hohem Niveau gescheiterter Versuch hierfür war die Berufung des Internet-Unternehmers Jost Stollmann als „Zukunftsminister" in das Schattenkabinett von Gerhard Schröder im Vorfeld der Bundestagswahl 1998. Der externe Sachverstand eines „Praktikers" schien vor allem mit Blick auf das noch kaum verarbeitete Thema „Internet und Politik" attraktiv, das Vorhaben scheiterte jedoch an diversen Widerständen aus den eigenen Reihen. Auch die von Franz Müntefering vorgebrachte Forderung „Zehn von außen" (Müntefering 2000) wurde in den Parteigliederungen heftig kritisiert, sodass eine zu starke Öffnung der Strukturen zumindest für die Sozialdemokraten bis auf Weiteres nicht zu erwarten ist.

Einen ähnlichen, jedoch etwas „weicheren" Kurs hat die CDU eingeschlagen und mit Thomas Heilmann einen erfolgreichen Unternehmer zum Internet-Sprecher der Partei „befördert". Heilmann, im „wirklichen

Leben" geschäftsführender Gesellschafter der Werbeagentur Scholz &
Friends in Berlin, berät die Parteispitze in unterschiedlichen Fragestellungen rund um das Internet und stärkt so das kollektive Know-How der Organisation. Durch die Berufung eines „Externen" wird die thematische
Kompetenz der Partei sicherlich angereichert, doch entstehen zugleich
Konfliktkonstellationen: Die Auseinandersetzung mit Internet-Themen
durch „klassische" Parteifunktionäre kann dadurch auch erschwert werden.

Zusammenfassend lässt sich sagen, dass ein Engagement im Umfeld
digitaler, interaktiver Medien sehr wohl innerparteiliche Karrierewege
günstig beeinflussen kann. Im Wesentlichen scheinen die thematische
Näherung und die Mitarbeit in entsprechenden Gremien oder Arbeitszu-
sammenhängen die empirisch größten Aufstiegschancen zu bieten, wenngleich es keinem der oben genannten „Multimediapolitiker" gelungen ist,
sich in die erweiterte Führungsspitze der Partei vorzuarbeiten. Allerdings
hat die Thematik trotz ihrer hohen gesellschaftlichen Tragweite und Bekanntheit neben den klassischen Aufgabenfelder der Politik noch immer
nicht recht Fuß gefasst. Der Blick auf andere politische Systeme lässt
jedoch erwarten, dass in Zukunft auch auf institutioneller Ebene Differenzierungen und Verfestigungen eintreten werden. Insbesondere die skandi-
navischen Staaten sind den Weg der Ressorteinrichtung gegangenen; in
Großbritannien wurde immerhin mit dem „E-Envoy" eine zentrale Behör-
de zur Koordination der Aktivitäten in den Bereichen „E-Government",
„E-Business" und „E-Communication" geschaffen. In der Bundesrepublik
herrscht noch ein Kompetenzgerangel, zusätzlich verschärft durch die
Aufspaltung der Zuständigkeiten über Bundes- und Länderebene. Die
aktuelle Situation deutet darauf hin, dass in nächster Zeit die Institutionalisierung der Multimediapolitik voran schreiten wird und es somit zu einer
Ausweitung der formalen Profilierungswege kommen kann.

4. Neue Medien – Neue Karrierewege?

Allein die Vielzahl möglicher Thematisierungsstrategien, -möglichkeiten
und Karriereverläufe zeigt, dass der Politikinhalt „Internet" bislang innerhalb der Parteiorganisationen noch lange nicht gefestigt und etabliert ist.
Neben den „institutionellen" Profilierungsmöglichkeiten besteht auch

Raum für unkonventionelle Rekrutierungswege wie insbesondere die Verbindungen von Parteivertretern zu virtuellen Parteistrukturen zeigen. Die Chance zur Mobilisierung externen Sachverstands scheint hier größer als bei anderen Themen, da aufgrund der Vielschichtigkeit der politischen Auseinandersetzung mit den sozialen Implikationen Neuer Medien ein großer Beratungsbedarf gegeben ist. Schließlich scheint der Themenkomplex „Internet" auch innerhalb der Parteistrukturen als tendenziell „reformfreundlich" zu gelten und Experimente mit neuen Formen und Formaten der Parteiarbeit zu begünstigen. Entlang der hier nur knapp skizzierten Entwicklungspfade könnte sich durchaus eine neue politische Führungsgruppe herausbilden, die thematisch wie personell noch sehr heterogene Strukturen aufweist, gleichzeitig jedoch Anknüpfungspunkte für einen Zusammenhalt ausbildet. Nicht zuletzt aufgrund der hohen Aktualität bei einer gleichzeitigen strategischen Bedeutung des Themas dürfte die Gruppe der „Multimediapolitiker" wohl erst am Anfang ihrer eigenen Karriere als parteiinterner Machtfaktor stehen. Die wesentlichen Einflussgrößen, die zur Ausbildung von Karrierewegen im Umfeld einer „Multimediapolitik" führen, lassen sich grob nach „politik-inhärenten", „themen-inhärenten" und schließlich „medien-inhärenten" Faktoren sortieren.[9]

Generell bleibt festzuhalten, dass die Neuen Medien einen strukturell andersartigen Entfaltungsraum für ein „medienbezogenes Engagement" von Politikern darstellen als die herkömmlichen Massenmedien. Zwar sind hinsichtlich der „inhaltlichen Verarbeitung" im Rahmen eines im Entstehen befindlichen Politikfelds „Multimediapolitik" ähnliche Muster von Themensetzung und institutioneller Begleitung gegeben, doch mit Blick auf die vielfältige Verwobenheit mit anderen Politikbereichen wie z.B. Wirtschafts-, Bildungs- oder Technologiepolitik sowie der zusätzlichen Bedeutung interaktiver Medien für die Prozessebene von Politik[10]

---

[9] Eine völlig „trennscharfe" Sortierung der Karrieredeterminanten erscheint nicht möglich, da zwischen den einzelnen Bereichen Überschneidungen bestehen. Die Einflussfaktoren aus dem Bereich „Medium" fungieren als eine Art Grundrauschen, sie geben wesentliche Entwicklungen vor, auf die eine „Multimediapolitik" reagieren soll oder muss. Entscheidend ist hier, dass es sich nicht um nur temporäre Einflussgrößen handelt, sondern eher von einer dauerhaften Wirkung auszugehen ist: So hat etwa der Boom der „Neuen Ökonomie" Ende der 90er Jahre das Interesse und die Neugier politischer Akteure geweckt, die derzeitige Krisensituation verlangt nun aber ebenfalls nach Reaktionen seitens der Politik.

[10] Beispiele für diese „politics"-Dimension liefern etwa die Diskussionen um elektronische Wahlverfahren, die Digitalisierung von Verwaltungsvorgängen unter dem Schlagwort „E-Government" oder

bietet dieser Komplex einen größeren Tätigkeitsspielraum für politische Akteure. Insofern wäre der Aufmerksamkeitsgewinn für Politikerinnen und Politiker durch die inhaltliche Auseinandersetzung mit den Neuen Medien zunächst einmal als eine Art „Prominenzierung nach innen" zu lesen; anders als die Nutzung massenmedialer Öffentlichkeiten als Bühne für die eigene politische Arbeit zielt das Engagement im Umfeld Neuer Medien stärker auf politische Institutionen und Organisationen ab.[11] Hier zeigt sich zugleich ein verbindendes und trennendes Element bei der Beurteilung medial beeinflusster Karrierewege: Obwohl alte und neue Medien durchaus eine gemeinsame historische Entwicklung durchlaufen und ein essenzieller Bestandteil politischer Arbeit geworden sind, zieht ihr karrierebezogener Einsatz unterschiedliche Folgen nach sich.

Zu den institutionellen, organisatorischen oder demografischen Unterschieden addieren sich auch neue Möglichkeiten für die individuelle Positionierung als „Multimediapolitiker" im Datenraum. Den empirisch bisher größten Platz nimmt dabei die Selbstdarstellung von Politikern im Internet mittels personalisierter Homepages ein. Über die Einrichtung eigenständiger Online-Präsenzen inszenieren Politiker und Politikerinnen sich selbst und ihre politische Arbeit.[12] Feedback-Instrumente wie Diskussionsforen oder der obligatorische „Online-Briefkasten" erlauben eine unmittelbare Rückkopplung zur interessierten Bürgerschaft; die Teilnahme oder die Organisation von Online-Veranstaltungen wie etwa Chats erweitert das neue mediale Darstellungspotenzial um kommunikative Komponenten (vgl. dazu ausführlich Bieber 2001b). Inzwischen erlaubt die Kommerzialisierung des Internet im Verbund mit dem breiten Zu-

---

Überlegungen zur digitalen Modernisierung der Gesetzgebung unter dem Begriff „E-Legislation" (vgl. dazu ausführlicher Leggewie/Bieber 2001).

[11] Aktuell wäre hier (noch) von einer stärkeren „Sachorientierung" der Multimediapolitiker auszugehen, die aus der (bislang) defizitären „Bühnentauglichkeit" des Internet resultiert; dies kann sich künftig in Folge der zu erwartenden Kommerzialisierung und „Massenmedialisierung" des Netzes jedoch ändern. Dennoch sollten „multimediapolitische Karrieren" zugleich deutlich von herkömmlichen fachpolitischen Spezialisierungen unterschieden werden, da die Auseinandersetzung mit internetrelevanten Themen stets innerhalb und mit einer – wenngleich noch randständigen – medialen Öffentlichkeit stattfindet.

[12] Die so genannten „Politiker-Homepages" sind regelmäßiger Gegenstand journalistischer „Tests", die derartige Angebote untersuchen und nach technischen, inhaltlichen und nutzerorientierten Kriterien bewerten. Insbesondere politikorientierte Online-Medien verschreiben sich dieser Aufgabe; vgl. dazu etwa die „Web-Tests" auf den Seiten von „politik-digital" (http://www.politik-digital.de) oder „Politikerscreen" (http://www.politikerscreen.de).

wachs unterhaltungsorientierter Angebote auch eine allmähliche „Entertainisierung" der Online-Politik: Insbesondere reichweitenstarke Anbieter wie Internet-Service-Provider, Portale oder Online-Medien arbeiten am Aufbau einer Unterhaltungsöffentlichkeit im Netz, die massiv auf die Entwicklung und Durchführung publikumswirksamer Internet-Formate wie Prominenten-Chats oder Online-Foren setzt. In diesem Umfeld entstehen auch neue mediale Bühnen, auf denen sich „multimedia-geeignete" Politiker präsentieren können – die augenfälligsten Beispiele finden sich in Wahlkampfzeiten, wenn zumindest die Spitzenkandidaten der Parteien neben der Runde durch die TV-Anstalten auch Gastbesuche bei führenden Chat-Anbietern absolvieren. Lediglich in dieser (noch) randständigen Online-Unterhaltungsöffentlichkeit greifen ähnliche Mechanismen zur Aufmerksamkeitsgewinnung wie in den alten Medien: Große Sicht- bzw. Lesbarkeit der Äußerungen sichern Politikern eine mediale Reichweite und tragen zur Steigerung von Bekanntheits- und (manchmal) Beliebtheitsgrad bei.[13]

Mit Blick auf die typischen Karrierewege von Multimediapolitikern ist allerdings anzumerken, dass diese an den Mechanismen der alten Medien orientierten Strategien keineswegs eine hinreichende Bedingung für einen Karriereweg über die „Multimedia-Schiene" sind, allenfalls können sie entsprechende Ambitionen verstärken oder ergänzen. Stärker wiegt dagegen eine „medien-affine" Selbstpositionierung, die nicht auf die „Darstellungsebene" begrenzt ist, sondern ein inhaltliches Engagement für ein medienbezogenes Thema oder die Übernahme politischer Zuständigkeiten bzw. Ämter einschließt. Diese Hinwendung zur „Herstellungsebene" von Politik kann zumindest für die frühe Phase der Multimediapolitik als konstitutives Element für individuelle politische Karrierewege im Umfeld neuer Medien gelten. In struktureller Hinsicht erscheinen die Übernahme einer advokatorischen Tätigkeit für einen medienpolitischen Themenkomplex im Stile eines „Issue-Unternehmers" sowie die Ermögli-

---

[13] Eine ausführliche Analyse der Möglichkeiten zur Aufmerksamkeitsgewinnung von Politikern entlang unterschiedlicher Formate der Online-Kommunikation wäre an dieser Stelle hilfreich, sprengte aber den Rahmen dieses Beitrags. Erste systematische Hinweise zu verschiedenen „Aufmerksamkeitskalkülen" im Online-Kommunikationsraum liefert Rössler/Beck 2001. Große Holtforth 2001 beschreibt die Entstehung medialer „Aufmerksamkeitsmärkte". Anknüpfend an derartige kommunikationswissenschaftliche Basisüberlegungen kann gerade im Wahljahr 2002 neues empirisches Material gewonnen werden, das Tendenzen bei der Erschließung neuer medialer Bühnen durch Politikerinnen und Politiker aufzeigt.

chung einer an den politischen Prozess angeschlossenen Diskussionsbasis als „Community-Manager" besonders viel versprechende Strategien zur Etablierung im Themenfeld „Politik und Neue Medien".

Eine Sonderstellung nimmt schließlich der bekannte Modus des „Quereinsteigers" ein. Das im Entstehen befindliche Politikfeld „Multimediapolitik" scheint in besonderer Weise für die Eingliederung externen Sachverstands in die Parteiarbeit geeignet. Aufgrund der hohen Popularität der Thematik auch in reformpolitischer Hinsicht erscheint eine Öffnung der Parteistrukturen oder die Schaffung neuer, mit zum Teil erheblichen Kompetenzen ausgestatteten Beraterfunktionen oder -gremien wahrscheinlicher als in anderen Themenfeldern.[14] Allerdings verdeutlichen gerade diese oftmals von der Parteispitze protegierten Quereinsteiger auch die Beschleunigung der parteipolitischen Personalauslese und die damit verbundenen Konfliktpotenziale. „Gewachsene" Hierarchiestrukturen können durch eilige „Neuverpflichtungen" umgangen oder ausgehebelt werden, was langfristig, wenn die Thematik „Neue Medien und Politik" an Aktualität und Prestigeträchtigkeit verliert, zu einer Verstärkung innerparteilicher Konkurrenzkämpfe führen kann.

Abschließend bleibt festzuhalten, dass die Entwicklung zwischen Massenmedien herkömmlicher Prägung und den digitalen, interaktiven Medienumgebungen nicht in linearen Bahnen verläuft und sie damit auch zur Ausbildung zweier unterschiedlicher Politikertypen beitragen dürfte. Auf der einen Seite steht der Typ des klassischen „Medienpolitikers", der die vielfältigen Bühnenbilder der alten Medienöffentlichkeit zu nutzen sucht oder auch erst über deren Mechanismen der Prominenzierung Zugang zu politischen Ämtern erhält. Demgegenüber positioniert sich die Gruppe von „Multimediapolitikern" mittels eher themen- oder „community"-orientierter Strategien zur Aufmerksamkeitsgewinnung in neuen Medienumgebungen. Zum aktuellen Zeitpunkt scheinen sich die beiden Profilierungswege eher voneinander abzugrenzen, als dass sich Überlagerungen zeigen: Politiker, die sich „im Internet" einen Namen gemacht haben (Tauss, Otto, Mayer), sind zuvor nicht über die alten Medien sonderlich aufgefallen, während die Vertreter des Medienpolitikers klassi-

---

[14] An dieser Stelle wäre darauf hinzuweisen, dass dies nicht nur für Einzelpersonen, sondern durchaus auch für Gruppen zu gelten scheint. Auch den „virtuellen Parteigliederungen" wird in der Regel der Status „externer Beratungseinheiten" zugebilligt, was für eine schnelle Anerkennung innerhalb etablierter Strukturen sorgt (vgl. dazu ausführlich Bieber 2001b; Marschall 2001).

scher Prägung (Möllemann, Schröder, Fischer) nur ein geringes Interesse
für Multimediapolitik zeigen. Aufgrund ihrer ohnehin schon prominenten
Positionen erscheint dies aus Karrieregesichtspunkten auch nicht notwendig, doch die politikspezifischen Fähigkeiten und Kenntnisse, die „via
Internet" vermittelt werden können, dürften schon in naher Zukunft
schnell den Status des „Exotenwissens" verlassen. Nimmt man die zu
erwartende „Verwachsung" alter und neuer Medienumgebungen in den
Blick, ist schon bald davon auszugehen, dass digitale, interaktive Medien
nicht nur als Spiel- und Experimentierfeld für eine „netz-affine", junge,
männliche Gruppe des politischen Nachwuchses genutzt werden, sondern
dass sich zunehmend auch etablierte Politiker mit den Eigenheiten der
Aufmerksamkeitsgewinnung via Internet auseinander setzen werden müssen.

Literatur

Assmann, Aleida/Assmann, Jan (Hrsg.) (2001): Aufmerksamkeiten, München: Fink.
Baumgärtel, Tilman (1997): Ein Hyperlink ins Gefängnis? Radi-link führt zu Präzedenzfall
    über Internet-Zensur, in: Telepolis Online vom 24. Januar, online unter http://www.
    heise.de/tp/deutsch/inhalt/te/1114/1.html.
Beck, Klaus (2001): Aufmerksamkeitsökonomie – die Funktion von Kommunikation und
    Medien, in: Klaus Beck/Wolfgang Schweiger (Hrsg.), Attention please! Online-
    Kommunikation und Aufmerksamkeit, München: Fischer, S. 19-38.
Beck, Klaus/Schweiger, Wolfgang (Hrsg.) (2001): Attention please! Online-Kommuni-
    kation und Aufmerksamkeit, München: Fischer.
Bieber, Christoph (1999): Politische Projekte im Internet. Online-Kommunikation und
    politische Öffentlichkeit, Frankfurt a.M./New York: Campus.
Bieber, Christoph (2001a): Politische Online-Inszenierungen, in: Hans J. Kleinsteuber
    (Hrsg.), Aktuelle Medien-Trends in den USA, Wiesbaden: Westdeutscher Verlag, S.
    265-279.
Bieber, Christoph (2001b): Parteienkommunikation im Internet, in: Oscar W. Ga-
    briel/Oskar Niedermayer/Richard Stöss (Hrsg.), Parteiendemokratie in Deutschland,
    Bonn: Bundeszentrale für politische Bildung S. 553-569
Borchert, Jens (Hrsg.) (1999): Politik als Beruf. Die politische Klasse in westlichen De-
    mokratien, Opladen: Leske + Budrich.
Bürklin, Wilhelm/Rebenstorf, Hilke u.a. (1997): Eliten in Deutschland – Rekrutierung und
    Integration, Opladen: Leske + Budrich.
Davenport, Thomas (2001): The Attention Economy. Understanding the New Currency of
    Business, Cambridge: Harvard Business School Press.

Dörner, Andreas (2000): Politische Kultur und Medienunterhaltung. Zur Inszenierung politischer Identitäten in der amerikanischen Film- und Fernsehwelt, Konstanz: Universitäts-Verlag.

Dörner, Andreas (2001): Politainment. Politik in der medialen Erlebnisgesellschaft, Frankfurt a.M.: Suhrkamp.

Enquete-Kommission „Zukunft der Medien in Wirtschaft und Gesellschaft" (Hrsg.) (1998): Schlußbericht zum Thema Deutschlands Weg in die Informationsgesellschaft, Bonn: Deutscher Bundestag.

Franck, Georg (1998): Ökonomie der Aufmerksamkeit. Ein Entwurf, München/Wien: Hanser.

Goldhaber, Michael H. (1997): Die Aufmerksamkeitsökonomie und das Netz. Teil 1: Prominenz statt Geld, in: Telepolis Online vom 27. November, online unter http://www.heise.de/tp/deutsch/special/eco/6195/1.html.

Göttlich, Udo/Nieland, Jörg-Uwe (1999): Politik in der Pop-Arena. Neue Formen der Politikvermittlung, in: Transit. Europäische Revue 17, S. 110-123.

Große Holtforth, Dominik (2000): Medien, Aufmerksamkeit und politischer Wettbewerb, Berlin: Vistas.

Große Holtforth, Dominik (2001): Die Entstehung von Aufmerksamkeitsmärkten in Online-Medien, in: Klaus Beck/Wolfgang Schweiger (Hrsg.), Attention please! Online-Kommunikation und Aufmerksamkeit, München: Fischer, S. 121-138.

Herzog, Dietrich (1997): Die Führungsgremien der Parteien: Funktionswandel und Strukturentwicklungen, in: Oscar W. Gabriel/Oskar Niedermayer/Richard Stöss (Hrsg.), Parteiendemokratie in Deutschland, Bonn: Bundeszentrale für politische Bildung, S. 301-322.

Hoffmann-Riem, Wolfgang (2000): Politiker in den Fesseln der Mediengesellschaft, in: Politische Vierteljahresschrift 41, S. 107-127.

Holtz-Bacha, Christina (2000): Entertainisierung der Politik, in: Zeitschrift für Parlamentsfragen 31, S. 156-166.

Kepplinger, Hans Mathias (1997): Politiker als Stars, in: Werner Faulstich/Helmut Korte (Hrsg.), Der Star. Geschichte, Rezeption, Bedeutung, München: Fink, S. 176-194.

Kevenhörster, Paul (1988): Politik im elektronischen Zeitalter, Baden-Baden: Nomos.

Kleinsteuber, Hans J. (Hrsg.) (1996): Der „Information Superhighway". Amerikanische Visionen und Erfahrungen, Opladen: Westdeutscher Verlag.

Kleinsteuber, Hans J. (2000): Technikberatung in der Demokratie: Die Enquete-Kommission des Deutschen Bundestages zu „Zukunft der Medien". Ein Erfahrungsbericht, in: Renate Martinsen/Georg Simonis (Hrsg.), Demokratie und Technik – (k)eine Wahlverwandtschaft, Opladen: Leske + Budrich, S. 271-305.

Krauch, Helmut (1972): Computer-Demokratie, Düsseldorf: VDI.

Krempl, Stefan (2001): Theater um den Pinguin, in: Die Zeit vom 6. Dezember, online unter http://www.zeit.de/2001/49/Media/200149_linux_im_bundest.html.

Lange, Hans-Jürgen (1988): Bonn am Draht: Politische Herrschaft in der technisierten Demokratie, Marburg: Schüren.

Leggewie, Claus (2000a): „You – just do it." Der unglaubliche Donald Trump oder: Unternehmer als Politiker als Fernsehhelden, in: Berliner Debatte Initial. Zeitschrift für sozialwissenschaftlichen Diskurs 11, S. 9-18.

Leggewie, Claus (2000b): Bimbes und Brimborium. Das Ventura-Phänomen oder: Politiker als Prominente, in: Kursbuch 139: Die neuen Eliten, Berlin: Rowohlt, S. 147-164.

Leggewie, Claus (2000c): Fischer syne Fru und des Kanzlers neue Kleider: Inszenierungen des Politischen – Politik als Theater?, in: Ulrich Streeck (Hrsg.), Erinnern, Agieren und Inszenieren. Enactments und szenische Darstellungen im therapeutischen Prozess, Göttingen: Vandenhoeck und Ruprecht, S. 222-245.

Leggewie, Claus/Bieber, Christoph (2001): Interaktive Demokratie. Politische Online-Kommunikation und digitale Politikprozesse, in: Aus Politik und Zeitgeschichte, B 41-42, S. 37-45.

Leif, Thomas/Legrand, Hans-Josef/Klein, Ansgar (Hrsg.) (1992): Die politische Klasse in Deutschland. Eliten auf dem Prüfstand, Bonn/Berlin: Bouvier.

Macho, Thomas H. (1993): Von der Elite zur Prominenz. Zum Strukturwandel politischer Herrschaft, in: Merkur 47, S. 762-769.

Marcinkowski, Frank (1993): Publizistik als autopoietisches System: Politik und Massenmedien. Eine systemtheoretische Analyse, Opladen: Westdeutscher Verlag.

Marcinkowski, Frank (Hrsg.) (2001): Die Politik der Massenmedien, Köln: Halem.

Marschall, Stefan (2001): Virtuelle Parteibuchinhaber – Chancen und Grenzen internetbasierter Parteimitgliedschaft, in: Friedrich-Ebert-Stiftung (Hrsg.), ParteiPolitik 2.0. Der Einfluss des Internet auf parteiinterne Kommunikations- und Organisationsprozesse, Bonn: Friedrich-Ebert-Stiftung, S. 27-46.

Martinsen, Renate/Saretzki, Thomas/Simonis, Georg (Hrsg.) (2000): Politik und Technik. Analysen zum Verhältnis von technologischem, politischem und staatlichem Wandel am Anfang des 21. Jahrhunderts, PVS-Sonderheft 31, Opladen: Westdeutscher Verlag.

Meyer, Thomas/Kampmann, Martina (1998): Politik als Theater. Die neue Macht der Darstellungskunst, Berlin: Aufbau.

Müntefering, Franz (2000): Demokratie braucht Partei. Die Chance der SPD. Beitrag zur Veranstaltung „Demokratie braucht Partei" am 2. April 2000 im Willy-Brandt-Haus, online unter http://www.spd.de/events/demokratie/muentefering.html.

Peters, Birgit (1994): „Öffentlichkeitselite" – Bedingungen und Bedeutungen von Prominenz, in: Friedhelm Neidhardt (Hrsg.), Öffentlichkeit, öffentliche Meinung, soziale Bewegungen, KZfSS-Sonderheft 34, Opladen: Westdeutscher Verlag, S. 191-213.

Peters, Birgit (1996): Prominenz. Eine soziologische Analyse ihrer Entstehung und Wirkung, Opladen: Westdeutscher Verlag.

Rat für Forschung, Technologie und Innovation (1995): Informationsgesellschaft. Chancen, Innovationen und Herausforderungen, Bonn: Bundesministerium für Bildung, Wissenschaft, Forschung und Technologie.

Rebenstorf, Hilke (1995): Die politische Klasse. Zur Entwicklung und Reproduktion einer Funktionselite, Frankfurt a.M./New York: Campus.

Rössler, Patrick/Beck, Klaus (2001): Aufmerksamkeitskalküle bei verschiedenen Modi der Online-Kommunikation, in: Klaus Beck/Wolfgang Schweiger (Hrsg.), Attention please! Online-Kommunikation und Aufmerksamkeit, München: Fischer, S. 141-158.

Sarcinelli, Ulrich (1998): Im Kampf um öffentliche Aufmerksamkeit. Wie sich die politischen Parteien in der Mediendemokratie verändern, in: Frankfurter Allgemeine Zeitung vom 24. September.

Schmidt, Siegfried J. (2001): Aufmerksamkeit: die Währung der Medien, in: Aleida Assmann/Jan Assmann (Hrsg.), Aufmerksamkeiten, München: Fink, S. 183-196.

Siegert, Gabriele (2001): Der Januskopf der Aufmerksamkeit. Überlegungen zur medienökonomischen Verortung von Aufmerksamkeit zwischen knappem Gut und universeller Währung, in: Klaus Beck/Wolfgang Schweiger (Hrsg.), Attention please! Online-Kommunikation und Aufmerksamkeit, München: Fischer, S. 109-120.

Wenzel, Harald (2000): Obertanen. Zur soziologischen Bedeutung von Prominenz, in: Leviathan 28, S. 452-476.

Winterhoff-Spurk, Peter/Jäckel, Michael (Hrsg.) (1999): Politische Eliten in der Mediengesellschaft. Rekrutierung – Darstellung – Wirkung, München: Fischer.

Digitale Delegierte?
Funktionen und Inszenierungsstrategien virtueller Parteitage

Eike Hebecker

Die Funktionen von Parteitagen sind ebenso vielfältig wie ihre Akteure und Adressaten. Dies gilt auch für ihre Inszenierungsformen, die in zunehmendem Maße an den jeweiligen Medienformaten der Berichterstattung orientiert werden. In der neueren Forschung fanden vor allem zwei Phänomene Beachtung: einerseits die Tendenz zu einer geschlossenen Inszenierung der Akteure, Ereignisse und Botschaften als politisches Marketing-Event, der auf die visuelle Wirkung und Übertragbarkeit in den Massenbildmedien zielt (Müller 1997, 2000; Rybarczyk 1997; Stegner 1992). Andererseits die Durchführung virtueller Parteitage, bei denen die Bestandteile und Funktionen ganz oder zu Teilen in digitale und interaktive Medien überführt werden (Bubeck/Fuchs 2001; Marschall 2001; Westermayer 2001). „Im Verhältnis zwischen den Medien und dem politischen System treten Rückkopplungsschleifen auf, die das politische System selbst grundlegend verändern, und zwar nicht seine Darstellung nach außen, sondern auch seine Konsistenz nach innen, das heißt die *Substanz der Politik*" (Meyer/Ontrup 1998: 533, Herv.i.O.). Für beide Phänomene stellt sich damit nicht nur die zentrale Frage, inwieweit die mediale Außenwirkung von Parteitagen verändert – respektive im Sinne der Parteien beeinflusst – werden kann, sondern auch, ob damit Auswirkungen auf die Binnenkommunikation, auf technische Anforderungen, Strukturen und Organisationsprofile der Parteien verbunden sind.

1. Die Amerikanisierungs-, Medialisierungs- und Personalisierungshypothese

Die Inszenierung von Parteitagen als Marketing-Event, die sich insbesondere im Rahmen der US-amerikanischen Nominierungs-Conventions etabliert hat und auch von deutschen Wahlparteitagen adaptiert wird, fügt sich in den allgemein konstatierten Trend ein, dass politische Kommunikation vermehrt als symbolische Politik (Sarcinelli 1987), Markenkommunikation, Kampagnenpolitik (Baringhorst 1998) und letztlich als „Politainment" (Dörner 2000, 2001) stattfindet. Demzufolge werden nicht nur im Rahmen von Parteitagsinszenierungen die Funktionen und Botschaften dem Aufmerksamkeitspotenzial – oder besser der Quote – ihrer medialen Übermittlungsformate untergeordnet. Im Kern folgen politikwissenschaftliche Analysen in diesen kommunikativen Kontexten der Amerikanisierungs-, Medialisierungs- und Personalisierungshypothese.

Während sich deutsche Parteitage in Wahlparteitage und ordentliche Parteitage unterscheiden, die nach § 9 Abs. 1 des Parteiengesetzes[1] die obersten Organe der Parteien sind und mindestens alle zwei Jahre zusammentreten müssen, kommt ihnen in den Vereinigten Staaten nur eine Nominierungs- und Wahlkampffunktion zu. Trotz dieses Unterschiedes sind auf der Ebene der Parteitagsinszenierung Analogien erkennbar, die aus deutscher Perspektive als Amerikanisierungstendenz gefasst werden können. Dazu zählen beispielsweise die sorgfältige Auswahl von parteihistorisch symbolischen Tagungsorten und Parteitagsmottos oder Programmpunkte wie „balloons and marching bands", die – zwar in moderaterer Form – auch auf deutschen Parteitagen Einzug gehalten haben.

Am häufigsten werden Amerikanisierungstendenzen jedoch mit Inszenierungspraktiken gleichgesetzt, die auf eine bessere Darstellung eines Parteitags in den Massenbildmedien zielen. Für die US-amerikanischen *Conventions* kann ebenso wie für deutsche Parteitage eine zunehmende Ausrichtung auf ein Fernsehpublikum und die Modalitäten von Fernseh-

---

[1] „§ 9 Mitglieder- und Vertreterversammlung (Parteitag, Hauptversammlung): (1) Die Mitglieder- oder Vertreterversammlung (Parteitag, Hauptversammlung) ist das oberste Organ des jeweiligen Gebietsverbandes. Sie führt bei Gebietsverbänden höherer Stufen die Bezeichnung ‚Parteitag', bei Gebietsverbänden der untersten Stufe die Bezeichnung ‚Hauptversammlung' [...]. Die Parteitage treten mindestens in jedem zweiten Kalenderjahr einmal zusammen".

übertragungen konstatiert werden (vgl. Müller in diesem Band).[2] Diese Medialisierung wirkt sich beispielsweise auf die Parteitagsregie, Dramaturgie und das Zeremonielle aus. Während komplette Live-Übertragungen von Parteitagen in der Regel auf Spartensendern (C-Span in den USA und PHOENIX in Deutschland) zu sehen sind, werden die Highlights zur Prime Time in den Hauptnachrichten präsentiert. Die Rückwirkung auf die Parteitagsregie ist signifikant. Die zentralen Entscheidungen und Reden werden so terminiert, dass sie möglichst in das Fenster der Live-Schaltung fallen.

Bild im Bild, Logo und Motto: Gerhard Schröder spricht das Schlusswort auf dem SPD-Parteitag in Nürnberg (Quelle: http://www.spd-parteitag.de/servlet/PB/show/1002131/spdde_bundesparteitag_schroeder_abschluss.jpg).

Aber auch die Übertragungstechnik hat ihre Auswirkung auf die Inszenierung vor Ort. Der oder die Parteivorsitzende spricht beispielsweise nicht mehr nur eingerahmt von Vorstand und Präsidium am Rednerpult, sondern er/sie ist in der Regel auf dem Podium und zugleich auf einer Vi-

---

[2] Marion G. Müller (2000: 244) nimmt die Parteitage von Bündnis 90/Die Grünen und der PDS noch von dieser Entwicklung aus, da eine derartige Medialisierung nicht mit der Diskussionskultur der Parteien vereinbar sei, die sich mehr an die Delegierten bzw. Printmedien richte.

deoleinwand live in der Halle präsent. Zoom auf den Redner, Schnitt ins applaudierende Publikum oder zu den Widersachern im Parteivorstand – die Dopplung des Bildes lenkt die Aufmerksamkeit und kontrolliert die Komposition der Bilder vor Ort und damit auch in der Übertragung nach außen. Die Rezeption des Live-Ereignisses und die der medialen Übertragung beeinflussen sich wechselseitig und gleichen sich in bestimmten Punkten einander an. Ein Phänomen, das aus Sportarenen hinlänglich bekannt ist. Mit Einführung von Videoleinwänden und Superzeitlupen reagiert auch dort das anwesende Publikum oft erst auf die mediale Reproduktion des Ereignisses auf der Großleinwand. Das Tor ist erst dann erzielt, wenn es durch die Kamera authentifiziert wurde. Damit verändert sich sowohl der (mediale) Text des Ereignisses als auch seine Wahrnehmung.[3]

Die Personalisierung von Parteitagsinszenierungen liegt in der Natur der Sache. Da sie in den USA vor allem dem Zweck der Nominierung der Präsidentschaftskandidaten dienen und auch in Deutschland Personenwahlen (Vorsitzender, Stellvertreter, Schatzmeister etc.) und Wahlkämpfe im Mittelpunkt stehen, drängt sich eine personalisierende Perspektive auf.

Personalfragen lassen sich fraglos besser dramatisieren und kommunizieren als Programmdebatten oder armdicke Antragskataloge, die gemeinhin auf Bundesparteitagen abgearbeitet werden. So wird beispielsweise die Zustimmungsquote der Delegierten oder die Dauer des Applauses zum Gradmesser für politische Anerkennung oder die Abstrafung durch die Parteimitglieder. Auf diesem Weg kommt es zu einer körperlichen Inszenierung von Fragen, die eigentlich durch geschickte Parteitagsregie aus den Inszenierungsabläufen, Anträgen und Debatten herausgehalten werden sollen, wie z.B. die Frage der Kanzlerkandidatur auf dem Bundesparteitag der CDU Anfang Dezember 2001 in Dresden.

Die symbolträchtigen und keineswegs spontanen Applausorgien für die potenziellen Kanzlerkandidaten Angela Merkel und Edmund Stoiber auf dem Dresdener CDU Parteitag werden in „Der Spiegel" (50/2001: 27) wie folgt beschrieben: „Die Delegierten aus Nordrhein-Westfalen setzen sich bereits nach vier Minuten wie vereinbart auf ihre Stühle – aber längst

---

[3] Im sportwissenschaftlichen Kontext beschreibt der Begriff des Mediensports darüber hinaus die Sphäre der wechselseitigen Beeinflussung von technologischer Innovation, Medienverbreitung und -nutzung einerseits sowie die Veränderungen des (medialen) Textes, Regelwerks, der Organisation und Vermarktung des Sports andererseits (vgl. Schwier 2000: 90 ff.).

nicht alle [...]. Als der Tagungspräsident, der Nordrhein-Westfale Herbert Reul, den Beifall abzuwürgen versuchte, um ihn kürzer als Merkels Vorgabe von 6 Minuten 33 Sekunden ausfallen zu lassen, tobten die Stoiberfans aus Baden-Württemberg erst richtig los. Elf Sekunden länger als bei Merkel trugen sie den Beifall, gemeinsam mit ein paar Niedersachsen aus der Braunschweiger Ecke und ein paar Ostdeutschen".

Als paradigmatisches Beispiel einer durchinszenierten Politshow für das deutsche Fernsehpublikum gilt der Leipziger Wahlparteitag der SPD von 1998. Ziel der Parteitagsregie war es hier vor allem, Delegierte und Parteiführung zu integrieren, Gerhard Schröder nach seinem Wahlsieg in Niedersachsen als Kanzlerkandidat zu präsentieren und den Willen zum Sieg zu demonstrieren. Im Rahmen einer solchen Wahlwerbung sind Unwägbarkeiten unerwünscht, wie etwa sachpolitischer Dissens oder gar eine unvorhergesehene Kampfabstimmung, die noch auf dem Mannheimer Parteitag von 1995 nach flammender Rede von Oskar Lafontaine zum Sturz des Parteivorsitzenden Scharping führte. Der Choreographie in Leipzig war jedoch nicht nur ein enger Rahmen gesetzt, um dem Parteivorsitzenden Lafontaine keinen Raum für weitere „Intrigen" zu lassen. Der Zeitrahmen von sechs Stunden war streng durchinszeniert, mit Leipzig war der Ort aus parteihistorischer Perspektive perfekt gewählt, das Parteitagsmotto „Die Kraft des Neuen" demonstrierte den Siegeswillen, die Doppelspitze Schröder/Lafontaine bzw. die Troika mit Scharping war längst zum Teil der Wahlkampfstrategie erklärt und der Medieneinsatz wurde vor Ort mit einem eigens produzierten Kandidatenvideo zelebriert. Der Parteitag war als Medien-Event geglückt, die produzierten Bilder und Botschaften waren eindeutig und verfehlten ihre Wirkung in der Berichterstattung nicht.

Das Ausbleiben antizipierter Zuspitzungen und Personalentscheidungen kann aber auch bei einer perfekt auf die berichterstattenden Medien ausgerichteten Inszenierung kontraproduktiv sein und nur eine mäßige Öffentlichkeitswirkung nach sich ziehen. Beispiele hierfür sind neben dem bereits erwähnten Dresdener CDU-Parteitag 2001, der die „K-Frage" nur vertagte bzw. deren Vertagung inszeniert hat, auch der Kleine Parteitag der CDU in Berlin im Dezember 1999. Hier schlug die Intention fehl, an die Medienaufmerksamkeit des vorausgegangenen SPD-Parteitags anzuknüpfen und mit dem Sachthema Familienpolitik von dem auf seinen Höhepunkt zulaufenden Parteispendenskandal der CDU abzulenken. Erwartet wurden von den Medien, der Öffentlichkeit und ebenso von der Partei eine klare Aussprache, personelle Konsequenzen im Vorstand und eine Demonstration parteilicher Geschlossenheit. Nichts von dem trat ein und die Medien-Show ohne Inhalt verpuffte ohne Wirkung (vgl. ausführlich Müller 2000: 240 ff.).

2. Inszenierung in Neuen Medien

Eine wichtige Voraussetzung von Inszenierungen und ihrer medialen Übertragbarkeit betrifft das Bemühen um Vergegenwärtigung. Eine grundlegende These verlangt, dass einer Inszenierung „etwas vorausliegen muss, welches durch sie in Erscheinung kommt. [...] Anders gewendet ließe sich auch sagen, dass jede Inszenierung aus dem lebt, was sie nicht ist. Denn alles, was sich in ihr materialisiert, steht im Dienste eines Abwesenden, das durch Anwesendes zwar vergegenwärtigt wird, nicht aber selbst zur Gegenwart kommen darf. Inszenierung ist dann die Form der Dopplung schlechthin, nicht zuletzt, weil in ihr die Bewusstheit herrscht, dass diese Dopplung unaufhebbar ist" (Iser 1991: 511). Bezogen auf Parteitage wird damit deutlich, dass sowohl vor Ort als auch in der medialen Darstellung der Verweisungszusammenhang zwischen der Inszenierung und dem, was damit vergegenwärtigt werden soll, wie beispielsweise parteiliche Geschlossenheit, Siegeswille, Sachkompetenz oder ein aussichtsreicher Kanzlerkandidat, nachvollziehbar und glaubwürdig erscheinen müssen. Wird auf etwas verwiesen, dessen Substanz letztlich nicht vorhanden ist, oder wird Sachpolitik in den Vordergrund gerückt, wenn emphatische Personalentscheidungen erwartet werden, scheitert der Inszenierungsversuch, und die Vergegenwärtigung im Rahmen eines Parteitags schlägt schlimmstenfalls in ihr Gegenteil um.

Inszenierung gehört zu jenen Begriffen theaterwissenschaftlicher Provenienz wie auch Theatralität und Performativität, die im Zuge kulturwissenschaftlicher Gesellschaftsanalysen vermehrt zur Deutung alltäglicher, sozialer, medialer und politischer Phänomene herangezogen werden. Auch wenn diese Begriffe mittlerweile unter der integrativen Gesamtperspektive einer „Inszenierungsgesellschaft" (Willems 1998) stehen, aus der Theatermodelle und -metaphern zur Beschreibung und Interpretation politischer Akteure und Prozesse abgeleitet werden (Arnold u.a.

1998; Leggewie 2000; Meyer/Kampann 1998; Meyer/Ontrup 1998; Münkler 2001; Schiller 1998), ist eine gewisse Vorsicht bei der Übertragung geboten. Die Problematik rührt einerseits daher, dass die Begriffe zumeist von ihrem alltagssprachlichen Verwendungskontext überlagert werden. Andererseits werden die dahinter stehenden Konzepte oft in sehr reduzierter Form eingeführt, womit auch der Erkenntnisgewinn bei der Beschreibung und Analyse komplexer politischer Sachverhalte eingeschränkt wird. Darüber hinaus findet eine Anpassung der Konzepte an die je spezifischen medialen Kontexte nur bedingt statt. Ein der Bühne entlehnter Inszenierungsbegriff ist für die Analyse massenmedialer Inszenierungen jedoch nur eingeschränkt tauglich und bedarf auch bei der Anwendung auf digitale und interaktive Medien einer gesonderten Modifizierung und Differenzierung.[4]

Bei der Analyse der politischen Inszenierungsstrategien im Rahmen virtueller Parteitage sind daher die medienspezifischen Facetten der Online-Kommunikation wie Interaktivität, Nicht-Sequenzialität, Asynchronizität, Speicher- und Archivfunktionen besonders zu berücksichtigen. Voraussetzung hierfür ist jedoch zunächst eine Betrachtung der Grundfunktionen von Parteitagen.

3. Grundfunktionen von Parteitagen

Wie bereits erwähnt, ist im Rahmen deutscher Parteitage eine deutliche Tendenz zur Amerikanisierung, Medialisierung und Personalisierung zu erkennen, die sie als bloße Proklamations- bzw. Akklamationsveranstaltungen erscheinen lässt, deren Inszenierungspraxis insbesondere auf Massenbildmedien ausgerichtet wird. Aber bereits der institutionelle Unter-

---

[4] So mangelt es beispielsweise einem Theatralitätsbegriff, der die Dimensionen Performance, Inszenierung, Korporalität und Wahrnehmung unterscheidet (vgl. Fischer-Lichte 1998: 84), an ausreichender Tiefe und Trennschärfe, um ihn für die Analyse politischer Phänomene operationalisieren zu können. Eine Erweiterung des Theatralitätsbegriffs bietet hingegen Finter (2001: 8 ff.), die eine „konventionelle und analytische Theatralität" unterscheidet. Durch die Einführung der Kategorie einer analytischen Theatralität werden sowohl die Prämissen der „konventionellen Theatralität" hinterfragt als auch im Hinblick auf Selbstreflexion und Subjektbegriff, Wirklichkeitsdiskurse, symbolische Rahmen und deren Überwindung sowie eine *kritische* Interaktivität erweitert. Damit wird eine theoretische Anschlussfähigkeit jenseits einer metaphorischen Verwendung von Begriffsmarken ermöglicht, die eine Theatralität des Politischen unter den Bedingungen digitaler und interaktiver Medien fassbar macht.

schied zu den US-amerikanischen Parteitagen, die vorwiegend dem Zweck der Nominierung bzw. des Wahlkampfs dienen, und den deutschen, die zuerst oberste Organe der Parteien sind und darüber hinaus entweder als Wahl- oder Programmparteitag firmieren, verweist auf eine Vielzahl zusätzlicher Funktionsbestimmungen.

In der Forschung wird unterschiedlich differenziert und gewichtet (vgl. zusammenfassend Kaack 1971: 519 ff.; Müller 2000: 221 ff.) Im Kern können jedoch fünf Grundfunktionen identifiziert werden, die den meisten Beschreibungen gemein sind und sich als übergeordnete Kategorien auch in detaillierten Differenzierungen finden lassen. Dazu zählen die Entscheidungs-, die Führungs-, die Integrations-, die Planungs- und die Wahlkampffunktion.

In der *Entscheidungsfunktion* realisiert sich der oberste Organstatus von Parteitagen. In den Personal- und Programmentscheidungen werden die Amts- und Funktionsträger bzw. Politikansatz und Programmatik der Partei durch die Basis demokratisch autorisiert. Die Funktionsträger werden jedoch oft aus einem alternativlosen, bzw. nach Proporzkriterien zusammengesetzten Pool bestimmt und die Programmatik sowie deren parlamentarische Umsetzung von der Parteispitze organisiert, bzw. durch die Mandatsträger realisiert und durch Parteitage oft eher rituell bestätigt.

Um die Differenzen zwischen Grundsatzprogrammatik und Realpolitik bzw. Funktionseliten und Basis auszugleichen sowie die Partei auf einer „gemeinsamen Linie" zu halten, kommt Parteitagen eine zentrale *Führungsfunktion* zu. Die Parteitagsentscheidungen von B'90/Die Grünen zu den Auslandseinsätzen der Bundeswehr und das Werben von Außenminister Fischer für die mehrheitliche Unterstützung der Regierungspolitik sind jüngere Beispiele. Kampfabstimmungen um den Parteivorsitz wie die zwischen Scharping und Lafontaine auf dem Mannheimer SPD-Parteitag von 1995 sind eher eine Seltenheit, resultierten aber in diesem Fall auch aus der mangelnden Darstellungsfähigkeit von Führungsqualitäten des amtierenden Parteivorsitzenden bzw. deren überzeugenderer Inszenierung durch den Kontrahenten. Zu den Führungsinstrumenten, die von der Parteitagsregie eingesetzt werden, zählen neben der Geschäftsordnung die programmatische Rede und offene Debatte, mit der Autorität des Vorstands eingebrachte Anträge, die – wenn vorhanden – Hausmacht großer Landesverbände sowie diplomatische Fähigkeiten im Bereich der informellen Kommunikation.

Neben der Führungs- spielt daher die *Integrationsfunktion* eine bedeutende Rolle. Hier geht es weniger darum, politisch-programmatisch oder machtstrategisch zu agieren, sondern die Partei als soziokulturelle Gemeinschaft zu kreieren. Dies geschieht mittels „weicher" Faktoren wie identitätsstiftende Symbole und Rituale, dem authentischen Auftreten der Parteiführung wie der Delegierten, informellen und sozialen Kontakten sowie dem Rahmenprogramm. Damit finden vor allem eine Selbstvergewisserung und Verpflichtung der Delegierten und Mitglieder wie der Parteispitze auf die Grundwerte der Partei statt, die insbesondere in Krisen- und schwierigen Entscheidungssituationen eine stabilisierende Ressource bilden.

Der *Planungsfunktion* von Parteitagen kommt die Aufgabe der mittel- und langfristigen Entwicklung politischer Themen, Positionen und Ziele zu. Diese inhaltliche Ausrichtung muss zwischen den Grundwerten der Partei und den konkreten Sachpolitiken vermitteln. Als Richtschnur für parlamentarische Entscheidungen, Gesetzgebung, Koalitionsvereinbarungen oder politische Kampagnen werden die Planungsvorgaben entsprechend ihrer Nachhaltigkeit in Grundsatz- oder Wahlprogrammen fixiert und nach außen kommuniziert. In der Regel werden die Programme in Kommissionen vorbereitet und auf den Parteitagen diskutiert und verabschiedet. In Planungsprozessen gilt es einerseits, die Identität der Partei und Kontinuität der Politik zu bewahren. Andererseits muss sich eine Partei angesichts neuer politischer Problemstellungen oder aufgrund interner Wandlungsprozesse ständig neu erfinden, um konkurrenzfähig zu bleiben.

Im Rahmen der *Wahlkampffunktion* dient der Parteitag vor allem als personelle und programmatische Präsentationsplattform. Diese richtet sich insbesondere an die berichterstattenden Medien und fungiert damit sowohl als externes Wählerforum als auch zur internen Mobilisierung und Verpflichtung der Mitglieder auf das Wahlprogramm sowie auf die Kandidaten. Da beides in der Regel in den inneren Führungszirkeln bzw. Kommissionen der Partei festgelegt wird, treten auf dem Parteitag selbst Entscheidungsfunktionen oft hinter die Inszenierung von Zustimmung und Geschlossenheit zurück. Bisweilen sind auf Parteitagen mehr Medienvertreter als Delegierte anwesend, was die Dramaturgie des Ereignisses und die Parteitagsregie, die vom Tagungspräsidium geführt wird, vor eine doppelte Herausforderung stellt (vgl. Müller in diesem Band).

Vor dem Hintergrund der zunehmenden Medialisierung bzw. der Differenzierung von Medienformaten und Zielgruppen lassen sich die geschilderten Grundfunktionen von Parteitagen auch als Inszenierungsebenen fassen, von deren dramaturgischer Ausfüllung der Erfolg vor Ort und in den Medien abhängt. Aufgrund einer umfassenden Medialisierungstendenz sowie der doppelten Notwendigkeit einer Durchinszenierung des Geschehens kann durchaus von einer eigenständigen *Inszenierungsfunktion* der Parteitage gesprochen werden, die alle anderen Funktionsebenen berührt (vgl. Müller 2000: 223). Mit dieser sechsten Funktionskategorie wird sowohl der herausragenden Bedeutung der Inszenierung von Entscheidungen, Führung, Integration, Wahlprogramm und Spitzenkandidaten Rechnung getragen als auch ihrer mediengerechten Darstellung, der die jeweilige Funktion mehr und mehr angepasst – wenn nicht sogar untergeordnet – wird. Durch die Anwesenheit einer Vielzahl von Medienvertretern, der prominenten Funktionsträger der Partei und der Delegierten kommt es zu einer Vervielfältigung von Medienakteuren und Bühnen, auf denen zum Teil gegensätzliche Inszenierungen stattfinden, die aber zusammen an dem Medienschauspiel bzw. -spektakel des Parteitags mitwirken. Man kann in diesem Zusammenhang sogar von einem Inszenierungszwang sprechen.

4. Virtuelle Parteitagsformate

Gleichgültig, welche Zielgruppe über welches mediale Format oder an welchem Ort angesprochen wird, muss durch die jeweiligen Inszenierungsstrategien die Verknüpfung mit den zu erfüllenden Parteitagsfunktionen hergestellt werden. Oder anders formuliert: „Die Form des jeweiligen Parteitags ist nicht von seinen Funktionen trennbar" (Müller 2000: 223). Für eine Analyse von Parteitagsinszenierungen in den Neuen Medien ist damit die Frage, welche Funktionen wie in spezifischen Online-Formaten realisiert werden, von zentraler Bedeutung. In einer Zusammenschau der ersten so genannten virtuellen oder Internet-Parteitage können bereits verschiedene Formate unterschieden werden, die den Schwerpunkt ihrer medialen Inszenierung auf unterschiedliche Parteitagsfunktionen legen. Trotz des noch experimentellen Charakters heben sich die in Form eines Vorparteitags online geführten Themen- und Programmdiskussionen von „ordentlichen" virtuellen Parteitagen mit Entscheidungsfunktionen oder Online-Portalen, die einen „realen" Parteitag im Netz begleiten, voneinander ab. Die Durchführung eines Internet-Parteitags stellt jedoch zunächst selbst ein medienrelevantes Ereignis dar, mit dem Innovations- und Technikfreundlichkeit der Partei demonstriert und kommuniziert werden können. Um das Prädikat der führenden „Internet-Partei" Deutschlands wurde sogar ein regelrechtes Wettrennen im Feld der Online-Innovation gestartet.

4.1 Virtuelle Vorparteitage und Programmdiskussionen

Die Durchführung des ersten so genannten „Internet-Parteitags" proklamierte die CDU am 20. November 2000 für sich. Im Vorfeld ihres Kleinen bildungspolitischen Parteitags in Stuttgart[5] wurden eine Woche lang vier Teilfragen zu Studiengebühren, Abitur nach zwölf Jahren, Fremdsprachen- und islamischem Religionsunterricht, die sich eng an der Antragslage des Parteitags orientierten, im Mitgliedernetz diskutiert und zur Abstimmung gestellt. Die Ergebnisse der Voten der etwa 400 Online-Teilnehmer wurden den 106 Delegierten in Stuttgart jedoch nur zur Kenntnisnahme vorgelegt und hatten keinerlei bindende Wirkung. Mit einem Abstimmungsergebnis von 57 zu 43 Prozent fand sich in der Online-Abstimmung beispielsweise eine Mehrheit zugunsten der Einführung von islamischem Religionsunterricht. Damit folgten die Online-Diskutanten den Leitsätzen, die von der Bildungspolitischen Parteikommission unter dem Vorsitz von Annette Schavan erstellt und durch den Parteivorstand in Stuttgart zur Beschlussfassung eingebracht wurden. Beim Thema Studiengebühren votierten jedoch 56 Prozent für ein gebührenfreies Erststudium innerhalb der Regelstudienzeit und widersetzen sich damit der Leitlinie von Kommission und Vorstand. Nur 14 Prozent stimmten dafür, Studiengebühren nicht grundsätzlich abzulehnen, und 30 Prozent sprachen sich dafür aus, zuerst zu prüfen, ob Gebühren unter der Voraussetzung der Sozialverträglichkeit zur Verbesserung der Qualität von Studium und Lehre beitragen könnten. Der unten dokumentierte Auszug aus den Ergebnissen und Diskussionen des „Internet-Parteitags" ist

---

[5] Vgl. die nach wie vor online zugängliche Parteitags-Website unter http://www.cdu.de/kongress/einladung-201100-page.htm.

einer Online-Dokumentation der Vorlage für die Delegierten des Stuttgarter Parteitags entnommen und wirft zunächst die Frage nach der Selektivität und Privilegierung dieser Information auf:

„Fast ebenso umstritten ist die Frage nach der möglichen Einführung von Studiengebühren. Unter den knapp 70 Diskussionsbeiträgen finden sich zahlreiche Äußerungen von Studentinnen und Studenten.

Klar ist: Auch in Zukunft darf die Möglichkeit, ein Studium zu absolvieren, nicht vom Geldbeutel der Eltern abhängen. Hierüber besteht in der CDU Konsens. Geklärt werden muss, ob dies die Einführung von Studiengebühren ausschließt. Folgende Positionen stehen zur Entscheidung:

- Es soll geprüft werden, ob Studiengebühren unter der Voraussetzung der Sozialverträglichkeit durch ein breit angelegtes Stipendien- und Darlehenssystem zur Verbesserung der Qualität von Studium und Lehre beitragen können. **30%**
- Das Erststudium soll für die Dauer der Regelstudienzeit gebührenfrei bleiben. **56%**
- Ein generelles Verbot von Studiengebühren ist abzulehnen. Die Entscheidung über die Einführung von Studiengebühren muss bei den Bundesländern verbleiben. **14%**

Aus der Diskussion:
‚Außerdem sollte man bedenken, dass sich die Zahl der Studienabbrecher durch die Einführung von Studiengebühren erhöhen wird, da schon heute ca. 10% der Abbrecher dieses aus Geldnöten tun.'
‚Was nichts kostet, wird schlecht genutzt. Wenn auch nur ein Teil der Kosten fürs Studium bezahlt werden muss, wird effektiver studiert.'
‚Studiengebühren sind ein Rückzug des Staates aus seiner Verantwortung, für ein funktionsfähiges Bildungssystem ohne Benachteiligungen sozial Schwacher zu sorgen. Bildungspolitik hat nämlich auch dafür zu sorgen, dass niemandem aus finanziellen Gründen das Studium verwehrt bleibt.'
‚Die Beteiligung an den mit der Unterhaltung einer Hochschule – und damit des Studiums – verbundenen Kosten erscheint mir nicht unbillig. Durch ein System der Förderung werden zudem durchaus Leistungsanreize geschaffen.'"

Quelle: http://www.politik-digital.de/netzpolitik/weboffensive/ergebnisse.doc.

Bemerkenswert an den Ergebnissen der Online-Abstimmung ist, dass diese in ihrer Tendenz mit den Beschlüssen, die auf dem Parteitag gefasst wurden, übereinstimmten. Die Delegierten waren somit bei dem kontroversen Thema der Studiengebühren nicht gewillt, dem angestrebten Kurs des Vorstands zu folgen. Diese Übereinstimmung lässt natürlich noch keine Rückschlüsse darüber zu, welchen Einfluss die Voten aus der On-line-Diskussion auf die Entscheidungsfindung der Delegierten hatten. Unterhalb dieser Interventionsschwelle zeichnet sich jedoch das deliberative Potenzial einer transparenten und entscheidungsnahen Online-Diskussion ab, deren beachtliche Resonanz einerseits auf ein innerpartei-liches Partizipationsdefizit hinweist und andererseits Mobilisierungschan-cen für mehr Engagement aufzeigt.

Online durchgeführte Programm-Diskussionen und Abstimmungen erfüllen zwar die Parteitagsfunktionen der Planung und Entscheidung, da sie jedoch von dem regulären Entscheidungsorgan abgekoppelt waren, kann bei dem „Internet-Parteitag" der CDU, ebenso wie bei ähnlich strukturierten Projekten anderer Parteien, allenfalls von einem virtuellen *Vorparteitag* gesprochen werden (vgl. Marschall 2001: 42). Darüber hin-aus stellt die Privilegierung der „Onliner" vor dem Postulat der Chancen-gleichheit von Parteimitgliedern, auf Entscheidungsprozesse Einfluss zu nehmen und an der Willensbildung mitzuwirken, einen berechtigten Vor-behalt dar.[6] „Problematisch ist und bleibt die Privilegierung der Parteimit-glieder mit Netzzugang gegenüber denjenigen ohne. So konnten nur die-jenigen Mitglieder Einfluss auf die Meinungsbildung des Kleinen CDU-Parteitags nehmen, die über einen Netzzugang verfügten. [...] Die Mei-nung dieser kleinen Gruppe innerhalb der Mitgliedschaft wurde den Dele-gierten vorgelegt, obgleich der Personenkreis weder durch Wahl noch durch besondere Expertise ausgewiesen und legitimiert war" (Marschall 2001: 46).

Angesichts der zusätzlichen Mobilisierungs-, Kommunikations- und Partizipationschancen sowie einer fortschreitenden Verbreitung von On-line-Medien – deren politische Nutzungsmöglichkeiten durchaus einen zusätzlichen Anreiz darstellen können – ist der Privilegierungsvorbehalt parteiendemokratisch jedoch nicht als gravierend zu bewerten. Darüber hinaus wird generell die Mitwirkung an der innerparteilichen Willensbil-dung, den Entscheidungsprozessen und vor allem an der Funktionsträger-schaft in der Parteitagspraxis durch verschiedenste Proporzkriterien (Al-

---

[6] Es verwundert also kaum, wenn die stellvertretende CDU-Parteichefin und Bildungsexpertin Scha-van das Projekt eines Internet-Parteitags als innovativ und richtungweisend, das Ergebnis aber als nicht repräsentativ qualifiziert. In der Tat liegt die Vermutung nahe, dass sich unter den rund 400 Teilnehmern der Diskussion und Abstimmung zumeist jüngere CDU-Anhänger befunden haben.

ter, Geschlecht, Ortsverbands-, Ortsvereinszugehörigkeit) eingeschränkt, oder das Rederecht hängt letztlich sogar vom Losglück ab.

Weitere Beispiele für eine behutsame Öffnung von Programmdiskussionen durch ein Kommunikationsangebot im Internet sind die „Grundsatzdebatte" von B'90/Die Grünen (www.grundsatzdebatte.de) sowie das „Bürgerprogramm2002" der FDP (www.buergerprogramm 2002.de). B'90/Die Grünen haben nach der Bundesdelegiertenkonferenz im Juni 2000 in Münster eine Online-Debatte über ihr neues Grundsatzprogramm durchgeführt. Redeberechtigt waren hier die institutionalisierten Gliederungen der Partei wie Landesverbände, der Bundesvorstand, die Grundsatzprogrammkommission, die Bundestagsfraktion, Bundesarbeitsgemeinschaften, die Grüne Jugend, prominente Grüne sowie geladene externe Experten. Darüber hinaus wurde ein separates öffentliches Diskussionsforum angeboten, um eine übergreifende gesamtgesellschaftliche Diskussion zu ermöglichen. Die Beschlussfassung über das neue Grundsatzprogramm fand aber auch hier, trotz der Präsenz der Parteigliederungen, im Rahmen der Bundesdelegiertenkonferenz am 24./25. November 2001 in Rostock statt. Die FDP hat in dem Diskussionsforum „Bürgerprogramm2002" über zehn Monate einen offenen Dialog über ihr Wahlkampfprogramm 2002 geführt, das kommentiert, mit eigenen Beiträgen verbessert und über welches abgestimmt werden konnte.

Wie bereits konstatiert wurde, erfüllen Online-Programmdiskussionen und Abstimmungen die Parteitagsfunktionen der Planung und Entscheidung. Solange sie jedoch von den satzungsmäßigen Entscheidungsorganen abgekoppelt bleiben, können sie lediglich der Entscheidungsvorbereitung im Sinne eines Vorparteitags dienen. Wesentlich aussichtsreicher ist hingegen das Partizipationspotenzial für weitgehend inaktive Parteimitglieder oder sogar Außenstehende, sofern eine Mitwirkung intendiert und nicht auf interne Netzwerke oder Führungsebenen beschränkt bleiben soll. Vor diesem Hintergrund kann ein Online-Vorparteitag oder eine offene Programmdiskussion im Netz auch der aktiven Integration all derer dienen, die durch die konventionelle Praxis bisher ausgegrenzt bleiben mussten – oder sollten. In jedem Fall kann aber eine Mobilisierung und Vernetzung von Akteuren erreicht werden, die in Programmdiskussionen und Entscheidungsvorbereitungen bisher nicht integriert waren.

4.2 Der „ordentliche" Virtuelle Parteitag

Der „Virtuelle Parteitag", den B'90/Die Grünen vom 24. November bis 3. Dezember 2000 unter der Domain www.virtueller-parteitag.de durchgeführt haben, ist der erste Versuch, einen ordentlichen Parteitag mit seinen Funktionen und Statuten in das Internet zu übertragen. Zum juristischen Status des virtuellen Parteitags stellt Westermeyer (2001b: 48, Anm. 2, Herv.i.O.) jedoch fest: „Da die Satzung der baden-württembergischen Grünen bisher keine Möglichkeit Virtueller Parteitage vorsieht [...], war der Virtuelle Parteitag *de iure* kein Parteitag. Da aber die dort gefällten Beschlüsse von der Partei insgesamt akzeptiert werden, lässt er sich durchaus als echter Parteitag im Sinne der Beschlussfassung betrachten". Vom Zuhören, Mitreden, über das Antragstellen bis zum Abstimmen galten für den virtuellen Parteitag soweit wie möglich „ganz analog sämtliche Regeln, Vorschriften und Vereinbarungen, die auch für den kleinen Parteitag (Landesausschuss) von B'90/Die Grünen Baden-Württemberg gelten" (www.virtueller-parteitag.de/wie/ueberblick.html).

Zur weitest gehenden Wahrung dieses Reglements unter den Bedingungen des Internet wurde eine eigene Satzung erstellt, Sicherheitsstandards durch Passwortschutz sowie die Trennung von Diskussion und Abstimmung auf zwei Servern entwickelt und die Tagesordnung an die Laufzeit der Debatte angepasst (vgl. die unten dokumentierte Tagesordnung).

„Tagesordnung des Virtuellen Parteitags:
Bis 24.11., 11 Uhr
      Einloggen der Delegierten zur Feststellung der Beschlussfähigkeit
24.11., 12 Uhr
      Beginn des Parteitags
      Grußwort des Landesvorstandes
24.11., 14 Uhr - 1.12., 12 Uhr
      Debatte
      Abstimmungsrunde A (bei Bedarf)
1.12., 12 Uhr
      Ende Antragsfrist für Abstimmungsrunde B
1.12., 16 Uhr - 2.12., 12 Uhr
      Abstimmungsrunde B
2.12., ab 12 Uhr
      Bekanntgabe des Ergebnisses der Abstimmungsrunde B
2.12., 16 Uhr - 3.12., 14 Uhr
      Abstimmungsrunde C (Schlussabstimmung)

	Fortsetzung

2.12., ab 16 Uhr
    Bereitstellung der Abstimmungsergebnisse und der Beschlüsse im Internet
    Beendigung des Parteitags durch eine Beitrag des Landesvorstandes"

Quelle: http://www.virtueller-parteitag.de/wie/ordnung.html.

Abhängig von diesen Rahmenbedingungen können vier Nutzertypen des Virtuellen Parteitags identifiziert werden (vgl. Westermeyer 2001b: 51f.). Über das Internet konnte grundsätzlich jeder als lesender Beobachter teilnehmen und alle Anträge, Diskussionsbeiträge und -ergebnisse einsehen. Zum Schreiben von Beiträgen, zum Stellen und Unterstützen von Anträgen waren alle Mitglieder der baden-württembergischen Grünen berechtigt, die ein Passwort bei der Landesgeschäftstelle beantragt hatten. Die dritte Gruppe der darüber hinaus Abstimmungsberechtigten setzte sich aus den zuvor bestimmten Delegierten sowie den qua Amt stimmberechtigten Vorstandsmitgliedern zusammen. Eine Sonderposition nahm das zehnköpfige Präsidium ein, das vom Landesvorstand eingesetzt worden war und für die Regie, Moderation und den ordnungsgemäßen Ablauf Sorge zu tragen hatte.[7] Der Landesvorstand zieht in seinem Schlusswort eine durchgehend positive Bilanz der Beteiligung an den Diskussion zum Ladenschluss und zur E-Demokratie sowie dem informellen Parteitagsgeflüster:

    „Der erste virtuelle Parteitag ist ein großer Erfolg, auf den wir stolz sein können. Viele Menschen – grünferne- oder nahestehende, Mitglieder und Delegierte, Sympathisanten und KritikerInnen – haben sich zu den jeweiligen Themen und Positionen geäußert und mit wichtigen Beiträgen zu unserer Meinungsbildung beigetragen. In rund 380 thematischen Redebeiträgen haben sich darunter auch eine Vielzahl grüner Mitglieder geäußert, die noch nie bei einer LDK [Landesdelegiertenkonferenz, E.H.] waren oder sich dort zu Wort gemeldet haben. Dazu kamen rund 500 Beiträge im „Parteitagsgeflüster". Insgesamt wurde die Webseite ca. 35.000mal aufgerufen – und zwar aus 47 Ländern! Täglich gab es zwischen 745 und 2.804 Arbeitssessions. 350 Redepasswörter wurden ausgegeben, von denen sich ca. 100 auch ans Redepult getraut haben" (www.virtueller-partei-

---

[7] Einen detaillierten Überblick und Vergleich soziodemographischer Daten sowie der Internet- und Parteitagserfahrenheit der Teilnehmer bietet die begleitende Befragung von Bubeck und Fuchs (2001: 7-17).

tag.de/content.php3?menuitem=01).[8]

Als wesentliche Vorteile und Charakteristika eines virtuellen Parteitags führten die Grünen bereits im Vorfeld die örtliche Ungebundenheit
und Asynchronizität der Diskussion an, deren Beiträge weder zeitlich
noch in ihrer Häufigkeit und Länge limitiert sein würden. Darüber hinaus
wurde als Zielsetzung formuliert, einen Beitrag zur Diskussion um die
Weiterentwicklung der Demokratie leisten und dabei die Optionen der
digitalen und interaktiven Medien selbst erproben zu wollen (vgl.
www.virtu-eller-parteitag.de/). In der Begleitforschung des Virtuellen
Parteitags werden diese Prognosen bestätigt, aber auch Defiziten der Online-Kommunikation gegenübergestellt. Die Forschungsbefunde stellen
folgende Merkmale heraus, die zum Teil ambivalent zu bewerten sind[9]:

- eine hohe Aufmerksamkeit von interessierten Beobachtern und insbesondere der berichterstattenden Medien, die allerdings das Event über
  die verhandelten Inhalte stellten,
- ein vergleichsweise hoher Mobilisierungs- und Aktivierungsgrad der
  Mitglieder bei Besuch wie bei aktiver Teilnahme,
- mehr Möglichkeiten für ein eigenes Aktivwerden, keine zeitliche oder
  zahlenmäßige Quotierung der Diskussion und damit quantitativ mehr
  und qualitativ ausführlichere Beiträge,
- ein versachlichter, entemotionalisierter und weniger rhetorischer Dis-
  kussionsstil in Folge der fehlenden körperlichen Kopräsenz sowie
  keine Orientierung bzw. Aufmerksamkeitslenkung durch äußere
  Merkmale wie Stimme, Mimik oder Gestik,
- eine Absenkung der psychologischen Schwelle, sich vor einem großen Publikum äußern zu müssen wie auch der Zwang zur textlichen
  Äußerung durch den Wegfall körperlicher Artikulationsmöglichkeiten
  wie Applaus und Gestik,
- keine Hervorhebung von Prominenz durch gesetzte Redebeiträge oder
  exponierte Personalisierung sowie Egalisierung der Kommunikation

---

[8] Detaillierte quantitative und qualitative Analysen der Beteiligung liefern Bubeck/Fuchs (2001: 18-
28), Westermeyer (2001a: 54 ff., 2001b: 50 ff.) sowie die Zugriffsstatistik für den virtuellen Parteitag
vom November 2000 unter http://www.virtueller-parteitag.de/FILE/admin/stats1100.gif.
[9] Die folgende Aufzählung umfasst die Zusammenfassung der Ergebnisse bei Bubeck/Fuchs (2001),
die Befunde von Westermeyer (2001b: 55 ff.) sowie eigene Beobachtungen des Virtuellen Parteitags.

und Distanz zu Redebeiträgen, aber auch eine deutliche Dominanz jüngerer und männlicher Teilnehmer,

* keine vertrauliche Kommunikation, kein sinnliches Erleben und keine sozialen Kontakte,
* Entscheidungsverbindlichkeit und hohe Glaubwürdigkeit,
* zeitliche und örtliche Flexibilität, keine Vorstrukturierung, sondern Selbstorganisation der virtuellen An- bzw. Abwesenheit.

Vor dem Hintergrund der Grundfunktionen von Parteitagen kann damit konstatiert werden, dass der Virtuelle Parteitag nachhaltige Planungs-, verbindliche Entscheidungs- und partizipative Integrationsfunktionen erfüllen konnte. Die Integration erfolgte jedoch mangels physischer und visueller Präsenz nicht auf der Ebene symbolischer Identitätsstiftung, sozialer Kontakte oder personalisierter Vorbilder, sondern allein aufgrund des erweiterten Partizipationsangebots durch textliche Artikulation. Im Gegensatz zur herkömmlichen Parteitagspraxis einer eher symbolischen Integration handelt es sich hier um Integration durch Deliberation. Damit wird sogar eine graduelle Erweiterung dieser Funktion unter den medialen Bedingen der Internet-Kommunikation erreicht.

Dem Primat der Textlichkeit sind jedoch auch andere Funktionen untergeordnet oder sogar geopfert. Für die Entscheidungsebene macht Westermeyer (2001b: 65 f.) die berechtigte Einschränkung, dass die virtuelle Präsenz für Personalentscheidungen und emotionale Themen – wie Auslandseinsätze der Bundeswehr – nicht ausreicht. Hier sind die körperliche Kopräsenz, der persönliche Eindruck, Sympathie, Vertrauenswürdigkeit und die Vergewisserung im direkten sozialen Kontakt so entscheidungsrelevant, dass sie online kaum vermittelt werden können. Ebenso ist die Wahlkampf- und Führungsfunktion nur schwer im Rahmen eines virtuellen Parteitags zu realisieren, da es einerseits an den symbolischen, visuellen, korporalen und personalisierbaren Inszenierungsinstrumenten und -strategien mangelt und andererseits die Parteitagsregie noch sehr stark an den technischen Anforderungen, der Organisation und Moderation orientiert ist. Inszenierungen, die diese Funktionsebenen bedienen sollen, müssen sich innerhalb der Optionen des medialen Kontextes entweder in einer Dramatisierung und Theatralisierung der Texte oder durch die Erschließung visueller und personalisierbarer Tools realisieren. Es ist durchaus vorstellbar, dass das Format eines „ordentlichen" virtuellen Parteitags um öffentliche und informelle Chats, Live-Streams, personalisierte Teilnehmerprofile, Direktkommunikation zwischen den Usern und Online-Tools erweitert wird, mit denen politische Einstellungen, Zugehörigkeit, Vertrauen, Zustimmung, Ablehnung und damit auch die Vernetzung der Delegierten visualisiert werden kann.[10] Eine solche Entwicklung deutet sich beispielsweise in der Einrichtung des „Parteitagsgeflüsters" als informellem Forum an. Hervorzuheben sind aber auch Funktionen des Virtuellen Parteitags, die nicht nur technisch gewährleistet werden, sondern auch durch eine dem digitalen und interaktiven Medium adäquate Inszenierung unterstützt werden müssen, wie Sicherheit, Vertrauen in das Verfahren, Transparenz, Nachvollziehbarkeit und Nachhaltigkeit sowie die Dokumentation und Archivfunktion.

Sicherlich ist dabei zu berücksichtigen, dass mit technisch elaborierteren Formen virtueller Parteitage nicht nur höhere Anforderungen an die Organisation und Führung gestellt werden, sondern auch die Masse der Mitglieder überfordert sein dürfte. Ein solcher Innovationsschub ist daher auch weniger auf der Ebene virtueller Großveranstaltungen wie Bundesparteitagen zu erwarten, sondern eher im Rahmen der Etablierung und Institutionalisierung bereits virtualisierter Parteigliederungen wie den virtuellen Orts- und Landesverbänden, in denen sich die entsprechende Medienkompetenz konzentriert. In diesen Milieus virtueller Communities haben sich bereits soziale Netzwerke, Führungsstrukturen, Kommunikations- und Diskussionsstile entwickelt, die auf die medienspezifischen Inszenierungs- und Funktionsanforderungen virtueller Parteitage übertragbar sind. Um derartige Innovationsimpulse über die Zirkel der „Onliner" hinaus für die Binnen- und Außenkommunikation der Gesamtpartei nutzbar zu machen, muss eine „digitale Spaltung" der Mitglieder durch eine allmähliche Entwicklung, Erprobung und Etablierung des neuen Mediums gewährleistet sein. Das bereits weiter entwickelte und sehr gut angenommene Format der Partei- und Parteitags-Portale im WWW weist einen Weg in die richtige Richtung auf.

---

[10] Wie beispielsweise bei der Online-Politiksimulation „democracy online today" (www.dol2day.de), die ein komplexes politisches System mit Institutionen, Parteien und Wahlen vor allem durch personalisierte Abstimmungs- und Diskussions-Tools realisiert (vgl. Hebecker 2001).

4.3 Parteitags-Portale

In der Entwicklung und Etablierung von zentralen Online-Portalen zeigt sich die Anpassung der internen wie externen Parteienkommunikation an eine zunehmende Digitalisierung und Vernetzung (vgl. Bieber 2002). Die Portale sind die zentralen Knotenpunkte im Netz, an denen einerseits die vielfältigen Internetpräsenzen einer Partei wie die der Parlamentsfraktionen, Landes- und Ortsverbände, -vereine, Mitgliedernetze oder Themenkampagnen zusammenlaufen. Andererseits werden hier spezifische Informations-, Kommunikations- und Serviceangebote für die verschiedenen Nutzergruppen wie Wähler, Mitglieder, Funktionsträger oder Journalisten bereitgestellt. Die Parteitags-Portale sind ebenfalls ein fester Bestandteil dieser Netzwerkstruktur und bilden einen eigenständigen Bereich des Angebots wie bei der CDU unter www.cdu.de/pt-dresden/pt-index. htm oder verfügen sogar wie bei der SPD über eine separate Domain: www.spd-parteitag.de. Die Parteitags-Portale sind ähnlich wie andere zentrale Informations- oder Event-Sites von Nachrichtenmedien, Suchmaschinen oder Sportereignissen strukturiert. Die Architektur erschließt die Inhalte auf einen Blick, und die Angebote sind auch hier auf je spezifische Ansprüche der potenziellen Nutzergruppen wie Wähler, Mitglieder, Delegierte, Journalisten oder Jugendliche ausgerichtet.

Eine prototypische inhaltliche Struktur umfasst die Satzung und Tagesordnung, zentrale Reden, Berichte des Vorstands, Anträge im handlichen pdf-Format, Programmdebatten, Personalwahlen und Beschlüsse. Als ereignisbegleitendes Informationsangebot dient das Parteitags-Portal der Vorbereitung, der Präsentation des Events im Internet sowie der Nachbereitung und Dokumentation der Ergebnisse, die in der Regel auch nach dem Ende des Parteitags online verfügbar bleiben. Eine aktive Partizipation über das Internet an dem Parteitagsgeschehen vor Ort oder gar ein Mitdiskutieren und Mitentscheiden ist auf den Portalen nicht vorgesehen. Bemerkenswert ist aber, dass eine Interaktion zwischen den Parteien zustande kam, indem die CDU auf ihrer Wahlkampfplattform, www. wahlfakten.de, vor allem die prominenten Reden und Themen des SPD-Parteitags mit Gegenargumenten live im Internet kommentiert hat.[11] Ein *Live-Streaming* des kompletten Parteitagsgeschehens und die Archivie-

---

[11] Der digitale Gegenschlag erfolgt auf der SPD-Kampagnensite http://www.nichtregierungsfähig.de.

rung von Videobildern gehört mittlerweile zum Standardangebot auf den Parteitags-Portalen. Diese „Crossmedialität" sowie die reichhaltige Bebilderung der Parteiprominenz am Rednerpult, in Siegerpose, im informellen Gespräch oder von der obligatorischen Parteitagsparty prägen die visuelle Ausstattung der Portale. Damit steht auch das Instrumentarium für visualisierte und personalisierte Inszenierungen zur Verfügung. Neben Information, Service und Dokumentation wird damit eine parteieigene Medienpräsenz des Ereignisses kreiert, die auch die Onlineberichterstattung der Massenmedien bedient. Auf der inhaltlichen Ebene können vor allem durch die Visualisierung und Personalisierung die Parteitagsfunktionen Wahlkampf, Führung und Integration inszeniert werden.

Standing Ovations nach der Rede der CDU-Vorsitzenden Angela Merkel auf dem Dresdener Parteitag (Quelle: http://www.cdu.de/pt-dresden/image/montag/pic-0312-010-b.jpg).

5. Resümee

Die drei dargestellten Online-Formate verdeutlichen, dass die Realisierung der zentralen Funktionen und Inszenierungsstrategien von Parteitagen von den jeweiligen medialen Rahmenbedingungen abhängen. Dabei kann sowohl eine funktionale Differenzierung bzw. Schwerpunktbildung als auch eine Ausrichtung an den Präferenzen und Medienkompetenzen verschiedener Nutzergruppen wie Wähler, Mitglieder, Delegierte, Funktionsträger oder Journalisten festgestellt werden. Die drei Online-Szenarien eines virtuellen Vorparteitags, eines „ordentlichen" virtuellen Parteitags und von Parteitags-Portalen stehen sich jedoch nicht alternativ gegenüber, sondern ergänzen sich mit ihren funktionalen Schwerpunkten komplementär.

So erfüllen virtuelle Vorparteitage und Programmdiskussionen die Planungsfunktion, die Entscheidungsvorbereitung und in eingeschränktem Maße auch eine Integration durch Deliberation. Bei einem „ordentlichen" virtuellen Parteitag tritt die satzungsgemäße bzw. anerkannte Verbindlichkeit, d.h. die Entscheidungsfunktion hinzu. Die Funktionsbereiche der Führung, Integration und des Wahlkampfs lassen sich hingegen vor allem auf der visuellen Ebene der Parteitags-Portale realisieren. Bubeck und Fuchs kommen in ihrer Analyse virtueller Parteitage – ebenso Westermeyer (2001b: 68) – zu dem Urteil: „Sie sind jedoch nicht geeignet, herkömmliche Veranstaltungen, die mit körperlicher Kopräsenz der Teilnehmenden einhergehen, (völlig) zu ersetzen" (2001: Zusammenfassung 1). Dieser Absolutheitsanspruch wird jedoch durch die Projekte und Akteure virtueller Parteitage gar nicht gestellt. Es deutet sich bereits an, dass virtuelle und „real life"-Veranstaltungen hybride Gesamtereignisse bilden können. Ebenso wie virtuelle Vorparteitage und Parteitags-Portale zur Vorbereitung, Information, Kommunikation, Präsentation und Nachbereitung eines herkömmlichen Parteitags dienen, können regionale Teilnehmertreffen einen „ordentlichen" virtuellen Parteitag ergänzen und Synergien für die Parteienkommunikation freisetzen.

Neben einer separaten Spezialisierung der drei Formate entlang ihrer Funktionsschwerpunkte und Inszenierungsstrategien ist aber auch eine wechselseitige Ergänzung durch visuelle, textliche oder verfahrenstechnische Online-Tools denkbar, die letztlich eine Verschmelzung zu einem virtuellen Parteitagsszenario bedeuten würde, das in der Lage ist, alle Funktionsbestimmungen zu erfüllen. Die Durchsetzungsfähigkeit solcher Szenarien ist jedoch an drei Voraussetzungen gebunden: Erstens die Befähigung breiter Mitgliederschichten zur Online-Kommunikation und eine Vergrößerung der Online-Communities, zweitens die Anpassung der Parteitagsinszenierung an die Bedingungen der digitalen und interaktiven

Medien wie Asynchronizität, Nichtsequenzialität und eine – wenn auch vorläufige – Prädominanz des Textes sowie drittens der wirkliche Wille zur deliberativen Öffnung der Parteienkommunikation.

Literatur

Arnold, Sabine R./Fuhrmeister, Christian/Schiller, Dietmar (Hrsg.) (1998): Politische Inszenierung im 20. Jahrhundert. Zur Sinnlichkeit der Macht, Wien: Böhlau.

Baringhorst, Sigrid (1998): Politik als Kampagne. Zur medialen Erzeugung von Solidarität, Opladen: Westdeutscher Verlag.

Bieber, Christoph (2002): Vom digitalen Glanzpapier zum politischen Online-Portal. Die Entwicklung von Parteiangeboten im Internet, in: Eugen Baacke/Siegfried Frech (Hrsg.), Multimediale Lernwelten. Herausforderungen für die politische Bildung, Stuttgart: Landeszentrale für politische Bildung Baden-Württemberg (i.E.).

Bubeck, Bernhard/Fuchs, Gerhard (2001): Auf dem Weg in die digitale Politik: Ergebnisse einer Untersuchung zum Experiment „Virtueller Parteitag", Arbeitsbericht Nr. 198, Akademie für Technikfolgenabschätzung in Baden-Württemberg, online unter http://www.ta-akademie.de/bestellungen/textelk/ABViP.pdf.

Dörner, Andreas (2000): Politische Kultur und Medienunterhaltung. Zur Inszenierung politischer Identitäten in der amerikanischen Film- und Fernsehwelt, Konstanz: Universitäts-Verlag.

Dörner, Andreas (2001): Politainment. Politik in der medialen Erlebnisgesellschaft, Frankfurt a.M.: Suhrkamp.

Finter, Helga (2001): Identität und Alterität: Theatralität der performativen Künste im Zeitalter der Medien, Vortragsmanuskript, Freiburg i.Br.

Fischer-Lichte, Erika (1998): Inszenierung und Theatralität, in: Herbert Willems/Martin Jurga (Hrsg.), Inszenierungsgesellschaft. Ein einführendes Handbuch, Opladen: Westdeutscher Verlag, S. 81-90.

Friedrich-Ebert-Stiftung (Hrsg.) (2001): ParteiPolitik 2.0. Der Einfluss des Internet auf parteiinterne Kommunikations- und Organisationsprozesse, Bonn: Friedrich-Ebert-Stiftung.

Hebecker, Eike (2001): Das politische System von dol2day: Die Schule der E-Demokratie?, in: Friedrich-Ebert-Stiftung (Hrsg.), ParteiPolitik 2.0. Der Einfluss des Internet auf parteiinterne Kommunikations- und Organisationsprozesse, Bonn: Friedrich-Ebert-Stiftung, S. 114-127.

Iser, Wolfgang (1991): Das Fiktive und das Imaginäre. Perspektiven einer literarischen Anthropologie, Frankfurt a.M.: Suhrkamp.

Kaack, Heino (1971): Geschichte und Struktur des deutschen Parteiensystems, Opladen: Westdeutscher Verlag.

Leggewie, Claus (2000): Fischer syne Frau und des Kanzlers neue Kleider: Inszenierungen des Politischen – Politik als Theater, in: Ulrich Steeck (Hrsg.), Erinnern, Agieren und

Inszenieren. Enactments und szenische Darstellung im therapeutischen Prozess, Göttingen: Vandenhoeck & Ruprecht, S. 222-245.

Marschall, Stefan (2001): Parteien und Internet – Auf dem Weg zu internet-basierten Mitgliederparteien?, in: Aus Politik und Zeitgeschichte, B 10, S. 38-46.

Meyer, Thomas/Kampmann, Martina (1998): Politik als Theater. Die neue Macht der Darstellungskunst, Berlin: Aufbau.

Meyer, Thomas/Ontrup, Rüdiger (1998): Das „Theater des Politischen". Politik und Politikvermittlung im Fernsehzeitalter, in: Herbert Willems/Martin Jurga (Hrsg.), Inszenierungsgesellschaft. Ein einführendes Handbuch, Opladen: Westdeutscher Verlag, S. 523-541.

Müller, Marion G. (2000): Parteitagsinszenierungen diesseits und jenseits des Atlantiks, in: Klaus Kamps (Hrsg.), Trans-Atlantik – Trans-Portabel? Die Amerikanisierungsthese in der politischen Kommunikation, Opladen: Westdeutscher Verlag, S. 221-246.

Münkler, Herfried (2001): Ruhe auf den billigen Plätzen! Erziehung oder Unterhaltung?, in: Frankfurter Allgemeine Zeitung vom 26. Juli.

Rybarczyk, Christoph (1997): Great Communicators? Der Präsident, seine PR, die Medien und ihr Publikum. Eine Studie zur politischen Kommunikation in den USA, Hamburg: LIT.

Sarcinelli, Ulrich (1987): Symbolische Politik. Zur Bedeutung symbolischen Handelns in der Wahlkampfkommunikation der Bundesrepublik Deutschland, Opladen: Westdeutscher Verlag.

Schiller, Dietmar (1998): Hüllen und Masken der Politik. Ein Aufriß, in: Sabine R. Arnold/Christian Fuhrmeister/Dietmar Schiller (Hrsg), Politische Inszenierung im 20. Jahrhundert. Zur Sinnlichkeit der Macht, Wien: Böhlau, S. 7-24.

Stegner, Ralf (1992): Theatralische Politik Made in USA. Das Präsidentenamt im Spannungsfeld von moderner Fernsehdemokratie und kommerzialisierter PR-Show, Hamburg: LIT.

Westermeyer, Till (2001a): Was passiert, wenn eine Partei im Netz tagt? Der „Virtuelle Parteitag" von Bündnis 90/Die Grünen aus soziologischer Sicht, Freiburg i.Br.: Unveröffentlichte Magisterarbeit, online unter http://www.westermeyer.de/till/uni/partei tag-im-netz.pdf.

Westermeyer, Till (2001b): Zur Funktionsweise Virtueller Parteitage, in: Friedrich-Ebert-Stiftung (Hrsg.), ParteiPolitik 2.0. Der Einfluss des Internet auf parteiinterne Kommunikations- und Organisationsprozesse, Bonn: Friedrich-Ebert-Stiftung, S. 48-71.

Willems, Herbert (1998): Inszenierungsgesellschaft? Zum Theater als Modell, zur Theatralität von Praxis, in: Herbert Willems/Martin Jurga (Hrsg.), Inszenierungsgesellschaft. Ein einführendes Handbuch, Opladen: Westdeutscher Verlag, S. 23-79.

Parteien, Medien und der Wandel politischer Kommunikation in Italien

Ludger Helms

1. Einleitung

Im Gegensatz zum britischen Westminster-Modell, dem politischen System der Vereinigten Staaten oder auch jenem der Schweiz oder Frankreichs, wurde dem italienischen Regierungssystem seitens der vergleichenden Politikwissenschaft selten explizit die Rolle eines Referenzmodells zugewiesen. Trotzdem kam Italien in der Perzeption eines großen Teils der Politikwissenschaft zumindest insoweit eine „Sonderrolle" zu, als viele der seitens der Komparatistik entwickelten generalisierenden Hypothesen über die Politik in den konsolidierten Demokratien auf den italienischen Fall in auffallend geringem Maße zuzutreffen schienen (Bufacchi/Burgess 1998: 244-246; Furlong 1994). Diese Eigentümlichkeit kennzeichnet auch den Topos der „Italienisierung", welcher von seinen wertbezogenen Konnotationen dem Begriff der „Balkanisierung" deutlich näher zu stehen scheint als dem weniger explizit pejorativ aufgeladenen Terminus der „Amerikanisierung". Letzterer wurde schon früh vor allem für die Kennzeichnung bestimmter Wahlkampftechniken und -strategien in den parlamentarischen Demokratien Westeuropas bemüht, spielt seit einigen Jahren jedoch auch innerhalb der international vergleichenden Exekutivforschung eine bedeutende Rolle (Fabbrini 1999: 160-164; Foley 2000; Kamps 2000; Norris 2000; Pfetsch 2001; Schwarz/Brosda 2001). Von „Italienisierung" wurde demgegenüber traditionell mit Bezug auf die besondere Kurzlebigkeit von Regierungen, einer extremen Fragmentierung des Parteiensystems und einem ungewöhnlich hohen Maß an politischer Korruption gesprochen. Nach dem erstmaligen Machtgewinn Silvio Berlusconis im Gefolge der italienischen Parlamentswahlen von 1994 kam es zwar kaum zu einer Umpolung des nach wie vor vornehmlich negativ besetzten Topos der „Italienisierung". Allerdings bezieht sich der Begriff seit einigen Jahren nach vorherrschendem Verständnis primär auf einen bestimmten Typus der Verquickung von Politik und Wirtschafts- bzw. Medienmacht sowie einen in diesem Zusammenhang entstandenen neuartigen Parteityp in Form der Ende 1993 von Silvio Berlusconi ins Leben gerufenen Gruppierung *Forza Italia*.

Der Schwerpunkt dieses Beitrags liegt auf der Parteienkommunikati- on oder genauer gesagt auf der externen Parteienkommunikation. Darun- ter wird mit Elmar Wiesendahl (1998: 442) prinzipiell „jede Form von Öffentlichkeitsarbeit und Wähleransprache durch Parteien, wodurch zweckgerichteter Einfluß auf Wählerschaft und Öffentlichkeit ausgeübt werden soll", verstanden. Obwohl der Beitrag sowohl den Wandel der italienischen Parteien als auch jenen der italienischen Medien behandelt, resultiert aus der Wahl dieser Perspektive eine weitgehende Konzentrati- on auf die italienischen Parteien als unabhängige Variable im komplexen Zusammenspiel von Parteien, Medien und politischer Öffentlichkeit.

Der folgende Abschnitt gibt zunächst einen knappen Überblick über die wichtigsten Charakteristika und Entwicklungen des italienischen Par- teiensystems (2). Darauf folgen eine kurze Darstellung des italienischen Mediensystems bzw. der Medienkultur (3) und schließlich eine Analyse der Entwicklung des Verhältnisses zwischen Parteien und Medien und den politischen Kommunikationsstrukturen im italienischen Regierungs- system (4). Der Schlussabschnitt diskutiert die Frage nach dem Sinnge- halt des vielzitierten „Berlusconi-Effekts" (5).

2. Grundmerkmale des italienischen Parteiensystems

In keinem anderen westeuropäischen Land hat es in den vergangenen zehn Jahren einen vergleichbar weitreichenden Wandlungsprozess des Parteiensystems gegeben wie in Italien.[1] Das „traditionelle" italienische Parteiensystem (1948-1994) hat mit der seither entstandenen Ordnung

---

[1] Der erste Teil dieses Abschnitts der Untersuchung basiert im Wesentlichen auf den früheren ein- schlägigen Arbeiten des Autors (Helms 1994a, 1994b, 1994c, 1996, 1997).

wenig mehr gemeinsam als die im internationalen Vergleich ungewöhnlich hohe Anzahl parlamentarisch repräsentierter Parteien.

Das alte, in der frühen Nachkriegszeit entstandene Parteiensystem war durch eine Reihe unterschiedlicher, aber eng miteinander verbundener Merkmale gekennzeichnet. Hierzu zählten zunächst die jahrzehntelange Hegemonie und Regierungsführung der Christdemokraten (*Democrazia Cristiana*, DC). Von der Konstituierung der Republik Italien bis zu den Wahlen von 1994 stellte die DC stets die stärkste Fraktion im italienischen Parlament. Zugleich gab es keine Regierung, an der die DC nicht maßgeblich beteiligt gewesen wäre. Rund 90 Prozent aller bis Mitte der neunziger Jahre gebildeten Kabinette wurden von einem christdemokratischen Regierungschef geführt. Die kleineren Koalitionspartner der Christdemokraten entstammten dem bürgerlichen bzw. sozialdemokratischen Lager. Dabei erlangte insbesondere der *Partito Socialista Italiano* (PSI) eine zentrale strategische Stellung, die sich zwischen 1983 und 1987 auch in der Besetzung der Position des Regierungschefs manifestierte.

Das zweite zentrale Charakteristikum des alten Parteiensystems bildete die Existenz einer starken kommunistischen Partei, des *Partito Comunista Italiano* (PCI). Diese stellte bis zu ihrer Auflösung bzw. demokratischen Umwandlung in eine moderne sozialdemokratisch orientierte Gruppierung 1989-91 stets die zweitstärkste Partei des Landes dar. Gemeinsam mit den Christdemokraten vermochten die Kommunisten Mitte der siebziger Jahre bei Wahlen zur Abgeordnetenkammer fast Dreiviertel (73,1 Prozent) der italienischen Wähler hinter sich zu scharen. Als Voraussetzung dieses als „bipartitismo imperfetto" (Giorgio Galli) beschriebenen Parteien-Duopols wurden allgemein die traditionellen katholischen und kommunistischen Subkulturen innerhalb der italienischen Gesellschaft angesehen, mit denen entsprechend „gewachsene" Parteipräferenzen einhergingen und welche durch die nach dem Zweiten Weltkrieg neu hinzugekommene Konfliktlinie zwischen Kommunismus und Antikommunismus gefestigt wurde. Begünstigt durch das traditionelle italienische Verhältniswahlsystem, in dem die Wähler mehrere Präferenzstimmen besaßen, gab es insbesondere bei den Christdemokraten, den Kommunisten und den Sozialisten eine ungewöhnlich stark ausgeprägte innerparteiliche Faktionalisierung, die von ihrem Niveau her nur mit der Situation in der japanischen LDP und bei den belgischen Christdemokraten zu vergleichen war.

Der strukturelle Dualismus des Parteiensystems prägte sowohl die Regierungsbildungen als auch den politischen Entscheidungsstil der ersten Republik. Trotz der permanenten Oppositionsrolle der Kommunisten war die parlamentarische Entscheidungspraxis der ersten Republik durch einen stark kompromissbetonten Stil geprägt, der zu einer hochgradigen Verwischung von politischer Verantwortlichkeit führte („trasformismo"). Eingebettet war die so beschaffene parlamentarische Arena in ein System, das durch ein extremes Maß an Parteienstaatlichkeit („partitocrazia") gekennzeichnet war, in dem nicht nur die staatliche Postenverteilung nach Parteienproporz erfolgte („lottizzazione"), sondern auch die unterschiedlichsten gesellschaftlichen Sektoren zum Herrschaftsbereich der politischen Parteien wurden.

Der sich unterschiedlich rasch vollziehende Bedeutungsschwund der beiden traditionellen Konfliktlinien (der Gegensatz Katholizismus/Laizismus und der Gegensatz Kommunismus/Antikommunismus) hatte maßgeblichen Anteil am Zusammenbruch des alten Parteiensystems. Hinzu kamen zumindest drei weitere Faktoren, die einen fundamentalen Strukturwandel des Parteiensystems nachhaltig begünstigten: die politischen Korruptionsskandale der frühen neunziger Jahre, die Wahlsystemreform von 1993 und die Herausforderung der etablierten Kräfte durch neue politische Gruppierungen. Einige Autoren (Mazzoleni 1995: 308) weisen auch dem signifikant veränderten Verhalten der Medien die Rolle eines explizit destabilisierenden Faktors zu. Im Gefolge der Parlamentswahlen von 1994 etablierte sich eine neue Ordnung, die in ihren Grundzügen das Gesicht des italienischen Parteiensystems bis heute prägt.

Die wichtigsten akteursbezogenen Komponenten des Parteiensystemwandels der frühen neunziger Jahre bildeten neben der bereits erwähnten Umwandlung des kommunistischen PCI in den linksdemokratischen *Partito Democratico della Sinistra* (PDS) (seit 1998 *Democratici di Sinistra*, DS) die Auflösung der DC, die Transformation des neofaschistischen *Movimento Sociale Italiano* (MSI) in die post-faschistische *Alleanza Nazionale* (AN), der deutliche Popularitätsanstieg der 1989 von Umberto Bossi ins Leben gerufenen *Lega Nord* und nicht zuletzt die praktisch über Nacht erfolgte Gründung von Silvio Berlusconis *Forza*

Italia Ende 1993. Die durch zahlreiche, vor allem organisatorische Eigentümlichkeiten gekennzeichnete *Forza Italia* ist in den letzten Jahren zu einem bevorzugten Studienobjekt der internationalen Parteienforschung geworden. *Forza Italia* wurde unter anderem als „Media Party" (Calise 1994), „Media-Mediated Personality-Party" (Seißelberg 1997), „Medienkommunikationspartei" (Jun 1999) und als Prototyp eines „business firm model of party organisation" (Hopkin/Paolucci 1999) beschrieben. Solche Klassifizierungsversuche wurden gerade von italienischen Autoren zum Teil energisch zurückgewiesen. So stellte etwa Mario Caciagli (1999: 469) noch Ende der neunziger Jahre fest, dass *Forza Italia* „weder eine regelrechte Partei geworden ist noch je eine werden kann. Sie ist auch keine virtuelle Partei der Telekratie, wie manche Beobachter im Ausland aufgrund des raschen Aufstiegs Berlusconis vermuteten". Caciagli begründete seine Skepsis mit dem weitgehenden Fehlen der für eine „wirkliche Partei" als konstitutiv erachteten Strukturelemente, wie Parteitage und eine funktionierende Mitgliederorganisation. Der erste Parteitag fand erst 1998, knapp fünf Jahre nach der Gründung *Forza Italias* statt und ermangelte der grundlegenden Merkmale entsprechender Großveranstaltungen demokratischer Parteien. Auch jüngere Studien über die lokalen Organisationsstrukturen beurteilen die Chancen auf eine rasche Institutionalisierung der Partei auf nationaler Ebene ausgesprochen skeptisch (Paolucci 2000).

Die jüngsten Entwicklungen weisen aber gleichwohl eindeutig in Richtung einer fortschreitenden Institutionalisierung und organisatorischen Ausdifferenzierung *Forza Italias*, wodurch die von Beginn an überragende Stellung Berlusconis als Präsident und unumschränktes Machtzentrum der Partei freilich keineswegs geschmälert worden ist. Die leitenden Funktionäre auf lokaler Ebene werden nach wie vor direkt vom Präsidenten nominiert, und die affektive Konzentration auf die Person Berlusconis in der Mitglied- und Wählerschaft der Partei hat sich gegenüber den neunziger Jahren sogar eher noch intensiviert. Der Parteispitze steht ein hochprofessioneller Stab von Meinungsforschern und PR-Managern zur Seite, der sich seinerseits auf die schier unbegrenzten wirtschaftlichen und infrastrukturellen Ressourcen Berlusconis im Mediensektor stützen kann. Die Mitgliederzahlen der Organisation stiegen von 140.000 im Jahre 1997 über 210.000 (1999) auf 350.000 im Jahre 2001 –

ein Befund, der nicht zuletzt mit dem wachsenden Patronagepotenzial der Partei erklärt wurde (Biorcio 2001: 631-632).

Mindestens ebenso bedeutend wie diese akteursbezogenen Veränderungen der italienischen Parteienlandschaft im näheren zeitlichen Umfeld der Wahlen von 1994 waren die Wandlungen auf Regierungsebene, in der Arena des Parteienwettbewerbs und hinsichtlich des Stellenwerts der Parteien im italienischen Regierungssystem insgesamt. Die Wahlsystemreform des Jahres 1993, durch welche ein neuartiges Mischwahlsystem mit einer starken Mehrheitswahlrechtskomponente eingeführt wurde[2], hat seither die Formierung von Wahlbündnissen und eine in Italien bis zu Beginn der neunziger Jahre weitgehend unbekannte Personalisierung im Wahlkampf und in der politischen Auseinandersetzung insgesamt begünstigt. Bei den Wahlen 1994, 1996 und 2001 traten *Forza Italia* und *Alleanza Nazionale* gemeinsam an. Mit Ausnahme der Wahlen von 1996 gehörte auch die *Lega Nord* diesem Bündnis an, welches zunächst unter der Bezeichnung *Polo delle Libertá* und später *Casa delle Libertá* in den Wahlkampf zog. Auf der Linken formierte sich unter Führung des PDS bzw. des DS eine Reihe kleinerer zumeist gemäßigt linker und bürgerlicher Parteien, die 1996 und 2001 unter dem Namen *Ulivo* als Wahlbündnis auftraten. Seit Ende 2000 musste sich die DS ihre Führungsrolle allerdings mit der aus kleineren katholischen und gemäßigten Kräften entstandenen Formation *Margherita* teilen.[3] Nach den Wahlen von 1994 kam es erstmals in der Geschichte der Republik Italien zur Bildung einer Regierung ohne Beteiligung der Christdemokraten, geführt von Silvio Berlusconi. Nachdem diese nach nur neun Monaten durch den Koalitionsaustritt der *Lega Nord* zusammengebrochen war, regierte bis 1996 eine „Technokratenregierung" unter Lamberto Dini. Bei den Parlamentswahlen 1996 konnte das linke Wahlbündnis *Ulivo* einen Sieg erringen und die erste Nachkriegsregierung Italiens ohne maßgebliche Machtbeteiligung kon-

---

[2] Nach diesem werden 75 Prozent der Mitglieder beider Kammern direkt in Einerwahlkreisen gewählt. Das verbleibende Viertel der Senatoren bestimmt sich gemäß der Rangfolge der besten Zweitplatzierten. Die übrigen 25 Prozent der Mitglieder der Abgeordnetenkammer werden prinzipiell nach den Grundsätzen der Verhältniswahl, bei Geltung einer Vier-Prozent-Klausel, über regionale Parteilisten ermittelt, für deren Wahl jeder Stimmberechtigte über eine Zweitstimme verfügt.
[3] *Forza Italia* und AN (auf dem rechten Spektrum) sowie DS und *Margherita* (auf der Linken) werden in der politischen Publizistik in Anlehnung an die Strukturen des französischen Parteiensystems gern als „quadrille bipolare all'italiana" bezeichnet (Di Virgilio 2001: 643).

servativer Parteien bilden. Wirkliche Regierungsstabilität kehrte jedoch auch jetzt nicht ein. Die von den Linksdemokraten geführte Koalition bildete innerhalb von fünf Jahren nicht weniger als vier Regierungen. Die Wahlen von 2001 brachten schließlich einen erneuten und hinsichtlich der erzielten Mandatsmehrheit beispiellosen Wahlsieg des bürgerlich-konservativen Bündnisses unter der Führung Berlusconis und *Forza Italias*, welche am 11. Juni 2001 als 59. Nachkriegsregierung Italiens vereidigt wurde.

Das seit Beginn der neunziger Jahre drastisch intensivierte Machtwechselpotenzial des italienischen Parteiensystems und die deutlich stärker majoritär geprägte Note der parteipolitischen Auseinandersetzung in der elektoralen und parlamentarischen Arena wurden begleitet von einem drastischen Mitgliederschwund der italienischen Parteien.[4] Der deutlich nachlassenden Verankerung der italienischen Parteien in der Gesellschaft entsprach eine signifikante Reduzierung der parteienstaatlichen Regulierung gesellschaftlicher Bereiche. Ambivalenter als diese von Richard Katz (1986) als „party governmentness" bezeichnete Dimension der Parteienregierung waren die Veränderungen auf der „partyness of government"-Ebene (der Ebene des elektoralen Parteienwettbewerbs und der parteipolitischen Kontrolle politischer Institutionen). Die Chancen der Wähler, durch das Wahlergebnis die parteipolitische Zusammensetzung der Regierung und die Besetzung der Position des Regierungschefs zu bestimmen, haben sich gegenüber den ersten vier Nachkriegsjahrzehnten italienischer Politik zweifelsohne erhöht, obwohl es auch nach 1994 zahlreiche Regierungen gab, die kein echtes Wählermandat vorweisen konnten. Auffällig ist aber insbesondere der hohe Anteil von parteilosen Ministern und sogar Regierungschefs, die seit dem Regimewechsel 1994 Kabinettspositionen bekleideten und damit zu einem insgesamt weit unterdurchschnittlichen Maß an „Parteiencharakter" italienischer Regierungen beitrugen. Nicht weniger als vier von 14 Ressortministern der Mitte 2001

---

[4] Nach entsprechenden Erhebungen von Mair und van Biezen (2001: 9, Tab. 1; 12, Tab. 2) lagen die Mitgliederzahlen der italienischen Parteien Ende der neunziger Jahre zwar nur geringfügig unter dem Durchschnitt europäischer Demokratien und belegte Italien Rang 10 von insgesamt 20. Gleichzeitig liegt Italien mit einem Mitgliederschwund von mehr als 50 Prozent während der beiden letzten Jahrzehnte aber in der Spitzengruppe desselben Samples europäischer Länder, die in der jüngeren Vergangenheit besonders dramatische Mitgliedereinbußen zu beklagen hatten.

gebildeten Regierung Berlusconi waren parteilos. Weitreichende Konsequenzen für die Struktur des politischen Wettbewerbs hatte jedoch vor allem die wiederholte Besetzung der Position des Regierungschefs mit Parteilosen. Tatsächlich entwickelte sich, wie Mauro Calise (2000: 99) betont, hinter dem Schein der „Technokratenregierung" eine „Premierministerregierung", die sich durch einen hohen Grad an Personalisierung des politischen Prozesses auszeichnete. Damit verstärkte die primär als Reflex des ausgeprägten Anti-Parteienaffekts zu verstehende Neigung zur Bildung von Technokratenkabinetten die durch die Wirkungen der Wahlsystemreform bedingte Personalisierungstendenz in Wahlkampfperioden noch zusätzlich bzw. weitete diese auch auf Perioden außerhalb des Wahlkampfs im engeren Sinne aus.

3. Grundzüge des italienischen Mediensystems und der Medienkultur

Bevor wir zur Analyse des Verhältnisses von Parteien und Medien bzw. zum Charakter der politischen Kommunikation und der Parteienkommunikation in Italien kommen, ist es notwendig, die wichtigsten Merkmale des italienischen Mediensystems und der Medienkultur zu beleuchten.

Erwähnenswert ist in diesem Zusammenhang zunächst die im internationalen Vergleich geringe Bedeutung der Printmedien und der ungewöhnlich zentrale Stellenwert des Fernsehens innerhalb der italienischen Gesellschaft und für die politische Kommunikation. Historisch befanden sich die italienischen Printmedien gegenüber Hörfunk und Fernsehen während der frühen Nachkriegsphase zwar im Vorteil, da sie nicht erst mühsam durch den Krieg zerstörte Strukturen wieder aufbauen mussten. Es gelang jedoch nicht, diesen Startvorsprung in einen dauerhafteren Vorteil zu transformieren. Überhaupt war die Stärke der Printmedien in der frühen Nachkriegszeit wesentlich ein Ergebnis der Schwäche bzw. der tatsächlichen Nichtexistenz des Fernsehens, welches erst 1954 den landesweiten Sendebetrieb aufnahm. Vor allem die italienische Lokalpresse erreichte nicht annähernd ein quasi-flächendeckendes Niveau, wie es für die Bundesrepublik oder die USA bereits in den ersten Nachkriegsjahrzehnten typisch wurde. Dem stand schon der überdurchschnittliche Anteil von Analphabeten in der italienischen Nachkriegsgesellschaft entgegen. Bis zu den frühen siebziger Jahren bildeten der *Corriere della Sera* (moderates Zentrum) und *La Stampa* (liberales Zentrum) die mit Abstand größten Tageszeitungen des Landes; während beide Blätter auch in den neunziger Jahren zur Spitzengruppe gehörten, wurde die erst 1976 gegründete *La Repubblica* (liberale Linke) vorübergehend zum Spitzenreiter italienischer Tageszeitungen.[5] *La Repubblica* und der *Corriere* stellten auch im Jahre 2001 die Tageszeitungen mit den mit Abstand höchsten Auflagenzahlen dar, mit einem geringfügigen Vorsprung des Mailänder Traditionsblatts, des *Corriere*.[6]

Neuere vergleichende Bestandsaufnahmen bezüglich des Bevölkerungsanteils in westeuropäischen Gesellschaften, der regelmäßig eine Zeitung kauft bzw. liest, zeigen, dass Italien in der Gruppe der konsolidierten Demokratien eine Position am unteren Rand zukommt (Gellner 1992: 283).[7] Das durch entsprechende Zahlen gezeichnete Bild ist im Übrigen durch den wichtigen Hinweis auf das ausgeprägte italienische Nord-Süd-Gefälle zu ergänzen: Während im Norden Italiens auf 1.000 Personen etwa 150 Zeitungen pro Tag verkauft werden, so sind dies in Mittelitalien durchschnittlich 135 und im Süden gar nur 60 (Sartori 1996: 147). Nicht nur im Süden, sondern in ganz Italien besitzt das Fernsehen jedoch spätestens seit den sechziger Jahren einen gesellschaftlichen Stellenwert, der weit über das in anderen westlichen Demokratien übliche Maß hinausgeht. So stellte Luca Ricolfi fest: „Many [Italians, L.H.] have learnt to speak, to think, and even to read and write through television. Television is not simply *one* means of communication, but – for the majority of the population – the *only* means of communication, almost to the point of being an element of collective identity" (Ricolfi 1997: 152, Herv.i.O.).

Besonderheiten kennzeichnen auch die Struktur und die historische Entwicklungsdynamik des italienischen Mediensystems im Fernsehsektor. Hier ist zunächst die Vorreiterrolle Italiens bei der Einführung des privaten Fernsehens in der frühen zweiten Hälfte der siebziger Jahre zu nen-

---

[5] Zahlen und politische Verortungen nach Marletti/Roncarolo (2000: 211, Tab. 6.2).
[6] Vgl. „Mass Media", in: L'Espresso vom 3. Mai 2001.
[7] Nur in den westeuropäischen „Nachzüglerdemokratien" Spanien, Portugal und Griechenland ist die „Zeitungsleserdichte" noch geringer als in Italien.

nen. Von den großen westeuropäischen Demokratien begann nur Großbritannien noch deutlich früher mit dem Ausbau eines zweigleisigen, d.h. öffentlichen und privaten Rundfunks. Bemerkenswert ist daneben die duopolistische Struktur der italienischen Fernsehlandschaft, die sich nach dem Niedergang der zunächst wuchernden Vielfalt unterschiedlichster, überwiegend regional agierender Anbieter herausbildete. In diesem für Westeuropa wohl einzigartigem Duopol stehen sich die staatliche RAI (*Radiotelevisione italiana*) einerseits und die private Gesellschaft *Fininvest* (bis 1993) bzw. (seither) *Mediaset* andererseits gegenüber. Eines der für unser Thema relevantesten Charakteristika des privaten Bereichs des italienischen Mediensystems (im Übrigen keineswegs ausschließlich dessen audio-visuellen Teils) ist in der enormen Konzentration von Kapital und Entscheidungsmacht in den Händen eines einzigen Medienunternehmers, Silvio Berlusconi, zu sehen.[8] Entgegen vollmundiger Ankündigungen Berlusconis, das Problem des Interessenkonflikts vor Ablauf der ersten 100 Tage seiner zweiten Amtszeit abschließend zu lösen, wurden bis zum Herbst 2001 allenfalls symbolische Schritte (wie die Gründung einer kompetenzarmen Überwachungskommission) eingeleitet.[9] Auf die Auswirkungen dieser Machtkonzentration wird in Abschnitt 4 zurückzukommen sein.

Unser kurzer Überblick über die italienische Medienkultur wäre unvollständig ohne einen Hinweis auf eine weitere Besonderheit, die viele Beobachter in den auffallend engen personellen Verbindungen zwischen Journalismus und Politik und dem geringen Maß an Professionalität und politischer Unabhängigkeit zahlreicher Journalisten erblicken. Nach einer vergleichenden Erhebung wiesen in Italien zu Beginn der achtziger Jahre immerhin doppelt so viele Parlamentarier professionelle journalistische Erfahrungen auf wie die Mitglieder des US-Kongresses, wobei sich diese Traditionslinie zumindest bis in die Zeit Mussolinis zurückverfolgen lässt (Wallisch 1997: 66-67). Wichtiger als die Bedeutung entsprechender Erfahrungspotenziale bei Mitgliedern der politischen Klasse und informeller Seilschaften auf der Grundlage einer gemeinsamen Sozialisierung

---

[8] Vgl. für eine Übersicht über die finanzielle Dimension des „Berlusconi-Imperiums": „The Rise and Fall and Rise of Silvio Berlusconi", in: Time vom 7. Mai 2001.
[9] Vgl. „Berlusconi und seine Interessenkonflikte", in: Neue Zürcher Zeitung vom 11. September 2001.

von Journalisten und Politikern mit journalistischer Berufserfahrung waren jedoch stets gezielte Versuche der Vereinnahmung bestimmter Journalisten durch politische Akteure einerseits und ein vorherrschendes journalistisches Rollenverständnis, das sich hierfür in hohem Maße empfänglich zeigte, andererseits. Der Höhepunkt der Systemkrise 1993/94 gilt als die erste große Gelegenheit, bei der die Mehrzahl der italienischen Journalisten ihre traditionellen, klientelistisch geprägten Beziehungen zu bestimmten politischen Parteien überwanden und einen stärker kritisch geprägten Journalismus vertraten. Allerdings folgten die Medienvertreter dabei eher dem öffentlichen Protest der Bevölkerung gegen das alte Regime, als dass sie diesen anführten (Mazzoleni 1996: 202).

4. Parteien, Medien und der Wandel politischer Kommunikation

In den beiden vorausgehenden Abschnitten wurden die Strukturen des Parteiensystems und des Mediensystems zunächst getrennt voneinander betrachtet. Dies ist freilich als ein heuristisch motivierter analytischer Zugang zu werten, der sich weder mit der Realität von Strukturen und Praktiken politischer Kommunikation noch mit der politikwissenschaftlichen Debatte über Parteien, Medien und politische Kommunikation in liberalen Demokratien deckt, welche sich gerade um die Frage der Interdependenz von parteiendemokratischer und medialer Logik im politischen Willensbildungs- und Entscheidungsprozess dreht. Wie in jeder anderen entwickelten Demokratie findet Politik und politische Kommunikation in Italien innerhalb eines hochkomplexen Systems statt, in dem sich das konkrete Einflusspotenzial einzelner politischer und medialer Akteure nur in Bezug auf konkrete Entscheidungen bzw. Entscheidungssituationen verlässlich rekonstruieren lässt.

Die in diesem Abschnitt verfolgte Konzentration auf die Steuerungsleistung der italienischen Parteien gegenüber den Medien ist im italienischen Fall gleichwohl nicht nur durch den vorgegebenen Fokus auf die Praxis der Parteienkommunikation gerechtfertigt. Aus der Trias von Instrumentalisierungs-, Dependenz- und Symbiosetheorien, die zur Erklärung des Abhängigkeitsverhältnisses von Medien und Politik angeboten wurden (Meyer 2001: 75-84), kommt dem in der Gruppe der westlichen

Länder ansonsten wenig erklärungskräftigen Instrumentalisierungsparadigma für Italien eine ungewöhnlich zentrale Rolle zu. Dies gilt nicht nur mit Blick auf das oben erwähnte dominante Rollenverständnis italienischer Journalisten gegenüber der politischen Klasse, sondern ebenfalls für die umfassenden Kontrollstrategien der politischen Akteure gegenüber den Medien als zentrales Element der ausufernden „partitocrazia", welche allerdings stets durch unterschiedliche Formen von Parteienkommunikation im engeren Sinne ergänzt wurden.

Wie in anderen Ländern fand historisch ein wesentlicher Teil der Parteienkommunikation über die Parteipresse statt. Bedingt durch die starke Subkulturalisierung der italienischen Gesellschaft erlangten dabei einzelne Blätter wie die kommunistische *L'Unitá* eine Bedeutung, die für die meisten anderen westeuropäischen Länder unvorstellbar erscheint. Doch auch der ausgeprägte Faktionalismus innerhalb der DC, PCI und PSI prägte die strukturellen Voraussetzungen der Parteienkommunikation auf eigentümliche Weise. So verfügten die Faktionen nicht nur über beträchtliche eigene finanziellen Ressourcen und weitgehend unabhängige Verwaltungsstrukturen, sondern unterhielten enge Beziehungen zu unterschiedlichen Tageszeitungen und Magazinen oder besaßen gar eine eigene Presseagentur (Hine 1993: 135).

Trotz der oben beschriebenen zentralen Position des Fernsehens in der italienischen Gesellschaft, welches nach Auffassung einiger Autoren schon in den sechziger Jahren sein „goldenes Zeitalter" (Sartori 1996: 152) durchlebte, blieb die Presse bei all ihren Strukturproblemen zumindest in Wahlkampfzeiten bis in die späten siebziger Jahre hinein das dominante Instrument für die politische Kommunikation zwischen der politischen Klasse und der italienischen Bevölkerung. Die Parlamentswahlen von 1979 waren die ersten, in deren Vorfeld bezahlte Wahlwerbespots der Parteien im Fernsehen ausgestrahlt wurden, und die Wahlen von 1983 gelten gemeinhin als das erste Beispiel einer italienischen Wahl, die zu einem „Medienevent" wurde (Marletti/Roncarolo 1996: 214, 217). Die konkreten Einsatzbedingungen des Fernsehens für Wahlwerbung der Parteien unterschieden sich dabei in Italien grundlegend von den Bedingungen in Deutschland, Frankreich und Großbritannien: Bis zu deren gesetzlicher Verbannung aus der „heißen Phase" des Wahlkampfs Anfang 1994 wurden Wahlwerbespots der italienischen Parteien ausschließlich von den privaten Sendern ausgestrahlt; es gab keine proportionale Verteilung von Sendezeiten auf Parteien, sondern die Gelegenheit zum freien Erwerb beliebig umfangreicher Sendezeiten (Holtz-Bacha/Kaid 1995: 14-16). Das Anfang 1994 verfügte gesetzliche Verbot von massenmedialer Wahlwerbung in einem Abstand von 30 Tagen oder weniger zur anstehenden Wahl, welches sogar den Auftritt von Politikern in anderen Fernsehsendungen als Nachrichtensendungen oder explizit als solche deklarierten Wahlkampfdebatten untersagte, wurde – vor allem bei den Parlamentswahlen 1994 – durch eine rigorose zeitliche Vorverlagerung des Wahlkampfs praktisch außer Kraft gesetzt (Mazzoleni 1996: 199). Es hat aber auch seither die Tendenz befördert, der politischen Kommunikation im weiteren Vorfeld von Wahlen den Charakter von faktischen Wahlkampfauseinandersetzungen zu verleihen. Im Zusammenhang mit den Wahlen von 2001 wurde von einem 18 Monate lang dauernden De-facto-Wahlkampf gesprochen (Berselli/Cartocci 2001: 450).

Jahrzehnte früher schon aber waren die audio-visuellen Medien in Italien untrüglich zu einem Spiegel der eigentümlichen Struktur des italienischen Parteiensystems geworden. Man kann hierbei bis zum Anbruch der so genannten „zweiten Republik" von einer inkremental voranschreitenden, konsoziativen Kolonialisierung des Fernsehens durch die Parteien sprechen. Die Frühphase des italienischen Fernsehens war nicht nur durch ein bemerkenswertes Maß an Ignoranz des neuen Mediums gegenüber politischen Themen gekennzeichnet, sondern wurde überdies maßgeblich durch die uneingeschränkte Kontrolle seitens der seinerzeit noch phasenweise allein regierenden Christdemokraten geprägt. Der Erweiterung des Kreises der Koalitionsparteien entsprach eine breitere Distribution der Kontrollmacht der politischen Parteien im Medienbereich. Der zu Beginn der sechziger Jahre gegründete zweite staatliche Sender (RAI-2) wurde rasch zu einem Einflussbereich der Juniorpartner der Christdemokraten, allen voran des PSI. Auf dem Höhepunkt von „trasformismo" in der parlamentarischen Arena der siebziger Jahre wurde ein dritter staatlicher Sender (RAI-3) gegründet, der den Kommunisten „überlassen" wurde. Etwa zeitgleich entstand als zweite Säule der italienischen Fernsehlandschaft ab 1976 das Privatfernsehen, die sich nach einem anfänglichen Boom zahlreicher Anbieter rasch auf das Duopol von RAI und *Fininvest* hin entwickelte. Während sich die staatlichen Sendeanstalten auf die neue

Konkurrenzsituation durch eine deutliche Erhöhung des Unterhaltungs-
teils in ihren Programmen anpassten, beschränkten sich die italienischen
Regierungen der Spätphase des alten Regimes weitestgehend darauf, den
gewachsenen Status Quo zu bestätigen. Der erst 1990 zustande gebrachte
Versuch, das neu entstandene System überhaupt gesetzlich zu normieren,
wurde weithin als „Lex Berlusconi" verhöhnt.

Zu einer problematischen Konstellation mit überragender Bedeutung
für die Struktur der politischen Kommunikation in Italien wurde das bereits seit den achtziger Jahren bestehende Duopol zwischen RAI und *Fininvest* durch den Eintritt Berlusconis in die Politik. Die These, dass Berlusconi sich Ende 1993 vor allem deshalb für eine politische Zweitkarrie-
re entschied, um dadurch der drohenden Zerschlagung seines Medienim-
periums entgegenzuwirken, erscheint nicht abwegig. Umso erstaunlicher
ist es, dass die zahlreichen linkszentristischen Regierungen seit Mitte der
neunziger Jahre die Problematik des schwerwiegenden Interessenkonflikts
nicht einmal ernsthaft thematisierten (Fabbrini/Gilbert 2001: 528).

Studien über die politische Kommunikation im Umfeld der Wahlen
1994, 1996 und 2001 zeichnen ein vielschichtiges Bild (Pisati 2000; Ricolfi 1994; Sani/Legnante 2001; Wallisch 1997)[10]: Während aller drei
Wahlkämpfe gestanden die Sender Berlusconis diesem selbst mehr Sendezeit zu als seinen Herausforderern. Bis hinein in das Genre persiflie-
render Comic-Shows wurde Berlusconi dabei außerdem regelmäßig vorteilhafter gezeichnet als seine politischen Gegner. Praktiken wie diese
hatten vor allem bei den Wahlen von 1994 einen signifikanten Effekt auf
das Stimmverhalten der italienischen Wähler, der durch die Rebalancie-
rungsversuche einiger Printmedien (Statham 1996: 94) offensichtlich
nicht wettgemacht werden konnte. Trotzdem kam es unter der ersten Regierung Berlusconi (Mai bis Dezember 1994) nicht zu einer Etablierung
der Telekratie. Eingehegt durch beharrende Kräfte in den Reihen der
parlamentarischen Opposition und das Justizwesen sowie zusätzlich ge-
hemmt durch Unstimmigkeiten zwischen den Regierungsparteien selbst,
blieb der Effekt Berlusconis auf die vorübergehende Etablierung eines
„telekratisch inspirierten Politikstil[s]" (Trautmann 1999: 545) ohne

---

[10] Vgl. außerdem „Mass Media", in: L'Espresso vom 19. April 2001; „Italiens Süden im Visier der
Wahlkämpfer", in: Neue Zürcher Zeitung vom 9. Mai 2001.

weitere Strukturmaßnahmen beschränkt. Die Rückkehr zu einem stärker auf Sachthemen konzentrierten Wahlkampf und die Wahlniederlage Berlusconis im Jahre 1996 trotz unverminderter Medienmacht wurden dann vielleicht allzu rasch als jähes Ende eines gescheiterten Experiments gedeutet.[11]

Allerdings wäre es ebenfalls wenig überzeugend, vor dem Hintergrund des jüngsten Wahlsiegs des Rechtsbündnisses unter der Führerschaft Berlusconis die These vom Sieg der Telekratie schlicht wieder hervorzaubern zu wollen. Obwohl es Anzeichen dafür gibt, dass die Rechte erneut von der audiovisuellen Berichterstattung profitierte[12] und dabei offensichtlich auch die offiziellen Ausgabenlimits missachtete (Donovan 2001: 198), reicht dies als Erklärung für das Wahlergebnis vom Mai 2001 nicht aus. Der Wahlsieg Berlusconis wurde zu Recht auch als Ergebnis strategischer Fehler des linken Wahlbündnisses (vor allem der nicht zustande gebrachten Einbindung des kommunistischen PRC) und eines wenig überzeugenden Politikstils der an chronischen internen Querelen leidenden *Ulivo*-Regierung (1996-2001) gewertet (Fabbrini/Gilbert 2001: 524, 529; Pasquino 2001: 136-137). Am greifbarsten wurde der enorme strategische Vorteil Berlusconis im Wahlkampf 2001 im Übrigen weniger in Form parteiischer Berichterstattung seiner eigenen drei Fernsehsender, als vielmehr in der Versendung einer in seinem eigenen Verlagshaus erschienenen Biographie – „Silvio Berlusconi: Una storia italiana" – an jeden einzelnen der rund 40 Millionen stimmberechtigten Bürger des Landes.

Im Vergleich zu 1996 schaffte es Berlusconi im Wahlkampf 2001 wieder stärker, wenngleich nicht in gleichem Maße wie 1994, die öffentliche Auseinandersetzung mit dem politischen Gegner relativ frei von Debatten über programmatische Unterschiede und sachpolitische Details zu halten. Die Fokussierung der Wahlwerbungsstrategie *Forza Italias* auf die Person Berlusconis schien insgesamt sogar noch ein wenig stärker ausgeprägt zu

---

[11] So trägt eine keineswegs unfundierte Studie über die Phase von 1994 bis 1996 den Titel „Aufstieg und Fall der Telekratie" (Wallisch 1997).

[12] Im Übrigen ist es wichtig zu sehen, dass Berlusconi nicht nur während der „heißen Phase" des Wahlkampfs und keineswegs nur in den von ihm selbst kontrollierten Sendern deutlich präsenter war als seine unmittelbaren politischen Gegner. Petersen (2001) verweist auf empirische Erhebungen, die belegen, dass Berlusconi im Jahr 2000 in den Nachrichten und politischen Talkshows der drei staatlichen Fernsehkanäle mit etwa 15 Stunden rund doppelt so häufig zu sehen war wie seine direkten politischen Kontrahenten.

sein als während der neunziger Jahre. Die AN, zweitstärkste Partei des konservativen Bündnisses, unterstützte diese Strategie auf der Grundlage ihrer generelleren Präferenz für die Institutionalisierung einer Direktwahl des italienischen Regierungschefs (Donovan 2001: 197-198), die sich auf verfassungsrechtlicher Ebene bislang nicht hat verwirklichen lassen.

Es ist jedoch wichtig zu sehen, dass sich die gesamte politische Kommunikation in der so genannten „zweiten Republik" seit 1994, trotz des Fehlens eines strikt linearen Entwicklungstrends, drastisch verändert hat. Die hochgradige Personalisierung und die damit erhöhten Anforderungen an das „Medienmanagement" der Parteien bzw. deren Spitzenkandidaten lassen sich aus dem Geschäft des politischen Wettbewerbs in Italien nach dem Zusammenbruch des alten parteienstaatlichen Regimes nicht mehr wegdenken. Professionelles „Image-Management" ist zur *conditio sine qua non* auch für Herausforderer und Gegner Berlusconis geworden. Selbst der für diese Rolle kaum von Natur aus prädestinierte Premierminister Massimo D'Alema (DS) der Jahre 1998-2000 entwickelte im Zuge seiner Amtszeit eine ausgefeilte Kommunikationsstrategie, die mit derjenigen Tony Blairs verglichen wurde (Marletti/Roncarolo 2000: 235-236).

Die Gründe für das hohe Maß an Personalisierung, das den politischen Wettbewerb und die politische Kommunikation in Italien heute prägt, wird man jedoch weder ausschließlich in der Arena des nunmehr bipolar strukturierten Parteiensystems noch im Umfeld der Person Berlusconis bzw. der Reaktionen auf dessen Politikstil suchen dürfen, obwohl diese die beiden wichtigsten Faktoren(bündel) bezeichnen. Daneben wirkte seit den frühen neunziger Jahren noch ein anderes Strukturelement des italienischen Regierungssystems zugunsten einer rasant steigenden Bedeutung der einzelnen Persönlichkeit auf Kosten der Parteien: Die Referenden, die seit den frühen neunziger Jahren zu einem zentralen Katalysator für den Systemwandel (insbesondere die Reform des Wahlsystems) geworden sind.[13] Man hat die Referendumsbewegung der neunziger Jahre in ihren restriktiven Wirkungen auf die Parteien als Funktionsäquivalent der Vorwahlen in den USA gewertet (Calise 2000: 53-55).

Wie für andere Länder gilt auch für Italien, dass ein Überblick über

---

[13] Vgl. zur rechtlichen Ausgestaltung und politischen Bedeutung der Referenden im italienischen Regierungssystem Uleri 1996.

die strukturellen Voraussetzungen und Manifestationen von Parteienkommunikation zu Beginn des 21. Jahrhunderts nicht vollständig wäre
ohne einen zumindest kurzen Blick auf die Nutzung des Internet durch die
italienischen Parteien, obwohl – allein schon angesichts der bislang vergleichsweise geringen Verbreitung dieses Mediums – Parteienkommunikation via Internet in Italien zumindest bislang von sehr bescheidener
Bedeutung ist. Die bislang aufschlussreichste einschlägige Studie von
Gibson, Newell und Ward (2000) zeichnet folgendes Bild: Die großen
Parteien wie *Forza Italia*, DS oder AN verfügen nicht nur in den traditionellen Massenmedien, sondern auch im Internet über effektivere Mittel
der Mitgliederansprache und Wählerwerbung als die kleineren Parteien.[14]
Einen Unterschied macht nach dieser Studie aber auch die politische Ausrichtung einer Partei. So sind unter den kleineren Parteien die linken in
dieser Hinsicht deutlich effektiver als die konservativen und rechten Parteien. Aus einer Perspektive, die die Parteienkommunikation via Internet
in Italien mit den Verhältnissen in Großbritannien vergleicht (so der
Maßstab der Autoren der zitierten Studie), ist ferner erwähnenswert,
welch geringe Bedeutung dem Ziel der Gewinnung von neuen Mitgliedern und finanziellen Ressourcen sowie der Ermunterung von Partizipation seitens der Internet-Benutzer beigemessen wird. Dies wurde mit dem
Honoratiorencharakter zahlreicher kleinerer, aber für die Mehrheitsbil-
dung traditionell wichtiger Parteien in Italien erklärt (Gibson u.a. 2000:
130-131), welche weder finanziell noch auf der politischen Einflussebene
auf Massenunterstützung angewiesen sind.

5.   Schlussbetrachtung: Was ist der „Berlusconi-Effekt"?

Das seit einigen Jahren deutlich gestiegene Interesse deutscher Beobachter an Italien ist maßgeblich der Erscheinung Silvio Berlusconis zu danken. Häufig wurde, vor allem im Rahmen der Medienforschung und der
politikwissenschaftlichen Kommunikationsforschung, von einem „Ber-

---

[14] In der genannten Studie definiert als das Ausmaß, in dem Parteien das Internet nutzen, um neue
und insbesondere unentschlossene Wähler zu rekrutieren. Als die vier Subkategorien dieses Konzepts
dienen: „design", „accessibility", „freshness" und „targeting". Vgl. für eine genauere Operationalisie-
rung Gibson u.a. (2000: 134, Anm. 2).

lusconi-Effekt" gesprochen. Ziel dieser Schlussbetrachtung ist es, einen Beitrag zur internationalen und interdisziplinären Verständigung über diesen schillernden Begriff zu leisten.

In diesem Zusammenhang ist es zunächst wichtig zu sehen, dass der so genannte „Berlusconi-Effekt" mehrdimensional aufgeladen ist und weder in der publizistischen noch in der politikwissenschaftlichen Diskussion auf die Ebene politischer Kommunikation beschränkt ist. So wurde der potenzielle „Policy-Effekt" der 2001 neu ins Amt gewählten Regierung Berlusconi als eine Mischung aus „italienischem Thatcherismus" in der Innenpolitik und Gaullismus in der Außenpolitik beschrieben (Donovan 2001: 204). Auch auf der Ebene der politischen Kommunikation bleibt der „Berlusconi-Effekt" ein mehrdeutiger Begriff. In Deutschland wie in anderen westlichen Ländern dient der Begriff praktisch ausschließlich zur Kennzeichnung problematisch enger Verflechtungen zwischen Medien und politischen Akteuren (so etwa bei Jarren 2001: 17). Mit Blick auf die in Italien zu beobachtenden Entwicklungen auf dem Gebiet der politischen Kommunikation wird man den Begriff jedoch weiter fassen bzw. dessen andere Pointierung berücksichtigen müssen.

Die extreme Konzentration von politischer und wirtschaftlicher Macht in den Händen Berlusconis markiert freilich auch nach italienischem Verständnis eine zentrale Dimension des „Berlusconi-Effekts". Dieser wird im Übrigen durch die (hierzulande wenig bekannte) Tatsache gesteigert, dass bereits Ende der neunziger Jahre die verfassungsrechtlichen Machtkompetenzen des italienischen Regierungschefs gegenüber seiner traditionell schwachen Amtsausstattung deutlich ausgeweitet wurden (Calise 2000: 96-98). In diesem Kontext ist jedoch darauf hinzuweisen, dass der politisch-wirtschaftliche Interessenkonflikt Berlusconis von einem Großteil der italienischen Wähler selbst offenbar kaum (oder zumindest in deutlich geringerem Maße als im Ausland) als Problem für die italienische Demokratie gesehen wird (Berselli/Cartocci 2001: 453). Immerhin 23 Prozent der Befragten gaben an, sie glaubten, dass Berlusconis persönliche Wirtschaftsinteressen diesem helfen würden, besser zu regieren.[15] Darüber hinaus bezeichnet der Begriff nach vorherrschendem Verständnis eine Erscheinung in der elektoralen Arena, in der sich vor allem bei den Wahlen von 1994

---

[15] Vgl. „The Rise and Fall and Rise of Silvio Berlusconi", in: Time vom 7. Mai 2001.

eine Heerschar von völlig unbekannten *Forza Italia*-Kandidaten mit über-wiegend höchst mäßiger Performanz – vor dem Hintergrund der persönli-chen Ausstrahlungswirkung Berlusconis – gegen zahlreiche individuell populärere Kandidaten der Linken durchsetzen konnten (Mazzoleni 1996: 202). Diese für das traditionelle italienische Regierungssystem (bis 1994) untypische Personalisierung der politischen Auseinandersetzung nicht nur zu Wahlkampfzeiten hat seit der Mitte der neunziger Jahre stetig an Be-deutung gewonnen. Begünstigt wurde dies durch die Effekte der Wahlsys-temreform 1993. Zum „Berlusconi-Effekt" kann schließlich auch die über die reine Personalisierung hinausgehende Polarisierung der öffentlichen politischen Auseinandersetzung gerechnet werden, die sich auf der Ent-scheidungsebene in Form einer (zumindest für italienische Verhältnisse) ungewöhnlich starken Betonung des majoritären Prinzips manifestiert.

Italien bleibt innerhalb der Gruppe der großen westlichen Länder ein Strukturtyp, der sich durch zahlreiche Besonderheiten auszeichnet. In der großen, von Swanson und Mancini (1996) herausgegebenen Studie über Politik und Medien in ausgewählten modernen Demokratie findet sich der Italien-Beitrag bezeichnenderweise nicht wie die entsprechenden Be-trachtungen zu den USA, Großbritannien oder Deutschland im Abschnitt über „etablierte Demokratien mit stabilen politischen Kulturen", sondern gemeinsam mit den Beiträgen über Israel, Argentinien und Venezuela in einem Teil der Studie über „Demokratien, die sich potenziell destabilisie-renden Belastungen gegenübersehen". Obwohl es in den vergangenen Jahren in der Tat einen gravierenden Wandel in den Bedingungen der politischen Kommunikation in Italien gegeben hat, scheint das eigentliche Kernproblem des italienischen Regierungssystems auf diesem Feld weni-ger in einer drohenden Destabilisierung zu liegen als vielmehr in dem erstaunlichen Maß an Persistenz einer demokratietheoretisch höchst be-denklichen Konstellation, die geprägt ist durch eine beispiellose Ver-schränkung von direkter politischer Macht und praktisch uneinge-schränkter Verfügungsgewalt über einen signifikanten Teil der Medien-landschaft.

Literatur

Berselli, Edmondo/Cartocci, Roberto (2001): Il bipolarismo realizzato, in: Il Mulino L, S. 449-460.

Biorcio, Roberto (2001): Forza Italia, partito di riferimento, in: Il Mulino L 4, S. 623-634.

Bufacchi, Vittorio/Burgess, Simon (1998): Italy since 1989. Events and Interpretations, London: Macmillan.

Caciagli, Mario (1999): Die dramatische Umwandlung und das ungewisse Schicksal des italienischen Parteiensystems, in: Wolfgang Merkel/Andreas Busch (Hrsg.), Demokratie in Ost und West. Für Klaus von Beyme, Frankfurt a.M.: Suhrkamp, S. 455-474.

Calise, Mauro (1994): The Media Party: The Founding (and Broadcasting) of the Italian Second Republic, Paper Presented at the Workshop on „Anti-Party Sentiment", ECPR Joint Sessions, Madrid.

Calise, Mauro (2000): Il partito personale, Rom/Bari: Laterza.

Di Virgilio, Aldo (2001): Uniti si vince? Voto e politica delle alleanze, in: Il Mulino L, S. 635-644.

Donovan, Mark (2001): A New Republic in Italy? The May 2001 Election, in: West European Politics 24, S. 193-205.

Fabbrini, Sergio (1999): Il principe democratico. La leadership nelle democrazie contemporanee, Rom/Bari: Laterza.

Fabbrini, Sergio/Gilbert, Mark (2001): The Italian General Election of 13 May 2001: Democratic Alternation or False Step?, in: Government and Opposition 36, S. 519-536.

Foley, Michael (2000): The British Presidency, Manchester/New York: Manchester University Press.

Furlong, Paul (1994): Modern Italy Representation and Reform, London/New York: Routledge.

Gellner, Winand (1992): Massenmedien, in: Oscar W. Gabriel (Hrsg.), Die EG-Staaten im Vergleich, Opladen: Westdeutscher Verlag, S. 277-302.

Gibson, Rachel K./Newell, James L./Ward, Stephen J. (2000): New Parties, New Media: Italian Party Politics and the Internet, in: South European Society & Politics 5, S. 123-142.

Helms, Ludger (1994a): Italien vor den Wahlen – eine Parteiendemokratie am Ende?, in: Die Neue Gesellschaft/Frankfurter Hefte 41, S. 110-114.

Helms, Ludger (1994b): Strukturwandel im italienischen Parteiensystem, in: Aus Politik und Zeitgeschichte, B 34, S. 28-37.

Helms, Ludger (1994c): Zwischen Rechtsruck und Reform: Italien auf dem Weg in die „Zweite Republik", in: Gegenwartskunde 43, S. 297-307.

Helms, Ludger (1996): Der italienische Machtwechsel von 1996 und seine Folgen, in: Leviathan 24, S. 387-394.

Helms, Ludger (1997): Pluralismus und Regierbarkeit. Eine Analyse der italienischen Parteiendemokratie aus Anlaß der Parlamentswahlen 1996, in: Zeitschrift für Politik 44, S. 86-100.

Hine, David (1993): Governing Italy. The Politics of Bargained Pluralism, Oxford: Clarendon Press.

Holtz-Bacha, Christina/Kaid, Lynda Lee (1995): A Comparative Perspective on Political Advertising. Media and Political System Characteristics, in: Lynda Lee Kaid/Christina Holtz-Bacha (Hrsg.), Political Advertising in Western Democracies. Parties & Candidates on Television, Thousand Oakes: Sage, S. 8-18.

Hopkin, Jonathan/Paolucci, Caterina (1999): The Business Firm Model of Party Organisation: Cases from Spain and Italy, in: European Journal of Political Research 35, S. 307-339.

Jarren, Otfried (2001): „Mediengesellschaft" – Risiken für die politische Kommunikation, in: Aus Politik und Zeitgeschichte, B 41-42, S. 10-19.

Jun, Uwe (1999): Forza Italia – der Prototyp einer Medienkommunikationspartei?, in: Tobias Dürr/Franz Walter (Hrsg.), Solidargemeinschaft und fragmentierte Gesellschaft: Parteien, Milieus und Verbände im Vergleich. Festschrift für Peter Lösche, Opladen: Leske + Budrich, S. 475-491.

Kamps, Klaus (Hrsg.) (2000): Trans-Atlantik – Trans-Portabel? Die Amerikanisierungsthese in der politischen Kommunikation, Wiesbaden: Westdeutscher Verlag.

Katz, Richard (1986): Party Government: A Rationalistic Conception, in: Francis G. Castles/Rudolf Wildenmann (Hrsg.), Visions and Realities of Party Government, Berlin/New York: de Gruyter, S. 31-71.

Mair, Peter/van Biezen, Ingrid (2001): Party Membership in Twenty European Democracies, 1980-2000, in: Party Politics 7, S. 5-21.

Marletti, Carlo/Roncarolo, Franca (2000): Media Influence in the Italian Transition from a Consensual to a Majoritarian Democracy, in: Richard Gunther/Anthony Mughan (Hrsg.), Democracy and the Media. A Comparative Perspective, Cambridge: Cambridge University Press, S. 195-240.

Mazzoleni, Gianpietro (1995): Towards a ‚Videocracy'. Italian Political Communication at a Turning Point, in: European Journal of Communication 10, S. 291-319.

Mazzoleni, Gianpietro (1996): Patterns and Effects of Recent Changes in Electoral Campaigning in Italy, in: David L. Swanson/Paolo Mancini (Hrsg.), Politics, Media, and Modern Democracy. An International Study of Innovations in Electoral Campaigning and Their Consequences, Westport/London: Praeger, S. 193-206.

Menduni, Enrico (1994): Riforma della politica e sistema communicativo, in: Il Mulino XLIII, S. 70-81.

Meyer, Thomas (2001): Mediokratie. Die Kolonialisierung der Politik durch die Medien, Frankfurt a.M.: Suhrkamp.

Norris, Pippa (2000): A Virtuous Circle. Political Communications in Postindustrial Societies, Cambridge: Cambridge University Press.

Paolucci, Caterina (2000): Forza Italia a livello locale: un marchio in franchising?, in: Rivista italiana di scienza politica XXX, S. 481-516.

Pasquino, Gianfranco (2001): Berlusconi's Victory: The Italian General Elections, in: South European Politics & Society 6 (1), S. 125-137.

Petersen, Jens (2001): Der kurze Traum zum langen Albtraum, in: Frankfurter Allgemeine Zeitung vom 25. April.

Pfetsch, Barbara (2001): „Amerikanisierung" der politischen Kommunikation? Politik und Medien in Deutschland und den USA, in: Aus Politik und Zeitgeschichte, B 41-42, S. 27-36.

Pisati, Maurizio (2000): Il video e il voto. Gli effetti dell'informazione politica televisiva sulle elezioni del 1996, in: Rivista italiana di scienza politica XXX, S. 329-353.

Ricolfi, Luca (1994): Elezioni e mass media. Quanti voti ha spostato la Tv, in: Il Mulino XLIII, S. 1031-1046.

Ricolfi, Luca (1997): Politics and the Mass Media in Italy, in: West European Politics 20, S. 135-156.

Sani, Giacomo (2001): Berlusconi ha vinto perché ..., in: Il Mulino L, S. 616-622.

Sani, Giacomo/Legnante, Guido (2001): Quanto ha contato la communicazione politica?, in: Rivista italiana di scienza politica XXXI, S. 481-501.

Sartori, Carlo (1996): The Media in Italy, in: Anthony Weymouth/Bernard Lamizet (Hrsg.), Markets and Myths: Forces for Change in the Media of Western Europe, London/New York: Longman, S. 134-172.

Schwarz, Johannes/Brosda, Carsten (2001): „Amerikanisierung" der Politikvermittlung?, in: Vorgänge 40, S. 70-76.

Seißelberg, Jörg (1996): Conditions of Success and Political Problems of a „Media-Mediated Personality-Party": The Case of Forza Italia, in: West European Politics 19, S. 715-743.

Statham, Paul (1996): Berlusconi, the Media, and the New Right in Italy, in: The Harvard International Journal of Press/Politics 1, S. 87-105.

Swanson, David L./Mancini, Paolo (Hrsg.) (1996): Politics, Media, and Modern Democracy. An International Study of Innovations in Electoral Campaigning and Their Consequences, Westport/London: Praeger.

Trautmann, Günter (1999): Das politische System Italiens, in: Wolfgang Ismayr (Hrsg.), Die politischen System Westeuropas, 2. Aufl., Opladen: Leske + Budrich, S. 519-562.

Uleri, Pier Vincenzo (1996): Italy: Referendums and Initiatives From the Origins to the Crisis of a Democratic Regime, in: Michael Gallagher/Pier Vicenzo Uleri (Hrsg.), The Referendum Experience in Europe, London: Macmillan, S. 106-125.

Venturino, Fulvio (2000): La personalizzazione della politica italiana. Il ruolo dei leader nelle elezioni del 1996, in: Rivista italiana di scienza politica XXX, S. 295-327.

Wallisch, Stefan (1997): Aufstieg und Fall der Telekratie. Silvio Berlusconi, Romano Prodi und die Politik im Fernsehzeitalter, Wien u.a.: Böhlau.

Wiesendahl, Elmar (1998): Parteienkommunikation, in: Otfried Jarren/Ulrich Sarcinelli/Ulrich Saxer (Hrsg.), Politische Kommunikation in der demokratischen Gesellschaft, Opladen: Westdeutscher Verlag, S. 442-449.

Politische Parteien und Kommunikation in Großbritannien
Labour Party und Konservative als professionalisierte Medienkommunikationsparteien?[1]

Uwe Jun

1. Einleitung

„Thatcherismus" und „New Labour": Diese Begriffe stehen für grundlegende Veränderungen von Politikinhalten, Institutionen und Organisationen in Großbritannien in den zurückliegenden gut 20 Jahren. Die politischen Parteien, insbesondere die beiden Großparteien, Konservative und Labour Party, waren zugleich Handelnde und Getriebene der politischen Veränderungsprozesse. Um ihre derzeitige Rolle im politischen System Großbritanniens genauer analysieren zu können, gilt es, zunächst die Frage zu beantworten, welche organisatorischen und strategischen Antworten die Parteien in Großbritannien auf die Veränderungen des Wähler- und Medienmarktes in den letzten 15 bis 20 Jahren gefunden haben. Betrachtet man die Analysen des Wandels britischer Parteien, so lassen sich neben programmatischen Wandlungsprozessen noch auffälligere Reaktionen in den Bereichen Organisationsstruktur und Kommunikationsstrategie identifizieren: Am auffälligsten sind wohl die Professionalisierung des Kommunikationsmanagements, vor allem auf Seiten der Labour Party, mit einer verstärkten Hinwendung zu modernsten Techniken und Instrumenten des Marketing und der Meinungsforschung, sowie eine deutlich gestiegene Aufmerksamkeit gegenüber der zunehmenden Zahl an Wechselwählern. Des Weiteren zu erwähnen sind die Einführung von direktdemokratischen Elementen zur Verbesserung der Mitwirkungsrechte der einzelnen Mitglieder und die wiederum vermehrt bei Labour zu erkennende

---

[1] Für wertvolle Tipps und Anregungen danke ich Dr. Bernd Becker, Bonn.

Abkopplung der Beziehungen zu spezifischen Interessengruppen. Diese Entwicklungstendenzen zusammengenommen lassen Paul Webb zu dem Schluss gelangen, dass die britischen Großparteien „signifikant Angelo Panebiancos Idealtyp der electoral-professional party nahekommen" (Webb 1999: 33), die Labour Party charakterisiert er gar als „Prototyp einer modernen, professionell-elektoralen Partei" (Webb 1999: 66). Dieser Parteientypus ist wesentlich gekennzeichnet durch professionelle Formen der Wahlkampfkommunikation in den Massenmedien (Panebianco 1988: 264).

Entsprechend der Ergebnisse der Parteienforschung gelten die beiden britischen Großparteien zu Beginn des neuen Jahrhunderts als auf Wahlerfolge hin orientierte politische Organisationen, die den größer gewordenen Unsicherheiten auf dem umkämpften Wählermarkt in erster Linie mit einer zunehmenden Hinwendung zu professioneller Medienkommunikation begegnen. Dieses deutet auf einen grundlegenden Wandel der Parteienkommunikation hin: Galten politische Parteien lange Zeit als widerwillige Nachzügler der Anwendung modernster Kommunikationstechniken, so sind sie jetzt verstärkt um deren frühzeitige Nutzung zum eigenen Vorteil bemüht. Welche Faktoren prägen diesen Veränderungsprozess in der Haltung politischer Parteien im Bereich der politischen Kommunikation? Welche Schlussfolgerungen ergeben sich daraus? Auf diese Fragestellungen wird im Folgenden näher eingegangen. Das sich stetig verändernde Verhältnis von Politik, Wählern und Medien soll analysiert und in seinen Auswirkungen auf die Parteien hin betrachtet werden. In einem ersten Schritt gilt es jedoch zum besseren Verständnis, die Wandlungsprozesse zweier Hauptakteure politischer Kommunikation zu skizzieren: Parteien und Medien.

2. Das Parteien- und Mediensystem als grundlegender Rahmen politischer Kommunikation

2.1 Grundzüge des Parteiensystems

Das politische System Großbritanniens gilt als Musterbeispiel eines eigenständigen Typs der parlamentarischen Demokratie, des so genannten Westminster-Modells (Einzelheiten bei Lijphart 1999: 10 ff.; Sartori

1997: 104 ff.; Steffani 1979). Als wichtigste Elemente des Modells innerhalb parlamentarischer Regierungssysteme gelten das Mehrheitswahlsystem, das Zweiparteiensystem auf parlamentarischer Ebene mit der Folge
einer Einparteienregierung und eine stark ausgeprägte Fraktionsdisziplin
im Parlament bei gleichzeitiger klarer Dominanz der Exekutive gegenüber
der Legislative im politischen Entscheidungsprozess. Auf diese Weise
sind Parteien- und Regierungssystem im Westminster-Modell eng miteinander verbunden. Die Struktur des Parteiensystems wird wesentlich durch
das relative Mehrheitswahlsystem und durch die lange Zeit dominante,
mittlerweile abgeschwächte Konfliktlinie Arbeit/Kapital bestimmt. Für
viele Autoren gilt das Wahlsystem als der wesentliche Garant für Kontinuität und Stabilität im britischen Parteiensystem (Budge 1998: 126).
Gewählt wird nach relativer Mehrheitswahl in Einerwahlkreisen, also
derjenige Kandidat ist gewählt, der in einem Wahlkreis die meisten Stimmen auf sich vereint. Dies waren im Zeitraum seit 1945 in großer Mehrzahl stets Kandidaten der Konservativen oder der Labour Party, das heißt
die Repräsentation im Parlament beschränkt sich im Wesentlichen auf
zwei Parteien. Weitere Folge des Wahlsystems ist eine Verzerrung der
Mehrheitsverhältnisse im Parlament zugunsten einer der beiden Parteien,
was bisher fast ausschließlich zur Bildung einer Einparteienregierung
geführt hat. Der daraus resultierende Wettbewerb um die Regierungs-
macht zwischen Konservativen und Labour prägt also wesentlich die
Strukturen des britischen Parteiensystems auf nationalstaatlicher Ebene
(vgl. Tabelle 1).[2]

In der elektoralen Arena haben zwar die Liberaldemokraten in jüngster Zeit zunehmend an Boden gewonnen, was aber auf der parlamentarischen Ebene nicht in entsprechendem Ausmaß abgebildet wird. In Folge
bleiben die Liberaldemokraten formal auf die Rolle einer kleinen Oppositionspartei in Westminster beschränkt. Die nationalistischen Parteien in
Wales und Schottland haben ihre Hochburgen in einzelnen Bereichen der
jeweiligen Region, spielen aber im Gesamtparteiensystem eine eher untergeordnete Rolle.

---

[2] Auf die gesamtstaatliche Ebene soll sich diese Arbeit beschränken. Die regionalen Parteiensysteme
in Schottland und Wales bleiben außen vor (vgl. dazu Webb 2000a: 15 ff.).

Tabelle 1: Wahlergebnisse in Großbritannien 1945-2001 (in % der gültigen Stimmen)

Jahr	Konservative		Labour Party		Lib./Lib.Dem.*		Andere		Wahlbeteiligung
	%	Sitze	%	Sitze	%	Sitze	%	Sitze	
1945	39,8	213	48,3	393	9,1	12	2,7	22	72,8
1950	43,5	299	46,1	315	9,1	9	1,3	2	83,9
1951	48,0	321	48,8	295	2,5	6	0,7	3	82,6
1955	49,7	345	46,4	277	2,7	6	1,1	2	76,8
1959	49,4	365	43,8	258	5,9	6	0,9	1	78,7
1964	43,4	304	44,1	317	11,2	9	1,3	0	77,1
1966	41,9	253	47,9	363	8,5	12	1,7	2	75,8
1970	46,4	330	43,0	287	7,5	6	3,1	7	72,0
1974 (Feb.)	37,8	297	37,1	301	19,3	14	5,8	23	78,8
1974 (Okt)	35,8	277	39,2	319	18,3	13	6,7	26	72,8
1979	43,9	339	37,0	269	13,8	11	5,3	16	76,0
1983	42,4	397	27,6	209	25,4	23	4,6	21	72,7
1987	42,3	376	30,8	229	22,6	22	4,4	23	75,3
1992	41,9	336	34,4	271	17,8	20	5,8	24	77,7
1997	30,7	165	43,3	419	16,8	46	9,3	21	71,5
2001	31,7	166	40,7	413	18,3	52	9,3	29	59,4

* Bezieht sich auf die Liberal-SDP Alliance 1983 und 1987.
Quelle: Webb (1999) und eigene Berechnungen.

Die Konkurrenz von Labour Party und Konservativen war lange Zeit durch die Sozialstruktur und die sich daraus ergebende Hauptkonfliktlinie der britischen Gesellschaft determiniert.[3] Die Labour Party galt als Hauptvertreter der Arbeiterschaft und der Gruppe der unteren Angestellten, die Konservativen dagegen als Partei der mittleren und leitenden Angestellten, der Selbständigen, des Bürgertums. Beide Parteien haben entsprechend ihre Kommunikations- und Wahlkampfstrategie viele Jahre primär darauf ausgerichtet, ihre Stammwähler zu mobilisieren; weniger ging es ihnen um das Hinzugewinnen von Wechselwählern. Jedoch sollte die Einschränkung gemacht werden, dass es schon in jener Zeit in Wahlkreisen mit sehr knappen Mehrheitsverhältnissen zu heftigen Auseinandersetzungen um Wechselwähler kam, da es die oben benannte Dichotomie in der reinen Form zu keiner Zeit in Großbritannien gegeben hat.

---

[3] Peter Pulzer hat diesen Sachverhalt in eine prägnante Formulierung gebracht: „Class is the basis of British party politics; all else is embellishment and detail" (Pulzer 1967: 98).

Spätestens seit Mitte der sechziger Jahre hat diese Konfliktlinie erheblich an Einfluss im Wählerverhalten eingebüßt, sowohl im Hinblick auf sozialstrukturelle Gruppen wie auch auf kollektive Identitäten. Individualisierung, Pluralisierung von Lebensstilen, die Erosion sozialmoralischer Milieus und veränderte Werthaltungen haben einen Rückgang von Parteiidentifikation und -loyalitäten zur Folge mit den Auswirkungen einer zurückgehenden Basis an Stammwählern und einer Zunahme der stärker instrumentell motivierten Wechselwählerschaft (Webb 2000a: 38 ff.).

Zwei Entwicklungen mögen dies verdeutlichen: Der Anteil der Großparteien an Wählerstimmen bei Unterhauswahlen fiel von durchschnittlich 90,3 Prozent im Zeitraum von 1945 bis 1970 auf 74,8 Prozent im Zeitraum von 1974 bis 1997. Noch drastischer fällt der Rückgang des Anteils der Wählerschaft aus, die gegenüber einer der beiden Parteien eine starke Parteibindung aufweisen: Gaben in den sechziger Jahren noch 44 Prozent aller Wähler an, eine starke Identifikation mit einer der beiden Großparteien zu haben, so sind es mittlerweile nur noch 16 Prozent (Webb 2000b: 151).

Die beiden Großparteien Labour und Konservative haben auf die deutliche Zunahme der Volatilität und des Rückgangs von Parteiloyalitäten reagiert, indem sie den Wechselwählern ein verstärktes Augenmerk schenkten sowie der Parteiführung mehr Autonomie gaben, auch durch die Einführung direktdemokratischer Elemente bei innerparteilichen Sach- und Personalentscheidungen und insbesondere durch eine umfassende Professionalisierung ihres Kommunikationsmanagements (Webb 1999: 33). Auf den zuletzt genannten Aspekt wird diese Abhandlung ausführlicher eingehen. Zunächst gilt es aber, die Strukturen des britischen Parteiensystems in ihrer Entwicklung näher zu skizzieren, um den Prozess der Professionalisierung des Kommunikationsmanagements der politischen Parteien in den Gesamtkontext der Entwicklung des britischen Parteiensystems zu stellen.

2.2 Wandel des Parteiensystems

Die größten Wahlerfolge der Labour Party sind für die Unterhauswahlen 1945 und dann erst wieder 1997 und 2001 zu konstatieren, während die Konservativen jeweils in den fünfziger und achtziger Jahren am erfolgreichsten auf dem Wählermarkt agierten. Wie sind diese Entwicklungen zu erklären? Das britische Parteiensystem konnte zunächst in der Phase von 1945 bis 1974 als ein klassisches Zweiparteiensystem gelten: Labour und Konservative dominierten den Wettbewerb, waren nahezu in gleicher Größe auf dem Wählermarkt präsent und wechselten einander in der Regierungsverantwortung ab, wenngleich mit Vorteilen für die Konservativen, die 13 Jahre lang in Folge die Regierung stellten.

Labour hatte unmittelbar nach Kriegsende zunächst die Gunst der Stunde genutzt und bei den Unterhauswahlen 1945 einen überwältigenden Wahlerfolg erzielt. Diesen betrachtete die Partei als Legitimationsgrundlage für die Implementierung weitgehender sozialdemokratischer Politikinhalte, wie eine gemischte Wirtschaft durch Nationalisierungen von Schlüsselindustrien, den Aufbau eines Wohlfahrtsstaates unter Einschluss eines öffentlichen Gesundheitsdienstes und die Steuerung der Volkswirtschaft mit Instrumenten der nachfrageorientierten keynesianischen Politik. Die Konservativen akzeptierten diese Politikkonzeption und veränderten sie nach ihrer Regierungsübernahme 1951 nicht, sodass die Zeit bis in die siebziger Jahre durch den so genannten britischen Konsens in der Regierungspolitik bestimmt war (Fisher 1996: 12). Mit dieser Anpassung vermochten es die Konservativen, bis zu einem Drittel der Arbeiterschaft als Wähler für sich zu gewinnen und eine Mehrheitsposition gegenüber Labour aufzubauen. Erst die Modernisierung der Labour Party zu Beginn der sechziger Jahre unter Harold Wilson, der programmatisch wie kommunikationsstrategisch eine pragmatische Mehrheitsorientierung verfolgte, brachte die Labour Party bei den Unterhauswahlen 1964 und 1966 wieder vor die Konservativen.

Einen wesentlichen Einschnitt für das Parteiensystem Großbritanniens markierte das Jahr 1979: Gezeichnet durch erhebliche wirtschaftliche Probleme (die unter anderem eine Kreditaufnahme beim Internationalen Währungsfonds erforderlich machte) und heftige Auseinandersetzungen zwischen Regierung und Gewerkschaften („Winter of Discontent") verlor Labour die Unterhauswahlen 1979 und erlebte in Folge innerparteilich einen Aufstieg der Parteilinken. Die Konservativen unter Margaret Thatcher übernahmen die Regierungsverantwortung und kündigten den schon zuvor erodierenden britischen Konsens in der Sozial- und Wirtschaftspolitik auf. Die unter dem Vorzeichen neoliberaler, angebotsorientierter Wirtschaftspolitik stehende Konzeption der Ära Thatcher, der so genannte „Thatcherismus", war durch vier Ziele bestimmt: Bekämpfung der Inflation, Abbau wohlfahrtsstaatlicher Leistungen zugunsten des Marktes, Schwächung der Gewerkschaften und eine Stärkung der staatlichen Autorität Großbritanniens nach innen und außen (Borchert 1995: 103 ff.).

Eine weitere wesentliche Veränderung des britischen Parteiensystems in den siebziger Jahren stellt das Aufkommen der Liberaldemokraten als dritte relevante Partei dar. Ihren endgültigen Durchbruch auf der elektoralen Ebene schafften die Liberalen bei der Unterhauswahl im Februar 1974, bei der sie 19,3 Prozent der gültigen Stimmen erhielten. Seitdem fielen sie nicht wieder unter die 13-Prozent-Marke. Ihr bisher bestes Ergebnis erreichte die Allianz von Liberalen und der von Labour zu Beginn der achtziger abgespaltenen SDP bei der Unterhauswahl 1983 mit 25,4 Prozent, womit sie nur knapp hinter Labour zurückblieb. Die Liberaldemokraten in Großbritannien stehen nicht in Äquidistanz zu beiden Großparteien, sondern programmatisch und vom Selbstverständnis her der Labour Party näher (Ingle 2000; Webb 2001). Allerdings hat sich nach dem Führungswechsel der Partei von Paddy Ashdown zu Charles Kennedy im Jahre 1999 die Strategie der Partei gegenüber möglichen Kooperationen mit der Labour Party graduell verändert: Während Ashdown eine engere Kooperation der Parteien auf allen Ebenen bevorzugte, steht Kennedy für mehr Eigenständigkeit der Liberaldemokraten und für eine themenabhängige Kooperation. Die Kooperation basiert auf inhaltlichen Übereinstimmungen, denn die britischen Liberalen betonen eher sozialliberale Traditionen des Liberalismus und vertreten die Überzeugung, dass politische Freiheitsrechte nicht ohne ein Mindestmaß an ökonomischer und sozialer Sicherheit zu verwirklichen sind, was zu einer grundsätzlichen Bejahung eines ausgebauten Wohlfahrtsstaates führt (Budge 1998: 135). Einer aktiven Mitwirkung Großbritanniens am europäischen Integrationsprozess stehen sie im Gegensatz zu den Konservativen sehr aufgeschlossen gegenüber.

Ihren bisher größten Erfolg „verdankt" die drittstärkste Partei Großbritanniens einer zwischenzeitlichen Mehrheitskoalition der Parteilinken innerhalb Labours, die aber schon nach dem für die Partei desaströsen Wahlergebnis 1983 wieder an innerparteilichem Einfluss verlor. Mit der Übernahme des Parteivorsitzes durch Neil Kinnock begann eine auch im Vergleich mit anderen westlichen Demokratien fast beispiellose Transformation einer etablierten politischen Partei auf allen Ebenen (Programmatik, Organisation, Kommunikationsstrategie und Wählerschaft), die unter Tony Blair im Projekt „New Labour" konsequent fortgeführt wurde und der Partei die Mehrheitsfähigkeit auf dem Wählermarkt zurückbrachte. Die in den meisten Politikfeldern zu beobachtenden Annäherungen der Politik der Labour Party und der Konservativen in den neunziger Jahren und die Policy-Kontinuitäten über den Regierungswechsel hinweg haben einen neuen britischen Konsens hervorgebracht, der stärker angebotsorientiert ist und einen Infrastrukturstaat mit der Vorstellung von Synergieeffekten zwischen privatem und öffentlichem Sektor und das Konzept positiver Wohlfahrt (Investitionen in Humankapital) beinhaltet.[4] Die größten Differenzen zwischen beiden Parteien gibt es in der Europapolitik: Auf diesem Gebiet zeigen die Konservativen seit 1997 eine äußerst distanzierte Position zur europäischen Integration und eine ablehnende gegenüber der Teilnahme Großbritanniens an der Europäischen Währungsunion. Bei Labour lässt sich eine insgesamt aufgeschlossenere Haltung sowohl gegenüber der Vertiefung der Integration wie der Währungsunion ausmachen, ohne dass die Parteiführung sich bisher auf einzelne Positionen klar festgelegt hat. Trotz dieser Differenzen kann aufgrund weitgehender Übereinstimmungen in anderen Politikbereichen das Parteiensystem Großbritanniens als „moderater Pluralismus" (Webb 2000a: 13) charakterisiert werden. Die Konfrontationsstrategie der Konservativen im Wahlkampf zur Unterhauswahl 2001 ist jedenfalls gescheitert und mag dem Nachfolger William Hagues im Vorsitz der Partei, dem europaskeptischen Ian Duncan Smith, Fingerzeige für zukünftige Strategien gegeben haben.

2.3 Das Mediensystem: Von parteiischen Zeitungen und überparteilichem Fernsehen

Schon beim ersten Blick auf das Mediensystem in Großbritannien werden dessen Eigenheiten offensichtlich: ein ausgesprochen kompetitiver nationaler Zeitungsmarkt mit einer großen Auflagenzahl von Boulevardzeitungen, welche deutliche parteipolitische Präferenzen zeigen; und ein noch

---

[4] Zu weitgehend erscheint die Interpretation einer einseitigen Anpassung der Politik New Labours an die der Konservativen. Diese Position vertritt etwa Richard Heffernan (2001); dass diese These jedoch nicht zutreffend erscheint, ergeben empirische Untersuchungen der Regierungspolitik New Labours: „Nevertheless New Labour cannot simply be portrayed as Thatcherism Mark II" (Savage/Atkinson 2001: 15). Siehe auch die Ergebnisse der ausführlichen Studie zur ersten Legislaturperiode der Blair-Administration in Seldon 2001.

überschaubares, wenn auch zunehmend fragmentiertes Angebot an öffentlich-rechtlichen und privaten Fernsehsendern, die in ihrer politischen Berichterstattung gesetzlich zur Überparteilichkeit verpflichtet sind. Trotz des zunehmenden Bedeutungsgewinns des Internet bleiben die alten Medien Fernsehen, Zeitung und Radio die wichtigsten im Prozess der politischen Kommunikation, insbesondere die beiden zuerst genannten.

In Großbritannien gilt das Fernsehen nicht nur als ein wesentlicher Faktor der Freizeitbeschäftigung, sondern auch als das Leitmedium der politischen Kommunikation, als Hauptquelle der Aufnahme von politischen Informationen durch die Bevölkerung, welches im Vergleich zu anderen Medien die höchste Glaubwürdigkeit genießt (Semetko 2000: 343) und dem Objektivität und Fairness zugeschrieben werden (Newton 1997: 175; Gellner 1994: 465). Die Struktur des Wettbewerbs der elektronischen Medien wird bestimmt durch das Nebeneinander des öffentlichen Senders *British Broadcasting Company* (BBC) und privater Anbieter (Einzelheiten bei Goff 1998). Die auf dem Fernsehmarkt wichtigste private Station ist ITV, die terrestrisch zu empfangen ist und sich im Zeitraum von 1955 bis 1990 mit der BBC den Zuschauermarkt aufgeteilt hat. Seitdem sind Kabel- und Satellitenfernsehen hinzugekommen, mit stetig steigenden Zuschaueranteilen (Scammell 2000: 171 ff.). Zuschauer mit Kabel- oder Satellitenempfang haben nun bis 40 Programme zur Auswahl; die Folge ist eine Fragmentierung des Publikums und eine Verringerung der Zuschauerquoten bei den beiden terrestrisch empfangbaren bisherigen „dominant players" BBC 1 und ITV.[5] Beim Satelliten- und Kabelfernsehen spielt Rupert Murdochs BSkyB-Gruppe eine zentrale Rolle (Scammell 2000: 171).

BBC und ITV haben auf die zunehmende Konkurrenz der ausschließlich unter kommerziellen Gesichtspunkten betriebenen Satelliten- und Kabelfernsehstationen mit qualitativen Veränderungen ihrer politischen Berichterstattung reagiert: Die 40 Jahre lang als Hauptnachrichtensendungen des britischen Fernsehens geltenden BBC's „Nine O' Clock News" und ITV's „News At Ten", die Flaggschiffe der politischen Berichterstattung, wurden neu strukturiert und aus der Hauptfernsehzeit he-

---

[5] Weniger bedeutsam aufgrund ihrer geringeren Reichweite sind die drei übrigen, landesweit terrestrisch empfangbaren Kanäle BBC 2 (eher als Kulturprogramm konzipiert), die private Station Channel 4, die sich eher auf einzelne Minderheitengruppen konzentriert, und Channel 5, der primär auf ein jüngeres Publikum abzielt (vgl. Semetko 2000: 348 f.).

rausgenommen: „This means there will be no news on the most popular terrestrial channels during prime time" (Stanyer 2001: 351). Auch die wichtigsten politischen Magazinsendungen sind auf weniger populäre Sendeplätze verlegt worden (Stanyer 2001: 351). Weitere Erschwernisse für britische Parteien beim Kampf um die Fernsehöffentlichkeit treten hinzu: Bezahlte politische Werbung im Fernsehen ist nach britischem Recht grundsätzlich nicht erlaubt. Stattdessen erhalten politische Parteien im Wahlkampf freie Sendeplätze auf allen nationalen Hauptfernsehkanälen, so genannte „Party Election Broadcasts (PEB)" (Einzelheiten bei Scammell/Semetko 1995; Semetko 2000: 351 f.). Die Anzahl der gewährten PEBs richtet sich bei den etablierten Parteien nach dem Wahlergebnis der vorausgegangenen Wahl, bei nicht etablierten Parteien nach der Anzahl der Wahlkreiskandidaturen. Maximal fünf PEBs stehen einer Partei zu, eine nicht gerade üppige Anzahl bei sich fortwährend verlängernden Wahlkampfzeiten.[6]

Auch kann in Großbritannien ein zunehmendes Selbstbewusstsein der Fernsehjournalisten im Umgang mit politischen Themen beobachtet werden, das sich in zunehmender Distanz zu den Parteien ausdrückt: „British journalism intervened more independently and forcibly in 1997 campaign discourse than at any previous postwar election" (Blumler/Gurevitch 2001: 388). Diese Tendenz hat sich im Wahlkampf 2001 fortgesetzt. Gewahrt haben die britischen Fernsehstationen die gesetzlich vorgeschriebene Tendenz der Überparteilichkeit, deren Einhaltung in Großbritannien mit besonderer Aufmerksamkeit von Medien und Parteien kontrolliert wird, hinein bis in die quantitativ gemessene Sendezeit in den Nachrichtensendungen, die keine der beiden Großparteien bevorzugen darf („Stopwatch Balance").

Die Printmedien haben ansonsten infolge der Professionalisierung und Visualisierung der politischen Kommunikation gegenüber dem Fernsehen an Boden verloren (Goddard 2001: 111; Seymore-Ure 2001: 88). Die britische Presse ist gekennzeichnet durch eine im internationalen Vergleich große Anzahl von nationalen Tageszeitungen. Nebeneinander stehen Qualitätszeitungen („Broadsheets") wie die „Times" oder der „Guardian" und Boulevardzeitungen („Tabloids"), von denen die auflagenstärk-

---

[6] Die politischen Parteien in Großbritannien setzen schon seit vielen Jahren auf die Erarbeitung von Konzepten langfristig angelegter Wahlkampagnen, das so genannte „permanent campaigning" (s.u.).

ste „Sun" (siehe Curtice 1997), des Weiteren die „Daily Mail" sowie der „Daily Mirror" aufgrund ihrer hohen Auflagenzahl von mehr als zwei Millionen Exemplaren täglich hervorzuheben sind. Die Boulevardzeitungen haben in den letzten 20 Jahren den insgesamt schrumpfenden Markt[7] erobert und ihren Anteil in der Leserschaft gegenüber den Qualitätszeitungen ausbauen können: „The ‚tabloidization' of the press has continued apace" (Seymore-Ure 2001: 93, mit weiteren Nachweisen).

Folge dieses Prozesses ist eine partielle Anpassung der Qualitätszeitungen an die Boulevardpresse in der Aufbereitung von politischen Ereignissen, was einerseits eine generelle Abnahme der Berichterstattung über Parlamentsdebatten nach sich zog, andererseits eine stärkere Personalisierung mit Konzentration auf die Regierung, insbesondere den Premierminister (Seymore-Ure 2001: 96 ff.). Hinzu getreten sind auch allgemein mit der Boulevardisierung der politischen Berichterstattung in den Tageszeitungen ein wachsender Zynismus der politischen Journalisten, sowie eine zunehmende Bereitschaft, politische Skandale auf die Medienagenda zu setzen, eine deutlich größer gewordene Skepsis gegenüber Inszenierungen und Selbstdarstellung durch politische Akteure.

Sehr augenfällig an britischen Tageszeitungen ist ihre parteipolitische Färbung, die in Wahlkampfphasen verstärkt zum Ausdruck kommt und bei den Boulevardblättern besonderes ausgeprägt ist. Bis einschließlich zur Unterhauswahl 1992 lagen die Präferenzen der Tageszeitungen deutlich auf Seiten der Konservativen (Seymore-Ure 2001: 100; Semetko 2000: 345), seitdem liegt die Labour Party in der Gunst der Tageszeitungen vorn (Norris u.a. 1999: 152 ff.; Scammell/Harrop 2001; siehe auch Tabelle 2). Besonders augenfällig war der Positionswechsel von Rupert Murdochs „Sun", die sich bis 1997 eindeutig auf die Seite der Konservativen schlug und ebenso eindeutig bei der Unterhauswahl 1997 die Labour Party am ersten Tag des offiziellen Wahlkampfs mit der Titelschlagzeile „Sun backs Blair" unterstützte (Einzelheiten zur politischen Bedeutung der „Sun" bei Curtice 1997; Semetko 2000: 346).

---

[7] Die Anzahl derjenigen, die angeben, täglich in eine Zeitung hineinzuschauen, ist in Großbritannien von 80 Prozent Mitte der sechziger Jahre auf 64 Prozent Ende der neunziger Jahre des letzten Jahrhunderts gefallen (Daten bei Semetko 2000: 347).

Tabelle 2: Zeitungen: Besitzer, Auflagen und Parteipräferenz

Zeitung	Besitzer	Auflage April 1997	Auflage Mai bis Oktober 2001	Veränderung Auflage (%)	Parteipräferenz (Parlamentswahl 2001)
Daily Mail	General Trust PLC	2151	2477	+15,2	Conservatives
Mirror	Mirror Group	3084	2220	-28,0	Labour
Express	Northern and Shell	1220	959	-21,4	Labour
Daily Star	Northern and Shell	648	620	-4,3	Labour
Sun	News Corp. (R. Murdoch)	3842	3507	-8,7	Labour
Daily Telegraph	Hollinger/ C. Black	1134	1023	-9,8	Conservatives
Guardian	Scott Trust	401	414	+3,2	Labour
The Times	News Corp. (R. Murdoch)	719	717	-0,3	Labour
Independent	Mirror Group	251	230	-8,4	Labour/ Liberaldemokraten
Financial Times	Pearson	307	477	+55,4	Labour

Quelle: Audit Bureau of Circulations, London, November 2001, und eigene Recherchen.

Dieser Präferenzwechsel der britischen Tageszeitungen in Hinblick auf Wahlempfehlungen zugunsten einer Partei kann zum einen mit dem professionellen Kommunikationsmanagement der Labour Party, zum anderen mit den inhaltlichen Positionswechseln der Partei erklärt werden. Die Annäherung der Labour Party an die Politik der Konservativen war eben auch eine Annäherung der Partei an die politischen Positionen der vorher den Konservativen zuneigenden Zeitungen. Zu guter Letzt steckt ein gewisser Opportunismus hinter dem Präferenzwechsel: Es erscheint einfach vorteilhafter, auf Seiten des Gewinners zu stehen. Die einzelnen Tageszeitungen positionieren sich also nicht nur mit ihren Beiträgen, Reportagen und inhaltlichen Schwerpunkten sowie ihrem Design, sondern auch mit ihrer parteipolitischen Ausrichtung auf dem Medienmarkt.

Wie groß allerdings ihr Einfluss auf das politische Verhalten ihrer Leser im Einzelnen ist, konnte bisher aufgrund methodischer Probleme nicht eindeutig geklärt werden. Jedoch wird der Medieneinfluss in den meisten

Studien keineswegs als geringfügig eingestuft, sondern als wichtige Variable für politisches Verhalten, insbesondere im Hinblick auf Wechselwähler mit geringer Parteibindung (Newton/Brynin 2001; Schmitt-Beck 2000). Gegenüber parteigebundenen Wählern geht man eher von einem Verstärkereffekt aus (Norris u.a. 1999: 152 ff.; Semetko 2000: 361), ebenso beim Einfluss des Fernsehens auf politisches Verhalten (Mughan 1996; Norris 1997: 215 ff.). Norris hebt des Weiteren hervor, dass es entgegen der These von der „Video-Malaise"[8] eine positive Korrelation zwischen dem häufigen Rezipieren von Fernsehnachrichten einerseits und politischem Wissen sowie Partizipation andererseits besteht (Norris 1997: 224). Die Agenda-Setting-Funktion der Medien gegenüber der Öffentlichkeit in Großbritannien kann nach vorliegenden Daten dagegen als nur bedingt erfüllt eingestuft werden (Norris u.a. 1999: 128; Webb 2000a: 151). Entscheidend für Kommunikationsstrategien von politischen Parteien und für ihr Kommunikationsmanagement ist jedoch weniger der reale Einfluss der Medien als vielmehr der ihr von den politischen Akteuren zugeschriebene: Hier überwiegt die Vorstellung eines sehr hohen Einflusses (Scammell 2000: 183).

3. Parteien, Medien und Wähler: Parteienkommunikation im Wandel

Das Verhältnis von politischen Akteuren, Medien und Wählern als den drei Hauptakteuren der politischen Kommunikation in Großbritannien ist ein äußerst komplexes, dessen Komplexität sich in der jüngsten Vergangenheit noch weiter erhöht hat. Der Grund dafür liegt in dem bereits kurz skizzierten Medien- und Öffentlichkeitsstrukturwandel. Medien haben erheblich expandiert, durchdringen nahezu alle gesellschaftlichen Bereiche und absorbieren immer mehr Zeit und Aufmerksamkeit des Publikums: Sie sind zu einer allpräsenten Selbstverständlichkeit geworden (siehe Tabelle 3). Besonders das Fernsehen hat eine herausragende Stellung

---

[8] Die Hypothese der „Video-Malaise" besagt, dass durch die tendenziell negative Berichterstattung des Fernsehens und durch die zunehmende Hinwendung der politischen Akteure zu Marketing-Techniken die Zuschauer von der Politik entfremdet werden. Der visualisierende Stil des Fernsehens und die primär auf Symbolik angelegte Parteienkommunikation drängten sachliche Auseinandersetzungen in den Hintergrund und vermittelten den Zuschauern den Eindruck, kaum Einfluss auf den politischen Prozess zu haben (vgl. ausführlicher Norris 2000).

im Alltagsleben der Briten erreicht: „Watching television has become the nation's main activity, after working and sleeping" (Newton 1997: 173).

Der sich beschleunigende Wandlungsprozess hat durch Kommerzialisierung und Globalisierung eine von der Politik kaum noch zu steuernde Eigendynamik entfaltet. Davon wesentlich betroffen ist auch die Struktur der politischen Kommunikation, deren Charakteristika im Hinblick auf die Kommunikation politischer Parteien in Großbritannien unter drei wesentlichen Gesichtspunkten zusammengefasst werden sollen.

Tabelle 3: Anstieg des Medien-Outputs in Großbritannien (1988-99)

	1988/89	1997	% Anstieg
Zeitschriftentitel	2.042	2.438	19
Fernsehsender	4	60	1.400
Privathörfunksender	60	188	213
Multiplex-Kinos	14	118	743
CD-ROM-Titel	390	16.762	4.198
Internetseiten	0	132 Millionen	Unendlich

Quelle: Scammell 2000.

3.1 Weitgehende Orientierung der Parteienkommunikation auf Massenmedien

Unter Parteienkommunikation sollen hier solche Handlungen einseitiger und wechselseitiger Kommunikation verstanden werden, die von Akteuren und Wortführern politischer Parteien ausgehen. Ziel ist die unmittelbare oder mittelbare Einflussnahme, um für die zum Ausdruck gebrachten politischen Überzeugungen, Ansichten, Zielvorstellungen, Interessen, Handlungspläne und Aktionen Gehör, Zustimmung und Unterstützung zu finden. Zu unterscheiden ist zwischen interner und externer Parteienkommunikation; die interne richtet sich auf innerparteiliche Kommunikationsprozesse, die externe auf Wählerschaft und Öffentlichkeit. Bei der internen ist zwischen der Kommunikationssphäre der Mitgliederorganisation und der von der Parteispitze gesteuerten zu unterscheiden. Letztere ebenso wie die externe sind gleichermaßen medienorientiert, auch die Wahrnehmung der eigenen Organisationswirklichkeit geschieht inzwischen weitgehend über die allgemeinen Massenmedien.

Die politischen Parteien in Großbritannien versuchen, eine möglichst häufige Präsenz in den Medien zu erreichen, weil ein politisches Ereignis, über das die Medien nicht berichten, für eine breitere Öffentlichkeit nicht stattgefunden hat. Damit haben die Medien einen erheblichen Einfluss auf die Themen der öffentlichen Diskussion. Folgerichtig ist es wesentliches Ziel politischer Parteien auch in Großbritannien, die Medienagenda zu beeinflussen, um auch auf diesem Wege die öffentliche Diskussion zu bestimmen (Kavanagh 1996: 61).

Da Herstellung und Darstellung von Politik seitens der Medien kaum getrennt werden, sind die politischen Akteure dazu gezwungen, diesen durch die Massenmedien entstehenden temporären Einklang zu berücksichtigen. Am besten gelingt dies, wenn auch die handelnden Akteure diese Trennung in ihrem Denken aufheben. Das wiederum hat zur Folge, dass die Parteien, wollen sie den Prozess der öffentlichen Diskussion mitsteuern, der Medienlogik von der Problemdefinition bis zur Evaluation politischer Handlungen folgen müssen. Zugang zu Massenmedien und eine für sie positive Berichterstattung werden unter diesen Bedingungen zu einer zentralen Machtressource.

Aufgrund der Medienkonkurrenz und -vielfalt und der eindeutigen Stellungnahme einzelner Zeitungen für eine bestimmte Partei haben Labour und Konservative immerhin die Möglichkeit, ihre Informationen gezielt an bestimmte Medien weiterzuleiten (siehe für Labour Wring 1998: 47; für die Konservativen Rosenbaum 1997: 87). Darüber hinaus versuchen die Parteien Medien auf direkte und indirekte Weise zu beeinflussen, entweder hinter den Kulissen durch Hintergrundgespräche mit Eigentümern, Herausgebern oder Chefredakteuren oder unmittelbar durch Überzeugungsarbeit, Bereithalten von Interpretationen der eigenen Position oder sonstige Formen der Einflussnahme auf Journalisten. Daraus entstanden sind Formen symbiotischer Interaktionen von Politik und Medien, beziehungsweise ein Beziehungsgeflecht mit gegenseitigen Abhängigkeiten (Butler/Ranney 1984: 231 f.), die sich erst in jüngster Zeit, primär hervorgerufen durch intensive, von Journalisten als Manipulation empfundene Beeinflussungsbestrebungen der Labour Party und der Blair-Regierung (Becker 2001), wieder zu lockern beginnen.

3.2 Fernsehen und Boulevardzeitungen als prägende Faktoren des Stils politischer Auseinandersetzung

Das Fernsehen ist in Großbritannien das Hauptmedium politischer Informationen und hat gleichzeitig die höchste Glaubwürdigkeit. Zugleich prägen Boulevardzeitungen den politischen Stil der Berichterstattung in Großbritannien zu erheblichen Teilen mit. Des Weiteren verändert Fernsehen die Wahrnehmung von Politik, mit Rückwirkungen auf das Verhältnis der Repräsentanten zu den zu Repräsentierenden. Fernsehen bevorzugt Personen gegenüber abstrakteren Organisationen oder Institutionen. „Köpfe zählen" – Politik wird im Fernsehen fast ausschließlich durch Personen vermittelt. Diese Personalisierung ist zwar kein neues Phänomen in der britischen Politik, wird aber durch die zunehmende Nutzung der Television und durch dessen Stellung als Leitmedium verstärkt. „The media foster a personality based approach to politics, and the parties use their leaders as vehicles to project the party as a whole" (Rosenbaum 1997: 265). Diese Feststellung gilt nicht nur für das Fernsehen, sondern auch für die britischen Boulevardzeitungen. Parteien oder Institutionen als kollektive Subjekte und die Vermittlung organisationsspezifischer Inhalte oder Ziele treten in dieser Darstellungsform hinter Personen zurück.

Des Weiteren reduziert Fernsehen durch den Visualisierungszwang komplexe politische Inhalte erheblich; die viel gelesenen Boulevardblätter kommen durch ihre Bevorzugung einprägsamer Statements und einfacher Formeln diesem Reduktionsprozess noch weitergehend nach. Politische Prozesse werden im Fernsehen und in den Boulevardzeitungen vereinfacht dargestellt, symbolische Handlungen können besser erfasst werden, was nicht selten eine Reduzierung auf Symbolik nach sich zieht.

Die Unterhaltungsorientierung, insbesondere der privaten Fernsehstationen, aber auch der Boulevardzeitungen, führt zu einer Behandlung von Politik als Unterhaltungsware. So genannte *Soundbites* überwiegen im Fernsehen, politische Statements werden in kurzer, unterhaltender Form präsentiert, Auseinandersetzungen zwischen den Parteien auf mediale Formen der Konfrontation hin orientiert (Harrop 2001; Rosenbaum 1997; Scammell 2000): „As television grew in political significance, parties became increasingly conscious of the role of visual imagery in communicating impressions" (Rosenbaum 1997: 96). Der erste Fernsehwahlkampf in Großbritannien 1959 hat die grundlegenden Standards für Visualisierung und

Professionalisierung gesetzt, auf deren Grundlage die weitere Entwicklung der politischen Kommunikation im britischen Fernsehen erfolgte. Der Rückgang politischer Sendungen während der Hauptsendezeit selbst bei der für ihre hintergründige Berichterstattung lange Zeit gepriesenen BBC bedeutet eine weitere Beschleunigung dieses Entwicklungsprozesses.

3.3 Internationalisierung und Fragmentierung der Kommunikation

Neue Kommunikationsmittel wie das Internet oder das Satelliten-Fernsehen sprengen die Grenzen des Nationalstaates und machen Informationen weltweit verfügbar. Nationalstaatliche Steuerungsmaßnahmen durch Rechtsetzung sind kaum kontrollierbar. Private Medien im elektronischen Bereich und in den Printmedien werden entweder durch wechselseitige Anteilskäufe oder von internationalen Unternehmen beziehungsweise Konzernen beherrscht. In Großbritannien ragen die vielfachen Beteiligungen Rupert Murdochs an Medienunternehmen heraus, darüber hinaus existiert ein umfangreiches Netz von Beteiligungsverflechtungen (Einzelheiten bei Goff 1998). Die Labourregierung hat in diesem Bereich weitere Liberalisierungsmaßnahmen auf den Weg gebracht. Der technisch und ökonomisch induzierte Wandel des Medienmarktes mit dem gleichzeitigen Hervorbringen neuester Kommunikationsmittel wie digitales Fernsehen oder Internet fördert im Vergleich zu den klassischen Massenmedien eine mehr auf die individuellen Bedürfnisse zugeschnittene Kommunikationsstruktur. Folge ist eine zunehmende Fragmentierung des Publikums, verbunden mit weiteren Schwierigkeiten für die Politik, Aufmerksamkeit zu erhalten. Noch hat das Internet für die politische Kommunikation in Großbritannien eine eher untergeordnete Bedeutung (Blumler/Gurevitch 2001: 396; Scammell 2000: 184), aber seine größer werdende Reichweite und Nutzungsdauer dürften ihm in Zukunft mehr Aufmerksamkeit auch von Seiten der politischen Akteure sichern helfen und der Fragmentierung des Publikums weiteren Vorschub leisten.

3.4 Reaktionen der politischen Parteien auf jüngere Entwicklungen der politischen Kommunikation

Die politischen Parteien haben sich den Veränderungen des Mediensystems und infolgedessen den Veränderungen der politischen Kommunikation nicht nur angepasst, sondern selbst versucht, diesen Veränderungsprozess mitzugestalten. Die Professionalisierung ihres Kommunikationsmanagements und ihrer Kommunikationsstrategie sowie die Anpassung von Politikinhalten und der Präsentation ihrer Kandidaten für öffentliche Ämter an die Medienlogik sind zwei wesentliche Reaktionen der Konservativen und der Labour Party auf die neuen Herausforderungen durch jüngere Entwicklungen im politischen Wettbewerb, wesentlich hervorgerufen durch den Medienwandel und das Aufweichen von Parteiloyalitäten auf Seiten der Wähler. Auch die Liberaldemokraten haben sich im Rahmen ihrer beschränkteren Möglichkeiten diesen Wandlungsprozessen unterworfen und professionalisierter Medienkommunikation stärkere Beachtung geschenkt (Webb 2000a). Labour ist im Entwicklungsprozess hin zu einer professionalisierten Medienkommunikationspartei[9] nach allgemeiner Einschätzung weit voran geschritten und für die Modernisierung des Kommunikationsmanagements der Trendsetter unter den englischen Parteien. So konstatiert etwa Margaret Scammell: „Labour's approach does stand out. Labour is unashamedly wedded to communications" (Scammell 2000: 181); für Richard Heffernan steht moderne und professionalisierte Medienkommunikation im Zentrum des täglichen Handelns der Partei (Heffernan 1999: 50). Labour hat mit seiner Modernisierung neue Standards gesetzt, denen die Konservativen nachzueifern versuchen. Welche Strategien und Handlungen der britischen Parteien lassen sich bei der Modernisierung ihres Kommunikationsmanagements identifizieren? Auf diese Frage soll der folgende Abschnitt Antworten geben.

4. Konservative und New Labour als professionalisierte Medienkommunikationsparteien?

In diesem Abschnitt wird kurz zu untersuchen sein, ob und inwieweit die beiden britischen Großparteien durch die Modernisierung ihres kommunikativen Handelns dem Modell der professionalisierten Medienkommunikationspartei nahe gekommen sind. Das Modell kann durch fünf Elemente

---

[9] Das Modell wird ausführlicher entwickelt in meiner noch nicht abgeschlossenen Habilitationsschrift „SPD und britische Labour Party im Wandel: Auf dem Weg zur professionalisierten Medienkommunikationspartei?" (Arbeitstitel).

charakterisiert werden: ein professionelles Kommunikationsmanagement, die Anpassung von Inhalten und Personen an Grundsätze der Medienlogik, eine Dominanz des strategischen Zentrums in Entscheidungsprozessen, Flexibilität bei inhaltlicher Politik und ein Bedeutungsverlust von Massenmitgliedschaft als Ressource für Parteien, insbesondere in Wahlkämpfen. Da in dieser Abhandlung die Kommunikation der Parteien im Vordergrund steht, werden die ersten beiden Elemente ausführlicher behandelt. Der Labour Party wird besondere Beachtung geschenkt, weil sie bei ihrer Selbstdarstellung und dem Management ihrer Kommunikationsleistungen modernste Techniken angewandt hat, um den veränderten medialen Anforderungen nicht nur zu entsprechen, sondern diese zu ihrem Vorteil zu nutzen. Untrennbar mit dem Wandel der Labour Party ist nicht nur die Modernisierung ihres gesamten Kommunikationsmanagements zu sehen, sondern auch die Stärkung ihres strategischen Zentrums bei innerparteilichen Entscheidungsprozessen. Daher soll auch dieser Aspekt kurz beleuchtet werden.

4.1 Professionalisierung des Kommunikationsmanagements

Die Erosion von Parteiloyalitäten und die zunehmende Dominanz der Massenmedien in der politischen Kommunikation seit den sechziger Jahren zwangen die politischen Parteien dazu, einerseits Wechselwählern und andererseits ihrem Erscheinungsbild in den Massenmedien mehr Aufmerksamkeit zu schenken. Beide Aspekte hatten einen sich gegenseitig verstärkenden Effekt: Während die Medienorientierung der Wähler, insbesondere die Fernsehorientierung, Parteiloyalitäten weiter verringerte, konzentrieren sich die Parteien in ihrer Außendarstellung auf die Massenmedien, weil auf diesem Wege die kaum oder nicht gebundenen Wähler am Besten zu erreichen sind. Um in den Medien mehr Aufmerksamkeit und eine positive Selbst- und Fremddarstellung zu erzielen, bedienen sich sowohl Konservative als auch Labour neuer Werbe- und Präsentationstechniken. Bei beiden Parteien ist mittlerweile die Einsicht vorherrschend, dass es dazu eingehender Vorbereitung und Planung bedarf und diese Techniken durch den Einsatz von professionellen Experten aus den Bereichen Medien, Werbung, Meinungsforschung und Marketing effizienter eingesetzt werden können. Der Prozess der Professionalisierung setzte in den fünfziger Jahren ein und hat sich in den letzten 20 bis 25 Jahren deutlich beschleunigt.

Zunächst waren es die Konservativen, die im Vorfeld der Unterhauswahl 1959 auf Werbefachleute setzten und sie in die Wahlkampfplanung mit einbezogen (Cockett 1994: 567). Die Labour Party zog zwar unter Harold Wilson bei der nachfolgenden Wahl gleich, aber sie stand der Professionalisierung von politischer Kommunikation lange Zeit skeptisch gegenüber (Wring 1996: 113 f.). Politische Werbung und Ergebnisse der Meinungsforschung fanden in den folgenden Jahren insbesondere bei den Konservativen im Wahlkampfkonzept zwar zentrale Berücksichtigung, Experten von außen bestimmten das Bild der Partei und ihre Konzeptionen mit, ihr Einfluss blieb aber im Vergleich zur aktuellen Situation von untergeordneter Bedeutung (Harrop 2001: 59). Die Konservativen nutzten immerhin ihren finanziellen Ressourcenvorteil zum Einsatz moderner Werbetechniken, ihre Führung war aufgeschlossener als die Labours gegenüber modernen Werbestrategien und den Ergebnissen der quantitativen und qualitativen Meinungsforschung, die in vielen Fällen den Ausgangspunkt der Wahlkampfkommunikation der Partei bildeten.

Der endgültige Durchbruch in der Professionalisierung des Kommunikationsmanagements britischer Parteien lässt sich aber erst für den Wahlkampf zur Unterhauswahl 1979 feststellen. Es waren erneut die Konservativen, die Innovationen auf den Weg brachten: Sie setzten mit der Werbeagentur Saatchi & Saatchi, zur damaligen Zeit die größte Agentur des Landes, erstmalig auf ein einheitliches Konzept, nach dem eine Agentur sämtliche PR- und Medienaktivitäten langfristig planen und durchführen sollte, vom Poster bis zur Meinungsforschung und zu den Fernsehspots. Die Agentur entwickelte kohärente Kommunikationsstrategien auf der Basis qualitativer Meinungsforschung und modernster Marketingtechniken. Darüber hinaus beriet die Agentur permanent die Parteiführung vor Medienauftritten und bei der Herstellung eines einheitlichen Images der Partei. In dessen Mittelpunkt stand die Spitzenkandidatin: „Mrs. Thatcher was more than willing to get all the advice she could from Reece and the Saatchis not only on her own personal appearance and projection on television and elsewhere, but also on the projection in the media of the party as a whole" (Cockett 1994: 573; siehe auch McNair 1999: 141). Verstärkt und verstetigt wurde eine größere Bereitstellung von Ressourcen für Medienberatung, Meinungsforschung und Werbung durch die

Schaffung einer eigenen Abteilung für Öffentlichkeitsarbeit im „Central Office" der Partei.

Diesen lange währenden Vorteil der Konservativen in der politischen Kommunikation hat die Labour Party erst in den Jahren nach 1985 egalisiert und in den neunziger Jahren in einen deutlichen Vorteil verwandelt: „From 1987 on, the party's campaigns demonstrated a level of communication expertise unparalleled in its history" (Harrop 2001: 66). Mit der Benennung des Fernsehjournalisten und späteren engen Blair-Vertrauten Peter Mandelson zum Direktor der Abteilung „Wahlkampf und Kommunikation" in der Labour Party im Jahre 1985 entschied sich der damalige Parteivorsitzende Kinnock für den Weg der Professionalisierung und Kommerzialisierung der Kommunikation der Labour Party. Mandelsons Ziel war eine grundlegende Erneuerung des Images der Labour Party; erreicht werden sollte es im Bereich der politischen Kommunikation durch Professionalität, also durch die Verwendung modernster Marketing- und Kommunikationstechniken und das stetige Hinzuziehen von Meinungsforschern, Medienberatern und Marketingfachleuten. Labour baute einen großen Stab an Mitarbeitern im Bereich Öffentlichkeitsarbeit auf, entwickelte neue Marketingstrategien; die Ergebnisse eigener quantitativer, aber besonders qualitativer Meinungsforschung – hier ist die qualitative Methode der Fokusgruppen besonders hervorzuheben (Becker 2001: 267 f.; Sturm 2001: 44 f.) – hatten wesentlichen Einfluss auf Inhalte und Formen der Parteienkommunikation. Moderne Marketingstrategien auf der Basis qualitativer und quantitativer Meinungsforschung bildeten aber nicht nur den Ausgangspunkt für die Implementierung von Kommunikationsstrategien, sondern sie standen weit darüber hinaus im Zentrum des Gesamtprozesses der Erneuerung der Partei. Unter dem Parteivorsitzenden Tony Blair erhielten Mandelson und der übrige Stab von Kommunikationsexperten noch mehr materielle Ressourcen und politische Aufmerksamkeit der Führung, um Politikinhalte der Partei mitzubestimmen und die Anwendung von Techniken des politischen Marketing im Parteienwettbewerb zu verfeinern (Scammell 2000: 182). Blair räumte ihnen große Handlungsspielräume und eine zentrale Stellung im Organisationsgefüge der Partei ein. Folge war, dass die Modernisierung New Labours zu erheblichen Teilen als das Ergebnis der Arbeit der professionellen Kommunikationsberater zu gelten hat. Sie legten die Kommunikationsstrategien und die Formen der Öffentlichkeitsarbeit fest, bestimmten Images, wirkten bei programmatischen Diskussionen federführend mit, gestalteten das Selbstbild und hatten auf das Medienbild, das die Partei abgab, erheblichen Einfluss. Blair gab ihnen die Mittel an die Hand, Strategien herauszuarbeiten und durchzusetzen, auf deren Basis sie die Inhalte einzelner Zielgruppenansprachen und die jeweilige Auswahl des Mediums, über das die einzelnen Inhalte transportiert wurden, bestimmen konnten. Auch nach der Regierungsübernahme der Labour Party 1997 haben die Kommunikationsexperten ihre zentrale Stellung innerhalb des Gefüges von Regierungspartei und Regierungsapparat nicht verloren: Es wurde und wird der Versuch unternommen, Politik permanent unter selbst gesetzten Wahlkampfbedingungen zu implementieren (Becker 2001: 273; Scammell 2000: 181) mit ähnlichen Methoden und personeller Besetzung wie im Wahlkampf 1997 oder 2001. Wie schon zuvor bei den Konservativen nach 1979 kam es bei New Labour zu einer engen Verquickung von Regierungs- und Parteienkommunikation.

4.2 Anpassung von Personal und Politik an Medienlogik

Professionalisierung des Kommunikationsmanagements ist als Anpassung der Kandidaten und der Politik der Parteien an die Medienlogik zu verstehen. Es waren vornehmlich die von außen kommenden professionellen Kommunikations- und Medienexperten, die in den politischen Parteien diesen Veränderungsprozess bewirkt und stabilisiert haben. Die Orientierung nahezu aller externer Kommunikationsleistungen auf Massenmedien und das fortwährende Entwickeln von Strategien zur Besetzung der Themen der Medienagenda sind Ausdruck dieser Anpassungsbemühungen. Die Kontrolle über Medienauftritte, über die Entwicklung von Medienimages und des Informationsflusses in den Medien sind dabei notwendigerweise verbunden mit Anpassungsleistungen an die Medienlogik, da sich Kontrolle ohne ein Mindestmaß an Adaption der Prozesse, Techniken und Funktionsweisen der Medien nicht herstellen lässt. Der Parteienwettbewerb ist in dieser Sicht zu wesentlichen Teilen eine Konkurrenz um Medienaufmerksamkeit, um das Bestimmen der Medienagenda und um bestmögliche Images der Parteien beim Wähler. Den Hauptnachrichtensendungen im Fernsehen kommt dabei eine zentrale Bedeutung zu: „The parties have focused their efforts more and more on television to [...] the visual and logistical needs of TV" (Rosenbaum 1997: 83). Die Parteien wollen im Fernsehen möglichst oft mit ihren Themensetzungen erfolgreich wirken und das von ihnen konstruierte Image gegen das der Konkurrenten durchsetzen. Parteien versuchen daher gegenüber den Medien eine aktive Rolle einzunehmen, sie setzen Themen und Strategien fest, veranstalten so genannte Pseudo-Events, versuchen Journalisten zu beeinflussen durch das Versenden von zahlreichen Materialien, durch Überredung und Überzeugung, durch das Liefern von Interpretationen der diskutierten Sachverhalte.

Besonders eindrucksvoll kann die Medienzentrierung der Parteiarbeit seit Mitte der achtziger Jahre des vergangenen Jahrhunderts bei der Labour Party beobachtet werden. Labours lange Zeit wohl einflussreichster Medien- und Kommunikationsberater, Peter Mandelson, hat diesen Prozess initiiert und später zu dessen Vertiefung zusammen mit anderen machtvollen Kommunikationsberatern der Partei wie Alastair Campbell, Philip Gould oder Chris Powell beigetragen. Sie setzten unter anderem auf das Strategieelement, Journalisten in jeglicher Form durch unterschiedlichste Überredungs- und Überzeugungstechniken für die Labour Party zu gewinnen (Rosenbaum 1997: 89 f.), wobei die Interpretation, der „spin" einer Nachricht wichtiger wurde als das Faktum als solches. Dieser „kommunikative Angriffsstil" prägt wesentlich die Arbeit der Kommunikationsabteilung der Labour Party und seit 1997 der Kommunikationsabteilung in Downing Street 10. Die „spin doctors" von Regierung und Partei kontrollieren nicht nur den Nachrichtenfluss und die Zugänglichkeit zu Informationen, sondern sie nehmen massiv Einfluss auf die Interpretation durch die Medien; selbst auf Drohungen und Einschüchterungen von Nachrichtenredaktionen greift Labours Kommunikationsabteilung zurück (Goddard 2001: 127).

Die Beobachtung der politischen Mitbewerber und die der eigenen Darstellung sowie der Parteikonkurrenz in den Medien ist wichtiger Bestandteil der Kommunikationsstrategien der politischen Parteien. Mandelson setzte dabei nicht nur auf das Fernsehen als Leitmedium der politischen Kommunikation, sondern aus seiner Sicht sollten auch Qualitäts- und Boulevardzeitungen zentraler Adressat der Parteibotschaften werden: die Qualitätszeitungen, weil diese zu nicht unerheblichen Teilen die Themenagenda der Fernsehnachrichten bestimmen, die Boulevardzeitungen aufgrund ihres hohen Verbreitungsgrads gerade bei potenziellen Labourwählern mit schwacher Parteibindung. Die Kommunikationsstrategie der

Labour Party sieht vor, alle Medienformate mit spezifischen Angeboten zu nutzen, Personal, Inhalte und Images in einen vollständigen Gleichklang zu bringen, wobei die Inhalte den Kommunikationserfordernissen angepasst, partiell sogar untergeordnet werden. Insofern kann zutreffend der Strategiewechsel der Labour Party seit den achtziger Jahren charakterisiert werden als „moving from a policy committed based process to a communication based exercise" (Heffernan/Marqusee 1992: 103).

Die Konservativen, die unter Thatcher diese medienorientierte Strategie ebenfalls intensiv verfolgt haben, waren in den letzten Jahren durch eine „Vernachlässigung publizitätswirksamer Platzierung politischer Botschaften in den Medien" (Meier-Walser 2001: 358), im Besonderen durch ihre früheren Parteivorsitzenden Major und Hague, ins Hintertreffen geraten, ohne dass sie jedoch den medienorientierten Ansatz aufgegeben hätten: „There is no doubting the party's continuing commitment to the techniques of modern political marketing" (Webb 2000a: 159). Auch die Liberaldemokraten haben in der jüngeren Vergangenheit in ihrer Kommunikationsstrategie den Massenmedien weit mehr Beachtung geschenkt als in der Vergangenheit (Webb 2000a: 159). Zu konstatieren ist auch, dass britische Parteien der Idee des „permanent campaigning" Priorität einräumen (Norris u.a. 1999: 34 f.). Aus der Einsicht heraus, dass sich Einstellungen, Haltungen und Images nur längerfristig prägen und verändern lassen, versuchen sie nicht nur während des offiziellen Wahlkampfs, sondern nahezu fortwährend durch aktiv inszenierte Medienkommunikation verstärkt Einfluss auf die Wählerschaft auszuüben.

4.3 Dominanz des strategischen Zentrums

Kompetenz in zentralen Politikfeldern, politische Glaubwürdigkeit und innerparteiliche Kohäsion gelten für politische Parteien als wesentliche Voraussetzungen für Wahlerfolge. Die Qualität der politischen Führung einer Partei wirkt sich dabei auf alle drei Bereiche aus, denn eine von der gesamten Partei unterstützte, als kompetent und glaubwürdig wahrgenommene Führung erhöht nach Einschätzung der Parteienforschung die Wahlaussichten: „If a party looks well run, and in particular well lead, then voters will see its pledges as more credible, more likely to be implemented and hence of greater value" (Dunleavy 2000: 130). Die Bildung eines strategischen Zentrums innerhalb einer Partei erscheint allein aus dieser Erwägung heraus im Parteienwettbewerb unabdingbar. In einer Mediendemokratie mit ihrem Hang zu Personalisierung, zu Aktualität und stets wechselnden Nachrichtenzyklen ist die Bildung eines solchen Knotenpunktes fast schon zwingend notwendig geworden. Denn ein solches innerparteiliches Zentrum trägt die Verantwortung für die Erfüllung dieser Erfolgskriterien und ist in der Lage, die Außendarstellung der Partei in wesentlichen Teilen mitzubestimmen; von ihm können kohärente Strategien ausgehen und es bedient die Medien bei der Suche nach der politischen Führung einer Partei. Hinzu tritt das Bedürfnis der Medien nach stetigen Reaktionen der Parteien auf wechselnde Nachrichtenzyklen in der Öffentlichkeit und die Konzentration ihrer Berichterstattung auf die Führung. Ohne ein funktionierendes strategisches Zentrum kann eine Partei diese von den Medien gestellten Erfordernisse wohl kaum effizient erfüllen. Die Massenmedien verlangen ihrer Logik zufolge nach hoher Flexibilität und Mobilität im Umgang mit Politik und Informationen, was von Seiten der Parteien kohärente Strategien und ein Mindestmaß an personaler Stetigkeit und Verantwortlichkeit verlangt; beides kann in einem strategischen Zentrum gebündelt werden. Wie sind die britischen Großparteien diesen Erfordernissen der Mediendemokratie nachgekommen?

Während die Konservativen durch „interne Struktur und Machtverteilung der Parteispitze seit jeher ein beträchtliches Maß an Autonomie zugestanden" (Webb 1999: 45) haben und die Parteiführung relativ freie Hand hatte, ein strategisches Zentrum der Partei zu errichten, ist der Autonomiezuwachs der Parteiführung bei Labour ein recht neues Phänomen, das mit der Loslösung der Partei von den Gewerkschaften einhergeht. Die Zentralisierung von Entscheidungskompetenzen bei der Parteispitze, welche dieser größtmögliche Autonomie bei der Auswahl von Inhalten und Strategien gewährleisten sollte, war entsprechend der Ausrichtung der Partei auf Wahlerfolge ein wesentliches Motiv der innerparteilichen Reformen der Labour Party (Heffernan/Stanyer 1997; Webb 1999; Wring 1998). Besondere Beachtung schenkte die Parteiführung der Zentrierung der inner- und außerparteilichen Kommunikation: Durch den Aufbau einer ressourcenstarken Kommunikationsabteilung in der Parteizentrale gelang es ihr, die innerparteilichen Kommunikationsströme zu kanalisieren, zu weiten Teilen zu kontrollieren und durch die Nutzung und partielle Instrumentalisierung von Massenmedien nicht nur die nach außen gerichteten Kommunikationsaktivitäten zu dominieren, sondern auch die innerparteiliche Agenda zu bestimmen. Diese höhere Autonomie und verbesserte Manövrierfähigkeit, des Weiteren begünstigt durch den innerparteilichen Einsatz direktdemokratischer Verfahren (vgl. dazu Jun 1996), nutzte die Parteiführung auch, um inhaltliche und strategische Konzepte und Positionen gegen mögliche innerparteiliche Widersacher durchzusetzen.

Ein weiterer Effekt der Zentralität der Kommunikation innerhalb der Organisation und des Politikansatzes New Labours lässt sich beobachten: Kommunikations- und Medienberater wie Campbell, Mandelson oder Gould rückten ins strategische Zentrum der Partei vor; dort konnten sie durch ihre Nähe zum Parteivorsitzenden Blair machtvolle Positionen einnehmen, die sie eindeutig zur inneren Parteielite zählen lassen (Heffernan 1999). Sie wurden innerhalb der Partei zu einer von außen kommenden Machtressource der Parteiführung. Ihre Verpflichtung und Loyalität gelten hauptsächlich der Parteiführung, nicht der Partei als Gesamtorganisation.

Blair hat als Premierminister diese Zentralisierungstendenzen verstärkt sowie Parteien- und Regierungskommunikation eng zusammengeführt: Dem Pressebüro des Premierministers und der in Downing Street 10 eingerichteten „Strategic Communications Unit" (SCU), obliegt die Konzeption einer Gesamtstrategie der Kommunikation, die Planung nahezu aller Medienauftritte und öffentlicher Veranstaltungen von Regierung und Partei sowie die Nutzung aller Medienformate. Sämtliche Informationsströme aus den Ministerien und die gesamte Außendarstellung der Regierung und der Partei sollen nach den Vorstellungen Blairs vom Pressebüro und der SCU koordiniert werden. Eine Trennung der Medienarbeit zwischen Regierungsapparat und Regierungsparteien, wie sie in Deutschland vorherrscht, existiert in Großbritannien kaum.

Mit ihrer Vorgehensweise hat die Labour Party konsequent eine Personalisierung der Selbstdarstellung verbunden: „Thus Tony Blair has been placed at the heart of the media projection of his party" (Heffernan 1999: 56). Personalisierung diente als Strategieelement der Verstärkung der Machtposition des Parteichefs und angesichts der positiven Werte Blairs auf dem Wählermarkt zur Verbesserung der Wahlchancen der Partei. Das Image der Erneuerung wurde in Einklang gebracht mit programmatischen Innovationen und organisationsstrukturellen Wandlungsprozessen, symbolisch verdichtet in der Person des Modernisierers Blair. Sein erfolgreiches Eintreten für die grundlegende Revision des wichtigsten Symbols der traditionellen Labour Party, des Artikel 4 des Parteistatuts[10], hatte ihn in den Augen der breiten Öffentlichkeit als kompromisslosen Erneuerer ausgewiesen, eine Ausgangsposition, auf welcher die Spin-Doktoren der Labour Party einen wesentlichen Teil ihrer Kommunikations- und Wahlkampfstrategie für die Unterhauswahl 1997 aufbauen konnten.

Die Labour Party hat mit dem Strategieelement der Personalisierung ihres Spitzenkandidaten nur eine Entwicklung fortgeführt, welche schon seit geraumer Zeit in Großbritannien zu beobachten ist. Personalisierung von Politikdarstellung war in den Kommunikationsstrategien der Konservativen schon immer ein zentrales Element; und auch die Labour Party hat etwa bei Wilson oder Kinnock wesentlich darauf zurückgegriffen. Die Medienzentrierung der Strategie, die Anpassung von Teilen des Organisationsapparats an die Medienlogik sowie die Professionalisierung lassen jedoch gegenwärtig Personalisierungstendenzen erkennen, die frühere eindeutig übertreffen (Blumler/Gurevitch 2001: 387).

Verlierer der gesamten Entwicklungstendenzen sind die aktiven Mitglieder, die als Kommunikations- und Kreativitätsressource an Bedeutung verlieren und in modernen Medienwahlkämpfen als Plakatkleber, Flugblattverteiler und interpersonale Kommunikatoren entsprechend dem Bedeutungsverlust dieser Kommunikationsformen kaum noch gebraucht werden (Blumler u.a. 1996: 64). Auch ihr Einfluss auf die Politikformulierung und -gestaltung ist spürbar zugunsten der Mitwirkung von professionellen Medien- und Kommunikationsberatern zurückgegangen. Die Ergebnisse qualitativer Meinungsforschung, die erwartete Medienresonanz und die Einschätzungen professioneller Berater bestimmen jedenfalls erheblich das Handeln des jeweiligen strategischen Zentrums der beiden britischen Großparteien mit.

5. Konklusion

Die beiden britischen Großparteien, Labour Party und Konservative, haben sich zu professionalisierten Medienkommunikationsparteien entwi-

---

[10] Dieser sah im Falle der Regierungsübernahme Verstaatlichungen durch eine Labour-Regierung vor. Blair konnte mit einer von der Parteiführung initiierten Mitgliederbefragung durchsetzen, dass nunmehr die Labour Party grundsätzlich auf Verstaatlichungen verzichtet und auch programmatisch marktwirtschaftliche Prinzipien in den Vordergrund der Wirtschaftspolitik stellt (ausführlicher dazu Wring 1998).

ckelt. Ihre Organisation und ihre Kommunikationsformen sind durch Innovationen in der Anwendung von Kommunikationstechniken und -instrumenten den Erfordernissen der Mediendemokratie angepasst worden. Die Labour Party ist in den letzten 15 Jahren auf diesem Weg deutlich weiter voran geschritten. Sie kann aufgrund des hohen Grads der Professionalisierung ihres Kommunikationsmanagements, ihrer sehr weitgehenden Anpassung von Personal und Politik an die Logik der Massenmedien und der Dominanz des strategischen Zentrums bei innerparteilichen Entscheidungsprozessen den Anspruch erheben, unter den etablierten Großparteien Westeuropas am weitesten dem Modell der professionalisierten Medienkommunikationspartei zu entsprechen. Als Regierungspartei hat die Labour Party durch die in Großbritannien enge Verquickung von Regierungs- und Parteienkommunikation mit Hilfe der Ressourcen des Regierungsapparats diesen Prozess verstärkt. Der gegen sie zuletzt primär aus diesem Grund häufig erhobene Vorwurf „all spin, no substance" trifft zwar in dieser Pauschalität nicht zu, weist aber auf einen Gefahrenpunkt für eine Partei hin, die professioneller Selbstdarstellung und erfolgreicher Imagebildung in den Medien in der jüngsten Vergangenheit oberste Priorität eingeräumt hat. Das Beispiel Labour zeigt uns, dass ein sehr exzessiver Einsatz von *News Management* und *Spin Control* Glaubwürdigkeitsverluste einer Partei nach sich ziehen kann, wie sie die Partei nach der Veröffentlichung vorher vertraulicher Nachrichten zur Kommunikationsstrategie erleben musste (Einzelheiten bei Rawnsley 2000: 342 ff.).

Das Beispiel der Konservativen im Wahlkampf 2001 zeigt uns aber auch, dass eine Partei mit einem altbacken wirkenden Kommunikationsmanagement, geringer Medienwirksamkeit von Kandidaten und Politik sowie einem negativen Image in den Medien vom Wähler nicht belohnt wird. Die Konservativen haben in den letzten Jahren in der Entwicklung hin zu einer professionalisierten Medienkommunikationspartei nicht nur Labour an sich vorbeiziehen lassen, sondern unter William Hague zumindest keine weiteren Fortschritte gemacht. Die Wahl von Ian Duncan Smith zum neuen Parteivorsitzenden deutet noch keine Kehrtwende der Konservativen an. Den weiter voranschreitenden Liberaldemokraten könnten neue Perspektiven im Parteienwettbewerb erwachsen. Die sich auflösenden Wählerbindungen und die auch im Mediensystem zuletzt eindeutig zu konstatierenden Aufkündigungen von Parteiloyalitäten oder Parteipräferenzen vieler Zeitungen gehen Hand in Hand, verstärken Unsicherheiten

im Parteienwettbewerb und erhöhen damit die Wettbewerbschancen für
Drittparteien.

Literatur

Becker, Bernd (2001): New Labour auf Dritten Wegen. Tony Blairs Politikvermarktung –
und was die SPD daraus lernte, in: Marco Althaus (Hrsg.), Kampagne! Neue Strategien für Wahlkampf, PR und Lobbying, Münster: LIT, S. 258-275.
Blumler, Jay G./Kavanagh, Dennis/Nossiter, Thomas J. (1996): Modern Communications
versus Traditional Politics in Britain: Unstable Marriage of Convenience, in: David
L. Swanson/Paolo Mancini (Hrsg.), Politics, Media, and Modern Democracy. An In-
ternational Study of Innovations in Electoral Campaiging und Their Consequences,
Westport: Praeger, S. 49-72.
Blumler, Jay G./Gurevitch, Michael (2001): „Americanization" Reconsidered: U.K.-U.S.
Campaign Communication Across Time, in: W. Lance Bennett/Robert M. Entman
(Hrsg.), Mediated Politics. Communication in the Future of Democracy, Cambridge:
Cambridge University Press, S. 380-403.
Borchert, Jens (1995): Die konservative Transformation des Wohlfahrtsstaates. Großbri-
tannien, Kanada, die USA und Deutschland im Vergleich, Frankfurt a.M.: Campus.
Budge, Ian (1998): Great Britain: A Stable, but Fragile, Party System?, in: Paul Pen-
nings/Jan Erik Lane (Hrsg.), Comparing Party System Change, London/New York:
Routledge, S. 125-136.
Butler, David/Ranney, Austin (1984): Parties and the Media in Britain and the United
States, in: Vernon Bogdanor (Hrsg.), Parties and Democracy in Britain and America,
New York: Praeger, S. 213-240.
Cockett, Richard (1994): The Party, Publicity, and the Media, in: Anthony Seldon/Stuart
Ball (Hrsg.), Conservative Century. The Conservative Party Since 1900, Oxford: Ox-
ford University Press, S. 547-577.
Curtice, John (1997): Is the Sun Shining on Tony Blair? The Electoral Influence of British
Newspapers, in: Harvard International Journal of Press/Politics 2, H. 2, S. 9-26.
Dunleavy, Patrick (2000): Elections and Party Politics, in: Patrick Dunleavy/Andrew
Gamble/Ian Holliday/Gillian Peele (Hrsg.), Developments in British Politics 6, New
York: St. Martin's Press, S. 127-150.
Fisher, Justin (1996): British Political Parties, London: Prentice Hall.
Gellner, Winand (1994): Medien im Wandel, in: Hans Kastendiek/Karl Rohe/Angelika
Volle (Hrsg.), Länderbericht Großbritannien, Bonn: Bundeszentrale für politische
Bildung, S. 456-470.
Goddard, Peter (2001): Political Broadcasting in Britain: System, Ethos and Change, in:
John Bartle/Dylan Griffiths (Hrsg.), Political Communication Transformed. From
Morrison to Mandelson, Houndmills: Palgrave, S. 111-130.

Goff, David H. (1998): The United Kingdom, in: Alan B. Albarran/Sylvia M. Chan-Olmsted (Hrsg.), Global Media Economics. Commercialization, Concentration and Integration of World Media Markets, Ames: Iowa State University Press, S. 99-118.

Harrop, Martin (2001): The Rise of Campaign Professionalism, in: John Bartle/Dylan Griffiths (Hrsg.), Political Communications Transformed. From Morrison to Mandelson, Houndmills: Palgrave, S. 53-70.

Heffernan, Richard (1999): Media Management: Labour's Political Communications Strategy, in: Gerald R. Taylor (Hrsg.), The Impact of New Labour, Houndmills: Macmillan, S. 50-67.

Heffernan, Richard (2001): New Labour and Thatcherism. Political Change in Britain, Houndmills: Palgrave.

Heffernan, Richard/Marqusee, Mike (1992): Defeat from the Jaws of Victory, London: Verso.

Heffernan, Richard/Stanyer, James (1997): The Enhancement of Leadership Power: The Labour Party and the Impact of Political Communications, in: Charles Pattie/David Denver/Justin Fisher/Steve Ludlam (Hrsg.), British Elections & Parties Review 7, London: Frank Cass, S. 168-184.

Ingle, Stephen (2000): The British Party System, 3. Aufl., London: Pinter.

Jun, Uwe (1996): Inner-Party Reforms: The SPD and Labour Party in Comparative Perspective, in: German Politics 5, H. 1, S. 58-80.

Kavanagh, Dennis (1996): New Campaign Communications. Consequences for British Political Parties, in: Harvard International Journal of Press/Politics 1, H. 3, S. 60-76.

Lijphart, Arend (1999): Patterns of Democracy. Government Forms and Performance in Thirty-Six Countries, New Haven: Yale University Press.

McNair, Brian (1999): An Introduction to Political Communication, 2. Aufl., London: Routledge.

Meier-Walser, Reinhard C. (2001): Warum die Tories verloren: Hintergründe des Erdrutschsieges der Labour Party bei den britischen Unterhauswahlen im Mai 1997, in: Gerhard Hirscher/Karl-Rudolf Korte (Hrsg.), Aufstieg und Fall von Regierungen. Machterwerb und Machterosionen in westlichen Demokratien, München: Olzog, S. 336-362.

Mughan, Anthony (1996): Television Can Matter: Bias in the 1992 General Election, in: David M. Farrell/David Broughton/David Denver/Justin Fisher (Hrsg.), British Elections & Parties Yearbook 1996, London: Frank Cass, S. 128-142.

Newton, Kenneth (1997): The Mass Media and Politics, in: Lynton Robbins/Bill Jones (Hrsg.), Half a Century of British Politics, Manchester: Manchester University Press, S. 162-182.

Newton, Kenneth/Brynin, Malcolm (2001): The National Press and Party Voting in the UK, in: Political Studies 49, S. 265-285.

Norris, Pippa (1997): Electoral Change since 1945, Oxford: Blackwell.

Norris, Pippa (2000): A Virtuos Circle: Political Communications in Post-Industrial Societies, New York: Cambridge University Press.

Norris, Pippa (2002): Campaign Communications, in: Lawrence LeDuc/Richard Niemi/Pippa Norris (Hrsg.), Comparing Democracies 2. New Challenges in the Study of Elections and Voting, London: Sage.

Norris, Pippa/Curtice, John/Sanders, David/Scammell, Margaret/Semetko, Holli A. (1999): On Message. Communicating the Campaign, London: Sage.

Panebianco, Angelo (1988): Political Parties: Organisation and Power, Cambridge: Cambridge University Press.

Pulzer, Peter (1967): Political Representation and Elections in Britain, London: Allen & Unwin.

Rawnsley, Andrew (2000): Servants of the People. The Inside Story of New Labour, London: Hamish Hamilton.

Rosenbaum, Martin (1997): From Soapbox to Soundbite. Party Political Campaigning in Britain Since 1945, Houndmills: Macmillan.

Sartori, Giovanni (1997): Comparative Constitutional Engineering. An Inquiry Into Structures, Incentives and Outcomes, Houndmills: Macmillan.

Savage, Stephen P./Atkinson, Rob (Hrsg.) (2001): Public Policy Under Blair, Houndmills: Palgrave.

Scammell, Margaret (2000): New Media, New Politics, in: Patrick Dunleavy/Andrew Gamble/Ian Holliday/Gillian Peele (Hrsg.), Developments in British Politics 6, New York: St. Martin's Press, S. 169-184.

Scammell, Margaret/Harrop, Martin (2001): The Press Disarmed, in: David Butler/Dennis Kavanagh (Hrsg.), The British General Election of 2001, Houndmills: Palgrave, S.156-181.

Scammell, Margaret/Semetko, Holli A. (1995): Political Advertising on Television: The British Experience, in: Lynda Lee Kaid/Christine Holtz-Bacha (Hrsg.), Political Advertising in Western Democracies. Parties & Candidates on Television, London: Sage, S. 19-43.

Schmitt-Beck, Rüdiger (2000): Politische Kommunikation und Wählerverhalten. Ein internationaler Vergleich, Wiesbaden: Westdeutscher Verlag.

Seldon, Anthony (Hrsg.) (2001): The Blair Effect. The Blair Government 1997-2001, London: Little, Brown and Company.

Semetko, Holli A. (2000): Great Britain: The End of News at Ten and the Changing News Environment, in: Richard Gunther/Anthony Mughan (Hrsg.), Democracy and the Media. A Comparative Perspective, Cambridge: Cambridge University Press, S. 343-374.

Seymore-Ure, Colin (2001): The National Daily Press, in: John Bartle/Dylan Griffiths (Hrsg.), Political Communication Transformed. From Morrison to Mandelson, Houndmills: Palgrave, S. 87-110.

Stanyer, James (2001): The New Media and the Old: The Press, Broadcasting and the Internet, in: Parliamentary Affairs 54, S. 349-359.

Steffani, Winfried (1979): Parlamentarische und präsidentielle Demokratie. Strukturelle Aspekte westlicher Demokratien, Opladen: Westdeutscher Verlag.

Sturm, Roland (2001): Das neue Gesicht der Labour Party – New Labours Wahlkampf- und Politikvermarktungsstrategien, in: Gerhard Hirscher/Roland Sturm (Hrsg.), Die Strategie des „Dritten Weges". Legitimation und Praxis sozialdemokratischer Regierungspolitik, München: Olzog, S. 33-50.

Webb, Paul (1999): Die Reaktion der britischen Parteien auf die Erosion der Wählerloyalitäten, in: Peter Mair/Wolfgang C. Müller/Fritz Plasser (Hrsg.), Parteien auf komplexen Wählermärkten. Reaktionsstrategien politischer Parteien in Westeuropa, Wien: Signum, S. 31-70.

Webb, Paul (2000a): The Modern British Party System, London: Sage.

Webb, Paul (2000b): Political Parties: Adapting to the Electoral Market, in: Patrick Dunleavy/Andrew Gamble/Ian Holliday/Gillian Peele (Hrsg.), Developments in British Politics 6, New York: St. Martin's Press, S. 151-168.

Webb, Paul (2001): Parties and Party Systems: Modernisation, Regulation and Diversity, in: Parliamentary Affairs 54, S. 308-321.

Wring, Dominic (1996): From Mass Propaganda to Political Marketing: The Transformation of Labour Party Election Campaigning, in: Colin Rallings/David M. Farrell/David Denver/David Broughton (Hrsg.), British Elections & Parties Yearbook 1995, London: Frank Cass, S. 105-124.

Wring, Dominic (1998): The Media and Intra-Party Democracy: „New" Labour and the Clause Four Debate in Britain, in: Democratization 5, S. 42-61.

Where is the party?
US-amerikanische Parteien im Strudel
der politischen Kommunikation

Christoph Strünck

1. Einleitung

Eigentlich tauchen sie fast nie auf, wenn es um die Besonderheiten politischer Kommunikation in den USA geht: die Parteien. Gerade aus deutscher Sicht gelten sie meist als blasse Organisationen, verglichen mit den etablierten und einflussreichen Parteien hierzulande. Schließlich ist Politik in den USA stark personalisiert, sammeln die Kandidaten selbst das Geld für ihre Wahlkämpfe und sind die Parteien nach der Abschaffung des „spoils system" und der Einführung von Vorwahlen institutionell entmachtet. Auch aus der amerikanischen Binnenperspektive geraten sie kaum ins Visier. Über allem thront die These, dass die amerikanischen Medien die wichtigsten Funktionen wie *Agenda Setting* oder Wählerkommunikation von den Parteien übernommen hätten (vgl. Ranney 1983).

Doch wenn man näher hinsieht, ist das populäre Bild von den USA allzu schematisch. Denn die Grundierung ist sehr grob aufgetragen. Eine Reihe von Annahmen bezüglich des politischen Systems sowie den Funktionen von Parteien in den USA hält einer Überprüfung nicht wirklich stand. Die stärkste Verzerrung betrifft die Fixierung auf die Präsidentschaftswahlen. So bedeutsam der amerikanische Präsident auch ist, das Land befindet sich nicht seinetwegen im Dauerwahlkampf, sondern aufgrund der Tatsache, dass sowohl in den Einzelstaaten als auch zeitversetzt für den Kongress laufend gewählt wird. In jedem zweijährlichen Wahlzyklus wird über 33 US-Senatoren, 435 US-Repräsentanten sowie über Tausende von Mandaten in den Parlamenten der Einzelstaaten entschieden. Hinzu kommen unzählige Wahlen auf lokaler Ebene, Wahlen für juristische Ämter oder für Sheriffs, die für diesen Beitrag aber nicht so bedeutsam sind, weil sie in der Regel „nonpartisan" sein müssen, also zumindest scheinbar außerhalb des Parteienwettbewerbs stattfinden.

Bei Präsidentschaftswahlen wird häufig übersehen, dass sich Kandidaten sehr stark auf die Strukturen und Kapazitäten ihrer Parteien in allen Bundesstaaten verlassen müssen. Die erkennbare Schwäche der nationalen Parteiorganisationen in den USA sagt nichts über die organisatorische Stärke und Funktion der Parteien in den Bundesstaaten aus (vgl. Aldrich 1995).

Ich werde daher versuchen zu zeigen, welche Funktionen amerikanische Parteien für die politische Kommunikation erfüllen, inwiefern und warum sich diese Funktionen gewandelt haben, und warum eine vordergründige Analyse des Mediensystems die indirekte Macht der Parteien unterschätzt.

2. Von Säulen zu Stühlen: Das veränderte Design amerikanischer Parteien

Heutzutage verweist man gerne auf die USA, um die schwindende Bedeutung politischer Parteien herauszustreichen. Die Personalisierung des Wahlkampfs, geringe Identifikation der Wähler mit den Parteien und der unterstellte Einfluss von Massenmedien dienen als schlagende Argumente dafür. Doch historisch betrachtet gibt es wohl kein Land, in dem Parteien jemals so einflussreich gewesen sind. Wesentlich früher als in den meisten europäischen Ländern wuchsen die ehemaligen Honoratiorenclubs zu Massenparteien heran. Schon vor der Mitte des 19. Jahrhunderts baute Martin van Buren die Demokratische Partei zu einer Maschine der Massenmobilisierung um. Unter Andrew Jackson gerieten dann öffentliche Ämter und ihre bürokratischen Unterbauten zur Beute siegreicher Parteien (vgl. Klumpjan 1998). Diese Art des „spoils system" lässt sich in abgeschwächter Form sogar heute noch beobachten, wenn nach Präsidentschaftswahlen rund 3.000 Jobs in Washington neu zu besetzen sind. Dies ist eine wesentlich größere Verteilungsmasse als etwa in Deutschland mit seiner beamtengeprägten Ministerialbürokratie, wo nur einige Dutzend Positionen auf der Ebene der politischen Beamten ausgetauscht werden.

Die rechtliche Stellung der Parteien ist keineswegs ungeregelt, dafür klaffen jedoch bei der Wahlkampffinanzierung einige Lücken. Gesetzlich werden die amerikanischen Parteien im Wesentlichen auf der Ebene der Bundesstaaten unterfüttert. Insofern sind die „state parties" die institutionell noch am klarsten hervortretende organisatorische Größe. Die Regulierung der Parteien, auch was die Finanzierung betrifft, ist teilweise sehr weitreichend und kann sogar mit den parteiinternen Regeln für Nominierungen in Konflikt geraten (vgl. Binning u.a. 1999). In der Verfassung hingegen werden sie überhaupt nicht erwähnt. Auch der *Supreme Court* hat in seiner Rechtsprechung mehrfach bekräftigt, dass die Parteien private Organisationen seien, die selbst über ihre Regeln der Zugehörigkeit bestimmen können (vgl. Beck/Sorauf 1992; McSweeney/Zvesper 1991).

Entscheidend geschwächt wurden die außerparlamentarischen Parteiorganisationen in den USA in der *Progressive Era* zu Beginn des letzten Jahrhunderts, der Zeit vor dem New Deal. In dieser Phase, in der verkrustete Parteimaschinen die Großstädte noch im Griff ihrer Ämterpatronage hatten, setzten sich technokratische Konzepte von Politik in der Öffentlichkeit durch: Die Bürokratien wurden professionalisiert und vom übermächtigen Einfluss der Parteien befreit, das Rechtssystem modernisiert. Vor allem aber wurden Vorwahlen eingeführt, die Senatoren fortan direkt gewählt sowie die Organisation des Kongresses reformiert (vgl. Reichley 2000). Mittlerweile stammen 80 Prozent der Delegiertenstimmen bei den „national conventions" für die Präsidentschaftskandidatur aus Vorwahlen, den „primaries" (vgl. Klumpjan 1999: 26). Für die Kandidaturen zum Kongress werden in den meisten Bundesstaaten ebenfalls Vorwahlen organisiert, allerdings in sehr unterschiedlicher Form, die auch den Einfluss der Parteien unterschiedlich stark begrenzen (vgl. Binning u.a. 1999).

Je stärker die Möglichkeiten der elektronischen Kommunikationstechnologie wuchsen, desto unwichtiger wurde die direkte Kommunikation mit den Wählern. Kampagnen konnten daher immer unabhängiger von den Parteiorganisationen gefahren werden (vgl. Römmele in diesem Band). Die eigentliche Revolution ereignete sich dann in den 60er Jahren, als das Fernsehen endgültig zum Massenmedium aufstieg. Dies bescherte telegenen Persönlichkeiten neue Machtpotenziale auch innerhalb ihrer Parteien. John F. Kennedy hat z.B. nicht nur die Vorteile von Vorwahlen, sondern auch seine mediale Ausstrahlung genutzt, um die wegen seiner katholischen Konfession innerparteilich umstrittene Kandidatur gegen die Mehrheitsmeinung seiner Partei durchzusetzen. Es gibt also neben dem Aufstieg der Massenmedien auch machtpolitische Gründe, warum politische Akteure Personalisierung als Strategie einsetzen – eine Konsequenz des US-amerikanischen Parteiensystems.

Seit den 60er Jahren haben die amerikanischen Parteien endgültig ihr früheres Monopol auf die Nominierung von Kandidaten verloren (vgl. Aldrich 1995). Hierin liegt auch der größte Unterschied zu den deutschen Parteien (vgl. Strünck 2000). Dies hat insbesondere in den Medienwissenschaften zu der Fehlwahrnehmung geführt, die Parteien immer stärker als politische Zwerge zu behandeln (vgl. z.B. Pfetsch 2001). Tatsächlich jedoch wurde der Verlust des Nominierungsmonopols kompensiert, denn seit den 60er Jahren, insbesondere dann in den 80er Jahren, haben sich die Parteien gerade auf nationaler Ebene konsolidiert. Und das Vorgehen Ronald Reagans, viele Politikbereiche wieder stärker auf die Ebene der Bundesstaaten zu verlagern, stärkte nicht nur deren politische Institutionen, sondern auch die einzelstaatlichen Parteiorganisationen (vgl. van Horn 1996).

Die nationalen Parteiorganisationen waren intern jahrzehntelang eher dezentralisiert. Diese dezentralisierten Strukturen verschafften noch in die sechziger Jahre hinein beispielsweise rassistischen Delegierten Stimmblöcke innerhalb der Demokratischen Partei. Der Druck von Bürgerrechtsgruppen drängte dann Parteipolitiker zu Reformen, die den nationalen Gremien wesentlich mehr Kontrollrechte und dadurch größere Autonomie verschafften (vgl. Polsby 1983; Shafer 1983).

Für die Formulierung von *Policies* und deren Injektion in die parlamentarische Arena ist eine Reihe organisierter Interessen, seien es „public interest groups", „single issue movements" oder andere Gruppen, entscheidender und oft auch entscheidend besser organisiert als die Parteien (vgl. Berry 1997; Walker 1983). Weil häufig Stiftungen mit satzungsgemäß zugespitzten gesellschaftspolitischen Zielen hinter Lobby-Gruppen stehen, kommen den organisierten Interessen größere Anteile an der programmatischen Zielfindungsfunktion zu als den Parteien. Während einige *Pressure Groups* sehr zentralistisch agieren, sind die amerikanischen Parteien typischerweise dezentralisiert und diversifiziert, mit einer nationalen Steuerung nur bei Präsidentschaftswahlkämpfen. Diese Defizite haben in der amerikanischen Politikwissenschaft eine Debatte um die „Responsivität" US-amerikanischer Parteien entfacht, die noch immer lodert (vgl. Lawson 1988).

Interessengruppen wählen allerdings auch häufig den Weg über die Parteien, um ihre Ziele zu erreichen. Dies kann sogar programmatische Konsequenzen haben. So instruieren religiös orientierte Gruppen wie die Christliche Rechte ihre Aktivisten, wie sich Wähler für die Registrierung an den Urnen mobilisieren lassen (vgl. Oldfield 1996). Neben Geldspenden bieten Interessengruppen den amerikanischen Parteien vor allem Expertise und die Mobilisierung von Wählern an, um Unterstützung gegen Einfluss auf Politikinhalte zu tauschen. Weil viele dieser Gruppen finanziell gut ausgestattet sind und sich Wählergruppen entlang konfessioneller sowie ethnischer Linien besser abgrenzen lassen als in Europa, spielen solche Funktionen eine große Rolle (vgl. Berry 1997).

Die Einflussnahme der Interessengruppen auf die Parteien ist in den USA wichtiger als etwa in Deutschland, wo der Lobbyismus sich schon lange auf die Exekutive konzentriert. Innerhalb des Kongresses sind parteipolitische Grenzen außerdem bedeutsamer als oft in der Öffentlichkeit wahrgenommen wird. Die innere Struktur des Kongresses ist deutlich auf die Konfrontation zweier Parteien angelegt: Die Besetzung von Ausschüssen und die Rolle der Sprecher fachen die Fraktionierung mindestens so stark an wie die durch das deutsche Wahlrecht gestützte Fraktionsdisziplin (vgl. Helms 1999). Das Bild von der ideologiefreien Politikvermarktung ist schief gezeichnet.

Die dezentralen Einflussmöglichkeiten, eine wesentlich stärkere Rolle von Religion als politischem Faktor sowie die Besonderheiten des Mediensystems sorgen dafür, dass in vielen Politikfeldern die Diskussion erheblich stärker ideologisiert ist als in Europa, man denke nur an Fragen wie Waffenkontrolle, Abtreibung oder Homosexualität. Außerdem symbolisieren sowohl Demokraten als auch Republikaner bis heute spezifische Ausprägungen des „Amerikanismus". Noch immer dienen Parteien als organisierte Fixpunkte für Mythen der amerikanischen Geschichte (vgl. Aldrich 1995; Beck/Sorauf 1992).

Der entscheidende Unterschied zu anderen Parteiensystemen liegt jedoch darin, dass für die Formulierung von *Policies* im amerikanischen Regierungssystem die einzelnen Abgeordneten und Senatoren an ihre *Constituencies*, nämliche einzelne Wählergruppen und die Interessen in ihren Wahlkreisen gekoppelt sind, und das wegen des Mehrheitswahlrechts wesentlich stärker als beispielsweise die deutschen Parteirepräsentanten, deren Karriere intensiver an ihre Parteien gebunden ist (vgl. Lütjen/Walter in diesem Band). Die Gewaltentrennung im amerikanischen präsidialen Regierungssystem erfordert zugleich keine parteipolitische Bündelung von Mehrheiten für die Ausübung der Exekutive; auch dies verstärkt die Wahlkreisbindung und Zielfindungsfunktion der einzelnen Politiker. Dennoch stützen sich Kandidaten bei diesen Aufgaben auf Parteien, deren Beratungsfunktionen wichtiger geworden sind (vgl. Aldrich 1995).

Trotz des Mehrheitswahlrechts und der Dominanz zweier Parteien bleibt in den USA genügend Raum für den Wettbewerb jenseits der etablierten politischen Lager. Denn kleinere Parteien wie die *Green Party* haben eine nicht zu vernachlässigende Bedeutung, wenn Issues, also isolierbare Themen wie Umwelthaftung oder Minderheitenrechte, festgeklopft werden. Gerade der Präsidentschaftswahlkampf von 2000 hat gezeigt, dass schon die Abwanderung kleinster Wählergruppen entscheidend sein kann. Wenn eine Partei wie die Grünen mit profilierten Themen attraktiv für eine gewisse Zahl von Wählern erscheint, zwingt das die größeren Parteien und ihre Kandidaten, solche Themen zumindest ansatzweise in ihre Wahlplattformen einzubinden.

Die geschrumpfte Parteiidentifikation hat somit eher die Wirkung, dass der politische Wettbewerb angeheizt wird. Dieser Effekt schlägt sich auch auf die Parteiorganisationen nieder. Folgt man Schlesinger (1984, 1985), so muss mit der Zahl der Wechselwähler auch die Organisationskraft der Parteien wachsen, weil sie sich nicht mehr auf Stammwähler verlassen können. Hierauf stützt sich die These von der „new American party" (Schlesinger 1985), die sich erst seit den 50er Jahren des letzten Jahrhunderts als echte nationale Organisation herausgebildet habe, weil die amateurhafte, aber verfilzte Politik auf der lokalen Ebene kaum Wechselwähler erreichte.

Bündelt man die faktischen Funktionen amerikanischer Parteien, so weisen sie insbesondere bei der Rekrutierung von Kandidaten ihre größten Schwächen auf (vgl. Strünck 2000). Doch bei der Zielfindung und Mobilisierung haben sie in den letzten Jahrzehnten eher an Bedeutung zugelegt, sowohl auf nationaler wie auch auf bundesstaatlicher Ebene (vgl. Green/Shea 1999). Daher ist es zu undifferenziert, von einem Bedeutungsverlust der Parteien im politischen Prozess zu sprechen.

3. Demokratie direkt: Mediensystem und politische Kommunikationskultur in den USA

Das eigentliche Charakteristikum des amerikanischen Mediensystems ist so offensichtlich, dass es im wahrsten Sinne des Wortes ins „Auge" sticht: die starke Kommerzialisierung der Medienlandschaft, insbesondere des Fernsehens. Speziell bei Wahlkämpfen kommt hinzu, dass Werbespots nahezu unreguliert sind, aber von den Parteien gekauft werden müssen, im Gegensatz zu den unentgeltlich zur Verfügung gestellten Werbefenstern im deutschen öffentlich-rechtlichen Fernsehen.

Die große Bedeutung des Fernsehens hat einige Experten dazu verleitet zu behaupten, die Massenmedien in den USA hätten den Parteien wichtige Funktionen fast völlig abgenommen (vgl. Pfetsch 2001; Ranney 1983). Für die Artikulation von Interessen gilt dies sicherlich zu Recht, doch bei der Bündelung sowie der Zielfindung – zwei anderen wichtigen Funktionen politischer Parteien – sind Zweifel angebracht. Fest steht, dass zwei Phänomene im amerikanischen Mediensystem stärker ausgeprägt sind als in den europäischen: Kommerzialisierung und Diversifizierung (vgl. Holtz-Bacha 2000). Das Fehlen einer breiten öffentlich-rechtlichen Sendestruktur, vom *National Public Radio* und *Public Broadcasting Service* einmal abgesehen, führt dazu, dass im amerikanischen Fernsehen aus Politik ein verkäufliches Produkt werden muss. Die Vermarktung dieses Produktes ist umso schwieriger, als die starke Ausdifferenzierung der Programme das Publikum ebenfalls spaltet. Um Aufmerksamkeit zu erreichen, sind daher Strategien wie Polit-Entertainment oder „negative campaigning" erfolgversprechender als der programmorientierte Wahlkampf (vgl. Meyer/Kampmann 1998). Gipfelpunkt der personalisierten politischen Kommunikation sind die Rededuelle der Präsidentschaftskandidaten beider Parteien in der heißen Endphase der Wahlkämpfe. Doch auch hier offenbart sich, wie oberflächlich zum Teil die These von der Personalisierung gerät. Denn gerade die Rededuelle sind gespickt mit detailreichen Hinweisen auf alle möglichen Politikfelder, die die Kandidaten zuvor intensiv mit ihren Beratern studiert haben. Nirgendwo sonst blüht eine solche Landschaft von „think tanks" und Beratungsinstitutionen, die bis in die kleinsten Details über Politikfeldern brüten und an Empfehlungen meisseln (vgl. Gellner 1995). Die Aktivitäten dieser „policy-Extremisten" stehen im scharfen Kontrast zur Showbühne des amerikanischen Wahl-kampfs.

Jenseits des Fernsehens spielen außerdem prominente Zeitungsko-lumnisten eine wichtige Rolle. Da es in den föderalen und regional zer-klüfteten USA nur wenige nationale Medien gibt, ist der Einfluss von Autoren wie William Safire (New York Times) oder Charles Krautham-mer (Time Magazine) auf das Meinungsklima im Washingtoner Esta-blishment entsprechend groß.

Für die USA gilt genau wie für andere Länder: Der wirkliche Anteil der Fernsehkommunikation am Erfolg eines Wahlkampfs ist nicht mess-bar, wie überhaupt der Erfolg von Wahlkämpfen kaum kontrolliert werden kann. Das ändert jedoch nichts daran, dass sowohl finanziell als auch logi-stisch dem Fernsehwahlkampf in den USA höchste Priorität beigemessen wird. Dies stärkt die Kandidaten gegenüber ihren Parteien, weil Personali-sierung vor allem im Fernsehen zur Blüte gebracht wird. Als Finanziers dieser Fernsehwerbung spielen die Parteien dann allerdings wieder eine Schlüsselrolle, weil sie das nötige „soft money" dafür erhalten und auch verteilen (siehe Abschnitt 4).

Die Kommerzialisierung des Fernsehens und seine Dominanz als In-formationsquelle der Wähler ist im Prinzip nur ein gradueller, kein abso-luter Unterschied im Vergleich zu den europäischen Mediensystemen. Doch es gibt auch einen systematischen Unterschied, wenn man Berufs-ethos und Arbeitsmethode im amerikanischen Journalismus unter die Lu-pe nimmt. Nicht zuletzt die staats- und machtkritische Haltung in der ame-rikanischen Verfassungstradition hat auf die Einstellungen journalistischer Eliten abgefärbt. Die selbstbewusste Bürgerrolle gegenüber politischen Institutionen übersetzt sich in die Form des anwaltschaftlichen Journalis-mus (vgl. Redelfs 1996). Auch die im Vergleich zu Deutschland weniger starke Nähe zwischen politischen und journalistischen Eliten bereitet den Boden für diese Art des investigativen Journalismus.

Das hat praktische Konsequenzen für die Arbeitsstrukturen und -me-thoden und führt zu einer paradoxen Mischung. Denn so oberflächlich und effekthascherisch die allgemeine Berichterstattung in den USA auch sein mag, so spezialisiert und hintergründig – auch an europäischen Standards gemessen – arbeiten einzelne Fachjournalisten, die nur einen engen Be-reich von politischen Feldern und Akteuren beobachten. Sie sind in der Lage, stabile Informantennetze zu weben und versteckte Informationskanäle anzuzapfen. Diese Sonderrolle können sie nur spielen, weil die Verlage solchen spezialisierten Recherchejournalismus bislang stärker finanzieren und fördern als in Europa (vgl. Meckel 1999). Hierbei entfaltet sich dann auch der Einfluss der nationalen „Qualitätsmedien", insbesondere der *New York Times*, der *L. A. Times* sowie der *Washington Post*. Während insbesondere die *New York Times* auch das intellektuell prägende Blatt ist, beschäftigen *alle drei* Zeitungen investigativ arbeitende Journalisten. Auch die großen Fernsehsender wie *ABC* und *NBC* setzen systematisch Reporter auf einzelne Politikfelder an.

Eng verbunden mit dem anwaltschaftlichen Journalismus ist die Kontrolle staatlichen und politischen Handelns durch so genannte „watchdogs" oder „whistleblowers", privat finanzierte Forschungsinstitute oder Lobby-Organisationen nach dem Strickmuster von *Public Interest Groups*, die den Medien Informationen und Hinweise liefern oder auch selbst mit publizistischen wie juristischen Mitteln in die Öffentlichkeit vorstoßen. Ohne den Dünger dieser amerikanischen Sonderkultur wäre auch der investigative Recherchejournalismus nicht so kraftvoll gewachsen.

Dank dieser Organisationen werden auch die Aktionen der Exekutive ständig und sehr genau beobachtet. Die bunte Landschaft der *Public Interest Groups* ist eine amerikanische Besonderheit, die sich stark privatem Mäzenatentum verdankt. Ursprünglich strebten diese Gruppen danach, das Verhalten privatwirtschaftlicher Unternehmen stärker zu regulieren (vgl. Vogel 1980). Mittlerweile jedoch beobachten und kritisieren viele von ihnen genauso stark diejenigen, die die Unternehmen regulieren, nämlich staatliche Behörden. Nicht nur im Kongress gibt es für beinahe jede spezialisierte Regierungsbürokratie einen Ausschuss; auch in der Landschaft der Interessengruppen blühen Washingtons Politikbeamten kritische Nachfragen, schmerzhafte Tipps an Medien bis hin zu Prozessen und Sammelklagen.

Seit den späten 60er Jahren hat sich in den USA daraus eine Rechtskultur entwickelt, die in der Literatur mittlerweile als „adversarial legalism" bezeichnet wird (vgl. Kagan 2001). Dafür sind eine Reihe von Faktoren verantwortlich: der Aufstieg der *Public Interest Groups* und befreundeten „law firms", die gewachsenen regulativen Kompetenzen der amerikanischen Regierung, die Möglichkeit von organisierten Sammelklagen („class actions"), das rigide Haftungsrecht, die starke Dezentralisierung des politischen Systems sowie die Nachprüfbarkeit des Regierungshandelns durch den *Freedom of Information Act* und den *Administrative Procedure Act*. Dies alles zusammengenommen, gewürzt mit einer generell starken Skepsis gegenüber staatlicher Regulierung, begründet die „amerikanische Ausnahme", wenn es um die öffentliche Kontrolle staatlichen Handelns geht (vgl. Jasanoff 1990). Journalisten saugen aus dieser konfliktreichen Situation den Honig, mit dem sie ihre Geschichten süßen können, und steuern ihren eigenen Beitrag zum „adversarial legalism" bei.

Auch die Parteien nutzen die Insider-Informationen der „watchdogs" und schlagen politisches Kapital daraus. Der Kongress nimmt außerdem bei der medienwirksamen Aufsicht über das Regierungshandeln eine ganz andere Position ein als etwa der Deutsche Bundestag. Obwohl – oder auch gerade weil – das amerikanische politische System kein parlamentarisches im engeren Sinne ist, besitzt der amerikanische Kongress wesentlich mehr Einfluss als die Parlamente in vielen parlamentarischen Systemen. Die legitimatorische und funktionale Unabhängigkeit vom Präsidenten schanzt den Repräsentanten und Senatoren erhebliche Macht zu, sodass das amerikanische politische System eigentlich gar nicht als „präsidentielles" charakterisiert werden kann, sondern als gewaltentrennendes mit einer mächtigen Exkutive und einer starken Legislative (vgl. Jones 1994).

Ein Grund für die starke Stellung des Parlaments ist der, dass der Kongress nicht nur die gesetzlichen Grundlagen für alle Behörden schafft, sondern auch das Gebaren der Behörden in passgenau zugeordneten Ausschüssen überprüft („congressional oversight"). Und hierbei ist er auf „whistleblowers" in der Exekutive selbst, auf die Analyse von Interessengruppen sowie auf eine investigative Berichterstattung in den Medien angewiesen (vgl. Strünck 2002). Dieser Aspekt, der eng mit dem regulativen Charakter des amerikanischen Staates verwoben ist, wird in den allgemeinen Thesen zur Mediendemokratie wenig beleuchtet.

Wahlkämpfe gelten eben weiterhin als Höhepunkt politischer Kommunikation, und die Rahmenbedingungen verraten viel über die strukturellen Besonderheiten in den USA. Die relativ schwach regulierte Wahlkampffinanzierung erlaubt den Einsatz sehr teurer Kommunikationstechnologie: *Direct Mailing*, TV-Spots, Events, systematische Umfragen und Fokusgruppen prägen amerikanische Wahlkämpfe weitaus mehr als in Deutschland und den meisten anderen europäischen Ländern. Zwischen

1996 und 2000 ist das Internet als Ressource wichtiger geworden. 1992 wurde das Internet erstmals im Präsidentschaftswahlkampf eingesetzt; 1998 nutzten bereits 24 Prozent mehr Kandidaten für den Kongress und für Gouverneursposten das Web für die politische Kommunikation als in 1996. Doch bislang lassen sich keine Aussagen über die Effektivität bei der Wähler- und Spendenwerbung ableiten (vgl. D'Alessio 2000).

Die lückenhafte Regulierung der Finanzierung hat zu einer starken Professionalisierung des Wahlkampfmanagements geführt, weil viel Geld zu verdienen ist. Außerdem schafft das hohe Patronagepotenzial der Kandidaten Anreize für ihre Mitarbeiter, weil sie nach erfolgreichem Wahlkampf auf attraktive Jobs in Washington oder in den Kapitalen der Bundesstaaten gehievt werden können. Professionelle Berater haben die meisten klassischen Aufgaben in Kampagnen übernommen: Management, PR, Umfragen, Spenden einwerben, Rechtsberatung, Buchhaltung, Dokumentation (vgl. Herrnson 2001).

Doch die angeblich unpolitische Professionalität der Politikberater wird in den Karikaturen von den „spin doctors", die beliebige „soundbites" produzieren, übertrieben. Zwar ist der marketingorientierte Stil sicherlich das besondere Markenzeichen amerikanischer Wahlkampftechniken (vgl. Gibson/Römmele 2001). Doch insbesondere die Jüngeren in den Kampagnenzentralen werden nicht nur durch die Einkommensmöglichkeiten und den „thrill" des Wettbewerbs, sondern gerade auch durch starke ideologische Verbundenheit angetrieben (vgl. Thurber/Nelson 2000; vgl. Römmele in diesem Band).

Ideologie wird auch über Interessengruppen in das politische System eingespeist. Parteien wie Politiker können nicht auf die Fähigkeiten solcher Gruppen, Wähler zu mobilisieren, verzichten. Diese Verstärkerfunktionen sind häufig noch wichtiger als Geldspenden, weil hier spezifische und loyale Wählergruppen erreicht werden können, etwa über den Auftritt in Medien, die von Interessenverbänden betrieben werden (vgl. Hertzke 1993).

Ein weiterer Zug der politischen Kommunikation in den USA wirkt hierzulande noch immer befremdlich: das „negative campaigning", die persönliche Diffamierung politischer Gegner in Kampagnen. Diese Strategie kann nur auf dem Boden einer politischen Kultur gedeihen, die Charaktereigenschaften als wesentliche Basis für politisches Handeln sieht (vgl. Thurber u.a. 2000). Die aggressive und nicht selten erfolgreiche Anwendung solcher Methoden hat den nicht-intendierten Effekt, dass mittelfristig das Vertrauen in alle Politiker sinkt.

4. Der diskrete Charme der Parteien in der Mediendemokratie

Parteien sind in den USA nur ein Spieler unter vielen, die sich am regen und lukrativen Geschäft politischer Kommunikation beteiligen. Der Unterschied ist aber nur graduell, nicht absolut. Im Übrigen hat die Renaissance der Parteien als professionelle Organisationen in den letzten zwei Jahrzehnten dazu beigetragen, ihre Nischen weiter auszubauen. Gerade für die Unterstützung bei der Formulierung und Verbreitung einzelner Politikziele nehmen die Parteien weiterhin eine Sonderstellung ein. Daher hinkt die populäre These, dass die Parteien „auf technische Funktionen von Wahlkampfmaschinen reduziert sind" (Pfetsch 2001: 29), dem wirklichen Wandel hinterher.

Die Parteien sind zu politischen Service-Organisationen für den Wahlkampf geworden (vgl. Aldrich 1995). Sie profitieren von einer Lücke in der gesetzlichen Regulierung von Wahlkampfausgaben. Die *Federal Election Commission* hatte 1978 eine Regelung vereinbart, wonach die üblichen Grenzen nicht für Spenden zu Zwecken des „party-building" gelten. Dieses Geld wird „soft money" genannt, muss aber von den Parteien verwaltet und ausgegeben werden. Da gerade TV-Werbespots über diese unregulierten Gelder von den Parteien für Kandidaten finanziert werden, läuft die Wahlkampffinanzierung keineswegs an ihnen vorbei, sondern wird entscheidend von ihnen mitgestaltet, inhaltlich wie finanziell.[1]

Als eine Folge davon sind die Tätigkeiten der privaten, spendensammelnden *Political Action Committees (PAC)* und der Interessengruppen viel stärker in Parteistrukturen eingebunden als früher. Kandidaten profitieren außerdem von Sonderpreisen, die Parteien mit politischen Beratern aushandeln (vgl. Abbe/Herrnson 2001).

Zum anderen übernehmen die Parteien eine zentrale Aufgabe für Kandidaten: die Formulierung von Politikinhalten und das Trainieren von

---

[1] Sollte die vorgesehene Reform der Wahlkampffinanzierung so umgesetzt werden wie derzeit geplant, würde der Einfluss der Parteien allerdings geschwächt werden. Der Entwurf sieht vor, die Verteilung von „soft money" an Parteien stark einzuschränken.

Freiwilligen für die Kommunikation dieser Inhalte (Farmer u.a. 2001). Diese Aufgabe teilen sich die Parteien allerdings mit den Interessenverbänden (s. Abschnitt 2). Angesichts des Wahlsystems und der Wahlkampffinanzierung ist die Bedeutung der Interessengruppen für die Funktionsfähigkeit von Parteien und ihrer politischen Kommunikation in den USA größer als in den meisten anderen Ländern.

Eine unverzichtbare Funktion der Parteien in der amerikanischen Mediendemokratie ist allerdings das „candidate learning" (vgl. Hershey 1984). Mit Hilfe von Beratern und politischen Dossiers werden Seminare und Programme zusammengebaut, die eine Art „Parteischule" für alle möglichen Kandidaten darstellen. Die Verknüpfung von politischen Zielen und kommunikativem Training können professionelle Berater alleine nicht anbieten, daher füllen die Parteien hier weiterhin eine Lücke (vgl. Shea 1995).

Aus der Kombination von neuen Technologien und Erfahrungswissen sind ebenfalls neue Kompetenzen erwachsen. Kandidaten und Parteien nutzen das Internet auf unterschiedliche Weise. Kandidaten sammeln vermehrt Spenden über das Netz, zuletzt John McCain bei seiner erfolglosen innerparteilichen Kandidatur gegen George W. Bush. Die Internet-Nutzung amerikanischer Parteien wirft ein weiteres Schlaglicht auf ihre Funktionen bei der Politikformulierung und Wählermobilisierung. Denn die Parteien bieten in erster Linie Informationen für potenzielle Unterstützer an und rekrutieren Freiwillige via Computer (vgl. Farmer u.a. 2001).

Der rasante Wandel der elektronischen Kommunikation eröffnet vor allem den kleineren Parteien wie den Grünen oder der *Reform Party* neue Chancen. Weil sie sich Auftritte in den traditionellen Medien kaum leisten können, erlaubt ihnen das Internet, wesentlich kostengünstiger zu kommunizieren. Doch auch weniger avancierte Techniken wie das *Direct Mailing* helfen kleineren Parteien darüber hinweg, dass ihnen die Möglichkeiten des Fernsehens nicht in gleicher Weise zur Verfügung stehen wie den beiden großen Parteien (vgl. Römmele 2002). Die direkte Ansprache von Wählern über den Postweg ist für Parteien mit eingegrenzter Wählerschaft bzw. schmalem Budget wesentlich effizienter als TV-Werbung (vgl. Hannahan 2001). Trotz des allgegenwärtigen Fernsehens: Die Post lebt, auch im Wahlkampf der USA.

Bei aller Konzentration auf nationale Medien und politische Werbung darf nicht vergessen werden, dass die Kommunikation in die Wahlkreise hinein in den USA wesentlich entscheidender ist als etwa in Deutschland, wo Kandidaturen noch primär von Parteien organisiert sind und die Listenwahlen den Einfluss der Wähler auf die Positionen von Kandidaten eindämmen (vgl. Strünck 2000). Die politische Kommunikation in den Wahlkreisen läuft nach ganz anderen Regeln ab als die staatsweite oder nationale politische Werbung. Hier sind Instrumente wie *Direct Mailing* oder die Mobilisierung von Stammwählern entscheidende Punkte. Dabei können die Kandidaten nicht auf die Kapazitäten ihrer Parteien verzichten. Die örtlichen und durchaus medienwirksamen Versammlungen werden von freiwilligen Parteiaktivisten organisiert, die außerdem die Wähler zur notwendigen Registrierung animieren (vgl. Alemann 1997).

In den Wahlkreisen ist die Issue-Orientierung der Politiker von größerer Bedeutung als auf nationaler Ebene. Hier wollen Arbeitnehmer, Unternehmer, Umweltgruppen, Kirchen und natürlich die verschiedenen ethnischen Gruppen wissen, was ihre Kandidaten in den für sie relevanten Feldern in Washington oder der Hauptstadt des jeweiligen Bundesstaates zu tun gedenken. Dabei geht es nicht nur um Wählerstimmen, sondern auch um das Geld reicher Sponsoren. Um beides zu bekommen, müssen sich die Kandidaten mit viel Wissen über Politikinhalte aufrüsten lassen – Wissen, das sie nicht selten von ihren eigenen Parteien bekommen.

Im direkten Vergleich sind daher die Wahlen in Deutschland wesentlich weniger stark issue-orientiert. Das hat auch etwas damit zu tun, dass die deutschen Parteien durch ihr Nominierungsmonopol inklusive Listenplatzierung letztlich über den Erfolg der meisten Kandidaten entscheiden, die sich entsprechend wenig Gedanken über wahlkreisrelevante Issues machen müssen. Dieser fehlende Einfluss der Parteien in den USA wertet jedoch ihre Bedeutung für die Ausarbeitung von Politikzielen auf, zumindest jenseits der Präsidentschaftswahlen. Beobachtet man Wahlkämpfe in den USA wirklich systematisch, so ist die These vom angeblich inhaltsfreien Kandidatenwettbewerb überzogen, wenn nicht sogar unhaltbar, gerade im Vergleich zum deutschen Wahlkampf (vgl. Alemann 1997).

Hinzu kommt, dass der amerikanische regulative Staat von Washington aus viele Fördergelder in der Agrar-, Umwelt- oder Wirtschaftspolitik in die Wahlkreise pumpt. Deshalb lässt sich z.B. im Agrarausschuss des Kongresses gut beobachten, wie eng Politiker aus ländlichen Wahlkreisen die Interessen ihrer Wählerklientel in die Gesetzesberatungen einbringen und dies dann auch bei Wahlkämpfen zuhause kommunizieren (vgl. Hansen 1991).

Diese Form der Responsivität – in Europa gerne als Populismus denunziert – spielt bei allgemeinen Wahlen eine entscheidende Rolle. Denn abgesehen von der einzigen nationalen Wahl, nämlich der zum Präsidentenamt, werden die Wahlen zum Kongress und den bundesstaatlichen Legislativen in Wahlkreisen und nicht in den nationalen Medien entschieden. Insofern zeigt sich auch in diesem Punkt, wie schief und überzeichnet das Bild von der amerikanischen Mediendemokratie ist, wenn man sich auf die Präsidentschaftswahlen fixiert. Pfetschs (2001) Zuordnung der amerikanischen Parteipolitik zum „medienorientierten" Typ der politischen Kommunikation – während die deutsche angeblich stärker dem „politischen" Typ entspreche – lässt sich nur aufrechterhalten, wenn man dieses wichtigste Amt vor Augen hat.

Und selbst dann ließe sich immer noch die These verfechten, dass sowohl amerikanische Kandidaten und Parteien im Wahlkampf stärker issue-orientiert sind, während deutsche Parteien zum Programmwahlkampf neigen, der aber immer stärker personalisiert wird. Das amerikanische politische System ist stark dezentralisiert, es bietet so viele Optionen für Wahlkämpfe und professionelle Politik, dass generalisierte Aussagen ohnehin zweifelhaft erscheinen. Das gilt insbesondere für die Rolle der amerikanischen Parteien in der Mediendemokratie. Gerade die Arbeit der Parteien ist wenig öffentlichkeitswirksam, wenn es um ihre Unterstützung bei Wahlkämpfen geht.

Doch sollte man nicht vergessen, dass im gefestigten Zwei-Parteien-System der USA die „Markenqualität" einer der beiden Parteien weiterhin wesentlich ist, um eine Wahl zu gewinnen. Noch immer treten die meisten Politiker ganz bewusst als Republikaner oder Demokraten an, um den Wählern ein Signal zu geben und ihr Profil auf einfache Weise verständlich zu machen. Nur einzelne Prominente, wie etwa der derzeitige Außenminister Colin Powell oder New Yorks Bürgermeister Michael Bloomberg, können es sich leisten, ein relativ „unabhängiges" Image aufzubauen. Auf die Wiederwahl allerdings haben die Parteien dann kaum noch Einfluss; nach einer erfolgreichen Erstkandidatur liegt die Wiederwahlquote im Schnitt bei 90 Prozent (vgl. Borchert/Copeland 1999).

Es besteht die Gefahr, dass die Analyse der Parteien in der amerikanischen Mediendemokratie sich zu stark auf die schillernden Effekte eben dieser Mediendemokratie verlässt, um daran die Rolle der Parteien zu messen. Doch für das „Bohren dicker Bretter" (Max Weber) sind die Parteien in einer hochprofessionalisierten Umgebung weiterhin wichtige Berater, die zum Teil über exklusive Ressourcen verfügen. Wer Markennamen verkaufen und davon leben will, muss die Marken nicht nur aufbauen, sondern auch glaubwürdig modernisieren und mit Inhalten füllen. Parteien verschaffen zwar längst nicht mehr Jobs, aber sie verschaffen Botschaften. Und davon profitieren auch die Kandidaten.

Literatur

Abbe, Owen G./Herrnson, Paul S. (2001): The Professionalization of Political Campaigns: An Analysis of Down Ballot Races, Paper Presented at the 97th Annual Meeting of the American Political Science Association, San Francisco.

Aldrich, John Herbert (1995): Why Parties? The Origin and Transformation of Political Parties in America, Chicago: University of Chicago Press.

Alemann, Ulrich von (1997): Anmerkungen zum US-Wahlkampf 1996, in: Zeitschrift für Parlamentsfragen 28, S. 346-350.

Binning, William C./Esterly, Larry E./Sracic, Paul A. (1999): Encyclopedia of American Parties, Campaigns, and Elections, Westport u.a.: Greenwood Press.

Borchert, Jens/Copeland, Gary (1999): USA: Eine politische Klasse von Entrepreneuren, in: Jens Borchert (Hrsg.), Politik als Beruf. Die politische Klasse in westlichen Demokratie, Opladen: Leske + Budrich, S. 456-481.

D'Alessio, Daniel (2000): Adoption of the World Wide Web by American Political Candidates. 1996-1998, in: Journal of Broadcasting and Electronic Media 44, S. 556-568.

Farmer, Rick/Spiker, Julia A./Fender, Rich (2001): How Wired Are They? State Parties Online in 2000. Paper Presented at the 97th Annual Meeting of the American Political Science Association, San Francisco.

Gellner, Winand (1995): Ideenagenturen für Politik und Öffentlichkeit: Think Tanks in den USA und in Deutschland, Opladen: Westdeutscher Verlag.

Gibson, Rachel K./Römmele, Andrea (2001): Parties and Professionalized Campaigning, in: Harvard International Journal of Press/Politics 6, S31-43.

Green, John C./Shea, Daniel M. (1999): The State of the Parties: The Changing Role of Contemporary American Parties, Lanham: Rowman and Littlefield.

Hannahan, Michael T. (2001): Campaign Strategy and Direct Voter Contact, in: Paul S. Herrnson (Hrsg.), Playing Hardball: Campaigning for the U.S. Congress, Upper Saddle River: Prentice-Hall.

Hansen, John Mark (1991): Gaining Access: Congress and the Farm Lobby, 1919-81, Chicago: University of Chicago Press.

Herrnson, Paul S. (Hrsg.) (2001): Playing Hardball: Campaigning for the U.S. Congress, Upper Saddle River: Prentice-Hall.

Hershey, Marjorie Randon (1984): Running for Office: The Political Education of Campaigners, Chatham: Chatham House.

Hertzke, Allen D. (1993): Echoes of Discontent: Jesse Jackson, Pat Robertson, and the Resurgence of Populism, Washington D.C.: Congressional Quarterly Press.

Holtz-Bacha, Christina (2000): Wahlkampf in Deutschland. Ein Fall bedingter Amerikanisierung, in: Klaus Kamps (Hrsg.), Trans-Atlantik – Trans-Portabel? Die Amerikanisierungsthese in der politischen Kommunikation, Opladen: Westdeutscher Verlag, S. 43-55.

Jones, Charles O. (1994): The Presidency in a Separated System, Washington D.C.: Brookings Institution.

Lawson, Kay (1988): When Parties Fail. Emerging Alternative Organizations, Princeton: Princeton University Press.

McSweeney, Dean/Zvesper, John (1991): American Political Parties. The Formation, Decline and Reform of the American Party System, London/New York: Routledge.

Meckel, Miriam (1999): Redaktionsmanagement. Ansätze aus Theorie und Praxis, Opladen: Westdeutscher Verlag.

Meyer, Thomas/Kampmann, Martina (1998): Politik als Theater. Die neue Macht der Darstellungskunst, Berlin: Aufbau.

Oldfield, Duane M. (1996): The Right and the Righteous: The Christian Right Confronts the Republican Party, Lanham: Rowman and Littlefield.

Pfetsch, Barbara (2001): „Amerikanisierung" der politischen Kommunikation? Politik und Medien in Deutschland und den USA, in: Aus Politik und Zeitgeschichte, B 41-42, S. 27-36.

Polsby, Nelson W. (1983): Consequences of Party Reform, Oxford u.a.: Oxford University Press.

Ranney, Austin (1983): Channels of Power. The Impact of Television on American Politics, New York: Basic Books.

Redelfs, Manfred (1996): Investigative Reporting in den USA. Strukturen eines Journalismus der Machtkontrolle, Opladen: Westdeutscher Verlag.

Reichley, James (2000): The Life of Parties. A History of American Political Parties, Lanham: Rowman and Littlefield.

Römmele, Andrea (2002): Direkte Kommunikation zwischen Parteien und Wählern, Wiesbaden: Westdeutscher Verlag.

Schlesinger, Joseph A. (1984): On the Theory of Party Organization, in: Journal of Politics 46, S. 369-400.

Schlesinger, Joseph A. (1985): The new American Political Party, in: American Political Science Review 79, S. 1152-1169.

Shafer, Byron E. (1983): Quiet Revolution. The Struggle for the Democratic Party and the Shaping of Post-Reform Politics, New York: Russell Sage Foundation.

Shea, Daniel M. (1995): Transforming Democracy: Legislative Campaign Committees and Political Parties, Albany: State University of New York Press.

Strünck, Christoph (2000): Agenten oder Agenturen? Amerikanische und deutsche Parteien in vergleichender Perspektive, in: Klaus Kamps (Hrsg.), Trans-Atlantik – Trans-Portabel? Die Amerikanisierungsthese in der politischen Kommunikation, Opladen: Westdeutscher Verlag, S. 199-220.

Strünck, Christoph (2002): Why is There no Mad Cow Disease in the United States? Comparing the Politics of Food Safety in Europe and the U.S., Working Paper, Berkeley: Center for German and European Studies/University of California.

Thurber, James A./Nelson, Candice J. (Hrsg.) (2000): Campaign Warriors: Political Consultants in Elections, Washington D.C.: Brookings.

Thurber, James/Nelson, Candice/Dulio, David (2000): Crowded Airwaves: Campaign Advertising in Elections, Washington D.C.: Brookings.

Van Horn, Carle E. (1996): The State of the States, Washington D.C.: Congressional Quarterly Press.

Vogel, David (1980): The Public-Interest Movement and the American Reform Tradition, in: Political Science Quarterly 95, S. 607-627.

Walker, Jack L. (1983): The Origins and Maintenance of Interest Groups in America, in: American Political Science Review 77, S. 390-406.

Konvergenzen durch professionalisierte Wahlkampfkommunikation? Parteien auf dem Prüfstand

Andrea Römmele

Das wissenschaftliche Interesse an Wahlkämpfen ist mit ihrer gestiegenen Bedeutung und der zunehmenden Professionalität ihrer Durchführung gewachsen. Der sich verstärkende Individualisierungs- und Modernisierungsprozess rückt mit der steigenden Zahl der Wechselwähler und sinkender Parteiidentifikation politische Wahlkämpfe zunehmend ins Rampenlicht (vgl. Holtz-Bacha in diesem Band). Gerade die an Gewicht gewinnende Gruppe der Wechselwähler erfordert eine andersartige Form der Wahlkampfführung und der politischen Kommunikation (Radunski 1996: 40; Zelle 1998: 223). Professionalisierte Wahlkämpfe à la Amerika sind weltweit zu beobachten, in denen Kandidaten den Wahlkampf bestimmen, ideologische Programmpunkte in den Hintergrund rücken sowie Berater und PR-Experten die Wahlkampfchoreographie entwerfen.

Die Wissenschaft hat es schon lange vorgezogen, statt von einer Amerikanisierung von einer Modernisierung politischer Wahlkämpfe in westlichen Demokratien zu sprechen (zur kritischen Diskussion der Amerikanisierungsthese siehe u.a. Donges 2000; Gibson/Römmele 2001; Holtz-Bacha 2000; Römmele 2002; Swanson/Mancini 1996). Ihrer Ansicht nach muss die Entwicklung im Bereich politischer Wahlkampfführung und Kommunikation als Resultat des gesellschaftlichen Modernisierungsprozesses und der wachsenden Bedeutung der Massenmedien gesehen werden. Die Veränderungen im Bereich der politischen Kommunikation und der Einsatz neuer Kommunikationstechnologien werden als notwendige Konsequenz dieser Entwicklung betrachtet (vgl. Schaubild 1).

Während die international vergleichende Wahlkampfforschung professionalisierte Wahlkämpfe bisher als Produkt gesellschaftlicher Modernisierungs- und Individualisierungsprozesse sieht, d.h. als abhängige Variable, geht der vorliegende Beitrag von professionalisierten Wahlkämpfen als unabhängiger Variablen aus. Lassen sich im internationalen Vergleich aufgrund einer Professionalisierung politischer Kommunikation Angleichungsprozesse der politischen Parteien festmachen? Dies ist die Fragestellung des vorliegenden Beitrags, der sich in drei Teile gliedert: In einem ersten Schritt werden die Elemente professionalisierter Wahlkämpfe dargelegt. Daran anschließend werden die Strukturbedingungen politischer Kommunikation diskutiert unter besonderer Berücksichtigung der politischen Parteien als die wichtigsten politischen Kommunikationsscharniere. In einem dritten Schritt werden Befunde aus der jüngeren Parteienforschung zu Rate gezogen.

Schaubild 1: Professionalisierung politischer Wahlkämpfe

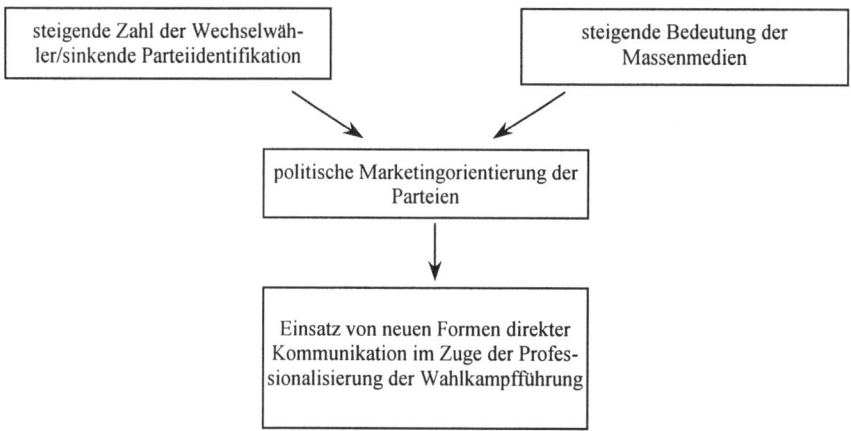

1. Professionalisierte Wahlkämpfe

Professionalisierte Wahlkämpfe zeichnen sich neben einem intensiven und professionellen Kommunikationsmanagement durch neue Möglichkeiten der Wahlkampfkommunikation aus: Die Ausdifferenzierung des massenmedialen Angebots und die neuen Möglichkeiten der direkten Kommunikation vor allem über das Internet verändern den Dialog zwischen Parteien und Bürgern nachhaltig. Im Folgenden werden das *Kom-*

munikationsmanagement, die *Inhalte* sowie die *neuen Kommunikations-möglichkeiten* der Parteien in professionalisierten Wahlkämpfen aufge-führt. Welche Entwicklungen lassen sich beobachten?

1.1 Kommunikationsmanagement

Zu Zeiten der Massenpartei dienten die Medien als Sprachrohr und Vehi-kel der Politik. Mit der Entwicklung der Massenmedien und vor allem seit dem Aufkommen des Fernsehens hat sich das Mediensystem verselbstän-digt. Gegenwärtig kann das Verhältnis zwischen Politik und Medien am ehesten als ein Geflecht komplexer Wechselbeziehungen zwischen zwei in gegenseitiger Abhängigkeit zueinander stehenden Gruppen betrachtet werden. Politiker und Parteien sind auf die Medien als Öffentlichkeits-plattform angewiesen, Journalisten und Medienvertreter auf Interna des politischen Geschehens, die sie nur von Politikern erhalten können. Beide Gruppen gehen daher eine Beziehung zum gegenseitigen Nutzen ein, in der routinemäßig Information gegen Publizität eingetauscht wird – eine Symbiose, aus der für keinen der beteiligten Partner die Macht erwächst, den jeweils anderen zu kontrollieren (Sarcinelli 1987: 213-220).

Aus dieser Entwicklung haben Parteien die Konsequenz gezogen, sich aktiv auf die Medienstrategie einzustellen. Bezeichnend hierfür sind die Übernahme bzw. Auslagerung der Parteikommunikation in die Hände professioneller Berater und PR-Manager sowie „trends towards the pro-fessionalization of the parties' campaign communication", wie Kanavagh feststellt (1995: 10). Wahlkämpfe – und in zunehmendem Maße auch die routinemäßige Kommunikation in Nichtwahljahren – werden von einem professionellen Team gestaltet. Hochspezialisierte, extern rekrutierte Ex-perten wie Meinungs- und Umfrageforscher, Medienexperten, Werbe-fachleute und Marketing-Spezialisten genießen hier eine hohe Nachfrage.

In professionalisierten Wahlkämpfen kommt der Umfrageforschung eine bedeutende Rolle zu. Die Grundlage einer jeden Strategie ist detail-lierte Information über die Wählerschaft. Eine segment- und zielgruppen-spezifische Analyse des Wählermarkts nach demographischen und psy-chographischen Gesichtspunkten soll eine Differenzierung in gleichartige, in sich jeweils homogene Zielgruppen ergeben. Diese Information bildet dann die Grundlage für die Ausarbeitung der Kampagnenstrategie. Ziel-gruppenspezifische Kommunikationsstrategien werden in Zusammenarbeit mit Werbefachleuten und professionellen Textern entwickelt und in Fokusgruppen getestet. „Political campaigns are now centered on the voter, meaning that the candidate must define himself in the voters' eyes in a way that is consistent with their thinking. The challenge to the candidate becomes one of structuring an image consistent with focus group results and tracking polls" (Newman 1994: 21). Mit regelmäßigen Umfragen bleiben Parteien „am Puls des Wählers" und können auf Veränderungen und Umschwünge in der Wählermeinung mit Kursänderungen in der Wahlkampfstrategie reagieren.

1.2 Kommunikationsinhalte

Professionalisierte Wahlkämpfe verlagern die inhaltliche Auseinandersetzung weg von ideologisch geprägten Debatten über Sachthemen hin zur Frage des Spitzenkandidaten. *Personalisierung* und *negative campaigning* bestimmen die Inhalte politischer Kommunikation.

Die *Personalisierung* von Politik ist ein zentrales Charakteristikum professionalisierter Wahlkämpfe. Im umfassenderen Sinne meint der Begriff, dass der Kandidat in der medialen Berichterstattung eine deutlich hervorgehobene Rolle spielt und die eigentlichen politischen Fragen hinten anstehen. Es ist also nicht mehr die Partei, sondern in erster Linie ihr Kandidat, der in den Mittelpunkt des Interesses rückt. Diese Entwicklung resultiert zum einen aus der sinkenden Parteiidentifikation, die andere wahlbeeinflussende Faktoren stärker in den Vordergrund rückt. Zum anderen bedingt die Visualisierung von Politik deren Personalisierung. Zur visuellen Darstellung von Politik eignen sich Persönlichkeiten weitaus besser als politisches Handeln und politische Ideologien. Das Kalkül des Wahlkampfmanagements ist daher an der Profilierung des Kandidatenimages ausgerichtet. Ziel ist es, „die Präsentation der Kandidaten in der Medienberichterstattung so zu beeinflussen, dass sie mit bestimmten Themen und Eigenschaften identifiziert werden" (Holtz-Bacha 1997: 21). Eng verbunden mit der Personalisierung politischer Wahlkämpfe ist deren Entideologisierung. „Zur Entideologisierung gehört, dass die Parteien statt eines scharfen weltanschaulichen und programmatischen Profils positive ‚Produkteigenschaften' und universale Kompetenz herausstellen" (Schulz 1998: 378).

Unter *negative campaigning* ist das Herausstreichen negativer Eigenschaften des politischen Gegners zu verstehen. Ziel dieser Strategie ist eine Polarisierung, mit deren Hilfe der politische Gegner (meist auf persönlich-moralischer, selten auf inhaltlicher Ebene) diskreditiert und demontiert werden soll. Auch diese Kommunikationsstrategie ist seit einiger Zeit Gegenstand wissenschaftlicher Untersuchungen. So haben Experimente aus dem Bereich der kognitiven Psychologie gezeigt, dass sich Bürger eher an negative Werbespots und Schlagzeilen erinnern als an positive (Lang 1991). Diese Ergebnisse werden von Studien bestätigt, die sich auf Umfrageergebnisse stützen. In einer repräsentativen Umfrage zur Präsidentschaftswahl 1992 haben Brians und Wattenberg (1996) ermittelt, dass die Befragten sich an die Inhalte negativer politischer Werbung eher erinnern als an positive Berichterstattung. Es kann davon ausgegangen werden, dass diese Erkenntnisse in das strategische Kalkül der Wahlkampfmanager Eingang finden.

1.3   Von „broadcasting" zu „narrowcasting"?

Die neuen Möglichkeiten politischer Kommunikation sind das Markenzeichen professionalisierter Wahlkämpfe. Entwicklungen im Bereich der Medien- und Computertechnik haben sowohl zu einer Ausdifferenzierung im massenmedialen Bereich als auch zu neuen Möglichkeiten der direkten Kommunikation zwischen Parteien und Wählern geführt. Die Möglichkeit der zielgruppenspezifischen Kommunikation ergibt sich sowohl im Bereich der Massenmedien als auch im Bereich direkter Kommunikation zwischen Parteien und Wählern. Wenden wir uns zunächst dem veränderten massenmedialen Angebot zu: Hier lässt sich aufgrund der technischen Entwicklungen seit Beginn der 80er Jahre eine Verbreiterung des Angebots und eine Differenzierung des Medienmarkts beobachten. Diese Entwicklung bezieht sich auf den Zeitschriftensektor, den Hörfunk sowie auf das Fernsehen. Im Zeitschriftensektor ist ein Boom an so genannten „Special-Interest-Blättern" zu beobachten. Dabei handelt es sich um Zeitschriften, die ein Publikum mit sehr engen Spezialinteressen bedienen. Im Hörfunkbereich ist aufgrund neuer technischer Möglichkeiten die Zahl der Sender rasant angestiegen, ähnliches gilt auch für das Fernsehen. Die Bürger haben nunmehr die Möglichkeit, sich je nach ihren individuellen Interessen immer umfassender und immer unabhängiger von zeitlichen und räumlichen Beschränkungen zu informieren.

Die Entwicklung im technischen und technologischen Bereich hat jedoch auch neue Kommunikationskanäle hervorgebracht und somit neue Formen der direkten Kommunikation zwischen Parteien und Wählern ermöglicht. Unter diese Rubrik fallen *Direct Mailing*, Telemarketing und das Internet. Direkte Kommunikation ist nicht mehr auf die Wahlkreisarbeit beschränkt, sondern kann großflächig und national eingesetzt werden. Dies eröffnet politischen Akteuren neue Möglichkeiten. Gepaart mit der massenmedialen Information in Wahlkämpfen sowie der Kommunikation über die Parteiorganisation ergibt sich ein breitgefächertes Arsenal an Kommunikationsmöglichkeiten.

Fassen wir zusammen: Professionalisierte Kampagnen zeichnen sich durch ein aktives Medienmanagement mit PR-Profis sowie politischen Beratern aus. Demoskopen ermitteln nicht nur den Puls des Wählers sondern auch des Parteimitglieds. Der Spitzenkandidat steht im Zentrum des Wahlkampfs, nicht die Partei. Die Inhalte des Wahlkampfs werden sowohl massenmedial als auch über neue Wege der direkten Kommunikation übermittelt. Hier werden vor allem die Möglichkeiten der „targeted information" genutzt.

Sicherlich ist der Prototyp der professionalisierten Kampagne der amerikanische Wahlkampf. Dass Wahlkampagnen „amerikanischer" werden, ist eine wenn nicht notwendige, so doch logische Entwicklung, die sich aus den Veränderungen in der Wählerschaft, im politischen System und im Mediensystem ableiten lassen. Diese gelten ebenso wie für die USA auch für die westeuropäischen Länder. Wie eingangs aufgeführt sind also *strukturelle Ursachen* für die Angleichung der Wahlkampftechniken im internationalen Vergleich zu nennen. Wenn es länderübergreifende strukturelle Gründe sind, die zu einer Modernisierung der Wahlkampfführung führen, dann beinhaltet „Amerikanisierung" nicht mehr als eine zeitliche Verzögerung von Modernisierungsstrategien zwischen politischen Akteuren in den USA einerseits und in den europäischen Ländern andererseits.

2. Strukturbedingungen politischer Kommunikation: Parteiorganisation

Die dargelegte Form der professionalisierten Wahlkampfführung und –kommunikation bleibt für politische Parteien nicht folgenlos: Ein aktives Medienmanagement erfordert professionell arbeitende Spezialisten. Es sind enmanagement erfordert professionell arbeitende Spezialisten. Es sind Experten, die die Choreographie des Wahlkampfs und zunehmend auch die Kommunikation in Nichtwahlkampfzeiten entwerfen. Die Verlierer dieser Entwicklung sind die altgedienten Parteifunktionäre und -mitarbeiter. Newman (1994: 15) bezeichnet die politischen Berater gar als neue „party bosses in politics". Die Personalisierung des Wahlkampfs bringt neben der Fokussierung auf den Spitzenkandidaten auch eine Zentralisierung der Partei mit sich, d.h. die Stärkung der Parteizentrale. Die direkte Wähleransprache mit Hilfe moderner Kommunikationstechnologien löst Parteimitglieder als kommunikative Multiplikatoren ab. Diese Entwicklungen deuten auf eine „Amerikanisierung" politischer Parteien hin. Lassen sich aufgrund einer Professionalisierung der Wahlkampfführung, die sich in nahezu allen etablierten Demokratien abzeichnet, nun auch auf Seiten der politischen Akteure Konvergenzerscheinungen festmachen? Gleichen sich europäische Parteien aufgrund der Erfordernisse professionalisierter Wahlkampfführung und -kommunikation amerikanischen Parteien an?

Jüngere Arbeiten (Pfetsch 2000), die sich mit den Strukturbedingungen politischer Kommunikation befassen, weisen die Amerikanisierungsthese in ihre Grenzen. Pfetsch legt in ihren Arbeiten überzeugend dar, dass sich die politischen und medialen Systeme in den USA und Europa in nahezu allen relevanten Bereichen massiv voneinander unterscheiden, sodass von einer „Amerikanisierung" der politischen Kommunikation in Europa kaum gesprochen werden kann, auch wenn einzelne Wahlkampftechniken übernommen werden. Dies wird vor allem bei der Betrachtung länderspezifischer Strukturen sichtbar, die als Ursache für die spezifischen Formen der Wahlkampfführung und der politischen Kommunikation zu betrachten sind. Pfetsch (2000) verdeutlicht, wie stark die konkreten Formen und Inhalte der politischen Kommunikation in den Strukturbedingungen verankert sind, die in einem Land jeweils herrschen. Dies veranschaulicht auch Tabelle 1.

Im Folgenden sollen politische Parteien als die zentralen Akteure politischer Kommunikation in den Mittelpunkt rücken. Welche Möglichkeiten haben politische Parteien, ihre Botschaften an die Wählerinnen und Wähler zu ver- und übermitteln, welche kommunikativen Zugangsmöglichkeiten stehen ihnen zur Verfügung? Hierzu betrachten wir US-amerikanische Parteien auf der einen Seite und Parteien westeuropäischer Prägung auf der anderen Seite.

Tabelle 1: Strukturbedingungen der politischen Kommunikation im Vergleich

	USA	Deutschland
Politisches System	Präsidentielles Regierungssystem	Parlamentarisches Regierungssystem
	Schwache Parteien	Starke Parteien
	Fragmentierte Interessenvermittlung	Quasi-korporatistische Interessendurchsetzung
Mediensystem	Kommerzielles Mediensystem	Gemischtes Mediensystem
	Politisch nicht profilierte Presse	Politisch profilierte Qualitätspresse
Kommunikationsziel	Going public	Symbolische Legitimation

Quelle: Pfetsch 2000: 14.

2.1 Parteien in den USA

In den USA sind die Möglichkeiten der Parteien, die Bürger über die Parteiorganisation direkt zu erreichen, stark begrenzt. Zwar blicken amerikanische Parteien als politische Massenorganisationen im internationalen Vergleich auf die längste kontinuierliche Geschichte zurück, sind jedoch von jeher lose organisiert und sozialstrukturell schwach verankert gewesen. So kennen sie keine formelle Parteimitgliedschaft mit regelmäßigen Mitgliedsbeiträgen. Als „Republikaner" bzw. „Demokrat" gilt vielmehr, wer gelegentlich „seiner" Partei eine Spende zukommen lässt und sich mit seiner Partei „identifiziert", d.h. ihr mehr Sympathien als den anderen entgegenbringt. Organisatorisch sind amerikanische Parteien lange Zeit eher machtlos geblieben, lediglich in Wahlkampfzeiten kam ihnen eine zentrale Rolle zu.

Im Laufe des 20. Jahrhunderts gewannen die Parteizentralen mit der immer deutlicher werdenden Nationalisierung von Politik jedoch auch zwischen den Wahlen Schritt für Schritt an Gewicht. So war die Bestellung des ersten bezahlten Vorsitzenden des RNC 1936 (Epstein 1986: 202-225) ein großer Schritt in Richtung dauerhaftere Parteiorganisation; die personelle Ausstattung als Indikator der Institutionalisierung verbesserte sich parallel zu den gewachsenen finanziellen Möglichkeiten der nationalen Organe. In der Zeit zwischen den Wahlperioden gibt es nun fast überall ein „party committee" (Parteivorstand) und eine „chairperson"

(Vorsitzender/Geschäftsführer). Hauptberuflich tätige Vorsitzende, die zusätzlich noch über einen permanenten Apparat mit ein paar fest angestellten Mitarbeitern verfügen, gibt es allerdings nur in den Bundeszentralen, dem *Republican National Committee* (RNC) und dem *Democratic National Committee* (DNC), in einem Teil der Einzelstaaten sowie in einigen wenigen Großstädten. Ferner besteht keine hierarchische Beziehung, in welcher die Parteizentralen Handlungsanweisungen an ihre Gliederungen aussprechen könnten: „Relations between the national party organisations and other branches of party apparatus were characterised by negotiation and compromise rather than by command" (Herrnson 1998: 47).

Diese Phase der Konsolidierung und Verfestigung der Parteien wurde Anfang der 70er Jahre durch Neuregelungen im Bereich der Wahlkampffinanzierung (*Revenue Act* 1971; *Federal Election Campaign Act* 1974) und der Regelungen der Kandidatenselektion (McGovern-Fraser-Kommission) abrupt gestoppt. Ferner trugen die seit Mitte der 60er Jahre zu verzeichnende abnehmende Wahlbeteiligung, sinkende Parteiidentifikation sowie die steigende Zahl der Wechselwähler (Dalton 1988; Wattenberg 1991) zu einer ernsthaften Krise der politischen Parteien in den USA bei. Walter D. Burnham diagnostizierte „a dissolution of the parties as action intermediaries in electoral choice and other politically relevant acts" (Burnham 1970: 130 f.). Zahlreiche Wissenschaftler, Journalisten und Politiker sahen schon den Niedergang politischer Parteien in den USA (Vertreter dieser „The Party is Over"-These waren u.a. Burnham 1970; Crotty 1977; Pomper 1977; Sorauf 1988). Ferner untergrub auch die Entwicklung von *Political Action Committees* (PACs) die Stellung politischer Parteien.[1]

Manche Prognosen weisen zwar aufgrund veränderter Finanzierungsregelungen sowie Entscheidungen des Obersten Gerichtshofs der USA

---

[1] Die rasante Entwicklung von *Political Action Committees* (PACs) war eines der „Nebenprodukte" der Neuregelungen zur Wahlkampffinanzierung durch den *Federal Election Campaign Act* (FECA) 1974. PACs sind zumeist von der Wirtschaft finanzierte Komitees, die ausgewählte Kandidaten unterstützen. Sie arbeiten als verlängerter Arm der verschiedenen wirtschaftlichen und gesellschaftlichen Kräfte und stellen – ähnlich wie Lobby-Organisationen – Interessenvertretungsorgane dar. Zu ihren Aufgaben machen sie neben der Einwerbung und Verteilung von Wahlkampfspenden auch die Rekrutierung und Ausbildung von Wahlkampfhelfern, die rhetorische und sonstige auf Medienwirksamkeit ausgerichtete Schulung der von ihnen unterstützten Kandidaten und sogar den Entwurf von Wahlkampfstrategien und die eigentliche Durchführung von Wahlkampagnen (Römmele 1995: 36).

zugunsten von Parteien auf Revitalisierungstendenzen der Parteiorganisationen hin (Vertreter dieser „The Party has just begun"-These sind u.a.
Kayden und Mahe 1985; Maisel 1994; Sabato 1987), dennoch lässt sich
festhalten, dass amerikanische Parteien aufgrund ihrer schwachen Organisationsstruktur sehr begrenzte Möglichkeiten der Kommunikation über die
Organisation aufweisen, die zudem allein auf den Wahlkampf beschränkt
bleiben.

Im Gegensatz hierzu steht ihr Zugang zu den Massenmedien und hier
besonders zum Fernsehen. Das liberale Mediensystem der USA, das die
staatliche Steuerung lediglich auf die ordnungspolitischen Rahmenbedingungen, die einen Wettbewerb garantieren, beschränkt, ermöglicht den
politischen Akteuren, sich gegen Entrichtung substanzieller Anteile ihres
Budgets Sendezeiten zu kaufen. Oftmals belaufen sich diese Anteile auf
die Hälfte des Wahlkampffonds. Diese „paid media", so der einschlägige
Begriff amerikanischer Wahlkampfstrategen für alle Formen bezahlter
Werbung, ermöglicht es dem Kandidaten und seiner Partei durchaus, direkte Botschaften an die Wähler zu vermitteln. Da dies eines hohen peku-
niären Einsatzes bedarf und die einschlägigen Regelungen die staatliche
Finanzierung amerikanischer Präsidentschaftskandidaten an ein Ausga-
benlimit koppeln, versuchen Parteien und ihre Kandidaten, zusätzlich über
„free media" mit den Wählern zu kommunizieren. Unter „free media"
wird der Versuch verstanden, in die laufende Berichterstattung der Medi-
en durch speziell inszenierte Situationen hineinzukommen. Die Konzentration des Wahlkampfs auf die Massenmedien hat die Kandidaten, die in
einem präsidentiellen Regierungssystem ohnehin eine exponierte Stellung
besitzen, noch weiter hervorgehoben.

2.2 Parteien in Westeuropa

Die Möglichkeiten der politischen Parteien, mit ihren Bürgern zu kommunizieren, sehen in nahezu allen westeuropäischen Ländern gänzlich anders
aus als in den USA. Im Gegensatz zu den Wahlkampforganisationspartei-
en amerikanischer Prägung entwickelte sich in Europa am Ende des 19.
Jahrhunderts der Typus der Massenintegrationspartei, dessen Spuren noch
heute vor allem bei den sozialdemokratischen Parteien sichtbar sind. Diese Form der Parteiorganisation ist nicht nur auf Wahlkämpfe ausgerichtet,
sondern auf Dauer angelegt – als eine festgefügte organisatorische Ver-

bindung zwischen Parteien und Wählern, was sich vor allem in einer dauerhaften Mitgliedschaft manifestiert. Neben der Massenmitgliedschaft zeichnet sich dieser Parteityp durch einen hierarchischen Parteiaufbau und ein differenziertes Netz von Vorfeldorganisationen aus. Im Unterschied zu den USA stehen Großparteien also via ihre Mitglieder und via Vorfeldorganisationen *dauerhafte Kanäle* der Kommunikation über die Organisation zur Verfügung. Mittels der unterschiedlichen Vorfeldorganisationen können die Mutterparteien verschiedene gesellschaftliche Großgruppen (z.b. Frauen, Selbständige, Arbeitnehmer) gezielt ansprechen. Ferner stehen Parteien über die Mitglieder Multiplikatoren zur Verfügung, die die Inhalte der Partei in die jeweils individuellen sozialen Netzwerke (z.B. Familie, Beruf) transportieren.

Anders hingegen gestaltet sich der Zugang der Parteien zu den Wählern über die elektronischen Medien: Dieser ist deutlich reglementierter als in den USA. In den meisten westeuropäischen Ländern finden wir ein duales Mediensystem (vgl. Hans-Bredow-Institut 2000). In der Bundesrepublik beschränkten sich bis vor kurzem die Wahlwerbespots auf die öffentlich-rechtlichen Programme, deren Sendeplätze nach einem Quotenschlüssel auf alle zur Wahl zugelassenen Parteien aufgeteilt werden. Die Länge und Häufigkeit der zugewiesenen Sendezeit bemessen sich unter anderem nach dem letzten Wahlergebnis, der Dauer des Bestehens der Partei, ihrer Mitgliederzahl und dem Ausbau ihres Organisationsnetzes (Meyn 1996: 137; BVerfhE 14, 121). Die Parteien müssen lediglich für die Produktionskosten ihrer Werbespots aufkommen. Seit dem Beginn des Kabelpilotprojektes in Ludwigshafen Anfang 1984 bieten auch private Veranstalter Hörfunk- und Fernsehprogramme in der Bundesrepublik an. Abgesehen von der Sonderform des Abonnementfernsehens (Pay-TV) finanzieren sich die privaten Hörfunk- und Fernsehveranstalter ausschließlich durch Einnahmen aus der Werbung (Meyn 1996: 143). Seit der Bundestagswahl 1990 unterliegt auch die Vergabe von Sendezeiten bei den privaten Anbietern Regeln: Die Parteien können zum Selbstkostenpreis Werbespots schalten, wobei die Zeit, die für jede Partei zur Verfügung steht, durch eine Quotenregel limitiert ist. Aufgrund des hohen finanziellen Aufwands machen jedoch nur die großen Parteien von dieser Möglichkeit Gebrauch – eine im Hinblick auf die Chancengleichheit der Parteien bedenkliche Entwicklung (Kleinhenz 1990: 61-64; Schmitt-Beck 1994: 275).

Nach wie vor bleibt die Selbstdarstellung der Parteien im Rundfunk bis auf Weiteres vergleichsweise begrenzt. „Paid media" beschränken sich immer noch weitgehend auf die Printmedien, d.h. Zeitungen und Zeitschriften sowie Eigenpublikationen der Parteien. Um so mehr sind die Parteien auf die „free media" angewiesen, d.h. die alltägliche, redaktionell verantwortete politische Berichterstattung der Massenmedien.

Die bisherigen Ausführungen haben die unterschiedlichen Strukturbedingungen politischer Kommunikation in den USA und in Westeuropa identifiziert. Besonderes Augenmerk wurde hierbei auf Parteien als zentrale Akteure gelegt. Es wurde argumentiert, dass sich politische Parteien in den USA auf der einen Seite und Parteien in Westeuropa auf der anderen Seite in unterschiedlichen Strukturbedingungen der politischen Kommunikation bewegen. Der Angleichung der Parteiorganisation aufgrund der Professionalisierung der Wahlkampfkommunikation werden dabei Grenzen gesetzt. Diese Argumentation wird durch jüngere Ergebnisse der westeuropäischen Parteienforschung gestützt, welche nun in einem abschließenden Schritt im Hinblick auf die hier im Mittelpunkt stehende Fragestellung beleuchtet werden.

3. Parteiorganisation und professionalisierte Wahlkampfkommunikation

Neben einem professionellen Medienmanagement sind es die Personalisierung von Politik und die neuen Möglichkeiten der direkten und zielgruppenspezifischen Kommunikation, die professionalisierte Wahlkämpfe kennzeichnen; diese können dauerhaft nur von den Parteizentralen koordiniert werden. Wahlkämpfe – und in zunehmendem Maße auch die routinemäßige Kommunikation in Nichtwahljahren – werden von einem professionellen Team gestaltet. Als Konsequenz lässt sich hieraus ableiten, dass erstens Berater und Profis eine immer gewichtigere Rolle im Wahlkampf zukommt und zweitens der „party on the ground", d.h. den Parteimitgliedern eine immer geringere Bedeutung zugemessen wird (vgl. Wiesendahl in diesem Band).

Die neuen Kommunikationstechniken und -technologien erfordern spezialisiertes Personal. Computer- und Internetexperten sowie Marketing-Fachleute sind in den Parteizentralen gefragt, ebenso wie externe

Werbeexperten. Strategie- und Medienberater laufen – so eine weit verbreitete Meinung – den altgedienten Parteifunktionären den Rang ab. Diese, auch als „adversarial view" charakterisierte Sichtweise ist geprägt von den Pionierjahren der Zusammenarbeit zwischen Parteien und externen Beratern, die ihre berufliche Erfahrung vor allem in der Werbebranche und eben nicht in der Politik gemacht haben. Ihnen wurde häufig mangelnde Vertrautheit mit politischen Themen sowie Unkenntnis der Funktionsweise einer Parteiorganisation vorgeworfen.

Jüngere Forschungsarbeiten haben für die USA jedoch gezeigt, dass ein Großteil der politischen Berater heutzutage vor ihrer Tätigkeit bereits innerhalb der Parteiorganisation gearbeitet haben: „This gives great weight to the notion that consultants have strong ties to political parties" (Kolodny 1998: 7). Die Wahrscheinlichkeit, von einer Partei als Berater eingestellt zu werden, so die Ergebnisse dieser Studie weiter, ist um ein Vielfaches höher, wenn die Bewerber frühere Tätigkeiten innerhalb der Partei vorweisen können. Diese Ergebnisse deuten darauf hin, dass Parteien und Berater eher Verbündete denn Kontrahenten sind; eine Sichtweise, die als „allied view" bezeichnet wird.

Auch die Arbeiten von Plasser und seinem Forscherteam (Plasser u.a. 1999) weisen in eine ähnliche Richtung. In einer international ausgerichteten Umfrage wurden politische Berater nach der Bedeutung der nationalen Parteiorganisationen in einem Wahlkampf gefragt. Diese Frage wurde von den politischen Experten sehr differenziert beantwortet. Für die Berater politischer Parteien sind der organisatorische Hilfsapparat sowie die damit verbundene finanzielle und technische Unterstützung ein unverzichtbarer Faktor für die erfolgreiche Führung eines Wahlkampfs. 50 Prozent der Befragten weisen der nationalen Parteiorganisation eine sehr wichtige Rolle zu, wobei vor allem jene Befragten, die sich vorrangig an der US-Praxis des politischen Marketing orientieren, der Bedeutung der Parteiorganisation distanzierter gegenüberstehen als Befragte, die vorrangig der traditionellen europäischen Wahlkampfpraxis verhaftet sind. Während rund drei Viertel der US-Berater berichteten, dass in ihren Augen die Bedeutung der Parteiorganisation für Parlamentswahlen in den letzten Jahren abgenommen habe, sieht jeder Zweite der in europäischen Wahlkämpfen engagierten Berater eine tendenziell steigende Bedeutung der Parteiorganisation. Da nach Einschätzung von drei Viertel der europäischen Politikberater die Kandidaten in der Zwischenzeit wesentlich routinierter im Umgang mit den professionellen Wahlkampffinessen sind, delegieren sie die Kampagnenführung nicht mehr ausschließlich an externe Berater, sondern beteiligen sich aktiv an der Wahlkampfplanung. Die bisherige Diskussion zeigt, dass Parteien – wohl auch für politische Berater – nach wie vor die zentralen „Ausbildungsstätten" darstellen.

Auch die Rolle der Mitglieder („party on the ground") muss in professionalisierten Wahlkämpfen neu beleuchtet werden. Sicherlich sind Mitglieder für die Kommunikation zwischen Parteien und Bürgern im Wahlkampf nicht mehr von zentraler Bedeutung. Dies führt Scarrow (1996: 111) in einer vergleichenden Analyse auf die wachsende Relevanz der Medien und der neuen Kommunikationstechnologien zurück. Für Nichtwahlkampfzeiten ermittelt sie (Scarrow 1996: 147) jedoch eine im historischen Vergleich wachsende Bedeutung der Mitglieder: „Personal contact is at the core of much of the activity parties assign to members, because national organizers view the membership organisation as a resource of supplementing impersonal mass media messages with core personal contacts". Auch jüngere Arbeiten aus dem Gebiet der innerparteilichen Forschung weisen auf eine zunehmende Bedeutung der Parteimitglieder hin: So hat Scarrow (2000) den Einfluss der Parteimitglieder in 18 OECD-Staaten auf die Auswahl der Kandidaten, der Parteiführung sowie auf die Gesetzgebung („policy-making") untersucht. Sie kommt zu dem Ergebnis, dass Parteimitglieder im Allgemeinen eine wichtige Rolle in der Auswahl der Abgeordnetenkandidaten spielen, auch für die Legitimierung des Wahlprogramms, wobei Parteieliten sich bei der Kandidatenauswahl ein Vetorecht vorbehalten. In einer wachsenden Zahl von Fällen gewinnen Mitglieder beachtliche Rechte bei der Wahl der Parteiführer. Auch andere Arbeiten weisen darauf hin, dass Parteien – nicht zuletzt um ihre Popularität zu steigern – die Kandidatenselektion demokratisieren. „By enlarging the number of those who have a say in the nomination and selection of candidates, parties can try to strengthen the sense of involvement of either members or voters" (Pennings/Hazan 2001: 268).

Neben den klaren inhaltlichen Fokussierungen sowie der Abgrenzung zu dem politischen Gegner ist eine Personalisierung der Politik, d.h. eine Ausrichtung auf den Spitzenkandidaten im internationalen Vergleich festzumachen. Dies schlägt sich auch in den neuen Kommunikationsmöglichkeiten nieder (Römmele 2002). Vor allem auf die Führungsqualitäten des Kandidaten wird abgehoben, d.h. auf seine Persönlichkeit und Professionalität. Man spricht hier auch von Kandidatenkompetenz. Während Parteienkompetenz *issue-spezifisch* ist und über den Problemdruck der politischen Eliten hergestellt wird, hebt die Kandidatenkompetenz auf Persönlichkeit und Professionalität ab. Diese wird durch das Auftreten des Kandidaten, durch Image-Inszenierung und präsentierte Professionalität hergestellt. Die Frage der Kandidatenkompetenz dient dem Wähler auch als „information shortcut": „They assess the candidate's competence on the basis of data that is new and easy to process. [...] As they see the candidate handle crowds, speeches, press conferences, reporters, and squabbles, they can obtain information with which they imagine how he or she would be likely to behave in office" (Popkin 1994: 62).

Die Frage nach der Kompetenz des Kandidaten (im Gegensatz zur Parteienkompetenz) rückt durch die Personalisierung von Wahlkämpfen stärker in den Vordergrund. Die Wähler lassen sich durch eine personalisierte Präsentation von Politik leiten. Wie empirische Studien belegen, leistet die Orientierung an einfach strukturierten Einstellungsobjekten wie Kandidaten-Images einen wichtigen Beitrag zur Erklärung des Wahlverhaltens (Lass 1995).

Dieser Tatbestand reduziert jedoch nicht notwendigerweise die Bedeutung von Parteien. Empirische Studien verdeutlichen immer wieder, wie nah die vom Wähler wahrgenommene Kandidaten- und Parteienkompetenz beieinander liegen. Hans Mathias Kepplinger, Hans-Bernd Brosius und Stefan Dahlem (1994: 167) haben in einer Analyse zum Einfluss der wahrgenommenen Sachkompetenz der Parteien und ihrer Spitzenkandidaten auf die Wahlabsicht eine „bemerkenswerte Übereinstimmung" zwischen den Urteilen über die Kandidaten und über ihre Parteien ermittelt. Zwar lassen sich durchaus auch Unterschiede feststellen (auf die die Autoren verstärkt eingehen), festzuhalten bleibt jedoch, dass ein starker Kandidat seine Partei eher stärkt denn schwächt.

Die technischen Entwicklungen ermöglichen den Parteien durch neue Kommunikationskanäle eine Stärkung ihrer regionalen und lokalen Gliederungen, wie jüngere Studien der Wahlkampfkommunikationsforschung aufzeigen. Während die Einführung des Fernsehens dazu führte, dass sich der Wahlkampf auf einige wenige nationale Themen konzentrierte, erlauben die neuen Kommunikationsmöglichkeiten wieder den Weg in die lokale Politik. Im digitalen Zeitalter lässt sich eine Rückverlagerung zu fokussierter, lokaler Kommunikation festmachen (vgl. Schaubild 2). „The centralizing tendencies of television and the modern campaign led to a reduced emphasis on local issues and more attention to national matters. The internet tends to eschew geographically focused communication, bringing people together on the basis of particular issues rather than the local or district where they happen to be living" (Farrell/Webb 2000: 110 f.)

Schaubild 2: Wandel der Wahlkampfkommunikation

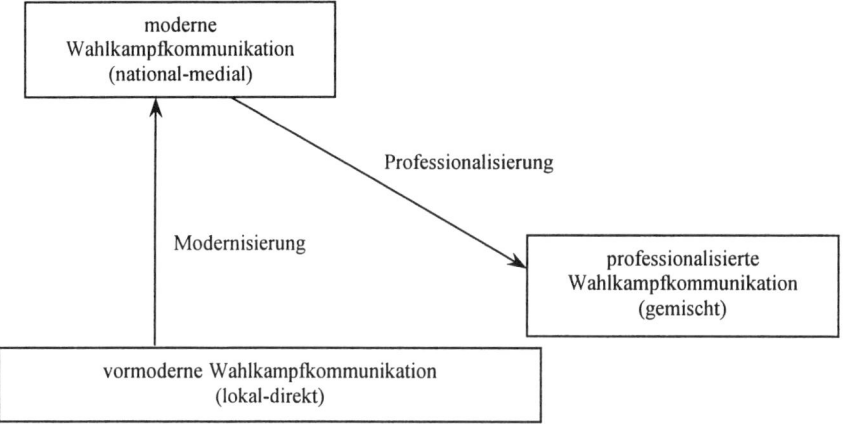

Quelle: Inglehart (1997: 57), mit Veränderungen übernommen.

4. Fazit

Lassen sich im internationalen Vergleich aufgrund einer Professionalisierung politischer Kommunikation Angleichungsprozesse politischer Parteien festmachen? So lautete die zentrale Fragestellung des vorliegenden Beitrags. Die Analyse hat gezeigt, dass organisatorische sowie inhaltliche Veränderungen der Parteien aufgrund der Erfordernisse einer professionalisierten Wahlkampfführung und -kommunikation festzumachen sind. Eine „Amerikanisierung" europäischer Parteien lässt sich jedoch nicht bebachten – zu unterschiedlich sind die strukturellen Voraussetzungen der politischen Kommunikation für die zentralen Akteure. Dies hat der Vergleich amerikanischer Parteiorganisationen mit Parteien westeuropäischer

Prägung verdeutlicht. Die momentan auszumachende Entwicklung lässt sich eher als eine gewisse Angleichung der Parteistrukturen an das amerikanische Muster festmachen kombiniert mit Elementen, die eine Verstärkung der innerparteilichen Demokratie anstreben und damit an die Tradition der Mitgliederpartei in Europa anknüpfen.

Literatur

Brians, Craig L./Wattenberg, Martin P. (1996): Campaign Issue Knowledge and Salience. Comparing Reception from TV Commercials, TV News, and Newspapers, in: American Journal of Political Science 40, S. 172-193.

Burnham, Walter Dean (1970): Critical Elections and the Mainsprings of American Politics, New York: Norton.

Crotty, William J. (1977): Political Reform and the American Experiment, New York: Crowell.

Dalton, Russell J. (1988): Citizens' Politics in Western Democracies. Public Opinion and Political Parties in the United States, Great Britain, West Germany, and France, Chatham: Chatham House.

Donges, Patrick (2000): Amerikanisierung, Professionalisierung, Modernisierung?, in: Klaus Kamps (Hrsg.), Trans-Atlantik – Trans-Portabel? Die Amerikanisierungsthese in der politischen Kommunikation, Opladen: Westdeutscher Verlag, S. 27-42.

Epstein, Leon D. (1986): Political Parties in the American Mold, Madison: University of Wisconsin Press.

Farrell, David M./Webb, Paul (2000): Political Parties as Campaign Organizations, in: Russell J. Dalton/Martin P. Wattenberg (Hrsg.), Parties without Partisans. Political Change in Advanced Industrial Democracies, Oxford: Oxford University Press, S. 102-128.

Gibson, Rachel/Römmele, Andrea (2001): Political Parties and Professionalized Campaigning, in: Harvard International Journal of Press/Politics 6, S. 31-43.

Hans-Bredow-Institut (Hrsg.) (2000), Internationales Handbuch für Rundfunk und Fernsehen 2000/2001, Baden-Baden: Nomos.

Holtz-Bacha, Christina (1997): Das fragmentierte Publikum. Folgen für das politische System, in: Aus Politik und Zeitgeschichte, B 42, S. 13-21.

Holtz-Bacha, Christina (2000): Wahlkampf in Deutschland. Ein Fall bedingter Amerikanisierung, in: Klaus Kamps (Hrsg.), Trans-Atlantik – Trans-Portabel? Die Amerikanisierungsthese in der politischen Kommunikation, Opladen: Westdeutscher Verlag, S. 43-56.

Inglehart, Ronald (1997): Modernization and Post-Modernization, Princeton: Princeton University Press.

Kayden, Xandra/Mahe, Eddie Jr. (1985): The Party Goes On. The Persistence of the Two-Party System in the United States, New York: Basic Books.

Kepplinger, Hans Mathias/Brosius, Hans-Bernd/Dahlem, Stefan (1994): Partei- oder Kandidatenkompetenz? Zum Einfluß der wahrgenommenen Sachkompetenzen auf die Wahlabsichten bei der Bundestagswahl 1990, in: Hans Rattinger/Oscar W. Gabriel/Wolfgang Jagodzinski (Hrsg.), Wahlen und politische Einstellungen im vereinigten Deutschland, Frankfurt a.M.: Lang, S. 153-188.

Kleinhenz, Thomas (1990): Wahlkampf und Fernsehen. Eine Analyse am Beispiel der Wahl zum ersten gesamtdeutschen Bundestag, unveröffentlichte Magisterarbeit, Universität Mannheim.

Klingemann, Hans-Dieter/Hofferbert, Richard I./Budge, Ian (1994): Parties, Policies, and Democracy, Boulder: Westview.

Kolodny, Robin (1998): Electoral Partnerships: Political Consultants and Political Parties, Paper Prepared for the Conference on „The Role of Political Consultants in Elections", June 19, 1998, Center for Congressional and Presidential Studies, American University, Washington D.C.

Lang, Annie (1991): Emotion, Formal Features, and Memory for Televised Political Advertisements, in: Frank Biocca (Hrsg.), Television and Political Advertising 1, Hillsdale: Erlbaum, S. 221-244.

Lass, Jürgen (1995): Vorstellungsbilder über Kanzlerkandidaten. Zur Diskussion um die Personalisierung von Politik, Wiesbaden: Universitäts-Verlag.

Mair, Peter/Müller, Wolfgang C./Plasser, Fritz (Hrsg.) (1999): Party Responses to the Erosion of Voter Loyalties in Western Europe, London: Sage.

Maisel, L. Sandy (Hrsg.) (1994): The Parties Respond: Changes in American Parties and Campaigns, Boulder: Westview Press.

Meyn, Hermann (1996): Massenmedien in der Bundesrepublik Deutschland, Berlin: Colloquium.

Newman, Bruce I. (1994): The Marketing of the President: Political Marketing as Campaign Strategy, Thousand Oaks: Sage.

Panebianco, Angelo (1988): Political Parties. Organization and Power, Cambridge: Cambridge University Press.

Pennings, Paul/Hazan, Reuven Y. (2001): Democratizing Candidate Selection. Causes and Consequences, in: Party Politics 7, S. 267-276.

Pfetsch, Barbara (2000): Politische Kommunikation in den USA und Deutschland, Bonn: Friedrich-Ebert-Stiftung.

Plasser, Fritz/Scheucher, Christian/Senft, Christian (1999): Is There a European Style of Political Marketing? A Survey of Political Managers and Consultants, in: Bruce I. Newman (Hrsg.), Handbook of Political Marketing, Thousand Oaks: Sage, S. 89-112.

Pomper, Gerald M./Pomper, Marlene M. (1977): The Election of 1976: Reports and Interpretations, New York: Longmann.

Popkin, Samuel L. (1994): The Reasoning Voter. Communication and Persuasion in Presidential Campaigns, 2. Aufl., Chicago: University of Chicago Press.

Radunski, Peter (1996): Politisches Kommunikationsmanagement. Die Amerikanisierung der Wahlkämpfe, in: Bertelsmann Stiftung (Hrsg.), Politik überzeugend vermitteln. Wahlkampfstrategien in Deutschland und den USA, Gütersloh: Bertelsmann Stiftung, S. 33-52.

Römmele, Andrea (1995): Unternehmensspenden in der Parteien- und Wahlkampffinanzierung. Die USA, Kanada, die Bundesrepublik Deutschland und Großbritannien im internationalen Vergleich, Baden-Baden: Nomos.

Römmele, Andrea (2002): Direkte Kommunikation zwischen Parteien und Wählern. Postmoderne Wahlkampftechnologien in den USA und in der BRD, Opladen: Westdeutscher Verlag (i. E.).

Sabato, Larry J. (1987): The Party's Just Begun. Shaping Political Parties for America's Future, Glenview: Scott, Foresman.

Sarcinelli, Ulrich (1987): Symbolische Politik. Zur Bedeutung symbolischen Handelns in der Wahlkampfkommunikation der Bundesrepublik Deutschland, Opladen: Westdeutscher Verlag.

Scarrow, Susan E. (1996): Parties and Their Members. Organising for Victory in Britain and Germany, Oxford: Oxford University Press.

Scarrow, Susan E. (2000): Parties Without Members? Party Organization in a Changing Electoral Environment, in: Russell J. Dalton/Martin P. Wattenberg (Hrsg.), Parties Without Partisans. Political Change in Advanced Industrial Democracies, Oxford: Oxford University Press, S. 79-101.

Schmitt-Beck, Rüdiger (1994): Eine „vierte Gewalt"? Medieneinfluß im Superwahljahr 1994, in: Wilhelm Bürklin/Dieter Roth (Hrsg.), Das Superwahljahr. Deutschland vor unkalkulierbaren Regierungsmehrheiten?, Köln: Bund, S. 266-292.

Schulz, Winfried (1998): Wahlkampf unter Vielkanalbedingungen. Kampagnenmanagement, Informationsnutzung und Wählerverhalten, in: Media Perspektiven, H. 8, S. 378-391.

Sorauf, Frank J. (1988): Money in American Elections, Glenview: Scott, Foresman.

Swanson, David L./Mancini, Paolo (Hrsg.) (1996): Politics, Media, and Modern Democracy. An International Study of Innovations in Electoral Campaigning and Their Consequences, Westport: Praeger.

Wattenberg, Martin P. (1991): The Rise of Candidate-Centered Politics: Presidential Elections of the 1980s, Cambridge: Harvard University Press.

Zelle, Carsten (1998): Modernisierung, Personalisierung, Unzufriedenheit: Erklärungsversuche der Wechselwahl bei der Bundestagswahl 1994, in: Max Kaase/Hans-Dieter Klingemann (Hrsg.), Wahlen und Wähler. Analysen aus Anlaß der Bundestagswahl 1994, Opladen: Westdeutscher Verlag, S. 221-258.

Vom Traditionsverein zur Event-Agentur? Anmerkungen zur jugendrelevanten Modernisierung der Parteien in der Mediengesellschaft

Ulrich Sarcinelli

1. Einleitung und Problemstellung

Parteien sind politische Überlebenskünstler. Vielfach totgesagt ist es ihnen in den letzten Jahrzehnten doch immer wieder gelungen, sich veränderten gesellschaftlichen und politischen Umweltbedingungen anzupassen. Insofern spricht einiges dafür, dass Parteien auch in der modernen Mediengesellschaft entscheidende politische Akteure bleiben, unverzichtbar für die Vermittlung zwischen gesellschaftlicher Vielfalt und staatlicher Einheit, zwischen „Volkswillensbildung" und „Staatswillensbildung" (Grimm 1991: 265).

Wie andere gesellschaftliche und politische Großorganisationen haben jedoch die Parteien „gegenüber Mitgliedern und der Öffentlichkeit viel von ihrer umfassenden Orientierungsfunktion verloren. Angesichts der Komplexität der von ihnen zu produzierenden Entscheidungen und der Pluralität der dabei zu berücksichtigenden Wert- und Interessengesichtspunkte verlieren die gestaltenden Akteure selbst an Gestalt. Sie hinterlassen ein politisch-moralisches Führungsvakuum und setzen sich dem Verdacht aus, im Wesentlichen als opportunistische Patronage- und Machterhaltungskartelle zu operieren" (Offe 1992: 134). Zugleich wird aus einer eher pragmatisch-realpolitischen Sicht mit dem Verlust kollektiver Glaubensvorstellungen und ihrer sozialen Milieus als Fermente gesellschaftlicher Integration die „Heimatlosigkeit der Macht" (Walter/Dürr 2000) beklagt.

Dass sich die Politikvermittlungsfunktion der Parteien unter den Bedingungen eines modernen Mediensystems mit all seiner Dynamik in Angebot und Nutzung verändert und Parteien sich vor neue Herausforderungen gestellt sehen, ist vielfach diskutiert worden. Dabei gibt es nach anfänglich weitreichenden Krisenszenarien, was eine behauptete „Transformation des Politischen" (Meyer 1994) oder was den Wandel von der „Parteien- zur Mediendemokratie" (Sarcinelli 1998) sowie generell unterstellte „Amerikanisierungstendenzen" in der Politikvermittlung anbelangt, inzwischen auch kritische Stimmen. Diese verweisen – bei aller Evidenz des medienöffentlichen Erscheinungsbilds von Politik – auf die schmale empirische Basis weittragender Transformationsspekulationen und sehen den medieninduzierten Wandel der deutschen Parteiendemokratie hin zu einer „Mediendemokratie" als einen insgesamt langwierigeren und voraussetzungsvollen Prozess, der sich zudem auf den politischen Ebenen unterschiedlich und auch keineswegs zwingend linear vollzieht (vgl. Pfetsch 2001; Sarcinelli/Schatz 2002; vgl. auch von Alemann/Marschall in diesem Band). Die „Mediendemokratie" löst die „Parteiendemokratie" nicht einfach ab. Sie zwingt aber zu neuen Formen der Politikvermittlung im Inneren und nach außen.

Bei aller Vorsicht gegenüber kulturkritischer Übertreibung ist dennoch unbestritten, dass sich die Gesellschaft verändert hat; dass die soziomoralischen Milieus, auf die sich die Parteien über viele Jahrzehnte stützen und mit deren politischer Loyalität sie rechnen konnten, schrumpfen bzw. brüchiger werden; dass die Volatilität im Wahlverhalten jedenfalls zunimmt. Dies alles ist in der partei- und wahlsoziologischen Literatur vielfach beschrieben, empirisch gut belegt und auch in diesem Band mehrfach diskutiert (vgl. u.a. die Beiträge von Brettschneider, Holtz-Bacha, Marcinkowski/Nieland). Der politische Prozess insgesamt und das Parteienhandeln insbesondere werden kommunikationsabhängiger. Dies betrifft die Binnenkommunikation nicht weniger als die Außenkommunikation.

Hinsichtlich der Frage allerdings, wie Parteien dem gesellschaftlichen Wandel organisationspolitisch und programmatisch, parteistrukturell und -kulturell angemessen Rechnung tragen können bzw. sollten, besteht weit weniger Klarheit. In der politikwissenschaftlichen Forschung wird über eine Entwicklung von der Mitglieder- zur Wählerpartei, zur Fraktionspartei, zur professionellen Kaderpartei oder zur modernen „Medienpartei" spekuliert. Alle Parteien experimentieren inzwischen mit vielfältigen Ansätzen organisationspolitischer Modernisierung. Eine bemerkenswert geringe Rolle spielt dabei eine Adressatengruppe, der einerseits für gesellschaftliche Modernisierungstrends eine Vorreiterrolle, der andererseits aber auch für die Zukunftsfähigkeit der Parteien eine zentrale Bedeutung zukommt: die Jugend – und zwar sowohl die Parteijugend als auch die Jugend insgesamt. Gerade junge Menschen aber, aufgewachsen in einer multimedialen Umwelt, „verwöhnt" mit einem unübersehbaren Angebot von Informations- und mehr noch Zerstreuungsmöglichkeiten, müssen gewissermaßen als Protagonisten des (un-)politischen „Medienpublikums" der Zukunft, als Bürger der Parteiendemokratie unter den Bedingungen einer Mediengesellschaft ernst genommen werden.

Nun konzentrieren sich die verbreitete Krisensemantik, Politikverdrossenheitsrhetorik und Kulturkritik sehr gerne auf die vermeintlich politische Indifferenz der Jugend. Zugleich gibt es inzwischen auch eine Debatte über neue Formen und Projekte jugendspezifischer Beteiligung (vgl. Palentien/Hurrelmann 1997). Demgegenüber findet die Frage, welche Anstrengungen Parteien tatsächlich unternehmen bzw. unternehmen sollten, um Jugendliche zu erreichen und vermehrt an demokratischer Willensbildung zu beteiligen, vor allem in der Forschung relativ wenig Interesse. Was an innerparteilichen Aktivitäten mit Jugendlichen als Adressaten erprobt wird, ist bisher völlig außerhalb systematischer wissenschaftlicher Beobachtung.

Kehrt man zudem die übliche Politikverdrossenheitsperspektive um und fragt, ob zunehmende Interessens- und Beteiligungsdefizite nicht (nur) aus der veränderten Motivlage junger Menschen resultieren, sondern möglicherweise auch mit den nicht zureichenden bzw. angemessenen Beteiligungsangeboten politischer Parteien zusammenhängen, dann gibt es in wissenschaftlicher Hinsicht eine fast vollständige Fehlanzeige. Insofern kann es im Folgenden auch nicht um eine Darstellung gesicherter Befunde als eher um die Skizze eines noch abzuarbeitenden Untersuchungsrahmens bzw. – mit Blick auf Parteien – um ein noch zu entwickelndes Betätigungsfeld gehen. Die zentrale Arbeitshypothese zielt denn auch auf die Annahme, dass jugendspezifischer Parteienfrust nicht allein als Nachfrageproblem zu diagnostizieren ist. Zu fragen ist ebenso danach, ob die geringe „Nachfrage" vielmehr auch als eine Reaktion auf ein „Angebot" der Parteien zu verstehen ist, das gerade aus der Sicht junger Menschen als unattraktiv empfunden wird. Letztlich stehen die Parteien vor der Aufgabe, sich auch mit Blick auf die Erwartungen junger Menschen modernisieren zu müssen.

2. Vom politischen Protest zur Wohlfühlgeneration: Zur Entfremdung von Parteien und Jugend

Die Rede von der Politikverdrossenheit der Jugend ist nicht neu. Sieht man einmal davon ab, dass es *die Jugend* noch nie gab und dass sich die öffentliche Wahrnehmung jugendlichen Verhaltens besonders stark auch auf (auffallende) Minderheitengruppen kapriziert, so stand die Politikverdrossenheitsthese noch nie auf besonders gesicherten empirischen Beinen. Dennoch hält sie sich hartnäckig in der öffentlichen Diskussion, weil sich in ihr ein allgemeiner Trend des Wandels in modernen Gesellschaften besonders leicht dramatisieren lässt. In den veränderten Einstellungen Jugendlicher gegenüber Politik und Parteien manifestieren sich brennpunktartig gesellschaftliche Entwicklungen. Aktuell findet die Generalthese von der zunehmenden Politikmüdigkeit junger Menschen auch im Rahmen einer 28-Länderstudie der „International Association for the Evaluation of Educational Achievement" (IEA) Unterstützung (vgl. dfd 1/2001). Zwar gibt es bei einem Großteil der Jugend ein nachlassendes politisches Interesse, politischen Vertrauensverlust, Distanz zu gesellschaftlichen und politischen Großorganisationen und eine Reserve gegenüber parteipolitischem Engagement (vgl. Deutsche Shell 2000: 261 ff.; DJI-Jugendsurvey 2000: 210 ff., 270 ff.). Die Trends entwickeln sich jedoch keineswegs so dramatisch und schnell, wie dies mit Verweis auf jeweils punktuelle Befunde suggeriert wird, sondern eher langfristig und „gemächlich" (Hoffmann-Lange 1997: 178). Und sie bedürfen einer genaueren Sichtung, um nicht zu Fehlschlüssen zu führen.

Politik steht nicht im Zentrum der Lebenswelt Jugendlicher. Mehr oder weniger trifft das auch auf die Erwachsenenwelt zu. Politisches Interesse entwickelt sich lebenszyklisch erst im Laufe eines längeren Sozialisationsprozesses. Das Interesse junger Menschen für politische Fragen ist deshalb geringer als das der älteren Generationen. Dieser Befund ist nicht neu. Im Gegensatz zum langfristigen, über Jahrzehnte zu beobachtenden Anstieg der subjektiven Bedeutung von Politik bleibt jedoch das politische Interesse der jüngeren Generation hinter dem allgemeinen Anstieg des politischen Interesses zurück. Nach kräftiger Zunahme in den 70er und 80er Jahren fiel es bis Mitte der 90er Jahre auf das Niveau von 1955 ab (vgl. Deutsche Shell 1985: 367, 1997: 304).

Für die Frage der gesellschaftlichen und politischen Beteiligung Jugendlicher ist allerdings nicht nur die reguläre Mitgliedschaft in Organisationen des institutionalisierten intermediären Systems in den Blick zu nehmen, sondern auch die Beteiligung in eher informellen Gruppen sowie situative und punktuelle Beteiligungsaktivitäten. Betrachtet man sich die Mitgliedschaftsquote der 16- bis 29-jährigen, so zeigen die Daten des DJI-Jugendsurvey in den 90er Jahren eine abnehmende Mitgliedschaft in herkömmlichen Organisationen, Vereinen und Verbänden (vgl. Tabelle 1). Gleichwohl ist der Organisationsgrad junger Menschen gerade in freizeitrelevanten Gruppierungen noch relativ hoch.

Tabelle 1: Mitgliedschaftsquoten der 16- bis 29-jährigen in traditionellen Oganisationen und Verbänden (in Prozent)

	West		Ost	
	1992	1997	1992	1997
Gewerkschaften	15	7	22	8
Berufsverbände	5	2	4	3
politische Parteien	2	4	3	1
kirchliche/religiöse Vereine und Verbände	9	7	8	3
Wohlfahrtsverbände	1	2	1	1
Heimat- u. Bürgervereine	2	9	1	5
Jugend- und Studentenverbände	5	6	3	5
Sportvereine	38	33	22	20
sonstige gesellige Vereinigungen	9	11	5	6
Bürgerinitiativen	2	2	1	0
andere Vereine/Verbände	8	7	5	5
Mitgliedschaft in mind. einer Organisation	59	52	50	39
aktiv in mind. einer Organisation*	54	47	42	33

* „Aktiv" bedeutet: auf die Frage, „wie stark Sie an den Verbands- bzw. Vereinsaktivitäten teilnehmen", wurde eine der drei Möglichkeiten angegeben: „Ich übe ein Amt, eine Funktion aus", übe keine Funktion aus, aber „nehme regelmäßig teil" oder „nehme gelegentlich teil". Basis: alle Befragten.
Quelle: DJI-Jugendsurvey 1992, 1997

Quelle: Gaiser/Rijke 2001: 9.

Im Zeitvergleich von 1992 und 1997 ist hier dreierlei auffallend: der Rückgang in der Mitgliedschaft vor allem in traditionellen Organisationen (Gewerkschaften, Vereine und Verbände), der Rückgang in der aktiven Teilnahme am Organisationsleben sowie die generell niedrigere Mitgliedschaftsquote in den neuen Bundesländern. Die ersten beiden Befunde stützen die These, dass ein allgemeiner Individualisierungstrend die Integrationskraft des intermediären Systems schwächt. Die Ost-West-Unterschiede im Organisationsverhalten junger Menschen verweisen zudem auf ein politisch-kulturelles Umfeld, in dem Vereine und Verbände nicht in gleichem Maße wie im Westen als selbstverständlicher Ausdruck gesellschaftlicher Pluralität und Interessenvermittlung verstanden werden. Im Hinblick auf die geringere Organisationsbindung und die höhere Mobilität im politischen Verhalten könnte der Osten gegenüber dem Westen der Republik als eine Art Modernisierungsvorreiter begriffen werden. Der Import von im Westen der Republik schon lange praktizierten Methoden jugendspezifischer Parteiarbeit wird hier nicht genügen.

Bemerkenswert erscheint die langfristige Entwicklung der Parteimitgliedschaft bei Jugendlichen. Zwar ist hier die Mitgliedschaftsquote im Vergleich zur Gesamtbevölkerung ohnehin insgesamt niedriger und auch rückläufig. Bei den jüngeren Mitgliedern erhält der Mitgliederschwund allerdings geradezu dramatische Züge, wenn man die Entwicklung seit der Hochphase politischer Mobilisierung Mitte der 70er Jahre betrachtet. Elmar Wiesendahl, aus dessen Studie zur Illustration hier einige Daten ausgewählt werden, sieht denn auch die Jungmitgliederentwicklung der letzten 25 Jahre als „Geschichte eines Exodus von mehreren Jugendgenerationen" (Wiesendahl 2001: 7). Den Parteien, aber auch ihren Jugendorganisationen droht ein dramatischer Mitgliederrückgang. Der langfristige Trend wird in Abbildung 1 sichtbar.

Abbildung 1: Mitgliederentwicklung der Jungsozialisten und der Jungen Union 1975-1999

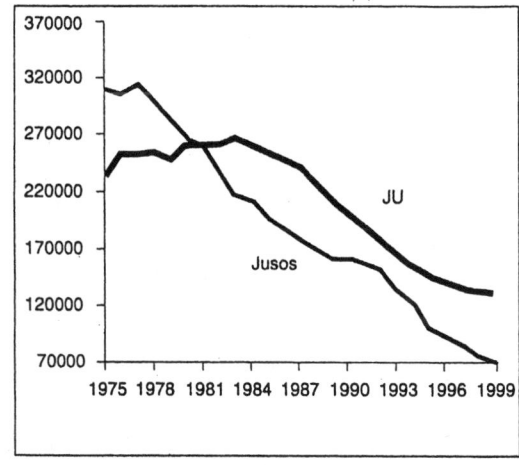

Quelle: Wiesendahl 2001: 8.

Betrug der Jungmitgliederanteil in der SPD 1974 noch 10,8 Prozent, so
schrumpfte er im Jahr 1999 auf 2,3. Bei der CDU ist zwar der Rückgang
nicht so dramatisch, der prozentuale Anteil der Jungmitglieder mit 2,5 an
der Gesamtmitgliedschaft vergleichbar niedrig. Nimmt man die beiden
großen Parteien CDU und SPD zusammen, ist die Zahl der Jungmitglieder
zwischen 1980 und 1997 um nahezu zwei Drittel zurückgegangen, von
89.176 auf 31.087 Personen im Alter von 16 bis 24 Jahren (vgl. Abbildung 2).

Abbildung 2: Organisationsgrad von Jugendlichen (16-24-Jährige) und
von Abiturienten in CDU/CSU und SPD

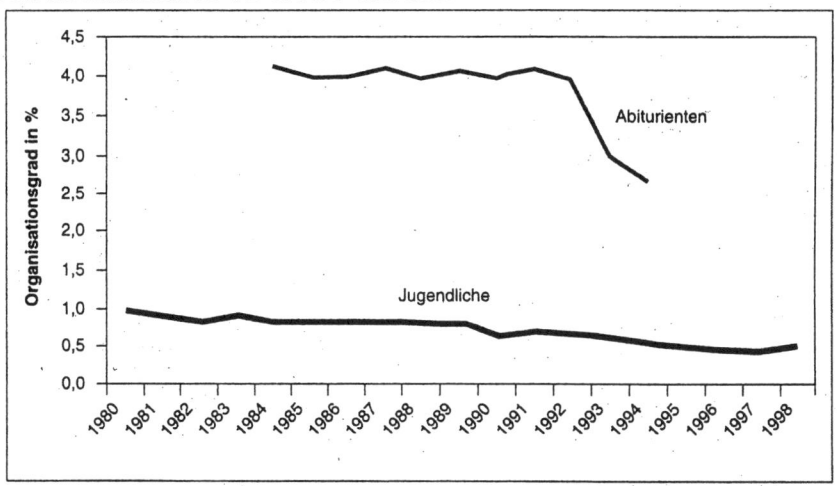

Quelle: Wiesendahl 2001: 9.

Nun war Parteiarbeit als organisationsgebunde politische Beteiligung
schon immer ein politisches Verhaltensmuster, das einem prozentual kleinen Teil der Bevölkerung, vornehmlich formal höher Gebildeten, attraktiv
erscheint. So erklärt sich auch die deutlich höhere Mitgliedschaftsquote
von Abiturienten im Vergleich zu allen Jugendlichen. Aber auch dieser
parteipolitisch stärker mobilisierte Teil junger Menschen ist geschrumpft.
Anfang des Jahres 2000 besitzt die CDU sechsmal und die SPD mehr als
fünfmal so viel Mitglieder im Alter über 70 Jahren als Jungmitglieder
unter 25 Jahren. Wiesendahl spricht von einer „Generationslücke", vom

Fehlen einer ganzen „Anschlussgeneration", welche die in den 60er und 70er Jahren Beigetretenen ablösen könne. Zudem werde „Jugend in den kommenden Jahren aus demographischen Gründen ein rares Gut" (Wiesendahl 2001: 10).

Als weiteren Indikator der nachlassenden Attraktivität politischer Parteien für junge Menschen kann die wachsende Wahlmüdigkeit angeführt werden, die auch dann noch auffällt, wenn man den langfristig generell festzustellenden Rückgang der Wahlbeteiligung berücksichtigt. Im Schnitt beteiligt sich inzwischen nicht einmal mehr jeder zweite Jungwähler an Landtagswahlen. Konzentriert man den Blick ganz auf Parteimitgliedschaft und Wahlbeteiligung, so ist Wiesendahls Einschätzung, das „wachsend[e] Auszehrungsproblem" sei Vorbote „einer allgemeinen organisatorischen und elektoralen Reproduktionskrise" (Wiesendahl 2001: 10), plausibel. Die „Partizipationsgeneration der siebziger und frühen achtziger Jahre" sei verschlissen und ausgebrannt. Es gebe eine „Tendenz der politischen Einmischungsverarmung unter Jugendlichen". Vom politischen Widerspruch und Primat des Politischen der damaligen Aufbruchsgeneration sei nichts mehr zu spüren. Junge Menschen seien heute „weniger von gesellschaftspolitischen Kontroversen geprägt als vielmehr von MTV, Viva, Bravo-TV und Lifestyle-Magazinen" (Wiesendahl 2001: 15).

Um etwas über die unterschiedlichen Einschätzungen Jugendlicher gegenüber jungen Parteimitgliedern im Vergleich zu Bürgerinitiativenmitgliedern zu erfahren, hat wiederum Elmar Wiesendahl 69 Hamburger Gymnasiasten befragt. Die kleine explorative Studie stützt die Vermutung, dass Bürgerinitiativen gegenüber Parteien einen „Prestigevorteil" (Wiesendahl 2001: 19) haben. Zwar ernteten Jugendliche für ihre Parteiarbeit keine Herablassung oder Respektlosigkeit, sie finden sogar eine gewisse Anerkennung für den selbstlosen, im Ergebnis unattraktiven Einsatz. Mit besonderer Wertschätzung und Interesse könnten die parteiaktiven Jugendlichen gleichwohl nicht aufgrund einer Tätigkeit rechnen, die nicht als „cool" gelte und sich „aus dem Zentrum der Alltagsästhetik und des Lebensgefühls Jugendlicher ins Randständige" (Wiesendahl 2001: 17) verflüchtige.

So plausibel diese pointierten Einschätzungen erscheinen, so stellt sich doch die Frage, was die verbreitete politische Organisationsunlust junger Menschen für Gesellschaft und politisches System und was Mitgliederschwund und wachsende parteienspezifische Partizipationsskepsis für die Parteien im Speziellen sowie für die Demokratie im Allgemeinen bedeuten. Der exklusive Blick auf die Diskrepanz in der Häufigkeit formaler Organisationsmitgliedschaft einerseits sowie politischen Aktivitäten und Interessen mit einem geringeren organisatorischen Verpflichtungscharakter andererseits begründet Zweifel, ob das Ausmaß gesellschaftlich-politischen Engagements mit der formalen Organisationsmitgliedschaft angemessen erfasst wird. Denn in informellen Gruppen ist das Aktivitätspotenzial Jugendlicher deutlich höher als in Parteien (vgl. Tabelle 2), werden demnach jugendspezifische Erwartungen und Beteiligungsinteressen in höherem Maße befriedigt. Hier erscheinen Jugendliche als eine Art Trendsetter von Entwicklungen gesellschaftlicher Modernisierung.

Tabelle 2: Aktivität in informellen Gruppierungen (Zeilenprozent)

	1992 finde ich gut ... aktiv	1992 finde ich gut ... nicht aktiv	1997 finde ich gut ... aktiv	1997 finde ich gut ... nicht aktiv
West				
Umweltschutzgruppen	14	73	12	73
Friedensinitiativen	11	68	6	70
Anti-AKW-Initiativen	5	54	5	47
Selbsthilfegruppen	5	63	4	62
Frauen-/Männergruppen	4	42	3	35
Dritte-Welt-Initiativen	5	60	6	62
Menschenrechtsgruppen	5	68	5	67
Stadtteil-/Nachbarschafts-/ regionale Initiativen			8	50
Tierschützer/Tierschutzinitiativen			10	69
aktiv in mind. einer Gruppierung von Umweltschutzgr. bis Menschenrechtsgr.	22		21	
Ost				
Umweltschutzgruppen	10	70	7	73
Friedensinitiativen	9	70	5	73
Anti-AKW-Initiativen	3	45	2	48
Selbsthilfegruppen	3	54	4	63
Frauen-/Männergruppen	2	33	2	33
Dritte-Welt-Initiativen	3	56	5	55
Menschenrechtsgruppen	4	66	3	60
Stadtteil-/Nachbarschafts-/ regionale Initiativen			7	50
Tierschützer/Tierschutzinitiativen			7	71
aktiv in mind. einer Gruppierung von Umweltschutzgr. bis Menschenrechtsgr.	18		14	

* Die Frage lautete: „In unserer Gesellschaft gibt es neben Organisationen mit fester Mitgliedschaft auch weniger fest organisierte Gruppierungen und Bewegungen, die man gut finden und in denen man mitarbeiten kann". Die Spalte „aktiv" in der Tabelle umfasst die Antworten „finde ich gut, arbeite aktiv mit" und „finde ich gut, besuche ab und zu mal ein Treffen/eine Veranstaltung"; die Spalte „nicht aktiv": „finde ich gut, mache aber nicht mit". Die restlichen Angaben auf 100 Prozent enthalten die Kategorien „finde ich weder gut noch schlecht", „lehne ich ab" und „kenne ich nicht".

Quelle: DJI-Jugendsurvey 1992, 1997

Quelle: Gaiser/Rijke 2001: 11.

Es gibt eine relativ hohe Mobilisierungsbereitschaft junger Menschen in
Initiativen, Bewegungen und Aktionen außerhalb der traditionellen
Strukturen der Parteiendemokratie. Zugleich ist ein Bedeutungs- und
Vertrauensverlust von Großorganisationen unverkennbar. Dies schlägt
sich nicht in einer allgemeinen Vereins- und Verbandsmüdigkeit Jugendlicher nieder. Rund zwei Drittel der Jugendlichen sind verbandlich enga-
giert, ganz überwiegend allerdings im Bereich von Sport und Freizeitge-
staltung (vgl. Deutsche Shell 2000: 275 f.; DJI-Jugendsurvey 2000: 285).
Demgegenüber ist der Organisationsgrad junger Menschen in Bürgerver-
einen, politischen Parteien oder auch Gewerkschaften sehr gering. Auffallend ist zudem, dass die Vereinszugehörigkeit mit einer Verweigerung
der normalen Verbands- oder Vereinskarriere und einer Absage an länger-
fristige Verbindlichkeiten einhergeht (Deutsche Shell 1997: 20).

Nach dieser kursorischen Übersicht zu jugendspezifischen Einstellungen und Verhaltensweisen scheint die in der Kapitelüberschrift insinu-
ierte These, auf die Protestgeneration der siebziger und achtziger Jahre
folge eine Art unpolitische Wohlfühlgeneration, doch zu kurzschlüssig.
Ein dramatisiertes Bild ergibt sich zudem auch aus einer Vergleichsper-
spektive, in der die hochpolitisierten siebziger Jahren mit der starken parteipolitischen Mobilisierung Jugendlicher als „Maßstab" genommen werden. Diese Sicht mag geeignet sein, die Parteien kurzfristig von der Verpflichtung zu entlasten, über neue Formen der Kommunikation mit und
der Inklusion von jungen Menschen nachzudenken.

3. Vom Traditionsverein zur Event-Agentur? Zur Modernisierung von Parteienkommunikation und Organisationskultur

Langfristig kommen alle Parteien schon aus Gründen der Selbsterhaltung
nicht umhin, bei der Suche nach neuen „institutionellen Arrangements"
(Max Kaase) und bei der Schaffung einer attraktiven Beteiligungsinfra-
struktur mit abgestuftem Verpflichtungscharakter die veränderten Enga-
gementmotive und -formen junger Menschen ernst zu nehmen. Spaß haben, „jederzeit wieder aussteigen können", „mitbestimmen können", eigene Fähigkeiten einbringen etc. (Deutsche Shell 1997: 325), diese Einstellungen sind inzwischen auch der Erwachsenenwelt nicht mehr fremd. Die
Wertewandelforschung und vor allem umfangreiche Studien zum bürger-

schaftlichen Engagement sprechen dafür, dass es sich hier um weit über die Jugend hinausgehende veränderte Verhaltenserwartungen und -motive handelt (vgl. z.B. Klages/Gensicke 1999; Sarcinelli/Gensicke 2000). Sie mögen als Grundlage für Organisationsentwicklung und Veranstaltungskultur „klassischer" Mitgliederparteien kontraproduktiv erscheinen, als Rahmenbedingung an die Jugend adressierter parteienspezifischer Modernisierungsbemühungen müssen sie jedoch ernst genommen werden.

So ist auch kaum an dem Befund zu rütteln, dass unter Jugendlichen der Anteil von Personen mit fester Parteibindung geringer ist als in der Gesamtbevölkerung. Dies hängt zum einen damit zusammen, dass Parteibindungen erst im Verlaufe des Erwachsenenlebens erworben werden. Zum anderen leben junge Menschen in modernen Demokratien in einem gesellschaftlichen Umfeld, in dem Parteibindungen überhaupt in der Bevölkerung abnehmen. Insofern wachsen sie „weit weniger als früher in sozialstrukturell vorgegebene politische Loyalitäten" hinein mit der Folge einer „zunehmend instrumentelle[n] Orientierung und damit Kritikbereitschaft der Bürger gegenüber der etablierten Politik" (Hoffmann-Lange 1997: 180). Rückläufige Parteibindung und wachsende Kritikbereitschaft als generelle Verhaltenstrends sind jedoch nicht gleichzusetzen mit einer Abkehr der Bürger von der Politik.

Es wäre zu kurz gegriffen, die Gründe für sinkende Mitgliedschaft, geringe Wahlbeteiligung und verbreiteten Organisationsfrust ausschließlich als Problem mangelnder Nachfrage zu sehen. Wie im Ökonomischen hängt Nachfrage auch in der Politik nicht nur vom eigenen „Vermögen", sondern auch von einer mehr oder weniger ansprechenden Angebotslage ab. Dies betrifft den politischen Stil nicht weniger als die politischen Inhalte, die Art der Problembehandlung und -lösung nicht weniger als die programmatischen Schwerpunkte selbst. So gibt es denn auch seit einigen Jahren unterschiedliche Ansätze der Parteien, die Organisations- und innerparteiliche Kommunikationskultur zu reformieren.

- *Öffnung der Parteien:* Mit „Öffnung" sind alle die Ansätze gemeint, mit denen eine Senkung der Zutrittsschwellen und eine Verminderung des Verpflichtungscharakters parteienspezifischer Aktivitäten verbunden sind. Dies betrifft verschiedene Formen der zeitlich befristeten Beteiligung von Nichtmitgliedern, etwa im Rahmen von so genannten Schnuppermitgliedschaften ohne formellen Parteibeitritt, im

Rahmen von beitragsfreien Gastmitgliedschaften oder auch im Rahmen von Mitarbeitsmöglichkeiten in Parteiprojektgruppen und -arbeitsgemeinschaften. Allerdings stießen derartige Versuche der Öffnung zum Teil auf massive Kritik bei den eingeschriebenen Parteimitgliedern mit der Folge, dass dieses Experiment etwa bei der SPD inzwischen wieder beendet wurde.

- *Netzwerkstrukturen:* Mit der Bildung von Netzwerkstrukturen reagieren inzwischen alle Parteien auf den gesellschaftlichen Wandel (vgl. Leggewie in diesem Band). Kompetenznetzwerke im Sinne von befristeten strategischen Partnerschaften sollen „zur Grundlage der Reaktionsfähigkeit auf nervösen Märkten" werden, „damit das Primat der Politik gegenüber einer vernetzten Ökonomie- und Mediengesellschaft wieder möglich wird" (Machnig 2001: 34). Netzwerke, verstanden als lose Verknüpfung mit hohem Informations- und Kommunikationswert bei zugleich geringem Verpflichtungscharakter, erscheinen dabei durchaus auch ein geeignetes Modell, Jugendliche an demokratische Parteien heranzuführen. Wie Wissenschaftsforen, Kulturforen etc. sollen auch Jugendforen junge Menschen weit über den kleinen Kreis der aktiven Mitglieder hinaus thematisch gezielt ansprechen.

- *Online-Kommunikation:* Auch das Internet ist kein jugendtypisches Instrument für politische Kommunikation. Allerdings bietet es gerade für junge Menschen, die sich kaum zu zeitaufwändiger Parteiarbeit bereit finden, neue Möglichkeiten der Information und politischen Beteiligung. Jugendadressierte Mailinglisten und Internet-Foren mit unterschiedlicher inhaltlicher Ausrichtung und variabler zeitlicher Dauer dürften langfristig aber nur dann von Jugendlichen ernst genommen werden, wenn die auf diesem Wege artikulierten Interessen nicht als belanglose politische Spielwiese angeboten, sondern auch in den innerparteilichen Willensbildungsprozess eingespeist werden und nachvollziehbare politische Konsequenzen haben. Gerade hier gibt es noch erhebliche Defizite. Exemplarisch für den Aufbau einer jugendspezifischen Online-Kommunikationsinfrastruktur lassen sich hier etwa die SPD-Initiative für ein bundesweites „rednet-online.de" für Jugendliche nennen oder die ambitionierte „Jugendinitiative der SPD", die Arbeitsformen wie *Networking* und Dienstleistungen im EDV- und Internet-Bereich anbieten.

- *Dienstleistungsorientierung:* Wo die ideologischen Fronten im politischen Wettbewerb zunehmend verschwimmen, bemisst sich der Erfolg von Parteien mehr und mehr auch nach ihrer Kompetenz, unterschiedlichste Dienstleistungen anzubieten. Dabei sollte es weniger darum gehen, mit kommerziellen Anreizen, Alltagsschnickschnack oder sonstigen Vergünstigungen die Mitglieder „bei der Stange" zu halten. Entscheidender ist die Entwicklung professioneller Kompetenz, mit einem vielfältigen Angebot von adressatengerechten Veranstaltungs- und Kommunikationsmöglichkeiten einer insgesamt pluraler gewordenen Gesellschaft Rechnung zu tragen.

Mit diesen und anderen organisationspolitischen Anpassungsleistungen und Modernisierungsbemühungen (vgl. Sarcinelli 1998; Wiesendahl 1997: 368 ff.) wird aus einem politischen Traditionsverein noch keine juvenile Event-Agentur. Aber es sind notwendige Versuche, die Zutrittsschwellen zu senken und parteienspezifische Sozialisationserfahrungen zu erlauben, ohne gleich Jugendliche als Mitglieder und auf Dauer in die Pflicht zu nehmen.

3. Parteien im Modernisierungsspagat oder in der Modernisierungsfalle

In der Mediengesellschaft müssen Parteien auf dem zunehmend unübersichtlich werdenden Markt von Angeboten mit einer Vielzahl politischer und unpolitischer Akteure um die Aufmerksamkeit der Bürger konkurrieren (vgl. Sarcinelli 1998; Veen 1999: 380) und seit der „partizipatorischen Revolution" (Max Kaase) auch auf dem Feld der Partizipationsbereitschaft im politischen Teilsystem mit einer Pluralität unkonventionell agierender „politischer Unternehmer" (Klaus von Beyme) um Marktanteile kämpfen. Dass dabei die Jugend für Parteien inzwischen zu einer besonders schwierigen „Kundschaft" avancierte, ist in der Jugendforschung sowie in der politischen Kulturforschung hinreichend dokumentiert. So wird es auch kaum verwundern, dass die erwachsenenzentrierten, an Proporz und Macht orientierten Verhältnisse in den Parteien, dass Politikrituale und Inszenierungen, langwierige Karrierewege und zeitraubende Entscheidungsprozesse, dass das Fehlen lebendiger und attraktiver Angebote sowie durchsichtige Marketingeffekte geeignet sind, junge Menschen auf Distanz zu Parteien zu halten (vgl. Farin 2000: 66 ff.; Wiesendahl 2001: 4 f.).

Es ist offensichtlich, dass Parteien den spezifischen Interessen und Beteiligungsmotiven gerade junger Menschen zu wenig Rechnung tragen. Denn für Jugendliche gilt mehr noch als für Erwachsene: Sie sind „schwierige Bürger" (Helmut Klages). Sie scheuen sich zunehmend, formalisierte, aktiv oder passiv Hierarchiezwänge aufnötigende Mitgliedschaftsrollen auf Dauer zu übernehmen, empfinden vielmehr das starke Bedürfnis, möglichst spontan, problembezogen und restriktionsfrei zu agieren und das Engagement nach eigenem Entschluss zurückzunehmen, sobald der aktuelle Anlass in den Hintergrund tritt. Durchaus bereit, Verantwortung zu übernehmen, wollen sie Subjekt ihres Handelns sein und in Bereichen, in denen sie sich betroffen fühlen, auch ungefragt ihre Meinung einbringen.

Wenn eine Modernisierung der Parteien auch bei der Adressatengruppe Jugend erfolgreich sein will, wird es wesentlich darauf ankommen, die richtigen Antworten auf folgende Fragen zu geben:

1) Die Frage nach der Bereitschaft der Parteien: Sind Parteien bereit, Jugendlichen politische Kompetenz zuzuschreiben und tatsächliche Mitsprache- und Mitentscheidungsrechte in Sach- und Personalfragen einzuräumen, die sie selbst betreffen (Bruner u.a. 1999: 56 f.; Hurrelmann/Palentien 1997: 44 f.)? Denn an der Gewährung tatsächlicher Partizipationsrechte hängt ganz grundsätzlich das Moment der Glaubwürdigkeit und moralischen Integrität von Parteien, die für das jugendliche Politikverhältnis wichtiger sind als politische Karriereerwartungen bzw. -versprechen (vgl. Ingenschay u.a. 1999: 116 ff.). Dabei ist der Aspekt der subjektiven Betroffenheit ausschlaggebend dafür, dass sich Jugendliche überhaupt für Politik interessieren, politisch kompetent fühlen und beteiligen möchten.

2) Die Frage nach den angebotenen Beteiligungsgelegenheiten und -formen: Inwieweit verfügen Parteien über das Personal und die Infrastruktur, über die Politik in zeit- und jugendgemäßer Form kommuniziert wird, also primär projektorientiert und erst sekundär rekrutierungsmotiviert, primär dienstleistungsorientiert und erst sekundär auf Stimmenmaximierung ausgerichtet?

3) Die Frage nach der grundsätzlichen Vereinbarkeit politischen Ernstes und Gemeinwohlorientierung einerseits sowie jugendlichen Lebensgefühls und reflexiver Subjektivität andererseits: In welchem Grade kann Politik „eventisiert" oder umgekehrt die Event-Kultur der Jugendlichen politisiert werden, ohne dass Parteipolitik sich völlig in „Fun" auflöst oder aber Spaß, Spontaneität und Sinn in der parteipolitischen Mitarbeit für Jugendliche völlig verloren gehen (vgl. Gebhardt u.a. 2000: 9 ff.; Wiesendahl 2001: 10)?

Auch wenn vor einer übertriebenen Politisierungseuphorie zu warnen ist, so scheint doch das Mobilisierungspotenzial der demokratischen Parteien gegenüber Jugendlichen nicht ausgeschöpft. Bei aller Aufgeschlossenheit gegenüber neuen Formen der Politikvermittlung nach innen und außen ist in Rechnung zu stellen: Parteien sind mehr als jugendpolitische „Lautsprecher" (von Alemann u.a. 1999: 20). Bei allen Veränderungen, Modernisierungstrends und Deliberationserwartungen bleiben deshalb Parteien auf nicht absehbare Zeit die Schlüsselinstitutionen, die den Kreislauf politischer Kommunikation zwischen Staatsorganen und Öffentlichkeit, zwischen der „Volkswillensbildung" und „Staatswillensbildung" in Gang zu halten haben. An dieser zentralen, verfassungsrechtlich zudem privilegierten Willensbildungsaufgabe müssen sich auch alle jugendadressierten Reformbemühungen messen lassen.

Zwar sprechen inzwischen viele Anzeichen dafür, dass sich politische Großorganisationen mehr oder weniger stark von der Mitgliederlogik lösen, ohne damit automatisch an politischem Gewicht zu verlieren (vgl. Weinert 1997: 76). Selbst wenn dies mit Blick auf junge Menschen kurzfristig attraktiv erschiene, so lässt sich der herkömmliche Politikbetrieb doch nicht auf eine große Event-Veranstaltung umstellen. Gleiches gilt für weitgehende Forderungen nach Selbstorganisation und Subjektsteuerung. Auch in Zeiten, in denen sich der Einzelne mehr und mehr als Subjekt des Handelns begreift, ist die Abhängigkeit von Institutionen nach wie vor gegeben, bleibt das Subjekt in der gesellschaftlichen und politischen Interessenvertretung in vieler Hinsicht abhängig von dem, was abschätzig bisweilen als Stellvertreterpolitik bezeichnet wird. Auch wenn dies desillusionierend erscheinen mag, so sind die Möglichkeiten zu einem auch für junge Menschen attraktiveren Angebot, was Stil, Inhalte und Organisationskultur der Parteien anbelangt, nicht ausgeschöpft. Die politische Zukunft der Parteien wie der Parteiendemokratie in der Mediengesellschaft insgesamt wird in hohem Maße davon abhängen, ob es gelingt, die schon fortgeschrittene Entfremdung zwischen Parteien und Jugend zu überwinden.

Literatur

Alemann, Ulrich von/Heinze, Rolf G./Schmid, Josef (1998): Parteien im Modernisierungsprozeß. Zur politischen Logik der Unbeweglichkeit, in: Aus Politik und Zeitgeschichte, B 1-2, S. 29-36.

Brenner, Gerd (1998): Parteien und Jugend, in: Deutsche Jugend 53, S. 300-301.

Bruner, Claudia Franziska/Winklhofer, Ursula/Zinser, Claudia (1999): Beteiligung von Kindern und Jugendlichen in Kommunen, in: Diskurs 9, S. 50-57.

Deutsche Shell (Hrsg.) (1985): Jugend und Erwachsene '85. Generationen im Vergleich, Opladen: Leske + Budrich.

Deutsche Shell (Hrsg.) (1997): Jugend '97. Zukunftsperspektiven. Gesellschaftliches Engagement. Politische Orientierungen, Opladen: Leske + Budrich.

Deutsche Shell (Hrsg.) (2000): Jugend 2000, Opladen: Leske + Budrich.

Farin, Klaus (2000): Prognosen aus der Zukunft? E-mail aus dem kommenden Jahrhundert, in: Forschungsjournal Neue Soziale Bewegungen 13, S. 63-70.

Gaiser, Wolfgang/de Rijke, Johann (2001): Gesellschaftliche Beteiligung der Jugend, in: Aus Politik und Zeitgeschichte, B 44, S. 8-15.

Gebhardt, Winfried/Hitzler, Ronald/Pfadhauer, Michaela (2000): Einleitung, in: Dies. (Hrsg.), Events. Soziologie des Außergewöhnlichen, Opladen: Leske + Budrich, S. 9-13.

Grimm, Dieter (1991): Die Zukunft der Verfassung, Frankfurt a.M.: Suhrkamp.

Hoffmann-Lange, Ursula (1997): Jugend zwischen Teilnahmebereitschaft und Politikverdrossenheit, in: Christian Palentien/Klaus Hurrelmann (Hrsg.), Jugend und Politik, Neuwied: Luchterhand, S. 178-205.

Hoffmann-Lange, Ursula (Hrsg.) (1995): Jugend und Demokratie in Deutschland – DJI-Jugendsurvey 1, Opladen: Leske + Budrich.

Ingenschay, Cosima/Jobelius, Sebastian/König, Barbara/Rünker, Reinhold (1999): Das ist auch unser Land! Jugend auf dem Weg in die Beteiligungsgesellschaft des 21. Jahrhunderts, in: Ulrich von Alemann/Rolf G. Heinze/Ulrich Wehrhöfer (Hrsg.), Bürgergesellschaft und Gemeinwohl. Analyse, Diskussion, Praxis, Opladen: Leske + Budrich, S. 115-127.

Klages, Helmut (1996): Der schwierige Bürger – Bedrohung oder Zukunftspersonal?, in: Werner Weidenfeld (Hrsg.), Demokratie am Wendepunkt. Die demokratische Frage als Projekt des 21. Jahrhunderts, Berlin: Siedler, S. 233-253.

Klages, Helmut/Gensicke, Thomas (1999): Wertewandel und bürgerschaftliches Engagement an der Schwelle zum 21. Jahrhundert, Speyer: Forschungsinstitut für Öffentliche Verwaltung.

Machnig, Matthias (2001): Organisation ist Politik – Politik ist Organisation, in: Forschungsjournal Neue Soziale Bewegungen 14, S. 30-39.

Meyer, Thomas (1994): Die Transformation des Politischen, Frankfurt a.M.: Suhrkamp.

Offe, Claus (1992): Wider scheinradikale Gesten, in: Gunter Hofmann/Werner A. Perger (Hrsg.), Die Kontroverse, Frankfurt a.M.: Eichborn, S. 126-142.

Palentien, Christian/Hurrelmann, Klaus (Hrsg.) (1997): Jugend und Politik, Neuwied: Luchterhand.

Pfetsch, Barbara (2001): Politische Kommunikationskultur. Eine vergleichende Untersuchung von politischen Sprechern und Journalisten in der Bundesrepublik und den USA, Habilitationsschrift, Berlin.

Sarcinelli, Ulrich (1998): Parteien und Politikvermittlung. Von der Parteien- zur Mediendemokratie?, in: Ders. (Hrsg.), Politikvermittlung und Demokratie in der Mediengesellschaft, Bonn: Bundeszentrale für politische Bildung, S. 273-296.

Sarcinelli, Ulrich/Gensicke, Thomas (2000): Bürgergesellschaft und Freiwilligenengagement in Deutschland. Demokratietheoretische und empirische Aspekte zum Wandel von Wertorientierungen in der modernen Gesellschaft, in: Gotthard Breit/Siegfried Schiele (Hrsg.), Werte in der politischen Bildung, Bonn: Bundeszentrale für politische Bildung, S. 56-70.

Sarcinelli, Ulrich/Schatz, Heribert (Hrsg.) (2002): Mediendemokratie im Medienland? Inszenierungen und Themensetzungsstrategien im Spannungsfeld von Medien und Parteieliten am Beispiel der nordrhein-westfälischen Landtagswahl im Jahr 2000, Opladen: Leske + Budrich.

Veen, Hans-Joachim (1999): Volksparteien: Die fortschrittlichste Organisationsform politischer Willensbildung, in: Zeitschrift für Parlamentsfragen 32, S. 377-381.

Walter, Franz/Dürr, Tobias (2000): Die Heimatlosigkeit der Macht. Wie die Politik in Deutschland ihren Boden verlor, Berlin: Fest.

Weinert, Rainer (1997): Institutionenwandel und Gesellschaftstheorie. Modernisierung, Differenzierung, Neuer Ökonomischer Institutionalismus, in: Gerhard Göhler (Hrsg.), Institutionenwandel, Leviathan-Sonderheft 16, Opladen: Westdeutscher Verlag, S. 70-93.

Wiesendahl, Elmar (1997): Noch Zukunft für die Mitgliederparteien? Erstarrung und Revitalisierung innerparteilicher Partizipation, in: Ansgar Klein/Rainer Schmalz-Bruns (Hrsg.), Politische Beteiligung und Bürgerengagement in Deutschland, Baden-Baden: Nomos, S. 349-381.

Wiesendahl, Elmar (2001): Keine Lust mehr auf Parteien. Zur Abwendung Jugendlicher von den Parteien, in: Aus Politik und Zeitgeschichte, B 10, S. 7-19.

Parteienkommunikation parochial
Hindernisse beim Übergang in das
Online-Parteienzeitalter

Elmar Wiesendahl

1. Einleitung

Parteien streben nach Macht. Dafür verflüssigen sie Macht in den Aggregatzustand der Kommunikation, um in ihren Besitz zu gelangen und sie erhalten zu können. Insofern bildet Kommunikation das Lebenselixier von Parteien. Genauer noch kann man sogar sagen: Parteien sind Kommunikation. Denn einerseits bringen sie sich als Sozialgebilde durch Kommunikation erst hervor und andererseits wirken sie durch Kommunikation auf ihre Umwelt ein, um diese im Hinblick auf ihre Machtinteressen zu beeinflussen. Im Mittelpunkt ihres Schaffens stehen symbolische Zeichen in Gestalt gesprochener und geschriebener Worte, während ihnen die praktischen und unmittelbar greifbaren Dinge des Lebens ziemlich fern stehen. Dagegen sind es immaterielle Kulturgüter wie Werte, Ideen, Zielvorstellungen, Überzeugungen, Deutungen und Meinungen, die sie erzeugen, verarbeiten und nach außen verbreiten. Dies macht sie zu nichtkommerziellen Mitspielern der politischen Bewusstseins- und Meinungsbildungsindustrie und zu einem aktiven Teil der sozio-kulturellen Sinn- und Symbolwelt.

Kommunikation in Parteien läuft jedoch nicht glatt, sondern ist ein Feld voller Unzulänglichkeiten, Ungleichzeitigkeiten und Widersprüche. Dies resultiert aus dem besonderen Organisationscharakter von Parteien. Denn sie sind politischer Geschäftsbetrieb und expressive Gesinnungs- und Gesellungsgemeinschaft in einem (Roth/Wiesendahl 1986: 59). Dabei gehorcht der Bereich der freiwilligen Mitgliederpartei unten und der der Berufspolitikerpartei oben mit ihrem Servicebetrieb unterschiedlichen Organisationsrationalitäten und Kommunikationslogiken, die es grundsätzlich erschweren, Parteien einerseits kommunikationsstrategisch gleichzuschalten oder sie andererseits über das Internet als durchlässigen bürgerschaftlichen Partizipationskanal gegenüber der Gesellschaft zu öffnen. Eher muss in ihnen ein sperriges und teils sogar ungeeignetes Objekt kommunikativer Modernisierung und Demokratisierung gesehen werden.

Im Folgenden wird aus der Organisationsperspektive ein ganzheitliches Panorama des ungleichzeitigen Wandels und Stillstands der Binnenkommunikation politischer Parteien beim Übergang in das elektronische Demokratiezeitalter gezeichnet. Fragen der Außen- und Wahlkampfkommunikation bleiben dagegen weitgehend ausgeblendet. Gerade an so komplizierten gesellschaftlichen Bindeglied- und Vermittlungsstanzen wie politischen Parteien gilt es aufzuzeigen, dass sich die Verheißungen moderner E-Demokratie und Online-Partizipation nicht so einfach mit der widersprüchlichen und zwiespältigen Kommunikationswirklichkeit von Parteien in Einklang bringen lassen.

2. Janusgesicht und duale Kommunikationslogik politischer Parteien

Organisationsbedingt reiben sich in Parteien zwei unverträgliche Kommunikationslogiken aneinander. Auf der einen Seite lebt in den Tiefen heutiger Parteien etwas Urtümliches, Prämodernes fort, das mit seinen Wurzeln bis zur Vereinskultur des frühen 19. Jahrhunderts zurückreicht. Unten auf Ortsvereinsebene haben sich Verhältnisse perpetuiert, die darauf zugeschnitten sind, die primären gesinnungsexpressiven und sozialintegrativen Kommunikationsbedürfnisse der freiwilligen Mitglieder zu befriedigen. Noch sind Ende 2001 gesamtdeutsch immerhin mehr als 1,7 Millionen Freiwillige in mehr als 25.000 Ortsvereinen bzw. -verbänden organisiert, die das Rückgrat der hergebrachten Mitgliederparteien bilden. Ortsvereine/-verbände geben die organisatorische Hülse für Kommunikationsnetzwerke her, die Parteiaktiven, ehrenamtlichen Vorständlern und Delegierten als Begegnungsstätte expressiver Face-to-Face-Kommunikation dienen. Kommuniziert wird unmittelbar, spontan, authentisch und selbstbezogen. Im Gesprächsaustausch untereinander bestätigen und vergewissern sich die Versammelten gleicher Erfahrungszugänge und Weltdeutungen, diskutieren Weltbewegendes und Weltverbesserndes, erregen sich über politische Gegner und gehen zumeist mit der Gewissheit auseinander, gemeinsam für eine gute Sache einzutreten. Gedeckt wird obendrein die Nachfrage nach geistiger Erbauung und Sinn, nach Metaphysischem, nach Schwärmerei und Gemütstiefe, gepaart mit freizeitlicher Geselligkeit und Kurzweil.

Noch sind dabei nicht alle Reste ausgetilgt, die an den innerweltlichen Kirchencharakter einstmaliger Gesinnungs- und Weltanschauungsparteien erinnern. Ausgestanden ist auch nicht der Streit. Denn expressive Kommunikation bildet einen idealen Nährboden für abgehobenen seminaristischen Disput, für folgenloses Räsonieren und Besserwisserei und nicht zuletzt für verselbstständigte, verstockte Richtungsauseinandersetzungen.

Insgesamt vermittelt die expressive Kommunikationslogik der Mitgliederbasis Sozialität und Gesinnungsidentität und ist damit gruppendynamisch in hohem Maße introvertiert und „ingroup"-stabilisierend. Als Quelle zusammenhaltender *Corporate Identity* ist sie trotz berühmt-berüchtigter „smoke filled rooms" und miefiger Stammtischecken aus dem Organisationsleben der Parteien nicht wegzudenken.

Oberhalb der Ortsvereinsebene, der „party on the ground" (Katz/Maier 1993: 595 ff.), beginnt die Berufspolitikerpartei (von Beyme 2000: 34 ff.), die als kontinuierlicher Geschäftsbetrieb von Parteivorständlern mit bezahlten öffentlichen Ämtern und Parteiangestellten unterhalten wird. Als integraler Teil der politischen Klasse umfasst dieser Kreis weniger als zehntausend von der Politik lebende Personen. Der operativen Organisationsrationalität nach ist dieser Führungs- und Verwaltungsapparat der Partei („party central office") ganz dem Primat des Machterwerbs und Machterhalts unterworfen. Alles, was aus diesem Bereich an Kommunikation in die Partei hinein und heraus geht, ist instrumentell und mit gezielter, wirkungsfixierter und systematisch betriebener interner und externer Öffentlichkeitsarbeit gleichzusetzen (Pauli-Balleis 1987). Sie bestimmt sich über ihren dosiert informierenden, werbenden und persuasiven Charakter. Instrumentelle Kommunikation gab es zum Zwecke wirksamer Massenpropaganda sowie Mitglieder- und Anhängermobilisierung immer schon (Wiesendahl 1998a: 443 ff.). Allerdings sind die über das Land ziehenden Agitatoren und Propagandisten sowie das riesige Pressewesen der älteren Parteien spätestens nach dem Zweiten Weltkrieg verschwunden. Geblieben ist die Öffentlichkeitsarbeit und ihr Zweck, wobei Parteien, um Reichweite und Wirksamkeit zu steigern, auf die neuesten Errungenschaften technischer Massenkommunikation zurückgreifen, was neuerdings auch das Internet einschließt.

3. Hypokrisie – oder: Die Entkopplung von Reden und Handeln

Die expressive und instrumentelle Logik von Parteienkommunikation sind schwerlich miteinander vereinbar. Parteimitglieder kommunizieren untereinander dermaßen richtungslos, ausgiebig und mit sich selbst und über sich selbst, dass expressive Basiskommunikation allein schon wegen ihrer Dauer und des ausgeprägten Selbstbezugs, aber auch wegen des parteispezifischen Jargons und der restringierten Codes instrumentell nicht vermittelbar ist. Zudem steht sie dem primären elektoralen Machterwerbsziel viel zu fern, auf das die instrumentelle Öffentlichkeitsarbeit ausgerichtet ist. Schwerwiegender noch bringen Parteimitglieder mit ihrem vielstimmigen Gerede lauter abstrakte Ideen, Zielvorstellungen und Policy-Präferenzen hervor, die zwar wünschenswerte Endzustände beschreiben, ohne sich jedoch darüber auszulassen, wie sich die politischen Verhältnisse dahin verändern lassen und wie man praktisch dahin gelangen könnte. Selbst in der Programmarbeit finden die Beteiligten in erster Linie zu sich selbst, aber nicht zum praktischen Handeln (Meng 1997: 48 f.). Mit anderen Worten befassen sich Parteimitglieder beim Reden, Diskutieren, der Antragsformulierung und Beschlussfassung zuvorderst mit der Frage, was die Partei tun soll, welche Handlungsziele sie ins Auge fassen sollte, und dann entscheiden sie auch noch darüber. Dagegen wird das Problem, das nun zu tun, was die Partei tun sollte, nicht mehr den Entscheidern selbst, sondern Spitzenakteuren und öffentlichen Mandatsträgern übereignet, was diesen offensichtlich nicht sehr behagt. Schließlich sind sie es, die für die aus der Partei kommenden Wunschvorstellungen unter den Zwängen des Regierungs- bzw. Oppositionshandelns, des elektoralen Erwartungsdrucks, der Parteienkonkurrenz, des Verbandseinflusses und einer kritischen Öffentlichkeit parlamentarische Mehrheiten organisieren müssen. Warnend schreibt deshalb etwa der niedersächsische SPD-Ministerpräsident Sigmar Gabriel seiner Partei ins Stammbuch, dass die SPD mehrheitlich nicht aus Leuten bestehe, „die ausschließlich Theorie schmieden, sondern sich ganz praktisch um die Probleme, die Menschen und die Entwicklung des Landes kümmern" würden (Gabriel/Platzeck 2001: 27).

Nun gehen Parteien der Spannung von Theorie und Praxis dadurch aus dem Weg, dass sie anders reden und beschließen, als sie tatsächlich handeln. Allgemeiner noch sind bei politischen Organisationen „talk" und „action" nur lose verkoppelt (Brunsson 1989: 25 ff.). Insbesondere der operative Parteibetrieb ist darauf geeicht, das strategische und alltagspraktische Handeln und Taktieren von der programmatischen Zielebene einer Partei abzuschirmen (Sarcinelli 1998: 282 f.). Was selbst aus diesem Bereich heraus kommuniziert wird, dient zwar immer der gezielten öffentlichen Positionierung und Profilierung der Partei, darf aber nicht mit dem, was sie wirklich will und tut, gleichgesetzt werden. Kurzum muss Parteienkommunikation unter dem Blickwinkel der Hypokrisie betrachtet werden. Geredet wird mit vielen Zungen mal so und mal so, und wenn auf die eine Weise geredet und entschieden wird, wird auf eine andere Weise gehandelt (Wiesendahl 1998b: 233 ff.).

4. Holzwege und Umwege innerparteilicher Information

Parteien benötigen ein weitläufiges und durchlässiges Informationsversorgungssystem mit schnellem Informationsfluss, um kollektiv handlungsfähig zu werden. Hierzu wird über Parteimedien unterrichtet und politische Schulungsarbeit geleistet. Gleichzeitig wird zur Grenzstabilisierung ideologische Auseinandersetzung mit dem politischen Gegner betrieben. Dem steht von Neumitgliederseite komplementär die Erwartung gegenüber, durch den Parteibeitritt politisch umfassender und besser informiert zu werden (Niedermayer u.a. 1987: 102; Polis 2000: 15 f.). Etwas anders gelagert verfolgen Parteiinformationsmedien gerade in Vorwahl- und Wahlzeiten das Ziel, Mitglieder als Wahlkampffreiwillige und gesellschaftliche Multiplikatoren zu mobilisieren. Immer ist aber auch mit innerparteilicher Information und Öffentlichkeitsarbeit das Interesse der Parteispitze verbunden, sich in zumeist bebildeter Selbstdarstellungsform beim bedeutsamen Wirken für die Partei ins rechte Licht zu rücken und zugleich das eigene Handeln zu legitimieren. Deshalb darf auch nicht die auf wenige Spitzenleute konzentrierte Kontrolle über den Informationsapparat und das darüber verbreitete dosierte Informationsangebot von persönlichen Machtabsicherungs- und Karriereinteressen der Parteioberen losgelöst werden.

Aus all diesen Gründen verzichtet keine Partei auf ein hauptsächlich auf Druckerzeugnisse gestütztes Informationssystem, über das periodische Mitgliederzeitungen und -magazine, Funktionärspostillen und Theoriezeitschriften einerseits und andererseits eine kaum überschaubare Anzahl zielgruppenspezifischer Periodika von Vereinigungen, Fachausschüssen, AK's, AG's bis hin zu den Ortsvereinen/-verbänden erzeugt und vertrieben werden. Im Ausbau befindet sich gegenwärtig ein intranet-gestütztes digitales Informationssystem, das die Zentralen mit den Geschäftsstellen verbindet. Gleichzeitig ist es für parteiinterne und öffentliche Mandatsträger zugänglich genau so wie für Mitglieder.

Das stark in die Jahre gekommene traditionelle parteiinterne Informationsversorgungssystem befindet sich aus mindestens drei Gründen seit längerem schon in einer chronisch zu nennenden Akzeptanz- und Funktionskrise. Zunächst einmal sind die redaktionellen Herstellungs-, die Druck- und Vertriebskosten für die Parteipublikationen dermaßen in die Höhe geschnellt, dass immer tiefere Löcher in die Haushaltskassen der Parteien gerissen werden. Die schlechte Beitragsmoral der Mitglieder verhindert es, die Kostensteigerungen durch höhere Beitragseinnahmen zu kompensieren. Als besonders dysfunktional schlägt darüber hinaus das krasse Verbreitungs- und Nutzungsgefälle der Parteiperiodika zu Buche. Denn abgesehen von den monatlich postalisch vertriebenen Mitgliederzeitungen erreichen andere Parteiinformationserzeugnisse nur kleinste Bruchteile der Mitglieder (Falke 1982: 222 ff.; Roth/Wiesendahl 1986: 170 f.). Und wirklich pflichtgemäß gelesen werden selbst die Mitgliederzeitungen nur von einer kleinen Gruppe von Aktiven und Ehrenamtlichen, die gleichzeitig auch noch über die größte persönliche Kontaktdichte zur Partei verfügen (Bürklin u.a. 1997: 51 f.; Falke 1982: 220 f.; Polis 2000: 21 f.; Roth/Wiesendahl 1986: 170). Die niedrige Nutzungsfrequenz korrespondiert mit dem geringen Informationswert und der „Hofberichterstattungs-Tendenz" von Mitgliederzeitungen, was etwa von SPD-Mitgliedern beklagt wird (Aus Erfahrung lernen 1993: 220 f., 256 ff.). Die Distributionskosten für Parteimaterial via Internet sind zwar vergleichsweise gering. Doch fehlen ersatzweise E-Mail-Verteilersysteme, über die sich der postalische Vertriebsweg umgehen ließe.

Der größte Beeinträchtigungseffekt der traditionellen innerparteilichen Öffentlichkeitsarbeit ist aber dem gewandelten individuellen Informationsverhalten unter dem Einfluss der Massenmedien geschuldet. Denn bereits Mitte der 1970er begannen Fernsehen und Tageszeitungen interne Publikationen als Informationsquelle über die eigene Partei deutlich zu überrunden (Bürklin u.a. 1997: 50 f.; Infas-Report 1977: 27; Roth/Wiesendahl 1986: 173 ff.). Je passiver ein Parteimitglied ist, desto ausschließlicher bezieht es seine Informationen über Parteiinterna und über die Positionen der eigenen Partei aus der Berichterstattung externer Print- und Rundfunkmedien. Während der innerparteiliche vertikale Informationsfluss von oben nach unten an Rezeptionshürden aufläuft und versickert, bilden die Massenmedien längst einen externen zweiten Kanal, über den sich Parteimitglieder hauptsächlich mit Informationen versorgen. Gelenkte Binnenkommunikation erleidet damit nicht nur durch Informationsexternalisierung einen Autonomieverlust, sondern gerät auch deshalb ins Hintertreffen, weil sie dem täglichen Aktualitäts- und Informationsvorsprung der Massenmedien nichts entgegenzusetzen hat. Deshalb befindet sich auch der unterrichtende und politisch bildende Versammlungsstil von Ortsvereinen unter Einsatz von Referenten und Mandatsträgern in einer tiefen Krise. Nicht mehr aufhaltbar ist ein Anreizschwund, der den legitimationsnotwendigen Charakter politischer Parteien als Forum gehobener politischer Bildung und als Begegnungsstätten exklusiven Informationsaustausches untergräbt (Meng 1997: 11 f.).

Während sich die gedruckten Parteipublikationen und die Ortsvereine/-verbände als Träger traditioneller Parteiinformation klar auf der Verliererseite befinden, sind die Parteispitzen als die eigentlichen Gewinner aus der veränderten Situation hervorgegangen. Denn sie stehen am Ausgangspunkt sowohl des internen als auch des externen Kanals dualer Informationsversorgung. Während sie ohnehin die Kontrolle über die internen Parteimedien ausüben, geht aus der Personalisierung der Parteiberichterstattung speziell durch die elektronischen Massenmedien auch noch eine kleine Schar im Zentrum öffentlicher Aufmerksamkeit stehender Medienstarpolitiker hervor (vgl. Lütjen/Walter in diesem Band). Dadurch wird ihnen eine überragende Darstellungs-, Definitions- und Deutungsmacht darüber zugespielt, was ihre Partei verkörpert, wo sie steht, wohin sie will und wohin sie gehen sollte. Solche Medienprominenz hat sogar noch einen in die Partei hinein wirkenden Echoeffekt, durch den die

Starpolitiker ihre internen Wiederwahlchancen erhöhen (Müller 1986: 123). Hinter diesem personifizierten Informationsmonopol einiger weniger Top-Politiker über externe Massenmedien fristen die Parteien als kollektive Veranstaltung entweder medial ein Schattendasein oder liefern die gleißende Klatsch- und Jubelkulisse für Parteitagsauftritte von Medienstars (vgl. Müller in diesem Band). Dagegen setzt ein Spitzenpolitiker im Frühstücksfernsehen öffentlich bindewirksame Fakten, bevor überhaupt die schwerfällige innerparteiliche Willensbildungsmaschinerie angesprungen ist. Auch verwandeln sich die Resultate von langwierig-mühsamen innerparteilichen Programmabklärungen und Diskussionsprozessen durch ein beiläufig hingeworfenes Medienstatement eines Spitzenpolitikers in Sekundenschnelle zur Makulatur. Immer weniger zählt infolgedessen für das Gesamterscheinungsbild einer Partei das kollektive Substrat einer Gemeinschaftsanstrengung von Hundertausenden von Ehrenamtlichen und Freiwilligen an der Basis. Sondern deren Wohl oder Wehe, ihre öffentliche Resonanz oder Missachtung, Sieg oder Niederlage und selbst ihre innere Moral oder Niedergeschlagenheit hängen am seidenen Faden des „Mediencharismas" (Meyer 2001: 554) und der schwankenden Selbstinszenierungsform eines Spitzenpolitikers.

Der medienbedingte innerparteiliche Informationsfeudalismus hebt nicht nur die Grenze zwischen parteiinterner und -externer Öffentlichkeit auf, sondern führt auch hergebrachte Vorstellungen über so genannte innerparteiliche Willensbildung von unten nach oben ins Absurde. Da existiert nämlich nichts, was sich als Rückkopplungsschleife der elitengesteuerten vertikalen und abwärts gerichteten Einwegkommunikation ausfindig machen ließe und über die die Parteispitze erfahren könnte, wie an der Parteibasis gedacht und gefühlt wird. Außer statistischer Finanz- und Mitgliederdaten gehen soweit keine Basisinformationen gezielt nach oben (Becker u.a. 1998: 64). Genauso wenig sind horizontale oder diagonale Informationskanäle in diesem System vorgesehen mit der Folge, dass sich Parteien in ihren unteren Gliederungen in unzählige, abgeschottete und unverbundene Kommunikationszirkel, in die auch der Parteiapparat nicht eindringt, aufsplittert. Und wieder sind es allein höhere Mandatsträger mit Ämterhäufung, die mit ihrer „boundary spanning role" die Kommunikationsleerräume zwischen den Verdichtungszonen im Parteiinnern zu überbrücken wissen.

5. Distinguierte Kommunikationskultur, Wissenskluft und partizipatorisches Kommunikationsgefälle

Parteien sind mit ihrer Kommunikationskultur deshalb besonders hohen Ansprüchen ausgesetzt, weil sie ihrem Anspruch und dem Gesetz nach demokratische Willensbildungsinstanzen verkörpern. Mindestvoraussetzung hierfür bildet ein unverzerrter, offener und reziproker Kommunikationsprozess, bei dem niemand privilegiert oder diskriminiert und schon gar nicht von der Teilhabe an der Diskussion ausgeschlossen wird. Erst dann ließe sich von der Verwirklichung des demokratischen Gleichheitsgrundsatzes sprechen. Schaut man sich die Wirklichkeit der Binnenkommunikation von Parteien genauer an, herrschen dort ganz andere Verhältnisse.

Sichtbar wird das an der Lösung des Problems, dass es, wo in Mitgliederversammlungen, Gremiensitzungen oder Parteitagen Menschen miteinander kommunizieren, geregelt zugehen muss, damit nicht durcheinander geredet wird und Debatten oder Diskussionen auch Ergebnisse zumeist in Beschlussform zeitigen.

Nun weisen Satzungen und Geschäftsordnungen von Parteien Positionsträgern besondere Leitungsrechte zu, die einer Versammlung von Gleichen hierarchische Über- und Unterordnungsverhältnisse überstülpt. Dies beginnt in optischer Signalform bereits bei der vorstands- bzw. leiterzentrierten Sitzordnung. Und sie dokumentiert sich in dem herrschaftlichen Gestus, mit dem Teilnahme an der Kommunikation gewährt bzw. verwehrt und das Kommunikationsgeschehen gelenkt wird. Wer Kraft seines Amtes die Sitzung leitet, eröffnet und schließt mit dem ersten und letzten Wort, berichtet selbst, legt Rednerlisten an und erteilt das Wort, stellt zur Diskussion und fasst zusammen, was andere gesagt haben. Leitungszentrierter und hierarchischer könnte es auch in einer Unternehmensvorstandssitzung nicht zugehen. Dies alles spielt sich im Rahmen einer Kommunikationskultur ab, die von tradierten Zeichenvorräten und Sprachcodes sowie habitualisierten zwischenmenschlichen Verkehrsformen geprägt ist und dem Geschehen etwas betont Ritualistisches verleiht.

Für fehlende demokratische Gleichstellung ist obendrein von großem Belang, dass sich Parteien in eine kleine Informationselite mit Wissensüberfluss an der Parteispitze und in Hunderttausende von informationellen Habenichtsen an der Parteibasis aufspaltet. Denen wird sogar der Blick in Mitgliederadressenlisten vorenthalten (Steffani 1993: 586 ff.). Der Informationsvorsprung der Parteispitze ist so groß und die Wissenskluft nach unten so tief, dass die Kenntnisse der Mitglieder darüber, was in ihrer Partei geschieht, wer welchen Einfluss ausübt, was Vorstände oder Fraktionen auf Kommunal-, Landes- oder Bundesebene machen, womit sich die Angestellten der Parteigeschäftsstellen beschäftigen, wie hoch die Parteifinanzen sind und wofür sie ausgegeben werden, als äußerst unvollständig und dürftig einzuschätzen sind. Entsprechend groß ist die Unzufriedenheit an der Parteibasis über die undurchsichtigen und lückenhaften Informationsverhältnisse (Becker u.a. 1998: 64). Nur fällt diese Kritik auf all die inaktiven Parteimitglieder zurück, die nie den Anschluss an das unmittelbare Kontakt- und Kommunikationsnetz ihrer örtlichen Parteien hergestellt haben. Und das ist die übergroße Mehrheit, während die Trägergruppe des Netzwerks nicht einmal mehr als rund zehn Prozent der Mitglieder umfasst (Falke 1982: 198).

Kommt dieser harte Kern so genannter Parteiaktiver auf Mitgliederversammlungen, Veranstaltungen, Gremiensitzungen und Parteitagen zusammen, heißt dies jedoch noch lange nicht, dass unter ihnen wenigstens reziproke und symmetrische Kommunikationsbeziehungen herrschen würden. Im Gegenteil zeichnen sich zwischenmenschliche Interaktions- und Kommunikationsprozesse bei Zusammenkünften von Parteien seit je durch ein extremes Beteiligungsgefälle aus. Gerade bei solchen innerparteilichen Gelegenheiten, die in noch dazu vertrauter Runde vom Reden und Gesprächsaustausch leben, ziehen viele das Schweigen vor. So begnügen sich nach einer Bremer Parteimitgliederstudie 30 Prozent der Befragten bei politischen Diskussionen mit einer Zuhörerrolle (Roth/Wiesendahl 1986: 173). Eine akribische Beobachtungsstudie bei der Schweizer Freien Demokratischen Partei in Bern über 21 Monate hinweg hat erbracht, dass unter den rund 10.000 Mitgliedern 318 Personen Ämter inne hatten, von denen 35 Prozent auf Parteiversammlungen niemals ein Wort verloren (Steiner/Dorff 1980: 186). Weitere 69 Prozent enthielten sich jeglichen Vorschlags in Konfliktsituationen. Konfliktlösungsbeiträge gingen zu 37 Prozent auf eine kleine Vierergruppe von Beteiligungsaktiven zurück, und die restlichen 64 Prozent an Vorschlägen brachte ein Kreis von 14 weiteren Amtsträgern hervor. Das stark asymmetrische Kommunikationsgefälle erreicht seinen Tiefpunkt auf Parteitagen, auf denen die Parteiprominenz vor Hunderten, gelegentlich Tausenden von Delegierten die knappe Redezeit zur persönlichen Selbstdarstellung okkupiert (Niclauß 1995: 120 ff.; Rudzio 1991: 156 f.; Vorstand der SPD 1991: 5; Müller in diesem Band).

Das allerorts greifbare Missverhältnis zwischen gegebenen Kommunikationschancen und deren disparitären Verwertung erklärt sich aus dem Prämierungseffekt denjenigen gegenüber, die entweder von Amts wegen zu den Redeprivilegierten zählen, oder die, aus redenden, schreibenden und persuasiven Berufen kommend, kommunikativ geübt sind und aufgrund ihrer Sprach- und Diskussionskompetenz das große Wort schwingen. Die intellektuellen Hürden des selbstbewussten und wirkungsmächtigen Kommunizierens und der abstrakt-immatriellen Themen großer Politik, die auf Parteiversammlungen behandelt werden, begünstigen ohnehin gesellschaftlich Bessergestellte, die von ihrer akademischen Schulung und Distanz gegenüber unmittelbar bedrückenden Erfahrungen des Alltags auf die kosmopolitischen Kommunikationsanreize von Parteien besonders stark ansprechen (Verba u.a. 1993: 313). Als Orte des deliberativen herrschaftsfreien Dialogs lassen sich Parteien jedenfalls nicht bezeichnen. Als Kommunikationsgebilde reproduzieren und verstärken sie eher noch gesellschaftlich bestehende Ungleichheitsverhältnisse.

6. Die schwindende Kommunikationsleistung von Parteimitgliedern

Parteien verbinden Staat und Gesellschaft. Sie wirken wie ein offener Kommunikationskanal, über den gesellschaftliche Stimmungen, Strömungen, Wünsche, Interessen und Anliegen aufgegriffen und über innerparteiliche Relaisstationen transportiert sowie schließlich in den politischen Entscheidungsprozess eingespeist werden. Dieser parteiendemokratisch unverzichtbare Vorgang wird auch als *Linkage*-Funktion bezeichnet (Lawson 1980). Bindeglied sind Parteien aber nur dann, wenn es ihnen gelingt, aufmerksam und hellhörig in die Gesellschaft hineinzuhorchen und sich das responsiv zu eigen zu machen, was sie zu Gehör bekommen. Dies liegt nicht zuletzt im Eigeninteresse der Parteien selbst, um ihrerseits erfolgreich auf Rückhalt in der Bevölkerung und auf hohe Wählerresonanz zu stoßen. Nur verlangen vitale und intakte *Linkages* nach harter Beziehungsarbeit, die noch dazu fortwährend erneuerungsbedürftig ist, um anschlussfähig an veränderte Strömungen und Problemkonstellationen zu bleiben.

Anbindungen können entweder auf direktem Wege erfolgen, indem unmittelbar auf der zwischenmenschlichen Ebene zu den Bürgerinnen und Bürgern Kommunikationskontakte angebahnt und in dauerhafte Beziehungen umgewandelt werden. Oder aber die Verbindung zur Wählerumwelt wird auf indirektem Wege hergestellt. Dabei müssen allerdings intermediäre Instanzen zwischengeschaltet und deren Vermittlungsleistungen in Anspruch genommen werden, damit über Umwege ein Anschluss an die Bevölkerung glückt. Merkwürdigerweise zählt Poguntke (2000: 31 f.) Massenmedien zu den direkten *Linkage*-Kanälen, die jedoch in Wirklichkeit zusammen mit den Vorfeldverbänden der Parteien indirekte Kontaktanbahnungseinrichtungen bilden. Auch verfolgen diese Mittler bei ihrer Dienstleistung immer auch eigene Interessen und entziehen sich der einseitigen Kontrolle und Instrumentalisierung durch die Parteien.

Einzig und allein durch ihre Mitglieder unterhalten Parteien direkte *Linkages* zur Gesellschaft. Deshalb wird die interaktive Kommunikationsleistung von Parteimitgliedern von Teilen der Parteienforschung auch besonders hoch veranschlagt. So sieht Widfeldt (1999: 282) in ihnen Transmitter gesellschaftlicher Befindlichkeiten und Meinungen in die Parteien hinein, sodass zwischen Gesellschaft und Parteien repräsentative Meinungskongruenz bzw. -korrespondenz hergestellt würde (Widfeldt 1999: 228 f.). Auch wird ihnen in umgekehrter Richtung die Rolle von Horchposten, als „eyes and ears" der Parteien zugedacht (Whiteley u.a. 1994: 4), und als „Botschafter" der Parteien übernähmen sie obendrein eine wichtige Beziehungsaufgabe (Cowley 1999).

Laufen diese Argumente alle auf den unverzichtbaren Erhalt der (europäischen) Massenmitgliederparteien hinaus, hat bereits Mitte der Sechziger Epstein (1967) von amerikanischer Seite dagegen eingewandt, dass die mitgliederschwachen US-Parteien den Beweis erbrächten, dass sich die direkte Kommunikationsleistung von Parteimitgliedern auch erfolgreich durch die Nutzung von Massenmedien kompensieren ließe. Von hierher lässt sich ein roter Faden bis hin zu der These spannen, dass die schwindende Kommunikationskapazität der Parteimitglieder die Parteieliten auf massenmediale Vermittlungskanäle zurückgreifen lasse (Niedermayer 2000: 205 f.). Nun lässt sich in dieser allgemeinen Form der Nutzenverlust der Parteimitglieder so nicht bestätigen. Eher ist der Einfluss des lokalen „grassroots campaigning" selbst auf den Ausgang von überörtlichen Wahlen nach wie vor als hoch zu veranschlagen (Whiteley u.a. 1994: 190 ff.). Und selbst in den USA ist ihr Wahlkampfstellenwert in den achtziger und neunziger Jahren nochmals deutlich angestiegen (Frendreis/Gitelson 1999: 138 ff.). Noch viel wichtiger ist aber, dass Parteimitglieder post- und interelektoral durch ihre berufliche, freizeitliche und nachbarschaftliche Einbindung in die Gesellschaft die Knotenpunkte von primären lebensweltlichen Kontaktnetzwerken bilden, über die Parteien ihre unmittelbare Verwurzelung in der Gesellschaft sicherstellen (Scarrow 1996: 137 ff.). Und vieles spricht dafür, dass dort in zwischenmenschlicher Face-to-Face-Kommunikation erzeugtes Vertrauenskapital durch kein Äquivalent zu ersetzen ist (Ofner 1985). Soweit Parteimitglieder durch aktive Mitwirkung an vielfältigen Formen vor- und unpolitischen gesellschaftlichen Engagements in Vereinen und Freizeitorganisationen Präsenz zeigen (Bürklin u.a. 1997: 42 f.; Suckow 1989: 144 f.), verfügen Parteien in der Tat über zahllose zwischenmenschliche Kontaktanschlüsse, die ihnen Bürgernähe und Bodenständigkeit verleihen. Nur kann das auch ins Gegenteil ausschlagen, wenn, wie sich immer mehr herausstellt, sich die Mitglieder in einem abgeschotteten und homogenen privaten und freizeitlichen Kontaktumfeld bewegen, das von Parteifreunden umstellt ist (Arbeitsgruppe Wahlanalyse 1989: 19ff.; Greven 1987: 134 ff.; Immerfall 1991: 12 ff.; Mayntz 1959: 79; Roth/Wiesendahl 1986: 153 f.; Suckow 1989: 139).

Geradezu dramatische Ausmaße nimmt vor diesem Hintergrund die Nachwuchskrise und Überalterung der Parteien an (Wiesendahl 2001), da dadurch die Verbindung zur Jugend und neuen gesellschaftlichen Entwicklungen gekappt wird, während sich die Parteien als Resonanzkörper auf ein Seniorenspektrum verengen (vgl. Sarcinelli in diesem Band). Mitgliederparteien sind aus der Kommunikationsperspektive zwar nicht obsolet, doch schwindet ihre direkte Kommunikationskapazität, die sie Anschluss an die Gesellschaftsentwicklung halten ließe.

7. Wirklichkeitsverlust und auseinanderdriftende Deutungswelten

Parteien benötigen aktuelles und wirklichkeitsnahes Wissen über ihre veränderliche Wählerumwelt, die ihrerseits dem gesellschaftlichen Wandel ausgesetzt ist. Dabei geht es – mehr technisch formuliert – um einen Informationsaufnahme- und Informationsverarbeitungsprozess, der allein schon wegen der Informationsfülle und der begrenzten Speicherkapazitäten mit „Selektivität" (Deutsch 1969: 214) einhergeht. Um wie viel schwieriger gestalten sich dann aber erst die kognitiven Prozesse der kollektiven Wirklichkeitsaneignung durch Parteimitglieder, die sich, in welcher Position auch immer, schwer tun, ein realistisches Bild von der gesellschaftlichen Wirklichkeit zu machen und dieses auch noch fortwährend zeitgemäß an neue Wirklichkeiten anzupassen.

Vielschichtige, facettenreiche und mehrdeutige gesellschaftliche Wirklichkeit gibt leider nicht durch sich selbst preis, wie sie beschaffen ist, sodass sie sich auch nicht durch schlichte Inaugenscheinnahme abbilden und in Parteien hineintransferieren lässt. Die müssen schon selbst bei der Frage, was wirklich ist, eine schöpferische Eigenleistung als Antwort erbringen. Mit anderen Worten erzeugen sich Parteimitglieder ihre Wirklichkeit selbst, indem sie durch kollektive Gewahrwerdungs- und Deutungsprozesse Vorstellungsbilder entwickeln, die sie dann subjektiv für Wirklichkeit halten (Wiesendahl 1998b: 128 ff.). Genauso erfassen Parteien nur das an gesellschaftlichen Problemen, was Mitglieder in einem kognitiven Aneignungsprozess dafür halten.

Dies mag solange gut gehen, wie Parteimitglieder über hinreichend breit gefächerte und vielfältige externe Erfahrungszugänge verfügen, über die sie ihre Wirklichkeitsvorstellungen mit alltäglich erlebter Wirklichkeit abgleichen und dahin fortwährend korrigieren. Die Parteien leiden aber durch chronischen Mitgliederschwund, Überalterung und verengter sozialer Repräsentanz an gesellschaftlichem Berührungsverlust, was mit Erfahrungsschwund und der Gefahr des schrittweisen Wirklichkeitsverlustes einhergeht. Innerparteilich entsteht Wirklichkeitsaneignung noch dazu über einen zwischenmenschlichen Verständigungsprozess, bei dem hergebrachte Gewissheiten und kollektiv verinnerlichte Wahrheiten und Bedeutungen vergegenwärtigt und kommuniziert werden, sodass jetzige Wirklichkeit wie durch einen Rückspiegel mit Blick auf die Vergangenheit zugänglich gemacht wird. Dies erzeugt einen Filtereffekt, sodass Parteien bei der überalteten Mitgliedschaft Gefahr laufen, gegenwärtige Probleme und Herausforderungen mit in den 70er und 80er Jahren geprägten Gewahrwerdungs- und Deutungsmustern anzugehen.

An den Parteispitzen und in den professionellen Parteistäben ist dagegen längst tief sitzende Unsicherheit eingekehrt, weil die alten gesellschaftlichen Milieustützen der Parteien verkümmert sind. Es ist immer weniger kalkulierbar, wohin sich die destabilisierende Wählerlandschaft verflüssigt (Wiesendahl 2002: 599 ff.). In dieser Situation haben die Parteimitglieder als ehemals nützliche Informationsquelle oder gar als „Marktforscher", die zu berichten wüssten, wie es an der fluiden Wählerfront zugeht, ausgedient. Sie sind zu sehr Milieuprodukt, und ihnen fehlt der Erfahrungszugang zu den wahlentscheidenden Wechselwählerschichten. Umso weniger horchen die Parteiführung und die Spitzenmanager noch in die Mitgliederorganisationen hinein, um stattdessen seit längerem schon Politikberatern und demoskopischen Einflüsterern ihr Ohr zu schenken (Hetterich 2000: 139 ff.; Krebs 1996: 79 ff.).

Zwar arbeitet diese expandierende Branche ohne Gewähr. Doch vermag wenigstens die Demoskopie mit „scheinbar" verlässlichen und exakten Daten (Gellner 1996: 180) und „Pseudo-Opinions" (Reuband 2001: 812) über die wechselhafte Meinungs- und Stimmungslage der Wähler die elektorale Unsicherheit der Parteispitzen subjektiv erträglicher zu machen. Für den Erfahrungszugang und die Wirklichkeitsaneignung der politischen und administrativen Spitzen der Parteien bedeutet dies, dass sie sich von externen Informationsquellen und Deutungsleistungen abhängig machen. Sie bezahlen gekaufte Wirklichkeit mit einem Autonomieverlust. Obendrein schiebt sich kommerzielle Demoskopie als Scharnier zwischen Partei und gesellschaftlicher Wirklichkeit, was den unmittelbaren Erfahrungszugang von Parteien zur Realität verbaut. Die um ihre eigenständige Informationsbeschaffungskompetenz gebrachte Mitgliederpartei an der Basis hat dabei das Nachsehen. Ohnehin darf sie am demoskopischen Herrschaftswissen der Spitze nicht partizipieren. Derart mit externer Expertise und mit demoskopisch wirklicher Wirklichkeit versorgt, wächst an der Parteispitze die Verständigungsunlust gegenüber der Mitgliederbasis. Die kognitive Entfremdung wird noch dadurch verstärkt, dass sich Parteieliten als Berufspolitiker größtenteils in der hermetischen Gewahrwerdungs- und Deutungswelt des abgehobenen selbstreferenten Politikbetriebs bewegen, was sie von unverzerrten Erfahrungsanschlüssen an die Gesellschaftsrealität noch weiter abschneidet.

Die Wirklichkeit unten und die Wirklichkeit oben wollen nicht mehr zueinander passen. Die Parteioberen stellen sich dem Gebaren unten dadurch in den Weg, dass sie für sich das Recht herausnehmen, letztinstanzlich die Realitätstauglichkeit von Problemlösungsvorstellungen der Basis zu überprüfen. Die Basis will sich dagegen mit der kulturellen Enteignung ihrer Wahrheitsansprüche nicht abfinden und verteidigt eigensinnig ihre identitätsstiftenden Wahrnehmungs- und Deutungskompetenzen. Alles spricht dafür, dass sich Mitglieder- und Berufspolitikerpartei kognitiv immer stärker auseinander entwickeln.

8. Trübe Aussichten für die Online-Partei

Die über interne und externe Medien vermittelte Binnenkommunikation der Parteien ist defizitär, und auch auf die Horch- und Sprachrohrfunktion ihrer Mitglieder ist nicht mehr viel zu geben. Umso mehr beflügelt das die Fantasie, sich Parteien als digital vernetzte Teile des Cyberspace mit ganz neuen Formen virtueller Binnenkommunikation auszumalen (vgl. Leggewie in diesem Band). Ließe sich darüber womöglich ein Weg in eine strahlende Zukunft vitaler *Online-Politics* und elektronischer Basisdemokratie erschließen? Verbindet sich doch, seitdem die Gesellschaft nicht mehr zu den Parteien kommt, mit Online-Kommunikation obendrein das Versprechen, hermetisch wirkende Organisationsabschottung zu überwinden und Parteien zur Gesellschaft hin öffnen zu können – von den Möglichkeiten des „Online-Campaigning" einmal ganz zu schweigen (vgl. Gellner/Strohmeier in diesem Band).

Die Parteien haben das allem Anschein nach auch richtig erkannt und sind seit Mitte der Neunziger mit jüngst erst wieder aufgefrischten Homepages erster Güte im Web vertreten. Sicherlich stand dabei zunächst noch die Top-Down-Einwegkommunikation für Marketingzwecke im Vordergrund (Bieber 1999: 101 f.). Doch in jüngster Zeit offerieren Parteien auch verschiedene Plattformen der interaktiven Cyber-Kommunikation, sei es in Gestalt von Life Chats, Diskussionsforen, Newsgroups bis hin zu speziellen E-Mail-Verteilersystemen. Längst ist es so, dass sie sich bis hin zur Ortsvereinsebene herunter im Internet präsentieren. Die mittlerweile in die Millionen gehenden Web-Seitenzugriffe, die expandierende Online-Diskussionsgemeinde und die anschwellende E-Mail-Korrespondenz (Rederer 2000: 59 f.) sprechen in der Tat dafür, dass verloren gegangener Anschluss an die Umwelt online wieder wettgemacht werden könnte. Pioniererfahrungen konnten überdies die Bündnis-Grünen Baden Württembergs 2000 mit ihrem Internet-Parteitag sammeln (Westermayer 2001; vgl. Hebecker in diesem Band), und der bereits seit sieben Jahren existierende Virtuelle Ortsverein der SPD (www.vov.de) hat im Juni 2001 in Gestalt des virtuellen FPD-Landesverbands (www.fdp-lv.net) endlich einen Nachahmer gefunden. Und als dritte virtuelle Parteigruppierung ist auch noch der 17. Landesverband der PDS hinzu zu zählen (www.pds-lv17.de). Obendrein wurden aus Kampagnengründen die Parteigeschäfts-stellen mit den jeweiligen Zentralen intern vernetzt (Hetterich 2000: 120 f.). Und jetzt machen sich die Parteien auch noch daran, die parteiinterne Kommunikation ihrer Mitglieder über das Intranet zu verbessern und die Ortsvereine daran anzuschließen. Internet und Intranet stellen also mitt-lerweile eine wichtige und im Ausbau befindliche Komponente der grenz-diffundierenden Binnenkommunikation dar.

Im Rahmen der organisatorischen Modernisierungsanstrengungen der SPD steht Netzkommunikation sogar im Mittelpunkt der so genannten Online- oder auch Netzwerkpartei (vgl. Leggewie in diesem Band). In deren Zentrum ist an „Kompetenzkerne" gedacht, die einen inneren Kreis, bestehend aus Fraktionen und Parteizentralen, Verbänden und professio-nellen Beratern bilden (Machnig 2000: 660). Drum herum ist die Mitglie-derpartei mit ihren Ehrenamtlichen und Parteibuchinhabern gruppiert, und, was das bisherige organisatorische Erfassungsspektrum sprengt, ein Kreis von „nach Interessen, Lage und Betroffenheit aktivierbaren Unter-stützern". Dem Internet fällt dabei die Aufgabe zu, „ein Nebeneinander von Mitglieder- und Unterstützerpartei" zu organisieren (Machnig 2000: 559) mit dem Zweck, ausgewählte Mitglieder, Unterstützer und „Dialog-partner" befristet als Teilzeit-Alliierte für begrenzte Aktionen zu mobili-sieren (von Alemann u.a. 2001: 30 ff.). Für Deutschland wäre dieser netz-gestützte Brückenschlag zu einer organisationsungebundenen „virtuellen" Unterstützerpartei noch neu, während er in den USA gegenüber der hier-für empfänglichen Zielgruppe der „issue-based participatory activists" längst erfolgreich erprobt wurde (Bibby 1999: 81 ff.; Herrnson/Dwyre 1999).

Online-Kommunikation kann also durch das in ihr schlummernde technische Entwicklungspotenzial innerparteiliche Informationsprozesse erweitern sowie beschleunigen und infolgedessen neue Quellen des In-formationszugangs und der Meinungsbildung erschließen. Skeptisch stimmen aber dagegen die eher ernüchternden praktischen Erfahrungen, die bisher schon bei der Implantation und Anwendung computerisierter Informationstechnologie in Parteien gesammelt wurden. Umsetzer und

Anwender neuer Kommunikationstechnologie ist nämlich in erster Linie der administrative Parteiapparat, der personell und von der Qualifikation her an enge Kapazitäts- und Motivationsgrenzen stößt, um die Verwertungschancen von kommunikationstechnologischen Innovationen professionell zu nutzen (Hetterich 2000: 128 ff.). Deshalb bestand die erste, Mitte der achtziger Jahre einsetzende Welle der Computerisierung auch in nichts weiterem als in der technischen Modernisierung alltäglicher PC-Bürokommunikation in den Parteien (Bogumil/Lange 1991; Einemann 1991: 66; Lange 1995), mit der sie zu den gängigen Standards von Unternehmen und Verwaltungen aufschlossen. Ziel war, den Verwaltungsaufwand innerparteilicher Information und Mitgliederbetreuung zu rationalisieren und den abwärts gerichteten Informationsfluss zu den Geschäftsstellen auszudehnen, zu verdichten und zu beschleunigen. Dabei ist weiterhin anfallende konventionelle Büroarbeit oder Mitgliederbetreuung nicht ersetzt worden, sondern muss neben der neuen elektronischen Textverarbeitung und Mitgliederdatenerfassung ebenfalls mit erledigt werden (Bogumil/Lange 1991: 133). Textverarbeitungssoftware wird zwar heutzutage bis auf Ortsvereinsebene hinunter genutzt. Doch für weitere PC-Anwendungsmöglichkeiten wie z.B. die Anlage von „Direct Mail"-Zielgruppendateien, von elektronischen Datenbanken oder E-Mail-Adressdateien fehlen Ressourcen und sachkundiges Personal.

Seit 1995 breitet sich nun in den Parteien eine zweite Welle vernetzter Computerkommunikation aus, ohne dass – entgegen mancher euphemistischer Überzeichnung (Leggewie/Bieber 2001: 38 ff.) – mit dem Internet der Durchbruch in ein neues Zeitalter geglückt wäre. Gerade mal einer Handvoll von Online-Redakteuren in den Parteizentralen wird zugemutet, das Web-Kommunikationsangebot zu betreuen und der hereinkommenden digitalen Informationsflut Herr zu werden. Insofern hat Online-Kommunikation die Parteien wohl erreicht, ohne dass sie jedoch dabei wären, zu Internet-Parteien zu transformieren. Zweifelsohne hängen sie sich schon aus Konkurrenz- und Imagegründen an den Vernetzungstrend elektronischer Kommunikation an. Doch ihr Kerngeschäft bleibt die konventionelle Binnenkommunikation über die Zusammenkunft sowie über eigene und externe Print- und TV-Medien. Nichts wurde durch Inter- und Intranet ersetzt, sondern so wie zuvor schon der PC ergänzt nun auch das Web die hausbackene innerparteiliche Information und Öffentlichkeitsarbeit, um diese weiter zu beschleunigen und zu erweitern. Auch die

Web-Unterstützerpartei ist über den Status einer vagen Idee einiger Online-Strategen noch nicht hinausgekommen. Vor allem fehlen Zielgruppendateien und Web-Beziehungen, um sie bei Bedarf zum Leben erwecken zu können. Ohnehin heißt Netzwerkpartei, auf ganz konventionellen Kontaktanbahnungskanälen Beziehungen zu externen zivilgesellschaftlichen Gruppen und Einrichtungen jenseits des etablierten Verbändesystems herzustellen. Auch absolut vereinzelte Novitäten wie ein virtueller Parteitag und Ortsverein machen noch keine Online-Partei, sondern bilden realiter exotische Randerscheinungen einer von digitaler Moderne noch weitgehend unberührten Binnenwelt.

9. Kein Mehr an Teilhabe und parteiinterner Demokratie durch Online-Partizipation

Was die Nutzerseite anbetrifft, erweitert Online-Kommunikation ohne Zweifel die Möglichkeiten, um mit Parteien in Informationskontakt und partiell sogar in Kommunikationsaustausch treten zu können. So stellen die Parteien über ihre Homepages eine Fülle von Informationen, Daten und Dokumenten ins Netz, die sonst gar nicht oder nur in aufwändiger Weise mit gewissen Vorkenntnissen zu beschaffen wären. Der Zugang hierzu steht grundsätzlich jedem ohne räumliche oder zeitliche Einschränkung offen. Auch Diskussionsforen wird ein hohes Debattenniveau bescheinigt (Rederer 2000: 50 ff.). Selbst organisationspolitisch zeigen etwa positive Erfahrungen von US-Parteien bei der Rekrutierung von neuen Mitgliedern und temporären Helfern, dass „internet may be an effective tool for converting political interest in political participation" (Goodhart 1999: 130).

An Online-Emphatismus mangelt es nicht, doch warum sollte sich gerade durch netzgestützte virtuelle Partizipation das vorhandene Beteiligungs- und Kommunikationsgefälle in Parteien beheben lassen? Allein schon die zu überwindenden technischen Ausstattungs- und Zutrittsbarrieren digitaler Partizipation sprechen dagegen genauso wie die Tatsache, dass individuelle Online-Kommunikation nur einseitig von einer kleinen Minderheit genutzt wird. Dies ist auch der Grund, warum sich der gehobene Mittelschichten-Bias institutioneller politischer Beteiligung durch das Web eher noch weiter verstärkt. Denn durch die Online-Öffnung der

Parteien wird die Gruppe der privaten Netznutzer privilegiert und damit vor allem besser gebildete, männliche Vertreter jüngerer Altersklassen, die weit überproportional das Netz privat nutzen (van Eimeren/Gerhard 2000; Hagen/Kamps 1999: 211 ff.; Polis 2000: 25 ff.; Westermayer 2001: 7 f., 179). Abgesehen vom Alter sind das genau die Personenkreise, aus denen sich die kommunikativ dominanten Parteiaktiven rekrutieren. Das Partizipationsgefälle setzt sich weiter etwa bei der vergleichsweise kleinen Mitgliederzahl von 1.000 beim Virtuellen Ortsverein der SPD fort, und auch der virtuelle Landesverband der FDP verfügt nach eigenen Angaben Ende 2001 über nicht mehr als 397 Mitglieder. Schlimmer noch sieht es bei der tatsächlichen Nutzung konkreter digitaler Beteiligungschancen aus, zumal sich an den internen Wahlen des VOV der SPD 1998 und 1999 nur rund 9 bzw. 17 Prozent beteiligten (Rederer 2000: 98, 292 ff.). Nicht besser sehen die Partizipationsraten am virtuellen Parteitag der Grünen aus, an dem sich 163 von ca. 7.500 Parteimitgliedern beteiligten, darunter 14 mit hoher Intensität (Westermayer 2001: 132). Wie sehr die Web-Beteiligung den Trichtereffekt konventioneller innerparteilicher Mitwirkung dupliziert, wird auch am Online-Vorlauf des Kleinen Parteitags der CDU Ende 2000 deutlich, an dem sich 400 von 13.500 registrierten Online-Nutzern beteiligten (Marschall 2001: 42, 46).

Das ganze Ausmaß virtueller Kommunikationsapathie ist damit noch nicht einmal erfasst, weil Online-Aktivengagement substanziell erst mit dem Schreiben beginnt, während sich die überwiegend nur Lesenden etwa einer Online-Debatte – selbst als Dauerbesucher – mit einer einflusslosen passiven Zuschauerrolle begnügen. Zur Ressourcenausstattung des Cyber-Aktiven gehört allemal herausgehobene Sprach- und Argumentationskompetenz, was wiederum diejenigen begünstigt, die, wie es Ingenieure unfein ausdrücken würden, in „Laber"-Wissenschaften geschult sind bzw. redende und schreibende Berufe ausüben. Infolgedessen werden Online-Debatten von einem äußerst kleinen unverwüstlichen Kern von Dauerdebattierern dominiert, die den Großteil der schriftlichen Redebeiträge liefern.

Der prinzipiell hochgelobte offene und zeitlich unbegrenzte Charakter interaktiver Online-Kommunikation schlägt praktisch noch obendrein in einen diskriminierenden Nachteil für Zeitarme um, denen es beruflich bzw. privat verwehrt ist, einen aus Hunderten von Beiträgen resultierenden ausufernden Debattenprozess kontinuierlich zu folgen.

Nun verbindet sich mit dem Web immerhin noch die Hoffnung, durch eine kritische digitale Öffentlichkeit „politische Entscheidungsstrukturen transparenter zu gestalten" (Kaiser 1999: 175). Auf der einen Seite öffnen Parteien in der Tat Besuchern ihrer Homepages ein Fenster, durch das man gut sichtbar in ihr aufgeräumtes Inneres blicken kann. Doch lässt sich dann andererseits keine weitere Hintertür gerade zu interessanten vertraulichen Informationen öffnen, die bisher schon der parteiinternen und -externen Öffentlichkeit vorenthalten wurden (Meckel 2000: 239). Dafür sorgt schon pflichtgemäß das Parteimanagement, das – und eben nicht die Nutzer – über „Form und Inhalt" der öffentlich zugänglich gemachten Online-Kommunikation entscheidet (Marschall 2001: 41).

Schließlich ist selbst beim so wichtigen Öffnungs- und Demokratisierungseffekt auf die innerparteiliche Willensbildung Fehlanzeige zu melden. Denn das Wenige, was überhaupt als Teilhabe am politischen Prozess in Parteien in Frage käme, nämlich bei virtuellen Ortsvereinen oder Parteitagen mitzumachen und gelegentlich abzustimmen, kommt über pseudodemokratische Spielerei nicht hinaus. Interaktive Diskussionsforen oder auch Chats können solange nicht den Eindruck des gehobenen virtuellen Stammtischpalavers abstreifen, wie der tatsächlich davon ausgehende Entscheidungseinfluss gegen Null tendiert. Dadurch, dass auch noch obendrein beim Online-Stammtisch ausgeprägtes Kommen und Gehen herrscht, holt die Parteien selbst auf diesem Feld ihr partizipatorisches Fluktuationsproblem wieder ein, was ihren Charakter als organisierte Anarchien (Wiesendahl 1998b: 242 ff.) weiter festigt. Virtuelle Online-Debatten haben insofern auch nur sehr entfernt etwas mit dem Ideal eines deliberativen Diskurses gemein, sondern deren Verlauf muss weit eher mit „Mülleimer-Entscheidungsprozessen" (March/Olson 1986) in Verbindung gebracht werden.

Ohnehin stellt sich die Frage nach innerparteilicher Online-Demokratie ernsthaft erst dann, wenn über das Internet regelmäßige verbindliche Meinungsbefragungen oder direkte Personal- und Sachabstimmungen durch Mitglieder und auch Nicht-Mitglieder durchgeführt werden sollten. Spätestens dann wird auch parteiengesetzlich zu klären sein, welche Rechte und Pflichten nicht gebundenen Cyber-Aktiven bei der Willensbildung von Parteien einzuräumen sind (Marschall 2001: 45), die formal an dem Modell der Mitgliederpartei und den sie tragenden eingeschriebenen, beitragsleistenden Organisierten festhalten.

10. Fazit

Hergebrachte Mitgliederparteien abschreiben und durch die Internet-Partei ersetzen zu wollen, ist trotz ihrer bestehenden Kommunikationsdefizite nicht nur verfrüht, sondern hieße, sich womöglich vergleichbare Probleme in neuer Verpackung einzuhandeln. Zwar bedienen sich die Parteien bei ihrer von oben gesteuerten instrumentellen Binnen- und Außenkommunikation verstärkt jetzt auch des Internet, ohne deshalb schon zu Online-Parteien zu transformieren. Die Internet-Partei selbst ist nicht mehr als ein strategischer Reißbrettentwurf, dessen innerorganisatorischen Umsetzung massive Kapazitäts- und Motivationsprobleme entgegenstehen. Nichts spricht dafür, dass sich die eigensinnige Parteibasis vor den Karren instrumenteller High-Speed-Cyber-Kommunikation spannen lassen wird. Fragwürdig ist deshalb auch die These, dass „die Tendenz zur Online-Partei irreversibel" (Leggewie 2001: 39) sei. Zudem bilden Parteien bislang alles andere als einen fruchtbaren Nährboden, auf dem auch nur ein einziger schwärmerischer Blütentraum elektronischer Demokratie gereift wäre. Denn Online-Kommunikation steht gezielt im Dienst der verbreiterten und beschleunigten internen und externen Öffentlichkeitsarbeit und eben nicht des gewollten Einstiegs in digitale Formen der Mitgliederpartizipation oder gar grenzauflösender Teilhabe an der innerparteilichen Willensbildung. Eine digitale partizipatorische Revolution findet in Parteien nicht statt, genauso wenig wie *Online-Politics* im hergebrachten Prozess innerparteilicher Willensbildung eine Fußnote wert wäre. Deshalb steht auch das Aufhebens, dass um ein oder zwei scheindemokratische Online-Parteitage oder um wenig mehr virtuelle Parteieinheiten gemacht wird, im umgekehrten Verhältnis zu der Bedeutung, die diesen im Binnenleben der Parteien tatsächlich zu Teil wird.

Nicht wegzuwischen ist jedoch das Faktum, dass das Internet Online-Nutzern einen zusätzlichen Artikulationskanal einräumt, um mit Parteien zu kommunizieren. Nur verbindet sich dies mit dem demokratisch fragwürdigen Effekt, dass hierdurch gerade jene exklusive Gruppe von Cyber-Aktiven privilegiert wird, die im Sozialprofil stark mit den jetzt schon dominanten Aktivkernen in den Parteien übereinstimmt. Nicht von der Hand zu weisen ist deshalb die Gefahr, dass sich durch Online-Kommunikation die bereits bestehende asymmetrische Kommunikation und das krasse Partizipationsgefälle unter den Parteimitgliedern noch weiter verstärkt. Soweit ist es jedoch noch nicht, weil sich angebotsgesteuerte interaktive Kommunikation in und mit Parteien gegenwärtig jedenfalls noch in Pseudopartizipation und wirkungsloser Vakuumaktivität erschöpft. Einen kleinen, überschaubaren Liebhaberkreis (Hagen/Kamps 1999: 219 ff.) hält das jedoch nicht davon ab, munter und kurzweilig durch die vorgezeichneten Haupt- und Nebenverkehrslinien des Online-Netzwerks der Parteien zu surfen und gelegentlich sogar bei gemeinsamen Rastplätzen zum Chatten zu verweilen. Nur hinterlässt diese Art von Online-Partizipation im Binnenleben der Parteien außer den in regelmäßigen Abständen entsorgten Überbleibseln des Cyber-Debattenmülls keine weiteren Spuren.

Literatur

Alemann, Ulrich von/Strünck, Christoph/Wehrhöfer, Ulrich (2001): Neue Gesellschaft – alte Parteien? Parteireformen müssen politische Führung und die programmatische Funktion für den Alltag zurückgewinnen, in: Matthias Machnig/Hans-Peter Bartels (Hrsg.), Der rasende Tanker. Analysen und Konzepte zur Modernisierung der sozialdemokratischen Organisation, Göttingen: Steidl, S. 26-34.

Arbeitsgruppe Wahlanalyse (1989): Mitgliederbefragung 1988. Bericht über eine Repräsentativbefragung unter Berliner SPD-Mitgliedern im Februar/März 1988, Berlin: Zentralinstitut für Sozialwissenschaftliche Forschung.

Aus Erfahrungen Lernen (1993): Ergebnisse einer Befragung von Mitgliedern und Funktionsträgern der SPD in den alten und neuen Bundesländern, in: Karlheinz Blessing (Hrsg.), SPD 2000. Die Modernisierung der SPD, Marburg: Schüren, S. 192-266.

Beyme, Klaus von (2000): Parteien im Wandel, Wiesbaden: Westdeutscher Verlag.

Bibby, John F. (1999): Party Networks: National-State Integration, Allied Groups and Issue Activists, in: John C. Green/Daniel M. Shea (Hrsg.), The State of the Parties, 3. Aufl., Lanham u.a.: Rowman & Littlefield, S. 69-85.

Bieber, Christoph (1999): Politische Projekte im Internet. Online-Kommunikation und politische Öffentlichkeitsarbeit, Frankfurt a.M./New York: Campus.

Bogumil, Jörg/Lange, Hans-Jürgen (1991): Computer in Parteien und Verbänden, Opladen: Westdeutscher Verlag.

Brunsson, Nils (1989): The Organization of Hypocrisy: Talk, Decision and Actions in Organizations, Chichester: Wiley.

Bürklin, Wilhelm F./Neu, Viola/Veen, Hans-Joachim (1997): Die Mitglieder der CDU, KAS-Interne Studie Nr. 148, Sankt Augustin: Konrad-Adenauer-Stiftung.

Cowley, Martin and Philip (1999): Ambassadors in the Community? Labour Party Members in Society, in: Politics 19, S. 86-96.

Deutsch, Karl W. (1969): Politische Kybernetik: Modelle und Perspektiven, Freiburg i. Br.: Rombach.

Eimeren, Birgit von/Gerhard, Heinz (2000): ARD/ZDF-Online-Studie 2000: Gebrauchswert entscheidet über Internetnutzung, in: Media Perspektiven, H. 8, S. 338-349.

Einemann, Edgar (1998): Partei-Computer für mehr Demokratie, Marburg: Schüren.

Epstein, Leon D. (1967): Political Parties in Western Democracies, New York u.a.: Praeger.

Falke, Wolfgang (1982): Die Mitglieder der CDU, Berlin: Duncker & Humblot.

Frendreis, John/Gitelson, Alan R. (1999): Local Parties in the 1990s: Spokes in a Candidate-Centered Wheel, in: John C. Green/Daniel M. Shea (Hrsg.), The State of the Parties, 3. Aufl., Lanham u.a.: Rowman & Littlefield, S. 135-153.

Gabriel, Siegmar/Platzeck, Matthias (2001): Ein langer Weg, in: Der Spiegel vom 26. November.

Gellner, Winand (1996): Demoskopie, Politik, Medien. Anmerkungen zu einem problematischen Verhältnis, in: Otfried Jarren/Heribert Schatz/Hartmut Weßler (Hrsg.), Medien und politischer Prozeß, Opladen: Westdeutscher Verlag, S. 169-184.

Goodhart, Noah, J. (1999): The New Party Machine: Information Technology in State Political Parties, in: John C. Green/Daniel M. Shea (Hrsg.), The State of the Parties, 3. Aufl., Lanham u.a.: Rowman & Littlefield, S. 120-134.

Greven, Michael Th. (1987): Parteimitglieder. Ein empirischer Essay über das politische Alltagsbewußtsein in Parteien, Opladen: Leske + Budrich.

Hagen, Lutz M./Kamps, Klaus (1999): Netz-Nutzer und Netz-Nutzung. Zur Rezeption politischer Informationen in Online-Medien, in: Klaus Kamps (Hrsg.), Elektronische Demokratie? Perspektiven politischer Partizipation, Opladen/Wiesbaden: Westdeutscher Verlag, S. 209-226.

Herrnson, Paul, S./Dwyre, Diana (1999): Party Issue Advocacy in Congressional Election Campaigns, in: John C. Green/Daniel M. Shea (Hrsg.), The State of the Parties, 3. Aufl., Lanham u.a.: Rowman & Littlefield, S. 86-104.

Hetterich, Volker (2000): Von Adenauer zu Schröder – Der Kampf um Stimmen, Opladen: Leske + Budrich.

Immerfall, Stefan (1991): Politische Kommunikation von Parteimitgliedern: Ergebnisse einer schriftlichen Befragung von Mitgliedern der CSU und der SPD in Südostbayern, Passauer Papiere zur Sozialwissenschaft Nr. 6, Passau: Universität Passau.

Infas (1977): Infas Report: Parteiensoziologische Untersuchungen 1977, Bonn-Bad Godesberg: Infas.

Kaiser, Robert (1999): Online-Informationsangebote der Politik. Parteien und Verbände im World Wide Web, in: Klaus Kamps (Hrsg.), Elektronische Demokratie? Perspektiven politische Partizipation, Opladen/Wiesbaden: Westdeutscher Verlag, S. 175-190.

Katz, Richard S./Mair, Peter (1993): The Evolution of Party Organization in Europe: The Three Faces of Party Organization, in: William Crotty (Hrsg.), Parties in an Age of Change, Special Issue of the American Review of Politics 14, S. 593-617.

Krebs, Thomas (1996): Parteiorganisation und Wahlkampfführung, Wiesbaden: Universitäts-Verlag.

Lange, Hans-Jürgen (1995): Responsivität und Organisation. Eine Studie über die Modernisierung der CDU von 1973-1989, Marburg: Schüren.

Lawson, Kay (1980): Political Parties and Linkage, in: Dies. (Hrsg.), Political Parties and Linkage. A Comparative Perspective, New Haven/London: Yale University Press, S. 3-24.

Leggewie, Claus (2001): Parteien in Netzwerken. Online-Kommunikation und neue Politik, in: Matthias Machnig/Hans-Peter Bartels (Hrsg.), Der rasende Tanker. Analysen und Konzepte zur Modernisierung der sozialdemokratischen Organisation, Göttingen: Steidl, S. 35-45.

Leggewie, Claus/Bieber, Christoph (2001): Interaktive Demokratie. Politische Online-Kommunikation und digitale Politikprozesse, in: Aus Politik und Zeitgeschichte, B 41-42, S. 37-45.

Machnig, Matthias (2000): Auf dem Weg zur Netzwerkpartei, in: Die Neue Gesellschaft/Frankfurter Hefte 47, S. 654-660.

March, James G./Olsen, Johan P. (1986): Garbage Can Models of Decision Making in Organizations, in: James G. March/Roger Weissinger-Baylon (Hrsg.), Ambiguity and Command, New York: Pitman, S. 11-35.

Marschall, Stefan (2001): Parteien im Internet – Auf dem Weg zu internet-basierten Mitgliederparteien?, in: Aus Politik und Zeitgeschichte, B 10, S. 38-46.

Mayntz, Renate (1959): Parteigruppen in der Großstadt, Köln/Opladen: Westdeutscher Verlag.

Meckel, Miriam (1999): Cyberpolitics und Cyberpolity. Zur Virtualisierung politischer Kommunikation, in: Klaus Kamps (Hrsg.), Elektronische Demokratie? Perspektiven politischer Partizipation, Opladen/Wiesbaden: Westdeutscher Verlag, S. 229-244.

Meng, Richard (1997): Nach dem Ende der Parteien. Politische Organisation in der Mediengesellschaft, Marburg: Schüren.

Meyer, Thomas (2001): Inszenierte Politik und politische Rationalität, in: Karl-Rudolf Korte/Werner Weidenfeld (Hrsg.), Deutschland-Trendbuch. Fakten und Orientierungen, Bonn: Bundeszentrale für politische Bildung, S. 547-570.

Müller, Wolfgang C. (1986): Parteien zwischen Öffentlichkeitsarbeit und Medienzwängen, in: Wolfgang R. Langenbucher (Hrsg.), Politische Kommunikation, Wien: Braunmüller, S. 106-135.

Niclauß, Karlheinz (1995): Das Parteiensystem der Bundesrepublik Deutschland. Eine Einführung, Paderborn u.a.: Schöningh.

Niedermayer, Oskar (2000): Modernisierung von Wahlkämpfen als Funktionsentleerung der Parteibasis, in: Ders./Bettina Westle (Hrsg.), Demokratie und Partizipation. Festschrift für Max Kaase, Wiesbaden: Westdeutscher Verlag, S. 192-210.

Niedermayer, Oskar/Reif, Karlheinz/Schmitt, Hermann (Hrsg.) (1987): Neumitglieder in der SPD, Neustadt: Neue Pfälzer Post.

Ofner, Günther (1985): Wahlkampf und Parteiorganisation, in: Fritz Plasser/Peter A. Ulram/Manfred Welau (Hrsg.), Demokratierituale. Zur politischen Kultur der Informationsgesellschaft, Wien u.a.: Böhlau, S. 145-169.

Pauli-Balleis, Gabriele (1987): Polit-PR. Strategische Öffentlichkeit politischer Parteien, Zirndorf: Pauli-Balleis.

Poguntke, Thomas (2000): Parteiorganisation im Wandel, Wiesbaden: Westdeutscher Verlag.

Polis (2000): SPD-Mitgliederbefragung 2000. Zusammenfassung der Ergebnisse und Datendokumentation, München.

Rederer, Klaus (2000): Politik Online: Die politischen Parteien im Internet, Berlin: Mensch-und-Buch.

Reuband, Karl-Heinz (2001): Politische Ignoranz und vorgetäuschtes Wissen. Über die Bewertung von Politikern in allgemeinen Bevölkerungsumfragen, in: Zeitschrift für Parlamentsfragen 23, S. 812-821.

Roth, Reinhold/Wiesendahl, Elmar (1986): Das Handlungs- und Orientierungssystem politischer Parteien. Eine empirische Fallstudie, Analysen und Berichte, Bremen: Forschungsgruppe Parteiendemokratie.

Rudzio, Wolfgang (1991): Das politische System der Bundesrepublik Deutschland, 3. Aufl., Opladen: Leske + Budrich.

Sarcinelli, Ulrich (1998): Parteien und Politikvermittlung: Von der Parteien- zur Mediendemokratie?, in: Ders. (Hrsg.), Politikvermittlung und Demokratie in der Mediengesellschaft, Bonn: Bundeszentrale für politische Bildung, S. 273-296.

Scarrow, Susan E. (1996): Parties and Their Members. Organizing for Victory in Britain and Germany, Oxford: Oxford University Press.

Steffani, Winfried (1993): Parteimitgliedschaft als Geheimsache?, in: Merkur 47, S. 586-600.

Steiner, Jörg/Dorff, Robert, H. (1980): A Theory of Political Decision Modes. Intraparty Decision Making in Switzerland, Chapel Hill: University of North Carolina Press.

Suckow, Achim (1989): Lokale Parteiorganisationen – Angesiedelt zwischen Bundespartei und lokaler Gesellschaft, Oldenburg: BIS.

Verba, Sidney/Schlozmann, Kay L./Brady, Henry/Nie, Norman H. (1993): Citizen Activity: Who Participates? What Do They Say?, in: American Political Science Review 87, S. 303-318.

Vorstand der SPD (Hrsg.) (1991): Organisatorische Erneuerung und Modernisierung der SPD, Bonn: SPD, Referat Öffentlichkeitsarbeit.

Westermayer, Till (2001): Was passiert, wenn eine Partei im Netz tagt? Der virtuelle Parteitag von Bündnis '90/Die Grünen aus soziologischer Sicht, Magisterarbeit: Universität Freiburg i.Br.

Whiteley, Paul/Seyd, Patrick/Richardson, Jeremy (1994): True Blues. The Politics of Conservative Party Membership, Oxford: Clarendon.

Widfeldt, Anders (1999): Linking Parties with People? Party Membership in Sweden 1960-1997, Aldershot u.a.: Ashgate.

Wiesendahl, Elmar (1998a): Parteienkommunikation, in: Otfried Jarren/Ulrich Sarcinelli/Ulrich Saxer (Hrsg.), Politische Kommunikation in der demokratischen Gesellschaft. Ein Handbuch mit Lexikonteil, Opladen/Wiesbaden: Westdeutscher Verlag, S. 442-449.

Wiesendahl, Elmar (1998b): Parteien in Perspektive. Theoretische Ansichten der Organisationswirklichkeit politischer Parteien, Opladen/Wiesbaden: Westdeutscher Verlag.

Wiesendahl, Elmar (2001): Keine Lust mehr auf Parteien. Zur Abwendung Jugendlicher von den Parteien, in: Aus Politik und Zeitgeschichte, B 10, S. 7-19.

Wiesendahl, Elmar (2002): Die Zukunft der Parteien, in: Oscar W. Gabriel/Oskar Niedermayer/Richard Stöss (Hrsg.), Parteiendemokratie in Deutschland, Neuauflage, Bonn: Bundeszentrale für politische Bildung, S. 595-622.

Medienkarrieren in der Spaßgesellschaft? Guido Westerwelle und Jürgen W. Möllemann

Torben Lütjen / Franz Walter

1. Struktur oder Frisur? Zur Einleitung

Die steten Einflüsterungsversuche der Medien haben scheinbar Wirkung gezeigt. Schließlich haben sie das Postulat von den „Männern, die Geschichte machen" immer schon sehr ernst genommen. Für die Leitartikler der Republik bestand zu keiner Zeit ein Zweifel daran, dass es zuallererst die handelnden Personen der Politik waren, die das Rad der Geschichte zum Drehen brachten. Bis zum heutigen Tage folgen die Medien diesem Deutungsschema. Und sie tun das allemal, wenn es um die Krisen und Triumphe der deutschen Parteien geht. Wenn sich die Union, wie zum Zeitpunkt, als dieser Aufsatz entstand, mit massiven Problemen plagt, dann erklärt das der publizistische Kommentar natürlich nicht mit strukturellen Faktoren – dem jähen Generationswechsel, der soziokulturellen Entstrukturierung des Bürgertums, der fortschreitenden Erosion kirchlicher Umfelder, der neuen Heterogenität christdemokratischer Anhängerschaften –, sondern eben und vor allem mit den Defiziten der bedauernswerten Frau Merkel, genauer: mit ihrem traurigen, daher uncharismatischen Blick, mit ihrem Mangel an Frisur, mit ihrer misstrauischen Beratungsresistenz.

Im akademischen Diskurs der Sozialwissenschaftler dagegen verhielt es sich traditionell ganz anders. Hier wurden zuerst die Makro- und Mikrostrukturen einer Gesellschaft analysiert, drehte sich alles immer um strukturelle Determinanten, ging es primär um langanhaltende Wandlungsprozesse, die ihre Ursache stets in kulturellen, ökonomischen und sozialen Tiefenschichten hatten. Der Einzelne spielte in diesen Abläufen kaum eine Rolle, ihm kam lediglich die Funktion eines Exekutoren von Entwicklungsimperativen ohne eigenen Handlungsspielraum zu. Menschen, kurzum, waren Werkzeuge des Weltgeistes, Marionetten der Interessenlagen.

In gewisser Hinsicht hat sich das geändert. Auf dem Gebiet der Parteienforschung sind die Personalisierungsthesen der Medien jedenfalls auf fruchtbaren Boden gefallen. Von Ausnahmen abgesehen (vgl. z.B. Jäger 1994: 84) hat sich hier mit der Zeit die Ansicht immer stärker durchgesetzt, dass es in den deutschen Parteien vor allem auf die Personen an ihrer Spitze ankommt. Die Parteien haben sich demzufolge der Funktionslogik der Medien zunehmend unterworfen (Plasser 1985). Sie verkommen nach dieser Lesart immer mehr zu Dienstleistungsorganisationen mit einer professionellen Verkaufsorganisation an der Spitze, was zur Folge hat, dass das Primat der Parteigremien an Gewicht verliert (Sarcinelli 1998: 295; Jun 1999: 475 ff.). Die neuen Parteiführer, auf diese Weise den ständigen Gängelungen des Funktionärskörpers entkommen, besorgen sich ihre Legitimität bei Bedarf von der Parteibasis oder noch besser: gleich bei der Wählerschaft. Es entsteht eine neue Form der „Fernsehlegitimität" (Zolo 1997: 200) oder sogar des „Neo-Bonapartismus" (Lösche 1996: 54).

Entscheidend für die Rekrutierung der politischen Eliten ist fortan das Ausmaß ihrer persönlichen Inszenierungskompetenz (Meyer u.a. 2000: 41). Und ob sie über diese Ressource verfügen, hängt vor allem von ihrer Fähigkeit zum „Politainment" ab (Dörner 2001). Gewiss, das alles ist hier didaktisch ein wenig verkürzt wiedergegeben, doch hinter den referierten Überlegungen steht die These, dass die Medien zum entscheidenden, wenn nicht gar alleinigen Beweger politischer Karrieren geworden sind.

Und genau so könnte es natürlich sein. Doch wie soll man das schon wissen? Denn bei allen gescheiten und luziden Analysen, an denen es nicht mangelt, gibt es bisher so gut wie keinen Versuch, die Personalisierungsthese am konkreten Einzelfall zu überprüfen. Dafür müsste man schließlich seinerseits personalisieren und sich damit quasi auf das Niveau der zunehmend kulturkritisch beäugten Medien begeben. Genau das aber soll im Folgenden geschehen. Ganz ohne Risiko ist das nicht, denn es geht bei biographischen Studien immer auch um den Menschen, der hinter dem Politiker steht. Um den zu verstehen, braucht es auch den Mut zur Interpretation jenseits des finalen, quantifizierbaren empirischen Belegs. Es bedarf schon ein Stück weit auch eigener Intuition. Und doch ist der unängstliche Umgang damit sinnvoll, denn schließlich besitzt man als Poli-

tologe zudem über einige die Willkür der Intuition kontrollierende In-
strumentarien, die wiederum den meisten Journalisten fehlen, um politische Abläufe zu deuten und zu interpretieren.

Unsere Wahl fiel auf die beiden FDP-Politiker Guido Westerwelle
und Jürgen W. Möllemann. Beiden wird ein gleichermaßen erotisches
Verhältnis zu den Medien nachgesagt. Beide zusammen scheinen nachge-
rade repräsentativ für die verbreitete Annahme, dass die Performance der
Personen schwerer wiegt als der Zustand der Parteiorganisation, dass me-
diale Präsenz mehr bedeutet als die Zahl von Kreisparteivorständen und
Ortsvereinen, als Länge und Qualität von Parteiprogrammen. Und der
Erfolg beider Politiker scheint seine Ursache in der Protektion durch die
Medien zu haben. Deshalb sollen im Folgenden am Beispiel von Guido
Westerwelle und Jürgen W. Möllemann Reichweiten und Grenzen des
Einflusses der Medien auf politische Karrieren untersucht werden.

2. Guido Westerwelle

2.1 Der quirlige Ollenhauer der FDP

Beginnen wir mit Guido Westerwelle. Für einen freidemokratischen Politiker ist er fraglos ein Mann von ganz ungewöhnlichem Kaliber. Denn
gerade in den letzten Jahren hatte die FDP Parteiführer von doch eher
mediokren Zuschnitts an ihrer Spitze. Die meisten von ihnen waren ganz
sicher ehrbare und fleißige Vorsitzende, doch zugleich, nun ja, etwas höl-
zern und spröde, ohne rechtes rhetorisches Feuer.

Dann aber kam Westerwelle. Und mit ihm ein Stückchen Erlösung.
Kein liberaler Anführer seit Thomas Dehler konnte mit ähnlicher verbaler
Verve den politischen Gegner attackieren, niemand seit Walter Scheel
beherrschte den süffisanten Smalltalk mit der versammelten Journalisten-
schar so virtuos wie er, und seit den Zeiten Hans-Dietrich Genschers
kennt keiner die Partei mit ihren Neurosen, Macken, Vorlieben, Ritualen
und Konventionen so gut wie eben Guido Westerwelle. Dabei ist die Bedeutung von Personalität im Liberalismus grundsätzlich strukturell bedingt. Weil die Liberalen eben nie viel Partei waren, ihre Organisation
immer fragil und rudimentär blieb, weil ihnen das soziokulturelle Umfeld
fehlte, das ihnen eine wirklich verbindliche, visionäre und homogenisierte

Weltanschauung hätte bieten können, kam es hier immer schon mehr als bei anderen Parteien auf die Persönlichkeiten an der Spitze an, denen dann die äußerst schwierige Aufgabe zufiel, all die eigenbrötlerischen bürgerlichen Individualisten und nörgelnden Kleinbürger unter einen Hut zu bringen. Hatten die Liberalen zuweilen Politiker mit Ausstrahlung in ihren vordersten Reihen, so ließen sich die strukturellen Defizite der Partei dadurch kompensieren. Wenn dies allerdings nicht der Fall war, so fehlten den Liberalen, historisch konstant von der Weimarer Republik bis heute, entscheidende Reservelegitimitäten, um auch in schlechten, krisenreichen Zeiten missvergnügte Wähler von Besitz und Bildung an die Partei zu binden (Walter 2001: 159 ff.).

Insofern hatte es Westerwelle zunächst eigentlich ziemlich leicht. Im Überfluss verwöhnt mit politischen Talenten war die FDP in den letzten Jahren nicht. Ein wenig erklärt das wohl auch die Verzückung sowohl der FDP-Parteibasis wie auch der liberalen Nomenklatura über ihren Politsuperstar. Aber Guido Westerwelle besitzt nun ja tatsächlich unzweifelhaft ein paar bemerkenswerte Talente, die auch unabhängig vom Dornröschenkoma, in dem die Liberalen sich befanden, als der Bad Honnefer in die politische Schwergewichtsklasse überwechselte, irgendwann manifest werden mussten. Besonders augenfällig werden diese Talente, sobald der Ex-Generalsekretär in das mediale Scheinwerferlicht tritt. Westerwelle ist, wer wüsste es nicht, schlagfertig, er versteht es, seine Botschaften pointiert zuzuspitzen; manche halten ihn gar für witzig. So entstand der Eindruck, dass der Aufstieg des Guido Westerwelle vor allem mit seiner überzeugenden Medien-Performance zu tun habe. Und diese schöne Legende hält sich bis zum heutigen Tage.

Gehen wir sieben Jahre zurück. 1994 wird Guido Westerwelle Generalsekretär einer Partei, der in periodischem Abstand immer wieder die Totenglöckchen geläutet werden. Doch in diesem Jahr prophezeien selbst ansonsten behutsam abwägende Interpreten der deutschen Parteienlandschaft, dass der chronischen Regierungspartei der Bonner Republik endgültig das letzte Stündchen geschlagen habe. Als die FDP-Delegierten sich im Dezember 1994 in Gera versammeln, liegt ein Hauch von Untergang in der Luft (Prantl 1994). Die Partei erwartet von ihren etablierten Anführern einen Ausweg aus diesem Dilemma. Doch keinem von ihnen, schon gar nicht dem Parteivorsitzenden Klaus Kinkel, gelingt der große Befreiungsschlag, das Signal zum Auszug aus dem Jammertal. Allein ein einziger Redner auf diesem Parteitag durchbricht dann doch noch die düstere Stimmung und schafft es tatsächlich, der von unzähligen Niederlagen gebeutelten Partei wenigstens eine kleine Dosis neues Selbstbewusstsein zu injizieren. Nicht mehr nur länger Funktionspartei dürfe die FDP sein, sie müsse um ihrer selbst Willen wieder gewählt werden, ruft der neue Generalsekretär der Freien Demokraten den dafür dankbaren Delegierten zu und verspricht, den „80% Sozialdemokraten im Bundestag mit unterschiedlichen Parteibüchern" das Fürchten zu lehren (Genrich 1994).

Als Guido Westerwelle im Dezember 1994 zum Generalsekretär der FDP gewählt wird, stellt das ein nicht unbeträchtliches Zugeständnis an die Erfordernisse der Mediengesellschaft dar. Denn mit Westerwelle hievt die Partei einen Politiker auf diesen Posten, dessen Kür einzig aus der traditionellen Proporzarithmetik allein kaum erklärbar ist. Die Entscheidung für Westerwelle ist nicht – jedenfalls nicht ausschließlich – die Lösung einer komplizierten Rechenaufgabe, in der es um Hausmacht, Geschlecht, landsmannschaftliche Herkunft usw. geht. Das Amt wird ihm deshalb nachgerade zu Füßen gelegt, weil er in seiner Zeit im Bundesvorstand als begeisterungsfähiger Parteitagsredner aufgefallen ist, weil er bereits bewiesen hat, dass er in jeder öffentlichen Diskussion das letzte Wort behalten kann, und weil Westerwelle hinreichend demonstriert hat, dass er in der Lage ist, über die Medien einprägsame Parolen in Umlauf zu bringen. Und bereits rein habituell verkörpert Westerwelle ein Wählerpotenzial für die FDP, von dem die Partei glaubt, dass es ihr natürlicher gesellschaftlicher Bündnispartner sein müsste. Es ist tatsächlich die Orientierung an ökonomischen Gesichtspunkten des öffentlichen Marktes, ganz so, wie das *Casting* für eine *Boygroup*, wo anhand empirischer Erhebungen das geeignete Gesicht ausgesucht wird, von dem man glaubt, dass mit seiner Hilfe ein bestimmtes Marktsegment zu erreichen ist. Auf den ersten Blick scheint dieses Vorgehen tatsächlich ein Beleg für die Vermutung zu sein, dass alles auf eine Personalisierung der Parteienpolitik hinausläuft, in der fortan einzig und allein die bessere Medienperformance über Erfolg und Scheitern politischer Karrieren entscheidet. Doch in allem, was danach passiert, greift die These von den Medien als entscheidendem Beweger politischer Karrieren nicht mehr so recht.

Denn dem *Frontman* einer *Boygroup* würden keine fünf Jahre eingeräumt werden, bis er auf dem Musikmarkt erfolgreich ist. Das Plattenlabel würde ihn ganz sicher austauschen, weil das Produkt ohne Abnehmer bleibt, weil das Gesicht wohl doch nicht zur anvisierten Zielgruppe passt, vielleicht auch, weil diese Zielgruppe sich schlicht als Phantasieprodukt, als Fata Morgana erwiesen hat. Westerwelle aber wird nicht gefeuert. Zwar kassiert die FDP in der Zeit von seiner Übernahme des Amts des Generalsekretärs bis zur Spendenaffäre der CDU eine deftige Niederlage nach der anderen, ist am Ende nur noch in fünf von sechzehn deutschen Landtagen vertreten, ist in vielen Ländern nicht mehr dritte, auch nicht vierte, sondern nur noch fünfte oder sechste Kraft. Doch nichts davon bringt Westerwelle auch nur annähernd in ernste Bedrängnis, obwohl er in all den Jahren mehr als jeder andere in der FDP für die inhaltliche Profilierung und Außendarstellung der Partei die Verantwortung trägt. Dass diese Niederlagen dennoch immer anderen angelastet werden, während Westerwelle völlig unbeschädigt aus ihnen hervorgeht, mag zum Teil an dem ungeheuren medialen Budenzauber liegen, den der Generalsekretär und seine Anhänger veranstalten. Und dennoch erscheint es mehr als zweifelhaft, dass jemand, der Erfolg in den Medien zur hauptsächlichen Quelle seiner Autorität macht, eine solche schlimme Pleitenserie unbehelligt überstehen kann. Viel mehr spricht dafür, dass es zudem noch andere Loyalitätsreserven gibt, die Westerwelles Macht absichern, dass Parteien noch immer anders „ticken". Es scheint in ihnen Funktionslogiken zu geben, die durchaus auch einmal im Widerspruch zu den demoskopischen „ups and downs" der Mediengesellschaft stehen. Mindestens unvollständig scheint die Kolonialisierung aller Lebenswelten durch die Medien zu sein.

Zunächst einmal stellt Westerwelles innerparteilicher Aufstieg in seiner Art keinen fundamentalen Bruch mit den hergebrachten Axiomen der Parteiensoziologie dar. Denn im Grunde stoßen wir mit ihm auf eine ganz klassische, durchaus konventionelle Parteikarriere. Westerwelle ist von 1983 bis 1988 Vorsitzender der Jugendorganisation der Partei, danach weiterhin bis 1994 im Bundesvorstand der FDP. In jenen Jahren hat er bereits Seilschaften und Netzwerke in der Partei aufgebaut. Und er verfügt über eine auf ihn verpflichtete Anhängerschaft, eine Prätorianergarde aus seiner Zeit als Bundesvorsitzender der Jungliberalen. Westerwelle organisiert die Bundesparteitage, leistet Gremienarbeit, wirkt dadurch – sogar an erster Stelle – an der programmatischen Weiterentwicklung in der Partei mit. Sonderlich spannend klingt das alles nicht, zumal gerade Parteiprogramme in der Regel als überflüssige Artefakte gelten, da es doch angeb-

lich nur noch darauf ankommt, der launischen Mediengesellschaft hier
und da ein paar knackige „soundbites" hinzuwerfen.

Doch genau hier stoßen wir auf Westerwelles entscheidende Erfolgs-
ressource. Zum einen weil er als wirklicher Parteifunktionär die Seelenla-
ge und Befindlichkeit der Partei ganz genau kennen lernt, zum anderen
weil unter Westerwelles programmatischer Federführung der Weg, den
die FDP nimmt, nur noch mit Westerwelle selbst in habituelle Übereinstimmung zu bringen ist. Mit den Kinkels, Gerhardts und Solms lässt sich
das Projekt „fdp.de" kaum glaubhaft verkörpern. Es sind Westerwelles
Fähigkeiten im Inneren des Parteiapparats, die ihm schon als Generalsekretär die notwendige Sattelfestigkeit verleihen, um auch in der Krise, die
bis 1999 für die FDP den Normalzustand darstellte, kaum als angreifbar
zu gelten. An den Wahlurnen versagt die Westerwelle-FDP mit ausdau-
ernder, nach der Bundestagswahl 1998 zunächst verheerender Regelmä-
ßigkeit, doch in der liberalen Funktionärswelt bleibt er unantastbar, auch
wenn keines seiner vollmundigen Versprechen von der „putzmunteren
Opposition" bis zur „Protestpartei der Mitte" vor Ausbruch der (Partei-
spenden-)Krise der Union auch nur ansatzweise aufgeht. Etwas überspitzt
ausgedrückt, könnte man Westerwelle als liberales *alter ego* des Parteiap-
paratschiks Erich Ollenhauer – auch der ein Mann, der sich vom Vorsitz
der Jugendorganisation zum Vorsitz der Partei zäh und systematisch
hochgearbeitet hat – bezeichnen, jenen allerdings ganz glücklosen und
gewiss weit weniger rhetorisch begabten SPD-Vorsitzenden der 1950er
Jahre.

Und so verläuft auch der weitere Weg bis zum Parteivorsitz ganz
klassisch. Natürlich stellt Westerwelles überzeugende Medien-Performance einen wichtigen Baustein dar. Doch das ist eben nur ein Teil des
Puzzles. Denn insgesamt ist seine innerparteiliche Aufstiegstaktik von
einem beharrlichen, geduldigen „Nachvornerobben" gekennzeichnet. Die
SPD-Enkelgeneration geht da wesentlich raubeiniger vor, von Möllemann, ohne vorgreifen zu wollen, ganz zu schweigen. Hier wird die medial übermittelte Provokation zur eigentlichen innerparteilichen Aufstiegstaktik. Und genau an dieser Stelle zeigt sich tatsächlich, welchen Einfluss
ein gewandeltes Mediensystem auf politische Karrieren haben kann. In
den 1950er Jahren wäre es einem Politiker etwa aus der saarländischen
Provinz, weit weg vom politischen Innenleben der Bundespartei und ohne
reichhaltige Patronagemöglichkeiten, ungleich schwerer gefallen, mit

seinem Konfrontationskurs Anhänger zu finden. Es hätte ihm auch kaum jene Aufmerksamkeit und Bekanntheit verschafft, wie dies dann bei den jungen Rabauken der Sozialdemokratie in den 1980er Jahren der Fall gewesen ist. Westerwelle aber ist anders, avanciert nicht nach der Methode von Lafontaine oder Schröder. Westerwelle bleibt immer der Liebling des Parteiestablishments, wird immer von höherer Stelle sorgfältig protegiert. Der Versuchung, aus der Profilierung gegen seine Vorsitzenden Kapital zu schlagen, erliegt er nicht. Und als er nach Jahren des Prince-Charles-haften Wartens zum letzten großen innerparteilichen Karrieresprung ansetzt und Gerhardt beerbt, so geschieht auch dies in aller Stille. Westerwelle kann endgültig sicher sein, die stärkeren Bataillone gesammelt zu haben; überdies hat er ein Bündnis mit der NRW-FDP geschlossen. Die mediale Entscheidungsschlacht vor den Kameras findet nicht statt. Beharrlich hat Westerwelle seine Mehrheiten gesammelt, bis sein Vorgänger einsieht, dass er im Falle einer Kampfabstimmung chancenlos bleiben würde. Der Einfluss der Medien spielt in dieser Erfolgsgeschichte eher eine flankierende Rolle.

2.2 Der Antipode der Spaßgesellschaft

Und doch glauben sowohl der liberale *Frontman* und seine Anhänger wie auch eine nicht unerkleckliche Zahl von Journalisten in den bundesdeutschen Redaktionsbüros, dass mit Westerwelle die neue Zeit einzieht. Es ist schon verwunderlich, wie stark der Glaube vertreten ist, dass Westerwelle tatsächlich der typische Repräsentant einer neuen Generation ist, und dass sich überhaupt der ganze so genannte Zeitgeist in ihm politisch kongenial verkörpert. Dabei stellt Westerwelle, nimmt man all die zeitdiagnostischen Interpretationen beim Wort, eigentlich einen Fremdkörper in dieser Gesellschaft dar. Die mediale Spaßgesellschaft verträgt sich mit dem Menschen Westerwelle im Grunde auch nicht besser als mit Hans-Jochen Vogel. In der Spaßgesellschaft regiert der unverblümte Nihilismus. Die Spaßgesellschaft ist gänzlich unideologisch; gegen die Komplexität des alltäglichen Lebens bleibt als letzte Waffe nur der Zynismus. Nichts kann gesagt werden, ohne nicht sogleich die Parodie des Gesagten mitzudenken. Und nichts ist wirklich ernst.

Westerwelle hingegen ist es ziemlich ernst, ihn zu parodieren fällt so schwer nicht. Wer ihm eine humorvolle Ader zuspricht, der übersieht vielleicht, dass selbst die Westerwelle'schen Pointen von angespannter Schärfe sind und ihm in der Regel als Waffe gegen den politischen Gegner dienen. Und auch seine klirrende Rhetorik, all die kontrastierenden Metaphern sind keineswegs den Erfordernissen der Mediengesellschaft nach Simplifizierung geschuldet. Der unterschiedslose Relativismus und die Sprunghaftigkeit der Spaßgesellschaft haben das Sendungsbewusstsein Guido Westerwelles kaum erschüttert. Im Gegensatz zum überwiegenden Teil der Gesellschaft weiß Westerwelle noch ganz genau, wo der Feind steht, welche Farbe er trägt und mit welchen Mitteln die von ihm verursachten Übel aus der Welt zu schaffen sind.

Ganz gleich, wie oft er noch in den Container geht, wie häufig er sich von Harald Schmidt veralbern oder von Stefan Raab durch den Kakao ziehen lässt, entscheidend für die Dechiffrierung des Politikers und Menschen bleibt ein entscheidender Primärkonflikt in der politischen Sozialisation Westerwelles. Als Westerwelle, Jahrgang 1961, 18 wird, ist die Bundesrepublik bereits ein liberales Land geworden. Erst in dieser, seiner Kohorte hat sich „68" kulturell und habituell flächendeckend durchgesetzt, aber das drückt sich nicht mehr in der generationsrevoltierenden Art wie noch Jahre zuvor aus. Der Aufstand gegen die Elterngeneration ist nicht mehr notwendig und läuft relativ ins Leere. Nach eigener Aussage geht das auch dem jungen Guido ganz ähnlich, der als Teenager seine Haare vorübergehend nicht mehr wäscht und abgetragene Bundeswehrparka trägt, dessen Vater aber glaubt, das sei eine vorrübergehende Marotte, die schon irgendwann wieder aufhören werde (Kurbjuweit 2001). Doch einige Jahre später gelingt Westerwelle dann doch noch der Aufstand, vielleicht der einzige Aufstand, der noch möglich ist, und dieser Aufstand richtet sich nicht gegen die Welt der Erwachsenen, sondern gegen den *Mainstream* der eigenen Generation: 1980 tritt Westerwelle der FDP bei und gründet mit Anderen die Jungliberalen (Julis). Nicht nur in ihrer Generation sind die Jungliberalen damit oft genug in Schule, Hochschule und Freizeit stigmatisierte Außenseiter, da doch die Majorität des eigenen Jahrgangs zumindest diffus links eingestellt ist, mit Anti-AKW-Buttons auf speckigen Lederjacken herumspaziert und sich auf Protestkundgebungen gegen amerikanische Mittelstreckenraketen versammelt. Zunächst sind die Jungliberalen des jungen Guido Westerwelle sogar in der FDP randständig. Denn zu diesem Zeitpunkt stellen noch die Jungdemokraten den offiziellen Nachwuchsverband der FDP. Zwar haben diese –

sehr zum Kummer ihrer Mutterpartei – die Jungsozialisten der SPD in sektiererischem Eifer mancherorts gar links überholt und sind zu einem merkwürdigen Sammelbecken eines exaltierten und individualistischen Verbalradikalismus geworden. Doch noch immer ist das Tischtuch zwischen FDP und Jungdemokraten nicht gänzlich zerschnitten, und da die Linksliberalen in der Partei ihnen noch immer mit nachsichtiger Sympathie gegenüber stehen, ist damit, ohne ein wenig nachzuhelfen, auch so schnell nicht zu rechnen.

1980 ist Westerwelle zunächst Pressesprecher der Jungliberalen. Doch bereits zu diesem Zeitpunkt ist er unter ihnen der eigentliche Chefeinpeitscher, der die neue Jugendorganisation gegen den überkommenen Parteinachwuchs in Stellung bringt. Um die Jungdemokraten zu verdrängen, muss Westerwelle kämpfen, und er muss es mit harten Bandagen tun, denn das macht der Gegner auch. Aber eigentlich ist es eine höchst ambivalente Taktik. Auf der einen Seite muss man provozieren, polarisieren, um sich der Parteiführung bemerkbar zu machen. Gleichzeitig jedoch darf man die Parteioberen nicht verprellen, muss Verbündete gewinnen, wenn möglich auch unter den Linksliberalen in der Partei. Um die Jungdemokraten politisch zu erledigen, darf allerdings kein Pardon gegeben werden, denn die beschimpfen Westerwelle und seinesgleichen als pubertäre Hilfstruppen des Kapitals, als ferngesteuerte Stellvertreter der Nationalliberalen. Und so still und heimlich Genscher die FDP wieder ins bürgerliche Lager führt, so dramaturgisch überdreht und überzeichnet kristallisieren sich die wahren Konflikte in der Auseinandersetzung zwischen den beiden FDP-Nachwuchsorganisation heraus. Da Westerwelle zunächst zu den „underdogs" gehört, darf er keinen Zweifel an seiner eigenen politischen Sendung haben. Das gibt ihm das charakteristisch Missionarische. Das Fehlen des Zweifels mag schlecht sein für Wissenschaftler, Poeten, Literaten oder Philosophen, doch für jemanden, der ständig attackiert wird und permanent zur harten und kalten Replik bereit sein muss, ist das Fehlen des Zweifels unabdingbar. Große politische Talente und energische Tatmenschen schleppen nie zu viel quälerischen und dadurch lähmenden Zweifel mit sich herum. Und so bilden sich in dieser Auseinandersetzung all jene Merkmale im Charakter Westerwelles heraus, die bis heute bekannt sind: Der Mangel an Zweifeln, die Fähigkeit zur markanten Abgrenzung, die robuste Auseinandersetzungsfähigkeit, sein missionarisches Sendungsbewusstsein, der Glaube, Avantgarde zu sein, und die Vorstellung, dass mit ihm und seinem jungliberalen Anhang sich eine neue generationelle, kulturelle und politische Zeitenwende nach dem Muster von „1968" Bahn brechen wird. Dieser Anspruch muss in der FDP über zwei Jahre, bis zur konservativ-liberalen Wende, in erbittertem Kampf durchgesetzt werden. Und weil ihm dies schließlich gelingt, gewinnt Westerwelle die Überzeugung, dass der Wind sich tatsächlich gedreht hat, dass die smarten Yuppies mit ihren Cashmere-Pullis, Markenklamotten und italienischen Schuhen von nun an an der Spitze der gesellschaftlichen Veränderung marschierten, während die anderen, die schmuddeligen, unordentlichen und langhaarigen Exponenten des „no future" irgendwann im Orkus der Geschichte verschwinden werden. Wenn Westerwelle noch heute seine schneidenden Polemiken gegen grüne Aussteiger über den Äther schickt, obwohl dieser Typus aus der Alternativkultur weit zurückliegender Jahre gegenwärtig in der ganzen Republik nirgendwo mehr auffindbar ist, dann kultiviert er damit seine eigenen historisch schon eingeschliffenen Reflexe und perpetuiert so gleichsam die Prägungen aus dem Sattelkonflikt seiner Jugend.

Indes: Diese Erfahrungen des Generationenkampfs um kulturelle und politische Dominanz sind keineswegs schlechte Voraussetzungen, um zum kraftvollen politischen Anführer zu werden. In all den späteren Jahren der deprimierenden elektoralen Niederlage seiner Partei geben sie Westerwelle Halt und Orientierung, weiter unbeirrt an sein Projekt zu glauben, die FDP zur eigenständigen Identitätspartei zu machen, die nicht länger lediglich Korrektiv und Funktionspartei sein dürfe, sondern um ihrer selbst Willen gewählt werden müsse. Aus diesem Grund wirkt das Vokabular des liberalen Wortführers auch nach 20 Jahren verblüffend variationslos identisch.

Außerdem wird Westerwelle in diesen Schlachten nicht nur zum unumstrittenen Leitwolf seiner Generation und bleibt es bis zum heutigen Tage. Auch noch einige andere, ganz praktische Vorteile hat sein Amt als Juli-Vorsitzender. Zum einen baut Westerwelle in jenen Jahren Netzwerke zu Journalisten auf, die Anfang der 80er Jahre als Volontäre und Jungredakteure zu den Bundeskonferenzen der Julis geschickt werden, weil die etablierten Journalisten und Zugpferde der großen meinungsbildenden Tageszeitungen einem kleinen Verband von ein paar Tausend „Poppern" nicht viel Interesse entgegenbringen. In den 90er Jahren steigen aber einige dieser jungen Kolumnisten innerredaktionell auf und flankieren mit publizistischer Förderung auch die Karriere Westerwelles. Und so sehr man sich auch darüber echauffieren mag, dass gerade der weltoffene Turboglobalisierer Westerwelle bis zum Regierungsumzug niemals über die Bonner Stadtgrenzen hinaus gekommen ist, so hat doch gerade diese Provinzialität und immobile Sesshaftigkeit seinen politischen Aufstieg begünstigt. Nicht zuletzt, weil er in Bonn ist, wird er Vorsitzender der Julis, und durch seine Präsenz in der Bundeshauptstadt kann er all jene Netzwerke und Seilschaften zur Parteiführung aufbauen, die ihn schließlich als „everybody's darling" der Partei bis ganz nach oben spülen.

Wie gesagt: All das sind keine schlechten Voraussetzungen für eine politische Karriere. Viele der großen Anführer in der deutschen Parteiengeschichte reiften erst durch ähnliche Minderheitenerfahrungen und harte Flügelauseinandersetzungen in den Jahren der politischen Sozialisation später zu innerparteilichen Heroen; erst das gab ihrem Machtstreben die notwendige Erdung und normative Unterfütterung. Offenkundig ist aber auch, dass all dieses nicht in Talkrunden im Fernsehen zu erlernen ist. Und es macht den radikalen Überzeugungstäter in der ideologisch indifferenten Spaßgesellschaft im eigentlichen Sinne zum Außenseiter, der er auch innerhalb seiner Kohorte immer gewesen ist. Nicht zufällig ist die FDP nur in wenigen Jahrgängen der Wählerschaft so schwach vertreten wie in denen der zwischen 1961und 1963 Geborenen – in der „Generation Westerwelle" also (vgl. Jung/Roth 1998).

Wer scharf beobachtet, dem kann auch in anderer Hinsicht nicht entgangen sein, dass Westerwelles Verhältnis zur Mediengesellschaft keineswegs von beiderseitiger Erotik geprägt ist. Natürlich lässt auch Westerwelle wie alle prominenten Politiker „Homestories" von sich anfertigen. Zurück bleibt immer ein ambivalentes Bild. Auf der einen Seite zeigt sich dabei tatsächlich, wie Jan Ross geschrieben hat, ein Bedürfnis nach Authentizität, das Bemühen darum, etwas vom Menschen Westerwelle zu offenbaren. Und intuitiv glaubt man zu erahnen, dass dieses nicht nur aus PR-Gründen geschieht (Ross 2001). Und bei aller Künstlichkeit eines Guidos im schneeweißen Einteiler als Gondoliere in Venedig kommt darin ja tatsächlich vieles von den Träumen und Sehnsüchten Westerwelles durch, der die mediterrane Lebensart mag, aber bis zum Regierungsumzug niemals das Haus seines Vaters in Bad Honnef verlassen hat, der gerne echter Kosmopolit wäre, aber in mediterranen Fremdsprachen etwa nicht sonderlich bewandert ist, der glaubt, eine künstlerische Natur zu haben, aber einen Beruf ausübt, in dem er Tag für Tag die immergleichen Dinge zu sagen und zu tun hat (Westerwelle 2000). Doch ob in Venedig oder auf dem Wohnzimmersofa mit seinem Vater in Bad Honnef, stets gibt es ein heftiges Sträuben, manchmal bis hin zum aggressiven Abblocken, bei bestimmten Fragen, die sein Privatleben betreffen.[1] Immer zeigt sich eine gewisse Verletzlichkeit, die im permanenten Scheinwerferlicht nur schwer zu ertragen sein muss. Deshalb ist jede Beschreibung des Menschen Westerwelle letzten Endes unvollständig, weil er eben, was ja durchaus sympathisch ist, den Totalausverkauf seiner Persönlichkeit nicht zulässt. Ein gewaltiger Stilisierungsdruck ist bei Westerwelle spürbar, eine ungeheure Wachsamkeit, die ihn davor bewahrt, ein wirklich intimes Verhältnis zu ihm und seiner Zuhörerschaft, jedenfalls an den Bildschirmen, aufzubauen. Originär oder authentisch vorstellbar ist der Privatmann Guido Westerwelle für die meisten Menschen wohl genau so wenig wie weiland Herbert Wehner.

Es ist daher wenig verwunderlich, dass die jugendliche Wählerschaft, die Westerwelle für sich reklamiert, noch nicht scharenweise vor dem Thomas-Dehler-Haus steht und die Mitgliedschaft beantragt hat. Die alleinige Präsenz in Unterhaltungsformaten prädestiniert noch nicht zwangsläufig für die Rolle zur politischen Pop-Ikone der Gegenwart. Schon der SPD-Wirtschaftsminister Karl Schiller, der spaßgesellschaftlichen Idiotien ziemlich unverdächtig war, trat vor dem Bundestagswahlkampf 1969 bei Robert Lemkes „Was bin ich?" auf, und ein anderer FDP-Vorsitzender, Walter Scheel, sang bekanntlich Volkslieder zur besten Sendezeit im Fernsehen (vgl. Müller 1999). Wer daher glaubt, dass Guido Westerwelles Auftritt im Container tatsächlich etwas über sein Politikverständnis aussagt, oder sogar vermutet, in diesem Vorgang käme eine Koinzidenz zwischen ihm und der politisch wenig interessierten und eventorientierten Jugend zum Vorschein, der unterschätzt wahrscheinlich die ideologischen Fundamente, die den unverrückbaren Kern Westerwelles bilden und die ihn zum Fremdkörper im Organismus der Spaßgesellschaft machen. Und ganz gleich, wie hoch man seine rhetorischen Fähigkeiten als „Great Communicator" der FDP veranschlagen mag, wesentlich für seinen Weg an die FDP-Parteispitze sind eben auch andere, ganz traditionelle Ressourcen.

---

[1] Vgl. z.B. das Interview mit Westerwelle in der Zeitschrift „Tempo" aus dem Jahr 1995.

3.   Jürgen W. Möllemann

3.1 Die Politikerkarikatur

Manchmal können einem schon Zweifel kommen, ob die Person Jürgen Wilhelm Möllemann tatsächlich real existiert. Ist es wirklich möglich, dass es einen Politiker gibt, der angeblich alle schlechten Politikereigenschaften in sich vereint, und auf den im Laufe seiner Karriere sämtliche Synonyme für Unseriosität und Unzuverlässigkeit, die man sich überhaupt sprachlich vorstellen kann, angewandt wurden, der in periodischem Abstand als Tausendsassa, Spring-ins-Feld, Luftikus, Tu-nicht-gut und als noch vieles mehr bezeichnet wurde? Wie wahrscheinlich ist es schon, dass jemandem immer wieder Egoismus, rücksichtsloses Machtstreben und grenzenloser Opportunismus vorgeworfen werden, dieser Jemand aber nichts davon dementiert, und man das Gefühl haben muss, dass er im stillen Kämmerlein laut in sich hineinlacht und all die Pharisäer in den Medien und der Politik verspottet, die nicht einsehen wollen, dass doch bei Nacht alle Katzen irgendwie grau sind, und die ihn der „Mediengeilheit" bezichtigen, um ihm danach gleich ein Mikrofon unter die Nase zu halten?

Doch wie unwahrscheinlich es auch immer sein mag, haben wir alle natürlich keinen Zweifel daran, dass Jürgen W. Möllemann schon immer eine reale Person war, real ist und vielleicht noch für lange Zeit real bleiben wird in der deutschen Politik. Im Grunde ist es ja auch unerheblich, ob Jürgen W. Möllemann tatsächlich die „Karikatur ist, welche die Wirklichkeit auf die Spitze treibt" (Wiedemann 1995). Aus politologischer Sicht geht es bei dem Phänomen Möllemann um etwas anderes. Denn nach bisherigen Maßstäben hätte die Karriere Möllemanns bereits etwa ein halbes Dutzend mal unwiderruflich an ihr Ende gekommen sein müssen. Im Laufe seines turbulenten politischen Lebens hat Möllemann kaum ein Fettnäpfchen ausgelassen und eine Anzahl von Affären in Franz-Josef-Strauß-verdächtiger Zahl produziert. Möllemann hat fast jeden seiner „Parteifreunde" schon einmal verraten und sich mit allen wieder versöhnt. Er hat, bis auf einen, jeden seiner Vorsitzenden zu stürzen versucht und jeden Kurswechsel mitgemacht, der dem Fortgang seiner Karriere nützlich erschien. All das ist kein Geheimnis, sondern weithin bekannt und bis tief in die eigene Partei Konsens. Kurz gesagt: Möllemann hat im Grunde nicht nur jeden Anspruch, ein seriöser Politiker zu sein, verspielt, sondern sich dabei auch so viele Feinde in der FDP geschaffen, wie es ihm nur möglich war. Eigentlich dürfte er in einem gediegenen Sammelband kurz vor der Bundestagswahl 2002 nur noch als Fußnote vorkommen. Wer Möllemanns Weg, über jetzt bald dreißig Jahre, publizistisch verfolgt hat, der könnte leicht einen eigenen Ordner nur mit Nachrufen auf seine politische Karriere füllen. Und doch stieg Jürgen W. Möllemann immer wieder wie der antike Wundervogel Phoenix aus der Asche empor. In der deutschen Parteiengeschichte ist das, soweit wir es überblicken können, ein erstaunlicher, vermutlich sogar einzigartiger Vorgang, der der näheren Erklärung bedarf.

So eindeutig sich Westerwelle aus den kulturellen und intergenerationellen Konflikten seiner Zeit deuten lässt, so unmöglich erscheint dies auf den ersten Blick bei Möllemann. Bis zum Wendejahr 1969 ist Möllemann CDU-Mitglied, danach tritt er der FDP bei. Gleich in der ersten Versammlung des Münsteraner Kreisvorstands bringt er 45 Kameraden mit und erobert mit deren Hilfe sofort den Vorsitz.[2] Und schon 1972 zieht Möllemann über die NRW-Landesliste in den Bundestag ein. Auf einem ziemlich aussichtslosen Listenplatz ist er platziert gewesen, doch der Erdrutschsieg der Koalition spült auch den 27-jährigen Nachwuchspolitiker in das Parlament.

Dort wird er zunächst für einen typischen Vertreter des FDP-Nachwuchses mit APO-Erfahrung gehalten. Denn Möllemann marschiert an der Seite von DKP-Funktionären auf Demonstrationen gegen den Vietnamkrieg mit und geißelt den US-Imperialismus. Aber natürlich stellen „68" und seine Folgen nicht den ideellen Antriebsstoff für Möllemann dar, um in die Politik einzusteigen. Auch bei ihm spielen die Jungdemokraten eine wichtige Rolle und die Protagonisten dieser Jugendorganisation werden später seine erbittersten Feinde, wie Ingrid Matthäus, Helga Schuchardt oder Günter Verheugen. Rein formal ist Möllemann auch bei ihnen Mitglied, ohne jedoch nennenswert an den seminartheoretischen Diskussionen der Judos teilzunehmen. Schon damals macht er sich über die Politikunfähigkeit seiner Altersgenossen und ihren mangelnden Realitätssinn lustig. Als die Zeitungen noch über Möllemann schreiben, er sei ein überzeugter Linksliberaler, haben die Jungdemokraten längst versucht,

---

[2] „Leo von rechts", in: Der Spiegel vom 18. April 1983

ihn über ein offizielles Ausschlussverfahren aus der Jugendorganisation hinauszuwerfen (Nahrendorf 1972).

Möllemann hat also mit den anderen Jungfreidemokraten nicht viel gemein, aber auch nicht mit vielen anderen, die im Bundestag sitzen. Hier hat mittlerweile die Front- bzw. Flakhelfergeneration das Zepter übernommen. In ihrem Pragmatismus sind sie Möllemann artverwandt, aber es gibt auch da entscheidende Unterschiede. Während Möllemann schon in jenen Jahren immer wieder verlauten lässt, dass Politik Spaß machen müsse und dass die Leute unterhalten werden wollen, hat die Kriegsgeneration noch den Ernstfall kennen gelernt. Möllemann ist schon im Wahlkampf 1972 mit dem Fallschirm über Münster abgesprungen, die Älteren noch 1941 im Krieg über Kreta. Möllemann hält die Politik für einen Beruf wie jeden anderen, in dem es völlig unsinnig wäre zu verhehlen, dass es vor allem und in erster Linie um den persönlichen Aufstieg geht. Die anderen glauben immer noch, dass von ihren Entscheidungen das Wohl einer ganzen Nation abhängt, und dass die Frage von Versagen oder Nicht-Versagen gleichbedeutend mit der Frage von Krieg oder Frieden ist. Während in den Leitartikeln der bundesdeutschen Zeitungen der 1990er Jahre ein Gefühl des Augenzwinkerns gegenüber den Kapriolen des anscheinend endgültig zum Politclown mutierten Möllemanns beinahe physisch spürbar ist, ist der Tenor, gerade in den Kommentaren der bürgerlich-konservativen Presse, nun, nachdem sie gemerkt hat, dass keines ihrer bisherigen Schemata auf ihn passt, voller Bestürzung, dass mit Möllemann endgültig die Verluderung der Sitten auch in der Politik Einzug gehalten habe.

Doch ein Politiker der älteren Generation in der FDP entwickelt für Möllemann in jenen Jahren eine unverhohlene Sympathie – und das nicht ohne Grund, denn diese beiden Freidemokraten sind sich in einiger Hinsicht ziemlich ähnlich: Hans-Dietrich Genscher. Bei beiden handelt es sich um soziale Aufsteiger. Weder können sie sehr viel mit den alten bürgerlichen Honoratioren in der FDP anfangen, noch fühlen sie sich in Gegenwart der Linksliberalen mit ihren geschliffenen Diskursen über eine bürgerrechtliche oder radikaldemokratische Entwicklung der FDP sonderlich wohl. Und beide haben die Macht als Wert an sich zu ihrem Mittelpunkt gemacht. Fortan wird Möllemann von Genscher protegiert – zweifelsohne eine ganz klassische Ressource im traditionellen Drehbuch politischer Karrieren. Bei allen Pleiten, Pech und Pannen hält Genscher seine

schützende Hand über Möllemann. Manchmal sind es auch gar keine
Pleiten, sondern Resultat eines undurchsichtigen „Teamplays". In diesen
Jahren vermuten viele innerhalb und außerhalb der FDP, dass Möllemann
der „Bauchredner" und „Minenhund" Genschers sei und vorpresche, um
für seinen Mentor das Gelände zu erkunden.[3]

Darüber hinaus erklärt eine zweite klassische Ressource den Aufstieg
Möllemanns. Als er 1982 hilft, die Wende zur CDU zu vollziehen, verstärkt das nicht nur die Loyalitäten zu Genscher, er wird damit vorrüber-
gehend auch zum Günstling des übrigen Parteiestablishments und fortan
bei seinen innerparteilichen Beutezügen von den Pragmatikern der Mitte
unterstützt. Noch viel wichtiger aber an den Vorgängen des Jahres 1982
ist, dass Möllemann damit alle Konkurrenten seiner Generation mit einem
Schlag los wird. Entweder verlassen sie ganz die Partei oder aber sie
spielen in der innerparteilichen Postenvergabe keine besondere Rolle
mehr (Lösche/Walter 1996: 110 ff.). Seit diesem Zeitpunkt beginnt Möllemanns rascher Aufstieg in der FDP-Hierarchie. Trotz aller Kapriolen,
die er bereits in jenen Tagen fabriziert, scheint ihm alles offen zu stehen,
was für einen FDP-Politiker überhaupt erreichbar ist: Das Ministeramt,
vielleicht sogar – und das ist für den passionierten Außenpolitiker Möllemann wohl der Fluchtpunkt aller Sehnsüchte – die Nachfolge Genschers.
Aber auch der Parteivorsitz könnte automatisch auf ihn zukommen, denn
nach der Genscher-Lambsdorff-Generation kommt außer Möllemann
nicht mehr viel. Der Sohn eines Polsterers aus dem niederrheinischen
Appeldorn wird mithin Staatsminister im Auswärtigen Amt, Bildungsmi-
nister und schließlich Wirtschaftsminister.

Doch bereits in jenen Jahren wird Möllemann als Medienpolitiker be-
zeichnet. Schon 1981 glaubt Rolf Zundel in der „Zeit", dass mit Möllemann
ein neuer Typus von Politiker Einzug gehalten habe. Unter dem Titel „Ein
Phänomen macht Schlagzeilen" schreibt Zundel: „Die Rede ist von einem
Phänomen namens Möllemann. Es könnte auch heißen: Persil, Black and
Decker oder HB. Was sich dahinter an Produkten verbirgt, wie weit es sich
von Konkurrenzerzeugnissen unterscheidet, ist einigen Fachleuten bekannt.
Der normale Bürger kennt nur das Image – jenes Kunstprodukt, das durch
Werbung ins Wahrnehmungsfeld der Kunden gerät. [...] Man wird den Ver-
dacht nicht los, daß sie [die Journalisten, T.L./F.W.] der wirkungsvollen

---

[3] „Möllemänner", in: Wiener vom September 1988.

Halbwahrheit des Kommunikationswissenschaftlers McLuhan auf den Leim gegangen sind: The medium is the message" (Zundel 1981).

Wahr ist, dass Möllemann und seine PR-Strategen schon in den 1980er Jahren einen gewaltigen publizistischen Aufwand betreiben, um ihr Produkt landesweit bekannt zu machen. Bereits um sechs Uhr morgens gleicht der Frühaufsteher Möllemann die internationale Nachrichtenlage ab, um dann bei Bedarf seine Pressemitteilungen an alle bekannten Nachrichtenagenturen zu versenden (von Pappenheim 1990; Riehl-Heyse 1991). Möllemann äußert sich zum Afghanistan-Einmarsch der Russen, zur Lage der Hochschulen und zum Subventionsabbau, zur Krise des deutschen Films und zu den Kalamitäten von Schalke 04. Wie ein „Pubertierender" lotet Möllemann dabei immer wieder seine Grenzen aus, manches Mal lässt man ihn gewähren, manchmal folgen die eiligen Dementis der Parteispitze. Die Zentralredaktionen der Zeitungen und Rundfunkanstalten überfällt allein bei der Nennung seines Namens eine reflexhafte Aufregung; immer hoffen sie auf einen innerparteilichen Konflikt, den Möllemann mit neuen Personaldiskussionen anheizt, oder auf eine neue skurrile Idee des Münsteraners. Enttäuscht werden sie selten. Möllemann beherzigt dabei eine Tatsache, die die kommerziellen Werbestrategen längst verinnerlicht haben: Entscheidend für den Erfolg einer Kampagne ist weder ihre Originalität oder wie überzeugend die vorgebrachten Argumente sind; unwichtig, ob irgendwer sie für witzig, sexy oder sonst wie geschmackvoll hält. Die Kampagne muss beim nächsten Einkauf des Konsumenten noch in Erinnerung sein. Wenn das lediglich der Fall ist, weil die Kampagne ganz auffallend schlecht war, auch gut. Möllemann geht in die Hochschulen und verkündet vor der versammelten Studentenschaft die Einführung von Studiengebühren. Möllemann geht zu den Bergarbeitern unter Tage und droht ihnen mit der Streichung aller Subventionen. In beiden Fällen kann er beim jeweiligen Publikum kaum Zuneigung gewinnen, wird niedergebrüllt, löst Krawall aus und wird beinahe tätlich angegriffen (Palmer 1987). Doch ausschlaggebend scheint für Möllemann in der Tat zu sein, dass er mit solchen Aktionen seinen Platz in den Nachrichtensendungen gesichert hat, dass er zunehmend zu den bekanntesten Politikern der Bundesrepublik gezählt wird. Eine Unterscheidung zwischen „good and bad news" über seine Person scheint nicht wirklich zu existieren. Solange die Kameras und Mikrophone dabei sind, genießt er selbst den Krawall, den er magnetisch anzieht, wie eine Droge.

Die Publizität als Wert an sich wird zur eigentlichen politischen Botschaft des Jürgen W. Möllemann (Zundel 1981). Und so entwickelt sich zwischen Möllemann und den Medien schon in jenen frühen Jahren ein symbiotisches Verhältnis. Der liberale „Troubleshooter" versorgt Zeitungen und Sendeanstalten mit grellen Bildern und frischen Informationen und sie garantieren dafür das „permanent campaigning" Möllemanns in eigener Sache. Auch seine erstaunliche Resistenz gegen die schädlichen Auswirkungen seiner zahlreichen Affären sind das Produkt dieser seltsamen Komplizenschaft zwischen Möllemann und den Medien, die ihn vor zu viel Ungemach schützen. Selbst der „Spiegel", der im Jahre 1987 eine ganze Serie von Artikeln veröffentlicht, die die Verquickung von wirtschaftlichen mit politischen Interessen des mittlerweile zum Unternehmer aufgestiegenen Realschullehrers dokumentieren, lenkt in einem Prozess ein. „Im Grunde finden wir es ja ganz gut, daß es einen so bunten Hund im grauen Bonner Betrieb überhaupt gibt" begründet ein Mitarbeiter des „Spiegel" seine Affinität zum Adoptivkind der Medienvertreter.[4]

Und doch ist die Karriere Möllemanns bis 1994 farbig und interessant; zwar erhält er schon zu diesem Zeitpunkt nicht unbeträchtliche publizistische Förderung, aber insgesamt überlappen sich doch traditionelle Machtressourcen mit einer neuen Form der Mediendarstellung. Möllemanns Karriere wird sorgfältig protegiert und er steht beim Kurswechsel 1982 auf der richtigen Seite, was nur für wenige seiner Generation gilt. Ob seine intensive Eigenvermarktung in den Medien seine Karriere eher fördert oder ihr schadet, lässt sich zu diesem Zeitpunkt jedenfalls nicht mit Sicherheit sagen. Erst nachdem Möllemann den ersten wirklichen Rückschlag seiner Karriere erlebt, passiert das eigentlich erstaunliche. Erstaunlich nicht nur, weil ihm ein kaum für möglich gehaltenes Comeback gelingen wird. Erstaunlich ist vor allem, wie Möllemann nach einer kurzen Zeit der Regeneration neben allen bestehenden Kontinuitäten in gewisser Hinsicht einen Rollenwechsel vollzieht und das „Produkt Möllemann" völlig neu erfindet.

---

[4] „Mann-o-Mann", in: Capital vom 1. Dezember 1987.

3.2 Der Provokateur

Worüber Möllemann wirklich zurücktritt am 3. Januar 1993, ist auch mit einigem Abstand nicht ganz leicht zu erklären. An Affären und Skandalen ist seine Karriere auch vorher nicht arm gewesen, eine beinahe identische Briefbogenaffäre hatte er bereits 1984. Möglich erscheint, dass Möllemann, wie er selber später sagen wird, ausgebrannt ist und darum die Auswirkungen der Krise unterschätzt. Plausibel wird der Absturz Möllemanns aber vor dem Hintergrund des zunehmenden Einflussverlustes seiner Mentoren in der FDP, was nachträglich die These stützt, dass bis 1993 ganz klassische Ressourcen für seinen Aufstieg verantwortlich sind. Möllemann ist auf sich allein gestellt. In dieser Situation wittern seine zahlreichen innerparteilichen Feinde endlich die Gelegenheit, den Parteifreund loszuwerden.

Zum ersten Mal zeigen sich bei Möllemann Zeichen der Verunsicherung. Er beginnt einen strategischen Zickzackkurs, der zu seiner eigentlichen Geradlinigkeit nicht so recht passen will. Mal spinnt Möllemann eine Intrige gegen die neue Parteispitze um Klaus Kinkel, dann wieder geht er auf Versöhnungskurs und versucht sich beim neuen Vorsitzenden für ein anderes Ministeramt in Stellung zu bringen. Diese plötzlichen Rollenwechsel nimmt ihm keiner ab und schließlich wird Möllemann im Dezember 1994 sogar als Landesvorsitzender in NRW abgelöst. Ein ganzes halbes Jahr ist von Möllemann nichts zu hören und nichts zu sehen.

Doch auf diesem Tiefpunkt, der ihn endgültig von allen Insignien und Instrumenten der Macht verdrängt und aller Verantwortung entledigt, kündigt sich bereits seine erstaunliche Wiedergeburt unter neuen Vorzeichen an. Bis zu diesem Zeitpunkt gleicht Möllemann eher dem verwöhnten Nesthäkchen, dem jeder Fehler nachgesehen wird und der von höherer Stelle beschützt wird. Trotz aller Extratouren gehört Möllemann vor seinem Absturz zum Bonner Establishment. Doch nachdem er nichts mehr zu verlieren hat und die Zeit des Wundenleckens vorbei ist, vollzieht Möllemann die Wandlung zum „outcast", Rebellen und „underdog" der FDP. Dieser Rollenwechsel wird bereits im Zuge seines Absturzes deutlich, als er versucht, per Urabstimmung sein Amt als Landesvorsitzender der NRW-FDP zu halten (Schäffer 1994). Da er im liberalen Funktionärskörper keine Möglichkeit mehr sieht zu reüssieren, macht er sich daran, ihn mit Hilfe der Basis zu umgehen – eine Vorgehensweise, die bereits jenen Weg aufzeigt, den Möllemann nach seinem Comeback gehen wird, und die tatsächlich eine neobonapartistische Tendenz offenbart. Von nun an versucht Möllemann nicht mehr mit der Partei Karriere zu machen, sondern gegen sie oder jedenfalls gegen ihre Funktionäre. Als Wirtschaftsminister hat Möllemann sich tatsächlich darum bemüht, ein wenig seriöser aufzutreten, ist nicht mehr mit dem Fallschirm abgesprungen, ist darauf bedacht, seine ständigen öffentlichen Attacken gegen andere Politiker der FDP zu mäßigen. Auf all das braucht Möllemann nun keine Rücksicht mehr zu nehmen. Nur ein halbes Jahr nach seinem vermeintlichen Totalabsturz kündigt Möllemann überraschend seine Kandidatur für die Kinkel-Nachfolge an – psychologisch gesehen ein erstaunlicher Vorgang. Und auf dem Mainzer Parteitag im Juni 1995 differenziert Möllemann gar nicht mehr zwischen einzelnen Akteuren in der FDP, sondern bläst zum Generalangriff gegen das gesamte liberale Führungspersonal. Bis 1994 ist Möllemanns Sprache ironisch, locker, irgendwie fröhlich und voller Zuversicht. Und ironisch gebrochen und von Optimismus getragen bleibt sie auch, doch zugleich wird sie härter, militanter, plebejischer. Möllemann schwingt sich zum Anwalt der Parteibasis auf, die darunter zu leiden hat, dass „in tobender See einige Offiziere in der Offiziersmesse Vorträge über Sitz- und Kleiderordnung halten, statt mit der kämpfenden Mannschaft die Leckage zu beseitigen" (Bergdoll 1995). Die Stimmung im Saal wird von der Ansprache Möllemanns polarisiert. Zunächst macht sich Unmut breit, dass der Parteirebell Möllemann überhaupt sprechen darf, doch im Laufe der Rede wechseln immer mehr der Zuhörer die Seiten und bei der abschließenden Abstimmung bekommt der vorher belächelte Kandidat gut ein Drittel der Stimmen. Das kommt einem Affront gegen die gesamte Führungsspitze gleich, die angekündigt hat, Möllemann von jedem auch nur erdenklichen Parteiamt fern halten zu wollen.

Damit hat Möllemann seine zukünftige Rolle gefunden. In der Parteihierarchie ist Möllemann keinen Schritt weitergekommen, doch ausgestattet mit dem eigentlich wenig attraktiven Amt eines gesundheitspolitischen Sprechers der FDP zieht er fortan durch die Lande und kritisiert unverblümt die Gerhardt-FDP. Und wohin er auch geht, immer folgen ihm die Kameras und Mikrofone der Medienrepublik. Nur ein Jahr später wird Möllemann wieder zum FDP-Landesvorsitzenden von NRW gewählt. Den ersten Teil seines Comebacks hat er damit geschafft. Möglich ist dieses Comeback in einer Situation, in der den Liberalen trotz ihres Zuversicht verbreitenden Generalsekretärs das Wasser weiterhin bis zum Halse steht. So auch in NRW, wo unter der Führung des gleichzeitigen Nachfolgers und Vorgängers Möllemanns die letzten Landtagswahlen katastrophal verloren gehen. Den Delegierten dient er sich bei seiner Wiederkandidatur dann auch vor allem mit dem Argument an, dass die FDP in NRW in der medialen Bedeutungslosigkeit verschwunden sei, aber er, Möllemann, dieser Situation abhelfen könne (Schäffer 1996). Darüber hinaus verliert Möllemann kaum ein Wort über die Landespolitik, sondern spricht bereits zu diesem frühen Zeitpunkt von einem Wahlkampf in vier Jahren, wie ihn Nordrhein-Westfalen noch nicht erlebt habe; und nur die Tatsache, dass ihm dieses zugetraut wird, führt zu seiner Rückkehr an die Macht. Die Delegierten begreifen Möllemann als den letzten Strohhalm, an den man sich klammern muss, um nicht endgültig in der politischen Bedeutungslosigkeit zu verschwinden. So verschmelzen der stetige Niedergang der FDP und der Wiederaufstieg Möllemanns zu einem beinahe synchronen Bild. Um eine Liebesheirat zwischen dem Münsteraner und der NRW-FDP handelt es sich kaum, noch immer ist das Misstrauen gegen ihn groß. Umso deutlicher wird, dass es sich beim Comeback Möllemanns tatsächlich ein Stück weit um eine Kapitulation vor der Mediengesellschaft handelt.

Vermutlich ist das Phänomen Möllemann sogar mit dem Symptom der Politikverdrossenheit untrennbar verbunden. Aus dem Umstand, dass es um die Glaubwürdigkeit der Politik ohnehin nicht gut bestellt ist, hat Möllemann den Schluss gezogen, es mit Glaubwürdigkeit gar nicht erst zu versuchen. In der Konsequenz dieser Logik beginnt Möllemann fortan, die Rollenzuschreibung der Medien umstandslos zu akzeptieren, denn nur damit ist seine Medienpräsenz eindeutig gesichert. Er nimmt die ihm öffentlich zugewiesene Rolle des „bad guy" an, aber garniert sie mit der des immerhin „ehrlichen Schurken", der ganz alleine die Pharisäer aller Parteien in die Knie zwingen will. Inszenierungstechnisch ist das schon eine erstaunliche Leistung des „ideellen Gesamtgesichts der deutschen Politik" (Martenstein 2000). Wie erfolgreich dieses Konzept sein kann, zeigt sich, als Möllemann sein bisheriges Meisterstück, den Landtagswahlkampf in NRW 2000, abliefert (vgl. Marcinkowski/Nieland in diesem Band).

Gewiss, die Ausgangsposition für die FDP 2000 in NRW ist so schlecht ohnehin nicht. Nicht zuletzt die Krise der Union, die zur Folge hat, dass ein rein bürgerliches Bündnis rechnerisch kaum möglich erscheint, räumt den Liberalen die Möglichkeit ein, taktisch motivierte

Wähler aus dem Lager der CDU zu gewinnen. Zudem bieten sich einige für die FDP sehr günstige Angriffsflächen, die die Politik der rot- grünen Koalition hervorruft, wie z.B. die Verkehrspolitik. Aber den Erfolg der FDP unter der Führung von Möllemann erklärt das sicher nicht zur Gänze. Die 9,8 Prozent für die FDP, also mehr als die Verdoppelung ihres Stimmenanteils, sind das Resultat eines Wahlkampfs, in dem das Politikverständnis des Jürgen W. Möllemann sehr direkt zum Vorschein kommt.

Zum einen ist es tatsächlich ein ausgesprochener Medienwahlkampf. Die Kampagnenfähigkeit der FDP wurzelt noch immer nicht darin, dass sie mehr Straßenwahlkämpfer auf die Beine bringt als in früheren Jahren. Ihre Parteiorganisationen zwischen Heinsberg und Höxter ist so wenig schlagkräftig wie eh und je. Doch die Person Möllemann ist omnipräsent: auf den Bildschirmen, in den Zeitungen, im Radio, per Fallschirm über den Städten und Dörfern Nordrhein-Westfalens. Inhaltlich beschränkt sich Möllemann bei seinem Wahlkampf vor allem auf zwei Themen, die Bildungs- und die Verkehrspolitik, doch es sind auch weniger diese Issues direkt, die der FDP den Wahlerfolg bescheren. Entscheidend ist die Verknüpfung dieser Themen mit der gezielten Provokation in der Darstellung der Kampagne – Provokationen, die wohl ohne die gewaltige Unterstützungsleistung durch ein gewandeltes Mediensystem kaum Aussicht auf Erfolg haben können.

Das Hitler-Plakat, die Blondinenwitze sind vor allem als Politclownerien aufgefasst worden, als radikale Variante des so genannten „Politainment", die als Ursache eine breite Entpolitisierung habe, die quer durch die ganze Bevölkerung gehe. Wahr daran ist, dass die Spaßgesellschaft tatsächlich den Nährboden für den Erfolg einer solchen Kampagne abgibt. Das heißt jedoch nicht, das sich daraus nicht auch Rückschlüsse auf vorhandene gesellschaftliche Konflikte ableiten lassen. Was als bloßer Klamauk erscheint, ist in Wahrheit ein kalkulierter Tabubruch, der offensichtlich einer Stimmung Ausdruck verleiht, die besonders unter jungen und männlichen Wählern verbreitet ist. Und durch die gesellschaftlichen Reaktionen auf diesen Tabubruch, seitens der Kirchen und des Zentralrats der Juden, von den Vertretern aller Parteien einschließlich der FDP, wird genau jene Konfliktsituation konfiguriert, die Möllemann, seitdem er 1995 die politische Bühne wieder betreten hat, immer wieder aufs Neue gefördert hat: „Die Provokation *will* den anderen provozieren, und nur, wenn ihr das gelingt, ist sie als illokutionärer Akt vollständig" (Paris 1998: 62).

Mit seiner Kampagne hat Möllemann die zwei am stärksten sakrosankten Tabus gebrochen, die in der Sphäre der „Political Correctness" überhaupt existieren: der Umgang mit der deutschen Vergangenheit und die gesellschaftliche Rolle der Frau. In keinem Bereich des gesellschaftlichen Diskurses wird der Sprachkodex ähnlich restriktiv ausgelegt und eine Regelverletzung schärfer geahndet. Der Entrüstungssturm, der als Reaktion auf diese Kampagne ausbricht, hat in vielem Ähnlichkeit mit anderen Phänomenen, von denen die Republik in letzter Zeit heimgesucht wird. Sicherlich entdeckt der große Teil des politischen Feuilletons in dem Wahlkampf Möllemanns noch immer eher einen Anlass zur Kulturkritik. Doch es gibt auch andere Stimmen. So lobt Thomas Schmid in der „Welt" Möllemann dafür, so mutig gewesen zu sein, die „antifaschistische Überwältigungspädagogik" mit dem Hitler-Plakat endlich überwunden zu haben (Schmid 2000).

Es mag verwegen klingen, aber das Phänomen Möllemann ist dem Phänomen der Walser-Debatte gar nicht so unähnlich. Natürlich meinte Walser etwas völlig anderes, abgesehen davon, dass Möllemann ein politisches Statement im engeren Sinne gar nicht bezweckte. Doch in beiden Fällen geht es gar nicht so sehr darum, was *gesagt* wird, sondern dass es überhaupt *ausgesprochen* wird. Möglich ist so etwas nur in exakt jenem gesellschaftlichen Klima, in welchem der Showmaster Harald Schmidt in seiner ersten Sendung nach den Terroranschlägen von New York und Washington, vom Feuilleton übrigens euphorisch bejubelt, in Folge der ersten gelungenen Pointe des Abends in das Publikum ruft, ob es denn schon wieder so weit sei, dass man sich wieder trauen könne zu lachen. Daraufhin kippt die Heiterkeit endgültig in hysterisches Gelächter um. Ob Walser, Schmidt oder Möllemann: Es sind ganz unterschiedliche Beispiele, doch in allen Fällen handelt es sich um einen Akt der kollektiven Entfesselung von einer als Knebelung empfundenen gesellschaftlichen Diskurshegemonie, die vorschreibt, was man sagen und worüber man lachen darf. Erlösend wirkt allein die Inopportunität der Aussagen, und darum ist es eben zu verkürzt, den Provokateur Jürgen W. Möllemann als Opportunisten zu bezeichnen.

Darum ist Möllemann – und er viel mehr als Guido Westerwelle – die politische Manifestation der Spaßgesellschaft, in der nur eine Woche nach dem 11. September bereits unzählige Bin Laden- und Afghanistan-, Bush- und USA-Witze kursieren, die im Privaten weithin erzählt werden, die sich aber kaum jemand traut, öffentlich kund zu tun. In jenem Augenblick, in der die Spaßgesellschaft angeblich der Vergangenheit angehört, feiert sie unter der Oberfläche ihre fröhlichsten Urstände. Und weil Möllemann die „Political Correctness" nicht kämpferisch und aggressiv attackiert, sondern gerade weil er es immer im belustigten Unterton tut, weil er den Sprachkodex der Republik mit sichtbarem Vergnügen durchbricht, ist ihm die Übereinstimmung mit seiner Zuhörerschaft sicher. Die 68er Generation wollte alles Private politisch machen; Möllemann tut das Gegenteil und überführt die Maßstäbe des Privaten in die Politik, oder noch viel mehr, er reißt die Mauern, die zwischen diesen beiden Welten existieren und die längst brüchig geworden sind, endgültig ein (Sennett 1983): Wer privat Blondinenwitze macht, der lacht auch in der Sphäre der öffentlichen Angelegenheiten darüber. Und all jene, die dieses nicht tun, demaskieren sich somit selbst als jene Sittenwächter, Spielverderber und Biedermänner, für die Möllemann und seine Anhängerschaft sie ohnehin halten.

Überzogen wäre es nun sicherlich, allein den Tabubruch an sich zum Erfolgsrezept für alle zukünftigen Wahlen zu machen. Doch in Möllemanns Wahlkampf ist dies der Fall, weil der Gegner der Kampagne die perfekte symbolische Manifestation des Feindbilds ist. Denn die Provokationen Möllemanns zielen ja direkt auf das Lebensgefühl der Grünen, die noch immer an der ökologischen Lebensreform festhalten, während die Autofahrer zwischen Ruhr und Rhein stundenlang im Stau stehen, und die, so O-Ton Möllemann, „den Bau einer Autobahn verhindern, weil Frau Höhn einen Frosch und zwei Lurche gesichtet hat". Unter solchen Umständen kann bereits ein Plakat mit der Parole „Rot-Grün staut, Mölli baut" als Heilsversprechen auf eine bessere Zukunft interpretiert werden.

Das Beispiel Möllemann deutet daher tatsächlich auf einen Wandel in der politischen Kommunikation hin, in dem fortan die Persönlichkeit an der Spitze nur noch nach Kriterien der medialen Performance ausgewählt wird und bei dem die verbliebenen Funktionäre, zumindest solange der Kandidat erfolgreich ist, für die Außendarstellung der Partei keine Rolle mehr spielen.

4. Frosch oder Skorpion? Eine Konklusion

Das Ergebnis dieser Überlegungen muss daher wohl differenziert ausfallen. Es scheint noch immer verschiedene Erfolgsmodelle zu geben, mit denen in der Parteien-, respektive Mediendemokratie reüssiert werden kann. Jedenfalls sollte deutlich geworden sein, dass es sich bei Guido Westerwelle und Jürgen W. Möllemann um ganz unterschiedliche Karrierewege handelt. Während der Aufstieg Westerwelles in erheblichen Teilen auch parteiendogene Ursachen hat, ist das Comeback Möllemanns vor allem der gewaltigen Unterstützungsleistung der Medien geschuldet und korrespondiert mit der Schwäche einer Partei, die, aller anderen Ressourcen beraubt, nur noch mit Hilfe Möllemanns glaubt, weiterhin auf dem politischen Markt konkurrenzfähig zu sein. Westerwelle steigt eben wesentlich auch mit Hilfe des Funktionärskörpers auf, Möllemann hingegen betreibt ab 1995 eine gezielte Konfrontationsstrategie gegen die Parteispitze.

Im Grunde bewegt sich die Karriere Westerwelles in ganz klassischen Bahnen und weicht nur unwesentlich von dem Drehbuch ab, nach dessen Muster bereits seit Jahrzehnten die politischen Eliten in der deutschen Parteiendemokratie ihren Aufstieg bewerkstelligt haben: Führungspositionen in der Nachwuchsorganisation der Partei, welche zum Aufbau von Netzwerken und Seilschaften führen, die später die notwendige Unterstützung sichern; Gremien- bzw. Programmarbeit, die zum einen mit dem Innenleben der Partei vertraut machen und die außerdem zur Folge haben, dass die Partei in eine Richtung gelenkt wird, die am besten mit der eigenen Person in Konkordanz zu bringen ist. Im weiteren Verlauf setzt Westerwelle keineswegs auf die mediale Provokation gegen das eigene innerfreidemokratische *Juste Milieu*, sondern arbeitet geräuschlos und geduldig am Aufbau seiner innerparteilichen Mehrheit.

Möllemann ist in diesen Punkten sehr viel schwerer zu deuten. Auch bei ihm gibt es zu Beginn seiner politischen Laufbahn einige ganz altmodische Karrierebeschleuniger: Möllemann erfährt die Protegierung wichtiger Politiker der Parteispitze und steht beim entscheidenden Kurswechsel auf dem richtigen Flügel, was zudem den Vorzug besitzt, dass es in seiner Generation kaum noch nennenswerte politische Konkurrenten gibt, die ihm gefährlich werden könnten. Aber bei Möllemann gibt es auch schon ganz zu Anfang sehr unorthodoxe Methoden der Mediendarstellung. Ab

1995 verstärkt sich dies noch und wird besonders deutlich im Wahlkampf in Nordrhein-Westfalen 2000, wo er eine Kampagne betreibt, die ihm auf den Leib geschneidert ist und hinter der die Partei samt ihrer Inhalte in den Hintergrund gerückt wird. Dieser Wahlkampf macht ebenfalls die Liaison Möllemanns mit dem Zeitgeist deutlich.

Gerade Letzteres gilt für den Parteivorsitzenden der FDP, obwohl wesentlich jünger, nicht. In der medialen Spaßgesellschaft stellt Westerwelle, so paradox es auch zunächst klingen mag, einen Fremdkörper dar. Zu tief hat ihn der politische Basiskonflikt seiner Jugend geprägt, hat ihn ideologisiert und zeitweise zum schrillen Doktrinär gemacht, als dass Westerwelle zur politischen Pop-Ikone der Gegenwart oder Zukunft werden könnte.

Ein endgültiges Urteil darüber, ob die Medien zum entscheidenden Beweger politischer Karrieren geworden sind, ist daher nicht eindeutig möglich. Offensichtlich ist parallel und mehr noch als Mischform immer beides möglich und nötig: Die ganz altmodische „Ochsentour" und die tatsächliche Medienkarriere, in der es auf Patronagestrategien, Seilschaften und die Größe der Hausmacht weniger als einst ankommt. Nun kann das insofern nicht überraschen, da wirkliche Paradigmenwechsel kaum einmal über Nacht kommen, sondern die Phänomene des Neuen in der Regel noch eine ganze lange Weile von den verfestigten Strukturen der Vergangenheit überlagert werden.

Zu bedenken ist weiterhin, dass die Verhältnisse in der FDP kaum übertragbar sind. In den großen Volksparteien dürfte eine Karriere wie die Möllemanns weiterhin schwer möglich sein. Hier gibt es noch immer stabilere Traditionslastigkeiten, überlieferte Solidaritätserwartungen, eine ganz andere Art von verpflichtendem und disziplinierendem Parteiethos. Die Christliche Union oder die SPD ist auch ganz einfach größer, sodass es weniger wahrscheinlich ist, dass jemand, der wie Möllemann bereits mausetot ist, plötzlich wieder putzmunter ganz oben mitspielen könnte. Wenn man jedoch bedenkt, dass sich auch die Kerntruppen der Volksparteien unzweifelhaft in einem Erosionsprozess befinden, ihre klassischen Milieus von Aufzehrung und Auflösung bedroht sind, dass ihnen mithin die „Freidemokratisierung" droht, dann könnten liberaler Parteikarrieren zukünftige Entwicklungen vielleicht auch andernorts vorwegnehmen.

Letzten Endes stellt sich natürlich die Frage, welcher dieser beiden Politikertypen zumindest mittelfristig in der FDP dominant sein dürfte. Möllemanns Machtanspruch steht und fällt mit seinen Erfolgen in der

Wählerschaft. Bleiben sie aus, dann fehlen dem professionellen Politik-verkäufer wohl jene Reservelegitimitäten, um den Machtanspruch weiter aufrechtzuerhalten. Westerwelle hingegen hat bereits bewiesen, dass er über erstaunliche Loyalitätsreserven verfügt, um auch einen Misserfolg bei Wahlen überstehen zu können.

Doch glücklicherweise muss dieses Problem hier gar nicht gelöst werden. Die Beantwortung der Frage, welchem Politikertypus die Zukunft gehört, wird irgendwann von ganz alleine erfolgen. Einige glauben, dass Westerwelle seinen Parteifreund aus Münster geschickt eingebunden und damit für die Zukunft neutralisiert habe. Dabei deutet die Übernahme des Projekts „18 Prozent" wohl doch eher darauf hin, dass Westerwelle aus Angst vor der Revolution die Bewegung lieber gleich mit anzuführen versucht. Aber auch die freiwillige Möllemannisierung der FDP wird Westerwelle nicht vor Möllemann schützen. Wenn es denn irgendein Muster im politischen Leben des *Enfant Terrible* der deutschen Politik gibt, dann ist es, dass Möllemann bei der kleinsten Offenbarung von Schwäche bei seinen Gegnern stets und unverzüglich zur Attacke geblasen hat. Jeder Versuch, ihn in irgendeine Parteidisziplin einzubinden, ist daher vollkommen vergebens. Sollte Westerwelle diese Lektion noch nicht gelernt haben, dann könnte es ihm wie in der irischen Fabel von dem Frosch und dem Skorpion ergehen, die am Ufer eines Flusses stehen, und die sich in etwa so zugetragen haben soll:

„Trägst du mich rüber?", fragt der Skorpion.
„Ich denke ja gar nicht daran", entgegnet der Frosch. „Wenn ich dich auf meinem Rücken rübertrüge, würdest du mich bestimmt stechen."
„Warum sollte ich das tun? Dann ertrinken wir doch beide". Das leuchtet dem Frosch ein, und so nimmt er den Skorpion auf seinen Rücken und beginnt, den Fluss zu überqueren. Als sie auf der Mitte des Weges sind, sticht der Skorpion den Frosch.
„Warum tust du das?", jault der Frosch, „jetzt werden wir beide ertrinken".
„Das weiß ich", sagt der Skorpion da, „aber ich kann nun mal nicht anders. Es ist meine Natur."

Literatur

Bergdoll, Udo (1995): Vorwärts, aber ganz vorsichtig, in: Süddeutsche Zeitung vom 12. Juni.

Dörner, Andreas (2001): Politainment. Politik in der medialen Erlebnisgesellschaft, Frankfurt a.m.: Suhrkamp.

Genrich, Claus (1994): Die Furcht der Delegierten vor der Zeit nach Kinkel war stärker als ihr Unmut über den Vorsitzenden, in: Frankfurter Allgemeine Zeitung vom 13. Dezember.

Jäger, Wolfgang (1994): Wer regiert die Deutschen? Innenansichten der Parteiendemokratie, Zürich: Edition Interfrom.

Jun, Uwe (1999): Forza Italia – der Prototyp einer Medienkommunikationspartei, in: Tobias Dürr/Franz Walter (Hrsg.), Solidargemeinschaft und fragmentierte Gesellschaft. Parteien, Milieus und Verbände im Vergleich, Opladen: Leske + Budrich, S. 475-491.

Jung, Matthias/Roth, Dieter (1998): Wer zu spät geht, den bestraft der Wähler. Eine Analyse der Bundestagswahl 1998, in: Aus Politik und Zeitgeschichte, B 52, S. 3-18.

Kurbjuweit, Dirk (2001): Generation Guido, in: Der Spiegel vom 30. April.

Lösche, Peter (1996): Abschied von der Funktionärspartei, in: Blätter für deutsche und internationale Politik, H. 1, S. 52-57.

Lösche, Peter/Walter, Franz (1996): Die FDP. Richtungsstreit und Zukunftszweifel, Darmstadt: Wissenschaftliche Buchgesellschaft.

Martenstein, Harald (2000): Jürgens Welt. Der Erfolgstyp Möllemann ist wieder da – war es je weg?, in: Der Tagesspiegel vom 16. Mai.

Meyer, Thomas/Ontrup, Rüdiger/Schicha, Christian (2000): Die Inszenierung des Politischen. Zur Theatralität von Mediendiskursen, Opladen: Westdeutscher Verlag.

Müller, Albrecht (1999): Von der Parteiendemokratie zur Mediendemokratie: Beobachtungen zum Bundestagswahlkampf 1998 im Spiegel früherer Erfahrungen, Opladen: Leske + Budrich.

Nahrendorf, Rainer (1972): Ingrid Mathäus: Judos wollen nicht alle Produktionsmittel sozialisieren, in: Handelsblatt vom 2. November.

Palmer, Hartmut (1987): Wir werden uns hier sicher wiedersehen, in: Der Spiegel vom 22. Juni.

Pappenheim, Burkhard von (1990): Überdurchschnittlich in der Selbstdarstellung, in: Stuttgarter Zeitung vom 19. Dezember.

Paris, Rainer (1998): Der kurze Atem der Provokation, in: Ders. (Hrsg.), Stachel und Speer. Machtstudien, Frankfurt a.M.: Suhrkamp, S. 57-89.

Plasser, Fritz (1985): Elektronische Politik und politische Technostruktur reifer Industriegesellschaften – ein Orientierungsversuch, in: Fritz Plasser/Peter A. Ulram/Manfred Welan (Hrsg.), Demokratierituale, Wien u.a.: Böhlau, S. 9-31.

Prantl, Heribert (1994): Eine Partei zerstört sich selbst, in: Süddeutsche Zeitung vom 13. Dezember.

Riehl-Heyse, Herbert (1991): Ein Windmacher, der etwas bewegt, in: Süddeutsche Zeitung vom 8. März.

Ross, Jan (2001): Das liberale Finale. Guido Westerwelle und Jürgen Möllemann im Vergleichstest, in: Die Zeit vom 26. April.

Sarcinelli, Ulrich (1998): Parteien und Politikvermittlung: Von der Parteien- zur Mediendemokratie?, in: Ders. (Hrsg.), Politikvermittlung und Demokratie in der Mediengesellschaft, Opladen: Westdeutscher Verlag, S. 273-296.

Schäffer, Albert (1994): Möllemann will Büßerhemd gegen das Siegertrikot eintauschen, in: Frankfurter Allgemeine Zeitung vom 5. November.

Schäffer, Albert (1996): Nur er wirbelt so elegant über das Medienparkett, und die Delegierten honorieren es, in: Frankfurter Allgemeine Zeitung vom 29. April.

Schmid, Thomas (2000): Möllemann, Hitler und die Bedenkenträger, in: Die Welt vom 22. Januar.

Sennett, Richard (1983): Verfall und Ende des öffentlichen Lebens. Die Tyrannei der Intimität, Frankfurt a.m.: Fischer.

Walter, Franz (2001): Politik in Zeiten der neuen Mitte: Essays, Frankfurt a.M. u.a.: Lang.

Wiedemann, Charlotte (1995): Ein bekennender Sünder, in: Die Woche vom 9. Juni.

Zolo, Danilo (1997): Die demokratische Fürstenherrschaft. Für eine realistische Theorie der Politik, Göttingen: Steidl.

Zundel, Rolf (1981): Ein Phänomen macht Schlagzeilen. Der FDP-Abgeordnete Jürgen Möllemann: Publizität ist seine Botschaft, in: Die Zeit vom 20. November.

Politik als Inszenierung
Ein Essay über die Problematik der Medien-
demokratie in 24 Punkten[1]

Jürgen W. Falter

1. Konsultiert man die einschlägigen Lexika, findet sich keine Einigkeit über Politikdefinitionen. Eines jedoch haben die Definitionen gemeinsam – egal ob sie macht-, gemeinwohl- oder verteilungszentriert sind: Der inszenatorische Charakter von Politik spielt seltsamerweise bisher nirgendwo, bei keiner Begriffsbestimmung, eine ausdrückliche Rolle.

2. Dabei ist Politik seit der Antike unverkennbar und untrennbar mit Inszenierungen verbunden. Im Mittelpunkt praktisch betriebener Politik steht nie der Inhalt von Entscheidungen allein, ein Inhalt, durch den bestimmte Gruppen oder Individuen bevorzugt und andere benachteiligt werden. Immer steht auch die Kernfrage im Mittelpunkt: Wie sage ich wann was wem – und mit welchem Effekt? Das gehört zur Kunst der politischen Rede auf der griechischen Agora genauso wie im römischen Senat oder auf dem Forum, in der Versammlung der Schweizer Landgemeinde ebenso wie im britischen Parlament oder der französischen Nationalversammlung. Wo irgendeine Form von Öffentlichkeit eine Rolle spielt, hat Inszenierung von Politik Bedeutung. Dies gilt auch und gerade in Diktaturen. Kein politisches System kommt auf Dauer ohne Unterstützung seiner Untertanen aus, und wo im Gegensatz zu den Demokratien Legitimation durch Verfahren fehlt, gewinnt die Legitimation durch quasi-religiöse Inszenierungen, die Schaffung von Akzeptanz durch Kampagnen und rigorose Informationsverknappung und -steuerung erst recht an Gewicht. Niemand war besser darin als die Nationalsozialisten, aber auch die Staatssozialisten legten hier erhebliche Fähigkeiten an den Tag.

---

[1] Dieser Essay basiert auf einem Vortrag des Verfassers vor der Freiherr-vom-Stein-Gesellschaft in Berlin am 26. November 2001.

3. In der Demokratie sind der Kampf um Wählerstimmen, die Erringung und Erhaltung von Macht eine notwendige Voraussetzung für die Entscheidung über die verbindliche Verteilung knapper Güter – denn nichts anderes ist Politik. Ohne Abstimmungsmacht gibt es keine inhaltliche Entscheidungsmacht. Zyniker sehen die Kausalität manchmal auch umgekehrt: Eine bestimmte inhaltliche Politik werde nicht zuletzt deswegen betrieben (bzw. unterlassen), um an die Macht zu kommen oder an ihr zu bleiben. Die Wahrheit liegt wie so oft dazwischen: irgendwo im Niemandsland zwischen Stimmenmaximierung und substanzieller politischer Gestaltung.

4. Es stellt sich für uns die Frage, ob der inszenatorische Charakter in den letzten Jahrzehnten stärker geworden ist. Die Antwort ist einfach: ganz zweifellos ja. Die Öffentlichkeit ist einem starken Strukturwandel unterworfen. Durch die Ausbreitung der elektronischen Medien – vor allem des Fernsehens und immer stärker auch des Internet – haben wir es mit einer neuen Öffentlichkeit zu tun, einer Öffentlichkeit mit ganz anderer Wirkung und anderen Gesetzmäßigkeiten als noch vor 25 oder gar 50 Jahren. Heute existiert eine scheinbar direkte Beziehung zwischen Politikern und Bürgern über den Bildschirm. *Scheinbar* deshalb, weil das Medium mit seinen Machern, seinen Gesetzmäßigkeiten und Manipulationsmöglichkeiten immer dazwischengeschaltet ist. Die Gesetzmäßigkeiten des Mediums Fernsehen begünstigen wiederum bestimmte Inszenierungsformen der Politik: Schnelle Statements vor laufender Kamera, zwanzigfach wiederholt (was wiederum zu dieser seltsamen Stereotypensprache vieler Politiker führt), Talkshows in scheinbar wechselnder und doch längerfristig gesehen immer gleicher Besetzung mit 50 bis maximal 75 Gesichtern und bestenfalls zehn verschiedenen Meinungen – das Ganze nimmt immer mehr Wanderzirkuscharakter an.

5. Die Mediatisierung der politischen Öffentlichkeit beeinflusst nicht zuletzt auch die Wahlkampfführung, das Stichwort lautet hier: „Amerikanisierung".[2] Schlagwortartig verkürzt zeichnen sich „amerikanisierte Wahl-

---

[2] Die Ausführungen über die Amerikanisierung von Wahlkämpfen stützen sich auf einen unter dem Titel „Alle Macht dem Spin Doctor" in der Frankfurter Allgemeinen Zeitung vom 27. April 1998 publizierten Beitrag des Verfassers.

kämpfe" durch eine sehr weit reichende Personalisierung und eine weitgehende Professionalisierung der Wahlkampfführung aus, ferner durch die
Ausrichtung der Wahlkampfinhalte an Marketingvorgaben, durch be-
wusstes Ereignis- und Themenmanagement sowie „negative campaigning".[3]

6. Personalisierung ist an sich nicht neu, auch in der Bundesrepublik nicht.
Streng genommen waren alle Wahlkämpfe, auch die der 50er und 60er
Jahre, personalisierte Wahlkämpfe. Durch die fast vollständige Zuspit-
zung des Wahlkampfs auf die Person des Kandidaten gewinnt dieser
Aspekt allerdings mittlerweile eine neue Bedeutung. Nach einem Wort
Peter Radunskis, des ehemals höchst erfolgreichen Wahlkampfmanagers
der CDU, ist der Kandidat in den Wahlkämpfen neuen Stils „wichtiger als
die Partei". Als Repräsentant bestimmter, untrennbar mit seiner Person
verbundener politischer Botschaften ist er sozusagen selbst die Nachricht.
Diese Form der Personalisierung von Wahlkämpfen ist in den USA bereits
in der Struktur des politischen Systems angelegt. Mit den 80er Jahren, seit
den Wahlkampfauftritten des Darstellungsprofis Ronald Reagan, hat die
Tendenz zur Personalisierung der amerikanischen Wahlkämpfe eine neue
Qualität erlangt: Der Kandidat ist die Botschaft, seine Auftritte, die Diskussion seiner Stärken und Schwächen sind das eigentliche Medienereig-
nis. Inhalt der Berichterstattung, namentlich in den elektronischen Massenmedien, sind nicht mehr die Wahlprogramme und politischen Rich-
tungsentscheidungen, die mit dem Wahlausgang verbunden sind, sondern
das Abschneiden der Spitzenkandidaten in Debatten und Talkshows sowie
die neuesten Ergebnisse von Meinungsumfragen darüber. Charakterfragen
und die medienvermittelte Glaubwürdigkeit der Kandidaten sind wichtiger
als der Inhalt ihrer Reden. Der Wahlkampf besteht folglich seit den 80er
Jahren hauptsächlich aus einer Abfolge von Interaktionen zwischen den
Kandidaten und den Medien. In Bill Clinton hatte „der große Kommuni-
kator" Reagan übrigens einen hierin ebenbürtigen Nachfolger gefunden;
in Europa sind es in erster Linie Tony Blair und Gerhard Schröder, die in
den Fußstapfen des als Präsident durchaus erfolgreichen B-Movie-
Schauspielers wandeln.

---

[3] Vgl. hierzu auch den Beitrag von Christina Holtz-Bacha in diesem Band.

7. Personenzentrierte Wahlkämpfe wurden und werden wie gesagt auch in der Bundesrepublik geführt. Erinnert sei an die Wahlkämpfe der 50er bis 70er Jahre mit Protagonisten wie Konrad Adenauer, Ludwig Erhard, Willy Brandt, Helmut Schmidt oder Franz Josef Strauß. In keinem Falle jedoch agierten die Kandidaten nahezu losgelöst von den Parteien, aus denen sie hervorgegangen waren und ohne die sie zur Erfolglosigkeit verdammt gewesen wären. Ihr Name stand stets für das Programm einer Partei und für eine bestimmte Politik, nicht nur einen bestimmten Politikstil. Charakterfragen wurden zwar ab und zu, etwa im Zusammenhang mit der Kanzlerkandidatur von Franz Josef Strauß, aufgeworfen, aber sie dominierten nie die Wahlkämpfe. Seit den 80er Jahren jedoch ist in der Bundesrepublik, obschon im Vergleich zu den USA in deutlich abgeschwächter Form, ebenfalls ein unverkennbarer Trend zu verstärkter Personalisierung der Wahlkämpfe zu beobachten. Besonders ausgeprägt war dies erstmals im Bundestagswahlkampf 1994 der Fall, als die CDU auf Großplakaten ohne Parteilogo und ohne jede weitere politische Aussage den alle überragenden Helmut Kohl inmitten einer gesichtslosen Menschenmenge zeigte, die SPD in abgeschwächter Form mit Plakaten und Fernsehspots konterte, auf denen Rudolf Scharping nicht etwa als Politiker, sondern als Radfahrer, Familienvater oder legerer Wanderer gezeigt wurde. In der Niedersachsenwahl vom 1. März 1998 erfuhr diese nahezu totale Konzentration des Wahlkampfgeschehens und des Medieninteresses auf in diesem Falle sogar nur eine einzige Person eine weitere, bisher beispiellose Steigerung: Wie und durch wen Niedersachsen künftig regiert würde, ob durch eine Alleinregierung der SPD, eine rot-grüne oder gar eine schwarz-gelbe Koalition, erschien zweitrangig gegenüber der Frage, wer sich als Kanzlerkandidat der SPD durchsetzen werde, Schröder oder Lafontaine. Schröder erwies sich dabei im Umgang mit den Medien als höchst versiert, was ihm wiederum deren Beifall und die Aufmerksamkeit garantierte.

8. Hand in Hand mit der beschriebenen Personalisierung erfolgte seit den 80er Jahren eine zunehmende Professionalisierung des Wahlkampfs. Wurden früher Wahlkämpfe schwerpunktmäßig von den Parteizentralen mit Unterstützung eines Heeres freiwilliger Helfer gesteuert, so bestimmen in den USA inzwischen Profis aus der Meinungsforschung, der Werbebranche und den elektronischen Medien sowie vor allem die so ge-

nannten „spin doctor" die Wahlkampfführung. *Spin Doctor* ist ein schwer übersetzbarer Begriff, der in Wörterbüchern der 70er Jahre noch nicht auftaucht. Gemeint ist damit – überspitzt gesagt – eine Art Medizinmann der Wahlkampfführung, ein Wunderheiler, der zur rechten Zeit den geeigneten Zaubertrank mixt, um selbst Underdogs zum Sieg zu führen. Hierzulande ist dieser Miraculix der modernen Politikwerbung einer breiteren Öffentlichkeit durch die Person Peter Mandelsons bekannt geworden, der den Wahlkampf Tony Blairs nicht nur managte, sondern maßgeblich mitbestimmte.[4] Nach Art der griechischen Pythia oder des römischen Haruspex wird der *Spin Doctor* vor jeder wahlkampfrelevanten Entscheidung befragt. Als graue Eminenz im Hintergrund zieht er die Fäden, entscheidet über Zeitpunkt und manchmal auch Inhalt von Wahlkampfaussagen, über Kandidatenauftritte und Imagebemühungen und bestimmt häufig stärker als der Kandidat selbst die Themen der Tagesordnung im Wahlkampf.

9. Hier gibt es einen wichtigen Unterschied zu den USA: Während die amerikanischen *Spin Doctors* nahezu vollständig kandidatengebunden sind und im Allgemeinen ohne engen Parteibezug agieren, haben hierzulande die Parteizentralen über die Generalsekretäre und Bundesgeschäftsführer nach wie vor erhebliche Bedeutung für die Wahlkampfführung. Werbe- und PR-Agenturen, die seit langem auch in der Bundesrepublik zur professionellen Gestaltung von Wahlkämpfen herangezogen werden, stellen, anders als in den USA, Erfüllungsgehilfen ohne eigene Definitionsmacht dar. Die seltene Spezies des deutschen *Spin Doctors* ist überdies bisher ausnahmslos politisch motiviert und parteigebunden.

10. Personalisierung wie Professionalisierung haben zu einer tiefgreifenden Veränderung der Darstellungsformen innerhalb des Wahlkampfs geführt; Techniken des Marketing bestimmen mehr und mehr die politische Werbung, und davon bleiben auch die präsentierten Inhalte nicht verschont. Im Mittelpunkt der modernen Wahlwerbung steht heute der Verkauf des Produkts, steht letzten Endes der Gewinn nach Steuern, lies: der Wahlerfolg des Kandidaten. Hierfür sind ständige Situationsanalysen unter Einsatz von Meinungsforschung, Medienbeobachtung, Zielgruppenanalyse, gezieltem Einsatz politischer Werbung und möglichst häufigem

---

[4] Vgl. hierzu den Beitrag von Uwe Jun in diesem Band.

Product Placement zwingende Voraussetzung. Dies alles wird durch Fortschritte in der Meinungsforschung und Medienanalyse erleichtert: Es ist heute nicht mehr schwer, innerhalb eines sehr kurzen Zeitraums zu bestimmen, welche Wählergruppierungen was hören wollen, oder festzustellen, wo Werbung platziert werden muss, um den größten Effekt zu erzielen. Dreh- und Angelpunkt der Wahlwerbung sind dabei in den vergangenen zwei Jahrzehnten die elektronischen Medien geworden. Sie zu manipulieren, das heißt für die eigenen Zwecke einzuspannen, die Botschaft „Wählt mich!" mediengerecht an Mann und Frau zu bringen, gehört zu den wichtigsten Formeln des Hexeneinmaleins der *Spin Doctors*.

11. Wie in der Konsumgüterwerbung muss in einem komplizierten Prozess der Wechselwirkung das Produkt, also der Kandidat und sein Programm, den Wünschen der Verbraucher angepasst und umgekehrt der Konsument von der Qualität des eigenen Produkts (und der Minderwertigkeit aller Konkurrenzprodukte) überzeugt werden. Die Versuchungen des Zielgruppenpopulismus sind dabei groß, seine Gefahren sind nicht zu unterschätzen. Kandidaten, die den Wählern zu sehr nach dem Munde reden, werden zu Recht als Populisten gebrandmarkt. Parteien, die vor der Wahl das Blaue vom Himmel herunter versprechen, um dann im Falle eines Wahlsiegs angesichts finanzieller und struktureller Zwänge doch die alte, graue Politik weiterzuführen, fördern die Politikverdrossenheit und zerstören auf Dauer das Vertrauen in die repräsentative Demokratie.

12. Politische Direktwerbung durch bezahlte Werbespots der Parteien ist teuer; auch ist die Abwehrhaltung der Zuschauer ausgeprägter, liegt der Griff zur Fernbedienung näher als im Falle indirekter Werbung durch *Product Placement* und gezieltes Ereignis- und Themenmanagement innerhalb des normalen Programms. Zu den Kennzeichen moderner Wahlkampfführung – längst nicht mehr nur in den USA – gehört denn auch der Versuch, seine Botschaft (und wir sollten nicht vergessen: vor allem der Kandidat ist die Botschaft) unmittelbar im Programm zu platzieren. Dies kann durch geschicktes Ereignismanagement geschehen, etwa die Terminierung wichtiger Konferenzen oder Staatsbesuche mitten im Wahlkampf, durch häufige Medienpräsenz des Kandidaten in Talkshows und Unterhaltungssendungen sowie durch die permanente Absonderung von Stellungnahmen zu allen wichtigen und unwichtigen Fragen der Politik. Ziel

dieser Form des Ereignismanagements ist es in jedem Falle, den Kandidaten in den redaktionellen Teil zu bringen, dadurch seine Sichtbarkeit zu erhöhen und durch die Verbindung mit positiven Inhalten der Berichterstattung seine Akzeptanz bei den Wählern zu steigern.

13. Angesichts der überragenden Bedeutung des Fernsehens ist es nicht verwunderlich, dass sich analog zu den USA auch in Deutschland die Wahlkampfplanung und -gestaltung immer stärker an den Gesetzen der Medienlogik orientieren. Wahlkämpfe werden inzwischen bei uns ganz wie in den USA als „politisches Kommunikationsdrama" gestaltet, ein Drama, das durch die weitere Thematisierung in den Medien einen selbstverstärkenden Effekt entfaltet.

14. Schließlich sind auch in der Bundesrepublik die Techniken des „negative campaigning" nicht ganz unbekannt, durch die die jeweilige Konkurrenzpartei als unzuverlässig, unberechenbar und eine Gefahr für das Gemeinwohl hingestellt und das positive Image von Kandidaten nachhaltig zerstört werden soll. In den USA erfolgt dies in zunehmendem Maße durch moralische Kampagnen und das öffentliche Waschen schmutziger Wäsche; Bill Clinton wie auch sein Nachfolger Bush waren und sind bekanntlich eine beliebte, allerdings auch recht gut geeignete Zielscheibe solch negativer, in vielen Fällen ziemlich schmutziger Wahlkampfführung gewesen, vor denen die *Spin Doctors* immer weniger zurückzuschrecken scheinen. Bei uns arbeitet negative Wahlkampfführung bisher eher mit politikbezogener Kritik, indem etwa auf Widersprüche in den Aussagen eines Kandidaten aufmerksam gemacht, ihm Populismus unterstellt oder auf gebrochene Versprechungen hingewiesen wird. Vier Ehefrauen oder diverse Seitensprünge prominenter Politiker sind hierzulande noch kein Stoff negativer Wahlkampfführung. Allerdings musste schon Kanzler Willy Brandt gegen persönliche Herabsetzungen kämpfen. Und auch heute tauchen persönliche Argumente bei Politikern wie Rudolf Scharping oder Angela Merkel durchaus auf.

15. Obwohl auch in Deutschland negative Wahlkampfführung also keineswegs unbekannt ist, hat das „negative campaigning" in den USA doch in den vergangenen zwei Jahrzehnten eine neue, äußerst negative Qualität gewonnen. Erfolgreiche Wahlkampfplanung umfasst im Zeitalter der *Spin*

Doctors immer auch die gezielte Suche nach Negativmaterial über den politischen Konkurrenten, wofür die jeweils im Bereich der Erotik anzusiedelnden Gary-Hart- und vor allem die mannigfachen Bill-Clinton-Affären oder auch die zwei Glas Bier der Bush-Tochter ein gutes Beispiel abgeben. Hinzu ist in den letzten Jahren eine Form der Meinungsbefragung getreten, die von Werner Holzer zutreffend als „Dolchstoßdemoskopie" charakterisiert wurde. In echte oder fiktive Telefoninterviews werden schädliche Informationen über einen Kandidaten eingebaut. Ziel ist es im günstigeren Falle, positive Umfrageergebnisse für den eigenen und negative Umfrageergebnisse für den anderen Kandidaten zu generieren. Im ungünstigeren Falle wird die „Umfrage" mit dem Ziel der gerichtlich nicht fassbaren, da nur in hypothetischer Form vorgetragenen Verleumdung in der Erwartung durchgeführt, dass immer „etwas hängen bleibt".

16. So weit sind wir in Deutschland noch nicht, obwohl die Pfeiffer-Barschel-Affäre schon vor Jahren einen Vorgeschmack davon gab, was auch hierzulande im politischen Machtkampf möglich ist. Unstrittig aber ist, dass das, was man die Amerikanisierung von Wahlkämpfen nennt, auch bei uns bereits weit fortgeschritten ist, selbst wenn vieles durch die andersartige Struktur unseres politischen Systems und vor allem durch die nach wie vor existierende, wenn auch allmählich erodierende Dominanz des Parteienstaates abgemildert und modifiziert erscheint. Manches von dem, was wir Amerikanisierung nennen, ist allerdings nichts anderes als die Anpassung an sich ändernde Rahmenbedingungen, ein Reflex von technischer Modernisierung und gesellschaftlichem Wandel, insbesondere auf dem Mediensektor. Ob Amerikanisierung oder Modernisierung: Auch in Deutschland befindet sich die Wahlkampfführung im Umbruch. Der Trend zur Personalisierung und Professionalisierung, zum Themen- und Ereignismanagement und zu mehr Zielgruppenpopulismus wird sich fortsetzen.

17. Begünstigt wird durch diese neue Art der Wahlkampfführung und durch die mediengerechten Inszenierungsformen von Politik ein bestimmter Politikertypus – zumindest der Tendenz nach (kurze Zeit schien es so, als würde Angela Merkel diese Regel durchbrechen). Mit welchem politischen Personal müssen wir rechnen? Immer stärker mit den mediengerechten, stets das scheinbar richtige Wort findenden Staatsschauspielern und ihrer mit der Begabung zur völlig überzeugenden Unverbindlichkeit

sowie der Tendenz zur Halbwahrheit (weil die ganze nicht ankäme), zum jederzeit dementierbaren oder auslegungsfähigen Statement (Prototyp: Jörg Haider). Zweck ist die *bella figura*, ist es, Punkte zu machen in der immerwährenden Auseinandersetzung der Gladiatoren in der politischen Arena, im permanenten Wahlkampf vor den Fernsehkameras. Maßstäbe für Erfolg und Misserfolg sind Einschaltquoten, TED-Umfragen, die Resultate der Meinungsforschung. Die Münze ist positives Image, besser dazustehen als die anderen; der Preis, den wir zahlen, ist ein hoher.

18. Da bleibt kein Raum für schmerzhafte Wahrheiten, die volle, brutale Wahrheit, denn sie könnte ja genügend Leuten wehtun. Wer sie dennoch ausspricht, wird umgehend bestraft. Brutalst mögliche Aufklärung wird zwar schon einmal versprochen, aber selten geliefert. Zum Beispiel: die volle Wahrheit über unser System der Altersvorsorge im Lichte der demographischen und wirtschaftlichen Entwicklung; die prekäre Beziehung von unflexiblem, verkrustetem Arbeitsrecht und struktureller Arbeitslosigkeit; die (sehr unterschiedlichen) latenten Gefahren von Atomkraftwerken hierzulande und jenseits unserer Grenzen, zwischen Oder und Ural, zwischen Rhein und Atlantik sowie die ökologischen und ökonomischen Risiken des Einsatzes von Ersatzenergien; die strukturelle Unvereinbarkeit von Quantität und Qualität im höheren Bildungswesen; die Fiktion, Deutschland sei *kein* Einwanderungsland, oder umgekehrt, wir könnten der Hafen für alle asylsuchenden Schiffsbrüchigen der Welt sein, die dann friedlich vereint in einer multikulturellen, fröhlich bunten Gesellschaft konfliktfrei und einander liebend nebeneinander lebten. Sollen es ein paar frühere Beispiele sein? Die Aktentasche als Gegenmittel gegen den Atomschlag, oder, aus der DDR, Probleme wie Umweltverschmutzung, Stadtvernichtung, Persönlichkeitszerstörung und und und ...

19. Nun werden aber viele Un- und Halbwahrheiten doch irgendwann entdeckt – das ist geradezu unausweichlich; dann aber sind oft schon wieder andere an der Regierung. Ein nicht geringer Teil unserer Politik wird getragen von der Hoffnung, dass es weit in der Zukunft keine zuschreibbare Verantwortlichkeit mehr gäbe, dass die gebrochenen Wahlversprechen den dann Regierenden und nicht mehr einem selbst zugeschrieben würden (Beispiele: Rentenreform, Versäumnisse in der Familienpolitik, in der Finanzpolitik, in der gegenwärtigen Bildungspolitik). Unausweichli-

che Folge: Es wird allen angelastet, den Politikern, den Parteien an sich und nicht denen allein, die tatsächlich die Verantwortung für bestimmte Nicht- oder Fehlentscheidungen tragen. Geradezu zwangsläufige Folgen sind wiederum Parteien- und Politikerverdrossenheit.

20. Die Parteienkritik, das Misstrauen in die Politikerklasse, ist so hoch wie selten, akut verstärkt wurde sie in der letzten Zeit unbestreitbar durch den Spenden- und Schwarzgeldskandal der CDU, aber sie weist auch ohne ihn eine steigende Tendenz auf. Das ist nichts Neues und auch im europäischen Rahmen stellt das nichts Außergewöhnliches dar: Solange es politische Parteien gibt, solange gibt es Parteienkritik und Parteienverdrossenheit. Kaiserreich und Weimarer Republik sind voll davon. Parteien wurden stets bestenfalls als notwendiges Übel aufgefasst, von Intellektuellen verachtet oder ridikülisiert, vom Volk fast immer mit Argwohn betrachtet.

21. Nach dem Bekanntwerden des Spenden- und Finanzskandals der Bundes-CDU und der hessischen CDU, der Flug- und Wahlkampfunterstützungsaffären der nordrhein-westfälischen SPD und der Verquickung von Amt und Sponsoring beim niedersächsischen Ministerpräsidenten Glogowski sowie neuerdings dem schwer begreiflichen Altersgeiz der Biedenkopfs sank das Ansehen der großen Parteien auf einen erneuten Tiefpunkt, sodass man sich kurzzeitig fragen musste, ob nicht jäh aus der Krise zweier Parteien eine Krise des Parteienstaates und damit des politischen Systems entstehen würde.

22. Dass die Geltung der Parteien bei den Bürgern (ganz allmählich, aber eben doch spürbar, empirisch nachweisbar) sinkt und damit die Parteienverdrossenheit leicht, aber nachhaltig steigt, ist auf eine Vielzahl von Ursachen zurückzuführen, auf die die Parteien selbst nur begrenzt Einfluss nehmen können. Zu den Ursachen gehören solche säkularen Prozesse wie die Globalisierung und die Individualisierung. Parteien in der Demokratie haben eine undankbare Rolle; dem Parteienwettbewerb wohnt ein zwangsläufiges, gewolltes Element des Konflikts inne bei gleichzeitigem Zwang zum Kompromiss. Folge davon sind Schaukämpfe, das Aufstellen von maximalen Forderungen bei minimalen Erfolgsaussichten.

23. Es handelt sich hier um einen sozusagen zwangsläufig im System eingebauten Mechanismus, der von den Parteien zwar stilistisch durch hinreichenden Realismus – indem man die Wähler ernster nimmt und für weniger dumm hält, als dies häufig erfolgt – abgemildert, nicht aber im Kern verändert werden kann. Er wird sogar noch durch die Art und Weise moderner mediengerechter Wahlkampfführung verstärkt. Diese ist wie gezeigt zunehmend kandidatenzentriert, programmatisch diffus, populistisch versprechend und damit zwangsläufig Wählerenttäuschungen produzierend (Juristen würden das „grob fahrlässig" nennen: dass nämlich die Enttäuschung einkalkuliert, sie angesichts des kurzfristigen Ziels „Machterwerb" oder „Machterhalt" billigend in Kauf genommen wird). Die Amplituden werden größer, die Generalrichtung jedoch ändert sich nicht: Das Vertrauen in die Parteien und die Spitzenpolitiker lässt langfristig nach. Das ist kein ausschließlich bundesrepublikanisches, sondern ein gesamteuropäisches Phänomen. Wir sind kein Sonderfall, sondern gehören sogar noch zur Gruppe der Länder, in denen der Anstieg der Parteiverdrossenheit nur sehr allmählich erfolgt.

24. Säkulare Entscheidungen auf dem Gebiet der Renten-, Einwanderungs- und Familienpolitik, von der Gesundheitspolitik ganz zu schweigen, die mehr sein wollen als ein bloßes Herumkurieren an Symptomen, lassen sich zweifellos leichter im überparteilichen Konsens fällen. Streitkultur ist zwar notwendig. Die Akzeptanz bestimmter Entscheidungen ist gleichwohl größer, wenn sie im Einvernehmen gefällt werden. Hier hätten die Parteien noch Handlungsspielräume und die Gelegenheit, wieder in den Augen der Bürger Geltung zurückzugewinnen. Die Chancen dafür sollten eigentlich auf den genannten Gebieten gar nicht so schlecht stehen, aber ob sie sich in Zeiten inszenierter Politik und kurzatmiger, immer nur von den nächsten Wahlen bestimmten Entscheidungsperspektiven realisieren lassen, steht in den Sternen. Ob unsere Politiker die darin liegende Aufgabe und Chance be- und ergreifen? – Sie sollten es: Die Bewältigung oder Nichtbewältigung derartiger Jahrhundertaufgaben wird über die Zukunft des demokratischen Systems, wie wir es kennen und schätzen gelernt haben, mitentscheiden.

Über die Autorinnen und Autoren

Ulrich von Alemann, Dr. phil., geb. 1944, Universitätsprofessor für Politikwissenschaft an der Heinrich-Heine-Universität Düsseldorf. Forschungsschwerpunkte: Parteien, Verbände, Demokratietheorie, Parlamentarismus, politische Korruption. Publikationen u.a.: Das Parteiensystem der Bundesrepublik Deutschland, 2. Aufl., Opladen: Leske + Budrich, 2001; Parteien und Medien, in: Oscar W. Gabriel/Oskar Niedermayer/Richard Stöss (Hrsg.), Parteiendemokratie in Deutschland, Bonn: Bundeszentrale für politische Bildung, 2002. Kontakt: alemann@uni-duesseldorf.de

Christoph Bieber, Dr. rer. soc., geb. 1970, wissenschaftlicher Mitarbeiter am Institut für Politikwissenschaft der Justus-Liebig-Universität Gießen sowie Mitglied im dortigen Zentrum für Medien und Interaktivität. Forschungsschwerpunkte: Politische Kommunikation, Multimediapolitik. Publikationen u.a.: Politische Projekte im Internet. Frankfurt a.M./New York: Campus, 1999; Parteienkommunikation im Internet, in: Oscar W. Gabriel/Oskar Niedermayer/Richard Stöss (Hrsg.), Parteiendemokratie in Deutschland. Bonn: Bundeszentrale für politische Bildung, 2002. Kontakt: christoph.bieber@sowi.uni-giessen.de

Frank Brettschneider, Dr. rer. pol., geb. 1965, Universitätsprofessor für Kommunikationswissenschaft an der Universität Augsburg. Forschungsschwerpunkte: Medienwirkungsforschung, Wahlforschung, Öffentliche Meinung, Vergleichende Politikwissenschaft. Publikationen u.a.: Reality Bytes: Wie die Medienberichterstattung die Wahrnehmung der Wirtschaftslage beeinflusst, in: Jürgen W. Falter/Oscar W. Gabriel/Hans Rattinger (Hrsg.), Wirklich ein Volk? Die politischen Orientierungen von Ost- und Westdeutschen im Vergleich, Opladen: Leske + Budrich, 2000; Spitzenkandidaten und Wahlerfolg. Personalisierung – Kompetenz – Parteien. Ein internationaler Vergleich, Wiesbaden: Westdeutscher Verlag, 2002. Kontakt: brettschneider@web.de

Jürgen W. Falter, Dr. rer. pol., geb. 1944, Universitätsprofessor für Politikwissenschaft an der Johannes-Gutenberg-Universität Mainz. Forschungsschwerpunkte: Wahlen, Parteien, politische Einstellungen, Rechts- und Linksextremismus, Massenbasis des Nationalsozialismus. Publikationen u.a.: Hitlers Wähler, München: Beck, 1991; Wer wählt rechts?, München: Beck, 1994; (als Mitherausgeber) Rechtsextremismus (PVS-Sonderheft 26), Opladen: Westdeutscher Verlag, 1996. Kontakt: falter@politik.uni-mainz.de

Winand Gellner, Dr. phil., geb. 1955, Inhaber des Lehrstuhls für Politikwissenschaft II an der Universität Passau, Herausgeber von „PIN – Das Online-Portal" (http://www.politik-im-netz.com). Forschungsschwerpunkte: Vergleichende Regierungslehre westlicher Demokratien, insbesondere Politische Kommunikation, Parteien, Medien, Politikberatung, Gesundheitspolitik. Publikationen u.a.: Ordnungspolitik im Fernsehwesen: Bundesrepublik Deutschland und Großbritannien, Frankfurt a.M.: Lang, 1990; Ideenagenturen für Politik und Öffentlichkeit – Think Tanks in den USA und in Deutschland, Opladen: Westdeutscher Verlag, 1995. Kontakt: Gellner@uni-passau.de

Eike Hebecker, Dr. rer. soc., geb. 1970, wissenschaftlicher Mitarbeiter am Zentrum für Medien und Interaktivität (ZMI) der Justus-Liebig-Universität Gießen. Forschungsschwerpunkte: Jugend- und Medienkultur, Mediengenerationen, E-Learning und Bildungspolitik sowie politische Inszenierung und Wahlkampfkommunikation in Neuen Medien. Publikationen u.a.: Die Netzgeneration. Jugend in der Informationsgesellschaft, Frankfurt a.M./New York: Campus, 2001; (als Mitherausgeber) Neue Medienumwelten. Zwischen Regulierungsprozessen und alltäglicher Aneignung, Frankfurt a.M./New York: Campus, 1999. Kontakt: Eike.Hebecker@zmi.uni-giessen.de

Ludger Helms, Dr. phil. habil., geb. 1967, Privatdozent am Institut für Sozialwissenschaften der Humboldt-Universität zu Berlin. Forschungsschwerpunkte: Parteien, Regierungen und Parlamente in der Bundesrepublik Deutschland, Westeuropa und den USA. Publikationen u.a.: (als Herausgeber) Parteien und Fraktionen. Ein internationaler Vergleich, Opladen: Leske + Budrich, 1999; (als Herausgeber) Institutions and Institutional Change in the Federal Republic of Germany, London: Macmillan, 2000; Politische Opposition. Theorie und Praxis in westlichen Regierungssystemen, Opladen: UTB/Leske + Budrich, 2002 (i.E.). Kontakt: Ludger.Helms@rz.hu-berlin.de

Christina Holtz-Bacha, Dr. phil., geb. 1953, Professorin am Institut für Publizistik der Johannes-Gutenberg-Universität Mainz. Forschungsschwerpunkte: Politische Kommunikation. Publikationen u.a.: (als Herausgeberin) Wahlkampf in den Medien – Wahlkampf mit den Medien. Ein Reader zum Wahljahr 1998, Opladen: Westdeutscher Verlag, 1999; Wahlwerbung als politische Kultur. Parteienspots im Fernsehen 1957-1998, Wiesbaden: Westdeutscher Verlag, 2001. Kontakt: christina.holtz-bacha@uni-mainz.de

Uwe Jun, Dr. disc. pol., geb. 1963, wissenschaftlicher Assistent an der Universität Potsdam. Forschungsschwerpunkte: Parteien, Politische Kommunikation, Parlamentarismus. Publikationen u.a.: Der Wahlkampf der SPD zur Bundestagswahl 1998: Der Kampf um die „Neue Mitte" als Medieninszenierung, in: Gerhard Hirscher/Roland Sturm (Hrsg.), Die Strategie des Dritten Weges, Olzog: München, 2001; Parteiendemokratie im Wandel – Reaktionsstrategien von politischen Parteien, in: Politische Vierteljahresschrift 41 (2000). Kontakt: jun@rz.uni-potsdam.de

Claus Leggewie, Dr. phil., geb. 1950, Professor für Politikwissenschaft an der Justus-Liebig-Universität Gießen und Gründungsdirektor des dortigen Zentrums für Medien und Interaktivität. Forschungsschwerpunkte: Politisches System westlicher Demokratien, Multikulturalismus und Einwanderung, politische Kommunikation in Neuen Medien. Publikationen u.a.: (als Mitherausgeber) Internet & Politik. Von der Zuschauer- zur Beteiligungsdemokratie, Köln: Bollmann, 1998; Amerikas Welt. Die USA in unseren Köpfen, Hamburg: Hoffmann & Campe, 2000. Kontakt: c4tiger@aol.com

Torben Lütjen, M.A., geb. 1974, wissenschaftlicher Mitarbeiter am Seminar für Politikwissenschaft der Universität Göttingen. Forschungsschwerpunkt: Parteienforschung. Promotionsthema: Karl Schiller – eine politische Biographie. Publikation: (zusammen mit

Franz Walter) Die präsidiale Kanzlerschaft, in: Blätter für deutsche und internationale Politik, 11/2000. Kontakt: torbenluetjen@hotmail.com

Frank Marcinkowski, Dr. habil., geb. 1960, Privatdozent für Politikwissenschaft an der Gerhard-Mercator-Universität Duisburg; seit Juni 2000 am Liechtenstein-Institut in Bendern (FL); SS 2001 Gastprofessur für Kommunikationswissenschaft am Institut für Publizistikwissenschaft und Medienforschung (IPMZ) der Universität Zürich (CH). Publikationen u.a.: Öffentliche Kommunikation als präventive Risikoerzeugung. Politikwissenschaftlich relevante Ansätze der Risikokommunikationsforschung und neue empirische Befunde, in: Renate Martinsen/Thomas Saretzki/Georg Simonis (Hrsg.), Politik und Technik – Analysen zum Verhältnis von technologischem, politischem und staatlichem Wandel am Anfang des 21. Jahrhunderts, Opladen: Westdeutscher Verlag, 2001; (als Herausgeber) Die Politik der Massenmedien. Heribert Schatz zum 65. Geburtstag, Köln: van Halem, 2001; Politische Öffentlichkeit. Systemtheoretische Grundlagen und politikwissenschaftliche Konsequenzen, in: Kai-Uwe Hellmann/Rainer Schmalz-Bruns (Hrsg.), Die Politik der Gesellschaft. Zum Verhältnis von Politikwissenschaft und Systemtheorie, Frankfurt a.M.: Suhrkamp, 2002 (i.E.). Kontakt: marcinkowski@uni-duisburg.de

Stefan Marschall, Dr. phil., geb. 1968, wissenschaftlicher Assistent für Politikwissenschaft an der Heinrich-Heine-Universität Düsseldorf. Forschungsschwerpunkte: Politische/Parlamentarische Öffentlichkeit und Public Relations, Internet und Demokratie, Repräsentation und „global democracy", Parlamentsreform. Publikationen u.a.: Öffentlichkeit und Volksvertretung. Theorie und Praxis der Public Relations von Parlamenten, Opladen: Westdeutscher Verlag, 1999; Parteien und Internet – Auf dem Weg zu internetbasierten Mitgliederparteien?, in: Aus Politik und Zeitgeschichte, B 10/2001. Kontakt: stefan.marschall@uni-duesseldorf.de

Marion G. Müller, Dr. phil., geb. 1965, wissenschaftliche Assistentin am Institut für Politische Wissenschaft der Universität Hamburg. Forschungsschwerpunkte: Parteien und Wahlkampf in Deutschland und den USA, visuelle Kommunikation, Demokratietheorie, Parlamentarismus, europäischer Verfassungsprozess. Publikationen u.a.: Parteienwerbung im Bundestagswahlkampf 1998. Eine qualitative Produktionsanalyse politischer Werbung, in: Media Perspektiven, 5/1999; Parteitagskommunikation. Funktionen, Strukturen, Trends in Deutschland und den USA, in: Heribert Schatz/Patrick Rössler/Jörg-Uwe Nieland (Hrsg.), Politische Akteure in der Mediendemokratie. Politiker in den Fesseln der Medien?, Wiesbaden: Westdeutscher Verlag, 2002. Kontakt: mgm@sozialwiss.uni-hamburg.de

Jörg-Uwe Nieland, Dipl.-Soz.-Wiss., geb. 1965, wissenschaftlicher Mitarbeiter im Fach Politikwissenschaft an der Gerhard-Mercator-Universität Duisburg und am RISP. Forschungsschwerpunkte: Politische Kommunikation, Medienentwicklung, Multimedia, empirische Medienwissenschaft. Publikationen u. a.: Politics goes popular. Anmerkungen zur Popularisierung der politischen Kommunikation, in: Klaus Kamps (Hrsg.), Trans-Atlantik – Trans-Portabel. Die Amerikanisierungsthese in der politischen Kommunikation, Opladen/Wiesbaden: Westdeutscher Verlag, 2000; Farbenlehre in NRW: Eine Fallanalyse zur Debatte über Regierungskonstellationen, in: Ulrich Sarcinelli/Heribert Schatz (Hrsg.),

Mediendemokratie im Medienland?, Opladen: Leske + Budrich, 2002; (als Mitherausgeber) Politische Akteure in der Mediendemokratie. Politiker in den Fesseln der Medien?, Wiesbaden: Westdeutscher Verlag, 2002. Kontakt: nieland@uni-duisburg.de

Andrea Römmele, Dr. phil., geb. 1967, Privatdozentin und wissenschaftliche Mitarbeiterin am Mannheimer Zentrum für Europäische Sozialforschung, Universität Mannheim. Forschungsschwerpunkte: Politische Parteien, Wahlkampfkommunikation, Parteienfinanzierung im internationalen Vergleich, politische Partizipation und Internet. Publikationen u.a.: Direkte Kommunikation zwischen Parteien und Wählern. Opladen: Westdeutscher Verlag, 2002; (als Mitherausgeberin) Public Information Campaigns, London: Sage, 2001. Kontakt: roemmele@mzes.uni-mannheim.de

Ulrich Sarcinelli, Dr. phil., geb. 1946, Professor für Politikwissenschaft an der Universität Koblenz-Landau, Campus Landau. Forschungsschwerpunkte: Politische Kommunikation und Politikvermittlung, politische Soziologie und Theorie, politische Bildung sowie Politik und Jugend. Publikationen u.a.: Parteien und Politikvermittlung: Von der Parteien- zur Mediendemokratie, in: Ulrich Sarcinelli (Hrsg.), Politikvermittlung und Demokratie in der Mediengesellschaft, Bonn: Bundeszentrale für politische Bildung, 1998; (als Mitherausgeber) Mediendemokratie im Medienland? Inszenierungen und Thematisierungsstrategien von Medien und Parteieliten am Beispiel der nordrhein-westfälischen Landtagswahl im Jahr 2000, Opladen: Leske + Budrich, 2002. Kontakt: ipw@uni-landau.de

Gerd Andreas Strohmeier, Dr. phil., geb. 1975, wissenschaftlicher Assistent am Lehrstuhl für Politikwissenschaft II an der Universität Passau, Chefredakteur von „PIN – Das Online-Portal" (http://www.politik-im-netz.com). Forschungsschwerpunkte: Vergleichende Regierungslehre westlicher Demokratien, insbesondere Wahlkämpfe, Politische Kommunikation, Parteien, Medien, Politikberatung. Publikationen u.a.: (als Mitherausgeber) Identität und Fremdheit. Eine amerikanische Leitkultur für Europa?, Baden-Baden: Nomos, 2001; Moderne Wahlkämpfe – wie sie geplant, geführt und gewonnen werden, Baden-Baden: Nomos, 2002. Kontakt: Strohmeier@uni-passau.de

Christoph Strünck, Dr. rer. soc., geb. 1970, wissenschaftlicher Assistent für Politikwissenschaft an der Heinrich-Heine-Universität Düsseldorf. Forschungsschwerpunkte: Parteien und Interessengruppen, Politikfeldanalyse, Staatstheorie, Politik in den USA. Publikationen u.a.: Agenten oder Agenturen? Amerikanische und deutsche Parteien in vergleichender Perspektive, in: Klaus Kamps (Hrsg.), Trans-Atlantik – Trans-Portabel? Die Amerikanisierungsthese in der politischen Kommunikation, Opladen: Westdeutscher Verlag, 2000; Why is There no Mad Cow Disease in the United States? Comparing the Politics of Food Safety in Europe and the U.S., Working Paper, Berkeley: Center for German and European Studies/University of California, 2002. Kontakt: struenck@uni-duesseldorf.de

Jens Tenscher, M.A., geb. 1969, Wissenschaftlicher Mitarbeiter am Institut für Politikwissenschaft der Universität Koblenz-Landau, Campus Landau. Forschungsschwerpunkte: Politische Kommunikation, Wahlkampfforschung, politische Partizipation. Publikationen u.a.: (zusammen mit Ulrich Sarcinelli) Vom repräsentativen zum präsentativen Parlamentarismus? Entwurf eines Arenenmodells parlamentarischer Kommunikation, in: Kurt Imhof/Otfried Jarren/Roger Blum (Hrsg.), Zerfall der Öffentlichkeit? Mediensymposium Luzern, Bd. 5, Wiesbaden: Westdeutscher Verlag, 2000; Verkünder – Vermittler – Vertrauensperson. Regierungssprecher im Wandel der Zeit, in: Heribert Schatz/Patrick Rössler/Jörg-Uwe Nieland (Hrsg.), Politische Akteure in der Mediendemokratie. Politiker in den Fesseln der Medien?, Wiesbaden: Westdeutscher Verlag, 2002. Kontakt: tenscher@uni-landau.de

Franz Walter, Dr. phil., geb. 1956, Professor am Seminar für Politikwissenschaft der Universität Göttingen. Forschungsschwerpunkt: Parteienforschung. Publikationen u.a.: (zusammen mit Tobias Dürr) Die Heimatlosigkeit der Macht. Wie die Politik in Deutschland ihren Boden verlor, Berlin: Fest, 2000; Die SPD. Vom Proletariat zur Neuen Mitte, Berlin: Fest, 2002. Kontakt: fwalter1@gwdg.de

Elmar Wiesendahl, Dr. rer. pol., geb. 1945, Professor für Politikwissenschaft an der Universität der Bundeswehr München. Forschungsschwerpunkte: Parteien, politische Eliten, Demokratietheorie. Publikationen u.a.: Parteienkommunikation, in: Otfried Jarren/Ulrich Sarcinelli/Ulrich Saxer (Hrsg.), Politische Kommunikation in der demokratischen Gesellschaft. Ein Handbuch mit Lexikonteil, Opladen/Wiesbaden: Westdeutscher Verlag, 1998; Die Zukunft der Parteien, in: Oscar W. Gabriel/Oskar Niedermayer/Richard Stöss (Hrsg.), Parteiendemokratie in Deutschland, Bonn: Bundeszentrale für politische Bildung, 2002. Kontakt: Elmar.Wiesendahl@unibw-muenchen.de

Sach- und Personenregister

Achtundsechzig , "68" 398, 400,
404
Adenauer, Konrad 24, 423
Affären 88, 97, 98, 403, 408, 409,
427
Agenda-Building 78, 124, 131
Agenda-Setting 60, 69, 70, 74, 75,
77 f., 98, 290, 310
Agora 15, 420
Alleanza Nazionale (AN) 259, 261,
271, 272
Amerikanisierung 31, 111, 233,
238, 256, 328, 333 f., 343, 348,
421, 427
Amtsbonus 49
Ann-Arbor-Modell 105
anwaltschaftlicher Journalismus
317, 318
Artikulation 76, 78, 83, 248, 249,
316
Aufmerksamkeit 23 ff., 33 f., 44,
46, 49 f., 52, 70, 73, 85, 94, 98 f.,
101, 116, 120, 125, 157, 158,
176, 191, 210-214, 219, 225 f.,
235 f., 248, 278, 287, 290, 294,
296, 298, 359, 370, 397, 423
Außenkommunikation 9 f., 23 f.,
26, 28, 117-120, 122 f., 127-130,
132, 135, 138 ff., 180, 190, 193,
204, 207, 250, 348, 365, 385
Avantgarde 399
Berlusconi, Silvio 23, 174, 215,
256 f., 259-263, 265, 269-274
Berlusconi-Effekt 11, 257, 272 ff.
Beyme, Klaus von 29, 359
Beziehungsgeflecht 57, 118, 135,
138, 292
Biedenkopf, Kurt 429

Binnenkommunikation 23, 26 f.,
30, 117, 120, 127, 131, 139, 180,
190, 193, 198, 203 f., 207 f., 232,
348, 365, 370, 372, 379 ff., 385
Blair, Tony 11, 159, 160, 271, 285,
288, 292, 298 f., 303 f., 422, 424
Bloomberg, Michael 23, 324
Bossi, Umberto 259
Boulevardzeitungen 285, 287, 293,
300
Brandt, Willy 423, 426
Breitenkommunikation 191
broadcasting 332
Broadsheets 287
Bundeskanzler, s. Kanzler
Bundestag, Deutscher 117, 119,
121 ff., 125 ff, 129, 149, 152,
163, 194, 217 f., 220 f., 319
Bundestagswahlkampf 1998 43, 68,
112, 120, 156, 195 f.
Bundesverfassungsgericht 18, 125
Bündnis 90/Die Grünen 52 f., 88 f.,
101, 104, 122, 126, 175, 182,
195-200, 202-207, 239, 245 f.,
379, 383
Buren, Martin van 311
Bush, George H. 70, 71
Bush, George W. 206, 322, 426
Campbell, Angus 105
canvassing 53
Casa delle Libertá 261
Chats 183, 191 f., 196, 205, 226,
250, 379, 384
checks and balances 18
Christlich-Demokratische Union
(CDU) 9, 43, 46, 67, 73 f., 88 f.,
97 f., 101, 104, 109 f., 121 f., 126
f., 147 f., 150-167, 174, 176, 182,

189, 194-208, 235 f., 242 ff., 251 f., 353, 395, 404, 406, 412, 422 f., 429
Christlich-Soziale Union (CSU) 43, 67, 126 f., 153 f., 156 f., 166, 194, 196-207, 218, 219, 221
Clement, Wolfgang 88, 102, 104 f., 106 ff.
Clinton, Bill 53, 68, 70, 185, 422, 426 f.
conventions 151, 233
Corriere della Sera 264
Cyber-Aktive 383 ff.
D'Alema, Massimo 271
Delegierte 148 ff., 152, 154 f., 157 ff., 161-167, 183, 232, 234 ff., 240-244, 246 f., 250 f., 253, 312 f., 365, 373, 393, 394, 411
Democratici di Sinistra (DS) 259, 261, 271 f.
Democrazia cristiana (DC) 258 f., 267
Demoskopie 185, 196, 378
Deregulierung 22
Deutsche Volksunion 33
Dienstleistungsorganisation 391
Dienstleistungspartei 31, 176
digitale Spaltung 220 f., 250
Direct Mailing 50, 319, 322 f., 333
direkte Kommunikation 118, 126, 132, 312, 329, 332 f., 375, 376
Direktwerbung 425
Diskurshegemonie 413
Donsbach, Wolfgang 82, 101, 112
Dramatisierung 83
Dritter Sektor 177
E-Government 186, 223 f.
ehernes Gesetz der Oligarchie 29
electoral-professional party 31, 279

elektronische Demokratie 247, 365, 384 f.
Elfter September, 11. September 153, 161, 413
Entertaining 49
Entertainisierung 8, 48, 211 f., 225
Entscheidungsfindung 10, 20, 26, 36, 123, 244
Ereignismanagement 58, 78, 425, 427
Erhard, Ludwig 423
Erlebnisgesellschaft 16, 23
Erwartungshaltung 152, 153, 154, 155, 160
expressive Kommunikationslogik 366
Faktionalisierung 258
Fernsehduelle 32
Fernsehen 8 f., 22, 25, 27, 45 f., 48-51, 61, 67, 75, 84, 89-93, 95-98, 102, 104-109, 111 ff., 119, 133, 153, 164, 173 f., 178 ff., 189, 211, 263 f., 267 f., 285 ff., 290, 293 f., 299 f., 312, 316 f., 322, 330, 332, 337, 342, 370 f., 421, 426
Fernsehwahlkampf 46, 50, 317
Fininvest 265, 268
Fischer, Joschka 227, 238, 239
Flugaffäre 88, 97 f., 101, 104, 429
Föderalismus 84, 112
Format 24, 27, 32, 117, 179, 207, 211 f., 226, 241, 250, 251
Formatkriterien 24
Forza Italia 257, 260 ff., 270, 272, 274
Fraktion 9, 30, 122 f., 125 f., 131 f., 258, 380
Fraktionspartei 31, 176, 348
framing 67

free media 25 f., 46, 337, 339
Freie Demokratische Partei (FDP)
    32, 89, 100, 104, 116, 121 f.,
    129, 182 f., 380, 194-207, 392-
    402, 404 ff., 409-412, 416 f.
Funktionsdilemma 147 ff., 168
Funktionslogik 391, 395
gate keeper 179, 190
Genscher, Hans-Dietrich 392, 399,
    405 f.
Gerhardt, Wolfgang 52, 396 f., 410
Geschlossenheit 28, 150, 152 ff.,
    160, 162, 166 f., 237, 240
Gewerkschaften 119, 283, 302,
    351, 356
Glogowski, Gerhard 429
going public 34, 335
Gore, Al 206, 216
Grundgesetz 51, 149, 173
Habermas, Jürgen 13, 18, 36
Hague, William 285, 301, 305
Haider, Jörg 428
Honoratiorenpartei 173
Hörfunk 8, 25, 27, 189, 199, 211,
    263, 332, 338
Hypokrisie 367 f.
Image 24, 50 ff., 74 f., 88, 106, 108
    f., 111 f., 132, 150, 167, 297 ff.,
    301, 331, 342, 406, 426, 428
Individualisierungstrend 351
Informationselite 372
Informationsfunktion 184
Informationssysteme 194, 369
Informationsversorgung 370
informelle Gremien 167
innerparteiliche Geschlossenheit
    154, 167, s.a. Geschlossenheit
instrumentelle Kommunikation 366
inszenierte Politik 58, 430

Inszenierung 13, 24, 47, 86, 96, 98,
    104, 120, 125, 155, 176, 178,
    212, 232-241, 249 f., 252, 288,
    342, 371, 391, 411, 420, 427
intermediärer Bereich 35, 119
Internet 9 f., 12, 19, 22, 25 ff., 30
    f., 50 f., 90, 179 f., 182 f., 185 f.,
    189 ff., 193-203, 205-208, 215-
    225, 227, 241 f., 244-247, 249,
    251, 272, 286, 294, 320, 322,
    329, 333, 358, 365, 367, 369, 379
    ff., 384 f.
Internet-Partei 242, 385
Internet-Parteitage 242, 244, 379
Intranet 51, 183, 194, 204, 208,
    222, 369, 380, 381
Issues 33, 97 f., 102, 210, 216, 226,
    313, 323 f., 342, 412
Italienisierung 256 f.
Jackson, Andrew 311
Jugend 12, 203, 220, 245, 349, 350,
    352 ff., 356-362, 376
Jungdemokraten 398 f., 404
Jungliberale 395, 398 f.
Jungmitglieder 352 f.
Kaack, Heino 149
Kaderpartei 173, 348
KAMPA 120
Kampagne 31, 44, 47 f., 50 ff., 54,
    85, 95, 111, 120, 194, 206, 208,
    233, 240, 312, 320, 333, 380,
    407, 412 ff., 416, 420, 426
Kandidaten 9, 25, 30, 32, 34, 36,
    42, 47, 49-54, 66, 74 f., 77 f., 93,
    95 f., 102 f., 105 f., 109, 111 f.,
    152, 175, 195, 199 f., 203, 240,
    274, 280, 295, 299, 305, 310 f.,
    313, 315 ff., 320, 321-325, 328,
    331, 336 f., 340 ff., 410, 414,
    422-427

Kanzler 34, , 49, 152, 163, 166
Kanzlerdemokratie 16, 33
Kanzlerkandidaten 24, 32 f., 49, 53,
  58, 68, 150, 153, 164, 189, 235
  ff., 423
Kennedy, John F. 213, 312
Kepplinger, Hans Mathias 71, 213
K-Frage 58, 152, 236
Kinnock, Neil 284, 298, 304
Kirch-Gruppe 23
kleine Parteien 199
Kohl, Helmut 50, 72 f., 88, 101,
  423
Kolonialisierung 268, 395
Kommerzialisierung 44, 211, 225,
  291, 298, 316 f.
Kommunikationsapathie 383
Kommunikationsberater 7, 298,
  300, 304
Kommunikationsgefälle 372, 373,
  382
Kommunikationskultur 129, 357,
  372
Kommunikationsmanagement 24 f.,
  32, 84, 117, 120 f., 124, 278,
  282, 289 f., 295 ff., 299, 305,
  329, 330
Kommunikationswissenschaft 15
Konservative 278, 280-285, 288 f.,
  292, 295-299, 301 f., 304 f.
Kontrollfunktion 42, 46
Konzentrationsprozesse 22
Krauthammer, Charles 317
La Repubblica 264
La Stampa 264
Labour Party 278-285, 288 f., 292,
  295-305
Lafontaine, Oskar 72, 236, 239,
  397, 423
Lazarsfeld, Paul F. 61-65

Lega Nord 259, 261
Legitimation 34, 42, 116, 120, 176,
  335, 420
Legitimität 36, 391
Leipziger Parteitag 236
Leitmedium 119, 178, 211, 286,
  293, 300
Liberaldemokraten 280, 284, 289,
  295, 301, 305
Linkage 374, 375
Linksliberale 399, 404 f.
Live-Streams 250 f.
lose verkoppelte Anarchien 181,
  184
Machnig, Matthias 184, 185
Machtressourcen 25, 33 f., 408
Major, John 301
Mandelson, Peter 298, 300, 303,
  424
Mannheimer Parteitag 236, 239
Margherita 261
Marketing 45, 47 f., 52, 193, 232 f.,
  278, 290, 296, 298, 320, 330, 339
  f., 360, 422, 424
Markt- und Meinungsforschung 48,
  278, 296 ff., 304, 423 f., 428
Massenkommunikation 8, 29, 174,
  178, 180, 367
Massenmedien 8-11, 17, 19, 22-25,
  27, 29, 36, 42, 45, 51, 53, 57 ff.,
  61, 67 f, 70 f., 74, 76 ff., 81 f.,
  84, 87, 99, 116-119, 124, 126 f.,
  183, 185, 189-192, 201, 210,
  216, 224, 227, 252, 272, 279, 291
  f., 294, 296, 299, 301 f., 305, 311
  f., 316, 328, 330, 332, 337, 339,
  370 f., 375, 422
Massenparteien 10, 29, 311, 330
Mayer, Martin 218 f., 227
McCain, John 322

Medialisierung 7 f., 12 f., 19, 28, 35 f., 81-84, 86, 111, 113, 217, 233 f., 238, 241
Mediatisierung 19, 421
Medienanalyse 425
Mediendarstellung 72, 408, 415
Mediendemokratie 7, 9, 11, 13, 15-20, 22, 25, 28, 33 f., 36, 57, 81, 87, 89, 111, 116, 133, 139 f., 147, 150, 167 f., 302, 305, 319, 321 f., 324, 348, 415
Medieneffekte 60, 105, 112
Medienformate 17, 27, 108, 232, 241, 301, 303
Mediengesellschaft 15, 19, 33, 35 f., 57, 191, 347, 349, 358 f., 362, 394 ff., 398, 401, 411
Medienkarriere 52, 416
Medienkommunikationspartei 260, 278, 295, 304 f.
Medienkultur 257, 263, 265
Medien-Performance 393, 396
Medienpolitik 22
Medienpolitiker 12, 211, 215, 406
Medienrepublik 410
Mediensystem 23, 28 f., 42, 44, 82, 86, 113, 118, 257, 263-266, 279, 285, 294, 305, 311, 314, 316 f., 330, 333, 335, 337 f., 347, 396, 412
Medienwahlkampf 57, 112, 304, 412
Medienwirkungen 59 f., 62 f., 65 ff., 69, 72, 75 f.
Medienwissenschaft 15, 84, 313
Mediokratie 19, 81
Merkel, Angela 73 ff., 150, 152 ff., 157, 159, 164, 168, 235 f., 252, 390, 426, 427
Michels, Robert 29

Ministerpräsident 30, 88, 98, 102, 104 ff., 108, 152, 157, 159 f., 165, 367
Mitgliederparteien 30, 173, 176, 344, 357, 364, 365, 375, 376, 378, 380, 384, 385
Mitgliederschwund 175, 262, 352, 354, 377
Mobilisierung 44, 78, 85 f., 100, 182 f., 185 f., 224, 240, 244 f., 248, 314 f., 322 f., 352, 356, 361, 366
Modernisierung 32, 64, 215 f., 224, 283, 295, 298, 328, 333, 347 f., 355 f., 360 f., 365, 381, 427
Möllemann, Jürgen W. 12 f., 52, 89, 102, 104, 227, 390, 392, 396, 403-417
Morris, Dick 185
Mosdorf, Siegmar 217, 218
Movimento Sociale Italiano (MSI) 259
Multimediapolitik 217 f., 223 f., 226 f.
Multimediapolitiker 210, 216, 219, 223-227
Müntefering, Franz 165 f., 182, 222
Murdoch, Rupert 286, 288, 294
Nachrichtenfaktoren 49, 211
Nachrichtenkriterien 24, 147
Nachrichtenselektoren 148, 166
Nahles, Andrea 159, 163
narrowcasting 332
Nationalliberale 399
negative campaigning 64, 316, 320, 331, 422, 426
Netzwerk 180 f., 185, 203 f., 245, 338
Netzwerkpartei 31, 174, 184, 380, 382

Netzwerkpartei 10, 173, 182
Netzwerkstrukturen 358
Neue Mitte 196
Nichtregierungsorganisationen
    (NGOs) 33 ff., 177, 179
Nichtwähler 85, 198
Nihilismus 397
Noelle-Neumann, Elisabeth 60 f.,
    69, 76
Nominierung 58, 150, 153, 233,
    235, 239, 312 f.
öffentliche Meinung 26, 57, 60, 76,
    173, 175, 179
Öffentlichkeit 7, 9, 10, 13, 15-19,
    22 f., 25 f., 28 f., 32-36, 45, 76,
    83, 86, 108, 116 f., 120, 122,
    139, 157 f., 173 f., 177 f., 180 f.,
    183, 186, 208, 210, 212 f., 215,
    225, 237, 257, 290 ff., 302, 304,
    312, 314, 318, 347, 361, 367,
    371, 384, 420 f., 424
Öffentlichkeitsarbeit 24, 32, 121 f.,
    125 f., 132, 201 f., 257, 298, 366
    ff., 370, 381, 385
öffentlich-rechtlicher Rundfunk 22,
    51
Online-Kommunikation 180, 191
    f., 238, 248, 253, 358, 379, 380-
    385
Online-Partei 184, 385
Online-Parteitage 385
Online-Partizipation 365, 382, 386
Onliner 191 f., 196, 244, 250
Online-Stammtisch 384
Organisationsgrad 351, 353, 356
Ostrogorski, Moise 29
Ost-West-Unterschiede 351
paid media 25, 45, 46, 337
Panebianco, Angelo 31, 279

Partei des Demokratischen
    Sozialismus (PDS) 104, 122,
    126, 195-208, 380
Parteibindung 25, 66 f., 189, 198,
    282, 290, 300, 357
Parteiendemokratie 11 ff., 15 ff.,
    20, 22, 24, 33, 35 ff., 112, 177,
    348, 349, 356, 362, 415
Parteienfinanzierung 21
Parteiengesetz 9, 149, 173, 183,
    233, 384
Parteienkommunikation 11 f., 22,
    26, 28, 116 f., 119 f., 251, 253 f.,
    257, 263, 266 f., 272, 279, 290 f.,
    298 f., 305, 356, 364, 367 f.
Parteienkritik 429
Parteienorganisation 20, 28, 333,
    335, 337, 339, 340
Parteienstaat 20 f., 116, 173, 176,
    259, 262, 271, 427, 429
Parteienstaatslehre 20
Parteiensystem 8, 11 f., 23, 28, 31
    ff., 82, 149, 167, 256-259, 261 f.,
    266, 268, 271, 279, 280, 282-
    285, 314
Parteienverdrossenheit 429
Parteiidentifikation 43, 60, 65, 67,
    106 f., 110, 175, 282, 315, 328,
    331, 336
Parteimanagement 32, 384
Parteipresse 27, 125, 267
Parteireform 181
Parteisprecher 116, 118 f., 121 f.,
    127-131, 133-136, 138 ff.
Parteitage 9 f., 27 f., 125, 132, 147-
    168, 232-244, 246-253, 260, 372
    f., 384, 394 f., 410
Parteitagsfunktionen 149, 241, 244
    f., 252
Parteitagsmotto 152, 155, 157, 236

Parteitags-Portale 10, 251, 253
Parteizentralen 184, 218, 302, 335, 339, 380 f., 423 f.
parties in government 20
Partito Comunista Italiano (PCI) 258 f., 267
Partito Democratico della Sinistra (PDS) 259, 261
Partito Socialista Italiano (PSI) 258, 267 f.
partitocrazia 259, 267
partizipatorische Revolution 359, 385
party change 22, 28
party has just begun 22, 337
party is over 21 f., 336
permanent campaigning 287, 301, 408
Personalisierung 8 f., 24 f., 30, 32, 34, 48 f., 52 f., 83 f., 102 ff., 111 ff., 179, 212, 233, 235, 238, 248, 252, 261, 263, 271, 274, 288, 293, 302 ff., 311, 313, 316 f., 331, 334, 339, 341 f., 370, 391, 394, 422 ff., 427
PHOENIX 27
Politainment 178, 212, 233, 391, 412
Political Consultants 52
Political Correctness 413, 414
Politikverdrossenheit 13, 47, 349 f., 411, 425
Politikvermittlungsagenturen 117, 123
Politikvermittlungsexperten 117, 121, 129, 140
Politikwissenschaft 15, 21, 181, 256, 313
politische Klasse 179, 265, 267, 366

politische Kommunikations-kultur 128
politische Öffentlichkeit 120, 177 f., 186, 215
polling 53
Polo delle Libertá 261
Pop-Ikone 402, 416
Populismus 185, 425 ff.
Powell, Colin 324
PR-Agenturen 83, 424
Presse 8, 19, 22 f., 25, 27, 36, 44, 48, 64, 94, 97 ff., 101, 112, 117, 121 f., 124 ff., 148, 156 ff., 161 f., 211, 215, 267, 287, 335, 366, 370, 405
Priming 60, 65, 67, 69, 70 f., 74, 77 f.
professionalisierte Wahlkämpfe 53, 328, 329, 330, 331, 332, 339
Professionalisierung 8 f., 47, 117, 124, 139, 278, 282, 287, 294-299, 304 f., 329, 334, 339, 343, 422 ff., 427
professionelle Wählerpartei 31
Programme (Parteien) 24, 32, 36, 47, 57, 86, 111, 158, 165, 177, 195, 235, 239 f., 322, 395, 423, 425
Prominenz 10, 30, 52 f., 148, 160, 164, 176, 210, 213 f., 225, 248, 370, 373
Protestgeneration 356
Provokation 396, 412, 414, 415
Pseudo-Ereignisse/-Events 24, 300
Public Interest Groups 34, 313, 318
Qualitätszeitungen 92 f., 109, 111, 287, 288, 300
Quereinsteiger 175, 182, 185, 210, 215, 222, 227
Quereinstieg 30

Radiotelevisione italiana 265
Radunski, Peter 176, 422
Raschke, Joachim 167
Reagan, Ronald 313, 422
rednet 203, 358
Referenden 271
Rekrutierungsfunktion 175, 222
Rundfunk 17, 22 f., 36, 44, 51, 173,
  178, 190, 215, 265, 339, 370
Rüttgers, Jürgen 88, 102, 104-107
Safire, William 317
Scharping, Rudolf 154, 166, 236,
  239, 423, 426
Schill, Ronald Barnabas 33
Schill-Partei 33
Schily, Otto 166
Schlauch, Rezzo 218
Schmidt, Harald 398, 413
Schmidt, Helmut 30, 423
Schnupper-Mitglieder 175, 357
Schröder, Gerhard 24, 30, 50, 68,
  73, 75, 153, 155, 159 f., 163 ff.,
  168, 179, 196, 215, 222, 227,
  234, 236, 397, 422, 423
Schweigespirale 60, 75 f., 77 f.
Seilschaften 184, 265, 395, 401,
  415, 416
selektive Wahrnehmung 60 f., 63
  f., 67, 74
Sendungsbewusstsein 398, 399
Skandalierung 98, 101
SMS (Short Message Service) 27
soft money 317, 321
Sozialdemokratische Partei
  Deutschlands (SPD) 9, 30, 43,
  46, 51, 53, 66-69, 75 f., 87 f., 97,
  109 f., 116, 120 f., 124, 126 f.,
  147 f., 151-167, 176, 182, 184,
  217 ff., 221, 234, 236, 239, 251,

353, 358, 367, 369, 374, 380,
  383, 396, 399, 402, 416, 423, 429
soziale Milieus 347
Spaßgesellschaft 390, 397 f., 401 f.,
  412 f., 416
Spendenaffäre 88, 97 f., 101, 174,
  236, 395, 429
spin doctors 9, 49, 140, 185, 320,
  424-427
Spitzenkandidaten 20, 32, 47, 52,
  65 f., 75, 88, 102-105, 108, 196,
  200, 226, 241, 271, 304, 331, 333
  f., 341 f., 422
Springer-Gruppe 23
Staatswillensbildung 347, 361
Stammwähler 8, 60, 65, 77, 85 f.,
  175 f., 194 f., 198, 281 f., 315,
  323
Stammwählerschaft 43
STATT-Partei 33
Stoiber, Edmund 75, 152 f., 159,
  166, 219, 235
Strauß, Franz Josef 423
Strukturwandel der Öffentlichkeit
  13, 19, 28, 36, 290
Symbiose 179, 330
Symbiosetheorie 266
symbolische Politik 24, 233
Tabloids 287
Tabubruch 412, 414
Tagesschau 69, 73, 91, 92, 106,
  165, 178
Talkshows 179, 212, 421 f., 425
Tauss, Jörg 219, 221, 227
Telekratie 174, 215, 260, 269, 270
Thatcher, Margaret 283, 297, 301
Theatralität 237 f.
Themen- und Ereignismanagement
  32, 84, 87, 422, 425
top-down 29, 193, 379

Transformation 13, 36, 178, 348
Transparenz 18, 167, 250
trasformismo 259, 268
Ulivo 261, 270
Verbände 33, 119, 351
Verhandlungsdemokratie 16, 35
Vertrauensfrage 152, 163
Vesper, Michael 102, 104
Video-Malaise 290
virtuelle Parteitage 27, 182, 232, 238, 247 ff., 253, 382, 384
virtueller Ortsverein 182, 203, 221 f., 380, 383 f.
Visualisierungsstrategien 24
Volatilität 33, 44, 282, 348
Volksparteien 76, 147, 149 ff., 155, 163, 167, 176, 181, 184 f., 194, 196, 207, 416
Volkswillensbildung 347, 361
Vorwahlen 182, 271, 310, 312
Wahlentscheidungen 8, 10, 32, 35, 42 ff., 50, 63, 65 f., 71, 74, 102, 189, 191
Wählerverhalten 59, 65, 66, 282
Wahlkampf 7 f., 10, 12 f., 19, 25 f., 42, 44-54, 58 f., 62 f., 65, 68, 78, 82, 84 ff., 88 ff., 93-99, 101-105, 113, 120, 125, 150, 155, 189-194, 197-201, 203-208, 239 f., 249, 252 f., 261, 263, 267 f., 270, 285, 287 f., 293, 297 f., 301, 305, 311, 317, 320-324, 328 ff., 333 f., 337, 339-342, 368, 405, 411-414, 416, 421-428, 430

Wahlkampfkommunikation 8, 11, 25 f., 42, 45, 48, 86, 124, 131, 192, 279, 297, 328 f., 339, 343, 365
Wahlkampftechniken 256, 320, 333 f.
Wahlkreisbindung 315
Walser, Martin 413
Weber, Max 36, 325
Websites 25 f., 191, 193, 196 f., 200, 205-208, 221
Wechselwähler 8, 43, 65, 85, 176 f., 194 f., 203, 278, 281 f., 290, 296, 315, 328, 336, 378
Werbeagentur 51, 155, 222, 297
Werbespots 7, 267, 316, 321, 332, 338, 425
Westerwelle, Guido 12, 52, 390, 392-402, 404, 413, 415 ff.
Westminster-Modell 256, 279, 280
Willensbildung 9 f., 15, 18, 20, 25-30, 35 f., 51, 123, 147, 149, 173, 183, 244, 266, 349, 358, 371 f., 384 f.
Wirklichkeitsaneignung 377, 378
Wohlfühlgeneration 350, 356
Zeitgeist 397, 416
Zielgruppenkommunikation 193, 207
zielgruppenspezifische Kommunikation 330, 332, 339
Zivilgesellschaft 33, 382
Zuschauerdemokratie 174
Zynismus 288, 397